PRIMEIRA GUERRA MUNDIAL

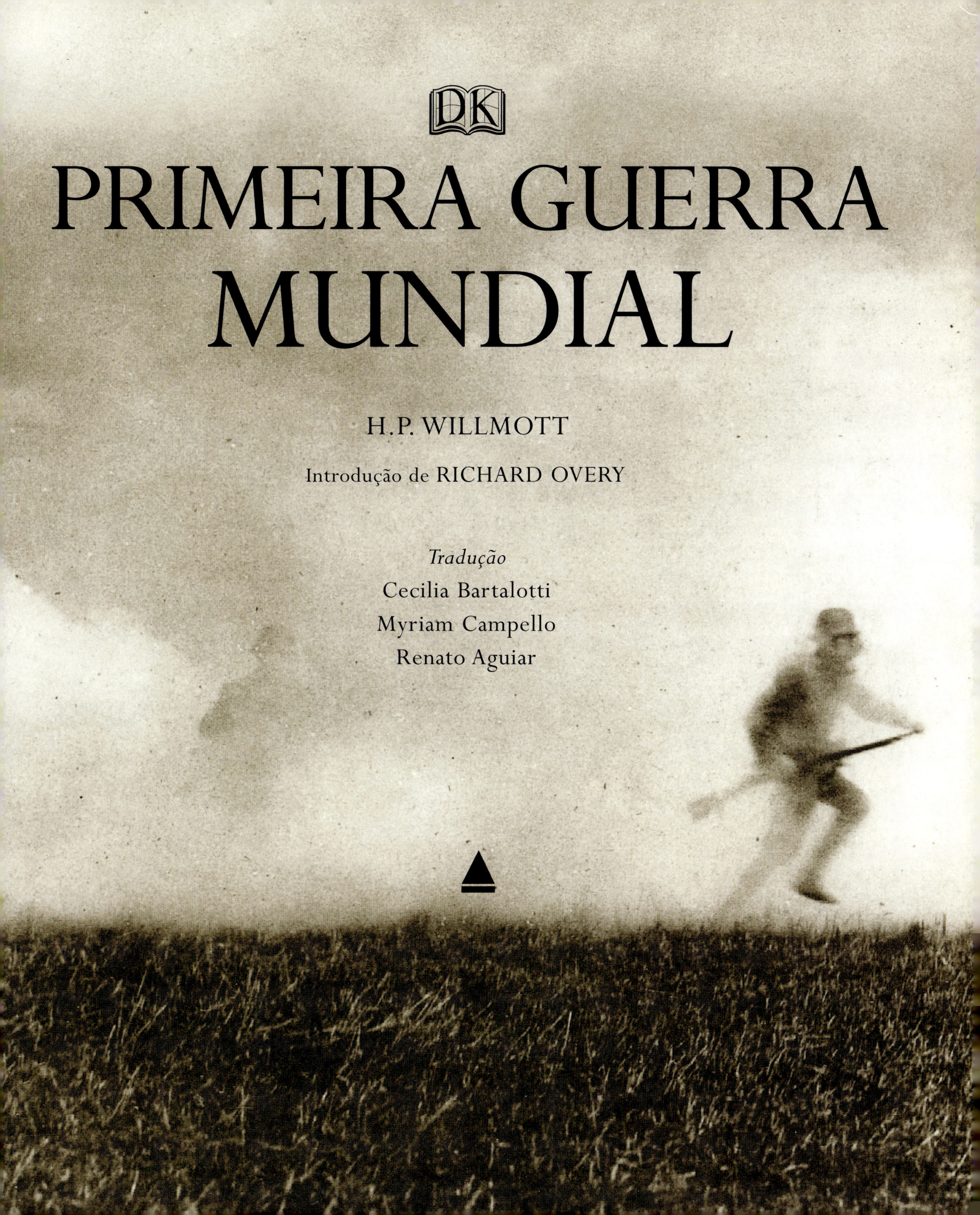

PRIMEIRA GUERRA MUNDIAL

H.P. WILLMOTT

Introdução de RICHARD OVERY

Tradução

Cecilia Bartalotti

Myriam Campello

Renato Aguiar

LONDON, NEW YORK, MELBOURNE,
MUNICH AND DELHI

Um livro Dorling Kindersley
http://www.dk.com

Título original: THE FIRST WORLD WAR

Projeto gráfico Caroline Hill
Diagramação Joern Kroeger, Mark Stevens, Colin Goody, Jerry Udall, Mabel Chan, Alison Gardner, Paul Jackson
Assistência gráfica complementar Nicola Liddiard, Caroline Quiroga
Editores seniores Ferdie McDonald, Jane Edmonds
Contribuição editorial Neil Grant, Margaret Mulvihill
Editores Jane Oliver-Jedrzejak, Jannet King, Elizabeth Wyse, Sam Atkinson, Lee Johnson
Pesquisa de imagens Anne-Marie Ehrlich
Fotografia especial Gary Ombler
Mapas digitais criados por Advanced Illustration, Encompass Graphics
Cartografia Iowerth Watkins, Rob Stokes
Editoração eletrônica John Goldsmid
Produção Wendy Penn
Indexação Caroline Wilding

Direção editorial Andrew Heritage
Direção de arte Bryn Walls
Gestão editorial Debra Clapson
Gestão editorial gráfica Louise Dick

NA EDITORA NOVA FRONTEIRA

Produção editorial Daniele Cajueiro, Phellipe Marcel
Revisão de tradução Fábio Macedo, Suellen Esteves
Revisão Ana Lúcia Kronemberger, Eduardo Carneiro, Patrícia Reis, Thiago Escobar
Indexação Guilherme Bernardo, Guilherme Semionato, Marília Lamas
Diagramação Filigrana

http://www.novafronteira.com.br

Reprodução colorida feita na GRB, Itália
Impresso na Cingapura pela Star Standard

CIP-BRASIL. CATALOGAÇÃO-NA-FONTE
SINDICATO NACIONAL DOS EDITORES DE LIVROS, RJ

W711p

Willmott, H.P.
Primeira Guerra Mundial / H.P. Willmott ; tradução Cecilia Bartalotti, Myriam Campello, Renato Aguiar. - Rio de Janeiro : Nova Fronteira, 2008.

Tradução de: World War I
Complementado por: Segunda Guerra Mundial
ISBN 978-85-209-2120-3

1. Guerra Mundial, 1914-1918. I. Título.

08-2225. CDD: 940.3
CDU: 94(100)"1914/1918"

Trincheira britânica, 1918
Boa parte do dever do soldado da frente de batalha era simplesmente vigiar e esperar. Essas tropas britânicas estão guarnecendo um posto de observação numa trincheira avançada em Givenchy.

SUMÁRIO

1 A ESTRADA PARA A GUERRA 1878–1914 **8**
Os anos de abundância **14**
A guerra é declarada **26**

2 A DEFLAGRAÇÃO DA GUERRA 1914 **34**
A invasão da Bélgica e da França **40**
A Frente Oriental e os Bálcãs **46**
Do Marne à primeira Ypres **52**
A corrida para o mar **58**
Primeira Batalha de Ypres **61**
Novas ofensivas no Leste **64**

3 A AMPLIAÇÃO DA GUERRA 1914–1916 **70**
A expedição a Dardanelos **76**
A guerra da Turquia em muitas frentes **84**
A Frente do Isonzo **88**
Possessões alemãs no Leste **90**
Guerra na África **92**

4 A GUERRA E A ASCENSÃO DO ESTADO 1915 **96**
Impasse no Ocidente **102**
As frentes oriental e dos Bálcãs **114**
A frente interna **122**

5 BATALHAS DE DESGASTE 1916 **132**
A Batalha de Verdun **138**
A Rússia contra-ataca **146**
A Batalha do Somme **158**

6 EVENTOS ALÉM DO CAMPO DE BATALHA 1914–1918 **170**
Primeiros movimentos no mar **176**
A guerra no ar **188**
Os EUA e a guerra **196**

7 DESILUSÃO, MOTIM E REVOLUÇÃO 1917 **202**
Novos desgastes na Frente Ocidental **208**
A Rússia e a Frente Oriental **226**
A Frente Italiana **232**
O Oriente Médio **236**

8 AS ÚLTIMAS GRANDES BATALHAS 1918 **244**
Tratados e Guerra Civil **250**
As ofensivas alemãs da primavera **252**
Começo do avanço Aliado **262**
O colapso dos aliados da Alemanha **270**
Os alemães buscam um armistício **282**

9 UMA NOVA ORDEM MUNDIAL 1919–1923 **290**
A paz malsucedida **292**
Conseqüências da guerra **296**
O legado da guerra **306**

Glossário **310**
Índice remissivo **311**
Agradecimentos **318**

INTRODUÇÃO

A Primeira Guerra Mundial pode reivindicar com justiça ser considerada o acontecimento mais decisivo da era moderna, mudando o mundo em aspectos que nem mesmo a Revolução Francesa conseguiu. Quando a guerra rebentou em agosto de 1914, ninguém poderia ter previsto exatamente o cataclismo que seria. Após quatro anos da guerra de custos mais elevados da história humana, ninguém poderia ter mais qualquer dúvida. O mapa político do mundo estava transformado; o longo período de paz do século XIX, destruído; e a crescente confiança no progressivo poder dos valores liberais e do capitalismo moderno foi erodida. O principal legado da Primeira Guerra Mundial foi uma atmosfera de ódio e ressentimento entre as nações, classes e raças, cujas conseqüências seriam sentidas nas amargas lutas políticas dos anos 1920 e 1930, e o eventual deslizar para uma segunda guerra, ainda mais destrutiva, vinte anos depois do fim da primeira.

No início da guerra, a maioria do mundo era governada por impérios dinásticos que se espalhavam. Por volta de 1920, a maior parte deles se fora. Os grandes impérios europeus — os Habsburgos, o russo e o alemão — haviam desaparecido, sendo substituídos por repúblicas modernas. O Império Otomano estava derrotado e desmembrado; uma ditadura nacionalista tomou seu lugar no que é a Turquia dos dias atuais. Um colar de novos Estados emergiu do Báltico ao Golfo Pérsico baseados na "autodeterminação" nacional. A velha Europa das grandes monarquias, dominada pela aristocracia e o exército, estava em declínio bem antes de 1914, mas a guerra acelerou e distorceu sua queda. A Europa dos anos 1920 é reconhecidamente a Europa de hoje.

A guerra trouxe outras mudanças na arena internacional. Os Estados Unidos entraram tarde na guerra, e começaram sua longa ascensão para o *status* de superpotência. O desejo de pôr um fim à guerra de uma vez por todas em 1918 deu frutos na Liga das Nações, fundada em 1920. Apesar de suas muitas fragilidades, a Liga estabeleceu os fundamentos para a colaboração internacional em muitas questões que se tornariam preocupações-chaves das

Nações Unidas pós-1945. A Revolução Russa de outubro de 1917, que levou os comunistas ao poder, desencadeou o conflito entre capitalismo e comunismo que perturbou o sistema internacional por setenta anos e resultou na Guerra Fria de 1945-89.

A guerra também mudou a natureza do Estado moderno. Nenhum Estado europeu fora chamado a organizar exércitos com milhões de membros. A mobilização na frente doméstica para lidar com o abastecimento do exército levou o Estado ao ponto em que economias inteiras tiveram que ser controladas em nome do esforço de guerra. Em toda parte, Estados organizaram racionamentos em escala nacional, expandiram serviços de bem-estar social, estimularam pesquisa científica, coletaram estatísticas e empenharam-se em propaganda na frente doméstica. Nos anos 1920, os Estados conservaram muitas dessas responsabilidades. A guerra ensinou aos Estados modernos como policiar, mobilizar e persuadir suas populações de modos nunca conhecidos anteriormente.

A única coisa que a Primeira Guerra Mundial não fez foi transformar o equipamento pesado utilizado nas batalhas. A guerra tinha uma escala maior do que qualquer outra antes, mas na maior parte de sua duração navios de guerra, artilharia, metralhadoras, fuzis e cavalos dominaram o combate. Os aviões estavam ainda na infância; os submarinos eram escassamente utilizados, assim como os tanques, a única invenção nova importante para o combate por terra. O potencial dessas novas armas não seria percebido inteiramente até a guerra seguinte. Em conseqüência disso, boa parte da guerra, especialmente na Frente Ocidental, tornou-se estagnada, enquanto ambos os lados pesquisavam desesperadamente novas armas ou modos de lutar que pudessem penetrar as linhas de trincheiras e arame farpado do inimigo.

O terrível custo da guerra fez nascer um disseminado pessimismo, um mórbido temor do declínio. Nos anos 1920, milhares de jovens enfurecidos rejeitaram os princípios das gerações anteriores que os tinham enviado à frente de batalha e ansiavam por vingar-se daqueles que culpavam pelo desastroso conflito. Na Itália e na Alemanha, os antigos veteranos Mussolini e Hitler usaram a sede de violência política para construírem novos movimentos nacionalistas radicais que chegaram rapidamente ao poder, primeiro na Itália em 1922, e depois na Alemanha em 1933. Rejeitando o Ocidente liberal, os novos ditadores viram a guerra como o despertar de uma nova era militarista e construtora de impérios.

Se a Primeira Guerra Mundial jamais tivesse ocorrido, quase que certamente teriam sido poupados ao mundo os horrores da guerra civil, terrorismo político e uma segunda guerra total e genocida nos anos 1930 e 1940. Embora o resultado do conflito tenha estabelecido as bases de boa parte do mundo moderno, as incertezas trazidas em seu bojo criaram uma Europa profundamente perturbada, cujo lado mais sombrio abriu caminho para Estalingrado e Auschwitz.

Richard Overy
Junho de 2003

Tanques Mark V em ação, 1918
A partir de julho de 1918, as forças Aliadas avançaram pela França e a Bélgica, repelindo os alemães de suas linhas de trincheiras. Os tanques tiveram apenas um pequeno papel no avanço.

Hydrant
Nr 4

A ESTRADA PARA A GUERRA 1878–1914

NA SUPERFÍCIE, OS ANOS QUE PRECEDERAM A PRIMEIRA GUERRA MUNDIAL FORAM UM PERÍODO DE PAZ E PROSPERIDADE NA EUROPA. SEMPRE QUE SURGIA UMA AMEAÇA DE GUERRA, ERA ENCONTRADO UM COMPROMISSO DIPLOMÁTICO PARA EVITÁ-LA. CONTUDO, AS GRANDES POTÊNCIAS AGIAM NA PRESSUPOSIÇÃO DE QUE UM DIA HAVERIA UMA GUERRA. AS FÁBRICAS PRODUZIAM NOVOS NAVIOS, CANHÕES E FUZIS; ENORMES EXÉRCITOS ERAM ORGANIZADOS E PLANOS DE GUERRA ERAM PREPARADOS. APESAR DISSO, QUANDO SURGIU A CENTELHA QUE ACENDEU O BARRIL DE PÓLVORA EM 1914, A ESCALA DA CONFLAGRAÇÃO FOI MAIOR DO QUE OS COMBATENTES TINHAM IMAGINADO.

1

As fábricas de aço da Krupp, Essen
Por vinte anos antes da Primeira Guerra Mundial, a Europa se armava na antecipação de um conflito maior. A Krupp produzia a artilharia pesada da Alemanha. Esses canhões navais são destinados aos navios da frota alemã nova em folha, construída entre 1898 e 1914.

O CULTIVO DO ÓDIO

A PRIMEIRA GUERRA MUNDIAL FOI DESENCADEADA PELO ASSASSINATO DO ARQUIDUQUE FERDINANDO DA ÁUSTRIA E DE SUA MULHER POR UM NACIONALISTA SÉRVIO EM SARAJEVO, A CAPITAL DA BÓSNIA-HERZEGOVINA. ESSE EVENTO ISOLADO, ENTRETANTO, NÃO FOI A CAUSA BÁSICA DA GUERRA. POUCOS DISCORDARIAM DE QUE UMA COMPLEXA INTERAÇÃO DE FATORES POLÍTICOS, ECONÔMICOS E SOCIAIS DESENVOLVIDOS DESDE A DÉCADA DE 1870 FORAM OS RESPONSÁVEIS PELO ROMPIMENTO DA PAZ DA EUROPA EM 1914.

A Primeira Guerra Mundial é vista habitualmente como um divisor de águas entre dois períodos distintos da história, marcando de muitos modos o final do século XIX e o início do XX. Foi certamente a primeira guerra do século XX em termos de sua escala e do poder letal dos armamentos envolvidos. Contudo, ao mesmo tempo, tinha vínculos muito verdadeiros com o século XIX, nenhum mais óbvio do que as idéias e crenças que modelaram atitudes nacionais e sociais e contribuíram para um clima de hostilidade mútua entre as grandes potências da Europa. O século XIX testemunhou o cultivo da hostilidade; o século XX, a colheita.

Relações entre as Grandes Potências

Os Estados da Europa recorreram à guerra em 1914 não simplesmente devido a eventos e questões políticas imediatas, e sim como resultado das profundas mudanças econômicas e sociais na Europa nas quatro décadas anteriores. A mais significativa delas foi na relação entre as grandes potências, onde o equilíbrio de poder que fora criado resultara em instabilidade. Surpreendentemente, um equilíbrio de poder não precisa produzir estabilidade, assim como um desequilíbrio de poder não precisa produzir guerra. Dadas as circunstâncias prevalecentes, as duas situações podem preservar a paz ou iniciar o conflito.

Por quase vinte anos depois da derrota da França e da criação de uma Alemanha unida na Guerra Franco-Prussiana de 1870-71, Bismarck, o chanceler alemão, buscou assegurar a paz dentro da Europa mantendo um desequilíbrio de poder. Ele o fez controlando o Império Austro-Húngaro e a Rússia em suas relações um com o outro — restringindo os dois ao manter o poder de decisão entre eles — e assegurando que a França continuasse diplomaticamente isolada, sem nenhum aliado, e, portanto, incapaz de desafiar a superioridade militar alemã.

A política de Bismarck, porém, sobreviveu com dificuldade quando ele deixou seu posto em março de 1890. O equilíbrio criado pela existência de dois sistemas de aliança rivais — a Tríplice Aliança de Alemanha, Áustria-Hungria e Itália, e a Entente Franco-Russa (ver mapa na página 15) depois de 1891 — foi uma das causas principais da guerra. Um fator importante foi que os vários membros dessas alianças em 1914 consideravam-se obrigadas a apoiar seu aliado (ou aliados); eles presumiam que o fracasso em fazê-lo resultaria em serem repudiados pelo aliado, e que os acordos nos quais se apoiavam para sua segurança seriam conseqüentemente destruídos.

O final do sistema diplomático de Bismarck foi acompanhado por mudanças ulteriores que se acrescentaram às incertezas dos sistemas de alianças rivais. Uma delas foi a distribuição desigual da industrialização.

Os efeitos da industrialização

A Grã-Bretanha tomara a liderança ao encetar uma "revolução industrial", e em meados do século XIX era conhecida como "a oficina do mundo". A partir da década de 1830, contudo, os outros Estados do noroeste da Europa tinham também começado a se industrializar, embora em ritmos diferentes. A partir da década de 1870, a Alemanha especialmente aumentou sua produção de carvão, ferro e aço a um ritmo incrível, para superar a Grã-Bretanha como a potência industrial líder da Europa por volta de 1913. (Entretanto, não conseguiu desafiar a posição mantida pelos Estados Unidos desde o final do século XIX como a principal potência industrial do mundo.) Como outros Estados europeus lutavam para se equiparar ao ritmo de industrialização da Alemanha, surgiu um desequilíbrio de poder, com conseqüências de grande extensão.

Status de grande potência

Por volta de 1914 havia definitivamente dois graus de "grande potência" na Europa: Grã-Bretanha, França e Alemanha; e Áustria-Hungria, Itália e Rússia.

O *Kaiser* alemão observando as manobras
Guilherme II tinha um profundo interesse em táticas militares e nas últimas inovações dos armamentos. A desconfiança sobre seus motivos foi um fator da militarização da Europa nos anos anteriores à Primeira Guerra Mundial.

"Imprudência e fraqueza mergulharão o mundo numa guerra terrível cujo objetivo é destruir a Alemanha. Pois não pode mais haver qualquer dúvida: A Inglaterra, a França e a Rússia vêm conspirando...para travar uma guerra de aniquilação contra nós."

KAISER GUILHERME II, MEMORANDO ENVIADO AO TOMAR CONHECIMENTO DA MOBILIZAÇÃO DA RÚSSIA A 30 DE JULHO DE 1914

Na verdade, havia mais do que dois grupos. A Grã-Bretanha e a Alemanha eram certamente as grandes potências da primeira fila, devido a seu poder industrial e econômico. A França poderia ser incluída entre as duas primeiras, porém mais por razões históricas do que por quaisquer outras, pois em termos de poderio industrial e recursos humanos fora agora superada pela Alemanha. O império Austro-Húngaro e a Rússia pressionavam duramente para se sustentar na primeira fila, enquanto o *status* da Itália como grande potência era puramente honorário e não tinha nada a ver com seu poderio, força armada ou capacidade militar. O Império Turco-Otomano, que por um longo tempo resistira à modernização e aos benefícios das mudanças industriais e econômicas, e era mencionado como "o homem doente da Europa", não estava mais nesse grupo seleto de Estados. Um elemento de instabilidade surgiu no rastro da industrialização da Europa porque França e Rússia, tendo ambas falhado em se equiparar à Alemanha em termos de poder econômico, formaram uma aliança para criar um equilíbrio entre elas de um lado, e entre Alemanha e Império Austro-Húngaro de outro.

O poder do Estado

Juntamente com a redefinição do *status* de grande potência e o equilíbrio entre as alianças rivais da Europa houve dois desdobramentos significativos. O primeiro foi o fato de que entre a década de 1870 e 1914, o Estado efetivamente derrotou todos os desafios internos. Movimentos separatistas e nacionalistas ameaçavam a unidade e estabilidade do Império Austro-Húngaro e da Alemanha, e diferenças com base religiosa assolavam a França e, numa intensidade menor, os diversos estados da Alemanha. Havia também o desafio político ao Estado por parte das ideologias socialista e marxista, e a emergência de grupos dissidentes anarquistas e sindicalistas. Em 1905, uma revolução na Rússia quase derrubou o czar e seu governo; somente a lealdade do Exército imperial o salvou. Por volta de 1907, as tendências revolucionárias na sociedade russa tinham sido suprimidas, embora fossem vir à tona durante a Primeira Guerra Mundial. Em 1914 parecia que o Estado ainda era o principal foco da lealdade da vasta maioria dos povos de toda a Europa.

O segundo desdobramento foi o crescimento extraordinário do poder do Estado. Por volta da década de 1870, o Estado adquirira um poder sem precedentes sobre sua própria população e uma capacidade bélica sem paralelo. Os dois estavam relacionados. A Guerra Franco-Prussiana de 1870-71 sublinhou a necessidade para todos os Estados, a não ser que estivessem dispostos a aceitar a hegemonia militar alemã, de estabelecer sua segurança organizando exércitos através da convocação militar. Ao fazer isso, as potências importantes da Europa conquistaram a capacidade de se mobilizar por centenas de quilômetros de frente de guerra com exércitos que não contavam mais com centenas de milhares, mas de milhões de homens.

Um clima de Ódio

A mobilização em tal escala só foi possível devido à boa-vontade das sociedades em suportar o fardo financeiro dos novos exércitos e uma boa-vontade semelhante em permitir que seus jovens fossem convocados. Essa aceitação do possível sacrifício da vida de homens era muito ativa, o que se desenvolveu em parte em resposta à crescente tendência dos governos de encarar todos os vizinhos como inimigos em potencial, e a se referir a eles desta forma. Tal tendência era acompanhada por uma mudança intelectual geral que era um legado do naturalista britânico Charles Darwin e do filósofo Herbert Spencer. Darwin, em seu marco bibliográfico *A Origem das espécies* [*On the Origin of Species by Means of Natural Selection*] (publicado em 1859), descrevera a Teoria da Evolução, enquanto Spencer aplicara a teoria às pessoas em sociedade. As noções gêmeas darwinianas da "luta pela existência" e da "sobrevivência dos mais aptos" passaram a ser amplamente aceitas na Europa, e numa forma distorcida forneceram a base para um crescente nacionalismo afirmativo e estridente. Características nacionais e peculiaridades raciais inferiores eram atribuídas a inimigos em potencial, freqüentemente por uma imprensa popular que disseminava os piores elementos de intolerância e ódio na sociedade.

O *Kaiser* Guilherme II e o príncipe de Gales
O kaiser recebe seu primo, o futuro rei George V da Inglaterra, a bordo de seu iate em 1907. Os dois homens eram netos da rainha Vitória, assim como o czar Nicolau II da Rússia. Os laços reais não se revelaram um seguro contra a guerra.

A guerra que estourou em 1914 não foi, como se afirma algumas vezes, o produto de uma imprensa vulgar promovendo uma mistura de nacionalismo e militarismo. No entanto, o férvido nacionalismo que saudou o irromper da guerra foi amplamente o produto de anos de demonização e ridicularização dos estrangeiros, assim como da aceitação das idéias da superioridade nacional e racial pelas sociedades européias.

O encouraçado austro-húngaro SMS *Viribus Unitis*
Nos anos que precederam a Primeira Guerra Mundial, todas as grandes potências européias construíram seus navios, mesmos aquelas, como a Áustria-Hungria, que não tinham uma forte tradição marítima.

A véspera da guerra

Eram esses os fatores gerais mais importantes em ação na modelagem dos eventos que levaram ao rebentar da guerra na Europa em 1914. A instabilidade criada pelo equilíbrio de poder dentro da Europa, combinada com a sensação de apreensão produzida por sucessivas crises — notadamente a dos Bálcãs em 1908-9 e 1912-13 — foram os fatores básicos que levaram à crise desencadeada pelo assassinato do arquiduque Ferdinando em junho de 1914 e ao estourar da guerra. Compondo essas questões, porém, estavam os comportamentos públicos, modelados por Estados que tinham pouca dificuldade em justificar suas ações para seus povos.

O processo de industrialização foi crucial ao tornar possível a convocação, organização e equipagem de um número inédito de combatentes. As forças armadas dos anos 1870 foram transformadas, principalmente as marinhas, que passaram por mudanças fundamentais em tipos de navios de guerra e seus sistemas ofensivos e de comunicação. Os exércitos foram obviamente menos afetados porque retiveram seus três braços principais — artilharia, infantaria e cavalaria — e os cavalos ainda eram o principal meio de transportar armas e suprimentos. As comunicações, porém, sofreram maciças mudanças desde a década de 1870, com o aperfeiçoamento do telégrafo elétrico e a invenção do telefone e da radiotelegrafia. Enquanto isso, no ar, toda uma nova dimensão da guerra surgira durante as Guerras dos Bálcãs de 1912-13.

As mudanças que afetaram exércitos e marinhas após 1914 superariam em muito as do período anterior. Mesmo assim, é alarmante como os altos comandos militares das várias potências tinham compreendido pouco as implicações das mudanças que haviam ocorrido. Isso teria repercussões importantes sobre o modo como conduziriam a guerra prestes a se desdobrar.

"De início haverá uma matança crescente numa escala tão terrível a ponto de tornar impossível obter-se tropas para empurrar a batalha até um resultado decisivo... Todos estarão entrincheirados na próxima guerra; a espada será tão indispensável ao soldado quanto sua espingarda."

JAN BLOCH, MAGNATA POLONÊS DAS FERROVIAS
E ESCRITOR DE *WAR IN THE FUTURE*, 1897

A ESTRADA PARA A GUERRA

1878 – 1914

Na Europa, o período que conduziu à Primeira Guerra Mundial foi uma era de expansão industrial e imperial. Guerras locais foram travadas nesta época, especialmente nos Bálcãs, e houve freqüentes crises que ameaçaram iniciar uma escalada até a guerra. Entretanto, apesar das rivalidades, as grandes potências cooperaram para manter a paz. Ao mesmo tempo, contudo, fizeram preparativos para a guerra numa escala sem precedentes.

MARÇO DE 1878
Termina a guerra russo-turca, a Rússia é derrotada pelo Império Otomano

JUNHO DE 1878
Representantes das potências européias reúnem-se em Berlim para redesenhar as fronteiras nos Bálcãs, removendo parte de território do Império Otomano

OUTUBRO DE 1879
O chanceler alemão Bismarck fecha aliança defensiva com a Áustria-Hungria, destinada a desencorajar a guerra entre a Rússia e a Áustria-Hungria

1882
Formada a Tríplice Aliança entre Alemanha, Áustria-Hungria e Itália

1885
Começa a "Disputa pela África", quando as potências européias correm para cortar o continente em fatias, mas respeitam os interesses umas das outras a fim de evitar a guerra

1887
A crise sobre a Bulgária é resolvida sem provocar um conflito maior

1889
A Rússia encomenda armamentos franceses, garantindo que estes jamais seriam usados contra a França. A Torre Eiffel é terminada em Paris

1891
A Aliança Franco-Russa é formada para evitar o isolamento fora da Tríplice Aliança

ABRIL DE 1895
A Alemanha, a França e a Rússia aliviam o Japão das perdas que este herdou depois da guerra recente contra a China

1897
O canal de Kiel, ligando o Báltico ao mar do Norte, é aberto

1898
A expedição britânica ao Sudão chefiada por Kitchener derrota as tropas do Mahdi em Omdurman

1898
O primeiro projeto de lei naval alemão, assinalando a tentativa de derrubar a histórica supremacia naval britânica; início da corrida naval anglo-germânica

1899–1902
Após sofrer sérios revezes, os britânicos posteriormente derrotam as repúblicas Bôeres, que se tornam parte da União da África do Sul

JANEIRO DE 1902
A Grã-Bretanha estabelece aliança com o Japão

ABRIL DE 1904
Entente britânica com a França

1905
A Guerra Russo-Japonesa termina com derrota russa nas mãos de um Japão expansionista e que se industrializa rapidamente.
A crise de Marrocos é arquitetada pela Alemanha a fim de testar a Entente anglo-francesa

FEVEREIRO DE 1906
A Grã-Bretanha lança o encouraçado HMS, o mais poderoso navio de guerra do mundo, aumentando os lances na corrida armamentista naval anglo-alemã

1907
Entente britânica com a Rússia

OUTUBRO DE 1908
A crise bósnia, em que a Áustria-Hungria anuncia unilateralmente a anexação da Bósnia-Herzegovina

MARÇO DE 1909
A Rússia é forçada pela Alemanha a endossar a anexação da Bósnia-Herzegovina pela Áustria-Hungria, embora as potências da Entente busquem no início se opor à ação

1911
Segunda crise no Marrocos resolvida depois que a Grã-Bretanha mostra apoio à França.
A Itália declara guerra à Turquia buscando obter suas reivindicações no norte da África

OUTUBRO DE 1912
Início da Primeira Guerra dos Bálcãs entre Sérvia, Bulgária, Grécia e Turquia

MAIO DE 1913
O Tratado de Londres favorece a independência da Albânia. Os otomanos perdem a maioria de seus territórios europeus

JUNHO DE 1914
Visita do arquiduque Francisco Ferdinando e sua esposa a Sarajevo na Bósnia-Herzegovina

Os anos de abundância

O canal de Suez
Embora construído pelos franceses, o canal de Suez tornou-se um símbolo do poder marítimo e imperial dos britânicos quando a Grã-Bretanha obteve o controle da companhia depois de ocupar o Egito em 1882.

APÓS A DERROTA de Napoleão em 1815, a Europa do século XIX experimentou apenas seis guerras entre as potências importantes, das quais três envolveram a Rússia e o Império Otomano (Turquia). A primeira buscava maior influência nos Bálcãs e acesso ao Mediterrâneo Oriental do Mar Negro. O último governava sobre amplas áreas dos Bálcãs, mas estava lutando para manter o controle diante do nacionalismo crescente na região.

Depois da Guerra Russo-Turca de 1877-78, os vitoriosos russos impuseram o Tratado de San Stefano aos turcos derrotados. Os Estados dos Bálcãs — Sérvia, Montenegro e Romênia — receberam a garantia de independência total do controle turco, enquanto um grande, novo e autônomo principado búlgaro era criado. A influência russa nos Bálcãs foi bastante aumentada em conseqüência disso, fazendo campainhas de alarme tocarem no resto da Europa. A Áustria-Hungria, especialmente, estava aflita para não encorajar o nacionalismo entre seus próprios territórios balcânicos, e considerava a Rússia uma rival na região. Os britânicos já tinham apoiado os turcos contra a Rússia na Guerra da Criméia de 1853-56, e estavam cientes de que, se o Império Otomano caísse ante os russos, isso ameaçaria os interesses britânicos na Índia, e a rota marítima vital através do canal de Suez.

O Congresso de Berlim, 1878
A conferência marcou o auge da carreira do chanceler alemão Biskmarck. As decisões tomadas ali se sobrepuseram aos termos do Tratado de San Stefano, concluído pela Rússia e a Turquia naquele ano.

O Congresso de Berlim

Por convite da Áustria-Hungria, foi convocado um congresso em Berlim em junho de 1878, presidido pelo chanceler alemão Bismarck. Todas as principais potências européias — Áustria-Hungria, Grã-

Bretanha, França, Alemanha, Itália, Rússia e o Império Otomano enviaram seus representantes. Foi acordado que o destino dos territórios turcos nos Bálcãs deveria ser decidido conjuntamente por todos os poderes, e o Tratado de San Stefano foi posto de lado. A Áustria-Hungria teve permissão para ocupar a Bósnia-Herzegovina (embora não de anexá-la formalmente), e a Rússia ganhou a Bessarábia em sua fronteira com a Romênia, que trocou sua costa norte do Danúbio por Dobruja, a região costeira ao sul. À Turquia foram devolvidas a Rumélia Oriental e a Macedônia, que a Rússia tinha garantido à Bulgária. A nova e menor Bulgária era autônoma, mas ainda nominalmente parte do Império Otomano. As independências da Sérvia, Montenegro e Romênia foram legitimadas.

Novas alianças

O problema imediato que surgiu do Congresso de Berlim foi o ressentimento russo. Tendo derrotado os turcos, a Rússia vira o tratado que ditara rasgado, e culpou a Alemanha por ter se alinhado com a Áustria-Hungria. Esta última compreendia o Império Austríaco e a Hungria, que se autogovernava, estando ambas lideradas pela dinastia Habsburgo como uma "Monarquia Dual". A Alemanha, que tentara mediar seus vizinhos orientais no congresso, concluía agora uma aliança com a Áustria-Hungria. O objetivo da aliança era impedir um choque entre os Habsburgos e os Romanovs, governantes da Rússia. Ela colocava a Rússia na situação de enfrentar o poderio da Alemanha se esta atacasse a Áustria-Hungria, deixando ao mesmo tempo claro à Áustria-Hungria que a Alemanha não apoiaria qualquer agressão contra a Rússia.

O equilíbrio de poder, contudo, passou a sofrer uma crescente ameaça. Durante a década de 1880, a Rússia percebeu que sua liberdade de ação nos Bálcãs dependia da manutenção, por parte da França, do *status* de potência rival da Alemanha. Embora a Alemanha professasse não se opor aos desígnios da Rússia sobre Constantinopla, a Rússia sabia que jamais poderia obter o controle dos Estreitos (estes ligavam o Mediterrâneo e o Mar Negro) sem provocar uma guerra contra a Áustria-Hungria, e, por isso, com a Alemanha. Em 1882, esses dois aliados formaram uma Tríplice Aliança com a Itália, que por sua vez tinha ambições territoriais nos Bálcãs.

Em 1887, surgiu uma crise depois de a Bulgária recusar-se a obedecer às exigências russas para desencorajar o povo da Rumélia Oriental de se revoltar contra seus governantes turcos e se unir à Bulgária. Essa intervenção por parte da Rússia fez a Grã-Bretanha associar-se também à Tríplice Aliança em sua tentativa de manter o *status quo* nos Bálcãs. Em conseqüência disso, a Rússia reforçou seus laços com a França numa aliança que desempenharia um papel importante nos acontecimentos que resultaram na Primeira Guerra Mundial.

Equilíbrio do poder
As duas alianças-chave eram entre França e Rússia, e entre Alemanha e Áustria-Hungria.

A Aliança Franco-Russa

Tal aliança perturbou seriamente o delicado equilíbrio de poder na Europa, colocando a Alemanha sob ameaça em duas frentes. Um acordo preliminar entre a Rússia e a França em 1891 foi fortalecido por convenções militares em 1892 e 1894. A necessidade de sigilo significou que não seria possível que a aliança fosse discutida pelo Parlamento francês, sendo então ratificada através de uma troca de cartas no início de 1894, e posteriormente confirmada e consolidada em 1899 e 1912. Por muitos anos, foi uma decepção para os dois lados. A Rússia recusou-se a considerá-la um meio pelo qual a França recuperaria a Alsácia e a Lorena, perdidas para a Alemanha em 1871, e a França não se sentiu absolutamente comprometida a apoiar ambições czaristas nos Bálcãs.

Impérios em expansão

No mundo além da Europa, as grandes potências freqüentemente chegavam a entendimentos que atravessavam as alianças feitas dentro da Europa. Em abril de 1895, a Alemanha, a França e a Rússia cooperaram para compensar os japoneses pelas perdas que estes haviam herdado depois de sua recente guerra contra a China; em 1900 as potências, conjuntamente, suprimiram a rebelião Boxer, antiimperialista, que ameaçava os interesses delas na China. Com quase todas as nações da África e da Ásia incapazes de resistir à tecnologia militar das potências ocidentais, o imperialismo alcançou seu auge por volta da virada do século. Alguns recém-chegados — Alemanha, Itália, Japão e Estados Unidos — juntaram-se às potências imperiais tradicionais para obter possessões além-mar.

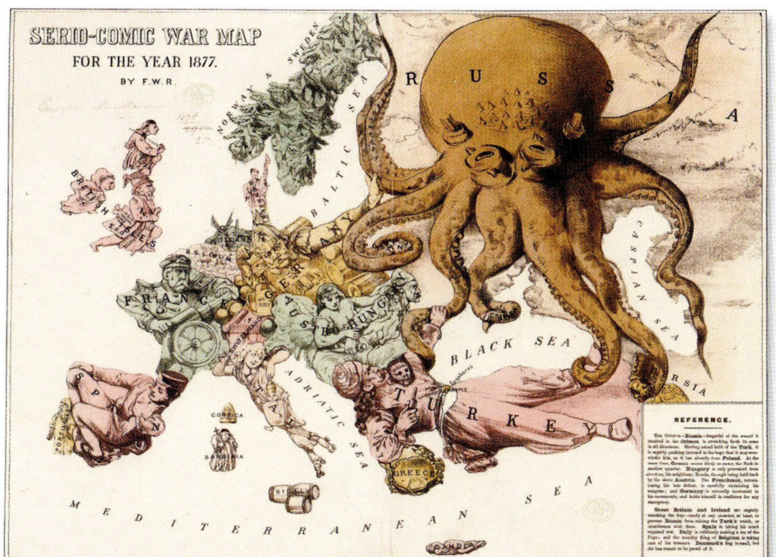

Mapa satírico britânico de 1877
A Rússia é pintada como um polvo com desígnios sobre a forma esticada da Turquia. Muitos viam as ambições territoriais russas nos Bálcãs, no Oriente Médio e na Ásia Central como a maior ameaça à continuação da estabilidade na Europa.

Ferrovia Berlim-Bagdá
A ferrovia foi instrumental para a Alemanha conquistar influência econômica e militar no Império Otomano. Um consórcio alemão ganhou o contrato para construir a ferrovia em 1888, mas ela só foi terminada em 1914.

Todas as potências se restringiam em relação às ambições umas das outras. Mesmo crises ocasionais durante a "Disputa pela África", quando as potências dividiram o continente após 1885, foram resolvidas. Nenhum país queria arriscar complicações dentro da Europa por seus interesses não-europeus.

Estaleiro Blohm und Voss, Hamburgo 1910
Por volta da virada do século, os estaleiros alemães começaram a rivalizar com os britânicos. Esse vapor está sendo construído para a Linha Hamburgo-América (HAPAG).

Mudanças na Europa

A Europa de 1914 era muito diferente daquela de meados do século XIX, quando somente a Grã-Bretanha e a Bélgica poderiam ser consideradas Estados industrializados, no sentido de que os estabelecimentos fabris e o comércio eram o sustentáculo principal da economia. Por volta de 1914, isso ocorria com quase todo o norte da Europa.

Juntamente com a industrialização ocorreu um forte aumento populacional na região como um todo. Isso começara no século XVIII, e fora causado por um determinado número de fatores, inclusive uma melhora no suprimento de comida. Desenvolvimentos tecnológicos na agricultura haviam levado a um aumento na produção de alimentos, assim como melhorias nos sistemas de transporte permitiram que os alimentos fossem transportados mais facilmente. Pessoas melhor nutridas viviam mais e tinham mais filhos que sobreviviam até a idade adulta.

Na segunda metade do século XIX, as populações dos Estados europeus continuaram a crescer rapidamente acompanhando a rápida disseminação da industrialização. A exceção foi a França, que, até 1871, era o Estado mais populoso da Europa, fora a Rússia. A Alemanha recém-unificada assumiu aquela posição, e sua população aumentou 50% nos quarenta anos subseqüentes, enquanto a da França continuou estagnada. Em 1914, com exceção da Itália, a França era a menos populosa das potências.

A Grã-Bretanha foi também superada pela Alemanha, e não apenas em termos de população. Por mais de cem anos, a Grã-Bretanha fora a nação industrial líder.

Fábrica Ford, 1914
Trabalhadores colocam um motor modelo-T numa linha de montagem da Ford. Os métodos de produção introduzidos por Ford ajudaram a fazer da América do Norte a principal potência econômica do mundo.

No entanto, quarenta anos depois da unificação em 1871, a Alemanha tomara a liderança. (Nenhum desses países, contudo, podia competir com os Estados Unidos, que por volta de 1900 emergira como a nação mais industrializada do mundo.)

O DESEQUILÍBRIO SE DESENVOLVE

A industrialização da Europa após meados do século XIX era muito diferente dos primeiros estágios da Revolução Industrial, primordialmente voltada para a manufatura do ferro, energia a vapor, têxteis e cerâmica. Indústrias químicas começaram a produzir um amplo espectro de novas substâncias, de tinturas sintéticas a novos e poderosos explosivos. O ano de 1889 viu a Torre Eiffel ser construída em Paris; foi também o ano em que aço barato, produzido em massa e com alta qualidade foi utilizado pela primeira vez na construção de navios de guerra. Outros avanços no final do século XIX incluíram a eletrificação e o motor de combustão interna. Essas novas tecnologias levaram a profundas mudanças econômicas e sociais nos países em industrialização, mas a Europa oriental e a meridional foram deixadas para trás no processo.

UM PERÍODO DE PAZ

A prosperidade crescente, padrões de vida melhores e uma legislação social crescentemente progressista desempenharam seu papel no abrandamento das tensões internas na maioria dos Estados europeus. Vastas diferenças de classe ainda permaneciam, mas a preocupação com o bem-estar social, assim como a representação parlamentar, fizeram muito para diminuir a agudeza da luta de classes, embora na Rússia permanecesse uma militância social que, na maior parte desse período, não era visível no resto da Europa.

Uma alfabetização crescente e condições sociais melhorando lentamente faziam dessa época uma era de esperança. Entre 1871 e 1914, boa parte da Europa gozou um longo período de paz sem precedentes em sua história, mas paradoxalmente este foi também um período em que os Estados da Europa preparavam-se para a guerra mantendo exércitos maciços e enchendo seus arsenais com a última palavra em armas.

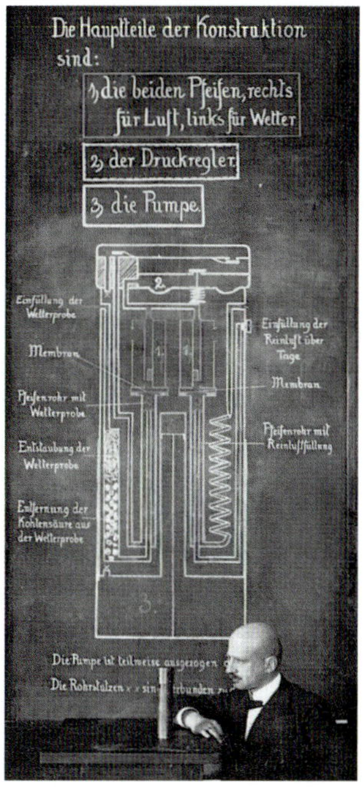

Fritz Haber (1868-1934)
Cientistas brilhantes como Haber, Prêmio Nobel de Química (1918), deram grandes contribuições ao crescimento industrial alemão. Aqui Haber mostra seu projeto para um apito para salvar as vidas de mineiros de carvão. Durante a guerra, seu método de sintetizar amônia ajudou a compensar a escassez alemã de nitratos para adubo. Ele também trabalhou no programa de guerra para o gás.

A industrialização, o ritmo crescente das mudanças técnicas e o rápido aumento populacional em certos países foram fatores importantes na militarização da Europa. A invenção do telégrafo elétrico, da humilde máquina de escrever, dos arquivos de aço, e posteriormente do telefone, combinados com as forças policiais e as redes ferroviárias em contínua expansão, forneceram aos Estados europeus meios sem precedentes para controlar suas populações. Um dos usos mais óbvios a que se aplicaram tais poderes foi a convocação ao serviço militar.

CRESCIMENTO INDUSTRIAL DAS GRANDES POTÊNCIAS 1875-1913

As principais potências industriais da Europa eram a Grã-Bretanha, que fora o primeiro país a experimentar uma revolução industrial, e a Alemanha, que rapidamente compensou a perda de tempo que se seguiu à unificação de 1871. Não só nas indústrias antigas e já estabelecidas como especialmente nas novas indústrias de precisão e petroquímica, a Alemanha havia se tornado o Estado líder em 1910. Por volta de 1914 era o principal parceiro de virtualmente todas as nações da Europa, inclusive da Grã-Bretanha, que tinha se tornado cada vez mais dependente da Alemanha para bens manufaturados.

A França, com seus limitados recursos de carvão e ferro, arrastava-se um pouco atrás da Alemanha e da Grã-Bretanha. A Áustria-Hungria e a Rússia haviam começado tarde e ainda tinham um grande caminho a percorrer para alcançar as primeiras. Nos Estados Unidos, o crescimento econômico no final do século XIX foi muito mais espetacular do que em qualquer dos Estados europeus, mas a maior parte de sua produção ainda era dirigida a seu vasto mercado doméstico.

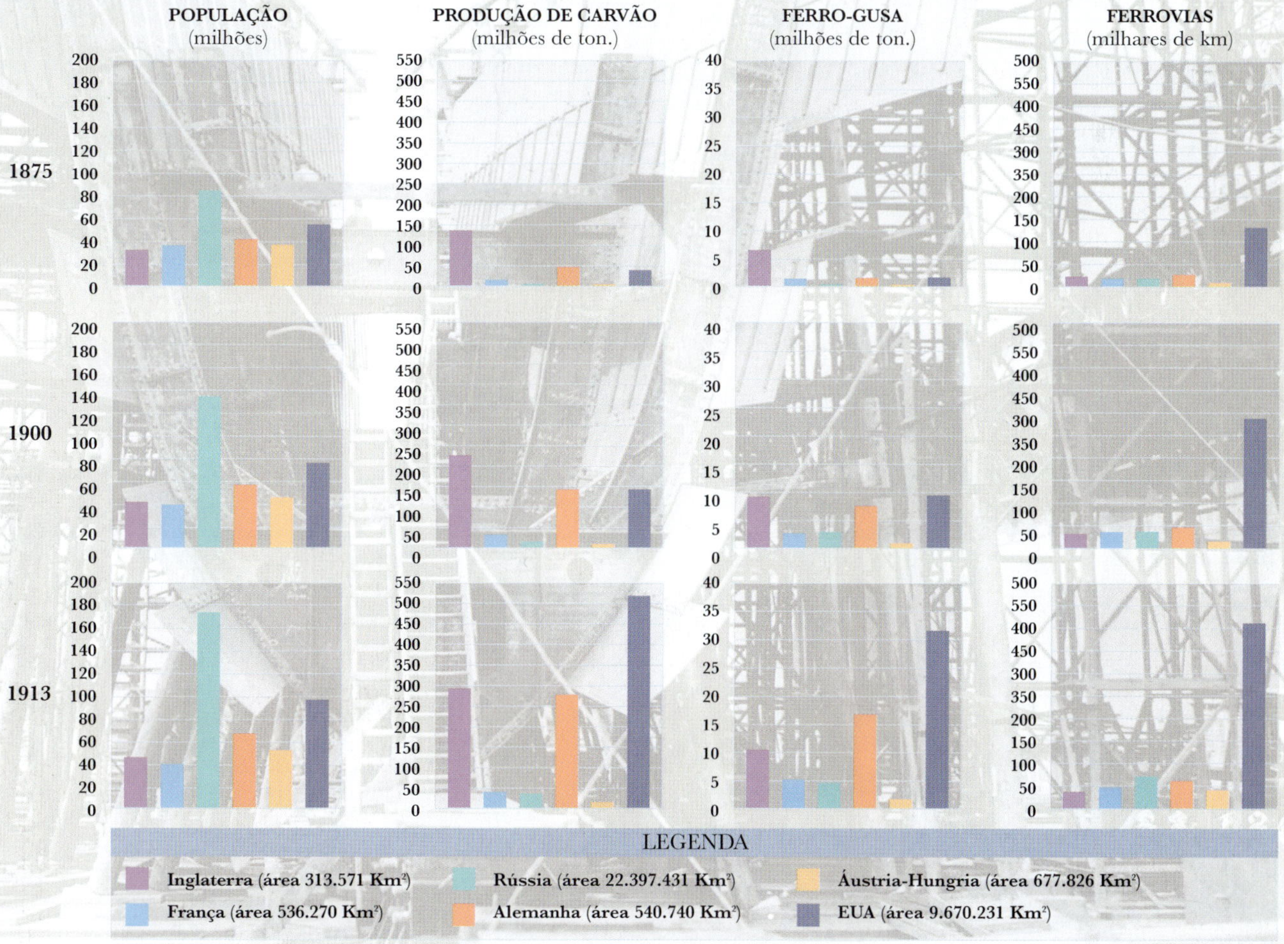

A EVOLUÇÃO DA METRALHADORA

VÁRIOS INVENTORES ATRAVÉS DOS SÉCULOS haviam feito experiências com armas de disparo rápido, mas somente no terceiro quarto do século XIX as primeiras "metralhadoras" foram desenvolvidas. As duas que mais tiveram sucesso foram as Gatling, produzidas nos Estados Unidos em 1862, e a *mitrailleuse* francesa, também desenvolvida na década de 1860. O índice de fogo era conseguido pelo número de canos: na Gatling dez, e em algumas *mitrailleuses* até 37. Nenhuma era uma verdadeira metralhadora; ambas dependiam de quão rapidamente o operador giraria o cabo da manivela para disparar pelo próximo cano; elas não acoplavam automaticamente a energia do recuo da arma para carregar e disparar a rajada seguinte. Esse sistema foi desenvolvido pelo americano Hiram Maxim (1840-1916), que adquiriu a patente para tal arma em 1882 e fez a primeira em 1884. A arma de Maxim foi extensamente experimentada por todos os exércitos europeus mais importantes em 1887 e nos Estados Unidos em 1888. Vários países posteriormente produziram suas próprias armas nacionais, embora as metralhadoras continuassem a seguir o conceito básico de Maxim. Desde o começo houve três problemas principais: um mecanismo seguro de carregar e ejetar, cartuchos confiáveis e super-aquecimento (daí a necessidade de esfriar o cano único). A Hotchkiss, produzida na França, funcionava com princípios ligeiramente diferentes, usando mais os gases emitidos de cada bala do que o coice para recarregar a arma, e dispensando a camisa de cano esfriada à água. Apenas uma nação, a Alemanha, integrou completamente as metralhadoras em sua organização militar. Em 1914, os exércitos alemães tinham cerca de 12.000 metralhadoras com seis a 12 armas por regimento. Nesse ponto, as metralhadoras já eram grandes e pesadas demais pra serem usadas por indivíduos: a Measchinengewehr alemã.08 pesava 24.66 kg, mas com a água e com o veículo de transporte chegava a 32 kg.

A Gardner de cano único
A Gardner americana, que também surgiu numa versão de cano duplo, foi usada pela Marinha britânica a partir de 1880, instalada em montagens fixas nos navios.

A mitrailleuse de Montigny
Invenção belga, essa arma de 37 canos foi adotada pelo Exército francês em 1869. Uma versão de 25 canos, apontada como capaz de disparar trezentos tiros por minuto, foi usada na Guerra Franco-Prussiana.

Metralhadores nas Guerras dos Bálcãs
Uma unidade búlgara, entrincheirada com uma arma Maxim, dá uma amostra prévia da guerra de trincheiras de 1914-18.

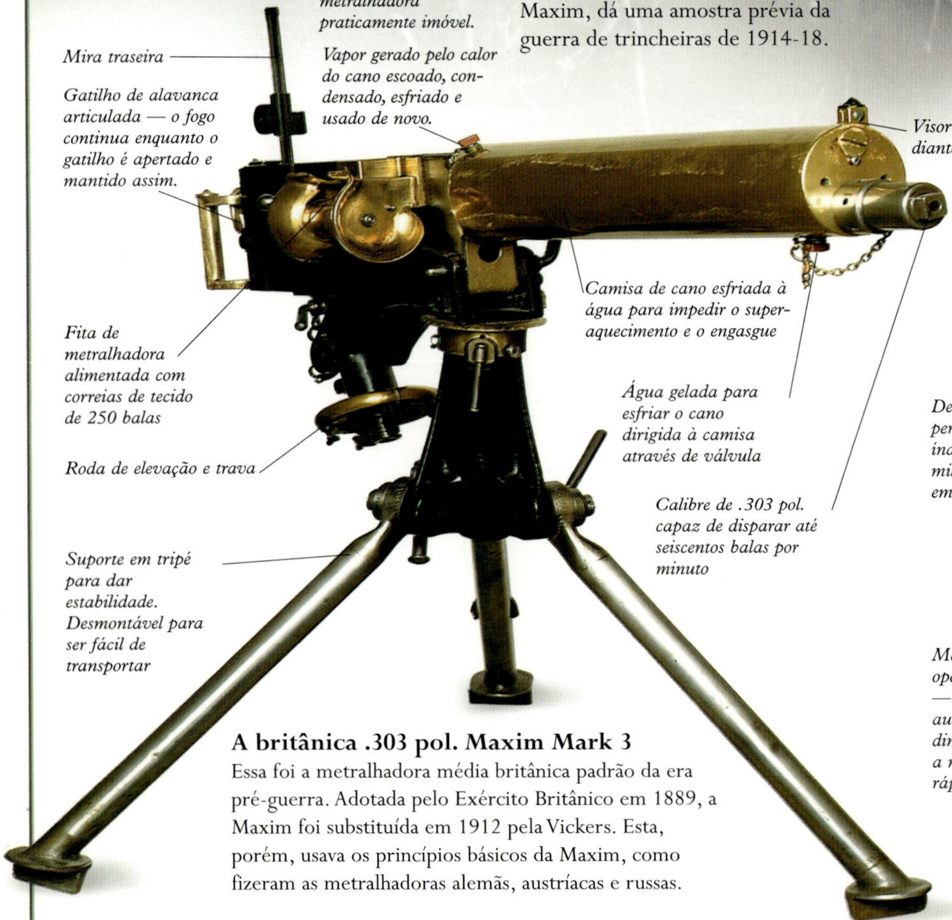

A britânica .303 pol. Maxim Mark 3
Essa foi a metralhadora média britânica padrão da era pré-guerra. Adotada pelo Exército Britânico em 1889, a Maxim foi substituída em 1912 pela Vickers. Esta, porém, usava os princípios básicos da Maxim, como fizeram as metralhadoras alemãs, austríacas e russas.

A metralhadora americana Gatling
A Gatling entrou em ação na Guerra Civil americana, mas só foi oficialmente adotada pelo Exército Americano em 1866. Posteriormente foi utilizada por muitos países europeus, inclusive Grã-Bretanha e Rússia.

A convocação militar

O serviço militar compulsório no final do século XIX tinha um objetivo político e social claro. O exército tornou-se "a escola da nação", introduzindo os rapazes às responsabilidades de cidadania e ideais patrióticos prevalecentes. Os exércitos alemães atribuíram sua vitória contra os franceses em 1870-71 à organização superior, o produto do sistema geral de equipe e números superiores — o resultado da convocação militar. Após 1871, a França e a maioria das outras potências fizeram o mesmo. O resultado foi que, por volta de 1914, a Europa estava armada numa escala que teria sido impensável em 1870. Em 1914, a Alemanha teve êxito em mobilizar um exército de três milhões e meio de soldados de linha, convocados e reservistas, que a capacitou a equiparar-se aos números russos.

A exceção da regra foi a Grã-Bretanha, onde a noção de convocação militar era politicamente inaceitável. Seu pequeno exército profissionalizado era em grande parte destinado ao objetivo de sufocar rebeliões no império, no Sudão (1896-98) e na África do Sul (1899-1902), por exemplo. O país podia confiar em sua marinha para defesa.

Manter exércitos tão grandes obviamente aumentou os orçamentos militares. Os Estados descobriram que o aumento de gastos só podia ser justificado para legislaturas eleitas comparando suas forças armadas com os exércitos dos inimigos em potencial. O constante monitoramento da força militar dos vizinhos contribuiu pouco para a harmonia da Europa.

A tecnologia e a corrida armamentista

A paz na Europa tornava-se cada vez mais frágil pelo ritmo do progresso tecnológico. Isto agora tornava necessário o reequipamento de exércitos a cada 18 ou 20 anos, e de marinhas uma vez por década. A industrialização gerou uma corrida armamentista que derrubou o equilíbrio existente entre as potências.

As mudanças mais importantes resultantes da industrialização visíveis na Primeira Guerra Mundial foram no modo como os exércitos lutavam. Enquanto as ferrovias podiam transportar um número cada vez mais crescente de homens para o campo de batalha, as mudanças no armamento, obtidas com o desenvolvimento na metalurgia e na química, deram aos exércitos um poder de fogo muito maior, armas automáticas e bombas altamente explosivas combinavam-se para levar ao campo de batalha um volume mais pesado de fogo preciso, de longa distância, assegurando que a defesa podia bloquear um ataque antes que ele chegasse suficientemente perto para representar uma ameaça. O poder de fogo que parava emergia como mais forte do que o poder de fogo que avançava.

A Guerra Sul-Africana
A experiência britânica na Guerra Sul-Africana (1899-1902) não foi nenhuma preparação para a Primeira Guerra Mundial. As táticas de guerrilha Bôeres tiveram inicialmente um grande sucesso contra o exército britânico profissional. Uma mudança importante introduzida pelos britânicos em conseqüência da Guerra Sul-Africana foi o uniforme cáqui.

Em termos de mobilidade, exércitos maiores equipados com novos armamentos criavam demandas logísticas crescentes. Colunas de suprimento tiveram que dobrar de extensão. Enquanto uma unidade alemã era suprida com 457 vagões em 1870, o número subira a 1.168 por volta de 1914. Em 1870, era estabelecido que um exército podia operar a uma distância de 160 quilômetros de sua mais próxima linha férrea; por volta de 1914, esse número descera à metade.

Pergunta-se com freqüência por que o efeito de tais mudanças, na Primeira Guerra Mundial, teria sido tão pouco avaliado pelos generais que passaram décadas preparando-se para a guerra. Havia evidência disponível sugerindo que um futuro conflito poderia transformar-se numa prolongada guerra de trincheira pela dificuldade de uma vitória nítida no campo de batalha. Na Guerra Civil Americana (1861-65), o cerco de Petersburgo mostrara-se uma acurada previsão das trincheiras da Primeira Guerra Mundial. A Guerra Russo-Turca (1877-78) fora a primeira guerra européia em que "a espada fora mais imporante do que o fuzil"; mais recentemente, a Guerra Russo-Japonesa (1904-05) testemunhara cenas em que centenas de milhares de homens haviam combatido em batalhas que às vezes duravam semanas.

Essas guerras, contudo, eram muito distanciadas em termos de espaço e tempo da Europa de 1914, onde a evidência das Guerras dos Bálcãs de 1912-13 tinha sugerido que as guerras poderiam ser decididas em questão de semanas. Nos dois conflitos, uma pesada concentração de tropas e ação ofensiva conduzira a um resultado veloz antes que questões rotineiras como a logística interferissem. Apesar da evidência de que o poder de fogo matava, prevalecia a crença de que a vitória seria obtida como resultado da boa-vontade da infantaria de avançar contra o fogo inimigo. Os franceses consideravam a baioneta um instrumento de vontade moral. A sabedoria convencional era ainda de que qualquer guerra seria curta, caracterizada pela ação ofensiva — e ganha, é claro, pelos exércitos.

Fortificações
No século XIX, as potências da Europa continental fortificaram suas cidades grandes e pequenas estrategicamente importantes. A cidade francesa de Verdun (à esquerda), por exemplo, foi cercada por vinte fortes e quarenta redutos. Nos anos que antecederam 1914, no entanto, muitos desses fortes foram negligenciados; alguns ainda estavam armados com velhos canhões de ferro.

O PODERIO MARÍTIMO BRITÂNICO E ALEMÃO

Para a Grã-Bretanha, indiscutivelmente a potência de maior prestígio, a vitória não seria conquistada por seus exércitos. Em todas as guerras que o país travara nos 250 anos anteriores, ela emergira, se não triunfante, ao menos intacta e não derrotada como conseqüência de seu domínio do mar.

O século XIX vira uma evolução rápida no *design* dos navios. Cascos de madeira e fileiras de canhões carregáveis pelo cano tinham sido substituídos por navios de guerra revestidos de ferro. Por volta de 1914 eles eram cobertos por armadura, impelidos por motores a óleo que produziam velocidades de mais de 15 nós, e tinham canhões maciços que podiam disparar a distâncias de vinte quilômetros. Outras evoluções, especialmente o telégrafo elétrico e depois o rádio, forneceram aos almirantados um controle direto sobre seus mais distantes comandos. A segunda metade do século XIX viu também a evolução das minas, enquanto a tecnologia que forneceu o torpedo com qualidades confiáveis mantidas em profundidade — o leme horizontal e os tanques de lastro — também fez do submarino uma proposta prática.

Na Guerra Russo-Japonesa de 1904-05, as minas foram responsáveis pela destruição de três navios de guerra, cinco cruzadores, quatro contratorpedeiros e quatro outras naves de guerra. Juntos, a mina e o torpedo tornaram o bloqueio próximo de uma costa inimiga extremamente perigoso. Tal perigo foi reconhecido pelo almirantado britânico, que decidiu impor um bloqueio distante em vez de próximo da Alemanha no caso de uma guerra.

O aumento do poder político da Alemanha e de sua crescente importância industrial foram acompanhados por uma nova capacidade de afirmação que não anunciava coisas boas para a paz da Europa. As primeiras manifestações disso foram as leis navais alemãs de 1898 e 1900. Elas comprometiam a Alemanha a construir uma frota poderosa o bastante para ameaçar a supremacia naval britânica. A Alemanha calculava que problemas em várias partes do Império Britânico e a hostilidade geral à Grã-Bretanha na Europa continental obrigariam a última a fazer concessões às ambições territoriais da Alemanha. As tentativas em 1898 e 1901 de negociar uma aliança anglo-germânica fracassaram quando a Grã-Bretanha recusou-se a dar à Alemanha carta branca na Europa. Após o encerramento da Guerra Sul-Africana em 1902, a Grã-Bretanha sentiu-se mais capacitada para resistir à pressão alemã.

Uma nova potência no Oriente
Yokohama celebra a vitória do Japão sobre a Rússia na guerra de 1904-05. A vitória do Japão sobre o maior e mais populoso império da Europa anunciava o fim da velha ordem mundial.

O cerco de Port Arthur, 1904
Na Guerra Russo-Japonesa, Port Arthur foi bombardeada por artilharia baseada em terra e por navios japoneses. O cruzador russo *Pallada*, visto aqui no porto, foi afundado em dezembro de 1904. Os russos se renderam a 2 de janeiro de 1905.

A ENTENTE ANGLO-FRANCESA

Numa tentativa de reduzir seu problema fora da Europa, a Grã-Bretanha entrou numa aliança com o Japão em janeiro de 1902 e numa entente com a França em abril de 1904. O acordo com a França tinha por objetivo eliminar certo número de questões imperiais que haviam abalado as relações anglo-francesas. Em troca do apoio britânico às ambições territoriais francesas no Marrocos, os franceses concordaram em conceder carta branca à Grã-Bretanha em relação ao Egito.

Convencida de que a Grã-Bretanha e a França ainda eram essencialmente rivais, a Alemanha decidiu em 1905 testar o novo entendimento anglo-francês. Escolhendo uma época em que a Rússia ainda estava tonta pelo choque de sua derrota ante o Japão, a Alemanha provocou uma crise importante quando o kaiser, numa visita a Tanger, em Marrocos, declarou apoio ao sultão como um soberano independente.

A Grã-Bretanha respondeu com ativo apoio diplomático à França, e uma importante conseqüência da crise foi que as relações anglo-francesas se fortaleceram. A Grã-Bretanha se tornou cada vez mais convencida de que, para sua própria segurança, era essencial manter a França como grande potência para contrabalançar o crescente poderio militar da Alemanha.

AUMENTA A OPOSIÇÃO À ALEMANHA

A derrota da Rússia para o Japão em 1904-05 abriu caminho para a Entente Anglo-Russa de agosto de 1907, destinada a resolver as disputas dos dois países fora da Europa. Ela também permitiu à Rússia voltar sua atenção aos Bálcãs e seu apoio para os sérvios. Em 1908, um golpe de Estado na Turquia dado por um grupo conhecido como os Jovens Turcos levou o Império Otomano a tentar reafirmar sua soberania na Bulgária (que resistiu a tal interferência), e na Bósnia-Herzegovina. A última estivera sob administração austro-húngara desde o Congresso de Berlim em 1878, mas a Áustria-Hungria anunciava agora que a anexaria formalmente. A vizinha Sérvia sentiu que a Bósnia-Herzegovina, com sua população na maioria sérvia, devia tornar-se parte de uma Sérvia maior, e esperava que a Rússia a apoiasse nesse objetivo.

Inicialmente, a Rússia considerou em aquiescer nessa questão se a Áustria-Hungria apoiasse seu antigo objetivo de obter direito de passagem para os navios de guerra russos através de Bósforo e dos Dardanelos (enquanto era negado às marinhas de todas as potências o acesso ao Mar Negro). Contudo, os austríacos adiantaram-se à conclusão das negociações e prosseguiram com a anexação. Em março de 1909, diante de uma velada ameaça de guerra por parte da Alemanha, a Rússia não teve opção senão endossar o movimento.

A Marinha britânica

No estourar da guerra, a Marinha britânica superava — pelo menos em termos de encouraçados e cruzadores modernos — seus dois rivais. Tinha 22 encouraçados e nove cruzadores, comparados aos 15 encouraçados e cinco cruzadores da Alemanha e aos dez encouraçados dos Estados Unidos. Em termos dos navios de guerra pré-encouraçados, cruzadores, contratorpedeiros e submarinos, os britânicos também usufruíam uma clara margem de superioridade sobre outras marinhas.

Nas duas décadas anteriores a 1914, as marinhas passaram por mudanças fundamentais quando submarinos, dirigíveis, aviões e rádio entraram em serviço. À medida que os torpedos ganhavam um maior alcance e maiores ogivas, o contratorpedeiro foi desenvolvido para se contrapor ao barco-torpedeiro. Minas foram usadas extensamente e com eficácia durante a Guerra Russo-Japonesa de 1904-95, portanto, deviam desempenhar um papel importante em qualquer futuro conflito. Nos planos britânicos para um bloqueio distante da Alemanha, as minas seriam colocadas na parte sul do Mar do Norte, no Estreito de Dover e em volta dos portos domésticos, mas as minas britânicas mostraram-se inferiores às alemãs e causaram pouco dano.

Tais desdobramentos seguiram passo a passo com outra mudança fundamental: a redução dos compromissos da Inglaterra através do mundo e a concentração da frota em águas domésticas. Uma combinação com a França levou a uma importante redução das forças navais britânicas no Mediterrâneo que, nos cem anos que se seguiram à vitória de Nelson no Nilo em 1798, fora efetivamente uma posse britânica.

Colocação de minas
Durante a guerra a Grã-Bretanha convocou sua vasta frota mercante para auxiliar em tarefas como a colocação de minas. Aqui, minas são ligadas a redes lançadas de um barco de pesca britânico. Esse era o tipo de barragem de minas usada para bloquear o Estreito de Dover.

Hidroavião de reconhecimento HRE2
O HRE2 (Hydro Reconnaissance Experimental 2) pertencia a uma série de aviões de dois assentos construídos pela Royal Aircraft Factory a partir de 1914. Outras versões do avião foram usadas para trabalho de reconhecimento sobre a terra.

Encouraçado HMS, lançado em 1906
O revolucionário navio de 18.110 toneladas, com seus dez canhões de 12 pol.(330 mm), turbinas a vapor e velocidade máxima de 21 nós deu seu nome a uma nova classe de navios de guerra. Os navios de guerra anteriores eram daí por diante chamados desconsideradamente de "pré-encouraçados".

Submarino britânico C3
Em 1914, a Marinha britânica tinha 73 submarinos, comparados com os 31 da Alemanha. Em 1918, o velho C3, com uma carga de alto poder explosivo, foi usado para chocar-se contra um viaduto em Zeebrugge num ataque para prender submarinos alemães em suas bases.

A Grã-Bretanha e a França ignoraram as ameaças militantes da Alemanha, ameaças que foram repetidas em 1911, quando as tropas francesas ocuparam Fez, no Marrocos. Essa segunda crise marroquina foi resolvida com uma troca pequena de territórios coloniais entre a França e a Alemanha, mas só depois que a Grã-Bretanha apoiou a França.

Mesmo em 1907, o círculo de alianças em torno da Alemanha não tinha sido de modo nenhum firme, mas depois das crises de 1908-09 e a de 1911, a solidariedade entre as potências da Entente — Grã-Bretanha, França e Rússia — era muito mais robusta. Nos Bálcãs, a anexação da Bósnia-Herzegovina pela Áustria-Hungria, destinada a impedir as reivindicações territoriais por parte dos sérvios, teve êxito em humilhar seu vizinho, mas falhou em dominar o nacionalismo sérvio.

ASPIRAÇÕES ITALIANAS

O tratado de 1887 que uniu a Alemanha, a Áustria-Hungria e a Itália numa aliança fora concluído somente depois que a Áustria-Hungria admitiu que a Itália tinha interesses semelhantes nos Bálcãs. Última das potências, e por volta de 1909 pouco mais do que um membro nominal da Tríplice Aliança, a Itália emergiu da crise bósnia de 1908-09 numa situação familiar — sem nada. Contudo, por volta de 1911, estava determinada a obter território. Em vários momentos, todas as potências tinham endossado as reivindicações italianas às províncias turcas da Tripolitana e Cirenaica no norte da África, mas nenhuma apoiara a declaração italiana de guerra à Turquia em 1911. Os italianos ocuparam as cidades costeiras de Trípoli e Benghazi, mas a campanha mostrou-se mais difícil do que se esperava, e em 1912 eles voltaram sua atenção para o Egeu, e ocuparam Rhodes e o Dodecaneso. No Tratado de Lausana de outubro de 1912, a Turquia concedeu seus direitos sobre Trípoli e Cirenaica à Itália.

Tropas italianas no norte da África em 1911
Os italianos derrotaram os turcos entre 1911 e 1912 e tomaram o controle da costa líbia, mas tiveram grandes dificuldades de submeter as populações locais árabes e berberes.

AS GUERRAS BALCÂNICAS

Enquanto isso, a Turquia sofreria novas perdas territoriais nos Bálcãs. Em março de 1912, a Bulgária e a Sérvia concluíram um pacto que estabelecia a divisão da Macedônia entre elas. Em maio, um pacto ulterior entre a Bulgária e a Grécia fez nascer a Liga Balcânica, unida em sua oposição ao domínio turco na região. Durante o verão de 1902 as grandes potências procuraram reduzir a crise nos Bálcãs, mas no momento em que concordaram em outubro em agir a fim de manter o *status quo*, a Primeira Guerra dos Bálcãs tinha começado, seguindo-se a uma declaração de guerra à Turquia pelo independente Montenegro. Quando um armistício foi assinado a 3 de dezembro, os exércitos turcos tinham sofrido uma série de derrotas e os búlgaros já avistavam Constantinopla.

Seguiram-se complicadas negociações, envolvendo a Liga Balcânica, as grandes potências e a Turquia. Após um crepitar de resistência turca em fevereiro e março de 1913, a paz foi posteriormente concluída a 30 de maio de 1913. O Tratado de Londres criou uma Albânia independente, um arranjo exigido pela Áustria-Hungria e a Itália como meio de negar à Sérvia o acesso ao mar. A Sérvia buscou compensações na Macedônia oriental às custas da Bulgária. A Bulgária também estava em disputa com a Grécia sobre Salonica e, defrontada com essas dificuldades, escolheu posicionar-se contra seus antigos aliados em 29 de junho de 1913, começando assim a Segunda Guerra dos Bálcãs. Com a até então aquiescente Romênia e a vingativa Turquia também tomando posição contra eles, os búlgaros foram derrotados em um mês. O Tratado de Bucareste, de 13 de agosto de 1913, estabeleceu, pelo momento, um novo conjunto de fronteiras nos Bálcãs.

Revolucionários macedônios em 1912
Em sua luta para libertar-se do domínio turco em 1912, os macedônios foram apoiados pela Bulgária, Grécia, Sérvia e Montenegro.

Sociedades estratificadas

Apesar de todos os avanços econômicos e tecnológicos dos cinqüenta anos anteriores, a Europa que foi para a guerra em 1914 ainda era uma rede de sociedades dividida ao longo de linhas rigidamente tradicionais. Mesmo na relativamente moderna Grã- Bretanha, a ocupação individual mais disseminada às vésperas da guerra era o serviço doméstico.

Como a Grã-Bretanha e a França, a Alemanha tinha um parlamento eleito, o Reichstag, com deputados representando os interesses de várias seções da população masculina. Os ministros do governo, contudo, não eram diretamente responsáveis pelo Reichstag. O Reich alemão era uma federação de estados dominados pela Prússia. O rei da Prússia era também o kaiser e os nobres prussianos, os *Junkers*, formavam a elite dirigente da Alemanha. Nela, assim como na Grã-Bretanha e na Áustria-Hungria, as aristocracias donas de terras mantinham seu *status* na "alta sociedade", com um calendários de bailes, corridas de cavalo e fins de semana nas casas de campo.

A persistência da velha ordem era mais óbvia na autocrática Rússia. Responsável apenas ante Deus, o czar indicava os comandantes do exército e da frota, os ministros e os governadores das províncias. Apesar da rápida industrialização da Rússia, que fez com que a população dobrasse nos quarenta anos anteriores a 1914, bem mais de 80% do povo vivia em áreas rurais. Quando a Revolução chegou em 1917, não foi uma surpresa que tantos escolhessem agüentar mais a nova ordem em vez da velha.

Carregadores no Volga
Embora a servidão tivesse sido abolida em 1867, havia pouca mudança nas vidas da vasta maioria dos camponeses russos. Um golfo aparentemente sem pontes ainda os separava de seus antigos proprietários.

Baile russo em 1914
O estilo de vida extravagante da aristocracia chocava visitantes estrangeiros na Rússia imperial. A guerra havia feito pouca diferença. Sir Samuel Hoare, oficial britânico da Inteligência, comentou: "A riqueza e o uso extravagante que faziam dela me ofuscava depois das austeras condições da vida em tempo de guerra na Inglaterra."

A véspera da guerra

As Guerras dos Bálcãs tiveram o efeito de excluir a Turquia da Europa, com a significativa exceção de Constantinopla e dos Estreitos. Que isso tivesse ocorrido devido às ações de pequenos Estados balcânicos era de certo modo surpreendente. Esses Estados tinham se mostrado capazes de agir de um modo que conflitava com os interesses das grandes potências.

Para a Áustria-Hungria, o resultado dessas guerras foi quase desastroso. A Sérvia dobrara seu território, e a Áustria-Hungria não teve nenhuma opção a não ser aceitar a ampliação territorial de seu vizinho. A questão da força da Sérvia, e o aumento dos sentimentos nacionalistas na região, que a Áustria-Hungria via como "o problema eslavo do Sul", era agora pressionante. Ele se apresentou num momento em que as crises freqüentes dos dez anos anteriores tinham dado grande ímpeto aos eventos e à excitação geral — um nacionalismo cada vez mais estridente e militante — que reduzira a resistência à guerra. E mais, essa evolução chegou num momento em que aqueles com poder de decisão em Berlim e Viena tinham noção de que seus países encontravam-se no auge da força em relação a seus potenciais inimigos. Estavam bem conscientes de que sua vantagem declinaria com o passar dos anos. As reformas militares na França e os programas de construção de ferrovias na Rússia seriam completados por volta de 1916, aumentando o poderio militar e a mobilidade desses países. Nas crises de 1912 e 1913, a Alemanha e a Áustria-Hungria tinham se mantido recuadas, embora conscientes de que pudesse ser de seu interesse induzir as hostilidades em vez de adiá-las. Em 1914, quando defrontadas com outra crise nos Bálcãs, elas não mostrariam o mesmo comedimento.

Visita fatal de 28 de junho de 1914
O arquiduque Francisco Ferdinando, herdeiro dos tronos Habsburgos, e sua esposa dirigem-se ao carro durante sua visita a Sarajevo, capital da Bósnia-Herzegovina.

Ódio e desconfiança nos Bálcãs
Enquanto novos Estados eram criados e novas fronteiras traçadas nos Bálcãs, nenhum país podia depender da lealdade de sua população. Aqui, tropas búlgaras assistem ao enforcamento de supostos espiões turcos durante a Guerra dos Bálcãs de 1912-13.

DECLARAÇÕES DE GUERRA

JUNHO A AGOSTO DE 1914

Durante a crise diplomática de julho de 1914 que se seguiu ao assassinato do arquiduque Francisco Ferdinando, houve apelos por moderação. Contudo, depois que a Áustria-Hungria rejeitou a resposta da Sérvia ao ultimato e declarou guerra a 28 de julho, os eventos começaram a desenrolar-se numa espiral fora do controle. A confiança evaporou, enquanto as decisões das grandes potências eram ditadas pelo medo de que seus inimigos pudessem obter vantagens indevidas ao se mobilizar antes que elas o fizessem.

28 DE JUNHO
Arquiduque Francisco Ferdinando e sua mulher são assassinados em Sarajevo.

23 DE JULHO
Nota austro-húngara à Sérvia, com exigência de resposta por volta de 25 de julho

24 DE JULHO
Áustria-Hungria notifica as potências sobre nota à Sérvia

25 DE JULHO
Resposta sérvia à Áustria-Hungria não é entregue

25 DE JULHO
Áustria-Hungria corta relações diplomáticas com a Sérvia

26 DE JULHO
A Grã-Bretanha busca um acordo para conferência a fim de resolver o problema sérvio: França e Itália demonstram aceitação

26 DE JULHO
Áustria-Hungria ordena mobilização parcial contra a Sérvia

27 DE JULHO
Alemanha indica recusa em participar da conferência

27 DE JULHO
Rússia indica aceitação da conferência proposta

28 DE JULHO
Áustria-Hungria declara guerra à Sérvia

29 DE JULHO
Grã-Bretanha propõe mediação internacional para resolver crise. A Rússia busca restrição alemã à Áustria-Hungria. Rússia ordena mobilização parcial

29 DE JULHO
Alemanha recusa-se a confirmar adesão à neutralidade belga

30 DE JULHO
Advertência alemã à Rússia para que cesse a mobilização. A Alemanha ordena a própria mobilização. A Áustria-Hungria ordena mobilização na Galícia

31 DE JULHO
Rússia ordena mobilização geral

31 DE JULHO
Alemanha exige que a Rússia cesse a mobilização

1º DE AGOSTO
Bélgica e França ordenam mobilização geral

1º DE AGOSTO
Alemanha declara guerra à Rússia

2 DE AGOSTO
Violação alemã de Luxemburgo: a Alemanha exige direito de trânsito através da Bélgica

3 DE AGOSTO
Alemanha declara guerra à França. Invasão alemã à Bélgica

4 DE AGOSTO
Bélgica corta relações diplomáticas com a Alemanha. A Grã-Bretanha declara guerra à Alemanha

4 DE AGOSTO
Alemanha declara guerra à Bélgica

5 DE AGOSTO
Montenegro declara guerra à Áustria-Hungria

6 DE AGOSTO
Sérvia declara guerra à Alemanha

6 DE AGOSTO
Áustria-Hungria declara guerra à Rússia

7 DE AGOSTO
Desembarque das primeiras tropas britânicas na França

8 DE AGOSTO
Montenegro declara guerra à Alemanha

12 DE AGOSTO
Grã-Bretanha e França declaram guerra à Áustria-Hungria

LEGENDA
- Movimentos das Potências da Entente e seus aliados
- Movimentos das Potências Centrais

A guerra é declarada

Prisão de Gavrilo Princip em Sarajevo
A polícia detém populares enquanto Princip (segundo à direita) é levado preso, após ter assassinado o arquiduque Francisco Ferdinando e sua esposa, condessa Sofia.

A SUCESSÃO DE CRISES NA DÉCADA anterior a 1914 deixara Grã-Bretanha, França e Rússia temerosas do poderio militar alemão. Enquanto isso a Alemanha, apesar de sua supremacia industrial e domínio econômico crescente na Europa, estava ciente de que tanto Rússia quanto França tinham planos para aumentar sua força militar. A Europa estava dividida em dois campos por um sistema de alianças, com Grã-Bretanha, França e Rússia ligadas por ententes, e a Alemanha e a Áustria-Hungria fazendo parte de uma aliança com a Itália. Entretanto nenhum dos dois lados estava completamente seguro em seus arranjos. A França e a Rússia tinham noção de que sua aliança podia não sobreviver à contínua recusa para apoiar uma à outra militarmente, e a Alemanha reconhecia que não poderia recusar-se a apoiar a Áustria-Hungria em seus problemas com o nacionalismo balcânico por muito mais tempo.

Os fatores que produziram a Primeira Guerra Mundial levaram muito tempo para serem fabricados, mas finalmente a guerra acabou estourando em resultado de cálculos e cálculos errados feitos nas semanas seguintes a um incidente em Sarajevo, Bósnia-Herzegovina, a 28 de junho de 1914. O arquiduque Francisco Ferdinando, sobrinho e herdeiro do imperador Francisco José de Habsburgo, e sua esposa, a condessa Sofia, estavam na cidade para as manobras de verão do Exército austro-húngaro. Membros da "Jovem Bósnia", uma sociedade secreta dedicada a libertar as terras eslavas do domínio Habsburgo, tinham feito planos para o assassinato do casal.

A primeira tentativa falhou, quando uma bomba jogada no carro do arquiduque ricocheteou, ferindo dois policiais e alguns espectadores. Contudo, mais tarde, o carro parou perto de onde estava Gavrilo Princip, outro membro do grupo. Aproveitando essa segunda chance, ele disparou contra o carro conversível, matando o arquiduque e sua esposa.

Manobras diplomáticas

Em si, esse incidente não teria levado à guerra, mas a Áustria-Hungria, agindo sobre uma bem fundamentada mas não provada suspeita da cumplicidade sérvia no assassinato, viu uma oportunidade de esmagar a Sérvia e assim resolver o problema no sul eslavo de uma vez por todas. Conseqüentemente, em 5-6 de julho, o embaixador austríaco em Berlim buscou assegurar a concordância alemã para eliminar a Sérvia "como um fator político nos Bálcãs." Essa concordância foi dada pelo kaiser e o chanceler, que julgava que, se a guerra tivesse que vir, então "era melhor agora do que em um ou dois anos, quando a Entente estiver mais forte". Assim, a liderança alemã cedeu o poder de decisão à Áustria-Hungria, encorajando seu aliado a começar a guerra com a Sérvia mesmo com o risco de provocar um conflito mais amplo por toda a Europa.

A monarquia Habsburgo, porém, não tinha nenhum desejo de se envolver numa guerra geral. Ela simplesmente queria uma vitória, uma vitória mais militar do que diplomática, a fim de demonstrar que era ainda uma potência que devia ser levada em conta. A fim de conseguir isso, precisava obter o apoio húngaro para o que era primordialmente um empreendimento austríaco. No passado, a Hungria, desconfiada do engrandecimento austríaco, opusera-se a uma política agressiva nos Bálcãs e usara a relutância alemã em apoiar tal política como um meio de controlar as ambições austríacas. A promessa alemã de 5 de julho, portanto, minou a resistência húngara à política austríaca, e em 14 de julho a Hungria endossou a posição austríaca. Mas somente em 23 de julho um ultimato foi enviado para a Sérvia, mas colocado de tal modo que suas exigências — equivalentes à destruição da Sérvia como Estado — se mostrariam inaceitáveis. A resposta sérvia de 25 de junho teve um tom completamente conciliatório e diplomático, como a situação exigia. Aceitava todas as demandas da Áustria-Hungria, exceto duas. Estas dariam ao governo austro-húngaro o poder de interferir tanto no inquérito sobre o assassinato quanto na direção interna dos negócios sérvios. A Sérvia sugeriu que as exigências em disputa poderiam ser submetidas ao arbítrio de um tribunal em Haia ou das grandes potências. A resposta sérvia não conseguiu disfarçar um triunfo diplomático para a Áustria-Hungria. Contudo, apesar desse sucesso e do fato de que planos de mobilização impediriam um ataque à Sérvia antes de 12 de agosto, a Áustria-Hungria declarou guerra à Sérvia em 28 de julho.

Os conspiradores
Gavrilo Princip (esquerda) com dois de seus camaradas conspiradores. Princip foi poupado da pena de morte porque só tinha 19 anos, mas morreu de tuberculose numa prisão austríaca em 1918.

Todo o resto se seguiu dessa ação. Inicialmente a Rússia aconselhara a Sérvia a ceder às exigências da Áustria-Hungria. Agora, porém, consciente da humilhação de 1909 com a anexação da Bósnia-Herzegovina pela Áustria-Hungria, a Rússia não estava disposta a permitir que a Áustria-Hungria destruísse a Sérvia, e com isso o prestígio e a influência da Rússia nos Bálcãs. Conseqüentemente, em 29 de julho, a Rússia ordenou uma mobilização parcial, dirigida contra a Áustria-Hungria. Dada a lentidão com que a Rússia podia mobilizar-se, isso foi mais um estratagema diplomático destinado a demonstrar a participação russa e a forçar a Áustria-Hungria a recuar. Mas nesse dia a Alemanha, tendo noção das implicações de uma mobilização russa para seus próprios planos de guerra, aconselhou a Rússia a desistir. Em 30 de julho a Rússia, que nunca preparara um plano para uma mobilização parcial e enfrentava um dilema de tudo ou nada, ordenou uma mobilização geral. Mesmo antes de tomarem conhecimento dessa decisão, tanto Alemanha quanto Áustria-Hungria começaram suas próprias mobilizações gerais.

> "Para tentar evitar a calamidade de uma guerra na Europa, eu lhe imploro em nome de nossa velha amizade para fazer o que puder a fim de deter seus aliados de irem longe demais."
>
> TELEGRAMA DO CZAR NICOLAU II A SEU PRIMO KAISER GUILHERME II, 28 DE JULHO DE 1914

Exigências alemãs

No 31 de julho a Alemanha apresentou à França um ultimato exigindo sua neutralidade na presente crise e a rendição das cidades fortificadas de Toul e Verdun como garantia de sua intenção. Tal demanda foi rejeitada pela França, que ordenou uma mobilização geral a 1º de agosto.

A Áustria-Hungria vai para a guerra
O imperador anuncia que existe um estado de guerra com a Sérvia aos jornais de 29 de julho (à direita). O 97º Regimento de Infantaria marcha numa parada numa praça de Trieste (abaixo) antes de partir para a Frente sérvia.

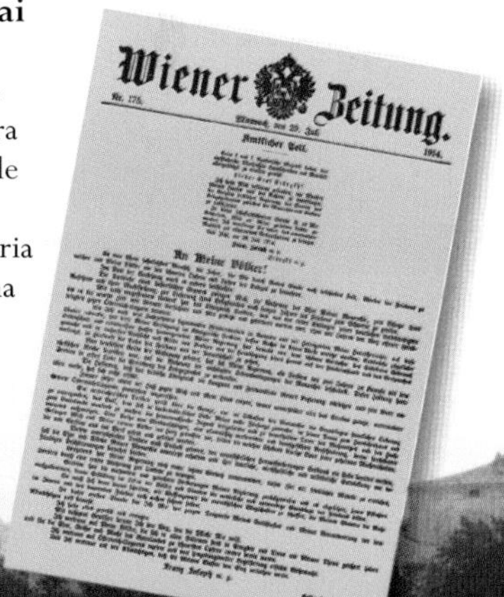

Os exércitos alemães de 1914

Medalha de identidade
Era usada em volta do pescoço presa a um cordão de algodão.

O Império alemão de 1914 consistia em 26 Estados: quatro reinos, seis grão-ducados, cinco ducados, sete principados, três cidades livres e as antigas províncias francesas de Alsácia e Lorena. Tinha uma Marinha Imperial mas nenhum Exército. Na verdade, não havia organização semelhante a um exército alemão até depois do armistício de 1918. Até então a Alemanha tinha quatro exércitos, os dos reinos da Prússia, Bavária, Saxônia e Württemberg. Antes da guerra, aqueles eram organizados em 217 regimentos de Infantaria, dos quais 166 eram prussianos, 24 bávaros, 17 saxões e dez de Württemberg. A Guarda Prussiana, a histórica escolta do rei da Prússia, era fornecida por 11 regimentos. Suas atividades eram coordenadas pelo Grande Estado-Maior alemão.

O Exército gozava de um enorme prestígio graças à posição de comandante-em-chefe do kaiser e de seu entusiasmo pessoal por todos os assuntos militares. Era também, de muitos modos, independente do controle do governo civil. As responsabilidades do Estado-Maior cobriam todas as exigências militares, mais obviamente os preparativos dos planos de guerra e a mobilização. Por exemplo, o Exército tinha poderes para dirigir os programas de construção das estradas de ferro. Seis principais linhas ferroviárias estendiam-se pela Alemanha, permitindo a rápida transferência de forças entre as fronteiras leste e oeste. Entre 1909 e 1914, os alemães empreenderam um amplo programa de construção ao longo das fronteiras com a Bélgica e Luxemburgo. Muitas estações foram então construídas com plataformas maiores do que as aldeias que ostensivamente serviam. Graças a esse planejamento — e a locomotivas mais poderosas, além de um maior sistema de linhas férreas — a Alemanha pôde mobilizar-se de modo quatro vezes mais rápido em 1914 do que em 1870 — uns 11.530 homens por linha por dia, comparados aos 2.580 na época da Guerra Franco-Prussiana.

Em 1912, os exércitos alemães tiveram um estabelecimento de tempo de paz de uns 646.000 oficiais e soldados. A lei de junho de 1913 abrangeu um exército muito maior, de 870.000 homens com 669 batalhões de infantaria, 550 esquadrões de cavalaria e 633 baterias de artilharia. Esse aumento planejado devia ser implementado ao longo de três anos. No evento, com o uso dos reservistas de primeira categoria, a Alemanha conseguiu colocar 1.750.000 oficiais e homens no campo em agosto de 1914. Outros reservistas totalizavam 1.800.000 oficiais e homens; além disso, a Alemanha tinha uns 4.250.000 homens não treinados em idade militar, um reflexo do fato de que antes de 1912, a Alemanha só convocara 53% dos efetivos disponíveis.

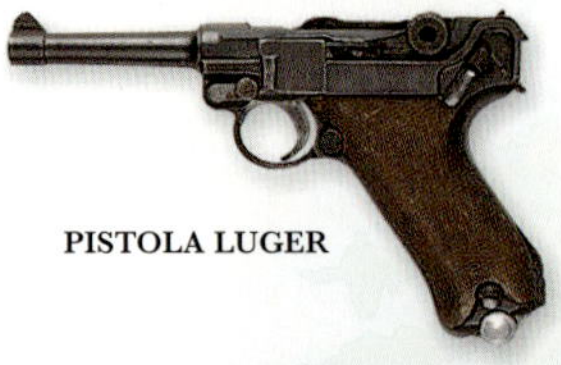

PISTOLA LUGER

Armas e equipamento alemão
A espingarda padrão era a Mauser "Gewehr" (modelo 1898) de 7.98 mm com um pente de balas de cinco tiros. A infantaria alemã estava melhor preparada para a luta nas trincheiras do que seus inimigos franceses e britânicos.

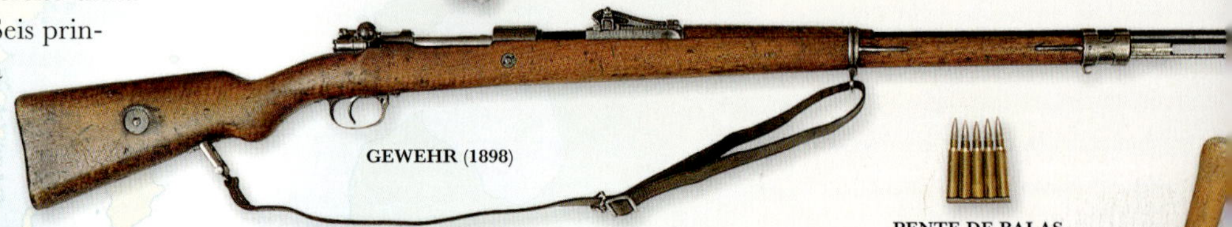

GEWEHR (1898)

PENTE DE BALAS

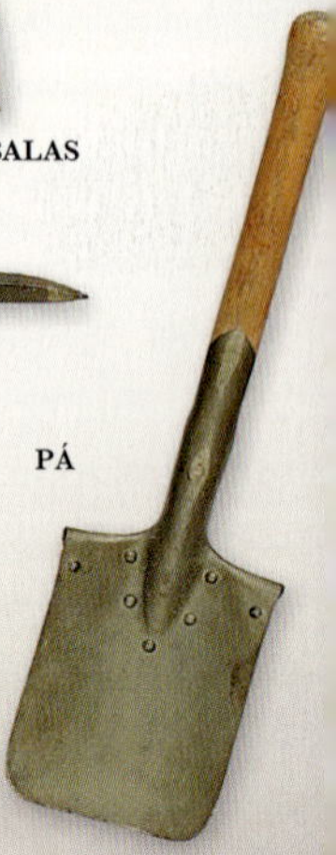

PÁ

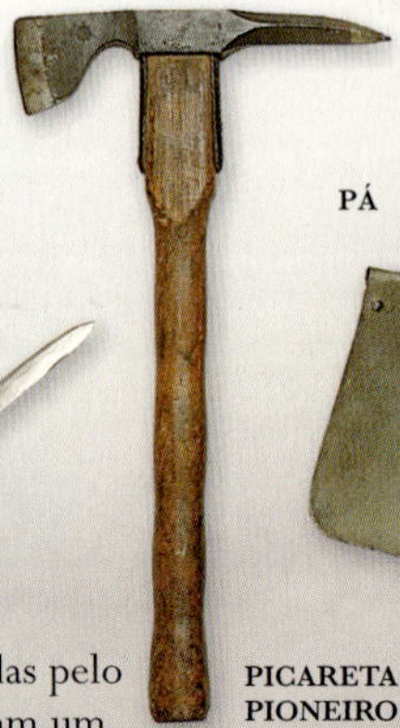

PICARETA DE PIONEIRO

CANIVETE

Prontidão para a guerra
O planejamento militar da Alemanha antes da guerra era aparente na concentração de cidades-guarnições nas fronteiras com a França no oeste e com a Rússia no leste, e nas ferrovias que as ligavam.

Manobras pré-guerra
As manobras militares assistidas pelo kaiser (extrema esquerda) eram um importante acontecimento anual na Alemanha imperial. Em primeiro plano, o príncipe Herdeiro William, usando um capacete de ulano, alisa o queixo.

Uniforme de 1914
O uniforme mostrado é o de um *Unteroffizier* (patente entre cabo e sargento) na infantaria prussiana. Os infantes usavam o *Pickelhaube* (capacete terminando em ponta no alto), com um pano para impedir que cintilasse ao sol, até que o capacete de aço fosse introduzido em 1916.

A caminho de Paris
A vasta reserva de homens da Alemanha respondeu ao chamado às armas em 1914 com fervor patriótico.

A visão alemã da guerra
Este postal patriótico de 1914 mostra a Alemanha e seu aliado único, a Áustria-Hungria, rodeadas de inimigos voltados à sua destruição.

Nesta data a Alemanha declarou guerra à Rússia e ocupou Luxemburgo. A declaração de guerra alemã à França seguiu-se no dia 3 de agosto, o mesmo dia em que a Alemanha apresentou um ultimato à Bélgica exigindo direito de trânsito através do país. No dia seguinte, depois de saber que sua exigência de que a neutralidade belga fosse respeitada fora respondida com a invasão, a Grã-Bretanha declarou guerra à Alemanha.

Foi esse o processo pelo qual a Europa mergulhou na guerra. Após 28 de julho, quando a diplomacia fracassou, todas as potências foram movidas por questões militares. Uma vez que um país soubesse ou suspeitasse de que um de seus inimigos estava se mobilizando, precisava mobilizar seus próprios exércitos, e isso demandava tempo estabelecido, ditado pelo sistema ferroviário. A logística de transportar centenas de milhares de homens e cavalos para suas indicadas posições passou a ser conhecida como "guerra de horário". Os horários que ditariam o curso das semanas de abertura da guerra eram os dos franceses, russos e alemães.

O PLANO DE GUERRA DA FRANÇA

O plano de guerra francês era conhecido como Plano XVII. Seus dois objetivos principais eram livrar a margem ocidental do Reno e demonstrar à Rússia a boa fé da França como aliado através de operações ofensivas imediatas. Ela planejava desdobrar cinco exércitos entre a Suíça e o rio Sambre na fronteira com a Bélgica.

Concebida como resposta a um esperado ataque alemão através da Lorena e do leste da França, a ofensiva francesa inicial seria no extremo leste numa tentativa de assegurar Mulhouse (Mülhausen) e Colmar na Alsácia. Tendo estabelecido o Primeiro e o Segundo Exércitos na Alsácia e no Reno, os franceses lançariam então uma ofensiva importante na Lorena. O esforço na Alsácia era visto como a primeira parte de um avanço pelo vale do Reno até Koblenz, assim como o fornecimento de apoio dos flancos à ofensiva na Lorena. A norte de Verdun, os franceses planejavam lançar três exércitos e, dependo dos movimentos alemães, tais exércitos seriam dirigidos ou através do sul das Ardenas ou para dentro de Luxemburgo e da Bélgica.

A neutralidade belga
Este cartaz de recrutamento britânico mostra o tratado garantindo a neutralidade belga, assinado por cinco nações, inclusive a Prússia, em 1873. Os britânicos davam muita importância ao fato de que os alemães, tentando manter a Grã-Bretanha fora da guerra, descartassem o tratado como um "pedaço de papel".

As províncias perdidas

Os planos de guerra da França eram amplamente determinados pela revanche, um ardente desejo de reivindicar as províncias perdidas de Alsácia e Lorena. Após a guerra-relâmpago Franco-Prussiana de 1870-71, a Alemanha anexara a província da Alsácia e a parte norte da província da Lorena. Na Idade Média, a região tinha sido parte do Santo Império Romano, mas vinha sendo francesa desde o século XVII. Parte dela havia sido confirmada como francesa após o Tratado de Westfália (1648) e o resto fora anexado por Luis XIV na segunda metade do século. Após a Guerra Franco-Prussiana, Bismarck aconselhou o kaiser a dar ao povo de Alsácia e Lorena o máximo de liberdade possível, para que eles mantivessem sua identidade local e não se ressentissem do domínio alemão. Mas seu conselho não foi seguido, sendo as duas províncias governadas como território conquistado. Especialmente irritante para os franceses era o fato de que os vastos depósitos nas minas de ferro da Lorena ajudavam a construir as florescentes indústrias de armamentos da Alemanha.

Uma constituição garantindo um "domínio local" limitado em 1911 chegou tarde demais, e o sentimento antigermânico na região explodiu em raiva pública em 1913, depois que um oficial alemão atacou um sapateiro aleijado. No mesmo ano, Hansi, um chargista alsaciano, publicou Mon Village (Minha Aldeia), uma coletânea de cenas da vida da aldeia, divertindo-se à custa das autoridades alemãs. Em 1914 ele foi sentenciado a um ano de prisão por difamar funcionários públicos. Acontecimentos como esses mantinham as províncias perdidas na consciência nacional da França. Tanto políticos quanto militares embalavam sua "ira sagrada". Do mesmo modo que a volta da cegonha, símbolo da Alsácia, assinalava a primavera, a guerra assinalou uma oportunidade longamente esperada para que o domínio francês fosse restaurado.

Chegada da cegonha
Nessa charge de Hansi, os escolares alsacianos e seu professor se reúnem para saudar a cegonha. Um policial alemão anda mal-humorado para cima e para baixo com passos desengonçados na extremidade da praça.

Propaganda francesa
Um guarda da fronteira francesa oferece um buquê a uma bonita moça alsaciana, que o aceita contente. Imagens sentimentais desse tipo apareciam em cartazes e na imprensa francesa.

A paisagem da Alsácia
Os franceses sempre tiveram um carinho especial pelas pitorescas aldeias e íngremes colinas da região, cobertas de vinhedos.

O amor francês pela ofensiva

Na Guerra Franco-Prussiana de 1870-71, os franceses viram-se lutando contra uma coalizão de estados alemães que coletivamente tinha uma população igual à da França. Contudo, a população do novo Império Alemão cresceu tão rapidamente que, por volta de 1914, tinha duas vezes mais homens em idade militar que a França. Com essa inferioridade maciça em número de homens — e uma inferioridade industrial igualmente séria —, arriscar uma guerra defensivamente só poderia resultar em derrota. Uma estratégia defensiva apenas prolongaria, e não venceria, uma guerra contra a Alemanha.

O Exército francês tornara-se uma instituição muito voltada para si mesmo. As relações entre seus comandantes e o governo francês sempre tinham sido difíceis, e o prestígio do Exército sofrera muito depois que se descobriu que o oficial judeu Alfred Dreyfus fora acusado injustamente de espionagem em 1894, sendo preso por isso. Diante das críticas, o Exército buscara uma volta às virtudes militares tradicionais e um ressurgimento da lenda napoleônica. A vergonha da derrota da França na Guerra Franco-Prussiana de 1870-71 passou a ser vista como o resultado do Exército ter deixado de ser fiel às suas tradições de ação ofensiva, e tornara-se aceito que a ofensiva combinava com o temperamento nacional francês.

Pelo menos, a ofensiva oferecia à França alguma esperança de obstruir os planos alemães, e os termos de sua aliança com a Rússia reforçavam esse modo de pensar. Naturalmente, a aliança acarretava algumas obrigações. A França não podia arriscar-se a uma guerra defensiva e deixar a Rússia com o fardo das operações ofensivas. Dada a esmagadora superioridade militar da Alemanha, tanto França como Rússia eram obrigadas a empreender operações ofensivas conjuntas ou arriscarem-se à derrota e à destruição separadamente.

O plano russo

O plano russo, o Plano XIX, foi concebido em 1910, revisado substancialmente em 1912 e revisto posteriormente após o início da guerra. Em sua forma original, o Plano XIX considerava o uso de quatro exércitos para desobstruir o leste da Prússia, na pressuposição de que a Alemanha teria poucas forças no local. Após limpar a Prússia, os russos então estariam livres para avançar diretamente contra Berlim.

Por volta de 1912, a sabedoria convencional do Exército russo decidira que os exércitos da Áustria-Hungria constituíam uma ameaça mais imediata à Rússia do que os exércitos alemães. De acordo com isso, dois dos exércitos destinados ao leste da Prússia seriam remanejados para aumentarem as forças na Galícia. Essa mudança deixou os exércitos no leste da Prússia com números escassos em relação à extensão da frente, e até mesmo em comparação a qualquer força alemã, por mais limitada que fosse, deixada para deter uma invasão russa. Em agosto de 1914, uma mudança final designou dois exércitos russos para a Frente da Silésia em preparação para uma invasão da Alemanha a partir do sudeste. Este era o setor mais distante da Frente, e levaria muito mais tempo para ser alcançado do que o leste da Prússia ou a Galícia.

As intenções britânicas

A Grã-Bretanha não estava obrigada por tratado a apoiar a França numa guerra contra a Alemanha, mas preparara planos para enviar uma pequena força expedicionária para ajudar o Exército francês. A tarefa mais importante da Grã-Bretanha era impor um bloqueio à Alemanha, isolando-a comercialmente do resto do mundo. O Estreito de Dover seria minado e patrulhado. A frota principal, baseada em Scapa Flow, nas ilhas Órcades ao norte da Escócia, patrulharia o Mar do Norte, parando e revistando navios mercantes em busca de armas ou qualquer coisa que pudesse ajudar o esforço de guerra alemão, confiscando tais bens.

Reprodução ou morte
Esse livreto ante-guerra incentivava a França a aumentar sua taxa de natalidade, já que a da Alemanha batia a francesa em cinco contra dois.

O plano da Alemanha

Desde que a França e a Rússia haviam assinado um tratado de amizade em 1891, o alto-comando alemão soube que provavelmente teria que combater suas frentes numa guerra. Um plano para lidar com esse problema começou a tomar forma ainda na década de 1890. Sua premissa era que a França se mobilizaria muito mais rapidamente do que a Rússia, portanto era essencial ter a grande maioria das forças alemãs prontas para lidar com a França, enquanto uma pequena força no Leste estaria na defensiva para frear qualquer ofensiva russa. O estado-maior alemão, sob o comando de Alfred von Schlieffen, calculou que os russos precisariam de seis semanas para ter seus exércitos totalmente mobilizados. Por isso, era essencial derrotar a França nesse curto espaço de tempo. O Plano Schlieffen fornecia os meios de realizar isso. A ala direita dos exércitos alemães invadiria a França através das neutras Holanda, Bélgica e Luxemburgo, e a seguir avançaria rapidamente para prender numa armadilha os exércitos franceses, que estariam posicionados erradamente confrontando a Alsácia e a Lorena. O plano foi elaborado detalhadamente, determinando com precisão onde cada exército deveria estar em cada dia. O plano passou por reajustes e refinamentos, especialmente depois que Helmuth von Moltke passou a ser chefe do estado-maior após Schlieffen afastar-se em 1906. A mudança mais significativa de Moltke foi a decisão de não enviar qualquer tropa através da Holanda.

Responsabilidade pela guerra

A Primeira Guerra Mundial é encarada geralmente como fruto de uma disputa entre a Rússia e a Áustria-Hungria nos Bálcãs. Ironicamente, porém, somente a 6 de agosto — quando a Rússia recebeu uma declaração de guerra da Áustria-Hungria enviada pelo correio — as potências mais interessadas na disputa dos Bálcãs entraram em guerra umas com as outras. As decisões que levaram a uma guerra geral na Europa já tinham sido tomadas entre 25 de julho e 28 de julho.

É importante ressaltar que ainda em 26 de julho, o chefe do estado-maior alemão tinha preparado um ultimato à Bélgica que foi o sinal para a invasão alemã da França, e que incitou o envolvimento da Grã-Bretanha. No Tratado de Versalhes de 1919, as potências Aliadas vitoriosas atribuíram a responsabilidade pela guerra unicamente à Alemanha, que resistiu fortemente em admitir essa culpa. Entretanto, embora a Alemanha não tivesse planejado ou buscado a guerra naquele exato momento, o conflito que irrompeu em 1914 na Europa pode ser visto amplamente como resultado da busca da Alemanha pelo "domínio da Europa".

"Chegamos aqui ontem às 9h30 e após o jantar partimos para a linha dos fortes. O ânimo está alto, extraordinariamente alto, como se estivéssemos em manobras... Nada de novo. Franceses e alemães apenas olham uns para os outros. Não posso dizer mais, ou minha carta não chegara até você."

ALEXANDRE JACQUEAU EM CARTA PARA A ESPOSA DE VERDUN, 6 DE AGOSTO DE 1914

O Plano Schlieffen

O plano desenvolveu-se quando Alfred von Schlieffen foi chefe do Estado-Maior alemão entre 1891 e 1906. Foi arquitetado como uma resposta ao dilema da Alemanha caso ela entrasse em guerra simultaneamente tanto com a França quanto com a Rússia. O plano considerava um esforço inicial no Oeste numa tentativa de derrotar a França entre o estourar da guerra e o completar da mobilização da Rússia.

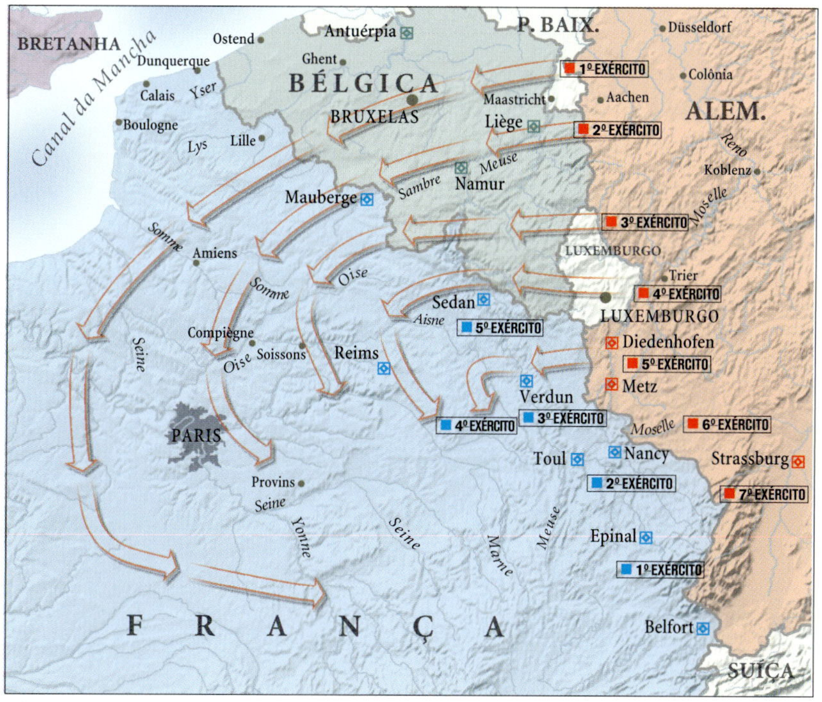

O plano original
Confrontando-se com as fortificações francesas ao longo da fronteira comum, as tropas alemãs passariam através de Luxemburgo, Holanda e Bélgica, e a seguir avançariam através do norte da França cercando a retaguarda dos principais exércitos franceses. Tendo ganhado uma grande batalha de envolvimento, as forças alemãs seriam então despachadas por ferrovia para o leste, para lutar com os russos.

O PLANO SCHLIEFFEN
- Rotas planejadas de exércitos alemães
- Cidade fortificada alemã
- Cidade fortificada francesa
- Cidade fortificada belga

Os exércitos são mobilizados

Nos frenéticos dias finais de julho de 1914, todas as potências continentais estavam à beira da mobilização. A primeira a fazê-lo foi a Áustria-Hungria, que começou a mobilizar-se a 28 de julho, levando o caos às ferrovias. A 30 de julho, o czar da Rússia ordenou a mobilização total, confiando no "Grande Programa Militar", cujo objetivo era ter todos os exércitos imperiais russos mobilizados em 18 dias. Temeroso de que o "rolo compressor" russo alcançasse Berlim antes que eles pudessem derrotar os franceses, os alemães a 1 de agosto começaram sua operação meticulosamente planejada, destinada a preparar 3.500.000 soldados prontos para a ação dentro de uma semana. O Exército regular estava inchado pelos reservistas, que se apressavam para os depósitos para receberem armas e os novos uniformes cinzentos, tomando trens com horários precisos para pontos de concentração perto das fronteiras. A mobilização da Alemanha foi o sinal para uma operação muito menos macia na França, onde cerca de três milhões de homens foram mobilizados. O Estado-Maior esperava um índice de evasão na convocação para o serviço militar de pelo menos 10%. Para a surpresa dele, a mobilização foi saudada por um jorro de apoio patriótico, com evasão de pouco mais de 1%.

Em todos os estados combatentes os soldados que partiam eram saudados por multidões entusiásticas, confiantes de que seus "rapazes" estariam em casa no Natal. Os britânicos não tinham serviço militar obrigatório e a Grã-Bretanha enviou uma força de apenas 150.000 homens, um "exército desprezivelmente pequeno" nas palavras famosamente mal traduzidas do kaiser. Enquanto a mobilização ocorria, soldados tinham seus medos individuais e dúvidas privadas, mas muitos partilhavam os sentimentos expressados pelo escritor austríaco Stefan Zweig: "Como nunca antes, milhares e centenas de milhares sentiram o que deviam ter sentido em tempos de paz - que eles formavam um todo unido."

Alistando-se
Voluntários fazem fila num centro de recrutamento de Londres em agosto de 1914. Tal foi a resposta ao apelo do governo aos voluntários que dois milhões de homens alistaram-se em um ano e a Grã-Bretanha não precisou introduzir o serviço militar obrigatório até janeiro de 1916.

Visões opostas
Enquanto os alemães pintavam seus soldados como heróis com Deus a seu lado (Gott mit uns), a charge britânica da revista Punch mostra "pequenos belgas corajosos" enfrentando uma intimidante Alemanha.

Reservista alemão partindo para a frente

"Para a guerra então; juntos enfrentaremos a morte.
Que a namorada não soluce ante minha sorte.
O que há comigo? Estou contente em fazer o que faço.
Então minha mãe chora. É preciso um coração de aço.
O bom e velho sol poente fulgura como um porto.
Daqui a quinze dias talvez eu esteja morto."

VERSOS DE *ABSCHIED* (ADEUS) DO POETA ALFRED LICHTENSTEIN, QUE MORREU NO SOMME A 25 DE SETEMBRO DE 1914, AOS 25 ANOS.

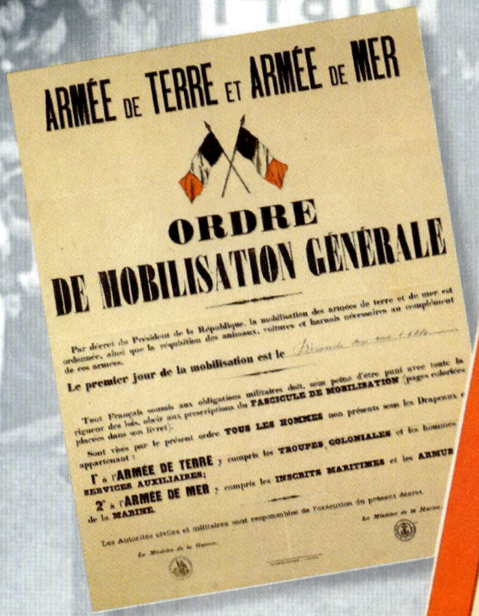

Chamados às armas
A ordem alemã para mobilização geral (direita) foi emitida a 1 de agosto, a francesa (acima) mais tarde, no mesmo dia. O chamado aos voluntários na Grã-Bretanha (acima à direita) foi lançado por Kitchener a 7 de agosto, um dia depois que ele assumiu o cargo de secretário de Estado para Guerra.

Atiradores argelinos partindo para a Frente
Tirailleurs argelinos (carabineiros), afetuosamente conhecidos como "Turcos", recebem uma despedida calorosa na estação ferroviária de Champigny-sur-Marne em agosto de 1914.

A DEFLAGRAÇÃO DA GUERRA 1914

A EUROPA VINHA SE PREPARANDO PARA A GUERRA POR MAIS DE VINTE ANOS, MAS QUANDO ESSA IRROMPEU EM 1914, LOGO SE TORNOU CLARO QUE AS GRANDES POTÊNCIAS TINHAM POUCA IDÉIA DO QUE UMA CONFLAGRAÇÃO GERAL NA EUROPA ACARRETARIA. A ÁUSTRIA-HUNGRIA, A ALEMANHA, A FRANÇA E A RÚSSIA LANÇARAM OFENSIVAS. NENHUMA TEVE ÊXITO COMO TINHA SIDO ANTECIPADO. MESMO APÓS SOFRER UMA ESMAGADORA DERROTA E PERDER CENTENAS DE MILHARES DE HOMENS, OS EXÉRCITOS PODIAM CONTAR COM RESERVAS SUFICIENTES PARA CONTINUAR A GUERRA.

2

O rolo compressor russo
O simples número de homens disponíveis para seus exércitos faziam a Rússia parecer um inimigo impossível de ser derrotado. No evento, somente efetivos não foram suficientes, e em 1917, 1.800.000 soldados russos tinham sido mortos e quase cinco milhões feridos.

A BUSCA DA ILUSÃO

EM 1914 HAVIA UMA EXPECTATIVA GERAL DE UMA VITÓRIA RÁPIDA E AMPLA. A AUTOCONFIANÇA DA MAIORIA DAS PESSOAS BASEAVA-SE EM POUCO MAIS QUE UMA ESTEREOTIPAGEM IMATURA DA INFERIORIDADE MORAL E FÍSICA DO INIMIGO. UM SÉCULO HAVIA PASSADO DESDE QUE A EUROPA VIRA UM CONFLITO DE TAL ESCALA, E MUITO POUCA GENTE TINHA QUALQUER IDÉIA DO QUE UMA GUERRA GERAL PODERIA TRAZER.

Na Áustria-Hungria, o país que pusera toda a maquinaria de ódio em movimento ao declarar guerra à Sérvia, a confiança na vitória era naturalmente alta. Ao buscar a destruição da Sérvia, a Monarquia Dual imaginara uma rápida vitória militar; no entanto, descobriu que se comprometera numa guerra para a qual estava absolutamente mal preparada. Como a Rússia se mobilizou mais rapidamente do que todos imaginaram, a Áustria-Hungria mudou seus planos: um de seus exércitos, lançado inicialmente sobre a Frente sérvia, fora deslocado para o norte para contrapor-se à ameaça russa na Galícia. Os dois exércitos envolvidos na invasão da Sérvia não estavam à altura da tarefa. Por três vezes entre agosto e dezembro de 1914 os austro-húngaros tentaram derrotar seu vizinho; por três vezes foram repelidos. Apenas no outono seguinte, ajudados pelos alemães e os búlgaros, eles conseguiram punir a Sérvia por sua imprudência em se recusar a submeter-se a todas as exigências austro-húngaras depois do assassinato de junho de 1914.

A Áustria-Hungria não estava só em sua expectativa de uma campanha rápida e vitoriosa. A França e a Alemanha estavam igualmente confiantes em um rápido êxito. Por que foi negada a essas sociedades a prometida vitória em 1914 é uma pergunta difícil de responder. Uma explicação é que os exércitos tinham simplesmente se tornado grandes demais. Haviam atingido um tamanho que impossibilitava a derrota total mesmo se sofressem inúmeras perdas locais. Eles também usufruíam de grande capacidade de recuperação através de suas reservas de força. Ao final até mesmo da campanha mais bem sucedida, a ofensiva deparava-se com uma defesa reconstituída retirada de novas convocações. Foi certamente o caso entre 1914 e 1916. Por volta do final da guerra, todas as potências européias tinham dificuldade de repor suas perdas, e por volta de 1918 nenhuma delas era capaz de fazer isso.

Problemas de mobilidade

Entre agosto e novembro de 1914, a busca da vitória era uma ilusão. Nenhuma das grandes potências estava em condições de derrotar um inimigo de *status* semelhante no decorrer de uma única e curta temporada de campanha. Graças a suas redes ferroviárias, a maioria era capaz de mobilizar-se através de seu território, podendo mobilizar-se intensamente. Entretanto, uma vez lançados, seus exércitos não conseguiam mover-se com a velocidade e eficácia dos exércitos de cem anos antes. Se considerarmos o Grande Exército de Napoleão e a campanha de 1805, a velocidade e a escala das operações foram estarrecedoras. Os franceses levantaram acampamento em Bolonha a 2 de setembro e com uns 210.500 homens atravessaram o rio Reno a 26 de setembro e o Danúbio a 6 de outubro. Viena foi ocupada em 13 de novembro; a Batalha de Austerlitz foi ganha a 2 dezembro. Em 1914 um avanço a tal distância e em tão curto espaço de tempo tornara-se impossível. Exércitos atacantes não tinham a capacidade de avançar e obter vitória. Não tinham meios de paralisar uma defesa inimiga que, operando em solo pátrio, podia mover números maiores mais rapidamente por via férrea do que um exército avançando podia mover-se a cavalo ou a pé. Enquanto isso, os defensores tinham números e uma força profunda que era uma segurança contra a derrota.

Explicar o resultado das campanhas como forças impessoais pode parecer menosprezo

Artilharia de campo sérvia
Os exércitos sérvios que repeliram as tentativas de invasão de 1914 eram pobremente equipados comparados a seus inimigos austro-húngaros, mas os soldados eram endurecidos veteranos das Guerras dos Bálcãs combatendo pela sobrevivência de sua nação.

aos feitos dos comandantes e tropas que tinham que lutar nas batalhas. Mesmo assim, os sucessos de um general individual são reduzidos e suas falhas podem ser desculpadas se o resultado de sua campanha foi amplamente determinado por outros fatores. Isso foi verdade especialmente no caso do Plano Schlieffen, com o qual o chefe do estado-maior alemão, Helmuth von Moltke, foi à guerra. Moltke fizera mudanças no plano original, a mais importante das quais foi a decisão de não violar o território holandês, e sim enviar o Primeiro Exército alemão através da Bélgica.

Exigências inviáveis

Com ou sem as emendas de Moltke, o plano alemão era questionável por dois motivos — um político e um militar. Primeiro, o Plano Schlieffen não levava em conta as reações políticas que provocaria. O alto-comando alemão justificava a violação da Bélgica como uma "necessidade militar", um princípio muito duvidoso quando resulta na perda da confiança e da boa-vontade de outros Estados neutros. Segundo, os planos militares dependem de homens para a sua execução. O Plano Schlieffen estabelecia para as forças alemãs um objetivo de cerca de 1.300 quilômetros de avanço, com uma série de batalhas no caminho, e então lutar — e vencer uma batalha de cerco e aniquilação no leste da França em seis semanas. Desafia qualquer imaginação saber como exércitos inteiros poderiam marchar 31 quilômetros por dia, afastando qualquer resistência enquanto avançavam, todos os dias por seis semanas, e finalmente lutariam e ganhariam uma enorme batalha no final de uma tênue linha de comunicação. Os exércitos inimigos não tinham garantia de conseguirem capturar e utilizar um sistema ferroviário intacto; havia também o problema colocado por Paris. As forças empenhadas na invasão pelo norte da França eram insuficientes para ocupar a capital francesa ou para "mascará-la", isto é, lançar tropas suficientes para impedir a guarnição de mover-se contra um flanco alemão exposto e não defendido. Boa parte das críticas posteriores a Moltke parecem injustas; a verdadeira crítica deve ser dirigida contra o plano original.

Falhas e forças dos franceses

Nos relatos sobre a abertura dos combates da Primeira Guerra Mundial, o exército francês é alvo de uma crítica áspera: ele cometeu erros em 1870 e pareceu fazê-lo novamente em 1914. Isso, na realidade, é bastante injusto. Na questão da violação da neutralidade belga, os franceses nunca foram culpados dos erros cometidos pelo alto-comando alemão. O Exército francês perguntou às autoridades políticas se lhe seria permitido entrar na Bélgica, sendo informado de que não poderia fazê-lo. E a pessoa que fez a pergunta foi exonerada.

A fraqueza do plano de guerra francês foi ter sido concebido pelo setor de operações do estado-maior com quase nenhuma interferência do setor de inteligência. A última antecipara que o principal esforço alemão seria feito através da Bélgica. A cada vez que essa possibilidade era considerada pelos responsáveis na seção de operações que traçaram o plano, eles contavam que as fortalezas de Liège e de Namur pudessem deter um ataque alemão. Como não haviam previsto o uso de formações de reserva no ataque alemão inicial, também presumiam que qualquer utilização de forças alemãs na Bélgica acarretaria um enfraquecimento de forças no Centro e no Oeste alemão na Alsácia e Lorena.

"Não há muito que dizer sobre nossos sucessos comparados aos dos alemães, principalmente porque as vitórias alemãs têm sido obtidas às nossas custas... O enorme peso do exército russo é atirado sobre nós."

CONRAD VON HÖTZENDORF
COMANDANTE-EM-CHEFE AUSTRÍACO NUMA CARTA DE 27 DE AGOSTO DE 1914

De volta da margem

Em suas ofensivas contra a Alsácia e Lorena, o Primeiro e o Segundo Exércitos franceses foram submetidos a uma derrota desastrosa em agosto de 1914, sofrendo baixas de uns duzentos e cinquenta mil homens, mas conseguiram se recuperar. Com os exércitos franceses posicionados erradamente para enfrentar o avanço alemão através da Bélgica, os exércitos na Alsácia e Lorena conseguiram ganhar tempo e reorganizar formações para enfrentar a ameaça inimiga. A recuperação francesa ajudou a deter a ofensiva alemã, embora na verdade o avanço já estivesse fadado ao fracasso no momento em que chegou ao Marne. Com suas linhas de comunicação ainda intactas, os franceses e britânicos foram capazes de contra-atacar através do Marne na segunda semana de setembro e empurrar os alemães de volta a Aisne. A partir desse ponto ambos os lados tentaram e fracassaram em tornar o flanco do inimigo vulnerável numa série de ações conhecidas como a "Corrida para o mar", que culminou na inconclusiva Batalha de Ypres em novembro e no estabelecimento da guerra de trincheiras.

A importância da Rússia

Houve outro fator importante na recuperação francesa na primeira semana de setembro de 1914 — os esforços feitos pela Rússia para apoiar seu aliado. No primeiro mês de guerra, a Rússia montou duas ofensivas, uma contra o Leste da Prússia e outra contra a Galícia. As forças russas derrotaram as da Áustria-Hungria, mas por sua vez foram derrotadas pelas da Alemanha. Isso seria o padrão de operações nos próximos trinta meses: os russos conseguiam derrotar os exércitos da Áustria-Hungria, mas não conseguiam competir com o equipamento e a organização superiores trazidos pelos alemães ao campo de batalha.

No que restou de 1914, tanto o Exército austro-húngaro quanto o russo demonstraram notável espírito para escapar de desastres potenciais. Os russos rechaçaram duas determinadas ofensivas alemãs na Polônia e forçaram o inimigo a uma paralisação em frente à cidade de Lodz, mas suas perdas nessas batalhas,

A FEB
As tropas britânicas empurram suas bicicletas através da cidade de Rouen no norte da França para enfrentar o avanço alemão através da Bélgica. A FEB formaria a ala esquerda da linha Aliada ao longo do Quinto Exército francês. As relações entre os dois nem sempre transcorreram suavemente, mas os britânicos desempenharam seu papel da Batalha do Marne em setembro.

além da posição exposta da cidade, levaram os russos a ceder Lodz voluntariamente em dezembro. O ano se encerrou com os impérios Austro-Húngaro e Russo tendo perdido seus exércitos de campo mais bem treinados e equipados, estando agora os dois impérios amplamente dependentes de seus aliados.

Um campo de batalha diferente

Algo distinguiu nitidamente a Frente Oriental da Ocidental: a extensão de movimento. Os sistemas ferroviários e rodoviários do noroeste da Europa estavam tão bem desenvolvidos que era virtualmente impossível para um dos dois lados ganhar qualquer vantagem local significativa em números; qualquer ameaça poderia ser controlada facilmente pelo movimento das reservas. No Leste, contudo, enquanto a Alemanha tinha 1,6 km de trilho ferroviário por cada 15 km^2, a Áustria-Hungria tinha 1,6 km por cada 50 km^2 e a Rússia apenas 1,6 km de trilho único por cada 180 km^2 de território europeu. A escassez de estradas e ferrovias afetaria a condução da guerra no Leste de muitos modos, mais obviamente no transporte de comida, matérias-primas, armas e munições. Com quase todos os combates ocorrendo no solo russo ou austro-húngaro, a superioridade local de números, suficiente para registrar sucessos locais, podia ser conseguida pelos dois lados. O problema era sustentar uma ofensiva, especialmente em áreas servidas por um sistema ferroviário intacto do inimigo. Na vastidão da Frente Oriental, as ofensivas não conduziam efetivamente a lugar nenhum.

> *"Deve ser feito todo esforço para atacar e repelir o inimigo. Um soldado que não pode mais avançar precisa manter o território já em seu poder, não importa o custo. É melhor ser morto onde está do que recuar."*
>
> JOSEPH JOFFRE, DE SUA ORDEM DE 5 DE SETEMBRO, VÉSPERA DA BATALHA DO MARNE

Estrada para o Marne
Uma unidade francesa carrega suas metralhadoras para a linha de frente. Ao fundo podem ser vistos alguns carros, inclusive os famosos "táxis do Marne", incumbidos de transportar novas tropas de Paris para o campo de batalha.

BATALHA DAS FRONTEIRAS

AGOSTO DE 1914

Enquanto os franceses lançavam custosos ataques às províncias perdidas da Alsácia e Lorena, o alto-comando alemão metodicamente colocava em ação seu modificado Plano Schlieffen. O progresso alemão através da Bélgica foi retardado no início pela resistência dos fortes de Liège, mas no final do mês o Quarto e o Quinto Exército franceses e a Força Expedicionária Britânica estavam em total retirada enquanto a *juggernaut* alemã avançava devastadoramente para o sul.

4 DE AGOSTO
Alemães atacam Liège

6 DE AGOSTO
Cidade de Liège se rende, mas as tropas nos fortes continuam lutando

7 DE AGOSTO
FEB desembarca na França

8 DE AGOSTO
Franceses tomam Mulhouse, na Alsácia, mas saem da cidade três dias depois.

11 DE AGOSTO
Colapso da ofensiva francesa na Alsácia

12 DE AGOSTO
Alemães levam pesados *howitzers* de cerco para completar destruição dos fortes de Liège

14 DE AGOSTO
Começa da desastrosa ofensiva francesa na Lorena; eles avançam para Sarrebourg e Morhange

16 DE AGOSTO
Queda do último forte de Liège

20 DE AGOSTO
Rendição de Bruxelas; retirada do Exército belga para Antuérpia

20-21 DE AGOSTO
Alemães montam contra-ofensiva na Lorena

21 A 25 DE AGOSTO
Ataque alemão a Namur

21 A 22 DE AGOSTO
Segundo Exército cruza o Sambre e bombardeia Charleroi

22 DE AGOSTO
Ofensiva francesa nas Ardenas tem derrota imediata

23 A 24 DE AGOSTO
Britânicos derrotados em ação lutam em Mons

24 DE AGOSTO
Início de retirada anglo-francesa Maubeuge cercada; forçada a render-se em 8 de setembro

25 A 26 DE AGOSTO
Primeira surtida belga de Antuérpia; abandonada ante os reversos anglo-franceses em Mons e Namur

25 DE AGOSTO
Lillle abandonada pelos franceses: ocupada pelos alemães 2-6 de setembro

26 DE AGOSTO
Combate em Le Cateau. Ocupação alemã de Longwy

28 DE AGOSTO
Inicialmente os alemães se desviam de Montmédy; a seguir esta é ocupada depois que os franceses a abandonam quando se retiraram para Verdun. Primeiro ataque alemão a Verdun detido

29 DE AGOSTO
O avanço alemão é detido temporariamente em combates em torno de Guise e St. Quentin

LEGENDA

- Cerco de Liège 4-16 ago
- Batalha das Fronteiras 7-24 ago
- Retirada anglo-francesa para o Marne 24 ago-set 5

A invasão da Bélgica e da França

Resistência belga
O Exército belga de 117.000 homens não esperava interromper o avanço alemão por muito tempo, mas usou rios e canais em operações de contençao enquanto as tropas batiam em retirada para a cidade fortificada da Antuérpia.

As operações militares no Ocidente começaram a 1 de agosto quando formações do Quarto Exército alemão violaram e ocuparam a neutra Luxemburgo a fim de garantir as ferrovias necessárias para completar o plano de mobilização da Alemanha. A lógica desse ato de agressão não escapou à Bélgica. Quando os alemães entregaram um ultimato exigindo direitos de trânsito, o governo belga expediu ordens para a destruição de pontes e instalações ferroviárias que os alemães precisariam e para a concentração do Exército belga nas fronteiras do leste.

Reações francesas

O alto-comando francês, embora atento a uma ofensiva ao longo da fronteira com a Alemanha para recuperar a Alsácia e Lorena, tinha previsto que os alemães poderiam tentar invadir a França via Bélgica. O Quinto Exército francês devia ser posicionado na área Mézières-Sedan, cobrindo a fronteira com o sul da Bélgica e com a opção de mover-se para a área Longwy e deter uma ofensiva na direção de Metz. Os movimentos alemães iniciais levaram o alto-comando francês a ordenar o Quinto Exército a entrar nas Ardenas belgas, e o Quarto Exército e parte do Terceiro Exército para ajustar-se a esse movimento. Entretanto, os franceses deixaram de considerar que o principal esforço alemão seria feito através da Bélgica central, não através das Ardenas. Esse erro estabeleceu o curso dos eventos no primeiro mês da guerra. Os franceses lançaram sua principal ofensiva na Alsácia e Lorena contra forças utilizadas defensivamente, enquanto a ofensiva alemã caía sobre o Exército belga e o flanco esquerdo aberto dos franceses (ver mapa na página 43).

Os primeiros ataques franceses à Alsácia e Lorena resultaram na captura de Altkirch, e mais importante ainda, Mulhouse (Mülhausen), mas a última foi perdida em 10 de agosto quando a batalha se espalhou por toda a parte dessa frente. Os franceses conseguiram tomar Mulhouse novamente a 19 de agosto, e também travaram batalhas ferozes por Morhange e Sarrebourg (14-20 de agosto). Nessas duas batalhas os franceses obtiveram ganhos modestos, mas a um custo muito alto, e foi a autoconfiança que jorrou ao ter detido os ataques franceses que levou à decisão alemã, a 17 de agosto, de se mover da defensiva para a ofensiva nessa área. A partir de 20 de agosto, as forças alemãs empreenderam uma série de ofensivas. Seu objetivo era derrotar as forças francesas nessa área e permitir à ala oeste alemã um papel ativo na planejada batalha de cercamento e aniquilação. Foi com dificuldade que o Segundo Exército francês, cambaleando sob suas perdas, manteve a posse de Nancy e conseguiu conter os alemães na frente da linha de fortalezas Verdun-Nancy-Belfort.

A INVASÃO DA BÉLGICA

Agora, porém, acontecimentos mais significativos desdobravam-se no norte. Enquanto o Primeiro Exército alemão completava sua mobilização antes de avançar pelas planícies da Bélgica central, elementos do Primeiro e Segundo Exércitos alemães (o Exército de Meuse) receberam a tarefa de conquistar Liège, protegida por um círculo de 12 fortes.

O CERCO DE LIÈGE

Após cruzar a fronteira a 4 de agosto, os alemães tomaram Liège na noite de 5 para 6 de agosto. À medida que as colunas alemãs tentavam avançar através das brechas entre os fortes, a maior parte era detida por uma dura resistência belga. Contudo, a Brigada 14, vinda do leste, teve melhor sorte, apesar de perder seu general em um confuso combate na escuridão. O major Ludendorff (que em breve construiria sua reputação na Frente Oriental) assumiu o comando e levou uma coluna de 1.500 homens contra as frágeis defesas da cidade. No dia 8, os alemães começaram o sistemático bombardeio dos fortes de Liège. No dia 12, reforçaram suas baterias com dois poderosos *howitzers* de cerco, de 420-mm, e no dia 16 o último forte se rendeu. Tendo possivelmente perdido apenas dois dias passando pela defesa belga de Liège, os alemães podiam agora começar seu movimento para o centro da Bélgica.

O AVANÇO ALEMÃO

Os exércitos alemães varreram rapidamente o Oeste e a 20 de agosto suas forças entraram em Bruxelas prontas para virar para o sudoeste em direção ao nordeste da França. Enquanto isso as baterias do Segundo Exército alemão empreenderam a submissão das cidades fortificadas de Namur e Charleroi. Tendo aprendido muito com o cerco dos fortes de Liège, puseram sua pesada artilharia em ação

O CERCO DOS FORTES DE LIÈGE

Quando a cidade de Liège acenou com bandeiras brancas às 14h de 6 de agosto, o general Leman, no comando da defesa belga, estava no Forte Loncin. Ele mandou uma divisão se retirar e juntar-se ao Exército belga em retirada, mas recusou-se a se render. A batalha pela cidade estava terminada, mas os 12 fortes que cercavam Liège continuaram a lutar. O Forte Pontisse podia dirigir seus canhões para o Meuse onde tropas alemãs estavam construindo pontões, enquanto o Forte Loncin comandava as estradas para a planície belga central. Os canhões nos outros fortes também continuavam atirando, mas, depois que seus postos de observação foram derrubados, tiveram dificuldade de localizar as baterias alemãs. Canhões cada vez mais pesados surgiam para submetê-los, culminando com os dois *howitzers* de 420-mm que entraram em ação no dia 12. O último forte resistiu até o dia 16. Alguns foram bombardeados até se submeterem, outros se renderam devido às condições internas. Ventilação e condições sanitárias ruins combinadas a gases asfixiantes de bombas explodindo e ao cheiro de dejetos humanos tornavam o ar irrespirável.

Cúpula de canhão destruída
O concreto não reforçado dos fortes de Liège não agüentou os pesados canhões alemães. Muitos dos próprios canhões dos fortes foram logo postos fora de ação.

Canhão destruído em Forte Lancin
As ruínas do Forte Lancin estão preservadas como um monumento nacional belga. Os corpos dos 350 homens que morreram quando o depósito explodiu jazem enterrados embaixo dos escombros.

BOMBAS ALEMÃS DE 210-MM E DE 420-MM DE ALTO TEOR EXPLOSIVO

***Howitzers* alemães de cerco**
A maior parte dos danos à Liège foi infligida por canhões menores, principalmente *howitzers* de 210-mm. Os fortes eram planejados para resistir a bombas daquele calibre na década de 1800, mas bombas modernas de alto teor explosivo podiam penetrar em suas defesas. O enorme *Mörser* de 420-mm, o original "Grande Bertha" (direita), causou a queda de dois dos fortes: Pontisse e Loncin.

A retirada anglo-francesa
Uma coluna francesa passa por uma pilha de cavalos mort num campo. Enquanto britânicos e franceses retiravam-se para o sul perseguidos pelos alemães, em agosto de 1914 baixas entre os cavalos de ambos os lados foram altas.

quase imediatamente. O que sobrou do Exército belga fugiu do choque alemão e retirou-se para trás do conjunto de fortalezas que protegia a cidade de Antuérpia.

Apesar de ter fracassado na fuga do Exército belga, os exércitos alemães tinham obtido vantagens consideráveis em termos de posição e número. O Quinto Exército francês foi obrigado a estender seu flanco esquerdo numa tentativa de manter-se lado a lado com o desdobramento alemão através da Bélgica central. Quando o Primeiro e o Segundo Exército alemão se aproximaram da fronteira belgo-francesa, defrontaram-se somente com o estendido Quinto Exército, a Força Expedicionária Britânica (com apenas cinco divisões de infantaria) e algumas poucas e fracas formações francesas protegendo a extremidade do flanco esquerdo.

> “Onde estão os prisioneiros? Onde estão os canhões capturados?”
>
> HELMUT VON MOLTKE, EXPRESSANDO SUAS DÚVIDAS SOBRE O SUCESSO DO PLANO SCHLIEFFEN, SETEMBRO DE 1914

A Batalha de Mons

A 23-24 de agosto, oito unidades alemãs atacaram a Força Expedicionária Britânica, que tentava manter uma linha que se estendia por 43 km de ambos os lados da cidadezinha belga de Mons. A oeste, os britânicos tinham se entrincheirado apressadamente ao longo do Canal de Condé, mas em torno da cidade propriamente dita eles ocupavam uma saliência exposta. Ali foi lançado o ataque principal. Inicialmente a infantaria alemã avançou em ordem unida e sofreu pesadas baixas nas mãos dos fuzileiros e atiradores de metralhadora britânicos. Os alemães começaram então a dirigir o fogo da artilharia pesada e das metralhadoras para os britânicos, forçando-os a abandonarem suas posições. O general French, comandante da FEB, poderia ter escolhido retirar-se para a próxima cidade fortificada de Maubeuge, mas não o fez. A cidade foi sitiada pelos alemães no dia 24, mas sua guarnição resistiu até 8 de setembro, quando então a principal força invasora já se movera bem para o sul.

Fortemente desfalcadas, as forças britânicas e francesas no Nordeste da França não tinham alternativa senão ceder terreno e retirar-se para o sudoeste. Os britânicos fizeram outra resistência de um dia em Le Cateau a 26 de agosto, mas a seguir continuaram sua retirada. No mesmo dia, as cidades fortificadas de Lonwy e Les Ayvelles foram ocupadas pelo Terceiro Exército alemão enquanto os alemães progrediam em sua ofensiva ao longo de toda a frente oeste de Metz. A Frente Aliada, apesar da intenção francesa de resistir na linha Amiens-Laon-Aisne-Verdun, corria o perigo de ser derrotada exatamente do modo que o Plano Schlieffen arquitetara.

Atrocidades alemãs

A violação da neutralidade belga tornou os alemães monstros aos olhos da imprensa mundial. A determinação de esmagar a resistência popular na Bélgica, especialmente as atividades dos *franc-tireus* (franco-atiradores) provocou um número de “atrocidades” que os Aliados exploraram como objeto de propaganda. Os alemães queimavam as casas onde suspeitavam haver resistência, atiravam em civis e escolhiam grupos deles para serem executados. Houve incidentes bem documentados em Dinant, onde um grande número de civis, inclusive mulheres e crianças, foi executado, e em Louvain, onde a biblioteca da universidade, com sua inestimável coleção de manuscritos medievais, foi ao chão.

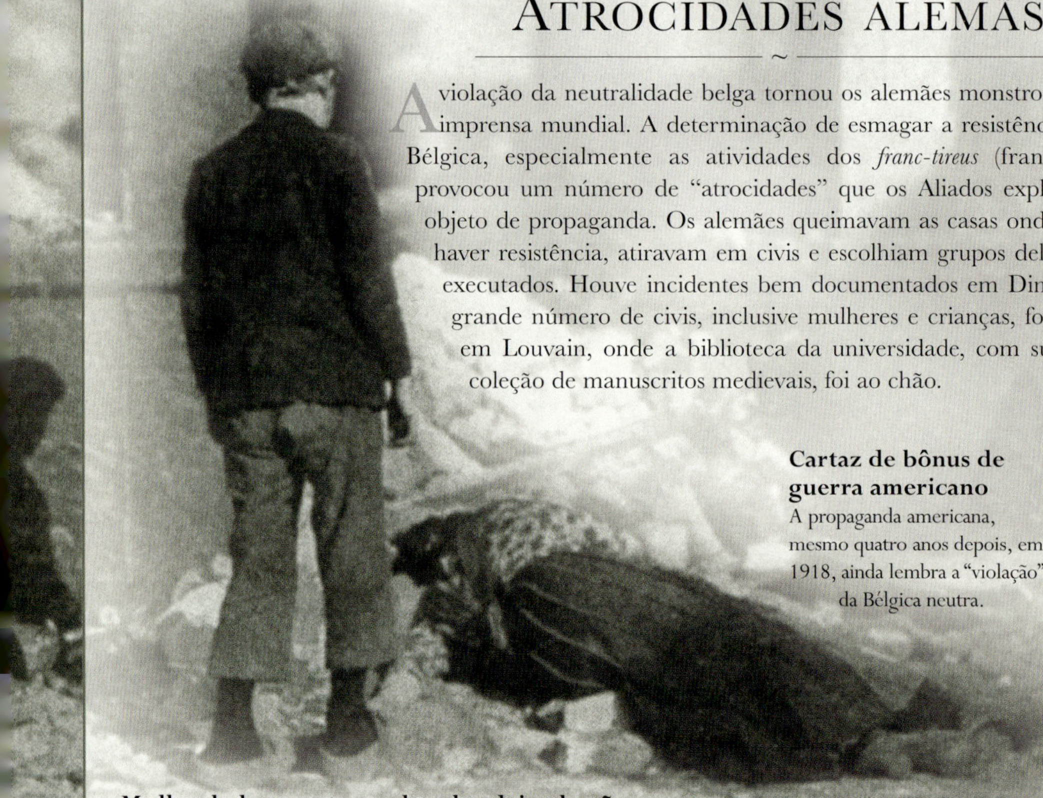

Mulher belga morta por bombardeio alemão
As imprensas britânica e francesa publicavam muitas fotos como essa, embora não mostrassem tais atrocidades cometidas por seus exércitos, para estimular o sentimento antialemão.

Cartaz de bônus de guerra americano
A propaganda americana, mesmo quatro anos depois, em 1918, ainda lembra a “violação” da Bélgica neutra.

Problemas de fornecimento

Na realidade, o Plano Schlieffen não era viável e começara a dar errado logo depois que as formações alemãs chegaram ao Oise. O trabalho em grupo não conseguia resolver problemas de comando e reabastecimento que atormentavam os exércitos alemães ao passo que eles avançavam França adentro. Como a França bloqueava os sinais de rádio alemães, os exércitos que iam para a França se aglomeravam cada vez com menos diretrizes dos superiores, enquanto atrás deles o caos se armava ao mesmo tempo que o sistema de logística alemão ia mal. Sem tropas especializadas o suficiente para limpar o reboco das ferrovias e torná-las efetivas novamente a uma proporção que conseguiriam acompanhar os exércitos em atividade, as estações próprias mais próximas para os vários exércitos estavam em média a uma distância de 135 km (85 milhas) das vanguardas nos últimos cinco dias de agosto.

O Segundo Exército Alemão, com o auxílio do Primeiro, estava apto a superar a resistência do Quinto Exército francês sobre Guise (entre 28 e 29 de agosto). Embora atrasado por essa ação, os dois exércitos alemães continuaram a avançar, apesar do crescente cansaço das tropas e dos cavalos. A capacidade de avançar mesmo contra todas as circunstâncias se devia principalmente ao confisco do fornecimento militar e à destreza em se sustentar na rica paisagem rural. Depois de Mons, o avanço envolvia relativamente pouco combate, então as tropas precisavam menos e menos de reabastecer sua munição.

Progresso hesitante

Contudo, os fatos confirmavam que os primeiros cavalos alemães a morrerem de exaustão durante essa campanha tiveram seu fim em solo alemão; e logo em 11 de agosto uma divisão alemã de cavalaria teve de se afastar das operações pelas más condições das selas dos animais. Muitos animais mais tarde durante a invasão ficaram fracos por se alimentarem de milho verde. Simultaneamente, tropas alemãs se prejudicaram por comerem frutas ainda não maduras colhidas de pomares por onde passavam. Poucas formações de infantaria alemãs conseguiram se reabastecer — de qualquer coisa, mas especificamente de armas pesadas — depois de ultrapassarem as fronteiras de seu país. Sem automóveis, não havia como as formações tedescas serem abastecidas muito além de Aisne. Quando as forças alemãs adentraram Paris e chegaram ao Marne na primeira semana de setembro, elas estavam desgastadas, e o alto-comando francês, depois de mais de duas semanas de recuo, começou a ponderar um contra-ataque.

A marcha pela Bélgica até a França

A velocidade da invasão alemã era impressionante, não longe do tempo previsto pelo Plano Schlieffen, o que permitiu seis semanas para derrotar os franceses antes de preparar as tropas da Alemanha para enfrentar a Rússia. Ao final, a exaustão e falhas de comando e suprimento fariam a invasão deter-se no Marne.

Tropas alemãs esperam para avançar

Com os exércitos britânico e francês retirando-se diante deles, as tropas alemãs enfrentavam pouca oposição enquanto avançavam através do campo francês ao sol brilhante de agosto de 1914.

SPÉCIALITÉ POUR GARÇONS
GROS
MAISON HENRY
35
AU PRINTEMPS
AU PRINTEMPS
9883

Tropas alemãs entrando em Bruxelas
A ocupação da capital belga pelo Primeiro Exército alemão a 20 de agosto de 1914 não encontrou resistência. O Exército belga retirara-se para o norte, para Antuérpia, permitindo aos alemães passarem livremente pela Bélgica central.

SÉRVIA, GALÍCIA E LESTE DA PRÚSSIA

AGOSTO-SETEMBRO DE 1914

A 12 de agosto a Áustria-Hungria tentou invadir a Sérvia, mas foi logo repelida. Os exércitos imperiais tiveram mais sucesso nas manobras de abertura na frente russa, mas no final de agosto sofreram um humilhante revés ao leste da Galícia. A sorte da Rússia também foi dúbia. A vitória no sul contra os austro-húngaros foi ofuscada pela catastrófica derrota infligida pelos alemães em Tannenberg.

12 DE AGOSTO Áustria-Hungria invade a Sérvia

17 DE AGOSTO O 1º e o 2º Exércitos russos começam a avançar sobre o leste da Prússia; o 1º Exército cruza a fronteira

19 DE AGOSTO Sérvios derrotam os austríacos no rio Jadar

20 DE AGOSTO Batalha de Gumbinnen; os alemães recuam. Prittwitz, o comandante alemão no leste, diz a seu superior Moltke que ele pode recuar para trás do Vistula

21 DE AGOSTO Austríacos repelidos além da fronteira por forças sérvias

22 DE AGOSTO Enquanto o 2º Exército russo avança numa ampla frente, as tropas alemãs são desviadas por trem para enfrentar essa ameaça. Hindenburg e Ludendoff chegam a Marieburg para assumir o comando

23 DE AGOSTO 1º Primeiro Exército austríaco colide com o 4º Exército dos russos em Krasnik

25 DE AGOSTO Austríacos forçam russos a se retirar em Krasnik

26 DE AGOSTO 2º Exército russo pressiona, sem saber da ameaça de cerco. Início da Batalha de Tannenberg

26 DE AGOSTO 5º Exército russo derrotado em Komarov; início da batalha ao longo do rio Gnila Lipa a leste da Galícia

29 DE AGOSTO Suicídio de Samsonov quando o grosso de seu 2º Exército é cercado

29 DE AGOSTO Começo da desordenada retirada austríaca para posições atrás de Lemberg, perseguida pelos vitoriosos 3º e 8º Exércitos russos

31 DE AGOSTO Batalha de Tannenberg termina com a captura de 125.000 russos

3 DE SETEMBRO Lemberg é ocupada pelos russos

7 DE SETEMBRO Alemães avançam na região dos lagos Masurian para varrer o 1º Exército russo do leste da Prússia

8 DE SETEMBRO Segunda invasão austríaca da Sérvia

11 DE SETEMBRO Conrad ordena que os exércitos austríacos na Galícia recuem para trás do rio San

13 DE SETEMBRO Alemães expulsam Rennenkampf do leste da Prússia, mas não conseguem cercar suas forças

17 DE SETEMBRO Austríacos detidos pelos contra-ataques sérvios, mas retêm pequenos ganhos na fronteira com a Bósnia

17 DE SETEMBRO Novo 9º Exército alemão enviado por trem do leste da Prússia para reforçar os austríacos no sul

24 DE SETEMBRO Russos assediam a cidade fortificada de Przemysl e atacam os campos através dos Cárpatos, planejando invadir o norte da Hungria

28 DE SETEMBRO Transferência do 9º Exército alemão é completada

LEGENDAS

- Invasão austríaca da 12 ago & 8 a 17 set
- Sérvia Campanha russa na Prússia Oriental 17 ago a 13 set
- Batalhas na Galícia 23 ago a 28 Set

A Frente Oriental e os Bálcãs

Cossacos avançando através da Polônia
Em 1914, a guerra na Frente Oriental era muito mais móvel do que na Frente Ocidental. A cavalaria era usada dos dois lados para reconhecimento, sendo comuns as escaramuças de soldados a cavalo.

Ao rebentar a guerra, a Alemanha pretendia permanecer na defensiva no leste da Prússia até que a vitória fosse obtida no oeste. Contudo, tanto a Áustria-Hungria quanto a Rússia estavam comprometidas com a ação ofensiva. A Rússia esperava empurrar as forças alemãs do leste da Prússia e os austro-húngaros da Galícia preparando-se para um avanço sobre Berlim. Consciente de sua inferioridade militar de longo prazo comparada com a Rússia, a Áustria-Hungria iria tentar um ataque preventivo na direção de Varsóvia a fim de obstruir a movimentação russa. Mas o primeiro movimento austro-húngaro teve que ser dirigido contra a Sérvia — como punição ao assassinato de 28 de junho. A 29 de julho, antes que qualquer outra potência tivesse entrado na guerra, a Áustria-Hungria enviou uma canhoneira pelo Danúbio para bombardear a capital sérvia, Belgrado.

Primeira invasão da Sérvia

Na crucial abertura das hostilidades, o Exército austro-húngaro precisava também se contrapor à ameaça russa à Galícia, não tendo assim qualquer margem apreciável de superioridade sobre seu inimigo sérvio. Este, sabendo que a sobrevivência da nação estava em xeque, concentrou três exércitos no norte do país para enfrentar os ataques austríacos através dos rios Sava e Drina (ver mapa na página 121). Quando o alto-comando sérvio percebeu que não haveria nenhuma ofensiva importante através do Sava, reposicionou o Primeiro e o Segundo Exército para apoiar o Terceiro Exército, ameaçado pelo Quinto Exército austro-húngaro avançando pelo Drina. O exército invasor teve seu flanco esquerdo, a norte de Jadar, contra-atacado pelo Primeiro Exército, enquanto ao sul do rio seu flanco direito enfrentava o Segundo Exército. A batalha principal começou a 17 de agosto e, com os flancos do Exército austríaco incapazes de apoiar-se mutuamente, eles foram derrotados separadamente a 19 de agosto e a seguir repelidos do território sérvio.

Essa primeira ofensiva custou aos austro-húngaros cerca de 40.000 mortos e feridos, e forneceu aos sérvios um útil carregamento de canhões, fuzis e munição. Após uma breve incursão sérvia na Bósnia, o Quinto Exército austro-húngaro novamente cruzou o rio Drina na noite de 7-8 de setembro. Numa batalha de dez dias os austro-húngaros apoderaram-se de algumas cabeças-de-ponte

Os riscos do rádio

Seguindo-se às experiências de Marconi com o "telégrafo sem fio" na década de 1890, a primeira "guerra do rádio" foi a Guerra Russo-Japonesa de 1904-05. Apesar do considerável progresso feito na década seguinte, o rádio ainda estava em sua infância em 1914. O equipamento era volumoso e difícil de transportar e a relativa lentidão da transmissão radiofônica significava que todos os exércitos eram obrigados às vezes a transmitir sem usar código. Os russos eram especialmente negligentes nesse sentido e os alemães geralmente tinham conhecimento prévio de suas intenções nas campanhas iniciais na Frente Oriental.

Estação de rádio russa
Os habitantes locais posam orgulhosamente ao lado de uma recém-erguida antena de rádio na Polônia russa.

e os sérvios retiraram-se para posições na frente do rio Kolubra. Ali permaneceu a frente até 5 de novembro, quando dois exércitos austro-húngaros renovaram a ofensiva.

A FRENTE ORIENTAL

Na Frente Oriental, onde a Rússia enfrentava tanto a Alemanha quanto a Áustria-Hungria, os eventos no setor norte desdobravam-se um pouco à frente daqueles no sul. Reagindo imediatamente às dificuldades francesas enquanto os alemães avançam pela Bélgica, a Rússia dispôs seus dois melhores exércitos contra o leste da Prússia (ver mapas na página 49), que era defendida por um único exército alemão. O Primeiro Exército russo cruzou a fronteira a 17 de agosto e derrotou as posições defensivas alemãs em Gumbinnen no dia 20. O Segundo Exército, atravessando a fronteira a 20 de agosto, objetivava estabelecer-se em linha atrás das forças alemãs para que os russos pudessem usar sua posição e superioridade em número para cercar e aniquilar o inimigo.

Posição de artilharia sérvia
O Exército sérvio, endurecido nas batalhas das Guerras dos Bálcãs e com a vantagem de lutar em solo pátrio, conseguiu deter as tentativas austríacas de invasão em 1914

SUCESSO AUSTRO-HÚNGARO

No sul, os primeiros embates pareciam mais colisões do que confrontos planejados. O principal avanço austro-húngaro seria feito da Galícia para o norte, em direção à Polônia russa (ver mapa na página 50). Avançando sobre Lublin entre os rios Vístula e Bug, o Primeiro Exército encontrou e repeliu o Quarto Exército russo perto de Krasnik a 23 de agosto. Tal sucesso levou o alto-comando de Habsburgo a ordenar o avanço do Quarto Exército com seu flanco apoiado por parte do Terceiro Exército. O alto-comando russo reagiu ordenando que o Quinto Exército avançasse contra o Primeiro Exército austríaco. Ao fazer isso, porém, o exército russo expôs seu flanco esquerdo ao Quarto Exército austríaco e se envolveu numa batalha perdida próxima a Komarov.

A MARÉ MUDA

O alto-comando austríaco deixara de avaliar que a principal ofensiva russa seria feita na direção de Lemberg (Lvov), na Galícia oriental. As forças austro-húngaras ali tinham diminuído para enfrentar problemas na Sérvia e para apoiar o avanço de seu contingente no sul da Polônia. Apesar de seus êxitos iniciais, a falta de coordenação entre os exércitos Habsburgos individuais e sua inferioridade numérica os colocava agora em sério risco de derrota.

Movimentos alemães no norte

No leste da Prússia, desenvolvera-se uma situação semelhante pelas mesmas razões. Em terreno difícil — densas florestas de pinheiros e uma grande quantidade de pequenos lagos — que favorecia a defesa, o Primeiro Exército russo deixou de dar seqüência a seus sucessos iniciais. Isso permitiu aos alemães retirar grande número de tropas da frente em torno de Gumbinnem. Utilizando a eficiente rede ferroviária do leste da Prússia, eles conseguiram redirecionar a maior parte de suas tropas disponíveis a fim de lidar com o Segundo Exército russo avançando pelo sul.

Novos comandantes

As forças alemãs no leste estavam agora sob novo comando. Após a derrota em Gumbinnen em 20 de agosto, o general von Prittwitz telefonara ao alto-comando alemão. Ele parecia ter perdido a coragem, recomendando que o Oitavo Exército alemão abandonasse o leste da Prússia e se retirasse para o Vístula. Ouvindo isso, Moltke, o comandante-em-chefe alemão, concluiu que Prittwitz devia ser exonerado e fez com que fosse substituído pelo conde Paul von Hindenburg com Erich Ludendorff como seu chefe de estado-maior. Os dois homens, que não se conheciam, formaram uma parceria tão bem-sucedida que assumiriam o alto-comando alemão em 1916. O aristocrático Hindenburg era a figura de proa; Ludendorff, que tinha origens humildes, era o cérebro.

Hindenburg e Ludenforff chegaram ao leste da Prússia para assumir o comando a 23 de agosto. Mesmo antes de chegarem, um plano preparado pelo coronel Hoffmann, oficial de operações da equipe de Prittwitz, para reposicionar as tropas alemãs ao sul e conter o avanço do Segundo Exército russo já fora posto em ação.

Prisioneiros russos capturados em Tannenberg
Fotos dos 125.000 russos tiradas em Tannenberg deu um enorme impulso à fé dos alemães na eficiência e qualidade de combate de seus exércitos. O poderoso "rolo compressor" russo não era a ameaça temida anteriormente.

A batalha de Tannenberg

O Segundo Exército russo estava cada vez mais desorganizado e exausto à medida que avançava na direção de Osterode e Allenstein na tentativa de se posicionar atrás do inimigo que ele acreditava ainda estar concentrado na área de Gumbinnen. A 24 de agosto, formações do 1º Corpo haviam chegado à área de Lautenburg e no dia seguinte ocorreu o primeiro choque entre formações flanqueando Soldau. Enquanto isso, no leste, os elementos líderes do VI Corpo russo avançavam até Bischofsburg.

A 25-26 de agosto a situação nos dois setores da Frente, ao leste da Prússia e no sul da Polônia, eram curiosamente imagens espelhadas. Nos dois setores havia exércitos — russo no norte e austríaco no sul — avançando na crença de que enfrentavam um inimigo derrotado e que poderiam completar bem-sucedidas batalhas de envolvimento, e ambos inconscientes das concentrações inimigas que acarretariam a derrota deles.

A armadilha está pronta

O alvorecer de 26 de agosto encontrou o Segundo Exército russo persistindo em seu avanço na direção de Allenteisn. O comandante do exército, Alexander Samsonov, tinha confiança de que seus flancos não estavam em perigo imediato, apesar de suas forças à esquerda terem esbarrado no inimigo nos arredores de Soldau. No mesmo dia, forças alemãs, tendo marchado para o sul de Gumbinnen, dissiparam o VI Corpo russo em frente a Bischofsburg, ainda quando as outras forças alemãs completavam seus preparativos para contra-ofensivas contra o centro e o flanco esquerdo do Segundo Exército, as quais começaram no dia 27.

Avanço alemão no leste da Prússia
Por toda a campanha de Tannenberg, os alemães tiveram a vantagem de lutar em solo próprio, explorando seu conhecimento das florestas e lagos da região. Além disso, a rede intacta de ferrovias permitia um rápido posicionamento das tropas.

A BATALHA DE TANNENBERG

17-31 DE AGOSTO DE 1914

Respondendo às necessidades de seus aliados franceses, os russos rapidamente montaram uma invasão do território alemão para distrair os alemães de sua invasão da França. Como os russos estavam também engajados na fronteira com a Áustria-Hungria no sul, eles enviaram apenas dois exércitos para o leste da Prússia. Seu plano falhou totalmente quando um dos exércitos invasores foi cercado e esmagado pelos alemães.

LEGENDA

- Avanço russo
- Retirada russa
- Avanço alemão
- Retirada alemã
- Posição russa
- Posição alemã
- Forte / cidade fortificada alemã
- Batalha importante
- Ferrovia importante

O avanço russo 17 a 23 agosto

Os dois exércitos russos avançavam com uma grande brecha entre eles. Quando os alemães se moveram contra o Primeiro Exército, foram derrotados em Gumbinnen, mas então recuaram rapidamente para enfrentar o desafio do Segundo Exército.

20 a 23 de agosto
Dois corpos alemães a caminho por trem para reforçar as linhas alemãs no Sul

Noite de 20 de agosto
Forças alemãs contra-atacam. Apesar de algum sucesso contra o XX Corpo russo, os alemães são repelidos e batem em retirada

Noite de 17 de agosto
Ataque não-autorizado pelo general François, comandante do I Corpo, empurra a força russa de volta à fronteira

17 a 20 de agosto
O 1º Exército Russo cruza a fronteira do leste da Prússia. Quatro corpos do 8º Exército Alemão avançam para a defesa

23 de agosto
Avanço do 2º Exército russo comandado pelo general Samsonov

24 de agosto
O XV Corpo russo enfrenta uma feroz batalha durante o dia todo. As forças alemãs retiram-se para Tannenberg

24 de agosto
Hindenburg compromete quase todas as suas tropas no flanco sul

25 de agosto
Rennenkampf avança lentamente para o oeste, sem saber da fraqueza da oposição à Alemanha

26 de agosto
No flanco norte de Samsonov, os alemães rechaçam um avanço do VI Corpo russo

A batalha se volta para o sul entre 24 e 26 de agosto

Desconhecendo os movimentos de tropas que haviam trazido grande parte do Oitavo Exército alemão para o Sul para enfrentar seu avanço, Samsonov ordenou a seu exército que avançasse. Os primeiros embates se travaram a 26 de agosto. Enquanto isso o Primeiro Exército russo fazia um lento progresso, sem conhecer ao certo as forças alinhadas contra ele.

Noite de 25 de agosto
O I Corpo de François chega à área de Seeben por trem

26 de agosto
As forças alemãs tomam Seeben, e forçam as tropas russas a se retirar da área de Frankenau

A vitória alemã, 27-31 de agosto

Com inferioridade na força dos canhões e nas manobras, as forças russas no centro foram derrotadas em todos os embates mais importantes. Enquanto tentavam a retirada, viram sua rota de escape barrada pelo I Corpo alemão.

27-28 de agosto
Forças alemãs são deslocadas para o sul para completar o cerco

27-28 de agosto
Remanescentes do VI Corpo russo retiram-se cruzando a fronteira

30-31 de agosto
As tentativas russas de romper a linha de François são repelidas. 125.000 russos são capturados.

27 de agosto
Sob um bombardeio mortal do I Corpo alemão, o I Corpo russo sofre baixas pesadas e recua para o sul

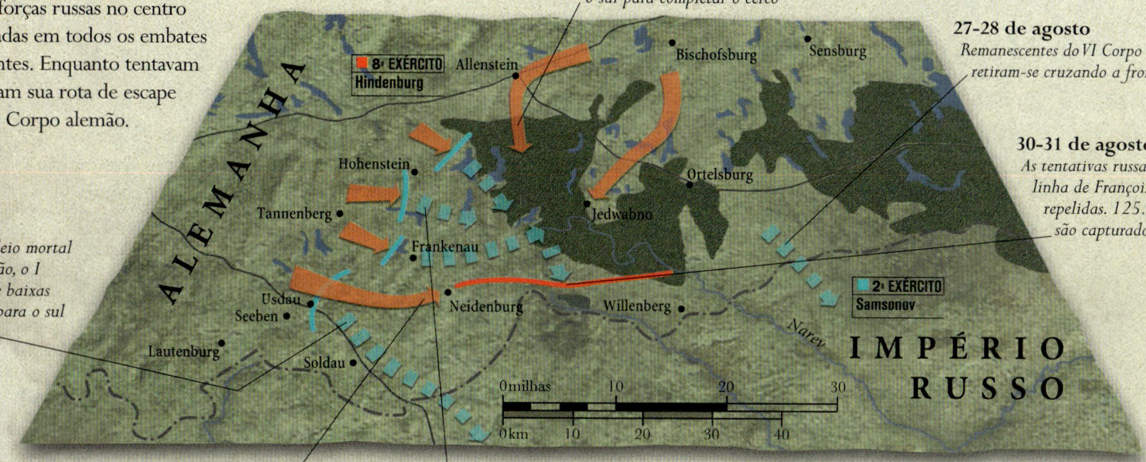

28 de agosto
O I Corpo alemão, sob François, avança para leste, formando uma linha que bloqueará a rota de escape dos russos

28-29 de agosto
Samsonov ordena a continuação do ataque russo ao centro. Sob pesado bombardeio do XX Corpo alemão, os russos começam uma desorganizada retirada

Hindenburg e seu Estado-Maior
Hindenburg (de casaco claro) posa com seu estado-maior. O chefe deste, Ludendorff, está à sua direita e o coronel Hoffmann à sua esquerda.

Trincheiras na Galícia
Estas bem camufladas trincheiras russas foram cuidadosamente construídas com terra e cobertura de galhos; tinham saídas para as carabinas dos soldados, mas se mostrariam vulneráveis ante o fogo da artilharia pesada.

O 1º Corpo russo foi esmagado perto de Usdau no dia 27, e no dia 28 os alemães se moveram contra o centro inimigo nas cercanias da aldeia de Tannenberg, que daria seu nome à batalha. Embora as forças russas que haviam sido comprometidas no avanço sobre Allenstein tivessem sido retiradas para conter tal ataque, a batalha já estava perdida. As vantagens alemãs em artilharia e suprimentos, além da profundidade da penetração anterior russa no centro, garantiram que os russos não conseguissem recuperar a segurança em território polonês antes que o 1º Corpo alemão conquistasse Willenberg e fechasse a linha de retirada dos russos. A 30 de agosto, três unidades russas haviam sido destruídas e outras duas tinham sido postas em fuga.

A Primeira Batalha dos lagos Masurian

Seguindo a desintegração do Segundo Exército russo e o suicídio de Samsonov, Hindenburg e Ludendorff voltaram sua atenção para o Primeiro Exército de Rennenkampf. Este vinha avançando em direção à cidade fortificada de Königsberg ao norte, enquanto seu flanco esquerdo fazia lentos progressos através da região dos lagos Masurian. Ao saber das notícias sobre Tanneberg, Rennenkampf retirou-se para uma linha entre os lagos Masurian e o mar Báltico. O reagrupado Oitavo Exército alemão estava pronto para desencadear a ofensiva em 5 de setembro e, a 9 / 10, o 1º Corpo alemão desfechou um golpe prejudicial contra o flanco esquerdo dos russos. Vendo que seu exército estava em perigo de ser envolvido, Rennenkampf ordenou uma retirada. Perturbado por um contra-ataque russo breve mas eficaz, os alemães não prosseguiram com a rapidez necessária para prender os russos na armadilha, mas a 13 de setembro os haviam repelido do leste da Prússia.

Colunas russas
Tropas russas avançam pela Galícia em perseguição à retirada dos exércitos austro-húngaros. O russos tinham muito chão para cobrir antes que a batalha pudesse ser retomada, e as linhas de suprimento se tornaram perigosamente longas.

A queda de Lemberg

Ao sul, os acontecimentos se desdobravam de modo diferente. Próximo a Komarov, o Quinto Exército russo persistiu até 31 de agosto com uma ofensiva que poderia ter resultado em seu cerco e destruição. Felizmente para os russos, o exaurido Terceiro Exército austríaco, avançando da área de Lemberg, esbarrara em dois exércitos russos dotados de força total. Pesadamente derrotado, o Terceiro Exército recuou e os russos ocuparam Lemberg a 3 de setembro.

Conrad von Hötzendorf, o comandante-em-chefe austro-húngaro, tentou virar o Quarto Exército contra o flanco aberto do Terceiro Exército russo que avançava. Por sua vez, entretanto, o comando russo buscou envelopar o Quarto Exército austríaco dirigindo o Terceiro Exército para o norte. Seguiu-se uma série de batalhas no setor Lemberg-Rava Russka. Enquanto isso o Oitavo Exército russo lidava com um reforçado Terceiro Exército austríaco e parte do Segundo Exército austríaco na área ao sul de Lemberg.

A retirada austro-húngara

Se os russos tivessem feito um uso mais eficaz de seu Quinto Exército, poderiam ter dissipado o Terceiro ou o Quarto Exército austríaco, ou ambos. Mesmo assim,

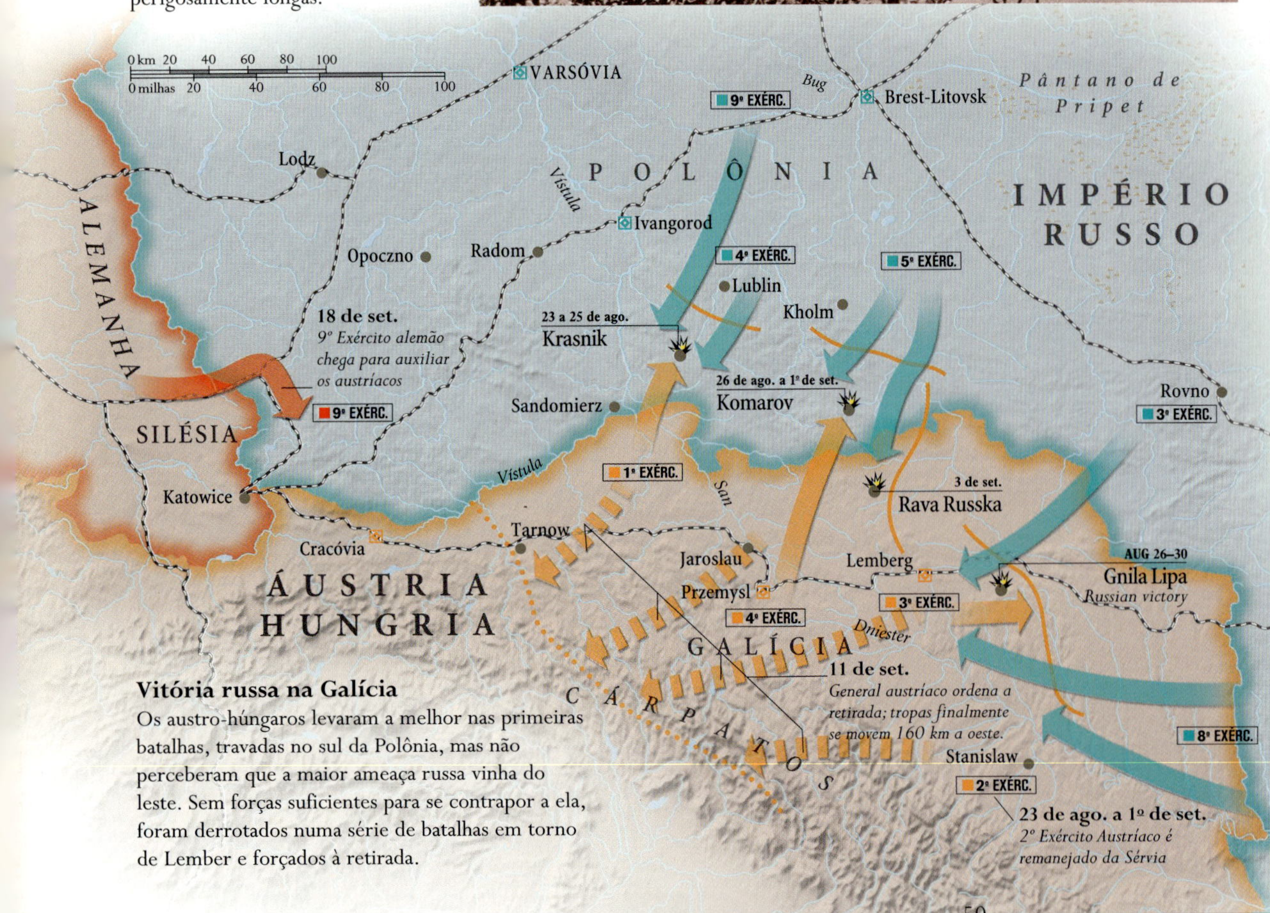

Vitória russa na Galícia
Os austro-húngaros levaram a melhor nas primeiras batalhas, travadas no sul da Polônia, mas não perceberam que a maior ameaça russa vinha do leste. Sem forças suficientes para se contrapor a ela, foram derrotados numa série de batalhas em torno de Lember e forçados à retirada.

em 11 de setembro a superioridade russa em números e posição prevaleceu ao longo de toda a Frente da Galícia. Os austríacos, cujo Quarto Exército escapou por pouco ao cerco, cessaram a batalha. Assim, no mesmo momento em que os alemães, tendo rompido o flanco esquerdo do Primeiro Exército russo a 10 de setembro, desobstruíam o leste da Prússia, os austríacos começavam um desordenada retirada de mais de 160 km, pedindo ajuda a seu aliado. Nas batalhas de abertura nessa Frente eles haviam sofrido 350.000 baixas. Os alemães responderam reconstituindo quatro unidades do Oitavo Exército como o Nono Exército alemão, que foi transportado para a área de Katowice-Cracóvia no final do mês.

RUMPLER TAUBE

O frágil avião parecido com um pássaro, *Rumpler Taube* ("Pomba"), o primeiro produzido em 1910, já era uma espécie de antiguidade por volta de 1914. Apesar disso, os alemães e austríacos o usaram como seu principal avião de reconhecimento durante os primeiros meses da guerra. Um até voou sobre Paris lançando bombas e panfletos.

Na Frente Oriental, os *Taubes* desempenharam um papel importante na campanha de Tannenberg, fornecendo informação sobre o movimento dos exércitos russos. No teatro da Galícia, com maiores distâncias a serem cobertas, ele foi menos eficaz, sua autonomia máxima de vôo era de somente quatro horas. Era também vulnerável ao fogo de terra. Em 1915 os *Taubes* foram relegados ao papel de treinamento de pilotos.

O motor fornecia uma velocidade máximo de 96 km/h

Com suas asas encapadas por pano de linho claro, o Taube *era difícil de ser abatido em alturas superiores a 360m.*

Controle durante o vôo era feito por deflexão — torcendo as asas e a cauda como o anterior projeto dos irmãos Wright, em vez de usar elerões.

Trincheiras russas
Embora as campanhas na Frente Oriental em 1914 fossem extremamente móveis, com a cavalaria avançando para reconhecer as posições inimigas, uma vez que dois exércitos chegavam face a face, rapidamente entrincheiravam-se do mesmo modo que na Frente Ocidental

Do Marne à Primeira Ypres

Soldados franceses no Marne
A batalha foi travada em terreno aberto e os soldados usavam cercas, valas e estradas afundadas como cobertura. Se não havia nenhuma, cavavam trincheiras rudimentares ou buracos no chão.

No DECORRER do avanço alemão para o Marne e além dele, os dois lados passaram por dificuldades devido à transferência de tropas. Os vários exércitos também tinham problemas de coordenar movimentos e operações com seus vizinhos. Nem sempre brechas podiam ser fechadas e, no avanço ou na retirada, os exércitos lutavam para manter contato com suas formações de flanco, enquanto na extremidade oeste da linha eles tinham que cuidar de seus flancos abertos e expostos.

Os franceses haviam reposicionado grande número de homens de seu flanco direito para formar o Sexto Exército e o Destacamento Foch (que logo se tornaria o Nono Exército). Apesar disso, conseguiram manter suas posições à direita, em frente à Lorena. O segundo maior problema deles era garantir uma coordenação apropriada entre o Quarto e Quinto Exército em retirada, e entre o Quinto Exército e a Força Expedicionária Britânica.

Um dos principais problemas dos alemães era que seus três exércitos à direita tiveram que sacrificar homens no decorrer de seu avanço. Esses tinham sido necessários para mascarar Antuérpia, segurar a Bélgica central e assediar as cidades fortificadas de Givete Maubeuge.

O MARNE E A CORRIDA PARA O MAR

SETEMBRO — NOVEMBRO DE 1914

Na Batalha do Marne, os franceses detiveram sua retirada, contra-atacaram os alemães que os perseguiam e os rechaçaram de volta ao Aisne. A metade sul da frente então se tornou fixa e o combate deslocou-se para o norte através da Picardia a Flandres numa série de manobras conhecidas como a "Corrida para o Mar". A última grande batalha do ano no oeste foi travada em Ypres, depois do que a Frente Ocidental tornou-se estática da Suíça até o mar.

1º DE SETEMBRO
Joffre ordena que os exércitos recuem para o sul de Paris até o Sena

2 DE SETEMBRO
Governo francês é secretamente evacuado para Bordeaux por trem

5 DE SETEMBRO
6º Exército francês ataca diretamente o flanco do 1º Exército alemão. Início da Batalha de Ourc

6 DE SETEMBRO
O 5º Exército francês e a FEB detêm-se, dão meia-volta e avançam para o Marne. Início da Batalha do Marne

7-8 DE SETEMBRO
O 9º Exército de Foch em combate feroz nos pântanos de St. Gond

9 DE SETEMBRO
O 1º e o 2º Exércitos alemães são divididos pelo avanço do 5º Exército francês e da FEB; decisão pela retirada alemã

9 A 13 DE SETEMBRO
Surtida belga de Antuérpia alcança Louvain

12 DE SETEMBRO
Forças alemãs tornam a cruzar o Aisne e assumem fortes posições defensivas

14 DE SETEMBRO
Moltke exonerado e substituído por Falkenhayn; alemães detêm a ofensiva anglo-francesa ao longo do Aisne. Primeiro uso do rádio de avião para dirigir a artilharia

15 DE SETEMBRO
Primeiro uso da fotografia aérea para forças de terra pelo Royal Flying Corps

22 A 26 DE SETEMBRO
Batalha da Picardia

26 DE SETEMBRO
Ação no Somme; franceses expulsos de Péronne

26 DE SETEMBRO
Chegada de tropas indianas em Marselha

27 DE SETEMBRO
Início da Batalha do Artois

28 DE SETEMBRO
Alemães iniciam o bombardeio dos fortes à volta da Antuérpia

1º DE OUTUBRO
Início do desesperado combate a leste de Arras; o 10º Exército francês impede que sua linha seja rompida pelos alemães

3 DE OUTUBRO
Belgas começam a retirada de Antuérpia em direção a Ghent

4 DE OUTUBRO
Forças alemãs alcançam a costa belga

10 DE OUTUBRO
Rendição da Antuérpia

12 DE OUTUBRO
Ocupação alemã de Lilli. Batalha de La Bassée

16 DE OUTUBRO
Início da Batalha do Yser. Início da Batalha de Armentières

18 DE OUTUBRO
Início da Primeira Batalha de Ypres

30 DE OUTUBRO
Belgas obtêm êxito em inundar a terra a leste do canal de Yser, detendo assim o avanço alemão

11 DE NOVEMBRO
O último grande ataque alemão a Ypres

22 DE NOVEMBRO
Final da Primeira Batalha de Ypres

LEGENDA

- Cerco de Antuérpia 20 ago a 10 out
- Retirada anglo-francesa para o Marne 24 ago a 5 set e Batalha do Marne 6 a 11 set
- Batalha do Aisne 12 a 28 set
- Corrida para o mar 17 set a 22 nov

JOSEPH JOFFRE

CONHECIDO POR SUAS TROPAS como "papa Joffre", Joseph Joffre (1852-1931) conduziu o Exército francês para dentro da Primeira Guerra Mundial. Mesmo antes do rebentar da guerra, ele adotara uma doutrina de "ataque a qualquer custo". Como chefe do estado-maior a partir de 1911, ele livrou o Exército francês de comandantes "de mente defensiva" e fez *lobby* por um gasto militar crescente. Depois da vitória na Batalha do Marne em setembro de 1914, Joffre foi saudado como o salvador da França. Líder autocrático, ele não tinha nenhum escrúpulo em sonegar informação ao governo francês, o que levou a Administração Briand a tentar colocá-lo na linha no final de 1915.

Joffre mostrava um imperturbável sangue-frio tanto na vitória quanto na adversidade. Ele enfrentou vários reveses com o repetido fracasso do Exército francês em romper a linha inimiga na Champagne e no Artois em 1915. Contudo, foi seu fracasso em preparar-se adequadamente para a ofensiva alemã em Verdun que finalmente levou a sua demissão em dezembro de 1916. Ainda muito popular, foi promovido ao posto cerimonial de marechal da França.

O Exército francês

Em 1914, os efetivos de tempos de paz do Exército francês abrangiam cerca de 700.000 oficiais e soldados. Em julho de 1914, o Exército francês abrigava um total de 67 infantarias, três infantarias coloniais e dez divisões de cavalaria. O efetivo padrão de uma divisão — com 400 oficiais e 15.470 soldados — eram duas brigadas de infantaria, cada qual com três regimentos, um esquadrão de cavalaria e um regimento de artilharia, a maioria com três batalhões, um dos quais era uma unidade de reserva. Além disso, no norte da África, havia unidades do XIX Corpo, que eram comumente conhecidas como "Armée d'Afrique", enquanto em outros lugares do império da França havia La Coloniale, retirada das tropas regulares e de homens das colônias pré-1789. Na explosão da guerra, com reservistas de primeira categoria, a França conseguiu mobilizar cerca de 1.100.000 homens. No decorrer da guerra a França mobilizou um total entre 3,5 e 4 milhões de homens.

MEDALHA DE IDENTIDADE

Com uma população relativamente pequena e uma baixa taxa de nascimento, a França só conseguiu tais números com o recrutamento compulsório de 84% do efetivo disponível e, depois de 1912, estendeu o período de serviço militar para três anos. O problema de efetivo confrontando o Exército francês era grave, assim como a adesão irracional do alto-comando a uma doutrina de ataque. Esses não eram os únicos problemas sérios que o país teve que enfrentar. No "75" a França tinha o melhor canhão de campo de qualquer Exército, mas muito poucos canhões pesados e médios. A metralhadora padrão *St. Etienne* de 1917 não era mecanicamente confiável, enquanto o rifle *Lebel* de 1893 era impreciso. A relação do Exército com o governo sempre foi difícil, enquanto índices de soldo baixos significavam que em 1914 havia falta de oficiais, suboficiais e NCOs. Já foi sugerido que cerca de um em dez de seus soldados não falava francês e sim um dialeto local ou patoá.

O MODELO *LEBEL* DE 1893

O pente de balas continha oito projéteis

Munição de 8-mm

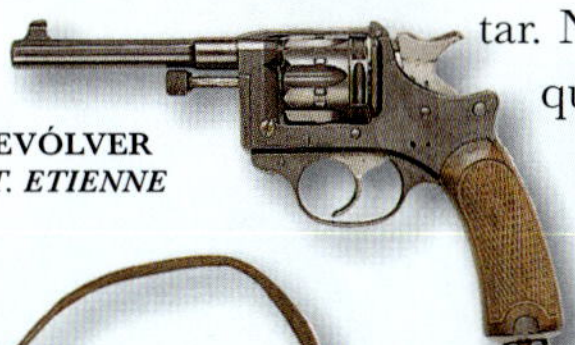

REVÓLVER *ST. ETIENNE*

Armas de fogo

O francês *Lebel* era menos preciso que os rifles dos outros exércitos. As tropas no início da guerra eram despachadas com um modelo datado de 1893. Ela continuou em uso por toda a guerra, mas a maioria dos soldados preferia o *Berthier* 1915.

A legião de honra

A mais alta condecoração francesa foi instituída por Napoleão em 802

Quepe sem cobertura

CANTIL

QUEPE DE SERVIÇO USADO PELA INFANTARIA

FACA DE MOLA

Quepe com cobertura

Mochila

Baioneta

Uniforme francês de 1914

Parece estarrecedor hoje em dia que os franceses partissem para lutar na Primeira Guerra Mundial com calças vermelho-vivo e sobretudos azul-marinho. A única concessão à camuflagem em 1914 era uma cobertura usada sobre o quepe. Um uniforme azul menos visível foi introduzido em 1915, juntamente com o capacete de aço Adrian.

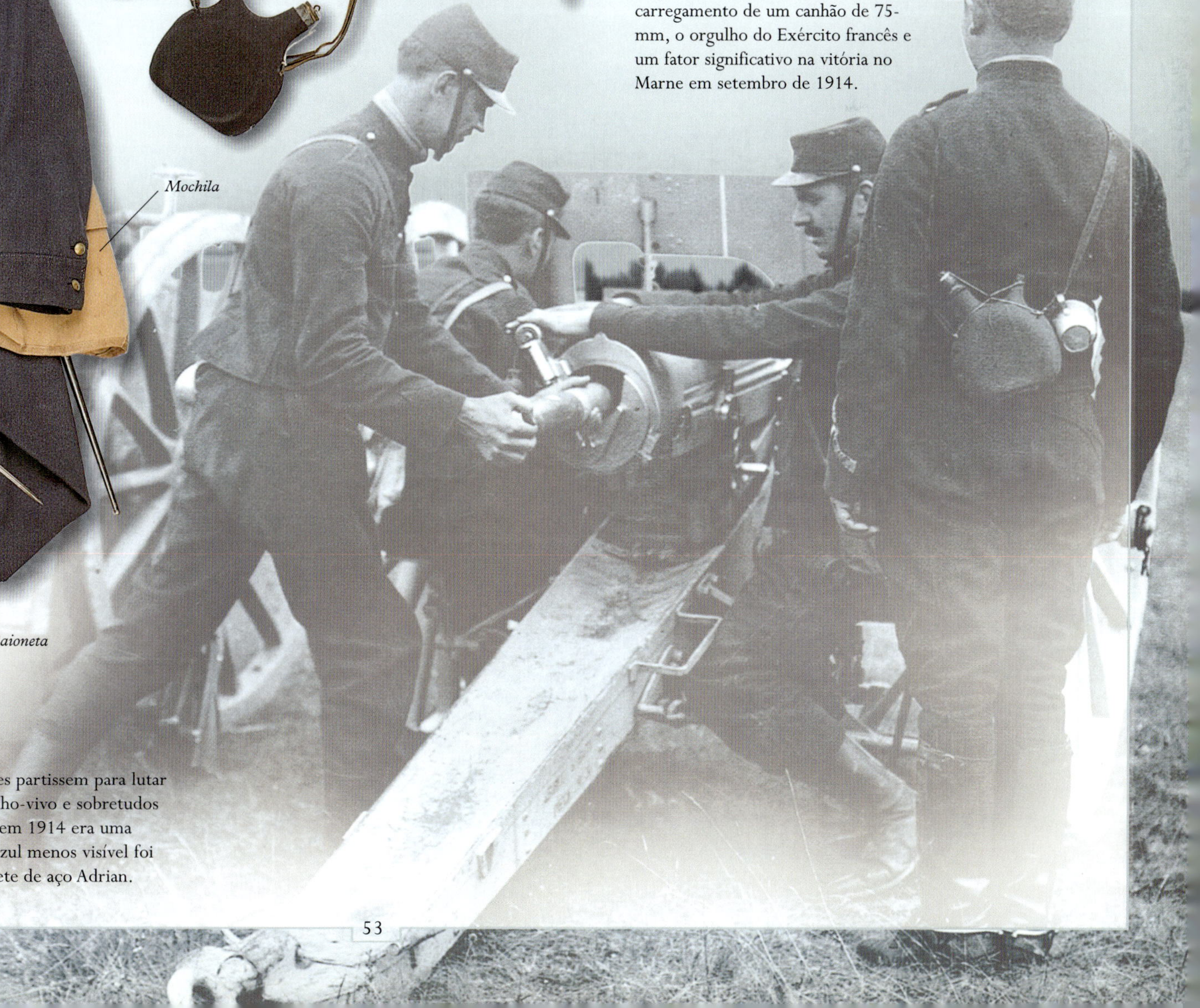

Artilharia francesa

A guarnição demonstra o carregamento de um canhão de 75-mm, o orgulho do Exército francês e um fator significativo na vitória no Marne em setembro de 1914.

O Segundo e o Terceiro Exércitos tinham, cada um, desistido de uma unidade enquanto o Primeiro Exército teve que entregar o equivalente a três unidades.

Não podendo transferir formações da Alsácia-Lorena ao flanco direito devido à destruição do sistema ferroviário belga, os alemães não tinham nem os efetivos nem o tempo para tomar ou mascarar Paris. Já então não havia quase nenhum controle eficaz do OHL, o alto-comando alemão. Para piorar as coisas, os comandantes dos três exércitos alemães da ala direita — Kluck, Bülow e Hausen — não eram conhecidos por sua compatibilidade. Isso reduzia a comunicação entre os três exércitos ao mínimo.

Uma mudança de plano

Tentar mover-se para o oeste de Paris nesse ponto teria deixado todos os exércitos alemães que avançavam a oeste de Sedan sobrecarregados ao longo de uma extensa frente. Por isso o Primeiro Exército de Kluck avançou para o sul com o objetivo de passar para o leste de Paris. Quando a direção da retirada do Quinto Exército francês se tornou clara, Kluck mudou o rumo de seu avanço para sudeste. Isso fecharia a brecha entre o Primeiro e o Segundo Exércitos. Os alemães ainda mantinham a iniciativa e a vantagem da superioridade numérica. A tentativa francesa de permanecer no Somme com o Sexto Exército, a FEB e o Quinto Exército nos últimos dias de agosto não deu em nada. A retirada anglo-francesa continuou.

Atingido por estilhaço de granada
A linha de transporte do 1º Regimento Middlesex britânico fica sob fogo quando se aproxima do Marne a 8 de setembro. O homem com as mãos na cabeça foi gravemente ferido. O ataque deixou a carroça que carregava água cheia de buracos.

BATALHA DO MARNE

5 A 12 DE SETEMBRO DE 1914

Os franceses têm um orgulho justificável de sua vitória no Marne. Suas ofensivas iniciais contra a Alsácia e a Lorena haviam sido fracassos de alto custo e os exércitos franceses tinham se posicionado erradamente para enfrentar a invasão alemã. Entretanto conseguiram reposicionar suas forças para lançar um contra-ataque contra os exércitos alemães que avançavam. O evento-chave na Batalha do Marne ocorreu a leste de Paris: o ataque lançado pelo Sexto Exército contra a ala direita do Primeiro Exército alemão levou à criação de uma brecha entre o Primeiro e o Segundo Exército. Em pesados combates posteriores a leste, os franceses detiveram o Segundo, o Terceiro e o Quarto Exércitos alemães.

LEGENDA

- Avanço francês
- Avanço britânico
- Avanço alemão
- Retirada / Recuo alemão
- Posição francesa
- Posição britânica
- Posição alemã
- Estrada

A contra-ofensiva, 5-6 de setembro
No final de 4 de setembro, Joffre emitiu uma ordem para os exércitos franceses pararem a retirada no dia seguinte. Ele também concordou que o 6º Exército deveria atacar a ala direita do 1º Exército alemão exatamente a leste de Paris.

5 de set.
O 6º Exército francês depara-se com o Corpo de Reserva de Gronau. Este ataca, derrotando divisões francesas avançadas.

6 de set.
Gronau recua para uma forte posição defensiva a oeste do Ourcq

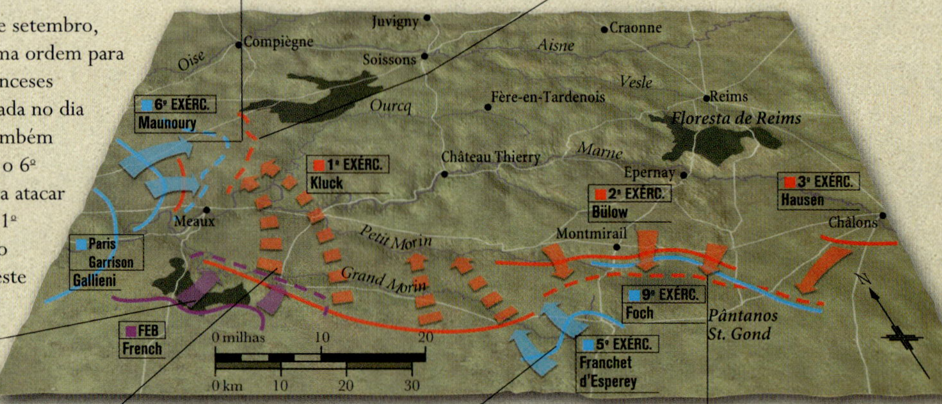

6 de set.
A FEB avança para o norte

5 de set.
Kluck manda algumas tropas cruzarem de novo o Marne, onde ele deixara apenas um Corpo de Reserva, comandado pelo general von Gronau

6 de set.
O 5º Exército francês avança para o norte, mas é detido por parte do 1º Exército alemão

6 de set.
A ala esquerda do 2º Exército alem[...] força o 9º Exército de Foch a voltar [...] o sul através dos pântanos de St. G[...]

O campo de batalha
A Batalha do Marne envolveu uma série de embates estendendo-se do Ourcq a Verdun. Após a retirada geral alemã a 9 de setembro, homens e cavalos mortos jazem espalhados por uma vasta área do nordeste da França.

Gallieni e a Guarnição de Paris

Aproximadamente nesse momento, o comandante da guarnição de Paris, o general Joseph Gallieni assumiu efetivamente um comando de campo. A guarnição fora recentemente fortalecida pela chegada de tropas norte-africanas por trem e o envio de reforços do setor Alsácia-Lorena. Os franceses também perceberam as intenções alemãs de passar para o leste de Paris. Documentos capturados, achados no corpo de um combatente alemão, esboçavam a linha proposta de avanço pelo Primeiro Exército vindo do Oise para o Ourcq. A 3 de setembro, o governo francês deixou Paris por Bordeaux, e Joffre ainda insistia numa retirada geral até o Sena. Gallieni e seus colaboradores, porém, haviam tido agora a confirmação da mudança de direção alemã por reconhecimento aéreo, e vislumbraram a possibilidade de montar uma contra-ofensiva.

O canhão francês de 75-mm

Desenvolvido na década de 1890, o "75" mm francês marcou uma mudança revolucionária no *design* da artilharia de campo. Seu mecanismo de recuo hidráulico o capacitava a um disparo muito rápido e preciso sem a necessidade de reapontar o canhão após cada tiro. O *"soixante-quinze"* tinha uma guarnição de nove cavalos e uma junta de outros seis para puxá-lo, juntamente com seu armão de munição. O canhão teve grande sucesso no Marne, tanto no apoio da infantaria que atacava quanto em deter os avanços alemães com rodadas de estilhaços de bomba. Contudo, faltava a ele a potência ou trajetória alta para ser eficaz contra sistemas de trincheira bem feitos.

A batalha do Marne

Após descartar a possibilidade de um contra-ataque francês importante vindo de Paris, o Primeiro Exército alemão continuou a perseguir a FEB e chegou ao Marne a 3 de setembro. No mesmo dia os franceses abandonaram Reims. Enquanto isso Joffre fornecia a si próprio um bode expiatório pelas derrotas passadas exonerando Lanrezac como comandante do Quinto Exército e substituindo-o por Franchet d'Esperey. Também foi mais ou menos nesse momento que o alto-comando alemão percebeu que o Primeiro Exército estava dividido entre dois objetivos: poderia avançar para completar o cerco dos exércitos franceses a leste de Paris, mas tinha também que se proteger de um conta-ataque pelo Exército de Paris. Por todo o 4 de setembro, Gallieni buscou obter o aval de Joffre a seu proposto ataque, para o qual tinham que contribuir a FEB e o Quinto Exército francês. Apenas no final do dia Joffre autorizou o cessar da retirada anglo-francesa e ordenou operações ofensivas gerais para 6 de setembro, como Gallieni solicitara.

A batalha se desenrola 7 a 8 de set.
Combates ferozes ocorreram em muitas partes da região: no Ourcq, no Petit Morin e nos pântanos de St. Gond. Os franceses não levaram a melhor nesses encontros, mas tiveram êxito em alargar a brecha na linha alemã.

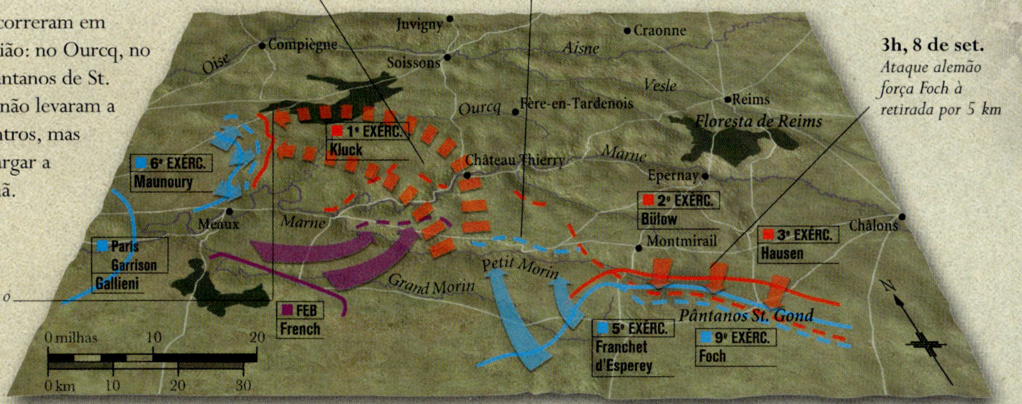

Capturados no Marne
Uma coluna de prisioneiros alemães é escoltada para o cativeiro depois da batalha contra os *cuirassiers* franceses com seus capacetes emplumados

A retirada alemã de 9-12 de setembro
Embora nenhum dos exércitos alemães tivesse sofrido uma séria derrota, a posição do Primeiro e do Segundo Exército permitira à FEB e ao 5º Exército francês marcharem para dentro da brecha entre eles. Já que o Primeiro Exército alemão corria o perigo de ser completamente isolado dos outros exércitos, foi dada a ordem para que recuassem para o Aisne.

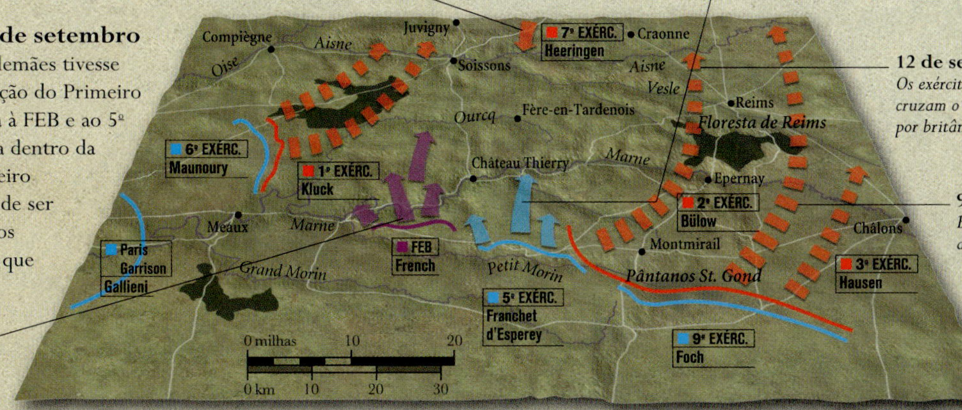

A 5 de setembro o Primeiro Exército alemão avançou sobre o rio Grand Morin com quatro unidades espalhadas por 50 km e próximas 8 km da FEB e do Quinto Exército francês. Os outros exércitos alemães a leste, porém, estavam encontrando uma inesperada resistência e o Primeiro Exército alemão foi avisado, por um oficial de ligação, coronel Richard Hentsch, que o alto-comando queria sua retirada para o norte do Marne. Assim, a 5 e 6 de setembro, o ataque pelo Sexto Exército de Maunoury contra o flanco direito do Primeiro Exército alemão a leste de Paris forçou Kluck a mudar de planos. As forças alemãs enfrentando Maunoury somavam uma Unidade de Reserva comandada pelo general von Gronau. Esta apresentou uma considerável resistência, até mesmo desfechando um contra-ataque às formações líderes francesas antes de se retirar para posições a oeste do rio Ourcq. Gallieni teve que despachar às presas reforços da cidade para apoiar o Exército de Maunoury. Todas as formas disponíveis de transporte foram lançadas na tarefa, inclusive 600 táxis Renault. Estes fizeram duas viagens cada um, levando cinco homens por vez, transportando assim 6.000 soldados para a Frente. Sua contribuição à batalha trouxe-lhes uma fama duradoura como "os táxis do Marne".

Esse novo desdobramento forçou Kluck a virar seu exército para oeste. A 7-8 de setembro ele reposicionou suas forças a partir de seu centro e flanco esquerdo para apoiar Gronau no ameaçado flanco direito. Fazendo isso, o Primeiro Exército separou-se do Segundo Exército ao leste. Foi nessa brecha aberta que a FEB e o Quinto Exército francês avançaram na manhã de 9 de setembro, e foi entre as congestionadas colunas na retaguarda do Primeiro Exército que a decisão alemã de retirada geral foi tomada naquele mesmo dia. Com as comunicações entre o Primeiro e o Segundo Exército alemão, e entre o alto-comando e essas duas formações praticamente em colapso, a decisão foi tomada por Hentsch. Ele ordenou que o Primeiro Exército se retirasse para a área de Sossons (ver mapa na página 55). Com a informação de que um novo exército estava sendo organizado em St. Quentin, ele traçou a linha aproximada a ser alcançada durante essa fase de retirada num mapa fornecido pelo chefe do estado-maior do Primeiro Exército. No dia 12 o Primeiro Exército alemão retirara-se para trás do Aisne, e somente a falta de tropas descansadas dos Aliados que pudessem explorar a desordem alemã impediria a retirada de se transformar numa derrota.

Uma nova fase da guerra

No oeste havia um flanco aberto, estendendo-se de Compiègne até o mar e do Somme à Antuérpia. Era uma área em que os dois lados tinham formações, mas onde nenhum dos dois apresentava superioridade. Na seqüência da retirada alemã do Marne, e com a impossibilidade de manobra nas condições de

Passo meus dias e noites numa trincheira. Tenho um buraco, parcialmente enterrado e parcialmente coberto de galhos, com o tamanho suficiente para que eu possa deitar; é muito monótono. Saio para as refeições, mas tenho que estar com minhas armas dia e noite, já que estamos na trincheira mais avançada esperando pelo ataque que nunca vem. Na verdade acho que nossa posição é forte demais para o gosto dos alemães, eles nos bombardeiam constantemente, mas de nossas tocas de coelho nós rimos deles. Não posso dizer a vocês porque estamos fixos assim, mas ficaremos muito contentes quando avançarmos novamente, já que não gostamos dessa vida de caverna.

CAPITÃO ARTHUR MAITLAND, 2º BATALHÃO, REGIMENTO ESSEX, NUMA CARTA A SEUS PAIS NO AISNE, 30 DE SETEMBRO DE 1914

equilíbrio a leste de Reims, a atenção dos dois lados focalizou-se no Aisne e no flanco aberto.

A BATALHA DO AISNE

Os acontecimentos no Aisne e ao norte desdobraram-se mais ou menos simultaneamente, embora as operações no Aisne estivessem destinadas a se tornar mais conhecidas. Ali, no alto terreno norte do rio, a retirada alemã se detivera e tropas descansadas aproximaram-se para fechar a brecha de 30 km entre o Primeiro e o Segundo Exército. Nesse momento Moltke foi exonerado como chefe do estado-maior e substituído pelo ministro da Guerra prussiano, Erich von Falkenhayn. As posições que os alemães estabeleceram no Aisne eram facilmente defendidas, situadas numa crista ao longo do lado norte do rio. Esse setor da Frente Ocidental passara a ser conhecido como o *Chemin des Dames* depois da estrada construída ao longo da crista no século XVIII para as filhas de Luís XV passearem em suas carruagens.

Chegando ao Aisne um dia atrás do Primeiro Exército, as forças britânicas e francesas avançaram imediatamente através do rio, mas contra um inimigo que tinha estabelecido um rudimentar sistema de trincheiras e mantinha vantagens importantes devidas à escolha do terreno. Os principais esforços Aliados foram feitos nos dias 13-14 de setembro, mas com pouco resultado, e no final do dia 14 os franceses e britânicos começaram a se entrincheirar.

Tropas francesas esperando um ataque
Essa fotografia francesa de 1914 mostra tropas entrincheiradas numa posição de controle com um avião acima pronto para avistar qualquer movimento do inimigo. A realidade da guerra de trincheiras não era tão nítida e arrumada.

Explodindo uma ponte sobre o Aisne
Quando os alemães se retiraram do Aisne, estouraram pontes depois de as terem cruzado, tornando difícil para que franceses e britânicos os seguissem. Contudo não conseguiram destruir todas elas, e os Aliados puderam atravessar e montar ataques contra novas posições alemãs.

JOHN FRENCH

French fora um bem sucedido comandante de cavalaria durante a Guerra Sul-Africana de 1899-1902. Isso fez com que fosse escolhido para comandar a FEB em agosto de 1914. Entretanto ele se mostrou inadequado para a tarefa.

French sofreu uma total falta de autoconfiança quando forçado a se retirar após seu primeiro combate em agosto em Mons, e Kitchener, o secretário de Guerra britânico, teve que lhe fazer uma visita pessoal em setembro a fim de fortalecer sua determinação. French estava convencido de que as forças britânicas deviam juntar-se à contra-ofensiva francesa no Marne, onde a vitória temporariamente estimulou sua autoconfiança. No entanto sua falta de firmeza como líder voltou em 1915, manifestando-se em erros de julgamento durante a ofensiva Artois-Loos em setembro e outubro. Suas dificuldades juntavam-se ao seu relacionamento difícil com os comandantes franceses e com seus próprios oficiais de campo, e em dezembro de 1915 ele foi substituído por Douglas Haige.

No resto da guerra, French serviu como comandante das forças britânicas internas, em cujo papel ele foi responsável por lidar com o Levante de Páscoa de 1916 na Irlanda. Posteriormente foi feito representante da monarquia da Irlanda.

Tropas britânicas em Flandres
Uma coluna de soldados britânicos avança em fila única por um campo na Bélgica em outubro de 1914. Nesse estágio da guerra as unidades ainda operavam em áreas em que nenhum dos dois lados tinha noção da força inimiga.

A CORRIDA PARA O MAR

A 14 de setembro o alto-comando alemão instruiu suas forças no Aisne a restringir os movimentos das tropas Aliadas, enquanto era feita uma tentativa de abrir o flanco ao mover as tropas para o oeste. Uns três dias depois Joffre emitiu ordens semelhantes para os franceses. Em resultado disso a Batalha do Aisne continuou até 27 de setembro, quando lhe foi permitido acabar.

Enquanto isso, tanto os franceses quanto os alemães fizeram tentativas sem êxito de vulnerabilizar um ao outro, primeiro na região perto de Noyon no dia 18 e então no alto Somme a 23 e 24. À medida que a batalha se movia para o norte pelos campos da Picardie e Artois na direção da fronteira belga, os dois lados continuavam a tentar abrir o flanco do inimigo, mas nenhum conseguia suficiente vantagem em posição e números. Nos primeiros dias de outubro, os franceses retiveram Arras e La Bassée apesar dos decididos ataques alemães, mas foram obrigados a ceder Lille e Lens antes que os dois lados se obrigassem reciprocamente a uma paralisação nesse setor (ver mapa na página 62).

Essa seqüência de manobras passou a ser conhecida, de um modo um tanto confuso, como "Corrida para o Mar". Nenhum lado estava na realidade tentando alcançar o mar antes que o outro. Apenas ocorrera que cada tentativa fracassada de afastar as forças inimigas esticara a entrincheirada linha de frente para o norte e para mais perto do canal da Mancha.

A QUEDA DE ANTUÉRPIA

O término da Batalha do Aisne coincidiu com o início das operações de cerco alemãs na Antuérpia. Após o progresso triunfal dos alemães através da Bélgica central na terceira semana de agosto, uns 70.000 soldados belgas refugiaram-se em Antuérpia, o "baluarte nacional". De lá, eles montaram duas investidas e enviaram sabotadores aos territórios ocupados pelos alemães. A segunda investida entre 9 e 13 de setembro penetrou até Louvain. Por mais de um mês as forças alemãs em torno de Antuérpia não podiam fazer mais do que mascarar a cidade e conter as investidas da guarnição, mas no final de setembro a situação mudou.

A retirada de Antuérpia
Carros se alinham em uma das principais praças de Antuérpia pronta para a evacuação nos dias finais do cerco. A decisão de evacuar a maior parte do exército de campo belga foi tomada a 6 de outubro. Seu comandante, rei Albert, deixou Antuérpia por volta de meio-dia no dia 7.

Começando no dia 28, com 160 canhões pesados e super-pesados de cerco na linha, os alemães iniciaram uma destruição sistemática das fortificações que contornavam a cidade.

Muito pouco, muito tarde

Embora os Royal Marines, uma pequena força britânica de fuzileiros, chegasse por terra à Antuérpia em 4 de outubro, o moral de uma guarnição que se acreditava abandonada estava baixo. As dúvidas belgas sobre a resistência das fortificações de Antuérpia mostraram-se corretas. Não havia páreo para a super-pesada artilharia de cerco dos alemães: o fantástico "Grande Bertha", o canhão Krupp de 420 mm que causara tanto dano em Liège, apoiava agora os altamente eficazes *howitzers* Skoda austríacos de 305 mm. Enquanto os grandes canhões atingiam os fortes, a artilharia de campo bombardeava as trincheiras que corriam entre os fortes com uma mistura de explosivos pesados e estilhaços de granada.

A 6 de outubro, quando a linha defensiva belga atrás do rio Nete foi violada, tomou-se a decisão de abandonar a cidade. O rei Albert e o governo belga partiram no dia seguinte para Ostend. Com as forças alemãs ao sul de Antuérpia tentando cortar a linha Aliada de retirada, alguns membros da guarnição foram capturados ou atravessaram a fronteira para a Holanda, onde foram presos. A cidade foi finalmente ocupada a 10 de outubro.

A oeste de Antuérpia, as forças belgas e francesas rejeitaram a possibilidade de permanecer no canal Terneusen, que ligava Ghent ao mar. Em vez disso começaram a se concentrar na frente de Bruges. A 7ª Divisão Britânica desembarcou em Zeebrugge a 6 de outubro e avançou até Ghent. Então retirou-se para juntar-se às outras forças Aliadas em torno de Ypres.

Carabineiros belgas
Os carabineiros com suas cartolas características desempenharam um papel importante na defesa de Antuérpia. Os belgas usaram pequenas carroças puxadas por cachorros para carregar metralhadoras, munição e até homens feridos.

Forças alemãs na Bélgica
Soldados de infantaria usufruem o luxo de transporte motorizado durante o combate na Bélgica em 1914. A maioria deles está usando o *Pickelhauben* (capacete com ponta no alto), mas cobertos por tecido de camuflagem para impedi-los de cintilar ao sol.

Carros blindados

Na guerra móvel que marcou as operações na Bélgica e no norte da França nos últimos estágios da "Corrida para o Mar", carros blindados primitivos podiam ser vistos rodando pelas estradas planas de Flandres. Os primeiros a usá-los foram os belgas. O RNAS (Royal Naval Air Service) tinha um esquadrão de aviões com base em Dunquerque que fazia vôos de reconhecimento sobre a área. Eles tinham também um determinado número de carros, usados tanto para reconhecimento quanto para resgatar pilotos que haviam sido derrubados. À medida que essas jornadas ficam mais arriscadas, os carros são guarnecidos com uma armadura improvisada de chapas de caldeira. Finalmente decidiu-se encomendar carros específicos à Rolls-Royce, totalmente revestidos de armadura com uma torre giratória. Infelizmente quando tais carros chegaram em dezembro, o breve período da guerra móvel já estava terminando.

Os últimos dias da guerra móvel

Enquanto isso, a cavalaria alemã operava na Terra de Ninguém entre Ypres e Lille, e as forças germânicas e Aliadas abriam caminho do Somme para o norte em suas inúmeras tentativas de abrir o flanco inimigo. Confrontaram-se nas cercanias de Arras e Lens a 7 de outubro e nos arredores de Hazebrouck e Armentières no dia 8. Isso significava que não havia virtualmente nenhum espaço para manobra.

Ao norte, o exército belga decidira fixar-se no Yser. O rio era canalizado ao longo de seu último trecho fluindo de Disemude até o mar, e suas margens altas elevavam-se sobre as terras baixas a leste, oferecendo uma boa posição de defesa. Os belgas teriam que defrontar-se com o Quarto Exército alemão reformado, reforçados por tropas liberadas após a queda de Antuérpia. Esse exército, sob o comando do duque Albrecht de Württemberg, preparou-se para uma ofensiva possivelmente decisiva ao longo da costa e a partir de Ypres contra os portos de Boulogne e Calais.

O exército Britânico de 1914

O Exército Britânico não tinha recrutados — era um pequeno exército profissional de 250.000 homens. Com uma história de confiança na todo-poderosa Marinha para a segurança das Ilhas Britânicas, não tinha havido necessidade de um vasto exército ativo como o da Alemanha, França e Rússia. Em 1914, a Grã-Bretanha enviou uma força expedicionária de seis divisões de infantaria e uma divisão de cavalaria, uns 150.000 homens, em ajuda à França. Em agosto, quatro divisões deslocaram-se para o flanco esquerdo francês para enfrentar os exércitos alemães que avançavam para a França vindos da Bélgica. Em outubro, quando os britânicos estavam travando um combate feroz em Ypres, juntaram-se a eles um corpo indiano e algumas unidades territoriais. No final do ano, a FEB tinha sido reduzida à metade de sua força original, com mais de 30.000 mortos e mais de 50.000 feridos. Era necessário um novo exército; ele seria feito com os homens que atenderam ao chamado de alistamento voluntário feito em agosto de 1914 por Lord Kitchener, o ministro da Guerra.

Hussardos britânicos avançando em território aberto
Em 1914, a cavalaria era usada principalmente para tapar os flancos das formações de infantaria, e para reconhecimento. Aqui, o Décimo-Primeiro dos Hussardos desloca-se na direção norte para Flandres no estágio final da "Corrida para o Mar"

CARABINA LEE ENFIELD.303 E MUNIÇÃO

REVÓLVER WEBLEY

Mochila

Baioneta

CANTIL DE ÁGUA

FACA DE MOLA

CORTADOR DE ARAME

FERRAMENTAS PARA ENTRINCHEIRAMENTO

Uniforme e equipamento britânicos
Os britânicos foram para a guerra no uniforme cáqui que usavam desde a Guerra Sul-Africana (1899-1902). Uma inovação importante em 1916 foi a introdução de capacetes de aço.

A fase final da Corrida para o Mar

Tal fase é geralmente considerada sinônimo da Primeira Batalha de Ypres. Na realidade, as últimas ofensivas Aliadas e alemãs antes que a frente se estabilizasse resultaram em quatro batalhas travadas num setor de 56 km de La Bassée até o mar, entre 16 de outubro e 11 de novembro. No início havia muitas brechas nas duas frentes, mas nem um lado nem outro foi capaz de explorá-las. A combinação de falta de espaço em que manobrar, a velocidade com que os reforços eram movidos para dentro do setor e o fato de que nenhum lado tinha qualquer vantagem de posição e tempo que o permitisse ditar os acontecimentos fez com que tais batalhas terminassem de modo indefinido.

O curso dessas operações de fase final foi parcialmente modelado pela ocupação de Lille a 12 de outubro, o que deu aos alemães o centro industrial chave do norte da França mesmo antes que seu principal esforço fosse para o Yser no dia 16. Foi numa tentativa de retomar Lille que os britânicos lançaram duas ofensivas, também no dia 16. Essas resultaram em batalhas em torno de La Bassée e Armentières, nas quais algumas formações britânicas se viram confrontadas pelas mesmas formações alemãs que tinham enfrentado no Aisne. Sem qualquer vantagem em número, artilharia ou momento certo nos quais basear suas ofensivas, os britânicos foram contidos e, em algumas áreas, finalmente repelidos para além de suas linhas iniciais originais.

É uma guerra terrível, e acho que não há um único soldado britânico ocioso na França. Imagino onde isso acabará; ouvem-se tantas notícias. Tem havido mais combate e perdas de vida em sete semanas do que em toda a Guerra da África do Sul. O que a Brigade of Guards tem perdido é medonho, e sendo como um só regimento, conhece- se todo o mundo, e sente- se mais ainda.

TENENTE NEVILLE WOODROFFE, 1º BATALHÃO DE GUARDAS IRLANDESES, NUMA CARTA PARA A MÃE. WOODROFFE FOI MORTO EM AÇÃO EM YPRES, A 16 DE NOVEMBRO.

Primeira Batalha de Ypres

Contudo, mesmo antes que esses esforços britânicos falhassem, o foco da atenção mudara para o norte. A 16 de outubro a cavalaria francesa e o V Corpo britânico começaram a sair de Ypres, mas foram confrontados no dia 18 por três unidades do Quarto Exército alemão. No mesmo dia exércitos franceses ao norte receberam a ordem de manter a posição em vez de tentar avançar. Enquanto isso ao sul de Ypres o Sexto Exército alemão avançava para recuperar as recentes perdas em torno de Armentières. No dia 26 as defesas Aliadas à volta de Ypres tinham sido reduzidas a uma saliência a mais de 8 km da cidade. As forças francesas, porém, chegaram para assumir a parte norte da linha britânica.

Nos últimos dias de outubro a crise da batalha ao norte ao longo do Yser chegou ao clímax. A fim de deter um inimigo muito superior que abrira caminho através do Yser e ameaçava irromper pela margem de Nieuport-Dixmude, os belgas, tendo desistido de uma retirada ulterior, decidiram optar por uma medida drástica de inundar uma ampla área de terras baixas. Fizeram isso abrindo as comportas para o mar na maré alta. A operação teve que ser realizada numa perfeição cronológica, e as primeiras tentativas falharam. Posteriormente uma grande área a leste do Yser entre Nieuport e Dixmude foi inundada com sucesso, fazendo cessar as operações de grande escala nessa área depois de 30 de outubro.

Soldados escoceses marchando para a Frente
Em 1914, muitos regimentos escoceses lutaram com seus *kilts* (saiotes) e os gorros *glengarry*. Os alemães ficavam perplexos ante tal visão, e a imprensa alemã transmitiu algumas impressões altamente fantasiosas e artísticas dos escoceses em batalha.

Tropas indianas
O Corpo indiano desembarcou em Marselha em setembro de 1914 e entrou em ação em Ypres em outubro e novembro. Aqui, homens do 129º Baluchis improvisaram uma posição defensiva nos arredores da cidadezinha de Wytschaete, ao sul de Ypres.

Após mais de uma semana de combates pesados mas indefinidos ao longo da saliência do Ypres, a 30 de outubro os alemães começaram uma importante tentativa de conquistar a cidade. Seu principal esforço foi reforçado pelo Sexto Exército entre Messines e a Estrada Menin. O kaiser otimistamente estabelecera seu quartel-general em Flandres na expectativa de uma entrada triunfante em Ypres ao longo da Estrada Menin em 31 de outubro.

Nos primeiros dois dias da ofensiva, os alemães obtiveram — pelo padrão das últimas batalhas pela saliência — ganhos substanciais. A defesa britânica foi quase reduzida ao colapso. No dia 31, a aldeia de Gheluvelt na Estrada Men in foi defendida pelos remanescentes de cinco batalhões britânicos, reduzidos a cerca de mil homens, a força de um único batalhão. A pequena força conseguiu repelir um ataque de 13 batalhões alemães por mais de uma hora. Gheluvelt posteriormente caiu, mas numa região com muitos bosques dos dois lados da Estrada Menin, os ataques alemães perderam sua coesão. A superioridade nas operações de campo e dos atiradores deram aos defensores britânicos uma vantagem efetiva sobre as formações alemãs jovens e inexperientes.

A formação da Frente Ocidental
De setembro a novembro de 1914, a luta na França deslocou-se prontamente para o norte. Depois que os alemães se entrincheiraram ao longo do Aisne em meados de setembro, a ação desviou-se para o flanco aberto a noroeste. Uma série de tentativas de ambos os lados para penetrar no flanco inimigo levou a ação para o norte até a Bélgica, onde a linha Aliada foi acrescida do Exército belga que se retirava de Antuérpia.

Última tentativa de romper as defesas

Com as forças francesas estabilizando a linha, os ataques alemães em torno da saliência continuaram por uma semana enquanto o alto-comando do Exército alemão hesitava entre fazer um esforço final em Ypres e voltar as forças para o Leste para apoiar a ofensiva de Lodz. Um esforço renovado, ao longo de toda a fronteira entre Dixmude e Messines, foi ordenado para 10 de novembro.

Refugiados deixando Ypres
Cenas como essa eram comuns por toda a Bélgica ocidental, quando as famílias — seus filhos e umas poucas posses enchendo uma carroça — fugiam ante o avanço dos exércitos alemães.

O que sobrara de Dixmude foi tomado, não se registrando, porém, ganho de algum significado em outra parte. No dia 11 a Guarda Prussiana, apesar de romper a linha britânica, foi cortada em pedaços numa ação que efetivamente marcou o término da batalha. Depois disso os alemães iniciaram apenas ofensivas locais a fim de melhorar sua posição tática aprontando-se para o inverno que chegava. O final da batalha é assinalado finalmente no dia 22, dois dias depois que a FEB fora substituída pelos franceses.

A Frente estabilizada

As batalhas da fase final da "Corrida para o Mar" são significativas por três motivos. Primeiro, eram as últimas batalhas da fase de abertura da guerra e representavam o fracasso dos dois lados em mover a posição do flanco um do outro e manter o ímpeto da guerra móvel. Segundo, considerações políticas determinavam agora que os Aliados, tendo mantido suas posições a um custo muito alto, inclusive uma pequena parte da Bélgica, não podiam se retirar voluntariamente de qualquer parte da Frente. E isso apesar

> "...dos 1.100 oficiais e soldados que começaram nos sobraram o major Yeadon e cerca de 80 homens. Acredito que vocês têm muitos soldados em casa. Bem, teríamos utilidade para alguns aqui."

CABO GEORGE MATHESON, COMPANHIA B, 1º BATALHÃO, *THE QUEEN'S OWN CAMERON HIGHLANDERS*, ESCREVENDO DEPOIS DA PRIMEIRA BATALHA DE YPRES.

O Cloth Hall em Ypres, 1914
Iniciado por volta de 1200, o *Cloth Hall* era um orgulhoso símbolo do comércio têxtil que floresceu na Flandres medieval. Aqui é visto fumegante após incendiar-se durante um bombardeio na Primeira Batalha de Ypres. Isso, porém, não foi nada ante o bombardeio que sofreria em batalhas posteriores: no final da guerra estava reduzido a escombros. Sua reconstrução foi completada finalmente em 1962.

do valor limitado do que tinham mantido e do fato de que os alemães ocuparam posições virtualmente superiores ao longo de todo esse setor. Terceiro, a fase final das operações testemunhou um medonho derramamento de sangue. A iniciativa alemã através da maior parte dessa fase foi o resultado do uso de formações apressadamente tiradas da turma de 1914, muitas delas compostas por recrutas com apenas dois meses de treinamento. As perdas de tantos deles em Ypres fizeram com que a batalha passasse a ser conhecida como o "Massacre dos Inocentes".

O custo da Primeira Batalha de Ypres

As baixas britânicas, francesas e alemãs na Primeira Batalha de Ypres totalizaram 250.000 homens. As perdas britânicas, que deixaram os batalhões enviados à França em agosto com uma média de um oficial e trinta homens de sua quantidade original (cerca de mil homens), inspiraram o comentário de que "O alto-comando e os oficiais do estado-maior sobreviveram: o velho exército estava além da possibilidade de retirada". Assim também estavam as esperanças dos dois lados quanto a uma guerra curta e uma vitória cedo. O kaiser aceitou com relutância que não houvesse rompimento nas linhas do inimigo ao longo da costa belga e que um pequeno canto da Bélgica continuasse nas mãos dos Aliados. A saliência em torno de Ypres veria muitas outras batalhas, mas jamais cairia ante os alemães.

O *Kindermord*

No estourar da guerra, mais de 35.000 universitários alemães e alunos de colégios técnicos alistaram-se voluntariamente no Exército. Receberam apenas oito semanas de treinamento — boa parte dele de oficiais veteranos da reserva, cujas idéias militares estavam enraizadas na Guerra Franco-Prussiana de 1870-71 e que tinham pouca idéia do poder mortal da artilharia e das metralhadoras modernas. Em vez de serem divididos e enviados para diferentes unidades, quase todos esses voluntários foram constituir as fileiras do Quarto Exército alemão, apressadamente reorganizado. A 20 de outubro, Falkenhayn enviou esse exército para apoiar o Sexto Exército numa desesperada tentativa de irromper em Flandres. Quando os estudantes e outros jovens foram lançados contra as linhas Aliadas, as baixas sofridas por eles foram mais horríveis do que quaisquer outras experimentadas pelos alemães até aquela data. Um dos piores episódios foi em Langemarck, a nordeste de Ypres, a 10 de novembro. A matança passou a ser conhecida como o *Kindermord* (O Massacre dos Inocentes) e o veredicto dos que o testemunharam e sobreviveram era: "Os soldados eram jovens demais e os oficiais velhos demais."

Entusiasmo da juventude
Estudantes em Berlim saúdam a declaração de guerra no início do agosto. Em novembro, muitos desses jovens e milhares como eles de toda a Alemanha jaziam mortos no campo de batalha de Ypres.

POLÔNIA, GALÍCIA E SÉRVIA

OUTUBRO-DEZEMBRO DE 1914

Nos meses finais de 1914, a guerra na Frente Oriental era excepcionalmente móvel. Os alemães lançaram uma ofensiva a Varsóvia, mas recuaram, permitindo que os russos avançassem na direção da Silésia. Então os alemães atacaram de novo do norte, mas foram detidos em Lodz. Os austro-húngaros recuaram quase até Cracóvia, mas derrotaram os russos em dezembro, quando também tinham feito uma terceira e mal-sucedida tentativa de invadir a Sérvia.

1º DE OUT. Vitória russa em Augustowo, a fronteira ao leste da Prússia

4 DE OUT. Início da primeira ofensiva germânico-austríaca à Polônia

9 DE OUT. Alemães alcançam o Vístula e cercam a cidade fortificada de Ivangorod

9 DE OUT. Austríacos libertam Przemysl

15 DE OUT. Batalha por Varsóvia travada ao longo de toda a frente do Vístula

17 DE OUT. Reforços russos chegam à frente de Varsóvia e salvam a cidade da captura; Hindenburg ordena a retirada; alemães destroem as vias férreas e as estradas ao se retirarem

23 DE OUT. Alemães abandonam ataque a Ivangorod

1º DE NOV. Alemães de volta à linha inicial do avanço

1º DE NOV. Início da terceira invasão austro-húngara da Sérvia

3 DE NOV. 9º Exército de Mackensen é levado por trem a novas posições entre Posen e Thorn

4 DE NOV. Austríacos derrotados em Jaroslau na Galícia; retiram-se quase até Cracóvia

11 DE NOV. Início do segundo avanço germano-austríaco na Polônia, abrindo um triângulo entre o 1º e o 2º Exército russo

10 DE NOV. Os russos sitiam Przemysl novamente

14 DE NOV. Exércitos russos dispõem-se a invadir a Silésia

16 DE NOV. Russos cancelam avanço na Silésia; 5º Exército enviado ao norte para ajudar o 2º Exército

18 DE NOV. Início da Batalha de Lodz. Combate feroz em torno da cidade detém o avanço alemão

19 DE NOV. O 5º Exército russo chega para rechaçar a direita de Mackensen, que está ameaçando cercar o 2º Exército russo

24 DE NOV. O XXV Corpo de Reserva alemão sai lutando de uma perigosa situação a leste de Lodz com 16 mil prisioneiros

2 DE DEZ. Austríacos tomam Belgrado

5 DE DEZ. Início da Batalha de Limanova; vitória austríaca detém o avanço russo sobre Cracóvia

6 DE DEZ. Russos retiram-se de Lodz

6 DE DEZ. Sérvios derrotam austríacos no rio Kolubra

8 DE DEZ. Austríacos sofrem pesada derrota ao sul de Belgrado

9 DE DEZ. Batalha por Varsóvia; combate pesado entre alemães e russos

12 DE DEZ. Início da contra-ofensiva austríaca vinda da Hungria; recaptura dos passos-chave nos Cárpatos

15 DE DEZ. Sérvios tornam a entrar em Belgrado; fim da terceira invasão austríaca da Sérvia quando os austríacos recuam além da fronteira

7 DE DEZ. Fim da Batalha de Limanova

LEGENDA

- Campanha na Polônia
- Campanha na Galícia
- Terceira invasão austro-húngara ida Sérvia 1º de nov. a 15 de dez. legenda, p. 64

Novas ofensivas no Leste

Austro-húngaros por trás da linha
Um regimento de infantaria austro-húngara usufrui um momento de trégua da guerra na frente da Galícia. No outono de 1914, os russos chegaram perigosamente perto de esmagar os exércitos austro-húngaros nesse setor.

Devido às dificuldades dos exércitos austro-húngaros na Galícia durante o início de setembro, os alemães decidiram fazer uma ofensiva contra Varsóvia. Esta foi iniciada a 29 de setembro. Ironicamente, com os derrotados exércitos austro-húngaros chegando à segurança da posição Tarnow-Gorlice nos primeiros dias de outubro, a crise imediata com que se defrontava as Potências Centrais passara. De fato, com o alto-comando austro-húngaro tendo percebido que as forças russas que haviam avançado através da Galícia eram de uma cavalaria sem apoio, ele passou à ofensiva a 4 de outubro.

Primeiro avanço sobre Varsóvia

Assediada pelos russos a 24 de setembro, Przemysl foi libertada pelo Primeiro Exército austro-húngaro em 9 de outubro, quando então elementos do Nono Exército alemão tinham chegado ao Vístula. A 12 de outubro, eles tinham quase alcançado Ivangorod e estavam a cerca de 20 km de Varsóvia. Dentro de cinco dias, contudo, as intenções das Potências Centrais tinham mudado, a razão principal sendo o fato de o alto-comando russo ter antecipado corretamente o movimento alemão. Enquanto o Nono Exército alemão chegava ao Vístula, dois exércitos eram utilizados em tentar manter as forças alemãs na área acima de Varsóvia, enquanto elementos de quatro exércitos cruzavam o rio abaixo de Varsóvia numa tentativa de atacar o flanco esquerdo aberto do Nono Exército. Quando essa ameaça se materializou, os alemães tiveram que abandonar sua ofensiva e começaram a se retirar.

Ao sul, o Primeiro Exército austríaco foi obrigado a abandonar a maioria de seus ganhos e deixar a guarnição de Przemyls enfrentando um segundo cerco. A 1 de novembro o Nono Exército alemão estava de volta à sua linha original de começo, tendo realizado uma destruição total das comunicações a fim de deter um avanço geral russo. Os alemães então rapidamente reposicionaram suas forças por trem, transportando o Nono Exército para a área de Posen-Thorn a fim de renovar a tentativa de desobstruir a margem oeste do Vístula. O fracasso não invalidou a intenção original alemã; meramente assegurou uma nova tentativa num futuro próximo.

O cerco de Przemysl
Uma coluna se move lentamente em carroças puxadas por bois e mulas trazendo suprimentos aos russos que assediavam Przemysl, na Galícia. A cidade ficou cercada de 24 de setembro a 9 de outubro, e depois novamente de 10 de novembro a 22 de março de 1915.

A Rússia pronta para avançar

A ofensiva alemã em setembro-outubro de 1914 foi bem-sucedida no sentido de que forneceu alívio imediato aos pressionados exércitos austro-húngaros na Galícia. Mas esse alívio foi de curta duração e o fracasso da ofensiva alemã piorou a posição estratégica das Potências Centrais ao trazer não menos que quatro exércitos russos para a Polônia ocidental. Por sua vez, isso apresentou um dilema ao alto-comando russo. Pela primeira vez os exércitos russos estavam reunidos em posição e força que lhes possibilitariam mover-se contra a Silésia. Entretanto, o dilema imediato enfrentado pelo *Stavka*, o alto-comando russo, era de se mover contra o setor alemão da frente ou contra as posições mantidas pelos inferiores exércitos austro-húngaros.

O comando russo da Frente Sudoeste insistiu em que o esforço principal fosse feito na Galícia ocidental, contra o inimigo mais fraco, mas no evento o *Stavka* buscou conciliação autorizando ofensivas contra os dois inimigos. Contudo, ao dividir suas forças disponíveis, o *Stavka* na verdade condenou as duas ofensivas ao fracasso. Mais sério ainda era o fato dos alemães, tendo decifrado os códigos russos, no final de outubro estarem cientes das intenções e ordem de batalha russas. A lentidão do avanço russo através de uma Polônia ocidental devastada deu aos alemães a chance de frustrar os planos russos. Em conseqüência da mobilidade estratégica superior fornecida pelas estradas de ferros, os alemães puderam mover o Nono Exército ao norte para o setor de Posen-Thorn prontamente para uma ofensiva contra a retaguarda dos exércitos russos ao sul. Ao mesmo tempo, os exércitos austro-húngaros, tranqüilizados pela promessa de reforços alemães, começaram a diminuir suas forças na Galícia a fim de apoiar o flanco direito do Nono Exército alemão. Isso ajudou o plano das Potências Centrais de desobstruir a Polônia ocidental e esmagar as forças russas contra o alto Vístula.

Infantaria russa recebendo um novo suprimento de munição

Há pouco tempo, quando marchávamos pela Galícia e esperávamos constantemente encontrar o inimigo, cada soldado devia carregar não apenas a quantidade regular de 120 cartuchos, mas muito mais. Às vezes, cada um de nós tinha consigo até 300 cartuchos. Eles pesavam quase 16 quilos. Naquelas longas marchas, essas cargas pesadas eram um aborrecimento. Para remediar a situação eles jogavam os cartuchos nas valas onde ninguém os pegava.

J. OSKINE EM *LE CARNET D'UN SOLDAT*

Tropas russas avançando através de arame farpado
Trincheiras e sistemas defensivos não apresentavam enormes obstáculos na Frente Oriental nesse estágio da guerra, quando a linha de frente se deslocava diariamente.

A metralhadora Maxim russa
A metralhadora russa era semelhante à Maxim alemã, porém mais pesada e mais difícil de transportar. Aqui, uma Maxim é montada sobre o *sidecar*, uma motocicleta para uso contra aviões.

A batalha de Lodz

A ofensiva alemã iniciou-se a 11 de novembro das posições entre o Warta e o Vístula e imediatamente derrotou um Primeiro Exército russo mal posicionado e pior comandado. Em cinco dias os alemães potencialmente superiores em números, tendo travado e ganhado a batalha de Kutno, dividiram o Segundo e o Primeiro Exército, e se aproximavam de Lodz.

A 16 de novembro, contudo, o *Stavka* travou uma ofensiva russa na Polônia ocidental e ordenou ao Quinto Exército ao norte que apoiasse o Segundo Exército em defesa de Lodz. Devido a isso, a 18-19 de novembro os alemães avançaram na crença de que todos os exércitos russos estavam em retirada e que Lodz cairia. Durante o acontecimento, o Segundo Exército russo conseguiu conter o flanco direito alemão. Após uma marcha de 110 km por estradas terríveis em apenas dois dias, e perdendo a metade de seus homens no processo, o Quinto Exército moveu-se para enfrentar o XXV Corpo alemão enquanto este tentava cercar Lodz.

Um resultado confuso

Se o Primeiro Exército russo tivesse se deslocado em apoio a seus camaradas, o flanco esquerdo alemão teria sido esmagado. Contudo, uma combinação de coragem e sorte, além da incapacidade do comandante do Primeiro Exército russo, permitiu que o XXV Corpo escapasse. Os alemães abriram caminho combatendo e saíram de uma posição aparentemente sem esperanças, levando com eles 16.000 prisioneiros e 64 canhões capturados. Após confrontarem-se com a perspectiva de uma derrota desastrosa, os russos usufruíram brevemente a expectativa da vitória, mas no final a batalha não pôde ser considerada vitoriosa por nenhum dos lados. Em conseqüência disso, o *Stavka* decidiu concentrar-se em operações contra a Áustria-Hungria na Galícia e nos Cárpatos.

A batalha de Limanowa

Ao sul, a batalha se desenvolveu ao longo de linhas que nenhum dos lados previra. O alto-comando austro-húngaro imaginara que o sucesso alemão enfraqueceria as forças russas no norte e que a Frente da Galícia permaneceria quieta. As duas suposições mostraram-se incorretas. Embora a ofensiva do Segundo Exército Habsburgo se iniciasse a 16 de novembro e conseguisse um sucesso inicial localizado, os russos mostraram-se mais fortes do que se esperava, com seu Quarto Exército cedendo pouco terreno. No flanco direito, as conseqüências de terem desguarnecido a frente surgiram quando o Terceiro Exército russo, sem suporte, avançando através do San, entrou na área de Tarnow a 20 de novembro. Com os alemães mantidos diante de Lodz e incapazes de fornecer o apoio prometido, as forças austro-húngaras, com o flanco esquerdo sustentado e o flanco direito desmoronando à medida que aumentava a pressão russa, enfrentavam exatamente o mesmo perigo que encontraram três meses antes em Lemberg. A 25 de novembro o Quinto Exército russo, tendo desempenhado seu papel de deter a ofensiva alemã em Lodz, voltou-se para o sul a fim de enfrentar o Segundo Exército austríaco, que foi forçado a retirar-se. A situação que as forças austro-húngaras enfrentavam agora tornara-se desesperadora. Entretanto, foi tomada a decisão de retirar a maior parte das forças para a área de Cracóvia e mover o Quarto Exército para o sul do Vístula a fim de pegar o flanco do Terceiro Exército russo enquanto ele se aproximava da antiga capital polonesa.

Apesar das derrotas que minavam o moral sofridas nos três meses anteriores pelos exércitos

LODZ E LIMANOWA

NOV. A DEZ. DE 1914

Foi no pesado combate no final de 1914 que a Frente Oriental se tornou fixa. No final do ano uma frente quase contínua estendia-se do leste da Prússia aos Cárpatos no sul. As batalhas-chave nesse processo foram Lodz, onde os russos detiveram uma determinada tentativa alemã de romper a linha em direção a Varsóvia, e Limanowa, onde os austro-húngaros rechaçaram os russos que ameaçavam tomar Cracóvia.

Coluna de suprimentos alemã
A campanha do final de 1914 viu as tropas alemãs e russas cobrindo enormes distâncias enquanto cruzavam a Polônia. Estradas e conexões ferroviárias deterioravam-se rapidamente, causando problemas de abastecimento para os dois lados.

Prisioneiros russos capturados na Polônia
Esse grupo de prisioneiros escoltados por reservas alemãs durante as campanhas da Polônia no final de 1914 reflete o amplo espectro de povos servindo nos exércitos russos.

Habsburgo, o Quarto Exército, apoiado pela 47ª Divisão de Reserva alemã, avançou para a ofensiva nos últimos dias de novembro. Em ferozes batalhas em torno das cidades de Lapnow e Limanowa, o Terceiro Exército russo foi derrotado e forçado a retirar-se para leste, e a ameaça à Cracóvia foi eliminada. Talvez até mais significativo, as atividades do Oitavo Exército russo cessaram. Este exército avançara para os Cárpatos, onde se apoderara de vários passagens montanhosas e se preparava para um avanço onde praticamente não encontraria resistência em direção às planícies da Hungria. Suas operações foram suspensas a fim de concentrar

O ataque alemão a Lodz, novembro de 1914
No norte, o Nono Exército alemão executou uma audaciosa manobra, reposicionando-se por trem a fim de lançar um ataque entre o Primeiro e o Segundo Exército russo. Ao sul, os exércitos russos avançavam lentamente numa ampla frente, sendo seus objetivos uma invasão da Silésia, uma ofensiva contra Cracóvia e tomar os passos através dos Cárpatos.

Recuperação austro-húngara, dezembro de 1914
No início de dezembro, os russos estavam confiantes de que tomariam Cracóvia e entrariam nos Cárpatos, mas ataques do 4º Exército austríaco no flanco do 3º Exército russo a sul de Cracóvia mostraram-se o ponto sem retorno da campanha.

Franz Conrad Von Hötzendorf

Chefe do estado-maior austro-húngaro a partir de 1906, Conrad von Hötzendorf (1852-1925) fora um associado próximo do arquiduque Francisco Ferdinando, assassinado em Sarajevo. Quando a guerra estourou, ele tentou lidar com seus dois objetivos — a defesa da Galícia e a invasão da Sérvia —, primeiro se concentrando nos Bálcãs. Quando os russos se mobilizaram mais rapidamente do que o esperado, ele foi forçado a uma caótica transferência de tropas destinadas contra a Sérvia. A Ofensiva Gorlice-Tarnow de maio de 1915 conseguiu retomar território previamente perdido para a Rússia, mas uma ofensiva em agosto daquele ano levou a baixas austro-húngaras maciças. Naquele momento, a Alemanha tinha pouco ou nenhum respeito pela liderança de Conrad e assumiu o controle da bem-sucedida campanha sérvia. Contrastando com isso, a Ofensiva Trentino de Conrad contra a Itália em 1916 não recebeu o apoio alemão e terminou em fracasso. Em setembro de 1916, a Áustria-Hungria tinha sido forçada a aceitar o comando alemão em todas as frentes. Em março de 1917, Conrad foi rebaixado para comando de campo da frente de Trentino e permaneceu nessa posição até sua exoneração, depois de uma ulterior ofensiva mal-sucedida, em julho de 1918.

forças russas no alto Vístula. A oportunidade que os russos perderam em novembro de 1914 nunca mais se apresentou.

Fraquezas russas

Assim terminou um mês em que os exércitos russos e austro-húngaros haviam demonstrado notável resistência, mas do qual mesmo assim emergiram como perdedores — especialmente os russos. Embora o sucesso na Frente Oriental tivesse escapado aos exércitos dos três impérios, o fracasso russo foi o mais agudo. Tendo falhado em obter qualquer vitória marcante no auge de seu poderio nas primeiras semanas da guerra, os russos também não conseguiram posteriormente nenhum êxito decisivo, tanto na Galícia ocidental quanto nos Cárpatos, e sua ameaça à Silésia fora eliminada. Além disso, a posição deles a oeste do Vístula era agora difícil de defender. Reconheceram isso em 6 de dezembro, quando abandonaram Lodz e retiraram-se para uma linha mais próxima a Varsóvia. Apesar de terem fracassado em duas ofensivas importantes, os alemães mantinham uma vantagem estratégica nítida no final do ano.

Abrigo na Galícia
Soldados russos se preparam para um longo inverno. A campanha no setor da Galícia da Frente Oriental não cessou durante o inverno de 1914-1915. Os russos continuaram a lançar ataques sobre os passos através dos Cárpatos.

A terceira invasão da Sérvia

Embora tivessem pelo menos reconquistado parte do terreno perdido para os russos na Galícia, os austro-húngaros ainda tinham embaraçantes questões inacabadas na Sérvia. Uma terceira ofensiva foi posta em movimento em novembro. Habilmente conduzidos pelo veterano Putnik, os exércitos sérvios recuaram através do rio Kolubra até alcançarem boas posições defensivas. Os exércitos austríacos os seguiram, apoderando-se de Valjevo, embora fizessem um progresso lento num tempo úmido de inverno. O Exército sérvio também cedeu terreno no norte, abandonando Belgrado, que foi ocupada a 2 de dezembro. No dia seguinte, porém, com a Frente agora a leste de um inundado Kolubra, o Exército sérvio, tendo recebido remessas de munição francesa, montou seu contra-ataque. Nos seis dias seguintes forçou os exércitos austro-húngaros a abrir mão de suas conquistas até o momento e a abandonar a ofensiva.

O custo da campanha

Com a capital novamente ocupada pelas forças sérvias em 15 de dezembro, a terceira invasão austro-húngara da Sérvia em 1914 foi totalmente derrotada. O custo de três ofensivas tinha sido de 227.000 mortos, feridos e desaparecidos de um total de 450.000 homens comprometidos nas campanhas. As baixas sérvias chegavam a mais de 170.000 de um total de 400.000. Essas perdas eram suficientemente devastadoras para um país pequeno como a Sérvia, mas um custo ainda maior foi causado pela epidemia de tifo que devastou o país nos meses de inverno que se seguiram.

Tropas sérvias avançando
Após uma série de bem-organizadas retiradas, o exército sérvio mudou para ofensiva a 3 de dezembro. O velho rei, Pedro, apareceu nas trincheiras para incentivar as tropas.

O Exército Austro-Húngaro

ETIQUETA DE IDENTIDADE

Em termos militares, a Áustria-Hungria era a menos importante das grandes potências. Seu exército tinha o título atravancante de *Kaiserliche und königliche Armee* (Exército Imperial e Real) porque o Imperador da Áustria era também rei da autônoma Hungria. O Exército Unido, como também era conhecido, era teoricamente capaz de reunir 32 divisões de infantaria e nove de cavalaria, e colocar em campo cerca de 1.300.000 oficiais e soldados. Em tempos de paz, contudo, a organização perfazia cerca de 450.000 e o resto era fornecido com a convocação de reservistas. Além disso, a Áustria e a Hungria possuíam cada qual um exército nacional separado, o *Landwehr* e o *Honved*, respectivamente. A reserva (ou *Lansturm*) chegava a mais de um milhão de homens. Com a Áustria-Hungria convocando apenas 29% de seu efetivo ao serviço militar, as divisões da reserva eram guarnecidas por recrutados mais velhos e recrutados de segundo grau, sendo o período de serviço dos últimos de 20 semanas espalhadas por um período de dois anos.

A Áustria-Hungria, como a Rússia, não tinha a base industrial necessária para travar uma guerra prolongada e não estava bem servida em termos de ferrovias para deslocar formações rapidamente entre as frentes. Cerca de um quarto de todos os soldados recrutados era analfabeto, a maioria dos recrutados das nacionalidades submetidas não sabia alemão ou húngaro. Além disso, a maioria das nacionalidades submetidas — tchecos, eslovacos, poloneses, romenos e eslavos do sul — tinha vínculos lingüísticos e culturais com os vários inimigos do império.

FACAS DE COMBATE

TÚNICA DE INFANTARIA

QUEPE DE INFANTARIA

Uniforme

O uniforme azul-cinzento usado pelos austro-húngaros no início da guerra data de 1909. As listras vermelhas no colarinho indicam um regimento de infantaria (nesse caso um de fala alemã). Em 1916, a Áustria-Hungria adotou uma nova farda *feldgrau* semelhante à usada por seus aliados alemães.

BOTAS

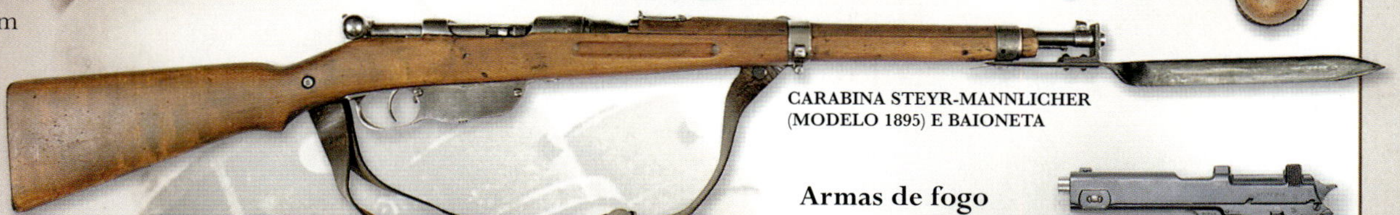

CARABINA STEYR-MANNLICHER (MODELO 1895) E BAIONETA

Armas de fogo

A fábrica *Steyr*, nova em folha, completada em 1914, produziu os rifles e carabinas Mannlicher de 8-mm do Exército, assim como pistolas e metralhadoras.

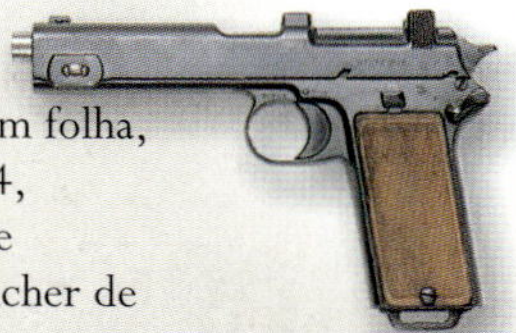

PISTOLA AUTOMÁTICA STEYR DE 9-MM (MODELO 1912)

Artilharia austríaca

Apesar de não ter uma grande base industrial, a Áustria-Hungria fabricou boas peças de artilharia, como a *howitzer* de 305-mm produzida nas fábricas da *Skoda*, em Praga.

Alavanca do gatilho

Camisa de cano cheia de água para impedir o superaquecimento do cano

Escondedor do clarão do disparador

Gatilho e cabo de duas mãos

Tripé desmontável

Caixa de munição

cartucheira contendo 250 balas de 8-mm

Metralhadora Schwarzlose

Desenhada por um engenheiro alemão, a Schwarzlose foi adotada pelo Exército austro-húngaro em 1907. O fato de ter apenas dez peças importantes em atividade fazia dela uma arma muito confiável. Schwarzlose capturadas foram usadas com freqüência por tropas russas e italianas.

A AMPLIAÇÃO DA GUERRA 1914-1916

EMBORA A PRIMEIRA GUERRA MUNDIAL AFETASSE DE ALGUM MODO TODAS AS PARTES DO MUNDO, FOI ESSENCIALMENTE UMA GUERRA EUROPÉIA CAUSADA PELO ROMPIMENTO DAS RELAÇÕES ENTRE AS GRANDES POTÊNCIAS DO CONTINENTE, QUE RESPINGOU EM OUTROS CONTINENTES. AO MESMO TEMPO, ENQUANTO AS POTÊNCIAS ALIADAS LUTAVAM PARA EQUIPARAR SEUS EFETIVOS AOS DE SEUS INIMIGOS, TROPAS ORGANIZADAS EM LOCAIS DISTANTES DOS IMPÉRIOS BRITÂNICO E FRANCÊS ERAM ENVIADAS PARA LUTAR NOS CAMPOS DE BATALHA DA EUROPA.

3

Bem distante de casa
Soldados argelinos do *L'Armée d'Afrique* preparam cuscuz numa aldeia ao norte da França em 1914. Argelinos serviram na França no decorrer da guerra, juntamente com 39.000 tunisianos e 14.000 marroquinos.

NOVOS PALCOS DA GUERRA

GUERRAS JÁ TINHAM SIDO TRAVADAS ANTERIORMENTE ENTRE EUROPEUS EM OUTROS CONTINENTES, EM ESPECIAL NO SÉCULO XVIII, QUANDO A FRANÇA, A ESPANHA E A GRÃ-BRETANHA COMPETIAM POR COLÔNIAS E COMÉRCIO. NO FINAL DO SÉCULO XIX, A SITUAÇÃO TORNARA-SE MUITO DIFERENTE. OS CONFLITOS COLONIAIS ERAM INVARIAVELMENTE RESOLVIDOS POR CONFERÊNCIAS E CONCILIAÇÕES. CONTUDO, QUANDO A GUERRA REBENTOU EM GRANDE ESCALA NA EUROPA DE 1914,

Tornou-se gradualmente claro que a Primeira Guerra Mundial envolveria um consumo de efetivos humanos sem precedentes. Centenas de milhares de soldados foram recrutados fora da Europa, especialmente nos Impérios Britânico e Francês, e que lutaram em todos os lugares da guerra, inclusive na Frente Ocidental. Uns 80.000 africanos morreram em combate nos campos de batalha da Europa.

Os estados-maiores podem planejar estratégias, mas as guerras são imprevisíveis. As expectativas de 1914 — de que a guerra seria curta e decidida na Europa — foram totalmente demolidas em questão de meses. A imobilização nas trincheiras prometia uma guerra sem final previsível, e a entrada de outras potências, especialmente do Império Otomano e da Itália — estenderam-na ao Oriente Médio e ao sul da Europa. Depois que os turcos entraram na guerra em novembro de 1914, os britânicos se viram envolvidos em três palcos separados não-europeus.

As colônias alemãs

Como a Alemanha entrou tarde na luta imperial por "um lugar ao sol", suas colônias tendiam a ser áreas de pouco interesse para os competidores mais antigos. Apesar do nervosismo sobre a expansão alemã, os britânicos não desestimularam a Alemanha de se apoderar de territórios não colonizados da África — Camarões, Togo, África oriental e sudoeste da África. Embora a área total deles fosse enorme, eram em sua maior parte pouco povoados e quase sem recursos, desenvolvimento industrial ou infra-estrutura.

A guerra na África foi travada predominantemente por tropas africanas e algumas asiáticas, exceto no sudoeste da África, onde os Aliados foram representados por sul-africanos e rodesianos. A opinião dos colonialistas brancos alinhava-se contra a guerra, pois temiam que esta fosse encorajar a resistência ao domínio branco. Os próprios africanos não tiveram voz ativa na questão; embora algumas tropas africanas fossem alegadamente voluntárias, haviam sido convocadas de fato, se não oficialmente. Todas as potências européias, especialmente a França, também recrutaram africanos para lutar nos campos de batalha da Europa.

As colônias africanas da Alemanha eram rodeadas por possessões britânicas, francesas ou belgas e isoladas de reforços pelo comando Aliado do mar. Inevitavelmente tinham escassez de suprimentos, inclusive armas e munição (os homens de Lettow-Vorbeck na África oriental às vezes faziam suas próprias armas). A situação delas parecia sem esperança, e todas tinham se rendido no final de 1915 exceto a África oriental, onde o último disparo da

Guerra alpina
A luta na frente italiana era uma guerra de trincheira com uma diferença. Aqui, soldados austro-húngaros nos Dolomitas entrincheiravam-se a uma altura de mais de 3.000 m.

"O país era indisciplinado, e o exército também: cuidamos do problema pelos meios usuais e adequados, disparando nos insubordinados para impedir que as faíscas virassem um incêndio."

CONDE LUIGI CADORNA, CHEFE DO ESTADO-MAIOR ITALIANO.

guerra foi feito duas semanas depois do armistício na Europa. Embora as campanhas se desenvolvessem numa escala muito pequena comparadas às da Europa, as baixas eram numerosas, especialmente entre os carregadores. Morreram mais de doenças e fome do que em batalha.

Quase todo o continente africano foi afetado pela guerra. Opressivas políticas de recrutamento e o deslocamento social e econômico geral causados pela guerra provocaram distúrbios locais em muitas partes do continente. Entretanto, apesar dos altos índices de deserção, os soldados africanos em geral demonstraram um estoicismo e uma lealdade notáveis. Africanos instruídos geralmente apoiavam os Aliados, esperando — em vão, como se comprovou — recompensas no pós-guerra em forma de direitos civis e oportunidades iguais.

A Alemanha também tinha um número de pequenas bases no Pacífico, importante apenas por seus postos de comunicação sem fio e à cabo, além do enclave de Tsingtao, tomada da China em 1897 e que era a única base naval alemã significativa de além-mar. Nenhuma durou muito, caindo as ilhas ante as forças australianas e neozelandesas, a maior parte depois de uma resistência mínima. Tsingtao exigiu mais esforço antes de ser tomada pelos japoneses que, com base em seu tratado de 1911 com os britânicos, entraram na guerra para ampliar seus próprios objetivos estratégicos de longo prazo.

A Itália entra na guerra

Desde a unificação, a Itália mostrava-se ansiosa por estabelecer seu *status* de "Grande Potência". Apesar do rápido desenvolvimento industrial no norte, a economia continuava primordialmente agrária. A separação entre Norte e Sul (onde 90% da população era analfabeta) ficava cada vez maior. Enquanto isso, os sonhos imperialistas da Itália levaram a uma desastrosa invasão da Abissínia (Etiópia) em 1896. O fato de a derrota ter ocorrido quando a Líbia foi tomada dos turcos em 1912 foi um pequeno consolo.

Em 1882, a Itália juntara-se às Potências Centrais na Tríplice Aliança, mas os termos precisos do tratado permitiam aos italianos declarar neutralidade em 1914. As principais ambições territoriais do país eram obter as regiões de língua italiana da Áustria-Hungria — o Trentino, parte do sul do Tirol, Trieste e Istria. Estes e mais foram prometidos pela Grã-Bretanha à França no secreto Tratado de Londres, assinado a 26 de abril de 1915.

Estrategicamente, a Itália não tinha muita importância. Oferecia poucas vantagens a seus novos aliados à exceção de forçar as Potências Centrais a lutar em outra Frente. A decisão de declarar guerra foi tomada por um grupo de ministros apoiados pelo rei. Nem os militares nem o Parlamento foram consultados. A maioria dos civis não mostrou nenhum entusiasmo pela guerra, e o exército italiano estava seriamente despreparado. As deficiências de equipamento desde a guerra líbia não ajudaram: havia apenas cerca de cem canhões pesados disponíveis. O implacável chefe do estado-maior, general Cadorna, que usufruía virtualmente de uma autoridade ilimitada, tinha apenas sete das 25 divisões completamente operacionais.

Os turcos otomanos

Após sua derrota nas Guerras dos Bálcãs (1912-13), os turcos precisavam de um aliado substancial. Voltaram-se para a Alemanha, que colhia o benefício de sua longa corte diplomática e investimentos substanciais (inclusive a ainda não terminada estrada de ferro Berlim-Bagdá). A Alemanha forneceu também uma missão militar que encetou a modernização do Exército turco e a instrução de uma nova classe de oficiais.

Historicamente uma potência terrestre, o Império Otomano tinha pouco a ver com uma Marinha. Os britânicos empenharam-se em retificar essa situação, e ordenaram a construção, em estaleiros britânicos, de dois encouraçados destinados à Turquia. Para fúria turca, no rebentar da guerra os britânicos os requisitaram. Naquele momento dois navios alemães, o cruzador *Goeben* e o cruzador leve *Breslau* estavam posicionados no Mediterrâneo. A 3 de agosto eles bombardearam dois portos franceses no norte da África, depois navegaram para os Dardanelos, escapando da desnorteada frota britânica que esperava que fugissem para o oeste e não para o leste. Após um curto atraso, foram admitidos no santuário perto de Constantinopla. Foi a vez de a Grã-Bretanha protestar, mas os turcos afirmaram que os navios eram uma substituição para seus encouraçados perdidos. Embora o Gabinete turco ainda se dividisse quanto a entrar na guerra, o dado estava efetivamente lançado. A 29 de outubro, o *Goeben* e o *Breslau* atacaram postos russos no Mar Negro. Declarações de guerra foram devidamente emitidas a seguir.

Os objetivos de guerra turcos

Os turcos esperavam restaurar sua autoridade perdida ou suplantada, principalmente nos Bálcãs e no norte da África. Sua estratégia baseava-se mais em considerações políticas do que militares, o que os comprometia com um número absurdo de grandes empreendimentos, lutando simultaneamente contra os britânicos e a Rússia, com pouca ajuda de seus aliados. A primeira e mais pesada campanha turca foi travada contra a Rússia, sua tradicional inimiga. No inverno de 1914-15, Enver Paxá, o ministro da Guerra turco, decidiu lançar uma ofensiva através de suas fronteiras comuns no Cáucaso, apesar da hostilidade do terreno.

No norte da África, os italianos haviam tirado vantagem da fraqueza turca para obter a Tripolitânia e a Cirenaica em 1912. Mais a leste, o Egito ainda fazia parte nominalmente dos domínios do sultão, mas vinha sendo administrado pelos britânicos, "aconselhando" ostensivamente o Quediva, desde que suas tropas tinham esmagado uma revolta nacionalista em 1882. A 14 de novembro, o Quediva proclamou sua lealdade ao sultão, sobretudo porque aspirava aos favores alemães (e talvez porque se encontrava em Constantinopla no momento). Para os ale-

Malfadado avanço britânico na Mesopotâmia
A cavalaria britânica passa pelo arruinado palácio do rei persa Khosrow I, do século VI, em Ctesiphon. Em 1915-16, uma força britânica fez rápidos progressos pelo Tigre, mas depois de um embate com os turcos em Ctesiphon, voltou para Kut, onde foi atacada por quase cinco meses antes de se render.

"Através dos estreitos de Dardanelos e das cristas da península de Galípoli jaz um dos caminhos mais curtos para uma paz triunfante."

WINSTON CHURCHILL, INCENTIVANDO UMA NOVA OFENSIVA A GALÍPOLI, VERÃO DE 1915

mães, o canal de Suez que lhes fora fechado pelos britânicos era um atraente alvo estratégico. Por isso o Egito tornou-se o objetivo da segunda ofensiva turca da guerra, ainda em 1915.

PÉRSIA E MESOPOTÂMIA

No Oriente Médio a situação era mais complicada. A Pérsia era dominada pelas potências européias; mas em 1907, após um século de rivalidade na região, Rússia e Grã-Bretanha, preocupadas com a expansão alemã, chegaram a um acordo quanto à independência persa. As duas potências definiram cuidadosamente suas próprias esferas de interesse, a Rússia ao norte e os britânicos ao sul. Na prática, isso era pouco menos que anexação: a refinaria da Companhia de Petróleo Anglo-Persa em Abadan tornou-se virtualmente um posto avançado do Império Britânico.

Quando a guerra estourou, o governo persa declarou sua neutralidade. A Grã-Bretanha, porém, cautelosa com os turcos e ansiosa para proteger seus interesses petrolíferos, deslocou tropas para Bahrein, no Golfo. Quando a Turquia entrou na guerra quase dois meses depois, eles avançaram para Shatt al-Arab, o grande canal formado pela confluência do Tigre e o Eufrates, e que os turcos reivindicavam como suas águas territoriais. As forças turcas na Mesopotâmia eram escassas e espalhadas, um fato que encorajou os britânicos a um avanço extremamente ambicioso.

A CAMPANHA DOS DARDANELOS

Também pouco defendida era Galípoli, a península turca no lado europeu dos Dardanelos, uma parte do estreito que divide a Europa da Ásia. A posse Aliada dos estreitos poderia levar à conquista de Constantinopla e à reabertura da rota para o Mar Negro e os portos ao sul da Rússia.

O motivo para um ataque a Dardanelos foi uma solicitação da Rússia (2 de janeiro de 1915), muito pressionada pelos turcos no Cáucaso, por ajuda militar de seus aliados. Tal iniciativa também fazia apelo aos britânicos e franceses como uma alternativa ao impasse na Frente Ocidental. No Almirantado britânico, Winston Churchill apoiava energicamente a ação nos estreitos, enviando navios para bombardear os fortes na embocadura dos Dardanelos logo depois da Turquia entrar na guerra. Tentativas de dominar os estreitos apenas com poderio naval fracassaram, concluindo os atacantes ser necessário uma operação anfíbia. Assim nasceu a desastrosa expedição Aliada a Galípoli.

O *Goeben* e o *Breslau* em Constantinopla
O cruzador alemão *Goeben* (à direita) e sua escolta o *Beslau* (à esquerda) escaparam de seus perseguidores britânicos em agosto de 1914 para chegar à segurança de Dardanelos. Os navios foram rebatizados e nominalmente comprados pela Marinha turca.

A CAMPANHA DE GALÍPOLI

JANEIRO DE 1915 — JANEIRO DE 1916

De todas as campanhas contra os turcos, a mais notória foi a fútil expedição anglo-francesa à península de Galípoli em 1915. No início esperava-se que o poderio naval de britânicos e franceses achasse um caminho através de Dardanelos, mas repetidas tentativas de desobstruir o estreito fracassaram. Os desembarques em abril falharam totalmente em alcançar seus objetivos e a segunda fase das operações em agosto foi também mal-sucedida.

15 DE JANEIRO DE 1915
O Conselho de Guerra autoriza um ataque naval a Dardanelos

19 DE FEVEREIRO
Primeiro ataque naval britânico às defesas externas de Dardanelos. Isso incluiu pequenos desembarques de fuzileiros.

23 DE FEVEREIRO
A ilha de Lemnos é tomada como base para ação Aliada

24 DE FEVEREIRO
Decisão de que se a Marinha fracassar, o "Exército precisa liquidar o negócio".

25 DE FEVEREIRO
Segundo ataque naval britânico às defesas externas de Dardanelos; canhões turcos de longo alcance silenciados

26 DE FEVEREIRO
Primeiro ataque britânico a defesas intermediárias de dentro do estreito. Conduzido por três navios de guerra, que são atacados por *howitzers* turcos.

13 DE MARÇO
Força Expedicionária Mediterrânea navega do Egito

18 DE MARÇO
Ataque anglo-francês a Dardanelos, envolvendo 16 navios de guerra e uma hoste de embarcações menores sofre perdas significativas

22 DE MARÇO
Comandantes do Exército e da Marinha concordaram com uma ofensiva conjunta

25 DE ABRIL
Desembarque em ANZAC Cove conquista pequena e exposta cabeça-de-ponte.

25 DE ABRIL
Forças britânicas e francesas desembarcam em cinco praias no cabo Helles na ponta da península de Galípoli

29 DE ABRIL
Apesar de uma série de avanços do cabo Helles em direção a Krithia, nenhum dos objetivos iniciais é alcançado

8 DE MAIO
Impasse nos dois lados do desembarque

19 DE MAIO
Tentativa turca de romper posições ANZAC. Onda após onda de atacantes é alvejada

24 DE MAIO
Cessar-fogo em ANZAC Cove para enterrar os mortos

25 DE MAIO
Pré-encouraçado britânico *Triumph* afundado pelo submarino alemão U 21 ao largo de Dardanelos

27 DE MAIO
U 21 afunda outro pré-encouraçado britânico, *Majestic*

JUNHO
Onda de disenteria acompanhada por praga de moscas

6 DE AGOSTO
Tentativa de sair de ANZAC Cove para capturar as elevações próximas

6 DE AGOSTO
Desembarques posteriores na baía de Suvla. Confusão nas praias e nenhum ganho significativo

10 DE AGOSTO
Turcos sob Mustafá Kemal recapturam o cume de Chunuk Bair e forçam os atacantes a recuarem pelos declives na direção de ANZAC Cove

21 DE AGOSTO
Hamilton envia a 29a Divisão a norte de Helles para um ataque em larga escala sobre a colina Scimitar e a colina 60, que se debruça sobre a planície de Suvla. O ataque fracassa com baixas pesadas

15 DE OUTUBRO
Hamilton é destituído; substituído por Sir Charles Monro

10 DE NOVEMBRO
Visita de Kitchener, o que leva à decisão de retirada

27 A 29 DE NOVEMBRO
Ventos ferozes trazem chuva gelada, granizo e neve; muitas mortes por frio e 15.000 evacuados sofrendo de exposição, ulcerações produzidas pelo frio e pé-de-trincheira.

18-20 DE DEZEMBRO
Evacuação das forças na baía de Suvla e ANZAC Cove

8-9 DE JANEIRO DE 1916
Retirada das forças do cabo Helles

LEGENDA

- Ações navais e acontecimentos políticos
- Operações de desembarque em Galípoli 25 de abr de 1915-9 de jan. de 1916

A expedição a Dardanelos

Nas trincheiras de ANZAC Cove
Um franco-atirador australiano mira seu rifle caseiro de logo alcance. Nos limites de Galípoli, trincheiras rasas com as linhas turcas tão perto, periscópios se tornaram um equipamento essencial.

QUANDO MENCIONADA PELA PRIMEIRA VEZ, a idéia do arriscado empreendimento em Dardanelos parecia um modo adequado de utilizar o poderio naval britânico. Os navios britânicos haviam bombardeado a entrada do estreito a 4 de novembro de 1914, até mesmo antes das hostilidades começarem oficialmente, e a 13 de dezembro o submarino *B11* afundou o navio-escolta turco *Messudieh* em Chanak Kale. Os dois ataques sacrificaram o elemento surpresa, alertando os turcos para as intenções britânicas. Os turcos começarem a fortalecer suas defesas, plantando 344 minas no estreito por volta de março de 1915 e posicionando tubos de torpedo. Entre 25 de fevereiro e 14 de março, os britânicos lançaram bombardeios e despacharam nas praias grupos de desembarque para destruir posições turcas. Apesar disso, as tentativas britânicas e francesas de varrer o estreito fracassaram ignominiosamente diante da artilharia turca.

Após tais derrotas, Londres decidiu que poderia ser necessário um ataque anfíbio, dando à Marinha uma última chance de forçar o estreito sem ajuda. A tentativa, com 16 navios de guerra, foi feita em 18 de março. Três foram afundados, um encalhou e dois foram gravemente danificados, embora os campos minados guardando o estreito continuassem intocados. Tais fracassos refletiam a essência do problema de Dardanelos: um ataque naval não prevaleceria porque os canhões turcos não poderiam ser silenciados até que os campos minados fossem limpos, e os campos minados não poderiam ser limpos enquanto os canhões não fossem calados.

Mudança de plano

Assim, foi tomada a tardia decisão para o lançamento de uma operação anfíbia em grande escala com o objetivo de calar os canhões turcos. Na ausência de adequados arranjos de comunicação entre Exército e Marinha, e com a falta de conhecimento especializado em desembarque, os preparativos estiveram longe da perfeição. Contudo, a 21 de abril o comandante recém-chegado, general Ian Hamilton, reunira 77 navios na ilha de Lemnos e 75.000 homens — o Corpo ANZAC, a Royal Naval Division, a 29 ª Divisão Britânica e uma divisão colonial francesa. O tempo gasto nesse esforço, porém, permitiu aos turcos reforçar e reorganizar suas tropas sob o comando alemão. Praias que podiam ser atacadas eram defendidas levemente enquanto fortes reservas eram posicionadas localmente.

O Império Otomano

~

O Império Otomano sofreu uma sucessão de derrotas militares nos primeiros anos do século XX. Também passou por um sério levante interno. A revolução dos Jovens Turcos de 1908, que levou à abdicação do sultão Abdul Hamid no ano seguinte, foi um caso amplamente sem sangue. Os Jovens Turcos que preencheram as posições importantes no Gabinete no estourar da guerra — homens como Talaat Bey e Enver Paxá — foram reformadores enérgicos com ambições de modernizar o império. Em 1914, os militares estavam em meio a reformas há muito necessárias. Oficiais mais velhos e de alta patente estavam sendo substituídos por homens mais jovens melhor treinados — mas sem experiência. Algumas boas armas estavam disponíveis (rifles Mauser e canhões Krupp), mas havia escassez delas. O transporte era pouco desenvolvido, o tesouro estava vazio e o país dependia de importações do carvão e aço alemão, assim como armamentos e maquinaria.

Uniforme de infantaria turca
À parte o tradicional chapéu *kalabash*, o design das fardas turcas mostrava a influência de seus conselheiros alemães.

BAIONETA

CARABINA MAUSER 9.5-MM (1887)

Armas da infantaria turca
Os turcos eram equipados com rifles Mauser, inclusive o modelo 1898, usados pelo exército alemão, assim como várias armas mais antigas.

Granadas turcas
Essas iam da antiga *Tufenjieff* com seu estopim de corda às modernas granadas de fragmentação.

Um império que encolhe
Seguindo-se às perdas territoriais sofridas na Europa nas Guerras dos Bálcãs (1912-13), o Império Otomano foi ameaçado pelas aspirações nacionalistas de povos súditos, tais como árabes, curdos e armênios.

Exército turco
Após os fracassos nas Guerras dos Bálcãs foram feitas tentativas de modernizar o Exército. O recrutamento era feito por sorteio e o principal esforço caiu sobre os camponeses de Anatólia. Eles eram soldados corajosos e tenazes, mas o equipamento era freqüentemente velho ou não existia.

Líderes militares
O ministro da Guerra turco Enver Paxá (*esquerda*) foi hábil em ignorar o conselho dado pelo general alemão Liman von Sanders (*acima*).

Prisioneiros turcos
Apesar dos horrores dos combates em Galípoli, as tropas Aliadas respeitavam "Johny Turk" como um adversário justo e honrado.

Os desembarques

Com a defesa dispersada a fim de enfrentar a ameaça de desembarques no golfo de Xeros, na própria Galípoli ou na Ásia, a iniciativa ficou nas mãos dos Aliados (ver mapas, páginas 80-81). Os desembarques de 25 de abril, no entanto, foram abortados por margens estreitas, mas cruciais. Os ANZACS desembarcaram a 1.5 km ao norte das praias pretendidas. A confusão resultante retardou um avanço sobre a crista de Sari Bair, dando tempo aos elementos avançados da 19ª Divisão de Infantaria turca de ocupá-la. Restringidas e a seguir confinadas numa cabeça-de-praia, as forças ANZACS não receberam permissão para deixar suas precárias posições nas bordas do penhasco.

A 29ª Divisão britânica, que consistia em soldados regulares, veteranos no serviço de guarnição pelo Império Britânico, desembarcou à volta do cabo Helles, a ponta da península Galípoli, em cinco praias, Y, X, W, V e S. Os soldados foram transportados em botes a remo puxados por barcos a vapor, dois deles comandados por cadetes da Marinha com apenas 13 anos de idade. Na Praia V, enquanto as tropas tentavam desembarcar do vapor *River Clyde* e dos barcos menores que o acompanhavam, eram devastadas pelas metralhadoras e o fogo dos fuzis turcos, sofrendo mais de 1.200 baixas. Forças destinadas àquela praia foram desviadas para a Praia W e, ao entardecer do dia 25, posições haviam sido estabelecidas em todas as cinco praias; forças da Praia Y tinham avançado quase até Krithia. Lá, porém, defrontaram-se com forças turcas que avançavam e, tendo se retirado de sua cabeça-de-praia, evacuaram a Praia Y no dia 26 em conseqüência da confusão de ordens. Ao sul, os britânicos estabeleceram uma frente contínua naquele dia, mas uma ofensiva geral ao longo da linha fracassou no dia 28 quando forças turcas descansadas foram introduzidas na batalha. A 8 de maio, o impasse em cabo Helles era tão completo quando na Frente Ocidental.

Acampamento turco
Tropas turcas mantidas na reserva podiam usufruir de um relativo conforto no acampamento militar. Os Aliados que não estavam na linha eram embarcados de volta à base na ilha de Lemnos.

O dilema britânico

Durante o verão, os turcos tentaram repelir os Aliados de volta à praia com uma série de ataques de alto custo. A 19 de maio foram lançados ataques suicidas ao longo de toda a extensão da frente do ANZAC. Ao meio-dia de 19 de maio, os turcos tinham sofrido 10.000 baixas, e mais de 3.000 mortos, moribundos e feridos jaziam na Terra de Ninguém. Enquanto os corpos apodreciam ao calor, a situação se tornava insuportável. Foi estabelecida uma trégua para que, em 24 de maio, durante nove horas homens dos dois lados cavassem sepulturas, muitos trocando presentes e fragmentos de conversa. Ataques e contra-ataques igualmente custosos continuaram em cabo Helles através do verão, com pouca mudança na linha de frente. As forças Aliadas, vivendo de alimentos inadequados como carne enlatada e biscoitos, partilhando trincheiras apinhadas com latrinas improvisadas e milhões de moscas, foram devastadas pela disenteria.

A segunda fase

Enquanto isso Londres lutava com as conseqüências do fracasso. As opções britânicas eram evacuar as forças ou reforçá-las, mas retirar os soldados durante as curtas noites de verão era tecnicamente impossível. Foi tomada a decisão de renovar a ofensiva. Os britânicos desfecharam então um desembarque posterior na baía de Suvla, ajustado cronologicamente para coincidir com uma ofensiva da ANZAC Cove contra as alturas de Sair Bair.

O fracasso da nova ofensiva britânica em agosto de 1915 gerou muita controvérsia. Os admiradores do arriscado empreendimento Galípoli afirmam que este poderia ter sido bem-sucedido se as divisões do IX Corpo colocadas em terra na baía de Suvla a 6 de agosto tivessem avançado mais para tomar a Crista Anafarta — havia pouca resistência e teria sido possível virar as defesas turcas em Sari Bair. Esse argumento prende-se a alvos óbvios: um sistema de comando tremendamente inadequado e certos generais igualmente inadequados. As tropas se moviam para frente e para

Um apoio precário
Após o desembarque a 25 de abril, as tropas em ANZAC Cove entrincheiravam-se onde podiam. Buracos e tocas temporárias nos penhascos ofereciam pouca proteção ante o bombardeio inimigo.

Os Anzacs

O Australian and New Zealand Army Corps (Corpo do Exército Australiano e Neozelandês) foi organizado no início da guerra. A Austrália (população total de 5 milhões) enviou 322.000 homens para lutar além-mar, a Nova Zelândia (1 milhão de habitantes) enviou o número extraordinário de 124.000. Os ANZAC serviram na Frente Ocidental, no Oriente Médio e — mais notavelmente — em Galípoli, onde sua luta heróica numa causa sem esperança causou um impacto permanente, comemorado anualmente no *ANZAC Day*, 25 de abril.

Os australianos, com seu espírito de equipe e desprezo igualitário pelo sistema de classe inglês, recebiam treinamento militar na escola. Os neozelandeses de 1914 vinham em sua maioria de condições pioneiras, educados com armas e espadas; além disso, estavam culturalmente comprometidos com a idéia do Império. Os ANZAC passaram a ser olhados como os melhores soldados da guerra, e seu alto número de baixas refletia sua coragem e agressão. A Austrália perdeu 60.000 homens, a Nova Zelândia 17.000. Entretanto os sobreviventes de Galípoli, voltando à sua base egípcia, tinham uma visão de si mesmos mais depreciativa, e cantavam cansados:

Nós somos o A.N.Z.A.C., exército desordeiro,
Não sabemos atirar, não batemos continência, que droga de utilidade temos?

Camaradagem
Essa foto de um australiano carregando um amigo ferido para o posto de emergência tornou-se um símbolo do espírito dos ANZACS em meio aos horrores de Galípoli.

Antes do desembarque
Tropas do Australian and New Zealand Army Corps (ANZAC) a caminho da ilha grega de Lemnos para o desembarque na ANZAC Cove.

trás pela planície de Suvla, sem ordens claras ou mapas, ou voltava aos locais de desembarque por não terem água. Quase nenhuma artilharia fora desembarcada, de modo que os comandantes em terra decidiram esperar a chegada de mais artilharia. Enquanto isso o avanço sobre Sair estava sendo executado com considerável ousadia e determinação. Reforçados por uma divisão e meia de tropas britânicas e *ghurkas*, os ANZACS tinham uma clara idéia de seus objetivos; contudo, ao avançar à noite por terreno desconhecido, uma das colunas se perdeu irremediavelmente. Apenas pequenas unidades alcançaram a crista da montanha em Chunuk Bair e Colina Q, mas reservas turcas habilmente chefiadas por Mustafá Kemal retomaram a crista e o momento da oportunidade se foi.

Aceitando o fracasso

O fracasso da ofensiva de agosto deveu-se a uma combinação de fatores. Em parte foi o resultado do IX Corpo não ter entendido seu papel num plano que previa sucesso em outro lugar, em parte porque a ofensiva ANZAC fracassou em concretizar seus objetivos, e em parte devido à velocidade e eficácia de reação das forças turcas. Este último fator, de importância especial, é freqüentemente negligenciado. Nos livros de História britânicos enfatiza-se muito a estreiteza da margem entre o sucesso e o fracasso; na verdade, houve ocasiões, tanto em abril quanto em agosto de 1915, em que a vitória escapou por pouco aos britânicos. Da mesma forma os britânicos chegaram perigosamente perto de uma derrota global, certamente em abril. O fracasso em limpar a crista de Sari Bair e a sustentação turca da cabeça-de-praia em Suvla pôs inevitavelmente um fim às esperanças britânicas de sucesso em Dardanelos. Mesmo assim a Grã-Bretanha adiou a decisão de abandonar a expedição por algum tempo. Hamilton foi removido do comando a 16 de outubro, mas seu sucessor foi também removido depois de ter recomendado a evacuação no dia 31. O mês de novembro, porém, viu a chegada do inverno, e a 7 de dezembro o Gabinete Britânico autorizou uma evacuação, completada sem perdas e sem qualquer soldado deixado para trás, de ANZAC Cove e da baía de Suvla a 19-20 de dezembro, e do cabo Helles a 8-9 de janeiro de 1916.

Evacuação do cabo Helles, 8 de janeiro de 1916
Destroços, inclusive de depósitos e equipamentos indesejáveis, juncam a costa na Praia W em cabo Helles. Essa foto foi tirada no dia da evacuação das tropas francesas e britânicas da extremidade da península de Galípoli.

Recrutamento
Jovens australianos alistaram-se voluntariamente em tais números que não houve necessidade de introduzir o serviço militar obrigatório.

A CAMPANHA DE GALÍPOLI

ABRIL DE 1915 A JANEIRO DE 1916

Quando o Império Otomano entrou na guerra em novembro de 1914, os vínculos marítimos dos Aliados com os portos no sul da Rússia no mar Negro foram cortados. Os britânicos e os franceses estavam determinados a tomar Dardanelos, com o objetivo de rumar para o ataque à Constantinopla, capital otomana. Esperava-se que esse poderio forçasse os turcos a sair da guerra e reabrisse a rota marítima para o mar Negro. Após várias tentativas fracassadas de forçar Dardanelos com as forças navais anglo-francesas, foi decidido desembarcar tropas na península de Galípoli no lado europeu de Dardanelos a fim de silenciar os canhões turcos guardando os estreitos. Os dois desembarques de 25 de abril de 1915 ficaram muito aquém de seus objetivos. As tropas em cabo Helles e em ANZAC Cove foram detidas por uma resoluta defesa turca. Uma renovada ofensiva foi lançada em agosto com o desembarque de duas novas divisões na baía de Suvla. Novamente a ofensiva foi contida pelos turcos e, sem a perspectiva de irromper, as tropas Aliadas foram evacuadas no final do ano.

LEGENDA

- Desembarque / avanço britânico ou ANZAC
- Desembarque / avanço britânico
- Desembarque / avanço francês
- Avanço turco
- Objetivo Aliado
- Posição britânica ou Anzac
- Posição francesa
- Posição turca
- Cidade fortificada turca
- Acampamento turco
- Campos minados turcos
- Batalha importante
- Estrada

No ritmo deles
Tropas britânicas e australianas exercitam-se em cabo Helles em dezembro de 1915, mantendo a ilusão, para os turcos que os vigiavam, de que não haveria retirada de Galípoli.

OS DESEMBARQUE DE 25 DE ABRIL EM ANZAC E HELLLES

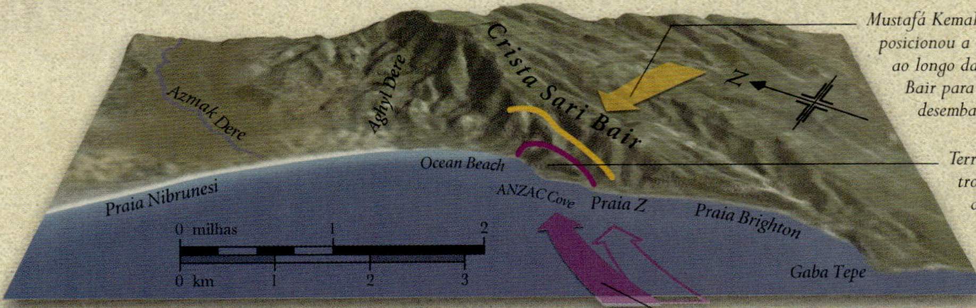

ANZAC Cove, 25 de abril
15 mil soldados australianos e neozelandeses fracassaram em capturar os cumes de Sari Baier antes que fossem ocupados por reforços turcos.

O desembarque em cabo Helles, 25 de abril
Somente nas praias V e W os desembarques encontraram séria oposição, os turcos infligindo pesadas baixas enquanto os britânicos desembarcavam.

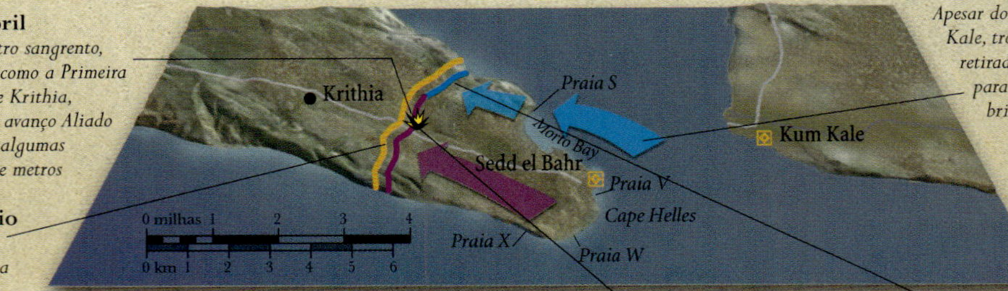

Progresso britânico e francês em Helles a 8 de maio
Combate feroz enquanto britânicos e franceses lutavam na direção de Krithia resultou em 10.000 baixas Aliadas nos primeiros três dias.

ANZAC Cove
Soldados usufruem um período de trégua entre períodos de bombardeio turco enquanto caminham ao longo da estreita praia em ANZAC.

OS ALVOS ESTRATÉGICOS E OBJETIVOS DO PRIMEIRO DIA DOS DESEMBARQUES

Os planejados desembarques e rotas de avanço
Os Aliados esperavam obter o controle da metade sul da península e liquidar os canhões controlando Dardanelos em apenas dois ou três dias.

A BAÍA DE SUVLA E A RENOVADA OFENSIVA DE 6 DE AGOSTO

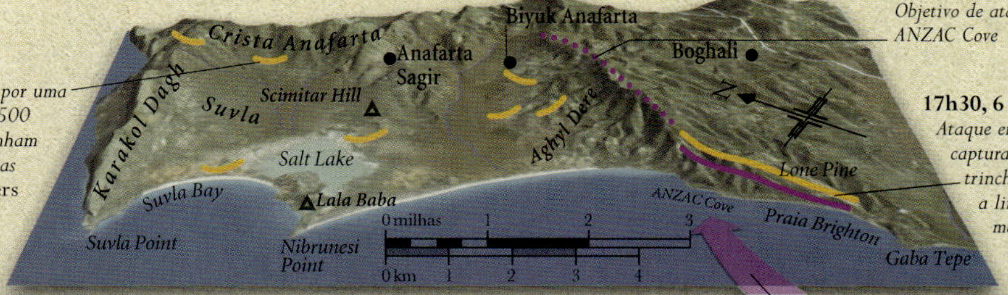

Antes dos desembarques em Suvla, 6 de agosto
A situação em ANZAC mudara pouco desde maio, mas 20.000 novos soldados desembarcaram na semana que antecedia a ofensiva planejada para a noite de 6 de agosto.

A noite dos desembarques e avanço, 6-7 de agosto
Enquanto tropas de ANZACS Cove avançavam na escuridão pelas ravinas e contrafortes de Sari Bair, mais 20.000 homens desembarcavam na baía de Suvla.

Os contra-ataques turcos, 9-10 de agosto
Reforços turcos rapidamente contiveram a ameaça em Suvla e rechaçaram os ANZACs de volta às suas posições em Sari Bair.

A EVACUAÇÃO

Foi graças a um cuidadoso planejamento que a evacuação de Galípoli tenha sido executada sem a perda de um único homem. Em Suvla e em ANZAC havia uns 83.000 homens e 5.000 animais. As tropas foram retiradas noite após noite, deixando uma retaguarda de 20.000 para convencer os turcos de que tudo estava normal. Esse grupo final foi retirado na noite de 19/20 de dezembro. Dispositivos engenhosos foram montados para disparar automaticamente os rifles enquanto as trincheiras se esvaziavam aos poucos. No final os turcos não suspeitaram de nada, nem em Helles, três semanas depois, quando o processo foi repetido. Os turcos atacaram a 7 de janeiro, mas encontraram um fogo defensivo tão feroz que presumiram que os Aliados planejassem manter a frente. Naquela noite e na seguinte, as tropas remanescentes foram evacuadas.

Primeiras partidas da baía de Suvla
Soldados sendo retirados de Suvla numa jangada durante os dias que levaram à evacuação final. Esta foi completada sob a cobertura da escuridão.

Cozinha de campo francesa em Galípoli

A presença de uma divisão de tropas francesas, principalmente zuavos do norte da África e carabineiros senegaleses, é freqüentemente esquecida nos desembarques Aliados em Galípoli. Elas foram aumentadas para duas divisões para ofensivas renovadas em agosto.

A guerra da Turquia em muitas frentes

CÁUCASO, MESOPOTÂMIA E EGITO

NOV. DE 1914 A ABR. DE 1916

As tropas turcas estavam espalhadas escassamente pelo Império Otomano, e os alvos da guerra turca eram muitos e vários. Os turcos esperavam recuperar território perdido em guerras recentes para a Rússia e Itália, e consolidar seu domínio sobre povos não turcos e não muçulmanos em seu império. Ao mesmo tempo eles precisavam ceder a seus aliados alemães ao ameaçarem os interesses britânicos no Oriente Médio, assim como no canal de Suez e nos campos de petróleo persas.

11 DE NOVEMBRO DE 1914
Ofensiva russa contra Koprukoy rechaçada pelos turcos

22 DE NOVEMBRO DE 1914
Força da Índia ocupa Basra para proteger o oleoduto da Pérsia

22 DE DEZEMBRO
Turcos lançam ofensiva sobre Sarikamish

29 DE DEZEMBRO
Turcos montam uma curta ocupação de Tabriz no noroeste da Pérsia

17 DE JANEIRO DE 1915
Termina a Batalha de Sarikamish; forças turcas, enfraquecidas pelo avanço através das montanhas no inverno, sofrem derrota humilhante

JANEIRO DE 1915
Turcos reúnem tropas em Beersheba para atravessar o Sinai e atacar o canal de Suez

30 DE JANEIRO
Russos recapturam Tabriz

FEVEREIRO
Turcos iniciam política de deportar armênios, o que é um genocídio mal-disfarçado

3 A 4 DE FEVEREIRO
Ataques turcos sem êxito no canal de Suez

11 DE ABRIL
Forças britânicas chefiada por Sir John Nixon repelem o ataque turco em Basra

19 DE MAIO
Russos ocupam brevemente Van, depois do levante armênio

3 DE JUNHO
O general britânico Townshend toma Amara no rio Tigre

25 DE JULHO
Britânicos ocupam Nasirya, no Eufrates

26 A 28 DE SETEMBRO
Batalha de Kut al-Amara; forças britânicas derrotam os turcos

22 DE NOVEMBRO
Início da Batalha de Ctesiphon, a sudeste de Bagdá

24 DE NOVEMBRO
Batalha de Ctesiphon termina; britânicos retiram-se para Kut al-Amara

7 DE DEZEMBRO
Turcos iniciam cerco de Kut al-Amara

17 DE JANEIRO DE 1916
Russos forçam a evacuação de Koprukoy, quatro dias depois de montar ataque

18 DE JANEIRO DE 1916
Britânicos fazem a primeira das três tentativas fracassadas de liberar a guarnição de Kut al-Amara

7 DE FEVEREIRO
Mus é tomada pelas forças russas

11 DE FEVEREIRO
Início da ofensiva russa sobre Erzerum

15 DE FEVEREIRO
Terceiro Exército turco começa a abandonar Erzerum, a maior parte retirando-se para Erzincan

26 DE FEVEREIRO
Russos tomam Kermanshah enquanto avançam para o oeste da Pérsia

18 DE ABRIL
Abandonada pelos turcos, Trebizonda é ocupada pelos russos

26 DE ABRIL
Acordo entre britânicos, franceses e russos sobre a futura partilha do Império Otomano; os compromissos britânicos conflitam com promessas a líderes árabes

29 DE ABRIL
Fim do cerco de Kut al-Amara quando as forças britânicas se rendem aos turcos

LEGENDA

- Cáucaso e Armênia nov. 1914 a abr. 1916
- Mesopotâmia e Pérsia nov. 1914 a abr. 1916
- Egito jan. a fev. de 1915

A entrada da Turquia na guerra estendeu tremendamente a área de luta. Isso alarmou especialmente os russos, muito pressionados. No Cáucaso, uma região conquistada pela Rússia há um século, os russos preocupavam-se com a lealdade de seus súditos muçulmanos. Os turcos sentiam-se mais preocupados ainda com as muitas comunidades armênias cristãs do seu lado da fronteira.

Prisioneiros turcos em Ardahan
No inverno entre 1914 e 1915, o Terceiro Exército turco foi praticamente destruído e quase todas as suas armas foram tomadas. Esses prisioneiros tiveram sorte de não ter congelado até a morte.

A campanha do Cáucaso

A idéia de uma ofensiva no Cáucaso era atraente para o ministro da Guerra turco Enver Paxá, não apenas porque esperava apoio dos vários povos do Cáucaso como também porque o principal campo de batalha para os russos ficava muito distante. A Alemanha aprovou o plano, que se adequava a seus interesses estratégicos.

Como os Aliados não declararam guerra aos turcos até 5 de novembro, nenhuma campanha séria foi prevista no Cáucaso no inverno de 1914-1915. Mas um avanço russo contra o leste de Anatólia, detido em Koprukoy, incitou Enver Paxá, que assumiu pessoalmente o comando do Terceiro Exército a 19 de dezembro, a uma contra-ofensiva pouco sábia.

As dificuldades de uma campanha em pleno inverno em uma região que quase não dispunha de estradas ou ferrovias (o principal meio de transporte eram animais que transportavam bagagem) tinham sido extremamente subestimadas. O plano de Enver englobava uma distribuição de tropas em larga escala numa altitude às vezes superior a 3.000 m, em temperaturas que conge-

Refugiados armênios
A maioria dos armênios mortos em 1915 foram expulsos de seu local de origem e empurrados para o deserto sírio. Lá, morreram de fome, sede ou foram mortos pelas tropas turcas ou por bandos de fora da lei.

lariam uma mão sem luva em contato com o cano de uma carabina. O principal objetivo do plano era a pequena cidade de Sarikamish, uns 45 km a sudoeste de Kars, mas quando os turcos a alcançaram, seu X Corpo, a vanguarda do ataque, já perdera cerca de um terço dos homens. Embora uma divisão turca entrasse brevemente na cidade, Sarikamish ainda não tinha sido tomada quando os reforços russos começaram a chegar por estrada de ferro de Kars. Enver relutou em se retirar, e suas tropas sofreram uma derrota desastrosa nas mãos do general Mishlaevski, o comandante russo. No término do combate a 17 de janeiro, o Terceiro Exército turco havia perdido até 90.000 homens de um total de 130.000. Segundo algumas estimativas, 30.000 soldados turcos simplesmente congelaram até morrer.

Os compromissos da Rússia em outras regiões impediram a exploração dessa vitória até o inverno seguinte, quando o Exército russo do Cáucaso capturou a fortaleza de Erzerum a 16 de fevereiro. Depois de uma série de operações anfíbias ao longo da costa do Mar Negro, as forças russas tomaram o porto de Trabzon (Trebizonda), perturbando o abastecimento do reformado Terceiro Exército. Uma resistência tenaz dos turcos não pôde impedir perdas posteriores, e Bayburt e Erzincan foram tomadas em julho.

Vítimas dos massacres
As estimativas sobre os armênios mortos oscilam largamente: números altos como 3 milhões são citados, mas fontes imparciais sugerem um índice de mortes entre 1 milhão e 1.500.000.

Massacres dos armênios

Além de lutar contra os russos no Cáucaso, os turcos travavam uma campanha paralela contra seus próprios súditos armênios. Com o surgimento do nacionalismo armênio no século XIX, as relações entre os dois povos tinham se deteriorado rapidamente. Alegando a colaboração e o apoio armênios às forças russas, as autoridades turcas começaram um programa de deportação forçada e massacres. A matança continuou de abril de 1915 até 1917. Alguns grupos foram mortos a sangue frio, outros empurrados para o deserto para morrer de fome ou sede. Quando questionada pelos Estados Unidos e outros países, a Turquia afirmou que tais horrores eram medidas necessárias de segurança nacional; os armênios condenaram a política como puro e simples genocídio.

Luta no Cáucaso
A vantagem dessa frente estava com os russos, mas devido aos compromissos na Frente Oriental, eles não conseguiram explorar suas vitórias. Seguindo-se ao colapso da Rússia em 1917, os turcos puderam recuperar todo seu território perdido.

O grão-duque Nicolau no Cáucaso
Quando foi exonerado como comandante-em-chefe dos exércitos russos em 1915, Nicolau, primo do czar Alexandre III, foi enviado para assumir o comando do Exército do Cáucaso..

Egito e Mesopotâmia

As derrotas turcas podem ser parcialmente explicadas pelo número de campanhas travadas simultaneamente. O ambicioso ataque de Enver Paxá no Cáucaso, embora o maior, foi apenas uma das três ofensivas turcas em 1914-15. Além disso, também combatiam em outra parte, especialmente em Galípoli, onde conquistaram uma importante vitória.

Como se tornou provável que os turcos se alinhassem com as Potências Centrais, a Grã-Bretanha tomou providências para salvaguardar seus interesses no Golfo e em especial os novos e importantes recursos do sul da Pérsia, que abasteciam de combustível os novos navios de guerra que consumiam petróleo. A Sexta Divisão indiana foi instalada em Bahrain em outubro, e, ao ser declarada a guerra, uma força expedicionária foi enviada para o Shatt al-Arab. Em um mês ela tomou Basra, a principal cidade ao sul da Mesopotâmia, e avançou para Qurna, na junção do Tigre com o Eufrates.

A própria Pérsia era neutra, mas, ao estourar a guerra, os russos ocuparam o norte, e os britânicos, parte do sul. Os turcos invadiram o norte e em janeiro de 1915 alcançaram Tabriz, antes que um contra-ataque russo os repelisse de volta à fronteira. Combates menores prosseguiam, com a cavalaria russa combatendo as formações turcas e os rebeldes persas.

Outra ofensiva turca, estimulada pela Alemanha, foi dirigida ao canal de Suez. O canal era vital para as comunicações dos Aliados, e sua captura seria um sério revés e um golpe constrangedor no prestígio do Império Britânico. Os turcos também retomaram valentemente

Observando o Egito
Um Rumpler C1 alemão voa sobre as Pirâmides de Gizé. Os alemães lançavam bombardeios aéreos da Palestina em 1915 em apoio aos ataques turcos no canal de Suez.

as partes do norte da África que a Itália arrancara deles havia menos de três anos.

O Egito ainda era nominalmente parte do Império Otomano, mas os britânicos haviam exercido controle político sobre o país desde a década de 1880, e a economia estava principalmente nas mãos dos europeus. Quando o Quediva declarou lealdade a seu senhor, o sultão otomano em Constantinopla, os britânicos o derrubaram e estabeleceram um "protetorado". Também fecharam o canal de Suez a seus inimigos e usaram o Egito como um posto de parada para os milhares de soldados imperiais — australianos, neozelandeses e indianos — abrindo seu caminho para a Europa através do Canal.

Como no Cáucaso, os turcos enfrentavam um grandioso obstáculo geográfico. Tinham que atravessar o deserto do Sinai, uma paisagem hostil, sem água (a não ser por uns poucos poços), dependendo amplamente de camelos para o transporte. Além disso, para evitar serem detectados, os turcos escolheram a rota mais difícil.

A tarefa foi dada ao Quarto Exército, baseado em Damasco e comandado por Ahmad (Cemal) Djemal. Este não era um soldado profissional, e, embora tivesse um talentoso chefe de Estado-Maior alemão, Kress von Kressenstein, os dois homens não cooperavam bem. Os turcos tinham pontões feitos pelos alemães para atravessar o canal, e previam com confiança uma revolta árabe a seu favor no Egito. Cerca de 50.000 árabes voluntários juntaram-se ao Quarto Exército, inclusive beduínos do Sinai, mas os egípcios citadinos, embora não gostassem dos britânicos, não estavam preparados para agir segundo suas inclinações, e sem seu apoio o ataque turco tinha pouca esperança de sucesso.

Problemas de abastecimento

O Quarto Exército abrangia 19.000 homens, que os especialistas alemães em logística consideravam já um número excessivo para ser abastecido através do Sinai (num estudo de 1907, os britânicos haviam calculado que um ataque súbito pelo Sinai só seria possível para uma força composta de dois a três mil homens). Os britânicos tinham quase quatro vezes esse número de homens no Egito, embora estivessem muito espalhados e com uma qualidade de combate irregular.

O objetivo foi bem escolhido e o planejamento excelente — nem um só homem foi perdido no deserto — mas mesmo assim os turcos precisavam da vantagem da surpresa, uma condição improvável. A Inteligência Aliada sugerira uma provável invasão do leste e, inevitavelmente, o exército foi avistado do ar enquanto avançava através do árido deserto. Quando os turcos alcançaram o Canal a 3 de fevereiro, os britânicos estavam prontos para eles, entrincheirados na margem ocidental. Com o ataque prestes a começar, uma tempestade de areia causou atraso e confusão. Numa semana de luta, os turcos

Campanhas no Oriente Médio
As principais ofensivas nessa região - o ataque turco sobre o canal de Suez e o avanço britânico sobre a Mesopotâmia — foram mal concebidos. Os dois desmoronaram em conseqüência de linhas muito extensas de abastecimento e comunicações.

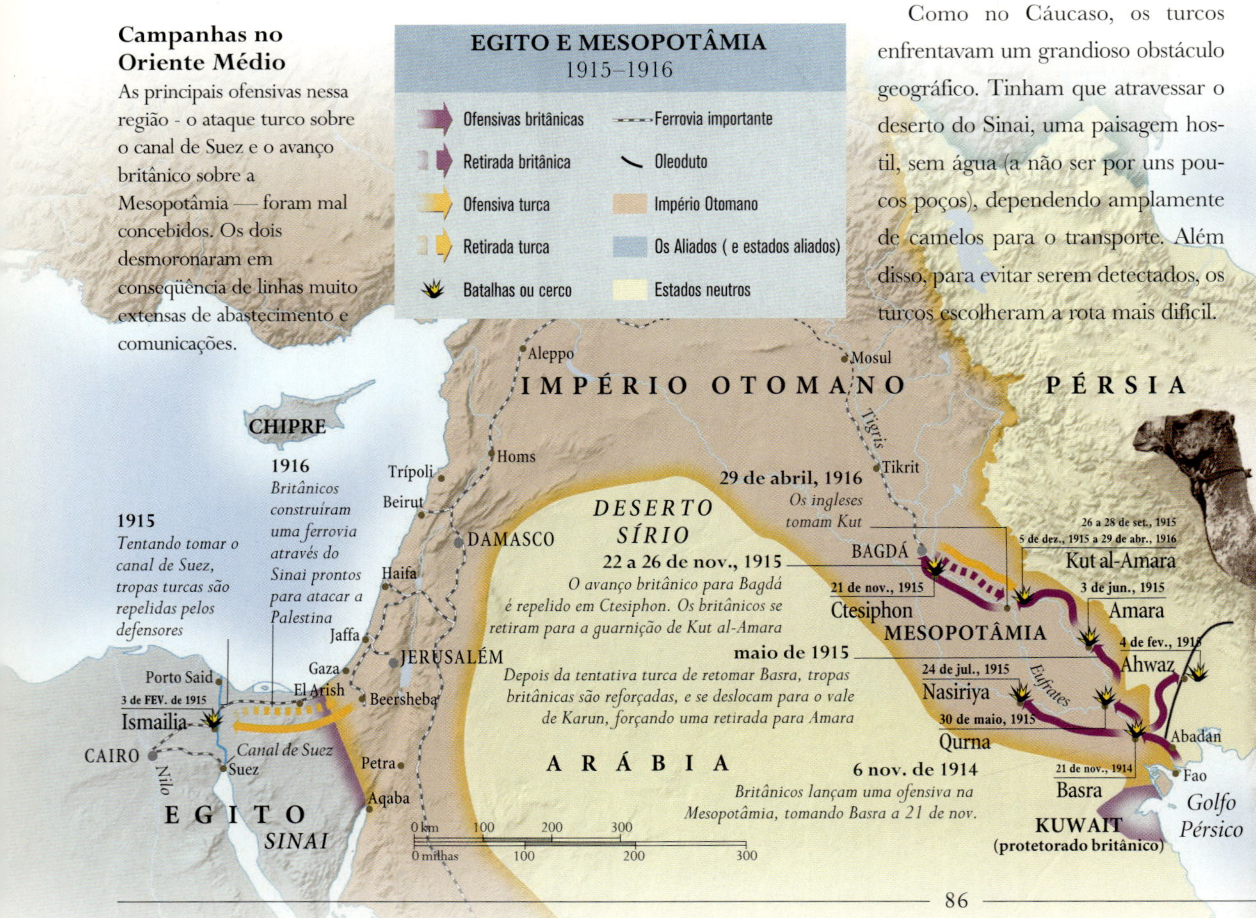

Transporte no Sinai
Os camelos tiveram um papel importante no abastecimento das tropas defendendo o Suez e no avanço posterior para dentro da Palestina.

Guardando o canal de Suez
Soldados ANZAC cavam plataformas para canhão preparando-se para qualquer novo ataque turco no canal de Suez.

só conseguiram instalar pontões em dois ou três lugares através do canal. Seu equipamento para estabelecer pontes foi rapidamente desmantelado pelas tropas indianas. Cemal Paxá, que confiara em estabelecer imediatamente uma cabeça-de-ponte através do Canal e tinha suprimentos apenas para um breve período, interrompeu o ataque, desgostoso, e retirou-se sob a cobertura da noite. O comandante britânico, general John Maxwell, que planejara uma batalha puramente defensiva, não estava preparado para perseguir o inimigo.

Os turcos não desistiram da idéia de um ataque ao Egito, e conquistaram um aliado potencialmente útil através da cooperação dos Senussi (Zanussi), uma seita islâmica com base na Líbia mas com adeptos numa enorme região. Os Senussi eram inicialmente favoráveis aos britânicos, mas sua posição mudou quando a Itália, que se apossara da maior parte da costa da Líbia em 1911-12, entrou na guerra ao lado dos Aliados.

O Quarto Exército turco, porém, não estava em condições de repetir sua marcha através do Sinai, e, embora alguns esquemas ambiciosos fossem arquitetados pelos turcos, eles conseguiram pouco além de forçar os britânicos a manterem uma grande guarnição no Egito.

Avanço pelo Tigre

Na Mesopotâmia, o general John Nixon, comandando a força expedicionária britânica e indiana, concluiu que sua posição era vulnerável. Numa tentativa de proteger suas forças em torno de Basra dos ataques turcos, ele enviou uma força de pouco mais de uma divisão comandada pelo general Townshend até o vale do Tigre para capturar a cidade de Kut al-Amara. O sucesso de Townshend em tomar Kut, no final de setembro de 1915, propiciou uma deslocada euforia que impeliu Londres a lançá-lo diretamente contra Bagdá. Embora houvesse poucas forças turcas na região, era um plano tolamente arriscado.

Os homens de Towshend avançaram em parte por terra e em parte por barco rio acima. Em novembro, enfrentaram uma força turca em Ctesiphon, a 32 km de Bagdá. A batalha estava indecisa, mas Townshend, consciente da fragilidade de suas comunicações, resolveu retirar-se para Kut, onde suas tropas entrincheiraram-se numa curva do Tigre. Logo foram cercados pelos turcos, que haviam construído trincheiras suficientes para resistir, de um lado, às sortidas de Kut, e de outro, aos ataques de uma pequena força britânica de revezamento. Quatro tentativas para libertar Kut foram feitas. Na última morreram pelo menos mil homens. Pouco depois, as cheias anuais cobriram a planície e Kut foi isolada além da possibilidade de recuperação. Assediados há cinco meses com suprimentos para apenas dois, os homens de Townshend estavam exaustos; alguns soldados indianos preferiam morrer de fome a comer carne de cavalo. Após a rendição de 29 abril de 1916, Townshend e seus oficiais foram bem tratados, mas os remanescentes 12.000 soldados britânicos e indianos, já adoentados, foram obrigados a marchar 1.900 km para campos de trabalho na prisão de Anatólia, onde mais de um terço deles morreu.

Pelados para ação
Um grupo de sinaleiros britânicos empurra uma carreta por um rio da Mesopotâmia. Boas comunicações eram vitais no meio-ambiente do deserto.

A ITÁLIA ENTRA NA GUERRA

ABRIL A DEZEMBRO DE 1915

O motivo de a Itália declarar guerra era ganhar território. Assim, seus exércitos partiram para a ofensiva desde o início. O ano de 1915 foi dominado pelas tentativas italianas de abrir caminho através do rio Isonzo, mas houve também embates navais e ataques de bombas através do Adriático. Os austro-húngaros defenderam-se ferozmente o ano inteiro, mas sempre que perdiam território, mesmo uma única colina, suas ordens eram de recapturá-la a qualquer custo.

26 DE ABRIL
Tratado secreto entre a Grã-Bretanha, a França, a Rússia e a Itália, estabelecendo a desistência italiana da neutralidade para juntar-se à guerra do lado da Tríplice Entente

3 DE MAIO
Itália denuncia a Tríplice Aliança

10 DE MAIO
Itália faz uma convenção naval com a Grã-Bretanha e a França

24 DE MAIO
Frota austríaca de Pula bombardeia cidades costeiras italianas e locais estratégicos; destróier italiano *Turbine* afunda; hidroplanos atacam Veneza repentinamente

23 DE MAIO
Itália declara guerra à Áustria-Hungria; primeiro disparo de canhão hostil nos Alpes Cárnicos

26 DE MAIO
Bloqueio italiano da Áustria anunciado

30 DE MAIO
Italianos bombardeiam a base da frota austríaca em Pula, na costa adriática

4 DE JUNHO
Dois submarinos alemães costeiros juntam-se à frota austríaca em Pula

23 DE JUNHO
Primeira Batalha do Isonzo começa; Cadorna ordena que as forças italianas avancem para Gorizia e Trieste

7 DE JULHO
Primeira Batalha do Isonzo termina com apenas pequenos ganhos para os italianos, apesar da superioridade numérica

7 DE JULHO
Cruzador italiano Amalfi afundado ao largo de Veneza por submarino

18 DE JULHO
Início da Segunda Batalha do Isonzo; pesado bombardeio precede os ataques italianos dirigidos contra o Carso

18 DE JULHO
Cruzador italiano Giuseppe Garibaldi afundado pelo submarino austríaco U4 ao atacar a ferrovia costeira Dubrovnik-Kotor

3 DE AGOSTO
Termina a Segunda Batalha do Isonzo, novamente com pequenos ganhos territoriais para os italianos; enorme custo humano dos dois lados, com 42.000 vítimas italianas e 46.000 austríacas

20 DE AGOSTO
Itália inicia campanha de bombardeio sustentado (inclusive ataques noturnos) contra alvos militares austríacos

18 DE OUTUBRO
Terceira Batalha do Isonzo se abre com pesado bombardeio das posições austríacas em torno de Gorizia e no Carso

19 DE OUTUBRO
Grande ataque aéreo italiano resulta em dano para avião na base aérea austríaca e estações ferroviárias

4 DE NOVEMBRO
Terceira Batalha do Isonzo termina sem ganhos para os italianos

10 DE NOVEMBRO
Cadorna renova ofensiva contra Gorizia; Quarta Batalha do Isonzo

18 DE NOVEMBRO
Italianos iniciam pesado bombardeio de Gorizia (após lançarem folhetos para advertir a população civil)

3 DE DEZEMBRO
Quarta Batalha do Isonzo termina, novamente com ganhos mínimos para os italianos

LEGENDA

- Batalhas do Isonzo : 23 jun a 7 jul, 18 jul a 3 ago, 18 out a 4 nov, 10 nov a 3 dez
- Outros acontecimentos

A Frente do Isonzo

A Itália entrou na guerra a 23 de maio de 1915, declarando guerra apenas à Áustria-Hungria, da qual esperava obter o território prometido pelo Tratado de Londres, negociado com os Aliados em abril. Por motivos topográficos, foi uma tarefa singularmente ambiciosa. A fronteira entre a Áustria e a Itália, quase 650 km de extensão, passava por altas montanhas, o que naturalmente favorecia a defesa. Havia somente duas áreas em que as defesas austro-húngaras podiam ser rompidas: através dos desfiladeiros para Trentino ao norte, e através do vale do rio Isonzo, nos alpes Juliano a leste. A rota de Trentino foi eliminada porque os passos estavam nas mãos dos austríacos e eram extremamente fortificados. O principal esforço italiano na guerra, assim, foi desfechado através do Isonzo na direção da Eslovênia, Trieste e Istria. Isso apresentava enormes problemas para concentração e mobilidade de tropas. Como as linhas italianas de abastecimento eram sempre vulneráveis ao ataque de Trentino, algumas forças italianas tinham sempre que ser desviadas naquela direção. Isso também exigia a limpeza do vasto e ventoso platô de Bainsizza ao leste, uma série de cristas rochosas e desoladas.

As Potências Centrais sabiam das negociações da Itália com seus inimigos; portanto, quando a guerra foi declarada, os austríacos estavam prontos. Com apenas sete divisões no total, viam-se numa grande inferioridade numérica, mas eram superiores em artilharia e metralhadoras. Nas batalhas iniciais de junho, as tropas alpinas italianas escalaram o monte Nero de 2.300 m da noite para o dia, varrendo seus poucos defensores do cume. Esse primeiro sucesso criou expectativas irreais. O principal avanço começou a 23 de junho, com uma barragem de artilharia que destruiu

Porretes de trincheira
Selvagens combatem corpo a corpo por trincheiras disputadas era uma característica das batalhas do Isonzo. Aqui se vêem dois porretes italianos de trincheira e um bem-feito e flexível cassetete austríaco (centro).

Plataforma de canhão italiana 1915
Os italianos tinham muita escassez de artilharia, especialmente artilharia pesada, no início da guerra. Aqui se vê um *howitzer* de 305-mm instalado no Val Dogna na frente Cárnica a fim de bombardear um forte austríaco.

o mosteiro de Sveta Goran, um tesouro nacional esloveno, mas não muitos postos de defesa. O comandante-em-chefe Cadorna planejava tomar Gorizia (de onde metade dos habitantes fugira) e o árido platô Carso, portão de entrada para Trieste. As baixas na primeira batalha do Isonzo (haveria mais dez) foram numerosas — mais de 30.000 italianos e de 20.000 austríacos. Uma escassez de médicos na linha de frente significava que muitos italianos feridos eram deixados sem ajuda. Os problemas de transporte causaram grave escassez de alimento e água. Alguns oficiais italianos forçaram seus homens a avançar sob a ponta de uma arma, e os dois lados utilizaram pedras quando a munição acabou (os italianos ainda não tinham granadas). A 7 de julho, com os avanços italianos reduzidos ao mínimo, Cadorna desistiu da ofensiva. Demitindo 27 generais, ele pôs a culpa do fracasso em todos exceto em si mesmo.

As primeiras quatro batalhas do Isonzo
Tiros foram trocados ao longo de toda a frente em 1915, mas o único combate sério foi no Isonzo. As baixas italianas foram estimadas em pelo menos 230.000, as austríacas cerca de 165.000.

A Segunda Batalha do Isonzo começou a 18 de julho tendo o monte San Michele, na borda do Carso, como principal objetivo. Dessa vez a barragem de artilharia foi mais pesada e eficaz. Cada obus estourando no solo de calcário descarregava uma chuva de fragmentos de rocha mais mortais que balas em soldados sem capacetes de aço. Os italianos alcançaram o topo, mas foram expulsos no dia seguinte por um contra-ataque liderado por bósnios brandindo facas. Os italianos retomaram o local em 25 de julho, e mais uma vez foram expulsos de lá. As táticas do comandante austríaco Boroevic eram simples: se uma posição está perdida, recapture-a imediatamente.

O combate no Carso terminou gradualmente, com Trieste ainda a mais de 30 km de distância. Um infrutífero ataque ao alto Isonzo continuou, mas o heroísmo era inútil contra metralhadoras bem entrincheiradas. Cadorna ainda estava convencido de poder romper a linha, mas precisava de dois meses de recuperação e reforços — um destes foi o do jovem socialista incendiário Mussolini.

A Terceira Batalha do Isonzo começou a 18 de outubro com uma barragem de artilharia de três dias. Gorizia (Görz) era agora o objetivo de Cadorna. Apesar de chegarem a seus arredores, os italianos não conseguiram tomar a cidade, e a ofensiva terminou no início de novembro. A Quarta Batalha começou uma semana depois (10 de novembro), durando até dezembro. Os ganhos italianos continuaram insignificantes e um regimento se amotinou.

Treinamento de grande altitude
As tropas alpinas italianas sobem um glaciar. As Alpinas chefiaram muitos dos mais audaciosos ataques às linhas austro-húngaras assim como organizavam o abastecimento de posições elevadas nas montanhas.

Tropas italianas atravessando o Isonzo por barca
A frente do Isonzo não seguia simplesmente o rio. Em seu avanço inicial, os italianos ganharam um número de cabeças-de-ponte na margem leste, enquanto os austríacos conseguiam se manter em posições-chave defensivas na margem oeste.

A CHINA E O PACÍFICO

AGOSTO A DEZEMBRO DE 1914

A guerra nesse teatro foi logo concluída com o apoderamento rápido de todas as possessões alemãs no Pacífico. A única operação extensa foi o cerco de Tsingtao, realizado para os Aliados pelos japoneses. Um perigo potencial para os interesses britânicos era o Esquadrão do Extremo Oriente alemão, mas seu comandante, o almirante von Spee, decidiu navegar para o Atlântico Sul, onde seus navios foram perseguidos e expulsos até o largo das ilhas Malvinas.

30 DE AGOSTO
A Samoa alemã ocupada por forças neozelandesas

2 DE SETEMBRO
Japoneses desembarcam na península de Shantung para atacar Tsingt

7 DE SETEMBRO
Esquadrão alemão sob comando do almirante von Spee corta o cabo britânico no Pacífico ao largo da ilha de Fanning

11 DE SETEMBRO
Força australiana desembarca em Herbertshöhe, em Neu Pommern (New Britain) no arquipélago de Bismarck

17 DE SETEMBRO
A Nova Guiné alemã e colônias dos arredores rendem-se às forças austríacas

22 DE SETEMBRO
Chegada de força britânica à baía de Laoshan para apoiar o ataque japonês a Tsingtao

22 DE SETEMBRO
Von Spee ataca Papeete, no Tahiti

7 DE OUTUBRO
Yap, nas ilhas Carolinas, é ocupada pelos japoneses, que rapidamente se apossam das ilhas Carolinas, Mariana e Marshall

16 DE OUTUBRO
Primeiras forças neozelandesas partem para a Europa

16 DE OUTUBRO
Japoneses desfecham um ataque geral a Tsingtao

17 DE OUTUBRO
Primeiras forças australianas partem para a Europa

1º DE NOVEMBRO
Batalha de Coronel, no Pacífico: o esquadrão de von Spee afunda os navios britânicos Monmouth e Good Hope, sem nenhum sobrevivente

2 DE NOVEMBRO
Cruzador austríaco *Kaiserin Elizabeth* afundado em Tsingtao

7 DE NOVEMBRO
Rendição de Tsingtao

14 DE NOVEMBRO
Nauru ocupada por forças australianas

26 A 29 DE NOVEMBRO
Navios de von Spee deparam-se com tremendas tempestades ao largo da costa do Chile

1º DE DEZEMBRO
Esquadrão alemão tem êxito em contornar o cabo Horn a caminho das Malvinas

8 DE DEZEMBRO
Batalha das ilhas Malvinas: navios de von Spee capturados e destruídos pelo esquadrão britânico; morrem 1.800 homens, inclusive von Spee e seus dois filhos

14 DE DEZEMBRO
Cruzador mercante armado alemão, Cormoran, é internado em Guam

LEGENDA
- China e o Pacífico Norte 30 ago a 14 dez
- Nova Guiné e o Pacífico Sul 11 set a 17 out
- Viagem do esquadrão de Spee 22 ago a 8 dez

Possessões alemãs no Leste

Bateria japonesa no cerco de Tsingtao
O sucesso japonês em Tsingtao foi uma conclusão já prevista. Eles conseguiram dispor de 100 canhões de cerco com 1200 balas cada e também usaram aviões para jogar bombas.

Do ponto de vista britânico, a ameaça alemã no Extremo Oriente era basicamente naval, especificamente as possíveis depredações que o Esquadrão do Leste Asiático, comandado pelo almirante Graf von Spee e baseado em Tsingtao, poderia levar ao comércio marítimo e ao transporte de tropas. Embora a Grã-Bretanha e o Japão fossem aliados por tratado, o Japão só era obrigado a ajudar a Grã-Bretanha em caso de um ataque não provocado a suas possessões no Extremo Oriente (especialmente Hong Kong). Outros países com interesses na região — inclusive os Estados Unidos, Austrália, Nova Zelândia e Holanda — também temiam o expansionismo japonês. Contudo, a força naval da Grã-Bretanha no Pacífico dificilmente era superior à da Alemanha, com os navios alemães sendo mais modernos. A Austrália tinha apenas cinco cruzadores (um cruzador de batalha) e três contratorpedeiros, e a Nova Zelândia só começara a treinar uma Marinha há menos de um ano. Nessas

Uma presença simbólica
Soldados japoneses lançam olhares curiosos para os soldados do *South Wales Borderers* chegando para juntar-se à força que assediava Tsingtao.

circunstâncias a Grã-Bretanha pediu ajuda ao Japão para tomar a principal base naval além-mar, o porto de Tsingtao na península de Shantung. A operação japonesa devia ser estritamente limitada, e a neutralidade chinesa não infringida. A 23 de agosto, o Japão declarou guerra à Alemanha.

Os japoneses desembarcaram em território chinês — 130 km a norte de Tsingtao na baía de Lungkow, onde estabeleceram uma base de suprimentos, enquanto simultaneamente bloqueavam a costa. A força principal desembarcou mais perto do objetivo na baía de Laoshan, mas ainda em território chinês. O agrupamento foi lento, prejudicado pela chuva pesada, e o principal avanço só começou a 23 de setembro. Os japoneses tinham 60.000 homens (inclusive um batalhão britânico e um indiano enviados de Tientsin). Tendo convocado todos os homens dos postos avançados, Meyer-Waldeck, o comandante alemão, tinha menos que 5.000 homens. Os pesados canhões das fortificações do porto poderiam ser redirecionados para cobrir a abordagem por terra, mas em um mês os alemães já estavam com escassez de munição. A 7 de novembro, Meyer-Waldeck pediu os termos da rendição.

A tomada de Tsingtao
Essa litografia mostra as novas táticas empregadas pelos japoneses em Tsingtao. Eles mantiveram um bombardeio de estilhaços de obus à noite e deslocaram suas trincheiras na escuridão apesar dos holofotes alemães.

A OCUPAÇÃO DAS ILHAS

Em outubro, o 1º Esquadrão dos Mares do Sul dos japoneses deslocou-se para a Micronésia, onde os alemães tinham várias bases pequenas nas ilhas compradas da Espanha na década de 1880. Tais ilhas eram valiosas para o Japão não apenas por motivos estratégicos como também por recursos naturais como fosfatos.

O esquadrão naval alemão deixara a área em meados de setembro, quando von Spee navegou para o Atlântico Sul (ver página 176), e no mês seguinte os japoneses ocupavam todas as bases alemãs nas ilhas Carolinas e Marshall.

Os australianos e neozelandeses ficaram desalentados com essa imprevista expansão japonesa, mas tinham objetivos próprios semelhantes. Apesar de convidados pelos britânicos a ajudar a tomar as possessões alemãs no Pacífico Sul, os australianos e neozelandeses, longe de se comprometerem com Londres como o requerido, pretendiam retê-las. Concordaram que a longitude 170° L devia constituir a linha divisória entre as possessões da Austrália (a oeste) e as da Nova Zelândia (a leste).

Escoltados por navios australianos, 1.400 neozelandeses desembarcaram em Samoa, onde não encontraram qualquer resistência. A seguir o esquadrão deu cobertura à invasão australiana da Nova Guiné, onde os comandantes alemães eram um capitão da reserva e um oficial de polícia, com poucos homens e nenhum canhão. Em 17 de setembro eles conquistaram a Nova Guiné alemã, o arquipélago de Bismarck e as ilhas Salomão. Alguma resistência prosseguiu na Papua, por parte de missionários alemães e uma expedição de pesquisa chefiada por um homem chamado Detzner. Este ainda estava ao largo quando a guerra terminou. Na época em que os australianos e neozelandeses haviam completado a conquista das ilhas do sul, os japoneses tinham se apoderado das ilhas da Micronésia ao norte.

Mudança de regime
A bandeira britânica é içada na Samoa alemã a 30 de agosto de 1914 depois da tomada sem sangue da colônia pelas tropas da Nova Zelândia.

O fim de um império
O interesse da Alemanha no Pacífico datava apenas da década de 1880. Suas possessões consistiam de uma base naval na costa chinesa, parte da Nova Guiné e algumas ilhas dispersas. Essas logo caíram ante as superiores forças Aliadas na região.

CAMPANHAS NA ÁFRICA

AGOSTO DE 1914 A SETEMBRO DE 1916

A Alemanha tinha quatro possessões na África: duas na África Oriental (Togo e Camarões), a África Oriental alemã e a África do Sudoeste alemã. Nenhuma podia ser reabastecida por mar e todas tinham fronteiras com territórios coloniais de seus inimigos. Apesar disso, todas as forças alemãs na África exerceram uma forte resistência às forças Aliadas invasoras. Na África Oriental, a campanha conduzida por Lettow-Vorbeck durou até o final da guerra.

6 A 8 DE AGOSTO DE 1914
Contingente francês do Daomé (Benin) ocupa costa de Togo

15 DE AGOSTO DE 1914
Ataque de trezentos alemães à África do Leste britânica ameaça a Estrada de Ferro de Uganda

26 DE AGOSTO
Governador alemão do Togo rende-se quando franceses e britânicos avançam sobre Kamina

25 DE SETEMBRO
Franceses tomam Kousséri, ao norte de Camarões

27 DE SETEMBRO
Douala, capital de Camarões, rende-se à força britânica e francesa

10 DE OUTUBRO
Tropas bôeres rebeldes, que atravessaram para a África do Sudoeste alemã, declaram guerra à Grã-Bretanha; elementos descontentes na África do Sul insurgem-se contra o governo

2 A 5 DE NOVEMBRO
Desembarque britânico em Tanga na África do Leste alemã termina em derrota humilhante

25 DE DEZEMBRO
Unidades sul-africanas desembarcam na baía de Walvis

13 DE JANEIRO DE 1915
Forças sul-africanas tomam Swakopmund

JANEIRO DE 1915
Última resistência dos Bôeres rebeldes é esmagada por tropas do governo

1º DE MARÇO
Início do bloqueio britânico à África Oriental alemã

20 DE MAIO
Windhoek, capital do África do Sudoeste, rende-se a tropas sul-africanas

26 DE JUNHO
Avanço da África Equatorial francesa chega a Lomié, em Camarões

9 DE JULHO
Rendição das forças alemãs na África do Sudoeste em Tsumeb

SETEMBRO
Fim da estação chuvosa. Início do avanço de quatro pontas sobre Yaounde, capital de verão de Camarões

26 DE DEZEMBRO
Dois barcos britânicos com canhões, vindos por terra da Cidade do Cabo, iniciam operações no lago Tanganica

1º DE JANEIRO DE 1916
Colunas francesas e britânicas chegam a Yaounde, em Camarões

9 DE FEVEREIRO
Barcos britânicos tomam o controle do lago Tanganioca

18 DE FEVEREIRO
Rende-se a última guarnição alemã em Mora, Camarões

5 DE MARÇO
Ofensiva britânica na região do monte Kilimanjaro. Forças alemãs combatem habilidosamente em ação de retaguarda chefiada por Lettow-Vorbeck

4 DE SETEMBRO
Dar es Salaam rende-se a forças britânicas, que avançam para capturar outros portos costeiros da África Oriental alemã

19 DE SETEMBRO
Tendo avançado por Ruanda e Burundi, forças belgas tomam Tabora na ferrovia Tanganica

LEGENDA

- África do Oeste ago. 1914 a fev. 1915
- África Oriental ago. 1914 a set. 1916
- África do Sudoeste ago. 1914 a jul. 1915

Guerra na África

Cavalaria sul-africana
Diz-se que os heróis da África do Sudoeste foram os cavalos; perdas humanas na campanha foram relativamente leves.

Os efetivos envolvidos em combate na África eram pequenos: Lettow-Vorbeck observou que uma companhia na África correspondia a uma divisão na Europa. Não havia virtualmente nenhuma artilharia, sendo a metralhadora a arma mais pesada e potente. A morte dos homens ocorria mais por doença do que por combate, e o abastecimento era um problema maior do que a luta. Havia muito poucas estradas ou ferrovias, e especialmente em áreas infestadas pela mosca tse-tsé, onde animais de rebanho não podiam ser usados, tudo dependia de carregadores humanos. Mais africanos foram alistados como carregadores do que como soldados.

Entre a Costa do Ouro inglesa e o Daomé francês, o Togo tinha a mais importante estação além-mar de comunicações sem fio, na capital Kamina. As tropas britânicas e francesas fizeram uma rápida campanha e o capitão Bryant, no comando do Regimento da Costa do Ouro, tomou Kamina a 25 de agosto. Os alemães destruíram a estação de comunicações antes de se renderem.

Camarões foi uma questão diferente, tratando-se de um terreno pouco conhecido formado por grandes platôs e montanhas, densas selvas e pântanos. Como em outros lugares, a colônia alemã era rodeada pelos inimigos. Suas forças em 1915 contavam 5.000 homens, inclusive 1500 europeus. As forças Aliadas, retiradas principalmente da África Ocidental, eventualmente abrangeram quase 25.000, mas um mau planejamento e a falta de um Serviço de Inteligência

A Guerra na África
Após a derrota da Alemanha, suas antigas possessões foram tomadas pela Grã-Bretanha, França, Bélgica e África do Sul sob mandatos da Liga das Nações.

GUERRA NA ÁFRICA
1914 a 1916

- Império Britânico
- Possessões francesas
- Possessões alemãs
- Possessões belgas
- Itália e possessões
- Portugal e possessões
- Império Otomano
- Área de conflito

prejudicaram seu progresso. No final de agosto, tropas britânicas da Nigéria cruzaram a fronteira em vários lugares, mas foram rechaçadas. A única ofensiva bem-sucedida foi contra a capital da colônia e porto principal, Douala, que caiu ante as tropas senegalesas dos franceses a 27 de setembro.

Chuvas tropicais e defesas habilidosas combinaram-se para conter qualquer avanço Aliado significativo até o final de 1915, quando tropas Aliadas finalmente invadiram a região central forçando muitos alemães a buscar refúgio em território espanhol. Mesmo assim, o último bastião alemão, em Mora no norte, só se rendeu em fevereiro de 1916.

A conquista do sudoeste da África (Namíbia), um país vasto mas escassamente habitado, foi empreendida em sua maior parte por tropas brancas sul-africanas e rodesianas. Abarcavam uns 70.000 homens, mas incluíam muitos africânderes, que eram anti-britânicos e não soldados regulares, tendo lutado na Guerra (Sul-Africana) dos Bôeres (1899-1902). Cerca de 11.000 se rebelaram mas um número muito maior permaneceu leal, e a "Rebelião Bôer" desintegrou-se em janeiro de 1915.

Os sul-africanos invadiram por mar e terra, sendo seu principal objetivo a capital, Windhoek. Num avanço rápido, 3.000 homens atravessaram 400 km do deserto do Kalahari em duas semanas. Seguindo-se ao abandono alemão do sul, as forças sob o comando do general Botha, o primeiro-ministro da África do Sul, tomaram Windhoek a 20 de maio de 1915. Enfrentando adversidades insuperáveis, os alemães continuaram a resistir no norte até 9 de julho, quando se renderam a Botha.

A África Oriental alemã

O maior "espetáculo à parte" colonial ocorreu na África Oriental. Durou tanto quanto a guerra na Europa. Os britânicos tinham muito mais tropas na região, chegando eventualmente a 100.000 homens, principalmente da África e da Índia. Também comandavam o mar. Os alemães tinham 15.000 homens no máximo, principalmente askaris, os africanos locais, mas tinham também o general Lettow-Vorbeck, um mestre da guerra de guerrilha.

Os britânicos obtiveram o controle do lago Vitória e do lago Tanganica, mas uma força expedicionária mal-organizada desembarcando no porto costeiro de Tanga foi repelida. Dali por diante, envolvimentos em outras partes significaram que nenhum esforço sério foi feito para desalojar os alemães até o início de 1916, quando tendo terminado a guerra no sudoeste da África, o general sul-africano Smuts assumiu o comando. De certa maneira um peixe fora d'água nas condições diferentes da África Oriental, Smuts estava ansioso para evitar uma matança desnecessária, especialmente de seus sul-africanos. Novas operações importantes foram feitas na região de Kilimanjaro em 1916, mas Smuts não conseguiu prender numa armadilha as altamente móveis forças alemãs. Lettow-Vorbeck e suas tropas retiraram-se para o sul, mais uma vez evitando o cerco, mas perdeu mais homens numa feroz batalha travada sob uma chuva pesada em dezembro. O número de homens que podiam lutar que continuavam sob o comando de Lettow-Vorbeck era menor que 8.400, e a comida era um grande problema. As batalhas-chave de 1917 foram travadas em torno de Kilwa e Lindi próximas à costa. As baixas alemãs, embora muito menores, foram relativamente mais sérias. Tendo se deslocado para a África Oriental portuguesa, a captura de Namakura por parte de Lettow-Vorbeck em julho trouxe um botim vital — comida, fuzis, munição e dez metralhadoras. Ele foi para o norte e para o oeste, entrando na Rodésia do Norte em novembro de 1918. A 12 de novembro, a última batalha da guerra foi travada entre os *askaris* de Lettow-Vorbeck e 750 homens da African Rifles King's. Ao saber do armistício no dia seguinte, Lettow-Vorbeck finalmente rendeu-se formalmente a 25 de novembro.

Paul Von Lettow-Vorbeck

O general Lettow-Vorbeck (1870-1964) foi um dos mais notáveis soldados da Primeira Guerra Mundial. Nomeado comandante da África Oriental alemã em janeiro de 1914, ele continuou sem derrotas por toda a guerra ante um exército britânico dez vezes maior do que sua força composta de alemães e *askaris*. Lettow-Vorbeck era um mestre da guerra de guerrilha. Sabia que não podia enfrentar o inimigo num embate maior, e usava como um especialista as montanhas, matas e florestas para escapar do inimigo. Suas táticas eram geralmente muito astuciosas: ele posicionava seus homens para atrair tropas adversárias montadas para áreas infestadas de moscas tsé-tsé, onde os cavalos dos inimigos morriam. Após sua vitória em Tanga em novembro de 1914, retirou-se mais para o interior, lançando freqüentes ataques-relâmpagos sobre as forças enviadas em seu encalço. No final de 1917 ele conduziu suas tropas para a África Oriental portuguesa, de onde continuou a lançar ataques contra o inimigo. Sabendo do armistício com atraso enquanto estava na Rodésia, rendeu-se a 25 de novembro. Considerado herói nacional na Alemanha, também conquistou a admiração de seus adversários. Depois da guerra, chefiou o *Freikorps* que sufocou os Espartacistas em Hamburgo.

Soldados indianos mortos em Tanga
O desastroso desembarque britânico em Tanga, na África Oriental alemã, em novembro de 1914 resultou em mais de 800 vítimas.

Sabotagem
A Estrada de Ferro Central, que ia de Dar es Salaam até o lago Tanganica, foi destruída pelos alemães quando se retiraram para o sul em 1916, perseguidos por forças britânicas.

Os Impérios Britânico e Francês na Guerra

Grande número de não-europeus dos impérios britânico e francês lutaram nos campos de batalha da Europa em 1914-18. Os dois impérios tinham sido criados e mantidos por tropas britânicas e francesas; agora a relação se revertia, com forças imperiais ajudando a sustentar os países-mãe.

O Exército francês em 1914 consistia administrativamente de três organizações separadas: o Exército Metropolitano, o Armée d'Afrique e La Coloniale (restrita aos cidadãos e súditos franceses de além-mar das colônias pós-1789 não norte-africanas). Os exércitos coloniais levantaram tanto divisões completas quanto unidades menores para incorporação dentro do Exército Metropolitano. Mais de 200.000 argelinos, marroquinos e tunisianos serviam na Europa. Desde o início da guerra, os alemães se defrontaram com a infantaria Zuava e os cavalarianos Spahi do norte da África e os Tirailleurs Sénégalais (Carabineiros Senegaleses) da África Ocidental. Houve também uma contribuição significativa de Madagascar e Indochina.

A declaração de guerra da Grã-Bretanha vinculava todas as partes do Império ao compromisso. Os domínios da Austrália, Canadá e Nova Zelândia associaram-se voluntariamente à causa da Grã-Bretanha e se viam, como britânicos de além-mar, obrigados a lutar em defesa do país-mãe. Entretanto, na Frente Ocidental, canadenses e australianos insistiram que suas formações fossem mantidas preferencialmente mais como Corpos nacionais do que como parte do Exército britânico. Passaram a ser considerados as tropas de choque imperiais e sua contribuição à guerra foi crucial para criar um novo senso independente de nação. O caso da África do Sul foi um tanto diferente. Com uma população masculina européia de 244.000 homens em idade militar, ela levantou talvez três divisões, mas o custo de suas operações, à exceção de na África do Sudoeste Alemã, foi suportado pela Grã-Bretanha. Ela enviou tropas para a África Oriental e manteve uma brigada de infantaria na Frente Ocidental.

A Índia começou a guerra com um exército profissional de uns 241.000 homens há muito em serviço. O Exército Indiano lutou na Frente Ocidental (em 1914-15), no Oriente Médio e na África Oriental. Somente em 1917 lhe foi permitido ser organizado de um modo que possibilitasse uma grande expansão. Tal foi seu crescimento que, em novembro de 1919, quando 548.000 homens serviam no Exército Indiano, a Índia se tornara a reserva estratégica imperial. Se a guerra continuasse em 1919, a Índia teria que assumir a responsabilidade por todo o Oriente Médio e Salonica.

A contribuição das colônias para a guerra foi imensa, e não menos em termos de mão-de-obra, fosse militar ou industrial. A guerra levantou idéias de autodeterminação nacional para os povos submetidos. Mão-de-obra e tropas coloniais francesas na França usufruíram o privilégio de cidadania. Entretanto, a paz viu um retorno às atitudes colonialistas de antes da guerra.

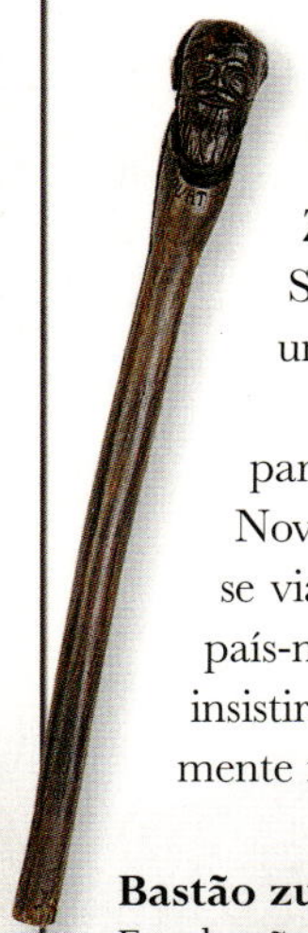

Bastão zuavo
Este bastão de trincheira esculpido à mão é decorado com a cabeça de um zuavo, um soldado da força de infantaria norte-africana de primeira classe fundada em 1834.

Soldados da África Ocidental
Seis batalhões de *Tirailleurs Sénégalais* embarcaram para a França para combater nas primeiras semanas da guerra. Ao todo, 163.000 serviram na Frente Ocidental. Uns 30.000 morreram.

Uniforme *spahi*
Os itens principais eram uma curta jaqueta vermelha, calças em estilo turco, uma grande capa e um turbante enrolado à volta de um chechia (um pequeno fez).

***Spahis* argelinos**
Nos primeiros meses da guerra, destacamentos da cavalaria spahi eram uma visão comum nas estradas do norte da França. Mais tarde, como outros cavalarianos, eles lutariam como infantaria nas trincheiras.

***Gurkhas* na França**
No decorrer da guerra, 100.000 gurkhas se alistaram no Exército Indiano. Regimentos *gurkhas* lutaram na Frente Ocidental e no Egito, Galípoli, Mesopotâmia, Palestina e Salonica.

Junte-se à AIF
Cartazes de recrutamento para a AIF (Australian Imperial Force) davam a impressão de que voluntários estariam se juntando a seus companheiros numa excitante aventura no outro lado do mundo.

Partida de Melbourne
O primeiro navio de tropas para a Europa partiu a 17 de outubro de 1914. A Austrália, com uma população de 2.300.000 homens em idade militar, alistou 416.809 homens.

Vietnamitas em fábrica de bombas francesa
Uns 50.000 vietnamitas e 13.000 chineses da Indochina francesa trabalharam nas fábricas de munição da França e no Corpo de mão-de-obra do Exército.

Colocando trilhos
Trabalhadores indianos trabalharam com o Exército Indiano na Mesopotâmia e em outras partes do Oriente Médio. Também trabalharam na Frente Ocidental, assim como trabalhadores da China, África do Sul, Egito, Índias Ocidentais, Malta, Maurícios, Seychelles e Fiji.

D3
D4
FIRE
D

A GUERRA E A ASCENSÃO DO ESTADO 1915

COMO SE TORNOU EVIDENTE QUE A GUERRA ESTAVA INDO MUITO MAIS LONGE DO QUE FORA PREVISTO NO INÍCIO, OS GOVERNOS DE TODOS OS ESTADOS BELIGERANTES AUMENTARAM SEU CONTROLE SOBRE MUNIÇÕES E OUTRAS INDÚSTRIAS-CHAVE. EM VÁRIOS GRAUS DIFERENTES, TAMBÉM ADOTARAM POLÍTICAS DESTINADAS A CUIDAR DO BEM-ESTAR DAS PESSOAS SOLICITADAS A TRABALHAR NESSA INDÚSTRIA E A APOIAR O ESFORÇO DE GUERRA EM GERAL. COM A INTRODUÇÃO DE MUITOS REGULAMENTOS NOVOS, O ESTADO COMEÇOU A INTERVIR NA VIDA DAS PESSOAS COMO JAMAIS TINHA FEITO ANTES

4

Fábrica de bombas
À medida que a necessidade de munição tornou-se mais urgente, o governo britânico assumiu o controle direto de sua produção, empregando milhares de mulheres na perigosa tarefa de encher as bombas de explosivos.

ENCARANDO NOVAS REALIDADES

NO FINAL DE 1914, TODAS AS NAÇÕES COMBATENTES AINDA ESPERAVAM A VITÓRIA NUM FUTURO NÃO MUITO DISTANTE. O INVERNO OBVIAMENTE LIMITARIA OPERAÇÕES IMEDIATAS, MAS ACREDITAVA-SE DE UM MODO GERAL QUE O ÍMPETO DA GUERRA SERIA RETOMADO NA PRIMAVERA SE A PRODUÇÃO DE SUPRIMENTOS SUFICIENTES DE ARMAS E MUNIÇÃO PUDESSE SER ORGANIZADO.

A DEMANDA POR MUNIÇÃO tinha superado o suprimento muito cedo na guerra: o estoque de obuses de artilharia do Ministério de Guerra Prussiano, por exemplo, tinha virtualmente acabado após seis semanas. Para muitos era evidente que, para atender às vastas exigências materiais da guerra, os governos — que ainda exerciam alguns controles burocráticos fora de seus departamentos financeiros e militares — teriam que passar por mudanças fundamentais. Eles não somente teriam que assumir um controle direto da indústria mas teriam também que promover ativamente o bem-estar social de seus cidadãos — uma tarefa que se mostraria eventualmente impossível para a Rússia e as Potências Centrais. A indústria não podia funcionar, e os exércitos não podiam ser supridos de efetivos e material, a não ser que a população civil fosse mantida abastecida de alimentos, aquecimento e luz adequados. Com esse objetivo, os governos britânicos e franceses especialmente adotaram uma abordagem intervencionista quando se tornou aparente que a guerra não ia terminar rapidamente.

Na França, que — como a Alemanha — defrontou-se com uma maciça escassez de projéteis quase imediatamente, o governo deu passos para assegurar que o máximo de empresas privadas fossem envolvidas na fabricação de munição. Quase 2,5 milhões de homens foram convocados durante as primeiras semanas da guerra mas, no final de 1915, 500.000 tinham sido enviados de volta ao trabalho nas fábricas que estavam sob jurisdição militar. Na Grã-Bretanha, onde a Defense of the Realm Act (DORA) foi introduzida em 1914 para dar ao governo poderes de dirigir a economia e vários aspectos da vida pública, pouco foi feito inicialmente para assegurar um abastecimento adequado de munição. Foi somente quando o grau de escassez da munição do Exército britânico tornou-se aparente, na primavera de 1915, que o governo deu passos para impulsionar a produção de munição, inclusive o estabelecimento de fábricas nacionais.

A convocação militar obrigatória só foi introduzida na Grã-Bretanha em maio de 1916. Contudo, o sucesso dos esforços em 1915 para recrutar um exército de voluntários em massa — 2.6 milhões de homens no final do ano — significou que na Grã-Bretanha, como na França, o governo tinha que tomar uma parte ativa para assegurar que a produção industrial e agrícola continuasse. As mulheres foram encorajadas nos dois países, e em todos os outros Estados beligerantes, a encarregar-se do trabalho anteriormente feito pelos homens.

"As pessoas aqui parecem pensar que a guerra vai ser muito curta. Ora, eu não sei; pessoalmente não vejo nada que a impeça de continuar para sempre."

CAPITÃO BRITÂNICO COLWYN PHILLIPS, ESCREVENDO PARA SUA MÃE A 12 DE MARÇO DE 1915 DA SALIÊNCIA DE YPRES.

Cavalaria alemã
Na relativamente fluida Frente Oriental, a cavalaria conseguiu ter um papel mais significativo do que na Frente Ocidental, onde o sistema de trincheiras significava um impasse.

As escolhas diante da Alemanha

Durante o inverno de 1914-1915, os combatentes na guerra não apenas tiveram que considerar o melhor meio de aumentar sua produção de munição; tiveram também que reconsiderar sua estratégia militar. Sem dúvida a Alemanha defrontava-se com maiores dilemas que qualquer outra potência. Tentando implementar o Plano Schlieffen, ela tinha mantido a defensiva no Leste enquanto perseguia a vitória contra os franceses no Oeste. No entanto, não fora capaz de ficar na defensiva no Leste depois que a Rússia completara sua mobilização inicial e se preparava para lançar ofensivas nos Cárpatos e leste da Prússia. A Alemanha questionava-se agora se deveria fortalecer suas forças no Leste, reduzindo assim a probabilidade de vitória no Oeste. Apesar do fracasso do Plano Schlieffen, Falkenhayn, o chefe do estado-maior alemão, ainda acreditava no início de 1915 que a vitória tinha que ser conquistada no Oeste. Não estava convencido pelo argumento verbalizado por Hindenburg e Ludendorff — heróis da vitória germânica sobre os russos em Tannenberg, no leste da Prússia, em agosto do ano anterior — de que os interesses da Alemanha seriam agora melhor atendidos se permanecessem na defensiva no Oeste e assumissem ação ofensiva no Leste. Em sua opinião, a Rússia sempre trocaria espaço por tempo e a segurança de suas tropas. Ordenando a retirada de seus exércitos, ela poderia induzir os alemães a avançar através de um país cujo puro tamanho e sistemas de comunicação primitivos, além da falta de qualquer objetivo importante em que os russos pudessem ser presos numa armadilha e aniquilados, tornariam a vitória difícil de ser obtida. No entanto Falkenhayn não podia ignorar o fato de que Hindenburgo e Ludendorf eram ouvidos pelo kaiser.

Falkenhayn não podia também ignorar a fraqueza da Áustria-Hungria — uma fraqueza que fazia com que os alemães encarassem seus aliados com desprezo crescente. As perdas de 1914 entre as tropas austro-húngaras e elementos experientes do Exército Imperial tinham sido especialmente sérias. A parada na ofensiva russa contra a Silésia e o sucesso parcial da Alemanha em Lodz impediam qualquer movimento imediato da Rússia contra a Áustria-Hungria. Porém, num momento em que a Áustria-Hungria não podia enfrentar a Rússia com qualquer auto-confiança real, ela também se defrontava com a necessidade de continuar a guerra contra a Sérvia, que em 1914 tinha expulsado e humilhado os exércitos austro-húngaros que a tinham invadido. Os problemas da Áustria-Hungria aumentariam ainda mais com a declaração de guerra da Itália em maio de 1915.

Os problemas enfrentados pela Rússia

A Rússia também enfrentava problemas em 1915, em parte causados por um aumento no número de frentes nas quais ela precisava lutar. A entrada da Turquia na guerra em 29 de outubro de 1914 apresentou à Rússia uma frente mais extensa no Cáucaso. Combinado com as perdas ocorridas nos meses de abertura da guerra, isso significou que ao longo de 1915, a Rússia só podia fazer face à Áustria-Hungria e a Alemanha com um número igual de tropas pelos 960 km da Frente Oriental.

A pura extensão dessa frente, estendendo-se de Memel na costa do Báltico a Czernowitz a leste dos Cárpatos, combinada a efetivos insuficientes, significava que nem os austro-húngaros nem os russos podiam concentrar grande número de soltados ao longo da frente. Sem a mão-de-obra necessária para construir complicados sistemas de trincheiras, os dois lados dedicavam-se mais em lançar ofensivas do que em fortalecer posições defensivas.

A partir de dezembro de 1914, a guerra no Leste tornou-se comparativamente fluida. Inicialmente os russos empurraram os austro-húngaros de volta aos Cárpatos, preparando-se para um ataque sobre a Hungria. As forças austro-húngaras e alemãs, contudo, lançaram então uma ofensiva em maio que teve êxito em expulsar a Rússia da Galícia no final de junho, e da Polônia em setembro.

Os russos só conseguiram afinal fazer cessar o vigoroso ataque depois de terem sofrido dois milhões de baixas. As Potências Centrais não tinham expulsado a Rússia da guerra, mas tinham descoberto muitas fraquezas dos exércitos russos. Além da enorme escassez de equipamento básico, armas e bombas — escassez que seria amenizada por um considerável aumento na produção de guerra no verão de 1915 — o Exército russo continuava a ser atormentado por perenes problemas de compromissos políticos e uma terrível administração. Havia também uma falta crônica de oficiais de baixa patente de boa qualidade, e uma falta de treinamento adequado em todos os níveis, problemas cuja seriedade muitos oficiais graduados deixaram de avaliar em 1915.

O Ocidente entrincheirado

Uma história muito diferente transcorria na Frente Ocidental, encarada tanto por britânicos quanto por

Marchando para as posições
Soldados húngaros marcham para suas posições no rio Dniester, próximo a Lemberg, durante a bem-sucedida ofensiva austro-germânica de maio a setembro de 1915, em que os russos foram expulsos da Galícia e da Polônia.

franceses como o local de operações mais importante de todos, onde o resultado da guerra seria provavelmente decidido. Com a maior parte da Bélgica e uma grande área ao norte da França na posse dos alemães, os franceses - cuja liderança os britânicos seguiam em 1914-15 — estavam firmemente resolvidos em limpar o território nacional. Isso significava a tentativa de promover ação ofensiva contra um inimigo que, depois de novembro de 1914, podia escolher o terreno e desenvolver um forte sistema defensivo de trincheiras.

Sistemas de trincheiras rudimentares haviam sido construídos nos primeiros meses da guerra. Então, como se tornou evidente que não haveria vitória imediata de nenhum lado, ambos empreenderam a construção de sistemas mais elaborados — geralmente entre 90 e 360 m separadas uma da outra — cujo posicionamento quase não mudaria por três anos. Na verdade, os alemães acrescentariam "um terço por ano", assegurando desse modo que sua linha de frente não pudesse ser rompida numa única ofensiva. O que os estrategistas Aliados pretendiam que fossem batalhas decisivas se transformaram em operações em que dezenas de milhares — às vezes centenas de milhares — de homens eram mortos por muito pouco ganho. Em 1915, os Aliados desfecharam várias campanhas na Champagne e no Artois, sem que nenhuma delas atingisse seus objetivos.

Um dos motivos principais para o impasse que ocorreu na Frente Ocidental foi a superioridade do poder de fogo defensivo — na forma de artilharia de longo alcance, fuzis precisos e metralhadoras. O outro foi a superioridade de mobilidade estratégica sobre o movimento tático: qualquer brecha podia ser fechada por uma defesa que conseguia deslocar formações por trilho para o setor ameaçado mais rapidamente do que um atacante sob fogo podia mover-se a pé ou a cavalo pelo campo de batalha. As dificuldades do exército atacante também eram aumentadas pela inadequação dos sistemas de comunicação: comando efetivo e controle de operações na linha de frente

"...mil complexidades de pensamento e sentimento impediam os homens dos dois lados de romper a teia do destino em que estavam enredados, e de se revoltar contra o mútuo e incessante massacre..."

PHILLIP GIBBS, CORRESPONDENTE DA LINHA DE FRENTE, EM SEU LIVRO REALITIES OF WAR.

Soldados franceses no Artois
Por todo o ano de 1915, os franceses lutaram para romper as linhas alemãs no Artois. Tanto os franceses quanto os britânicos lançaram ofensivas importantes na primavera e no outono de 1915, mas os avanços feitos foram insignificantes.

só se tornariam possíveis com a miniaturização do rádio. Na Primeira Guerra Mundial a maior parte das comunicações era feita por telefones de campo cujos fios de conexão eram constantemente destruídos pelos bombardeios da artilharia.

Entretanto, essas explicações militares em si não tornam os três anos de impasse totalmente compreensíveis. As nações guerreando na Frente Ocidental só conseguiam continuar combatendo, cada vez mais determinadas a lutar até o fim para justificar as perdas já sofridas, porque a vasta maioria das tropas estava preparada para participar da matança contínua.

Em seu livro *Realities of War* (Realidades da guerra), Phillip Gibbs, o correspondente britânico na linha de frente, descreve a situação enfrentada pelos homens nas trincheiras. Estavam "numa armadilha infernal da qual não havia fuga possível". Essa armadilha englobava "a antiga tradição, obediência às leis da guerra, ou à casta que as dirigia, toda a propaganda moral e espiritual emitida por pastores, jornais, generais, oficiais do estado-maior, velhos em casa, mulheres exaltadas, fúrias femininas, um simples e profundo amor pela Inglaterra e pela Alemanha...".

De ambos os lados, as sociedades envolvidas tinham uma coesão social que as faziam simplesmente recusar-se ao colapso sob a tensão de uma guerra que poderia perfeitamente tê-las destruído.

A FRANÇA E FLANDRES

JANEIRO A DEZEMBRO DE 1915

As campanhas de inverno Aliadas no Artois e na Champagne não tiveram êxito. Em abril, os alemães lançaram sua única ofensiva importante do ano em Ypres, Flandres, e foram bem-sucedidos em cercar quase totalmente a cidade, mas não a tomaram. Em maio e junho houve posteriores ofensivas Aliadas no Artois, e a 25 de setembro importantes campanhas aliadas foram lançadas tanto no Artois quanto na Champagne. Nenhum ganho significativo foi obtido.

- **8 DE JANEIRO** Franceses avançam na Batalha de Soissons
- **14 DE JANEIRO** Batalha de Soissons termina depois de contra-ataques alemães bem-sucedidos
- **16 DE FEVEREIRO** Franceses retomam ofensiva de inverno na Champagne
- **22 DE FEVEREIRO** Pesado bombardeio de Reims; catedral danificada
- **10 DE MARÇO** Britânicos lançam ofensiva em Neuve Chapelle
- **13 DE MARÇO** Batalha de Neuve Chapelle pára
- **17 DE MARÇO** Franceses param a ofensiva de inverno na Champagne
- **22 DE MARÇO** Dois Zeppelins atacam Paris
- **5 DE ABRIL** Franceses lançam ofensiva destinada a aplainar a saliência de St. Mihiel
- **22 DE ABRIL** Início da Segunda Batalha de Ypres. Alemães usam gás de cloro pela primeira vez
- **1 A 4 DE MAIO** Retirada das tropas britânicas em Ypres
- **9 DE MAIO** Início da ofensiva de primavera no Artois. Avanço francês para a crista de Vimy. Ataque britânico dos dois lados de Neuve Chapelle
- **15 DE MAIO** Início do ataque a Festubert pelos britânicos
- **25 DE MAIO** Termina Segunda Batalha de Ypres
- **18 DE JUNHO** Termina ofensiva francesa de primavera no Artois
- **20 DE JUNHO** Alemães lançam ofensiva na área Meuse-Argonne
- **13 DE JULHO** Ofensiva alemã em Argonne chega ao fim
- **30 DE JULHO** Alemães usam lança-chamas para penetrar na linha britânica em Hooge, perto de Ypres
- **20 DE SETEMBRO** Franceses avançam para Hartmannsweilerkopf, no Vosges
- **25 DE SETEMBRO** Início da ofensiva de outono na Champagne
- **25 DE SETEMBRO** Início da ofensiva de outono no Artois. Os britânicos usam gás venenoso pela primeira vez na Batalha de Loos
- **14 DE OUTUBRO** Fim da Batalha de Loos
- **15 DE OUTUBRO** Franceses obtêm ganho em Hartmannsweilerkopf, no Vosges
- **6 DE NOVEMBRO** Termina a ofensiva de outono na Champagne
- **19 DE DEZEMBRO** Haig substitui French como comandante da FEB

LEGENDA

- Campanhas em Flandres
- Campanhas na Champagn
- Campanhas no Artois
- Outros eventos

Impasse no Ocidente

Trincheira alemã, inverno de 1914-15
As trincheiras alemãs nesse período eram muito rudimentares comparadas às desenvolvidas posteriormente na guerra, mas os franceses de um modo geral achavam impossível passar por elas.

A 10 DE DEZEMBRO DE 1914, o Décimo Exército francês realizou o primeiro de uma série de ataques no Artois, primordialmente dirigidos contra a crista de Vimy. Dez dias depois, na extremidade oposta da saliência da linha de frente entre Flandres e Verdun (ver mapa nas páginas 140-141), o Quarto Exército atacou ao longo de uma frente de 32 km a leste de Reims, na Champagne. Nenhuma das duas operações foi um sucesso.

CAMPANHAS DE INVERNO

No Artois, com um tempo atroz e muita lama, algumas aldeias mudaram de mãos ao custo de umas 8.000 baixas francesas. Na Champagne, a exaustão e o mesmo clima ruim fez com que a ofensiva cessasse na primeira semana de janeiro. Foi retomada novamente a 16 de fevereiro, mas quando foi interrompida a 17 de março, os franceses tinham assegurado as linhas de defesa avançadas alemãs em apenas um setor, em torno da "Colina 180". Eles o fizeram ao custo enorme de 240.000 baixas. Não havia como disfarçar a extensão do fracasso estratégico francês no Artois e na Champagne, que se originava largamente da falta de artilharia pesada necessária para destruir as posições defensivas avançadas germânicas. No entanto, mesmo em meio ao fracasso, franceses e britânicos tinham que se preparar para a próxima fase de operações. Concordaram que os britânicos assumiriam o setor francês em frente a Ypres, liberando assim os franceses para ação ofensiva em outra parte. Uma combinada ofensiva da primavera seria então montada no Artois — os britânicos contra as posições alemãs na crista de Aubers, e os franceses contra as da crista de Vimy. Haveria também uma ofensiva francesa em grande escala na Champagne.

O plano logo teve que ser revisado quando se tornou claro que os britânicos não conseguiriam substituir os franceses em Ypres devido à escassez de tropas. Isso, somado às derrotas sofridas pelos franceses em dezembro e janeiro, significava que os franceses não poderiam empreender uma ofensiva de primavera no Artois. Os britânicos então propuseram um ataque à destruída aldeia de Neuve Chapelle no Artois como uma demonstração de determinação e para complementar o esforço francês na Champagne.

A BATALHA DE NEUVE CHAPELLE

Os britânicos lançaram seu ataque às 7h em 10 de março com o objetivo imediato de tomar a aldeia de Aubers, a menos de 1,5 km de distância. Dada a escassez de artilharia e munição, além da certeza de operações maiores mais tarde naquele ano, a lógica atrás de um ataque sem apoio a Neuve Chapelle era questionável. Entretanto essa mesma escassez foi a principal responsável por qualquer sucesso que tenha sido alcançado. Incapaz de montar um bombardeio preliminar prolongado, a artilharia optou por uma barragem de furacão de 35 minutos contra um setor muito estreito, de uns 3.600 m de extensão, na qual as tropas britânicas e indianas, juntas, superavam numericamente as forças alemãs de 5 para 1.

Em conseqüência de cuidadosos ensaios e um detalhado planejamento, o ataque britânico conseguiu uma surpresa total. Neuve Chapelle foi conquistada na primeira hora, criando uma brecha na linha alemã. O que ocorreu a seguir, porém, foi uma ilustração de como os problemas se apresentavam na guerra de trincheiras. As perdas sofridas na fase de ataque impediram a consolidação adequada de ganhos, e o rompimento do setor, uns 1.800m de largura e até 1.080m de profundidade, era estreito demais para fornecer qualquer chance real de abertura e manutenção da brecha. Os britânicos falharam também em colocar reservas na batalha rápido o suficiente para impedir a defesa de reconstituir a frente. Essa falha se deveu a comunicações inadequadas e a uma falta de coordenação apropriada em nível de corpo, e forneceu à defesa alemã umas cinco horas de trégua num momento de vulnerabilidade máxima.

Embora os britânicos fossem capazes de manter à distância um contra-ataque alemão, a tentativa de retomar a ofensiva e continuar para a crista de Aubers foi abandonada depois de três dias, em 13 de março. Um total de 7.000 soldados britânicos e 4.200 indianos tinham sido mortos ou feridos; os alemães haviam sofrido um número igual de baixas.

PLANOS PARA UMA OFENSIVA EM MAIO

A 29 de março, em Chantilly, os comandantes britânicos e franceses concordaram em recuperar o plano que fora abandonado durante o inverno — e lançar um ataque sobre as cristas de Aubers e Vimy em maio. O que os aliados não previram nesse estágio foi o desfechar em abril da única ofensiva alemã importante na Frente Ocidental em 1915 — em Ypres.

SEGUNDA BATALHA DE YPRES

Na noite de 22 de abril, o Quarto Exército alemão lançou uma ofensiva sobre o setor francês das posições Aliadas à volta da saliência de Ypres com a ajuda de uma nova arma: o gás venenoso. Após um curto mas intenso bombardeio em que artilharia pesada foi usada, dois corpos alemães atacaram por trás de nuvens de gás de cloro liberadas de 5.730 cilindros. Sem qualquer proteção contra o gás, as duas divisões francesas na linha recuaram rapidamente, deixando uma brecha de 8 km à esquerda da posição da Primeira Divisão canadense. Ao anoitecer os alemães haviam tomado as aldeias de Langemarck e Pilckem. Contudo, não tinham reservas suficientes. Em resultado disso, com sua infantaria cautelosa ao seguir de muito perto o gás, os alemães foram incapazes de explorar o que se provaria sua melhor chance de romper a Frente Ocidental Aliada em 1915.

TRÉGUA DE NATAL DE 1914

UMA CHUVA CONGELANTE durante novembro e dezembro de 1914 deixou os lados em guerra com trincheiras inundadas e em condições terríveis. Isso levou a um arranjo tipo "viva-e-deixe-viver" ao longo de boa parte do setor norte da Frente Ocidental, especialmente entre as tropas britânicas e alemãs. O dia 24 de dezembro trouxe um congelamento. O solo endureceu e o cheiro de carne se decompondo diminuiu. Os alemães colocaram árvores de Natal iluminadas ao longo de suas trincheiras e soldados de ambos os lados cantaram canções natalinas e saudações recíprocas de camaradagem com o adversário. Na manhã seguinte, quando o nevoeiro se ergueu, o sol brilhante revelou árvores cobertas de gelo. Todos os disparos cessaram e se ouviram gritos entre as trincheiras, seguidos por soldados entrando na Terra de Ninguém (*No Man's Land*). Presentes foram trocados e os dois lados aproveitaram a oportunidade para enterrar seus mortos.

Os comandantes Aliados declararam insistentemente que esse evento jamais ocorreu. Nos anos posteriores houve ordens para disparar em qualquer um que tentasse confraternizar com o inimigo.

Presente real
Por volta do Natal de 1914, as forças britânicas de uns 427.000 homens receberam uma caixa de metal contendo fumo, ou material para escrever e doces. O esquema, financiado por doações públicas, foi idéia da Princesa Mary, cuja foto estava na caixa.

A copa dos vencedores
Várias partidas de futebol ocorreram entre alemães e britânicos durante a trégua. Acredita-se que essa caneca de cerveja foi um prêmio dado pelas tropas alemãs ao lado britânico vitorioso.

Amigos por um dia
Soldados alemães e britânicos encontram-se na Terra de Ninguém e, com as hostilidades temporariamente esquecidas, apertam as mãos e trocam presentes de chocolate, tabaco e cigarros.

Recolhendo os mortos
Os franceses não sofreram enormes perdas apenas no Artois e na Champagne. Também perderam 65.000 homens em sua tentativa sem êxito de eliminar a saliência de St. Mihiel em abril. Entre 20 de junho e 13 de julho, sofreram mais 32.000 baixas no setor de Argonne.

A 24 de abril, os britânicos e canadenses haviam reconstituído a defesa e improvisado proteção contra gás, mas foram incapazes de impedir que os alemães conquistassem St. Julien e Gravenstafel. Na série de contra-ataques que se seguiu, as forças Aliadas não conseguiram recuperar nenhum terreno perdido. Tiveram um apoio totalmente inadequado de artilharia e foram completamente esmagados pelo fogo concentrado das metralhadoras e artilharia alemãs.

Retirada aliada

A partir desse ponto, os Aliados defrontaram-se com uma escolha difícil em Ypres. Se a artilharia Aliada tivesse sido mantida à volta e a oeste de Ypres, não poderia apoiar adequadamente a infantaria, mas se fosse deslocada para frente seria completamente dominada por um inimigo muito superior. A retirada era inevitável, embora considerações políticas pretendessem que o território belga e Ypres não podiam ser totalmente abandonados.

A retirada começou a 1 de maio. No dia seguinte, um ataque alemão apoiado por gás foi detido pela primeira vez e, no dia 4, a retirada do Segundo Exército britânico para uma nova linha principal de resistência foi completada. Nessa linha os alemães atacaram a crista de Frezenberg a 8-9 de maio, e a crista de Bellewarde nos dias 24 e 25. A exaustão mútua obrigou a batalha a morrer. Os Aliados tinham sofrido 58.000 baixas, os alemães 38.000. Somente no primeiro dia do ataque os alemães tiveram uma verdadeira chance de sucesso estratégico. Posteriormente, descobriram que, embora o gás pudesse ser uma arma eficaz, havia sempre o perigo de ser soprado de volta pelo vento sobre a própria infantaria alemã, desprotegida. Contudo, embora os alemães tivessem fracassado em tomar Ypres, haviam tido êxito em tomar todo o terreno elevado e praticamente cercaram a cidade. Os britânicos ainda sustentavam Ypres, mas numa posição de considerável desvantagem militar.

AS OFENSIVAS DE PRIMAVERA NO ARTOIS

O esforço alemão em Ypres, apesar de seu marcante sucesso inicial, fracassou em grande parte porque o principal objetivo de Falkenhayn naquele momento era acobertar o reposicionamento de forças a leste. No final, ele negou ao Quarto Exército alemão as necessárias reservas. As ofensivas Aliadas no Artois na primavera iam fracassar também, com o esforço francês ficando entre uma tentativa de abrir a frente e o objetivo mais modesto de conquistar ganhos táticos através de um setor restrito.

O avanço francês para a crista de Vimy

O Décimo Exército francês abriu sua ofensiva com um bombardeio de artilharia de seis dias envolvendo mais de 1.200 canhões. Então, a 9 de maio, as tropas começaram a avançar em direção à crista de Vimy. Os que sobreviveram ao fogo das metralhadoras alemãs conseguiram avançar mais de 5 km em apenas 90 minutos, rompendo a frente alemã e alcançando as aldeias de Vimy e Givenchy. Como em Neuve Chapelle, esse sucesso inicial foi devido a um planejamento muito detalhado. Porém mais uma vez, como em Neuve Chapelle, os ganhos franceses através de uma extensão de 7 km da frente, eram concentrados numa faixa muito estreita, e suas perdas muito significativas para que a exploração eficaz de tais ganhos fosse possível. No dia seguinte, as posições francesas na crista de Vimy foram eliminadas por contra-ataques.

Ofensivas britânicas

Como parte da tentativa de tomar a crista de Aubers, os britânicos desfecharam um ataque dos dois lados de Neuve Chapelle em 9 de maio. Só tinham bombas suficientes para manter um bombardeio preliminar de quarenta minutos — e poucas das bombas tinham alto poder explosivo. Conseqüentemente, foi causado pouco dano nas defesas alemãs, e as forças britânicas e indianas se tornaram alvos fáceis para as metralhadoras alemãs. Elas tinham sofrido 11.000 baixas no momento em que seu ataque foi abandonado no dia seguinte.

Entre 15 e 27 de maio, os britânicos encetaram uma segunda — e muito diferente — ofensiva a Festubert. Dessa vez houve um bombardeio preliminar de sessenta horas para esgotar o efetivo alemão.

> "A parte horrível da morte por gás é a arrastada agonia das vítimas... Vi algumas centenas de pobres sujeitos estendidos a céu aberto... lentamente se afogando com água nos pulmões..."

TRECHO DO DIÁRIO DO GENERAL CHARTERIS A 28 DE ABRIL, SEIS DIAS DEPOIS DO PRIMEIRO ATAQUE A GÁS EM YPRES

Ataques a gás

O PRIMEIRO USO DE GÁS ENVENENADO foi em Ypres, no dia 22 de abril de 1915. Os alemães liberaram gás de cloro de recipientes de metal e encarregaram que o vento o levasse para a posição inimiga. Depois disso, os dois lados começaram a usar diferentes tipos de gás, inclusive fosgênio, uma arma insidiosa com pouco efeito imediato, mas que atingia os soldados 24 horas depois. Os dois gases causavam uma morte dolorosa, com dias de asfixia. O gás mostarda era o que provocava o maior número de baixas. Causava o apodrecimento interno e externo do corpo, com a pele cobrindo-se de bolhas e as membranas mucosas despelando-se dos tubos bronquiais. A dor quase insuportável podia durar até cinco semanas. Era difícil de ser tratado, e as vítimas que sobreviveram tiveram cicatrizes pelo resto da vida.

CHOCALHO DE GÁS

A primeira proteção improvisada utilizada pelos Aliados em Ypres consistia simplesmente de lenços e toalhas embebidos em água ou urina. Em três dias, curativos de algodão mergulhados em bicarbonato de sódio tinham sido despachados para a Frente. Mais tarde em 1915, foram usados curativos bloqueadores feitos de gaze embebidos em solução de hipossulfito, com uma aba extra para cobrir os olhos e fitas para amarrar os curativos em torno da cabeça. Britânicos e franceses passaram a desenvolver formas mais elaboradas de proteção. A partir do final de 1917, o box respirador, que usava carvão ou antídotos químicos para neutralizar os agentes do gás, tornou-se um item padrão britânico. Os antídotos, porém, só eram eficazes por 30 minutos, quando o respirador tinha que ser trocado — um procedimento potencialmente fatal.

Máscaras contragases

A proteção inicial contra os gases para britânicos e franceses consistia simplesmente de óculos de proteção e curativos de gaze. A seguir vieram os capuzes de flanela impregnados de fenol, incorporando proteção para os olhos de mica. Posteriormente as máscaras incluíam um tubo de metal de ponta de borracha que era colocado entre os dentes para inalação. Os alemães rapidamente desenvolveram uma máscara que tinha um filtro cilíndrico atarraxável, ainda em uso em 1917.

Óculos de proteção

Máscara de chumaço de algodão

PRIMEIRAS MÁSCARAS CONTRAGASES FRANCESAS E ÓCULOS DE PROTEÇÃO, 1915

PRIMEIRO CAPACETE BRITÂNICO ANTIGASES COM HIPOSSULFITO, 1915

MÁSCARA CONTRAGASES FRANCESA M2, 1916

MÁSCARA ANTIGASES ALEMÃ M 1915, 1917

Alerta de gás

Ao primeiro sinal de gás, assobios ou matracas eram ouvidos. Soldados como os dessa tropa francesa tinham que achar e colocar as máscaras antigases o mais rápido possível.

Bombas de gás alemãs

As bombas de gás, inicialmente usadas pelos dois lados em 1916, continham gás líquido, que evaporavam no impacto. Eram um modo mais eficaz de liberar gás nas linhas inimigas do que confiar no vento.

Proteção primitiva

Cameronians (Carabineiros Escoceses) em 1915 aprontam-se para ação, usando as primeiras máscaras contragases. Elas consistiam simplesmente de óculos de proteção e gaze, e pouco protegiam contra cloro e fosgênio.

Armamentos franceses

As trincheiras criaram uma nova e não prevista demanda em todos os exércitos por armas para luta a uma distância muito curta. O resultado disso foi um renascer de armas como o fogo e as granadas. O fogo — criado pela ignição do spray de petróleo com uma bomba incendiária — foi usado inicialmente em outubro de 1914, no setor *Argonne-Meuse*. O lança-chamas foi utilizado pela primeira vez em 26 de fevereiro de 1915 contra posições francesas fora de Verdun. O primeiro uso concertado de lança-chamas foi em 30 de julho de 1915. Empregou-se um total de seis destas armas contra os britânicos em Hooge, na saliência de Ypres, num ponto onde as trincheiras tinham menos de 4,5 m de distância umas das outras. Mesmo com uma distância tão pequena, a maioria das perdas ocorria quando a infantaria saía da cobertura para ser atacada pelos alemães que a esperavam do que pelas próprias chamas.

Em agosto de 1914 somente os alemães tinham morteiros, num total de 160. Contudo, durante 1915, a produção e o uso de muitos tipos diferentes de morteiros expandiram-se rapidamente dos dois lados. No primeiro trimestre do ano, as fábricas britânicas produziram 75 morteiros e 8.000 bombas; no último trimestre do ano, 524 morteiros e 180.000 bombas. Em julho de 1916 as divisões de infantaria britânicas tinham três baterias de morteiros leves e três de morteiros médios, cada qual consistindo em quatro armas. Baterias únicas de morteiros pesados vieram posteriormente. Em 1918, os britânicos tinham 3.022 morteiros na Frente Ocidental.

Na primavera de 1916, a arma padrão britânica era o leve morteiro Stokes de 3 pol. (7,5 cm), que podia disparar 30 tiros por minuto, mas inicialmente foi empregado apenas para disparar tiros de fumaça. Em maio de 1916, os britânicos introduziram um morteiro médio, que disparava um projétil de 132 kg de posições preparadas a 140 m da linha inimiga. O pesado morteiro britânico, introduzido no final de 1915, disparava um projétil de 68 kg a uma distância máxima de 915 m. Tinha que ser disparado de 7.5 m abaixo da superfície, e podia escavar uma trincheira com aproximadamente a mesma profundidade. O equivalente alemão era uma versão de 90 kg com um alcance de 550 m.

Embora usada extensamente pelos Aliados durante a Guerra Russo-Japonesa de 1904-05, a granada - uma bomba atirada com a mão e detonada por impacto ou com um estopim com tempo programado - só foi fornecida largamente às forças alemãs em 1914. Os britânicos não tinham nenhuma até a primavera de 1915, e suas primeiras granadas Mills Mark II explodiam com freqüência na mão do lançador. Somente em 1916, com a Mark III, tais acidentes foram reduzidos para um em 20.000. A Grã-Bretanha fabricou um total de 75.000.000, e um dispositivo de ejeção foi arquitetado para que pudessem ser disparadas de uma carabina, aumentando assim o seu alcance. As granadas se tornaram tão importantes que as ordens para seu suprimento tinham prioridade sobre as de munição para as carabinas.

BASTÃO DE METAL ALEMÃO

PORRETE DE PREGOS BRITÂNICO

PORRETE ESCULPIDO FRANCÊS

PORRETE BRITÂNICO COM PONTA DE METAL

Porretes de trincheira

Algumas armas usadas no combate corpo-a-corpo nas trincheiras tinham uma aparência quase medieval. Os porretes, muitos feitos de forma artesanal, mostraram-se especialmente úteis para ataques a trincheiras e em patrulhas noturnas.

O minenwerfer alemão de 76-mm

Os morteiros-padrão alemães de trincheira eram conhecidos como minenwerfers (lança-bombas). Fabricado em três tamanhos, esse canhão de 76-mm era o menor. Em 1917, cada batalhão de infantaria alemão tinha quatro desses morteiros leves. O minenwerfer exigia grandes equipes para movê-los: seis homens para o 76-mm, 21 homens para a enorme versão de 26 cm.

BOMBA MINENWERFER DE 76-MM, DE ALTO TEOR EXPLOSIVO

Alemães praticando o uso de lança-chamas

Em 1915, os lança-chamas vinham com líquido inflamável suficiente para ação de dois minutos numa distância máxima de 18 m. No entanto, a maioria das posições de linha de frente eram mais distantes que isso, tornando impossível o uso eficaz do armamento.

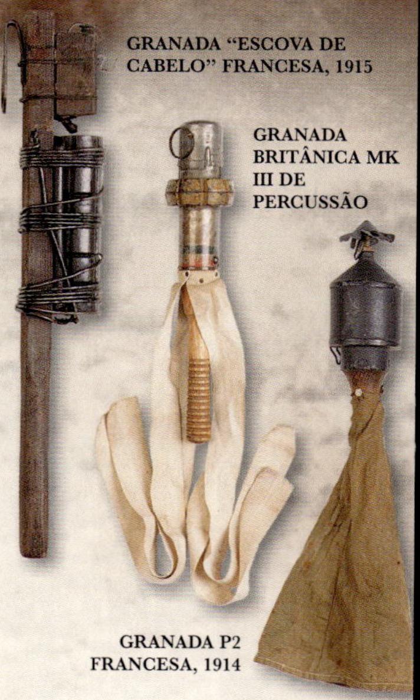

GRANADA "ESCOVA DE CABELO" FRANCESA, 1915

GRANADA BRITÂNICA MK III DE PERCUSSÃO

GRANADA P2 FRANCESA, 1914

Primeiras granadas improvisadas e de percussão

Muitas das primeiras granadas de percussão eram dotadas de bandeirolas, um pára-quedas ou um propulsor para assegurar que caíssem de cabeça e detonassem ao atingir o solo. Granadas feitas a mão, como os exemplos franceses mostrados aqui, tinham que ser acendidas antes de lançadas.

BOMBA ALEMÃ DE MORTEIRO DE TRINCHEIRA DE 21 CM

BOMBA BRITÂNICA DE MORTEIRO STOKES DE 3 POL.

Bombas de morteiro

Os morteiros eram usados para lançar bombas de alto teor explosivo, estilhaços, fumaça e gás. As bombas maiores eram fáceis de serem avistadas já que eram lançadas numa trajetória elevada. Era possível se esquivar delas, mas mesmo assim seu enorme poder explosivo minava o moral.

Lança-granadas alemão

O *granatenwerfer* era uma simples arma de trincheira entregue em grandes números para a infantaria. A granada tinha uma pequena carga propelente em sua cauda oca que era acesa por um pino no dispositivo de disparo.

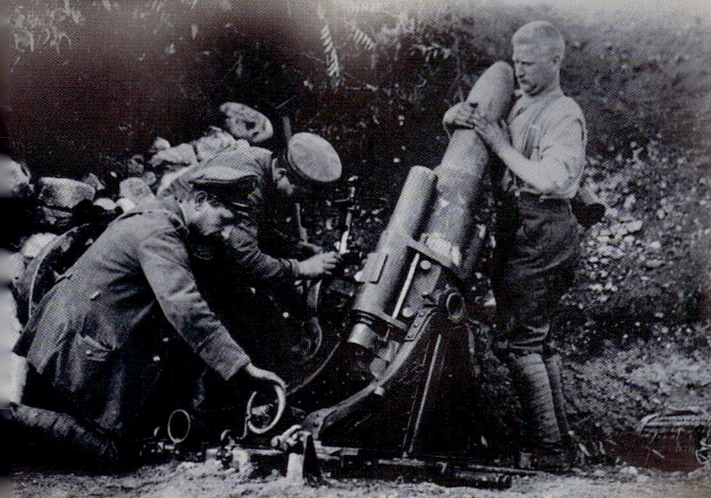

Carregando um *minenwerfer* de 17-cm

Bombas de alto teor explosivo pesavam 49,5 kg e a guarnição de um canhão podia disparar de 30 a 35 por hora. Com as bombas de gás mais leves conseguiam um índice de 40-45 projéteis por hora.

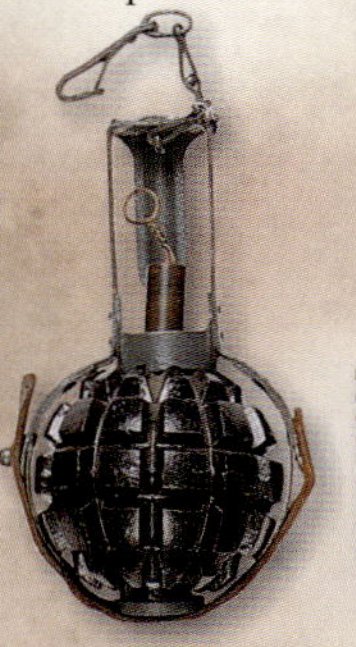

GRANADA REDONDA ALEMÃ COM CLIPE PARA SER TRANSPORTADA, 1915

A BESOZZI FRANCO-ITALIANA, 1915

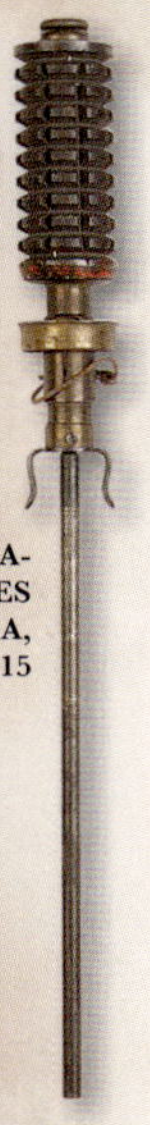

GRANADA-RIFLE HALES BRITÂNICA, 1915

Granadas de fragmentação

Os Aliados preferiam as granadas em forma de abacaxi destinadas a explodir com a máxima quantidade de estilhaços. O problema principal em todos os *designs* era o estopim. A Besozzi, por exemplo, tinha um estopim de ponta de fósforo cru que era acendido como um palito de fósforo. Os britânicos fixaram-se na Mills, com uma alavanca que tinha que ser firmemente segura contra a granada até que, sendo liberada, ela acendia o estopim de cinco segundos.

GRANADA OFENSIVA FRANCESA F1, 1916

GRANADA ALEMÃ "DISCUS", 1915

GRANADA FRANCESA P1, 1915

GRANADA FRANCESA A CITRON FOUG, 1915

As granadas se diversificam

As granadas assumiram muitas formas interessantes: limões, lâmpadas, maçãs-do-amor e até mesmo discos. As granadas em que o lançador acionava para iniciar o tempo do estopim incluíam a *Citron Foug*. Granadas de percussão, que detonavam sob impacto, incluíam a francesa P1 e a alemã "discus" ou "tartaruga", planejada para detonar por qualquer lado se atingisse o chão.

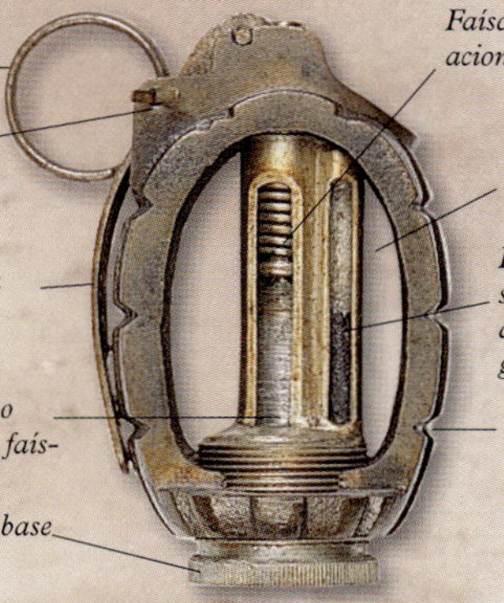

CORTE TRANSVERSAL DA GRANADA BRITÂNICA MILLS, 1916

O objetivo ostensivo era assegurar uma posição apenas 900 m à frente da linha defensiva britânica — um objetivo que foi conquistado, mas ao custo de 16.000 baixas britânicas e indianas.

Segundo avanço na crista de Vimy

Após 10 de maio, o esforço do Décimo Exército francês baseou-se numa série de ações locais até 16 de junho, quando ele montou sua segunda ofensiva importante no Artois. Os franceses tinham aprendido por suas experiências a 9 de maio, e concentravam agora mais artilharia e infantaria para o ataque. Eles também tinham trazido reservas para perto da frente a fim de tentar explorar eficazmente o desbloqueio. Nessa ocasião, porém, a defesa também estava mais forte que em 9 de maio, e o Sexto Exército alemão concentrou o fogo de artilharia na Terra de Ninguém quando o assalto começou. Apenas um dos seis corpos franceses conseguiu romper a frente alemã. Como em maio, no entanto, o sucesso do corpo em capturar posições na crista de Vimy teve um custo alto e foi breve já que, sem apoio, seus ganhos foram rapidamente eliminados por contra-ataques alemães. No dia 18, a futilidade de continuar a batalha foi reconhecida pelo alto-comando francês, e fez-se uma parada. Os franceses tinham sofrido cerca de 100.000 baixas nas cinco semanas dessa ofensiva; os alemães, 60.000.

Uma das lições aprendidas pelos planejadores franceses e britânicos das ofensivas de primavera foi a necessidade de infantaria adicional. Para os britânicos, isso significava um aumento na extensão de sua frente à medida que mais divisões chegavam ao norte da França. Concluíram também que o setor de ataque devia ser ampliado a fim de romper a defesa numa distância grande demais para que ela pudesse ser facilmente regenerada, e bombardeios mais pesados e extensos deviam ser empregados para neutralizar as posições defensivas inimigas. Aplicar essas lições significava que, por mais medonhas que fossem as perdas no Artois, muito menos perdas deveriam ocorrer nas batalhas que se seguiriam nos próximos 30 meses.

OFENSIVAS DE OUTONO NO ARTOIS E NA CHAMPAGNE

Depois do fracasso em Dardanelos e das derrotas russas na Polônia (ver páginas 76-79 e 116-19), tornou-se essencial lançar um esforço anglo-francês maior na Frente Ocidental. Os franceses originalmente planejaram lançar duas ofensivas simultâneas importantes em julho, no Artois e na Champagne. Em junho e julho, porém, a intenção deles mudou, e foi combinado que o Primeiro Exército britânico devia fazer o esforço principal no Artois, com apoio francês limitado, enquanto os três exércitos franceses concentravam o esforço principal na Champagne.

Com umas 35 divisões francesas reunidas na Champagne e seis divisões britânicas comprometidas com um ataque a Loos no Artois, os Aliados tinham uma vantagem marcante sobre a defesa alemã, que contava apenas com seis divisões na reserva em toda a Frente Ocidental. Tanto no Artois quanto na Champagne, contudo, os alemães podiam escolher o terreno e desde a ofensiva da primavera haviam fortalecido suas defesas. Uma segunda e fortemente coberta de arame farpado linha principal de resistência estava situada a 2.275 m atrás da primeira e, sempre que possível, em declives em reverso. A pesada artilharia alemã e seu suprimento de munição era também muito superior ao dos britânicos e franceses juntos, e eles possuíam mais e melhores morteiros, granadas e equipamento de luta em trincheira do que os Aliados.

A real situação no final do verão de 1915 era que, com todos os seus esforços, os britânicos e franceses não estavam melhor colocados para destrancar a defesa inimiga do que tinham estado na primavera. Em conseqüência disso, as ofensivas que se abriram a 25 de setembro, após um bombardeio de quatro dias da artilharia, confirmaram o padrão das anteriores: nas horas iniciais dos ataques, tanto britânicos quanto franceses obtiveram ganhos consideráveis, embora desiguais. Porém à medida que a defesa alemã se recuperava, os ataques degeneravam numa série de sinistros e descoordenados combates locais por objetivos insignificantes até que os dois lados estivessem exaustos.

Batalha de Loos

No ataque que começou em Loos em 25 de setembro, entre minas e aldeias fortificadas do Artois, os britânicos usaram gás venenoso pela primeira vez. Liberaram 150 toneladas de cloro de mais de 5.240 cilindros e um leve vento o levou lentamente para as linhas alemãs. Mais de seiscentos alemães caíram vítimas do gás, que também flutuou de volta às trincheiras britânicas, onde causou enorme confusão e muitas vítimas, mas poucas mortes.

Os britânicos avançaram rapidamente, num determinado ponto cobrindo uma distância de mais de 3.600m. A própria Loos foi capturada nas primeiras horas do ataque, e a primeira linha de defesa alemã sobre uma frente de mais de 6 km, entre Auchy e Lens, desmoronou. O Sexto Exército alemão fez preparativos para evacuar suas posições tanto no setor francês quanto no britânico. Os britânicos, porém, não conseguiram mobilizar as reservas para dentro da linha em tempo suficiente, permitindo aos alemães reconstituir sua defesa ao longo de sua segunda linha.

O ataque britânico entre Hulluch e Lens no segundo dia, montado sem o apoio da artilharia, desmoronou, e alguns dos ganhos do dia anterior, inclusive o Hohenzollern, ao norte, foi perdido. Em Hulluch, cada avanço da coluna britânica de até 1000 homens apresentava um alvo fácil para os metralhadores alemães. Nas palavras de um diário regimental alemão, "Nunca os metralhadores tiveram um trabalho tão direto a fazer, nem nunca o tinham feito tão eficazmente. Eles alvejavam as fileiras inimigas para frente e para trás, incessantemente." Cenas semelhantes ocorreram bem ao sul enquanto os britânicos avançavam sobre o bosque de Hugo. Tal foi a matança que os alemães chamaram a batalha de o "Campo de Cadáveres de Loos". Em apenas dois dias, o número de soldados britânicos mortos foi avaliado em 6.000. A batalha continuou até 14 de outubro, mas os britânicos não conseguiram obter qualquer ganho e sofreram cerca de 50.000 baixas.

Recolhendo armas dos mortos
Coletar armas dos caídos após as batalhas era uma prática comum. Em 1915, o suprimento de carabinas e munição era muito escasso para ser desperdiçado.

Ação na Argonne
O combate continuou no setor de Argonne por todo 1915. Aqui, soldados alemães cavam uma trincheira no outono, quando lançaram vários ataques.

Loos depois da batalha
Homens da 15a Divisão Territorial Escocesa estavam entre as tropas que capturaram Loos dos alemães a 25 de setembro, o dia de abertura do ataque.

Ao sul, os franceses perderam 48.000 homens ao proteger Souchez a 26 de setembro e se estabelecer na crista de Vimy, forçando assim os alemães a deslocarem suas reservas de Loos para esse setor. Os franceses mantiveram suas posições na crista de Vimy até o ano seguinte, embora a maioria de sua atenção agora se voltasse para a Champagne. Os alemães tinham sofrido umas 56.000 baixas para deter os ataques Aliados.

Ofensiva na Champagne

Na Champagne, o Segundo Exército francês obteve ganhos significativos em 25 de setembro. Rompeu a frente alemã por uma distância 4km, e avançou até 3km em menos de uma hora. Em certos setores o avanço francês obteve posições atrás da segunda linha principal de resistência do Terceiro Exército alemão, e ganhos foram consolidados a uma profundidade de cerca de 5 km. O sucesso do Segundo Exército foi parcialmente o resultado de o peso principal do ataque ter sido concentrado sobre a parte mais fraca da linha alemã. Mas com a chegada de reservas e de artilharia descansada depois do dia 26, os alemães conseguiram reconstituir sua defesa, fazendo com que o Segundo Exército, apesar de ordens explícitas em contrário, desistisse da batalha.

Haveria um número de ataques, tanto na região da Champagne quanto no Artois, até o início de novembro, depois do qual o fracasso da campanha anglo-francesa de outono foi admitido, ao custo de umas 144.000 baixas (comparadas às 85.000 baixas alemãs). Houve uma conseqüência posterior, aparentemente não importante. A fim de aumentar sua pesada artilharia para a ofensiva de Champagne, os franceses retiraram a artilharia de suas fortalezas em Verdun, e era para Verdun que os pensamentos de Falkenhayn se voltavam agora.

> *Quando (o oficial) do pelotão tinha corrido uns 20 metros, fez sinal para que eles se deitassem e abrissem fogo de cobertura. O alarido foi tremendo. Ele viu o pelotão à esquerda deixar-se cair pesadamente no solo, e assobiou para que avançassem de novo. Ninguém pareceu ouvir. De seu buraco de abrigo das bombas, ele acenou e gritou "Avançar". Ninguém se mexeu. Então ele berrou. "Seus covardes nojentos, vão me deixar ir sozinho?" Gemendo com um ombro quebrado, o sargento de seu pelotão arquejou: "Covardes não, senhor. Pelo contrário. Mas p... a, senhor, estão todos mortos!" A metralhadora Nariz do Papa os atingira transversalmente quando tinham se levantado ao primeiro assobio.*
>
> TRECHO DE *GOODBYE TO ALL THAT*, DE ROBERT GRAVES, QUE PARTICIPOU DA BATALHA AOS VINTE ANOS DE IDADE.

Maiores ofensivas na Frente Ocidental
Durante 1915, os Aliados fizeram repetidas tentativas de romper as linhas alemãs no Artois e na Champagne. Nem suas campanhas nem a dos alemães em Ypres foram bem-sucedidas. No final do ano, a Frente Ocidental estava muito parecida com a do início.

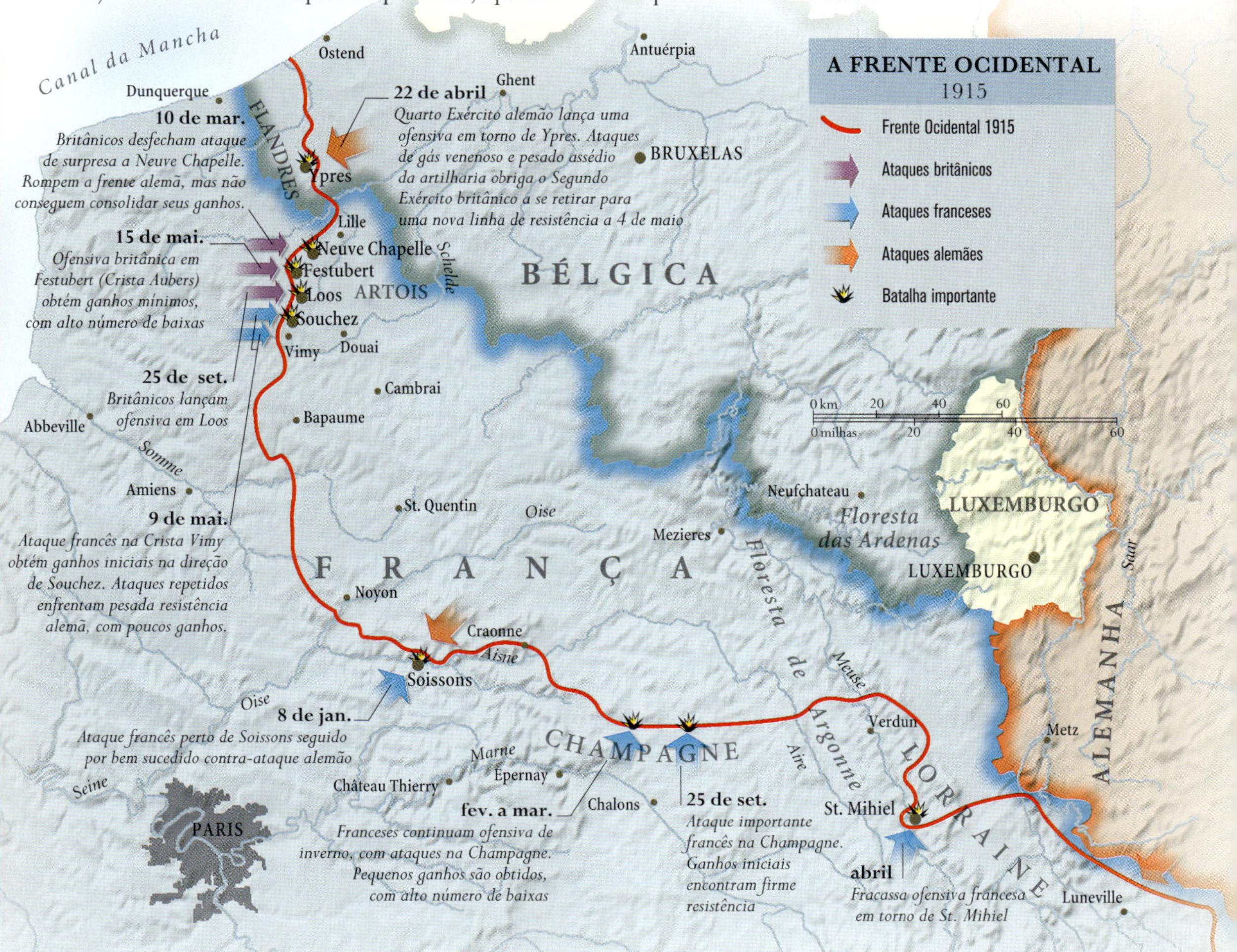

Sistemas De Trincheira Na Frente Ocidental

As trincheiras que se estendiam pela Frente Ocidental, do Canal da Mancha à fronteira suíça, variaram consideravelmente entre os diferentes exércitos e através do tempo. As trincheiras alemãs em 1917-18 eram superiores às dos britânicos e franceses, e extremamente mais sofisticadas do que as de 1914-15.

Cavadas com picaretas e pás pequenas, as primeiras trincheiras foram improvisadas. Eram na verdade pouco mais que buracos para atiradores de carabinas que haviam sido ligados. Imaginava-se que fossem temporárias e que a guerra móvel seria retomada na primavera de 1915, razão pela qual as primeira trincheiras não foram substancialmente desenvolvidas. Na verdade, durante toda a guerra os franceses — comprometidos com as operações ofensivas — tinham um sistema de trincheiras desenvolvido de modo minimamente defensivo, com apenas duas linhas principais. Isso, porém, não os impedia de proteger suas trincheiras com sacos de areia e forrá-las de madeira.

Nos setores britânicos havia três linhas de trincheiras: a frente, o apoio e a reserva. A frente abrangia o fogo conectado e as trincheiras de comando. As trincheiras de fogo eram contínuas, mas não retas. Consistiam de seções conhecidas como "*firebays*", de até 9 m de extensão, separadas umas das outras por "parapeitos", e pareciam ameias quando avistadas de cima. Os parapeitos protegiam os soldados situados em uma *firebay* da forte corrente de ar de uma bomba estourando numa baía adjacente, e fornecia abrigo do ataque ao longo da linha da trincheira. As de comando consistiam em postos de comando de oficiais, abrigos para descanso e latrinas. Conduzindo à frente estavam as trincheiras de comunicação, ao longo das quais eram dispostos os cabos de telefones para o batalhão e a sede das baterias; para lá eram deslocados reservas e suprimentos frescos. Eram também construídas para minimizar o forte vento provocado pelas bombas, e tinham fendas para cobertura de emergência.

Esse sistema avançado, protegido na Terra de Ninguém por substanciais emaranhados de arame farpado, ficava uns 90 metros à frente do que era conhecido como linha de apoio. Esta continha tropas de reforço, mas não posições ou linhas de comando. A linha de reserva, em que estavam abrigados reforços posteriores, ficava geralmente de 360 a 540 m atrás da linha de apoio. Por trás da linha de reserva, e além do alcance do fogo de armas pequenas, ficavam as posições da artilharia. Dentro do sistema de trincheiras ou independente dele, fortificações de concreto podiam ser usadas para criar posições defensivas especialmente fortificadas.

Os alemães, geralmente mais comprometidos com uma estratégia de defesa na Frente Ocidental entre a primavera de 1915 e fevereiro de 1918, desenvolveram gradualmente um sistema de três linhas semelhante ao dos britânicos, mas consideravelmente mais profundo - com até 5 km de profundidade por volta de 1917. Com a escolha do terreno, os alemães conseguiram enterrar-se profundamente nas áreas elevadas das regiões rurais, ou usar cavernas como a Caverne du Dragon abaixo do Chemin des Dames, para abrigar até 1.000 homens.

A distância entre os sistemas de linha de frente dos dois lados era geralmente de 90 a 360 metros, embora em alguns setores isso pudesse ser medido em algarismos únicos, chegando a outros a 900 m. Em certos setores, como as montanhas do Vosges, posições defensivas especialmente fortificadas assumiram os lugares das trincheiras.

Trincheira de comunicação
Soldados britânicos esperam numa trincheira de comunicação a caminho da frente. Todo movimento tinha que ser ao nível do chão, fora de alcance do fogo e dos postos de observação inimigos. Apesar disso, sinaleiros dos dois lados eram freqüentemente expostos quando transmitiam mensagens usando semáforos, ou quando agiam como mensageiros entre as trincheiras.

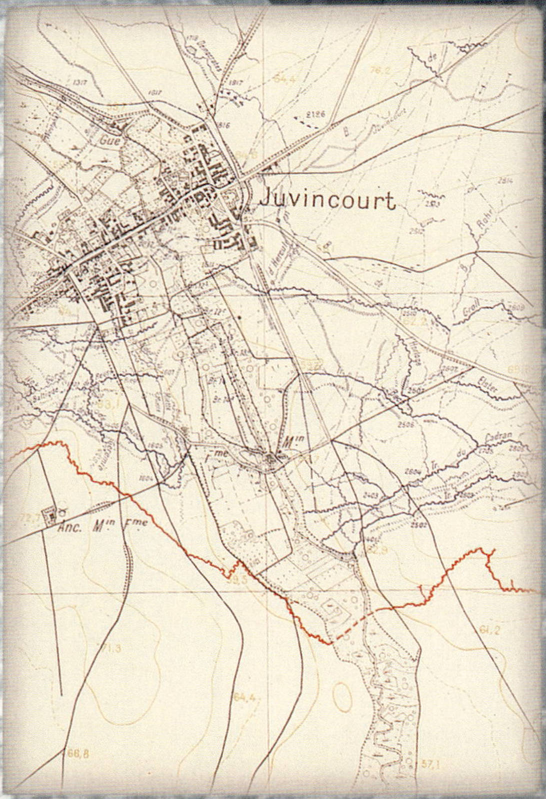

Trabalho de trincheira
O mapa mostra trincheiras alemãs (em azul) detectadas pelas operações da Inteligência francesa. As trincheiras francesas ao sul eram omitidas no caso do mapa cair em mãos alemãs.

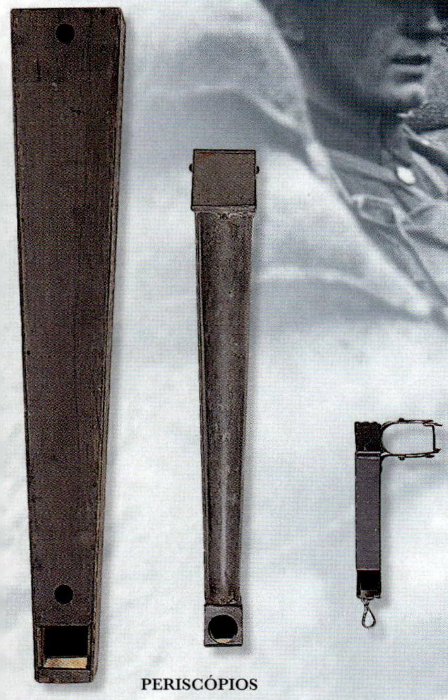

PERISCÓPIOS

Mantendo a vigilância

O periscópio era um instrumento útil para observar o inimigo sem que o soldado corresse o risco de ser alvejado. Ele consistia num tubo com dois espelhos, um em cada extremidade, colocado num ângulo de 45 graus nos lados do tubo para que a imagem do espelho superior fosse refletida no inferior. Modelos mais elaborados forneciam visão estereoscópica.

Campos de arame farpado

As trincheiras eram geralmente protegidas por faixas de arame farpado. No lado alemão, a faixa tinha de 45 a 90 m de profundidade, e geralmente sobrevivia aos bombardeios da artilharia.

ARAME FARPADO ALEMÃO

ARAME FARPADO BRITÂNICO

CARABINA BRITÂNICA COM CORTADOR DE ARAME

Revestimento de trincheira

As paredes da trincheira eram revestidas com materiais diferentes, dependendo do que estivesse disponível. Trançados de varas eram comuns na Argonne e no Vosges, mas tábuas e sacos de areia eram amplamente usados em outros lugares.

Cortadores de arame

Como a Terra de Ninguém era um mar de arame farpado, os cortadores passaram a ser um equipamento vital. Embora os grupos fossem geralmente enviados sob a cobertura da escuridão para cortar o arame antes de um ataque, os soldados emaranhavam-se com freqüência no arame, tornando-se alvos fáceis para o fogo inimigo. Cortadores de arame — talvez na extremidade de uma carabina — podiam salvar a vida de um homem.

CORTADOR DE ARAME INGLÊS DOBRÁVEL

CORTADOR DE ARAME FRANCÊS

CORTADOR DE ARAME ALEMÃO

Alemães mortos no setor de Meuse, abril de 1915
Os franceses renovaram uma ofensiva no setor de Meuse em 9 de abril, atacando a Crête des Eparges. Na ação que se seguiu, alguns alemães foram esmagados enquanto estavam em suas trincheiras e mortos em combate corpo-a-corpo.

As frentes oriental e dos Bálcãs

POLÔNIA, GALÍCIA E SÉRVIA

JANEIRO A DEZEMBRO DE 1915

A 2 de maio, as Potências Centrais lançaram uma grande ofensiva na Galícia, entre Gorlice e Tarnow, que, em sete semanas, forçou os russos a se retirarem da Galícia. Em meados de julho, começaram a avançar pelo norte da Polônia. Os russos recuaram rapidamente e, no meio de setembro, haviam perdido suas províncias polonesas. No mês seguinte, forças alemãs, austro-húngaras e búlgaras invadiram com sucesso a Sérvia.

JANEIRO–MARÇO
Ataques austríacos, apoiados pelos alemães, e contra-ataques russos em condições atrozes pelo controle dos passos nos Cárpatos

31 DE JANEIRO
Ataque alemão a Bolimov na frente do Vístula faz o primeiro uso reconhecido de gás

7–22 DE FEVEREIRO
Vitória alemã na batalha de inverno nos lagos Masurian

22 DE MARÇO
Przemysl, com uma guarnição de 120.000 homens, rende-se aos russos

26 DE MARÇO
Contra-ataque russo bem-sucedido nos Cárpatos toma o passo de Lupkow

21-30 DE ABRIL
Preparação para ofensiva combinada austríaca e alemã na Galícia

2 DE MAIO
Começa a ofensiva Gorlice-Tarnow; cabeças de grupo do XI Exército alemão penetram por uma frente ampla

15-23 DE MAIO
Alemães e austríacos cruzam o rio San

3 DE JUNHO
Przemysl retomada

22 DE JUNHO
Lemberg retomada

23-27 DE JUNHO
Alemães e austríacos cruzam o Dniester

21 DE JULHO–8 DE AGOSTO
Cerco de Ivangorod

5 DE AGOSTO
Alemães entram em Varsóvia

7 DE AGOSTO
Russos repelem os alemães perto de Riga

16 DE AGOSTO
Exército russo recua para a linha Brest-Osovyets-Kovno

18 DE AGOSTO
Queda de Kovno

26 DE AGOSTO
Brest-Litovsk cai para os alemães

3 DE SETEMBRO
Grão-duque Nicolau efetivamente dispensado e nomeado vice-rei do Cáucaso

5 DE SETEMBRO
O czar assume o comando do exército russo com Alexeyev como seu chefe do Estado-maior

18 DE SETEMBRO
Alemães tomam Vilna (Vilnius)

25 DE SETEMBRO
Os avanços alemães contra os russos praticamente param

7 DE OUTUBRO
Forças alemãs e austríacas começam a cruzar os rios Sava e Danúbio

9 DE OUTUBRO
Alemães e austríacos tomam Belgrado

11 DE OUTUBRO
Tropas búlgaras entram na Sérvia pelo leste, selando seu destino

22 DE OUTUBRO
Búlgaros ocupam Kumanovo

5 DE NOVEMBRO
Queda de Nis, dando aos alemães e seus aliados uma ligação ferroviária com a Turquia

16 DE NOVEMBRO
Búlgaros tomam Prilep e os sérvios abandonam Monastir

25 DE NOVEMBRO
Dada ordem para recuo do exército sérvio pela Albânia

4 DE DEZEMBRO
Encerrada a perseguição alemã aos sérvios em retirada

LEGENDA

- Ofensiva alemã no norte 31 de janeiro a 22 de fevereiro
- Campanha nos Cárpatos janeiro a março
- Ofensiva combinada alemã-austríaca na Polônia 2 de maio a 25 de setembro
- Campanha na Sérvia 7 de outubro a 4 de dezembro

Enquanto na Frente Ocidental os exércitos adversários lutavam para obter algum avanço significativo em 1915, na Frente Oriental a situação viria a se mostrar mais fluida. O ano começou, entretanto, com uma série de ofensivas austro-húngaras e alemãs que não obtiveram resultados muito importantes.

As campanhas de inverno

No início de 1915, os austro-húngaros lançaram uma ofensiva nos Cárpatos com o objetivo de dar auxílio à guarnição austríaca na cidade-fortaleza de Przemysl e evitar um ataque russo à Hungria. Ao norte, os alemães planejavam uma grande ofensiva que impediria qualquer nova tentativa russa de avançar da região dos lagos Masurian para a Prússia Oriental, forçando-os a recuar até além do Vístula.

A campanha nos Cárpatos

No sul, embora as forças alemãs dessem apoio aos exércitos austro-húngaros nos Cárpatos, os dois lados estavam equilibrados. Isso, associado ao fato de que a maior parte dos combates tinha de ocorrer em estreitos passos nas montanhas onde nenhum dos lados podia garantir nenhuma vantagem tática significativa, fez com que as principais batalhas – nos passos de Dukla, Lupkow e Uzhok em frente a Przemysl e de Verecke e Wyszkow a leste – não obtivessem praticamente nada. O frio e a neve às vezes liquidavam subunidades inteiras durante a noite, aumentando a sensação de falta de sentido experimentada pelas tropas. Nas palavras do general Von Kralowitz, chefe do Estado-maior da X Unidade austríaca:

> "A cada dia, centenas congelavam até a morte; os feridos que não conseguiam se arrastar estavam fadados a morrer... não havia como combater a apatia e a indiferença que se apossavam dos homens."

Apenas em março, e no setor mais meridional da frente, as forças austro-alemãs conseguiram obter algum ganho, repelindo os russos para posições atrás do

Dniester. Esse sucesso, porém, não impediu que os russos garantissem a rendição de Przemysl, com sua guarnição de 120.000 oficiais e soldados, em 22 de março. Quando o inverno deu lugar à primavera, os russos, que haviam recuperado os passos de Dukla e Lupkow e empurrado seus defensores 48 km para o sul, iniciaram os preparativos para uma invasão da Hungria.

A batalha dos lagos Masurian

Dentro do alto-comando alemão, houve muitas semanas de discussão entre os "ocidentais" e os "orientais" quanto à adoção ou não de uma estratégia ofensiva no Leste. Essa discussão, ao mesmo tempo produto e causa de uma antipatia cada vez mais profunda entre Falkenhayn, de um lado, e Hindenburg e Ludendorff, de outro, foi resolvida em janeiro de 1915 com a decisão de lançar uma ofensiva contra o leste da Polônia partindo da região dos lagos Masurian na Prússia Oriental. A intenção um tanto grandiosa era forçar a retirada russa do saliente do Vístula a noroeste de Varsóvia e, em última instância, cortar a linha de comunicação Varsóvia–Vilna (Vilnius). Ataques de obstrução deveriam ser lançados no rio Narew, enquanto o VIII e o X Exércitos alemães realizavam a ação principal no setor de Gumbinnen-Johannisburg, cercando e aniquilando o X Exército russo antes que este pudesse recuar para a segurança oferecida por Kovno e Grodno. Os exércitos alemães, então, avançariam sua ofensiva para o sul. Depois de um ataque displicente realizado pelo IX Exército alemão em Bolimov (a oeste de Varsóvia) em 31 de janeiro, os VIII e X Exércitos iniciaram sua ofensiva em 7 de fevereiro em condições de nevasca, com a temperatura de 40° abaixo de zero. Sem superioridade numérica, mas talvez com uma vantagem de 9 para 1 em artilharia, o X Exército rompeu imediatamente o frágil flanco direito do adversário. No entanto, embora os dois exércitos alemães tenham emboscado e destruído a maior parte do X Exército russo, levaram tanto tempo para conseguir isso que não lhes foi possível tirar proveito de seu sucesso. Na terceira semana de fevereiro, o X Exército russo lutou até o esgotamento na floresta de Augustow (sofrendo 50.000 baixas), numa tentativa de ganhar tempo para que o *Stavka* reconstituísse a frente. Em março, os alemães abriram mão voluntariamente de parte do terreno que havia mudado de controle em fevereiro, e ataques russos o recuperaram. Enquanto isso, do outro lado do rio Niemen, uma ofensiva-surpresa russa resultou na captura de Memel no dia 17 e num ataque a Tilsit no dia 20. No dia 21, um contra-ataque alemão rapidamente improvisado e apoiado por navios de guerra conseguiu recapturar Memel, dois dias antes de os austríacos em Przemysl se renderem diante dos russos. No final de março, as forças alemãs no setor de Niemen haviam recuperado todo o terreno perdido no início do mês. Subseqüentemente, capturaram o porto letão de Libau (Liepaja) em 8 de maio.

Essas ofensivas não produziram qualquer vantagem estratégica duradoura para qualquer dos lados, mas foram significativas em vários aspectos, entre eles o primeiro uso de gás na Frente Oriental.

Prisioneiros russos em Augustow
Até 30.000 soldados russos foram feitos prisioneiros pelos alemães durante a batalha na floresta de Augustow que destruiu o X Exército russo em fevereiro de 1915.

Artilharia húngara
Os húngaros que manejavam os canhões no norte dos Cárpatos enfrentaram a neve e temperaturas congelantes nos primeiros meses de 1915.

Avanço da cavalaria alemã
Na pressa de sua retirada, as tropas russas às vezes deixavam de destruir as pontes sobre os rios, perdendo a chance de retardar o avanço das forças austro-alemãs.

Eu afastei as roupas (de um homem) e vi uma pasta, apenas uma massa de corpo esmagado das costelas para baixo... Os olhos sem brilho do soldado ainda estavam voltados para mim e seus lábios moveram-se, mas não saiu nenhuma palavra. Não tenho como descrever o que me custou ir embora sem ajudá-lo, mas não podíamos perder tempo e material em casos sem esperança, e havia tantos outros esperando.

FLORENCE FARMBOROUGH, ENFERMEIRA BRITÂNICA DE UMA UNIDADE MÉDICA ASSOCIADA ÀS FORÇAS RUSSAS EM RETIRADA

Projéteis cheios de brometo de xilila, um agente químico lacrimogêneo, foram lançados pelos alemães contra posições russas em Bolimov em 31 de janeiro, mas o frio intenso fez o produto congelar e, assim, ele não causou nenhum dano. Mais importante, a campanha de inverno representou um enfraquecimento significativo tanto do Império Austro-Húngaro como da Rússia, e um fortalecimento da posição de Hindenburg e Ludendorff em suas relações com seus superiores como resultado da crescente participação alemã nos setores norte e sul da Frente Oriental.

Avanço pela Polônia

Na primavera de 1915, aprofundou-se na Alemanha a consciência de que era preciso apoiar o Império Austro-Húngaro. Era também evidente a necessidade de adotar alguma forma de ação ofensiva que intimidasse a Itália e a Romênia, assegurando, assim, sua neutralidade cada vez mais duvidosa. Na visão dos austro-húngaros, uma ofensiva contra a Sérvia teria mais chance de incitar a Itália à guerra do que de garantir sua passividade. Em conseqüência, Falkenhayn planejou uma grande ofensiva na Galícia, que seria conduzida pelo comandante alemão Mackensen.

A ofensiva Gorlice-Tarnow

Uma ofensiva austro-alemã teve início em 2 de maio entre Gorlice e Tarnow. O objetivo era romper a frente do III Exército russo e avançar para leste, encurralando importantes formações inimigas contra os Cárpatos. O exército russo não tinha mais tropas à sua disposição do que os alemães e austro-húngaros e também sofria com uma séria falta de fuzis e munições. Num momento em que 200.000 fuzis eram necessários a cada mês para novos recrutas, apenas 70.000 estavam sendo produzidos, exigindo, com freqüência, que os soldados esperassem outros serem mortos para poder pegar suas armas. Além disso, os alemães tinham mais de um milhão de projéteis disponíveis no setor Gorlice-Tarnow – muito mais do que os russos. Mais de 700.000 projéteis alemães foram lançados em um bombardeio preliminar de quatro horas na noite de 1º de maio e, em 24 horas, os russos haviam sido expulsos de Gorlice.

Entre ruínas perto do rio Nida
Durante seu avanço pela Polônia, as tropas austro-húngaras assumem posições entre as ruínas de prédios destruídos.

O III Exército russo não foi capaz de resistir ao avanço das forças austro-alemãs que, agora, progrediam rapidamente. Em 6 de maio, o IV Exército austríaco capturou Tarnow, levando mais de 30.000 russos como prisioneiros. No dia 8, o XI Exército alemão começou a se aproximar do rio San, a 130 km de sua linha de partida. Dois dias depois, o VIII Exército russo deu início ao abandono de suas posições ao longo dos Cárpatos para evitar ser encurralado e, no dia 11, toda a frente russa ao sul do Vístula estava em retirada. Contra-ataques entre 15 e 22 de maio detiveram as forças austro-alemãs perto de Opatow, mas, na segunda metade de maio, eles conseguiram se estabelecer a leste do San.

Depois de um breve período de reorganização, as forças austro-alemãs retomaram a ofensiva em 12 de junho e, no dia 17, haviam rompido as frentes do III e do VIII Exércitos russos.

Recolhendo armas
A infantaria austro-húngara recolhe armas de uma trincheira russa capturada. Os russos sofriam uma séria falta de fuzis e não podiam se dar ao luxo de perdê-los para o inimigo.

Ofensivas na Galícia e na Polônia
Os russos não puderam fazer muito para resistir ao avanço dos austro-húngaros e alemães que começou em 2 de maio entre Gorlice e Tarnow e, no final de junho, tinham perdido a Galícia. O ataque implacável das Potências Centrais foi retomado em 13 de julho, quando sua atenção voltou-se para o norte da Polônia. Em meados de setembro, os russos haviam sido expulsos também da Polônia.

AUGUST VON MACKENSEN

AUGUST VON MACKENSEN (1849-1944) foi um dos mais impressionantes comandantes de campo alemães na Primeira Guerra Mundial, famoso por operações que exigiam velocidade e surpresa. Depois de contribuir como comandante de unidade para a vitória alemã em Tannenberg em agosto de 1914, juntou-se ao IX Exército na Polônia e, como o comandante, liderou-o na captura de Lodz em dezembro.

Em maio de 1915, Mackensen, como comandante do XI Exército, esteve à frente da bem-sucedida ofensiva de Gorlice-Tarnow, na Galícia. Promovido a marechal-de-campo, demonstrou seu domínio de táticas de penetração no avanço alemão de verão pela Polônia. Em setembro, comandou a invasão da Sérvia pelas Potências Centrais e, no outono de 1916, liderou o Exército multinacional do Danúbio durante a bem-sucedida Campanha da Romênia. Passou o restante da guerra supervisionando as forças de ocupação na Romênia.

Refugiados durante a retirada russa
Forçados a deixar suas casas, os refugiados não só sofreram consideravelmente como também aumentaram as dificuldades das tropas russas em retirada por bloquearem as estradas.

Os russos não estavam em condição de opor uma forte resistência, depois de terem sofrido 412.000 baixas apenas em maio e estar com 500.000 fuzis a menos que o necessário em meados de junho. No dia 17, aceitaram a perda da Galícia e, no dia 20, com as forças austríacas aproximando-se de Lemberg, a cidade mais importante do leste da Galícia, deram ordens para sua evacuação. A cidade foi capturada no dia 22. Em apenas sete semanas, a ofensiva austro-alemã havia forçado os exércitos russos a recuar até as linhas de partida de onde haviam começado a guerra na Galícia.

AVANÇO SOBRE VARSÓVIA E BREST-LITOVSK

Tendo alterado a posição no sul, Falkenhayn e Conrad agora concordaram em continuar a ofensiva com um avanço sobre Brest-Litovsk. Com as forças russas agora diante da Galícia, o prosseguimento da ofensiva envolveria necessariamente ataques frontais e tinha poucas probabilidades de garantir o controle de Brest antes de uma retirada russa do centro da Polônia. Isso, porém, não representava um problema para Falkenhayn, cujo objetivo básico era conquistar a Polônia e eliminar qualquer ameaça imediata ou direta às Potências Centrais. Quanto à liberação das formações para operações em outros locais, ele não estava disposto a aceitar o plano de Hindenburg e Ludendorff de tentar enfraquecer a Rússia por meio de uma ofensiva que começasse na costa báltica, então concentrou sua força no setor de Kovno-Vilna.

O avanço para o norte da Polônia teve início em 31 de julho. Os russos mostraram-se incapazes de resistir e, em 5 de agosto, Varsóvia, que estava sob controle russo desde 1815, caiu para os alemães. Estes seguiram em frente, deixando uma força para cercar e sitiar a fortaleza de Novo-Georgievsk com sua guarnição de 90.000 homens. A guarnição capitulou no dia 20. Mais para o sul, Ivangorod foi sitiada desde 21 de julho e capturada em 8 de agosto. Brest-Litovsk foi controlada no dia 26, e Bialystok, no dia 27. Um enfraquecido X Exército alemão tomou Kovno em 18 de agosto.

Nesse ponto, Falkenhayn aprovou, incoerentemente, um ataque a Vilna. Os exércitos alemães empurraram o flanco russo para o norte da cidade, mas não conseguiram infligir mais do que uma derrota local a uma defesa bem montada. A cidade foi voluntariamente cedida pelos russos em 18 de setembro como parte de uma retirada deliberada. As forças russas, então, defenderam com sucesso Molodechno, retomaram Smorgon e infligiram uma derrota local aos alemães perto de Logishin. Sabendo que qualquer novo sucesso austro-alemão só seria obtido a duras penas, Falkenhayn encerrou as operações ofensivas no leste em 25 de setembro.

Como resultado da luta pela posse da Polônia, 750.000 soldados russos haviam sido enviados para campos de prisioneiros, onde as condições eram, em geral, assustadoras. Os civis também tinham sofrido consideravelmente. O governo russo ordenara a evacuação completa do país e, para isso, comunidades inteiras

Congelados no tempo
Dois soldados russos, presos em arame farpado e transformados em alvos fáceis para as forças austro-alemãs. Os russos sofreram cerca de 1.000.000 de baixas durante o avanço austro-alemão pela Polônia.

foram expulsas de suas aldeias. Privados de qualquer meio de sobrevivência regular, muitas pessoas viriam a morrer de fome ou em epidemias.

Perdas russas na Polônia

A Rússia perdera algumas de suas províncias mais ricas e mais fortemente industrializadas e sua ameaça para as Potências Centrais fora neutralizada. No entanto, apesar das perdas numa escala que teria acabado com qualquer outro exército, os russos retiraram-se da Polônia em surpreendente boa ordem e permaneceram agressivos mesmo na derrota. Só a captura de Vilna custou ao X Exército alemão 50.000 baixas. Além disso, na última semana de setembro, quando as forças austro-húngaras tentavam assegurar uma vitória no sul, os russos infligiram-lhes uma derrota muito dura na frente de Rovno. Os exércitos dos Habsburgo podem ter sofrido até 300.000 baixas antes de as forças alemãs estabilizarem a situação recapturando Lutsk.

"Homens que haviam lutado em várias guerras e muitas batalhas sangrentas contaram-me que nenhum horror de um campo de batalha pode ser comparado ao terrível espetáculo do êxodo incessante de uma população..."

GENERAL RUSSO GOURKO DESCREVENDO OS REFUGIADOS QUE ABANDONARAM SUAS CASAS DURANTE A RETIRADA RUSSA NA POLÔNIA

Ponte destruída sobre o San em Przemysl
Em 3 de junho, depois de pesados combates, as forças austro-alemãs retomaram a cidade-fortaleza de Przemysl, que os austríacos haviam perdido para os russos em março.

A conquista da Sérvia

Nos primeiros meses de 1915, os austro-húngaros tinham a preocupação de que sua participação em outra ofensiva contra a Sérvia pudesse levar a Itália a declarar guerra. Foi só depois da declaração de guerra da Itália, em maio, seguida pela derrota dos russos na Galícia e na Polônia, que austro-húngaros e alemães sentiram-se prontos para pensar em tirar a Sérvia da guerra. Eles o fizeram, porém com perspectivas bem diferentes. Para o Império Austro-Húngaro, a campanha nos Bálcãs não representava mais do que a oportunidade de lidar com a Sérvia, mas, para a Alemanha, era também um meio de restabelecer as comunicações por terra com a Turquia e de obter o apoio da Bulgária.

Um papel secundário para o Império Austro-Húngaro

O Império Austro-Húngaro estava dolorosamente ciente de sua necessidade do apoio alemão: as três ofensivas que havia lançado contra a Sérvia em 1914 tinham fracassado, com a perda de 227.000 homens. A Alemanha, porém, não estava disposta a desempenhar um papel coadjuvante e sabia que teria de ocupar a liderança numa tarefa tão importante como a conquista da Sérvia. De qualquer modo, a derrota do Império Austro-Húngaro em Rovno durante a campanha na Polônia, em setembro de 1915, deixou-o incapaz de desempenhar qualquer papel que não fosse secundário.

Na verdade, quando o XI Exército alemão assumiu suas posições abaixo de Belgrado a fim de liderar as forças austro-alemãs na travessia dos rios Save e Danúbio, o sucesso da campanha estava assegurado. No outono de 1915, a Sérvia encontrava-se consideravelmente mais fraca do que no ano anterior, em parte devido ao peso de suas perdas em 1914 e em parte por causa da epidemia de tifo que ainda afetava o país. Somava-se a isso o fato de que, durante o verão de 1915, os alemães haviam atraído a Bulgária para o seu lado, tendo sido sua feroz rivalidade com a Sérvia crucial para fazê-la decidir-se a concluir uma aliança em 6 de setembro. Cientes das intenções da Bulgária de invadir seu país, os sérvios não tiveram alternativa a não ser dispersar suas desgastadas formações por extensas linhas de frente. Ao fazer isso, viram-se cara a cara com um inimigo que possuía imensas vantagens de posição, ocasião e número. Os sérvios tinham apenas cerca de 200.000 soldados para enfrentar mais de 300.000 sob o comando geral de Mackensen. Estavam também desesperadamente necessitados de artilharia e munição.

Somava-se às dificuldades da Sérvia o fracasso das tentativas dos Aliados de proporcionar auxílio efetivo. Depois de um longo atraso, uma força anglo-francesa finalmente começou a chegar a Salonica em 5 de outubro. O plano era que essa força avançaria pela Macedônia e ofereceria apoio direto ao exército sérvio. Como os fatos viriam a mostrar, no entanto, a ação foi pouco mais do que um gesto estratégico.

O avanço sobre Belgrado

As forças austro-alemãs lançaram seu ataque em 6 de outubro. Capturaram Belgrado no dia 9, mas tiveram ganhos muito limitados nos dez primeiros dias, devido à força da resistência sérvia e a problemas no transporte de equipamento pesado sobre os rios. O estado do exército sérvio, porém, deixava claro que qualquer sucesso conseguido naqueles dias iniciais seria apenas transitório. Os sérvios encontravam-se sob um ataque constante que teria garantido sua derrota mesmo sem a invasão búlgara no dia 11. Os búlgaros avançaram até Kumanovo, por onde passava a vital ferrovia norte-sul, e capturaram-na no dia 22. Isso assegurou que nenhuma força de apoio pudesse chegar de Salonica, ao mesmo tempo em que o exército sérvio não poderia tentar recuar pela Macedônia.

Retirada pelas montanhas

Com o XI Exército alemão flanqueando ou reduzindo sucessivas posições sérvias no vale do Morava, o exército sérvio foi forçado a recuar para as montanhas. Os alemães não estavam dispostos nem a tentar cercar os sérvios a oeste nem a mover-se

Avanço dos búlgaros
Dois exércitos búlgaros invadiram a Sérvia, vindos de leste, em 11 de outubro. Aqui, a infantaria búlgara pode ser vista avançando em direção às linhas sérvias no outro lado da colina.

para o sul, o que poderia levar a problemas com a Grécia. Em conseqüência, avaliando que o que restava do exército sérvio provavelmente não sobreviveria a uma retirada no inverno pelas montanhas da Albânia, eles retiraram dali cinco divisões.

O cálculo alemão mostrou-se mais ou menos correto. Em meados de novembro, o exército sérvio, com o rei Pedro e o governo, havia se retirado para Kosovo. Derrotado em Gnjilane em 22 de novembro, o exército foi forçado, no dia 25, a ordenar que suas formações recuassem para a Albânia. Teve início, então, uma terrível marcha de 160 km de cerca de 200.000 soldados e civis sérvios pelas montanhas. Durante três semanas, milhares morreram de frio, fome e doenças, ou nas mãos de soldados búlgaros e tribos albanesas.

Como, durante dezembro, as forças austro-húngaras moveram-se para ocupar Montenegro, cerca de 150.000 soldados sérvios sobreviveram às montanhas e chegaram à costa albanesa. Em janeiro de 1916, foram retirados, por navios Aliados, de Durazzo e Valona para Corfu, onde muitos outros viriam a morrer de fome.

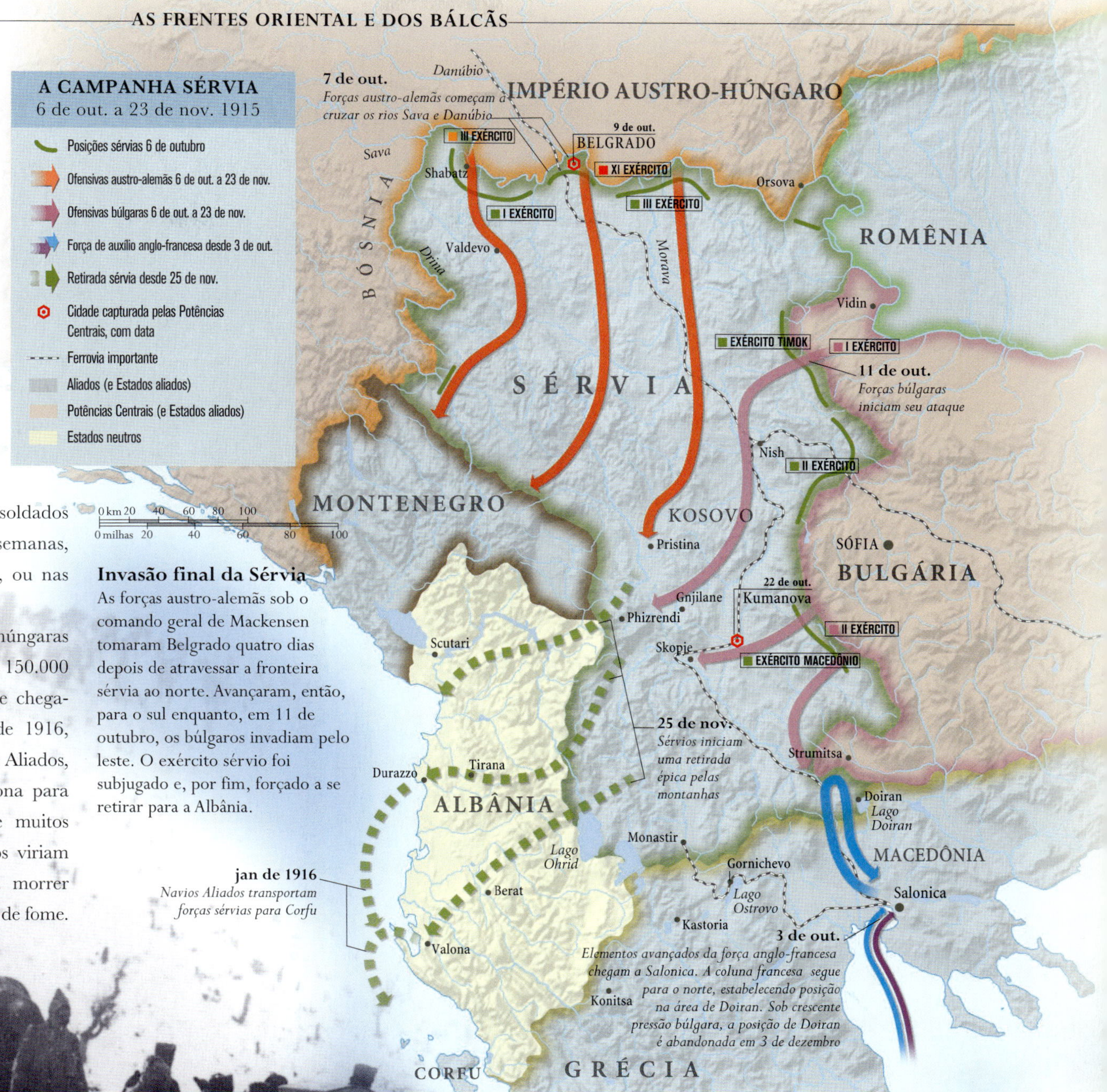

Invasão final da Sérvia
As forças austro-alemãs sob o comando geral de Mackensen tomaram Belgrado quatro dias depois de atravessar a fronteira sérvia ao norte. Avançaram, então, para o sul enquanto, em 11 de outubro, os búlgaros invadiam pelo leste. O exército sérvio foi subjugado e, por fim, forçado a se retirar para a Albânia.

Retirada sérvia sobre o Drina
No inverno de 1915, os oficiais do quartel-general sérvio estavam entre os que bateram em retirada cruzando as montanhas albanesas. Com eles estava Radomir Putnik, célebre líder militar dos sérvios, que teve de ser carregado em uma liteira devido a seu mau estado de saúde.

A FRENTE INTERNA

AGOSTO DE 1914 A NOVEMBRO DE 1918

Desde o início da guerra, os governos de todos os Estados beligerantes instituíram medidas para aumentar seu controle sobre a produção industrial e o bem-estar da população. A abrangência e a eficácia dessas medidas variaram de um país para outro. A França e a Grã-Bretanha adotaram uma abordagem mais intervencionista do que os outros países, com o resultado de que sua população sofreu privação, mas não fome.

8 DE AGOSTO DE 1914
"Defence of the Realm Act" (DORA) aprovado na Grã-Bretanha

8 DE SETEMBRO
Regras de "Estado de Guerra" aplicadas em toda a França

JANEIRO DE 1915
Mulheres britânicas empregadas em fábricas de munições

MAIO
"Escândalo das munições" na Grã-Bretanha resulta no novo Ministério das Munições; na França, novas medidas adotadas para estimular a produção militar

JULHO-AGOSTO
"Grande retirada" da Polônia desencadeia agitação econômica e política na Rússia

1º DE MAIO DE 1916
Horário de verão britânico introduzido como medida de economia de energia

25 DE MAIO
Recrutamento universal introduzido na Grã-Bretanha

7 DE DEZEMBRO
Novo Gabinete de Guerra organiza a Grã-Bretanha para guerra total

8 DE MARÇO
A "revolução de fevereiro" leva à abdicação do czar e criação do Governo Provisório liberal

28 DE MARÇO DE 1917
Formação do corpo auxiliar feminino do exército na Grã-Bretanha

MAIO-JUNHO
Greves e agitação entre civis franceses e motins no exército

6-7 DE NOVEMBRO
"Revolução de Outubro": bolcheviques tomam o Governo Provisório

1º DE JANEIRO DE 1918
Racionamento de alimentos por pessoa introduzido na Grã-Bretanha

JULHO
"Gripe espanhola" chega à Grã-Bretanha depois de se propagar do Oriente Médio

JULHO
O governo francês assume o controle de indústrias-chave de produção de guerra

30 DE JULHO DE 1914
Lei de Produção de Guerra austro-húngara entra em vigor

8 DE AGOSTO
Instituído o Departamento de Materiais de Guerra na Alemanha

ABRIL DE 1915
Cartões de racionamento introduzidos para o "pão da guerra" em Viena e outras cidades austro-húngaras

1º DE JULHO
Formação do Comitê Central de Indústrias de Guerra para coordenar a produção de guerra

12 DE JULHO
Indústria de carvão alemã colocada sob controle estatal

1º DE JANEIRO DE 1916
Tumultos no Império Austro-Húngaro forçam uma queda no preço fixado pelo governo para o pão e a farinha

29 DE AGOSTO
Sob o Programa Hindenburg, a Alemanha é organizada como uma economia de guerra

OUTUBRO
Fome, ansiedade e agitação política em cidades russas; onda de greves em Petrogrado

JANEIRO DE 1917
"Inverno dos nabos" na Alemanha depois da perda das colheitas de batatas

24 DE MAIO
Greves nas fábricas de produção bélica em Viena

AGOSTO
Tumultos por alimentos em cidades alemãs

NOVEMBRO
Viena em situação de fome enquanto a produção bélica duplica

JANEIRO DE 1918
1.500.000 trabalhadores alemães entram em greve; tumultos por alimentos em todo o Império Austro-Húngaro

10 DE JUNHO
"Representation of the People Act" dá direito de voto a algumas mulheres britânicas

NOVEMBRO
Greves revolucionárias irrompem por toda a Alemanha

LEGENDA

- Acont. na França e na Bretanha
- Acontecimentos na Rússia
- Acontecimentos na Alemanha e na Áustria-Hungria

A frente interna

Mulheres francesas produzindo canos de fuzil
Quando a escassez de armamento tornou-se clara nos primeiros meses da guerra, as fábricas existentes foram adaptadas para a produção de munição e mulheres foram chamadas para o trabalho.

No início da guerra, falava-se em semanas, ou talvez meses, de combate. Nenhum dos países envolvidos estava preparado para um conflito que duraria anos e consumiria uma quantidade sem precedentes não só de seres humanos, armas e munição, mas também de alimentos, carvão, roupas, botas, medicamentos, sabonetes, barracas de campanha, pás, arame, veículos de transporte e cavalos. Para lutar essa guerra, os governos tiveram de direcionar a produção de certas indústrias essenciais e, em alguns casos, assumir o controle direto delas.

Abordagem intervencionista na França

Quando a guerra eclodiu, todas as classes na França associaram-se em uma unidade patriótica. O governo da "União Sagrada", conforme descrição do presidente Poincaré para a coalizão formada em 26 de agosto, abrangeu um espectro político singularmente amplo e recebeu poderes especiais para gerir questões econômicas e de segurança nacional. Foram introduzidas a prisão sem julgamento e uma censura muito rígida e, em dezembro, os políticos foram proibidos de visitar a frente (embora isso tenha sido posteriormente permitido sob certas condições).

Como os outros combatentes, a França não havia previsto a importância das armas pesadas devoradoras de munição e, em questão de semanas, estava enfrentando uma escassez de projéteis. Sua indústria de munições produzia cerca de 100.000 projéteis por semana, mas a necessidade real era mais próxima de 700.000. Além do problema de falta de munição, a economia de

Redução do consumo de álcool
Todas as potências envolvidas na guerra adotaram medidas para reduzir o consumo de álcool. Na França, restringiram-se os horários de abertura dos bares e recursos foram transferidos da produção de vinho e anisados para a de alimentos.

guerra francesa enfrentava o efeito da ocupação alemã, que abrangia cerca de dois terços da capacidade de ferro e aço da França e 40% de suas minas de carvão. O governo chamou de volta milhares de recrutas para reforçar a indústria de guerra e o número de operários nas indústrias de armamento francesas subiu de apenas 50.000 em 1914 para 1,7 milhão em 1918. Um terço dos operários eram mulheres, que estavam assumindo cada vez mais as funções dos homens em uma ampla variedade de ocupações na indústria leve e pesada e nos transportes, além de fazer trabalho de escritório.

A economia de guerra francesa

Nos primeiros meses da guerra, a economia da França ficou totalmente desorganizada, o que resultou num aumento acentuado do desemprego. A crise industrial foi superada em grande medida durante 1915, mas ao custo de elevar a dívida interna. O ressurgimento do movimento trabalhista a partir de 1916 trouxe novos problemas e, em maio-junho de 1917, coincidindo com motins entre as tropas, mais de 70 fábricas foram atingidas por greves em Paris e St. Etienne, o principal centro de armamentos.

Ainda assim, a maioria dos operários manteve-se fiel ao ideal patriótico e a maior parte do povo francês apoiou Clemenceau, que, em novembro de 1917, tornou-se, aos 76 anos de idade, ao mesmo tempo primeiro-ministro e ministro da Guerra. Com um gabinete de Guerra de apenas cinco membros, ele foi praticamente um ditador, suprimindo todas as críticas e processando qualquer pessoa pública que expressasse opiniões derrotistas.

As classes médias, de maneira geral, foram as mais duramente atingidas no aspecto econômico, pelo menos em termos relativos. Os salários foram congelados, enquanto o custo de vida mais que dobrou. Esse descompasso foi compensado por aumentos de salários para os operários de fábricas de munições, mas não pelos aumentos menores concedidos aos outros setores. As famílias dos soldados recebiam ajuda de custo de 1,25 franco por dia, mais 50 *sous* para cada filho. Junto com o aumento nos preços dos alimentos (embora não tenha havido uma escassez séria de gêneros na França), os pagamentos melhoraram a situação de muitas famílias camponesas. Essas famílias, no entanto, sofreram relativamente mais baixas na guerra do que as dos trabalhadores urbanos.

Controle governamental na Grã-Bretanha

Dias depois do início da guerra, o governo britânico, por meio do Defence of the Realm Act (DORA), recebeu poder para direcionar a economia e a vida pública. Não se perdeu tempo em assumir o controle das ferrovias, comprar todo o açúcar não refinado, regular os preços, garantir os bancos, imprimir mais papel-moeda, dobrar o imposto de renda e elevar as tarifas alfandegárias. Os longos braços do DORA alcançaram até mesmo

Lavrando o Richmond Park, em Londres
A escassez do tempo de guerra estimulou a criatividade na frente interna. No campo, pastos foram convertidos em terra cultivável. Nas cidades, parques recreativos serviram como hortas.

O crescimento dos custos da guerra

Durante a guerra, os gastos públicos tiveram um aumento colossal. Os primeiros orçamentos do período foram consideravelmente mais elevados do que qualquer orçamento de tempos de paz e continuaram a subir ao longo de toda a guerra. Na Grã-Bretanha, os gastos aumentaram em quase 500% entre 1914 e 1917, seguidos por uma queda em 1918. Na Alemanha, o aumento foi de pouco mais de 500% até 1917; na França de 560% até 1918; e na Rússia de 315% até 1916. É difícil determinar exatamente quanto dessa elevação representou um aumento nos gastos militares, somados a outros gastos diretamente relacionados à atividade de guerra, como transportes e a burocracia necessária para implementar controles diversos. Entre as razões para o enorme aumento nos gastos estiveram a rápida elevação da inflação e a necessidade de pagamento de juros por uma dívida interna cada vez maior. Nenhum país teve condições de financiar a guerra apenas com impostos. Todos eles tiveram de fazer empréstimos com outros países e com toda a sua população, que foi incentivada a apoiar o esforço de guerra comprando títulos de guerra do governo.

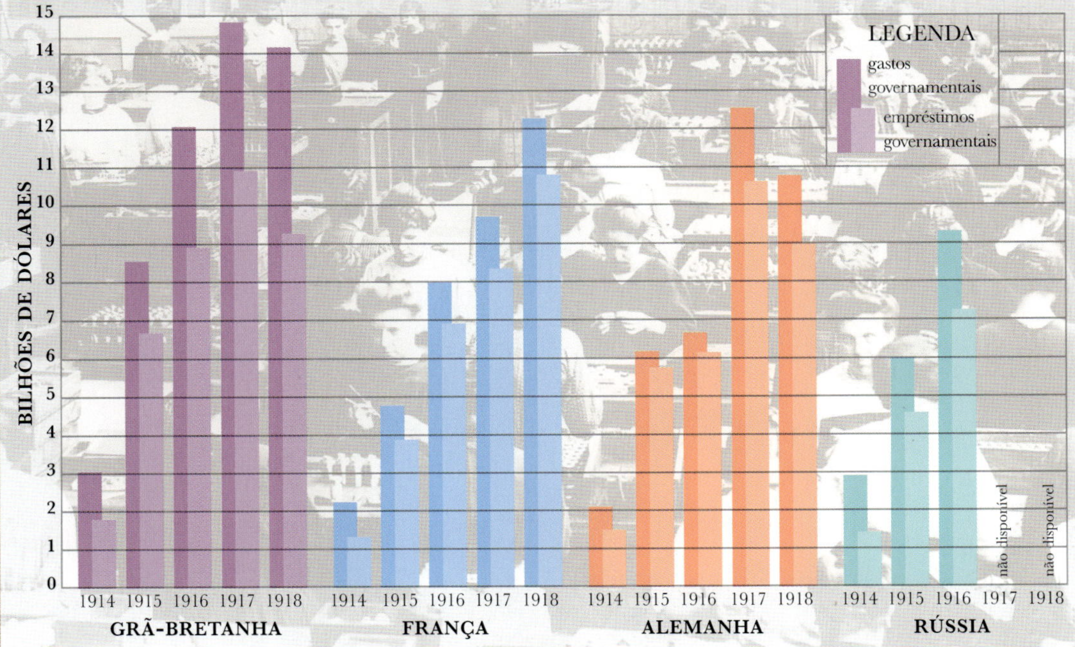

Escassez e racionamento

Antiga conexão entre alimentos e sucesso militar foi expressa pelo dito de Napoleão: "Um exército marcha com seu estômago." A Primeira Guerra Mundial, no entanto, encontrou uma situação nova, em que as populações civis, longe de qualquer campo de combate, tornaram-se vulneráveis à fome e à doença induzidas pela guerra.

A comida foi uma questão de vida e morte durante a guerra nas cidades do norte da Rússia, onde, em 1917, havia filas intermináveis para receber suprimentos mínimos e não regulados das provisões mais básicas. As filas para pão em Petrogrado, onde as pessoas permaneciam durante horas todos os dias e, às vezes, todas as noites, funcionavam como centros de informação não-oficiais e tornaram-se incubadoras de revolução. As filas também eram parte da vida no tempo de guerra na França, onde o racionamento de carvão, óleo e alguns alimentos pelo governo começou em 1918.

Na Grã-Bretanha, a guerra representou mais privação do que fome. No final de 1916, os controles do governo só permitiam que as lojas de alimentos tivessem metade de seu estoque habitual, o qual era, então, racionado por famílias. Gradualmente, os controles estatais sobre a distribuição de alimentos foram enrijecidos. No início de 1918, quando a intensificação da guerra com submarinos estava afetando seriamente a importação de alimentos, foi introduzido o racionamento por pessoa, principalmente de açúcar, chá, margarina, *bacon*, queijo, manteiga e, a partir de abril, carne.

No início da guerra, os civis alemães confiaram na promessa do governo de uma guerra curta. Eles não estavam preparados para os efeitos do bloqueio Aliado, que começaram a surgir em poucos meses, particularmente em Hamburgo e Berlim. Em 1915, os berlinenses foram os primeiros alemães a receber cartões de racionamento de pão. Não demorou para que carne, laticínios, batata, açúcar, cereais e sabão também só fossem obtidos por meio dos cartões. Quando a carne se tornou escassa, as pessoas recorreram a iguarias duvidosas, como morsa em conserva e corvo cozido. O mercado negro cresceu e havia filas por toda parte. O inverno de 1916-17 ficou conhecido como o "inverno dos nabos", porque, depois de uma colheita desastrosa de batatas, nabos e beterrabas tornaram-se alimentos básicos.

Uma situação similar de escassez aguda, rações mal administradas e cada vez menores, alimentos substitutos e especulação galopante ocorreu nas cidades do Império Austro-Húngaro. Tumultos e, por fim, revoltas foram desencadeados pela crise de alimentos, que teve início quando os suprimentos de cereais e óleo foram drasticamente afetados pelo avanço russo na Galícia em 1914. Somando-se à tensão entre operários e patrões das atividades de guerra, a distância política entre a Áustria e a Hungria ampliou-se quando, em 1917, cereais húngaros estavam alimentando o exército enquanto os civis da metade ocidental do império, que eram austríacos, passavam fome.

Cartões de racionamento franceses
Na França, houve racionamento de alimentos como pão e açúcar, mas a escassez de combustível foi o maior problema. Restrições rigorosas foram impostas ao uso de iluminação pública e privada e o óleo e carvão para aquecimento doméstico estavam rigidamente racionados. Os invernos do tempo de guerra viram parisienses ricos aglomerando-se em bem aquecidos saguões de hotéis.

Espera na fila
Armadas com cestos, mulheres francesas esperam por várias horas. Longas filas para as rações de alimentos e produtos essenciais controlados pelo governo tornaram-se uma cena cotidiana nas cidades da frente interna.

Pescando para a vitória
Em todas as frentes internas, os civis eram cobrados a contribuir com o esforço de guerra sendo econômicos, principalmente com a comida. Os franceses eram estimulados a pescar e comer mais peixes, de modo a poupar o estoque de animais de criação do país.

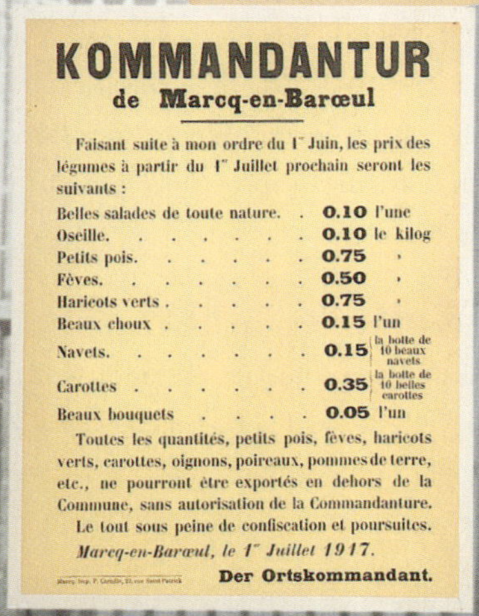
KOMMANDANTUR
de Marcq-en-Barœul

Faisant suite à mon ordre du 1er Juin, les prix des légumes à partir du 1er Juillet prochain seront les suivants :

Belles salades de toute nature.	0.10	l'une
Oseille.	0.10	le kilog
Petits pois.	0.75	»
Fèves.	0.50	»
Haricots verts.	0.75	»
Beaux choux	0.15	l'un
Navets.	0.15	la botte de 10 beaux navets
Carottes	0.35	la botte de 10 belles carottes
Beaux bouquets	0.05	l'un

Toutes les quantités, petits pois, fèves, haricots verts, carottes, oignons, poireaux, pommes de terre, etc., ne pourront être exportés en dehors de la Commune, sans autorisation de la Commandanture.

Le tout sous peine de confiscation et poursuites.

Marcq-en-Barœul, le 1er Juillet 1917.

Der Ortskommandant.

Controles de preços
Este cartaz mostra os preços de hortaliças determinados por um comandante militar local na França ocupada pelos alemães. Na prática, os camponeses com freqüência encontravam maneiras de contornar as determinações do governo e os controles de preços oficiais.

Combate à escassez
Enquanto os soldados e marinheiros "faziam a sua parte" lutando em terra ou mar, o governo solicitava que os não-combatentes na frente interna poupassem comida e reduzissem o desperdício no interesse do esforço de guerra.

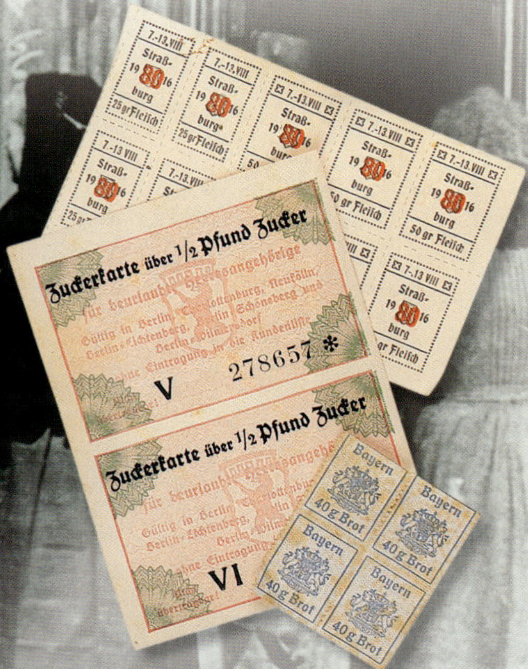

Rações alemãs
Na Alemanha, a maioria dos alimentos básicos era racionada pelas autoridades locais. Os cartões de ração levavam em conta a idade, saúde e condição de emprego do portador, mas as quantidades obtidas variavam de um local para outro, o que gerava muitos ressentimentos.

os cavalos do país, dos quais 165.000 foram requisitados para serviço do exército nos primeiros meses da guerra. No entanto, pouco foi feito nos meses iniciais para aumentar a oferta de munição.

Na primavera de 1915, a Grã-Bretanha enfrentou um "escândalo das munições". Os jornais seguiram a posição do general French, para quem a culpa pelo fracasso em romper a Frente Ocidental era da escassez de metralhas e de projéteis altamente explosivos. O governo foi forçado à ação e criou um novo Ministério das Munições sob o comando do futuro primeiro-ministro Lloyd George, que começou a coordenar, controlar e estimular a produção em todas as fábricas de armamento do país. Além das fábricas já estabelecidas, havia agora fábricas nacionais especializadas na produção em massa de fuzis, projéteis, munições para armas pequenas, pólvora e explosivos. Esse era um trabalho perigoso, com freqüência realizado por mulheres que se tornaram conhecidas como "municionetes".

Confiando na imensa superioridade de sua marinha, a Grã-Bretanha era a única grande potência européia sem alistamento compulsório. No início, de fato, houve tanto entusiasmo patriótico no país que o exército mal pôde lidar com o número de voluntários. Apesar das enormes perdas na Frente Ocidental, houve voluntários suficientes até maio de 1916, quando o recrutamento foi instaurado.

No ano anterior, ficara evidente que fazer uso de voluntários estava tendo um efeito adverso sobre a produção de munições. O National Registration Act fora aprovado com o objetivo de estabelecer a proporção de homens em idade militar que ainda era qualificável para o serviço e a proporção que deveria ser empregada em trabalhos vitais para o esforço de guerra. Os homens que trabalhavam nas ferrovias, na mineração e agricultura e na produção de munições não deveriam ser alistados no exército.

Para melhorar a eficiência dos trabalhadores, houve uma campanha contra o consumo de álcool que incluiu medidas como adicionar água à cerveja e reduzir os horários de funcionamento dos bares. As horas de trabalho foram ampliadas e introduziu-se, em maio de 1916, o horário de verão, pelo qual os relógios na Grã-Bretanha foram adiantados em uma hora. Ao mesmo tempo, o novo Ministério dos Alimentos supervisionava a agricultura e, posteriormente, deu início ao racionamento.

Muitas iniciativas da época da guerra viriam a se tornar instituições permanentes. O Medical Research Council (Conselho de Pesquisa Médica) britânico, por exemplo, começou como um comitê médico para o período de guerra. Durante a guerra, os cidadãos da Grã-Bretanha e da França não só aprenderam a viver com uma abundância de novas regras (horários de recolher, rações, passaportes etc.) como também passaram a esperar um maior envolvimento do governo com seu bem-estar

Patriotismo e lucro
Este cartaz de 1916 convida os russos a ajudar a pátria em seu momento de necessidade e, ao mesmo tempo, obter um bom lucro comprando títulos de guerra do governo a juros de 5,5%. Esse financiamento extra era necessário para aumentar a produção das indústrias bélicas.

Privação na Rússia

Contando com uma campanha curta, como todos os outros Estados beligerantes, o Ministério da Guerra russo não havia feito planos de longo prazo e também não avaliara bem a importância da indústria para o esforço de guerra. Os estoques existentes de armas e munições duraram apenas pelas primeiras semanas da guerra e, em vez de responder aos alertas dos generais na frente, o governo czarista os substituiu. Na primavera de 1915, a escassez era tão grave que batalhões inteiros do exército russo estavam treinando sem fuzis, enquanto, em combate, as tropas russas dependiam de armas tiradas dos mortos e feridos.

A crise de munição foi atenuada depois do verão de 1915, quando um novo Comitê de Indústrias de Guerra aprovado pelo czar começou a coordenar o suprimento de materiais e os pedidos para as grandes fábricas de armamento. Entre janeiro e abril de 1915, todo o exército havia recebido apenas 2.000.000 de unidades de munição, embora a exigência expressa do *Stavka* (Comando Supremo) fosse de 3.500.000 por mês. No outono de 1916, a produção havia subido para 4.500.000 de unidades por mês. A produção de fuzis também aumentara, de cerca de 70.000 por mês em 1915 para 111.000 por mês, o que ainda ficava bem abaixo da necessidade mensal estimada de 200.000.

Embora o suprimento de munições tenha melhorado, os soldados continuavam a sofrer com a falta dos recursos mais básicos. Por ocasião de uma inspeção do czar, uma única companhia foi equipada juntando os recursos de vários regimentos e deixando os homens não visíveis nas trincheiras sem botas, mochilas, calças e quepes. Na ausência de qualquer ação governamental competente, o esforço de guerra russo era apoiado por voluntários. Nas cidades, clubes e comitês patrióticos organizavam coletas e distribuição de alimentos, roupas brancas e medicamentos, e mulheres faziam trabalho voluntário de enfermeiras para o número sempre crescente de feridos. A partir de junho de 1915, sob a liderança do aristocrata liberal príncipe Lvov, um movimento baseado na rede de conselhos locais do império russo, a União dos Zemstvos, assumiu a tarefa de suprir e apoiar o Exército. Seus voluntários atuavam estabelecendo cantinas e unidades médicas no campo, retirando os feridos, ajudando os refugiados e auxiliando as famílias dos soldados. Enquanto isso, os civis passavam fome. Isso se devia principalmente a problemas com a produção de alimentos, em particular depois da perda da Polônia em 1915. Mais significativa, no entanto, era a incapacidade do sistema ferroviário russo de garantir a distribuição apropriada de alimentos ou de qualquer outra coisa.

Escassez na Alemanha

Como todos os outros governos dos Estados beligerantes, a Alemanha estava tão iludida com a falácia da guerra curta que não tinha nenhum plano para uma guerra mais extensa. Certamente não estava prepara-

Trabalho como pintoras
Depois que os homens partiram para a guerra, os jovens, os idosos e as mulheres foram chamados para preencher as lacunas de mão-de-obra. Aqui, observadas pelo capataz, mulheres francesas pintam e identificam vagões ferroviários.

Objetores de Consciência

Quando a guerra começou, uma grande onda de patriotismo passou por cima de qualquer inclinação pacifista de cristãos, feministas, anarquistas e socialistas em toda a Europa. Como o único Estado importante sem um exército recrutado, a Grã-Bretanha também foi o único país em que a oposição aberta à guerra por razões religiosas ou políticas continuou a ser uma opção, embora uma opção claramente incômoda. Com o aumento das mortes na Frente Ocidental e a intensificação do esforço de guerra nacional, os dissidentes pacifistas ficaram cada vez mais vulneráveis à ira popular.

As várias linhas do movimento pacifista uniram-se em oposição ao recrutamento, que começou para os homens solteiros no início de 1916 e depois, em maio, para todos os homens. O recrutamento representava um rompimento brusco da tradição britânica de serviço militar voluntário e, ao elaborar as novas Leis do Serviço Militar, o governo estava ciente dessa tradição. As leis de recrutamento permitiam a dispensa de "objetores de consciência" não-religiosos, bem como de membros de Igrejas pacíficas históricas do país, em especial a Society of Friends (Quakers).

Em teoria, as Leis do Serviço Militar eram generosas e bem avançadas para o seu tempo. Na prática, porém, muitos "objetores" foram tratados como criminosos. Para muitas das autoridades mais antigas que compunham os tribunais locais, estabelecidos para avaliar os pedidos de dispensa, os objetores de consciência eram "evasores" sem princípios que só queriam salvar a própria pele. Por toda a Grã-Bretanha, houve uma ampla variação na justiça e eficiência dos tribunais, e uma grande confusão quanto à diferença entre "absolutistas" e "alternativistas". Um em cada dez dos 16.500 homens que solicitaram dispensa eram pacifistas "absolutistas", como Stephen Hobhouse, um *quaker* que, por não concordar em servir com a Unidade de Ambulâncias dos Amigos como uma condição para a dispensa, foi mandado para a prisão, onde o tratamento brutal que sofreu foi motivo de protestos. A maioria dos objetores de consciência eram "alternativistas", que concordavam em prestar serviço militar não-combatente e passaram o resto da guerra trabalhando em hospitais, fazendas e cozinhas.

Atrás das grades
Desenho da vida de um objetor na prisão: trabalho duro, palavras ásperas e o consolo de uma visita semanal.

Campanha das penas brancas
Na Grã-Bretanha, mulheres vigilantes entregavam penas brancas a homens jovens e fortes que estivessem sem uniforme como símbolo de sua suposta covardia.

da para o bloqueio dos Aliados, que a isolou de suas fontes de alimentos e matérias-primas essenciais no exterior. Em poucos dias, porém, o ministro da Guerra havia instituído o Departamento de Materiais de Guerra (KRA) que começou a coletar suprimentos e distribuí-los entre as empresas que produziam equipamentos necessários para o esforço de guerra. Sem isso, e sem a habilidade dos cientistas alemães de encontrar substitutos para materiais não-acessíveis, é duvidoso que a Alemanha tivesse podido se manter na guerra.

O sistema KRA foi relativamente eficaz até 1916, quando as exigências maciças das batalhas de Verdun e do Somme revelaram a necessidade de aumentar a produção. No lugar da parceria entre o governo de um lado e a indústria e o exército de outro,

Uso de novas habilidades na produção de aeronaves
Uma jovem, usando habilidades de marcenaria, faz o acabamento em uma pá de hélice de avião numa fábrica em Ipswich, leste da Inglaterra. Antes da guerra, poucas mulheres tinham esse tipo de habilidade.

MULHERES NAS FÁBRICAS E NO CAMPO

As guerras sempre envolveram as mulheres como cuidadoras, baixas e vítimas, mas a primeira guerra "total" exigiu a participação de mais mulheres do que nunca e de muitas outras maneiras. Na Grã-Bretanha, onde já havia um forte movimento pelos direitos democráticos das mulheres, a líder sufragista Emmeline Pankhurst exigiu para as mulheres o "direito de servir" e fazer mais do que "cuidar de soldados doentes ou tricotar meias". A disposição das mulheres e as exigências do tempo de guerra facilitaram a entrada de milhares de "municionetes" nas indústrias bélicas.

Ao contrário das sufragistas, muitas das quais eram "damas" e instruídas, a maioria das "Tommy's sisters" ("irmãs dos soldados") nas fábricas de produção bélica eram mulheres comuns e não-qualificadas da classe trabalhadora. Antes de voltar suas mãos para a operação de tornos mecânicos e para a fabricação de produtos militares, de armas e máscaras de gás a granadas e hélices de aviões, muitas delas haviam trabalhado como empregadas domésticas.

A guerra foi também um estímulo para a abertura de novas oportunidades de emprego na França. As mulheres foram trazidas para as fábricas francesas reestruturadas primeiro por empregadores privados e, mais tarde, pelo Estado. Em 1918, mais de um milhão de mulheres francesas estavam trabalhando em defesa nacional, armamento e aeronáutica. Também no Império Austro-Húngaro, onde, em 1916, 42,5% dos trabalhadores na indústria pesada eram mulheres, em comparação com 17,5% em 1913, a guerra teve o efeito de levar as mulheres de tarefas femininas tradicionais para "trabalhos de homens qualificados".

Em 1915, as mulheres na Alemanha estavam trabalhando em todo tipo de produção, de produtos químicos, equipamentos elétricos e metalurgia a instrumentos de precisão e artigos de couro, e, em 1918, compunham 55% da força de trabalho industrial. Embora a pressão para que elas se apresentassem como voluntárias para o trabalho na indústria de guerra fosse maior do que na Grã-Bretanha e na França, suas condições de segurança e saúde eram muito piores. Na França, por exemplo, jovens mães não podiam trabalhar com munições, mas isso não acontecia na Alemanha, onde semanas de 60 horas não eram incomuns para mulheres de todas as idades.

A guerra tirou milhões de homens do campo. Em pequenas fazendas familiares, mulheres, avós e crianças enfrentaram a situação como sempre haviam enfrentado em tempos de crise e assumiram o trabalho extra. Na França, a queda na produção de alimentos foi complicada pela ocupação alemã e tornou-se tão séria que, em 1917, o governo havia liberado 300.000 soldados do exército para trabalhar no cultivo. Trabalho forçado foi a solução do governo alemão para a crise da terra e, em 1918, 100.000 belgas e 600.000 poloneses estavam trabalhando em fazendas e fábricas alemãs.

Na Grã-Bretanha, foi solicitado que as mulheres assumissem o lugar dos homens que tinham sido tirados da agricultura. A primeira organização oficial patrocinada pelo governo foi a Women's Forage Corps, fundada em 1915, que foi seguida pela Women's Forestry Corps e pela Women's Land Army.

Mulheres na agricultura
Mais de 113.000 mulheres dedicaram-se ao trabalho agrícola na Grã-Bretanha durante a guerra. Inicialmente, muitas eram voluntárias em meio período. O Women's Land Army foi formado em 1917 em resposta à necessidade de uma força de trabalho remunerada em período integral. Milhares de mulheres aderiram, mas ex-soldados e prisioneiros de guerra alemães continuaram a ser de importância vital para a produção agrícola.

Operárias de munições
Munição significava mais do que armas e projéteis. O termo era aplicado a tudo que fosse necessário para a operação de guerra, de máscaras de gás a hélices. Estas mulheres estão fabricando componentes de aeronaves.

Produtoras de forragem
No verão de 1918, uma equipe de mulheres britânicas, membros do Forage Corps, opera uma enorme máquina enfardadeira de feno movida por um motor a gás. Era função do Women's Forage Corps fornecer alimento para os milhares de cavalos de que o exército dependia.

Trabalho perigoso
Como precaução contra os riscos de explosão e envenenamento por TNT, os operários de fábricas de munição britânicas eram equipados com macacão, gorro e luvas. Mesmo assim, as mulheres que trabalhavam no enchimento de projéteis eram apelidadas de "canários", porque o pó coloria sua pele de um amarelo brilhante.

Um toque feminino
Na produção de guerra francesa, as mulheres estavam concentradas nos setores de produtos químicos, madeira e transporte, onde, de modo geral, realizavam tarefas de manejo e especializavam-se na operação de todo tipo de máquinas-ferramenta, de tornos a soldas.

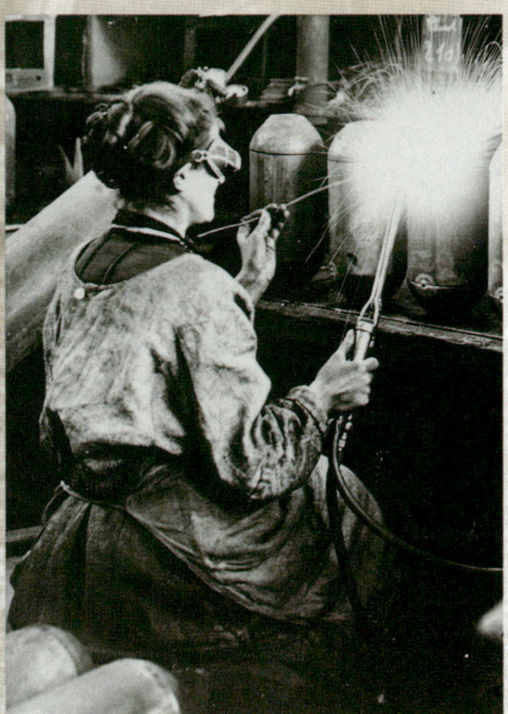

Espera pela sopa
A enorme cidade de Berlim era particularmente vulnerável aos efeitos do bloqueio Aliado. Em 1916, milhares de berlinenses dependiam da sopa distribuída por cozinhas instaladas pelo Serviço Nacional Feminino alemão.

foi estabelecida uma ditadura militar virtual sobre toda a economia: o Programa Hindenburg. Criou-se um gabinete de guerra com responsabilidade pelo suprimento de mão-de-obra, armas, munições, matéria-prima e alimentos para os serviços armados, mas este ficou aquém das expectativas. Devido à continuidade do bloqueio Aliado, a produção bélica na Alemanha não pôde acompanhar a de seus inimigos, ainda que os operários das fábricas de munição trabalhassem mais horas, enquanto sobreviviam com muito menos comida.

Os crimes de especulação, monopólio e adulteração relacionados a alimentos eram comuns na frente interna alemã e os civis mais afetados eram os pobres das áreas urbanas. Os habitantes das cidades alemãs acostumaram-se a passar boa parte de seus dias em filas. As mulheres levantavam-se no meio da noite e levavam seu tricô ou costura para as lojas, na esperança de estar entre as primeiras no local de uma entrega de alimentos matinal. As pessoas que esperavam em vão na fila depois descobriam que os suprimentos tinham acabado e, então, eram obrigadas a entrar em outra fila. Dizia-se que estavam dançando uma *polonaise*.

O pão tornou-se tão escasso na capital alemã que um prisioneiro de guerra britânico fugitivo foi recapturado quando seu sanduíche, feito de pão branco e obtido num pacote que ele recebera de casa, acabou o delatando. Embora Berlim estivesse longe de qualquer linha de frente, a vida lá foi profundamente alterada pela guerra. Salas de exibição, museus e mercados de rua fecharam e houve cortes no transporte, na eletricidade e na iluminação das ruas. Já em 1915, Berlim tinha perdido seus telhados de cobre e grades de ferro forjado e as carroças de carvão eram puxadas por cavalos velhos, burros ou mesmo elefantes de circo.

Militarização no Império Austro-Húngaro

Os 51,3 milhões de habitantes do Império Austro-Húngaro eram súditos de Francisco José I, que tinha o título de imperador da Áustria e rei da Hungria. Enquanto a metade austríaca do Império era bastante industrializada, com fábricas capazes de produzir armamento e máquinas pesadas, a metade húngara tinha uma economia predominantemente agrícola. Havia uma moeda imperial comum e união alfandegária, mas cada metade possuía um controle considerável sobre seus próprios exércitos e recursos nacionais.

Em 1914, o Império Austro-Húngaro tinha a vantagem teórica de uma lei de produção de guerra que previa a "militarização" da vida na frente interna. Assim, as ferrovias eram para uso exclusivo do exército ou relacionado ao exército, e os homens de menos de 50 anos que não fossem considerados suficientemente aptos para o combate ainda podiam ser convocados para o trabalho nas fábricas de produção de guerra. Uma lei anterior à guerra que proibia o trabalho noturno para mulheres foi revogada, assim como a proibição tradicional do trabalho aos domingos, e os salários dos trabalhadores da indústria de guerra foram mantidos num mínimo controlado pelo governo.

Uma safra ruim em 1914, combinada com a destruição de boa parte das terras cultiváveis na Frente Oriental e com o impacto do bloqueio Aliado, fez com que os operários das fábricas de guerra austríacas logo começassem a experimentar os efeitos da escassez de alimentos. A crescente tensão entre os trabalhadores e seus chefes militares coincidia com a tensão entre a Áustria e a Hungria. A guerra perturbou a relação simbiótica entre as fábricas austríacas e as fazendas húngaras e o governo imperial não tinha autoridade e poder para impor ou fazer cumprir uma política alimentícia centralizada. Como resultado, a Áustria urbana foi lentamente passando a conviver com a fome, enquanto a Hungria rural tinha alimentos excedentes. Um escritor vienense ressentido descreveu a guerra como uma opereta na qual Berlim fornecia o libreto, e Budapeste, a música, o que era uma maneira elegante de expressar a crescente deferência da Áustria ao militarismo alemão e sua dependência dos cereais húngaros.

Composto de 15 nações, o Império dos Habsburgos não possuía a lealdade total de seus súditos. Na verdade, o caráter multinacional do Império Austro-Húngaro foi um fator importante para a decisão do jovem Adolf Hitler de alistar-se como soldado alemão em vez de austríaco. A lealdade das populações famintas das cidades da Europa central era ainda mais abalada pela falta de controle sobre o comportamento dos "especuladores", empresários inescrupulosos que tiravam visível vantagem dos tempos difíceis na frente interna. Os freqüentadores de teatros em Budapeste, por exemplo, eram perturbados pelos sons dos enriquecidos pela guerra devorando salames e pepinos em conserva do mercado negro.

O impacto da guerra sobre as mulheres

O papel das mulheres expandiu-se durante a Primeira Guerra Mundial, ultrapassando o domínio tradicionalmente sancionado de Kinder, Kirche, Küche ("crianças, igreja e cozinha") em todos os Estados combatentes. Embora a imprensa dos tempos de guerra tenha dado grande destaque à óbvia novidade de mulheres dirigindo ônibus e ambulâncias e vestindo macacões e calças para seus trabalhos na indústria pesada, houve mudanças não menos significativas em esferas como a medicina, onde as mulheres já estavam estabelecidas.

Florence Nightingale nunca esteve tão perto da ação quanto as enfermeiras de linha de frente da Primeira Guerra Mundial. Mairi Chisholm e sua colega Elsie Knocker (mais tarde baronesa de T'Serclaes) uniram-se a um destacamento móvel e organizaram um posto de curativos em um porão na Frente Ocidental: "Começávamos o dia sob bombardeios pesados – com estilhaços de bomba estourando a cabeça deles." O Scottish Women's Hospitals (SWH) foi fundado pela cirurgiã escocesa Elsie Inglis, que morreu na Rússia em 1917 e cujas primeiras visitas ao Gabinete de Guerra eram recebidas com: "Vá para casa e fique quieta."

O Scottish Women's Hospitals administrava 14 hospitais totalmente equipados em todas as frentes Aliadas, exceto as controladas pelo exército britânico, que eram apoiadas pelos VADs (abaixo). Dirigida por Mabel Stobart, a unidade do SWH na Sérvia esteve com o exército sérvio durante toda a "Grande Retirada", uma marcha de heroísmo e dificuldades épicas sobre as montanhas da Albânia e Montenegro. Uma das mulheres britânicas, Flora Sandes, uniu-se à infantaria sérvia e, tendo sobrevivido ao combate e a um ferimento sério, terminou a guerra como oficial comissionado.

A carreira de Flora Sandes como soldado foi incomum, mas houve outras mulheres incomuns. O Batalhão da Morte do exército russo, todo composto por mulheres, foi organizado por Maria Bochkareva, que havia trabalhado como capataz de fábrica antes da guerra. Depois de fazer uma solicitação diretamente ao czar, ela conseguiu permissão para se tornar soldado e passou dois anos nas trincheiras. Em 1917, quando havia alcançado o posto de sargento, formou seu Batalhão da Morte feminino na esperança de levantar o estado de espírito de seus colegas soldados e incitá-los a uma investida vitoriosa contra o inimigo. O comandante-em-chefe do setor sul da frente, general Brusilov, apoiou a iniciativa de Bochkareva, porque acreditava que o esforço de guerra da Rússia só teria a ganhar com uma maior participação de voluntários patriotas de ambos os sexos. As mulheres de Bochkareva rasparam a cabeça e vestiram uniformes comuns do exército e, antes de partir para a frente, reuniram-se em Moscou para receber a bênção da Igreja russa.

O efeito da guerra sobre as mulheres do setor burocrático foi menos espetacular, porém mais duradouro. Apenas na França, como resultado do esforço de guerra, a burocracia estatal inchou 25% em apenas quatro anos. Um exército de mulheres digitava cartas e listas e atendia telefones nos departamentos e agências governamentais durante a guerra. O aumento dos empregos de escritório foi apenas uma das mudanças que já estavam em andamento nos países industrializados antes de 1914 e que a guerra acelerou e tornou mais evidente. Depois de 1918, famílias britânicas prósperas sofreram com "problemas de empregadas" e havia menos mulheres jovens dispostas a trabalhar como domésticas.

Destacamentos voluntários de auxílio
Os Voluntary Aid Detachments (VAD) britânicos eram anteriores à guerra e incluíam homens e mulheres. Porém, conforme o exército requeria mais e mais homens, a maioria dos trabalhadores de apoio voluntários passou a ser mulheres.

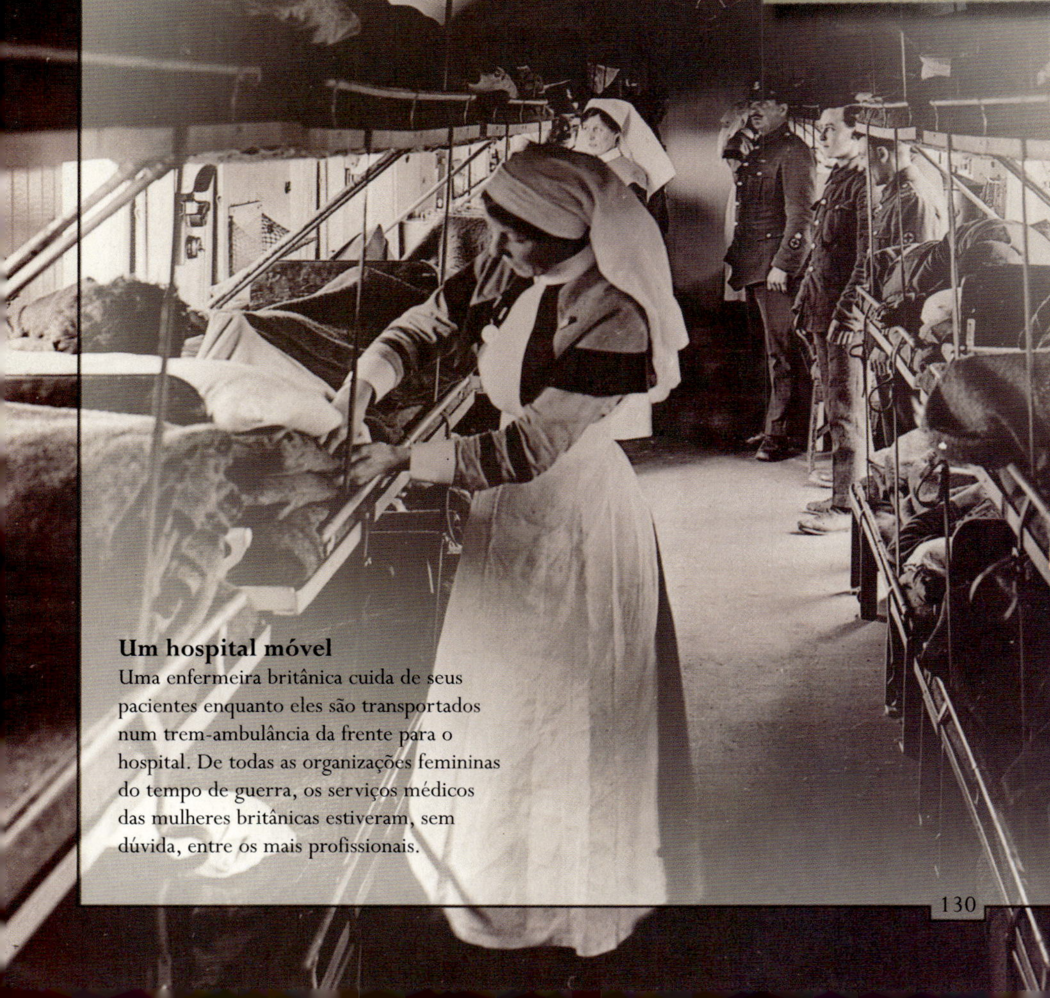

Um hospital móvel
Uma enfermeira britânica cuida de seus pacientes enquanto eles são transportados num trem-ambulância da frente para o hospital. De todas as organizações femininas do tempo de guerra, os serviços médicos das mulheres britânicas estiveram, sem dúvida, entre os mais profissionais.

Edith Cavell

Edith Cavell (1865-1915), filha de um clérigo de Norfolk, era a enfermeira-chefe de uma escola de enfermagem em Bruxelas, que se tornou um hospital da Cruz Vermelha para o atendimento de feridos de ambos os lados da Frente Ocidental. Envolveu-se em um movimento clandestino que ajudou mais de 200 soldados prisioneiros ingleses, franceses e belgas a escapar da Bélgica sob ocupação alemã para a Holanda neutra. Juntamente com o organizador da resistência belga, Philippe Baucq, a enfermeira Cavell foi presa pelas autoridades alemãs locais e condenada à morte. Sua execução por um esquadrão de fuzilamento em 12 de outubro de 1915 provocou uma onda de revolta e de intensa campanha antialemã na Grã-Bretanha e nos EUA. Suas últimas palavras teriam sido: "Eu entendo que patriotismo não é suficiente. Não devo ter ódio nem ressentimento de ninguém."

Brevet de Marraine
Um certificado do governo francês reconhece a portadora como uma "marraine". As *marraines* (literalmente, madrinhas) eram mulheres que se responsabilizavam por soldados individuais no exército francês e escreviam cartas para eles. A idéia era que essas correspondentes preocupadas, mas ao mesmo tempo animadas, pudessem manter o estado de espírito elevado na frente e assegurar aos soldados nas trincheiras que seus esforços e sofrimentos eram apreciados por aqueles que estavam em casa.

Trabalhadoras nos transportes
Quando os homens de Berlim partiram para a frente de combate, as mulheres vestiram uniformes e começaram a percorrer a cidade. Além de dirigir ônibus e carros de correio puxados por cavalos, elas operavam os bondes urbanos. Esta equipe de substituição do tempo de guerra, que inclui um menino, foi fotografada em 1917. Depois de 1918, poucas dessas mulheres continuariam em seus trabalhos de guerra. Ainda assim, precedentes importantes haviam sido estabelecidos para o trabalho feminino.

Virando-se sozinhas
Ao remover milhões de homens de suas famílias, a guerra teve um impacto enorme sobre o papel das mulheres. Para milhares de mães, os anos da guerra foram um duro exercício de equilíbrio entre as tarefas domésticas num período de excepcional privação e as exigências do trabalho de guerra.

BATALHAS DE DESGASTE 1916

APÓS O FRACASSO EM RESOLVER O IMPASSE NA FRENTE OCIDENTAL EM 1915, GRÃ-BRETANHA E FRANÇA PLANEJARAM UMA GRANDE OFENSIVA NO SOMME PARA O VERÃO DE 1916. ANTES QUE ISSO PUDESSE ACONTECER, PORÉM, OS ALEMÃES LANÇARAM A SUA PRÓPRIA OFENSIVA EM FEVEREIRO, EM VERDUN. AMBAS AS OFENSIVAS VIRIAM A SE TORNAR GRANDES BATALHAS DE DESGASTE, QUE CUSTARAM A VIDA DE CENTENAS DE MILHARES DE HOMENS PARA POUCOS GANHOS. OS ALIADOS SÓ OBTIVERAM SUCESSO NA FRENTE ORIENTAL DURANTE A OFENSIVA BRUSILOV, MAS MESMO ESTA FOI EFÊMERA.

5

Soldados franceses e britânicos em uma trincheira
Na Frente Ocidental, de Flandres ao Somme, soldados franceses e britânicos encontravam-se ao se alternar na ocupação de seções da linha de frente. A posição dessa linha viria a mudar muito pouco durante 1916.

IMPASSE E MORTE

OS ALIADOS INICIARAM 1916 COM ALGUM OTIMISMO. A GRÃ-BRETANHA AGORA TINHA 38 DIVISÕES NA FRENTE OCIDENTAL E A RÚSSIA PODIA PELO MENOS EQUIPARAR-SE EM NÚMERO COM AS DIVISÕES ALEMÃS E AUSTRO-HÚNGARAS NA FRENTE ORIENTAL. GRÃ-BRETANHA E FRANÇA TAMBÉM ESTAVAM CONVENCIDAS DE QUE OS FRACASSOS DE 1915 PODIAM SER ATRIBUÍDOS A FATORES ESPECIAIS QUE NÃO SE REPETIRIAM NO FUTURO.

Na realidade, os Aliados tinham muitas razões para estar preocupados. Estavam cada vez mais envolvidos em operações em Salonica e no Oriente Médio, além das campanhas em andamento em Camarões e no leste da África. Muito mais sério, porém, era o enfraquecimento da Rússia como resultado de suas perdas territoriais e humanas em 1915. A Rússia jamais conseguira alistar mais do que uma parte relativamente pequena de seu potencial humano disponível e, no final de 1915, era evidente que seu suprimento de soldados treinados iria se esgotar em um ano. Para a Rússia, a vitória em 1916 era essencial.

Má interpretação das lições de 1915

Por trás da confiança dos Aliados no final de 1915 estava a falha em reconhecer a natureza exata dos problemas associados à ação ofensiva. Ao longo do ano, as defesas de arame farpado alemãs na Frente Ocidental haviam sido consideravelmente reforçadas e ficara evidente que explosivos pesados eram a única maneira de atravessá-las. Os bombardeios prolongados, porém, não só resultavam em perda do fator surpresa, como também ignoravam o fato de que a defesa estava continuamente evoluindo e ficando mais forte.

No final de 1915, a defesa alemã na Frente Ocidental ainda estava bem longe do sistema que estaria estabelecido em 1917, mas as posições defensivas preparadas para os soldados da linha de frente eram elaboradas e fortes. Além disso, no final de 1915, os britânicos continuavam seriamente subequipados em termos de artilharia pesada e só haviam conseguido aliviar a sua escassez de munição sacrificando a qualidade. Os russos tinham superado a fase mais grave de escassez de equipamentos, de modo que praticamente todos os soldados agora tinham um fuzil. No entanto, sua insuficiência de todo tipo de artilharia ainda era pior que a dos britânicos. Para completar essas deficiências, o planejamento britânico e russo para a penetração das defesas inimigas era rudimentar.

Tanto a Grã-Bretanha como a França estavam cientes da crescente vulnerabilidade da Rússia e de sua própria ineficácia em desviar a atenção dos alemães da Frente Oriental. Em conseqüência, durante e depois da Conferência de Chantilly (5-8 de dezembro de 1915), traçaram um plano de campanha baseado na unidade de ação. O alto-comando britânico defendia um ataque em Flandres apoiado por um desembarque anfíbio atrás do flanco alemão, mas os franceses insistiam em um ataque no Somme. O motivo alegado era que o terreno de lá seria melhor que o de Flandres. A razão real, porém, era simplesmente o fato de ter sido no Somme que os exércitos britânico e francês se encontraram.

Paisagem do Somme
A partir da última semana de junho de 1916, uma série de implacáveis bombardeios, em que milhões de projéteis foram lançados, produziu uma paisagem de total desolação.

"Um buraco de projétil cheio de latas de carne em conserva, armas quebradas, fragmentos de uniformes e projéteis que não explodiram, com um ou dois corpos na borda... esse era o cenário constante que cercava cada um dessas centenas de milhares de homens."

ESCRITOR ALEMÃO ERNST JÜNGER DESCREVENDO O CAMPO DE COMBATE DO SOMME EM SEU ROMANCE *STORM OF STEEL.*

Sem nenhuma ferrovia importante perto da frente, um ataque no Somme não tinha nenhum objetivo estratégico real, já que o terreno aberto e a posição defensiva naturalmente forte dos alemães no setor indicavam a falta de qualquer justificativa tática. Na verdade, o alto-comando francês, reconhecendo que o rompimento da frente alemã em uma única batalha era muito improvável, buscava uma batalha de desgaste no Somme em que os britânicos teriam participação total. Concordou-se que os russos lançariam uma ofensiva em meados de junho de 1916 e que os italianos atacariam em agosto, ao mesmo tempo em que britânicos e franceses iniciassem sua ofensiva no Somme. Houve discordâncias, no entanto, entre os britânicos e os franceses sobre quem seria responsável pelos ataques preliminares que desviariam a atenção alemã do palco das operações principais. O alto-comando francês insistia para que os britânicos fizessem esses ataques, enquanto o alto-comando britânico, consciente das limitações das novas divisões que chegavam à linha de frente, resistia a isso. A atenção alemã acabou sendo de fato desviada do Somme, mas de uma maneira que nem os britânicos nem os franceses haviam previsto.

O PLANO DE FALKENHAYN

No final de 1915, parecia não haver nenhuma exigência imediata de recursos e atenção da Alemanha nos palcos secundários da guerra. Consciente de que, em 1916, os franceses renovariam suas ações ofensivas e de que os novos exércitos da Grã-Bretanha entrariam com força no campo, Falkenhayn concluiu que era hora novamente de tomar a iniciativa no Ocidente. Ele acreditava que a Grã-Bretanha era a base da aliança de oposição à Alemanha. Reconhecendo, porém, que não era possível atacar direta e eficazmente a Grã-Bretanha, ele concluiu que a Alemanha deveria atingi-la indiretamente em 1916, atacando a França. Seu argumento era que, se fosse possível fazer o povo francês entender claramente que, "no aspecto militar, eles não têm mais nada a esperar, o ponto de ruptura seria alcançado e a melhor espada da Inglaterra seria arrancada de sua mão". O meio a ser empregado não era romper a frente francesa *en masse*, mas sangrar a França até a morte atacando um objetivo "para cuja defesa os franceses seriam forçados a fazer uso de todos os homens de que dispunham". O objetivo que ele escolheu foi Verdun.

A Batalha de Verdun

O plano de Falkenhayn para a ofensiva de Verdun foi criticado por sua monstruosidade, embora suas intenções não fossem de fato muito diferentes das dos comandantes britânicos e franceses na Frente Ocidental nessa época. No entanto, o plano era prejudicado por uma ambigüidade fundamental. Para atrair os franceses para uma zona de extermínio em que a artilharia pudesse fazer o seu trabalho, as forças alemãs tinham de direcionar seus esforços contra um objetivo que merecesse ser defendido. Se, no entanto, ele merecesse ser defendido, para os alemães seria um objetivo que valeria a pena conquistar. Falkenhayn não podia revelar qual era a sua verdadeira intenção para as formações envolvidas na ofensiva e hesitou entre levar adiante a batalha conforme seus planos ou empenhar-se em tomar Verdun, o que teria derrotado o seu próprio intento. Na verdade, as perdas sofridas pelos alemães viriam a ser quase tão grandes quanto as dos franceses: entre 21 de fevereiro, quando foi lançado o primeiro ataque, e o final de março, os alemães sofreram mais de 81.600 baixas, comparadas com 89.000 dos franceses. No fim do ano, um avanço alemão de poucos quilômetros havia resultado em quase um milhão de baixas.

Cuidados com os feridos
O regimento Gordon Highlanders transporta um soldado ferido pela estrada de Albert–Bapaume em julho de 1916 – apenas uma das 630.000 baixas Aliadas sofridas durante a Batalha do Somme.

As frentes italiana e Oriental

No início do ano, Conrad von Hötzendorf, chefe do Estado-maior do exército austro-húngaro, procurou o apoio alemão para uma expedição contra a Itália, raciocinando que eliminar a Itália da guerra, ou infligir-lhe uma derrota importante, liberaria forças dos Habsburgos para a Frente Oriental. Conrad solicitou que os alemães fornecessem quatro divisões para o ataque e assumissem parte da linha austro-húngara na Galícia a fim de liberar divisões para a operação. No entanto, tão ruins estavam as relações entre Conrad e Falkenhayn que a solicitação não foi sequer examinada. Conrad seguiu com o plano e retirou seis divisões da Galícia sem informar Berlim, numa tentativa de realizar a ofensiva contra os italianos em abril. Ao mesmo tempo, Falkenhayn, preparando-se para a ofensiva de Verdun, tirou do setor sul 90% de suas forças alemãs. O mau tempo no Trentino viria a adiar o ataque de Conrad até maio, com implicações que se mostraram desastrosas para os austro-húngaros na Frente Oriental.

Durante o verão de 1915, os russos haviam sido derrotados na Galícia e expulsos da Polônia, sofrendo dois milhões de baixas ao longo do processo. Tinham visto também a remoção de seu comandante-em-chefe, o grão-duque Nicolau. Conseguiram, no entanto, o que foi, em vários aspectos, uma recuperação impressionante em setembro. Foi coincidente o fato de que, em 1º de setembro, o czar Nicolau II assumiu o comando pessoal do exército, apesar de sua falta de conhecimento militar.

Ao concordar em associar suas operações do verão de 1916 às dos britânicos e franceses, os russos insistiram que todos os Aliados deveriam empreender ações ofensivas de auxílio se um deles estivesse submetido a um ataque alemão. Eles queriam assegurar que não se repetissem os eventos de 1915, quando os britânicos e franceses haviam sido singularmente ineficazes em desviar a atenção dos alemães durante a ofensiva de verão das Potências Centrais. O ataque alemão a Verdun e a subseqüente solicitação de ajuda dos franceses foi algo que eles não haviam previsto.

"Pouco tempo atrás, a morte era o estranho cruel, o visitante que dava os passos de flanela... hoje, é o cachorro louco dentro de casa... Come-se, bebe-se ao lado da morte, dorme-se em meio aos mortos, ri-se e canta-se na companhia de corpos..."

GEORGES DUHAMEL, MÉDICO FRANCÊS QUE SERVIU EM VERDUN

Deixado onde caiu
Os restos de um soldado alemão, morto num ataque britânico em Beaumont-Hamel, em novembro de 1916. Os ratos nas trincheiras engordavam com a sua dieta de carne humana.

A Ofensiva Brusilov

A tentativa russa de vir em auxílio da França resultou inicialmente em fracasso ao norte do rio Pripet, onde eles lançaram um ataque a Vilna (Vilnius) em março. Foi só na área do lago Naroch que obtiveram algum sucesso, mas mesmo esses poucos ganhos foram eliminados por contra-ataques alemães em abril. Brusilov, comandante da Frente Sudoeste, propôs, então, uma ofensiva que viria a infligir uma derrota devastadora ao exército austro-húngaro. Lançada em 4 de junho, a ofensiva deveu seu sucesso, em parte, à total surpresa. Em oito dias, a frente austro-húngara ao sul do Pripet havia cedido e os russos tomaram 250.000 prisioneiros. O resultado foi uma deterioração do estado de espírito das tropas e, por fim, a integração das forças alemãs e austro-húngaras sob o comando alemão.

O Somme

Enquanto isso, a ofensiva em Verdun estava afetando fortemente os planos britânicos e franceses para a campanha no Somme. Quanto mais aumentava o comprometimento dos franceses em Verdun, mais diminuía o seu papel planejado no Somme. Em junho, quando os alemães renovaram sua ofensiva em Verdun, os britânicos anteciparam a data da ofensiva no Somme. Em 1º de julho, mais de 100.000 soldados Aliados iniciaram uma batalha que iria durar até 18 de novembro. Nessa data, os Aliados não haviam conseguido tomar nenhuma cidade de qualquer tamanho e haviam sofrido 630.000 baixas. Os alemães também sofreram perdas terríveis. Falkenhayn, antes de ser removido do comando em agosto de 1916, havia insistido que “nenhum pedaço de chão deve ser voluntariamente abandonado”. Ao lutar para defender cada pedaço de chão no Somme, os alemães contabilizaram mais de 660.000 baixas.

Participação francesa no Somme
Embora não tenham desempenhado um papel tão grande quanto originalmente planejado na Batalha do Somme, os franceses tiveram mais sucesso do que os britânicos durante o avanço inicial.

VERDUN

21 DE FEVEREIRO A 18 DE DEZEMBRO DE 1916

A enorme ofensiva armada pelos alemães a nordeste de Verdun em 21 de fevereiro resultou, inicialmente, em ganhos limitados. Os alemães, então, detiveram-se temporariamente no final de fevereiro e, embora tenham lançado vários novos ataques nos meses seguintes, não conseguiram capturar Verdun. Em 24 de outubro, os franceses lançaram um contra-ataque que fez os alemães recuarem para uma posição a 8 km de sua linha original.

12 DE FEVEREIRO
Uma pesada nevasca obriga as forças alemãs a adiar o ataque

21 DE FEVEREIRO
Começa a ofensiva alemã. Depois de uma barragem de artilharia de 9 horas, os alemães ocupam a primeira linha de trincheiras francesas

25 DE FEVEREIRO
O Forte Douaumont cai para uma pequena força atacante. Joffre encarrega Pétain da defesa de Verdun

26 DE FEVEREIRO
Fim da ofensiva alemã inicial

6 DE MARÇO
Alemães transferem as operações principais para a margem oeste do rio Meuse. Lutas violentas seguem-se nos montes Le Mort Homme e Côte 304 por todo o mês de março

31 DE MARÇO
Vaux tomada pelos alemães

2 DE ABRIL
Contra-ataque francês recupera parte de Vaux

9 DE ABRIL
Alemães lançam ofensiva em ambos os lados do Meuse. Tomam um cume secundário, mas não o pico, de Le Mort Homme

1º DE MAIO
Nivelle nomeado comandante do II Exército francês

3 DE MAIO
Ataque alemão renovado a Le Mort Homme

6 DE MAIO
Alemães tomam Côte 304

1º DE JUNHO
Alemães lançam ofensiva e avançam para o Forte Vaux

4 DE JUNHO
Começa a Ofensiva Brusilov

7 DE JUNHO
Defensores do Forte Vaux forçados a se render

8 DE JUNHO
Fortificação em Thiaumont tomada pelos alemães e imediatamente recapturada; ela mudará de mãos 16 vezes

22 DE JUNHO
Alemães usam gás fosgênio em ataque em Fleury

23 DE JUNHO
Início de bombardeio preliminar no Somme

23 DE JUNHO
Fracassa tentativa alemã de tomar o Forte Souville

1º DE JULHO
Início da Batalha do Somme

10 DE JULHO
Início da ofensiva alemã final. Unidades isoladas alcançam o Forte Souville antes de serem destruídas

14 DE JULHO
Contra-ataque do Dia da Bastilha pelos franceses

17 DE AGOSTO
Fleury recapturada pelos franceses

28 DE AGOSTO
Falkenhayn rebaixado do posto de comandante-em-chefe

20 DE SETEMBRO
Fim da Ofensiva Brusilov

24 DE OUTUBRO
Ofensiva francesa toma o Forte Douaumont

2 DE NOVEMBRO
Recaptura do Forte Vaux pelos franceses

18 DE NOVEMBRO
Fim da Batalha do Somme

15 DE DEZEMBRO
Ofensiva francesa final resulta na recaptura de Louvemont e Bezonvaux

LEGENDA
- Ofensivas alemãs e contra-ataques franceses menores 21 de fev. a 10 de jul.
- Contra-ataques franceses 14 de jul. a 15 de dez.
- Outros eventos

A Batalha de Verdun

O momento da morte
Esta imagem, que se pensava ser uma foto de um filme alemão sobre a Batalha de Verdun, mostra um soldado francês sendo lançado para trás pela força de um projétil. Ele foi apenas uma das mais de 500.000 baixas francesas na batalha.

Verdun era uma cidade fortificada cercada por um anel de fortes que eram guardados por guarnições reduzidas e quase não tinham artilharia pesada. Estas haviam sido enviadas para os campos de combate de Champagne em 1915 por um alto-comando francês que não via necessidade de manter posições defensivas fortes em Verdun. Enquanto o alto-comando não acreditava que os alemães fossem atacar Verdun, Falkenhayn fazia seus preparativos cuidadosamente no início de 1916 para lançar uma ofensiva no setor diante da cidade que "sangraria a França até a morte".

Numa enorme proeza de organização, os alemães moveram cerca de 1.400 peças de artilharia até uma frente de 5 km a leste do rio Meuse, prontos para um ataque de seu V Exército em 12 de fevereiro de 1916. No dia, uma violenta nevasca forçou a um adiamento e deu aos franceses a oportunidade de fazer algumas melhorias muito necessárias em suas defesas.

O V Exército alemão possuía uma vantagem clara sobre o II Exército francês oponente. Na frente de 5 km entre o Meuse e o Orne, onde as principais operações seriam realizadas, os alemães haviam reunido nove divisões, em comparação com as duas divisões disponíveis para os franceses. Além dessa vantagem numérica, os alemães tinham uma vantagem de 4 para 1 em artilharia e haviam garantido uma nítida superioridade no ar.

Os alemães também tinham uma notável vantagem logística. O V Exército era servido por não menos do que uma dúzia de linhas de trem, das quais dez eram de bitola larga, e haviam assegurado pontes sobre o Meuse. Três linhas ferroviárias confluíam em Verdun, mas a rota sul havia sido interrompida pela captura alemã de St. Mihiel em 1914, enquanto a rota principal para Paris podia ser fechada por fogo de artilharia alemão. Isso deixava os franceses com a combinação totalmente inadequada de uma ferrovia de bitola estreita e uma estrada, ambas vindas de Bar-le-Duc, pelas quais se dava o transporte de homens e suprimentos. Também não possuíam nenhum meio rápido de transferir forças de uma margem do Meuse para a outra, exceto por Verdun.

Avanço para o Forte Douaumont

A ofensiva alemã por fim teve início em 21 de fevereiro, com um disparo de um canhão naval Krupp de 380 mm que atingiu a catedral de Verdun a quase 32 km de distância. Depois de um maciço bombardeio de artilharia de nove horas, que enterrou vivos muitos soldados franceses em suas trincheiras, três unidades alemãs, num total de 140.000 homens, começaram a avançar às 16h. No final do dia, uma das unidades havia ocupado o Bois d'Haumont, mas as outras duas encontraram maior resistência do que tinham previsto. As tropas francesas lutaram tenazmente, fazendo contra-ataques locais diante de um contínuo ataque de artilharia. Não conseguiram, porém, conter o avanço alemão por mais de uma ou duas horas e, no dia 25, os alemães chegaram a Douaumont, o maior dos fortes que circundavam Verdun.

Muitos dos canhões de Douaumont tinham sido removidos no ano anterior e 500 soldados de infantaria haviam sido retirados do local. Quando o regimento alemão avançou em sua direção, a maior parte dos seis canhoneiros regulares e 57 canhoneiros territoriais que guarneciam o forte estava dentro, assistindo a uma palestra. Apenas um canhão encontrava-se em ação quando os alemães passaram pelos poucos defensores nas trincheiras circundantes, e um único sargento alemão subiu ao forte. Esse sargento conseguiu encontrar e trancar os artilheiros e os soldados que estavam assistindo à palestra e logo recebeu a companhia de dois oficiais alemães, um dos quais assumiu o comando do forte. Douaumont havia sido perdido sem um único tiro disparado em sua defesa.

Resistência francesa

A perda de Douaumont foi um desastre para os franceses e poderia ter levado à decisão de retirar-se de Verdun para uma linha mais defensável. Em vez disso, Pétain, o respeitado general indicado na noite do dia 25 para organizar a defesa de Verdun, preparou-se para manter a cidade fora das mãos dos alemães. O exército francês despejou homens, artilharia e aeronaves na área enquanto começava um degelo de primavera que transformou a região em um atoleiro, aumentando as dificuldades dos soldados de ambos os lados. O pintor expressionista alemão Franz Marc viria a escrever, em 3 de março: "Durante dias, eu vi apenas as coisas mais terríveis que podem ser imaginadas por uma mente humana." No dia seguinte, ele estava morto, uma das mais de 400.000 baixas que seriam sofridas pelos alemães no setor de Verdun.

No final de fevereiro, os franceses haviam garantido uma igualdade pelo menos aproximada no ar e no número de armas pesadas na área. Pétain, uma influência firme e inspiradora, ordenou o rearmamento dos fortes em torno de Verdun e a extensão das trincheiras e posições de campo, para que infantaria e fortes pudessem apoiar-se melhor. Ainda assim, nos dois meses seguintes a situação francesa no alto Meuse permaneceu desesperadora.

Na Alemanha, a queda de Douaumont foi vista como uma vitória que prenunciava a queda de Verdun. Na realidade, as melhores chances de vitória da Alemanha haviam ficado para trás no dia 25. Se o ataque não tivesse sido adiado por nove dias, o V Exército teria encontrado uma defesa totalmente despreparada. De qualquer modo, um ataque total de infantaria no primeiro dia poderia ter capturado a posição francesa. Fora um erro restringir o ataque à margem oriental do Meuse, o que fez com que as forças alemãs, mesmo nos dias 22 e 23, ficassem sujeitas ao pesado fogo de flanco da artilharia francesa que estava concentrada nas colinas do outro lado do rio.

La Voie Sacrée

A estrada entre Bar-le-Duc e Verdun desempenhou um papel tão vital na batalha que foi subseqüentemente batizada de Voie Sacrée, ou Caminho Sagrado. Ao longo de seus 72 km, dia e noite, havia normalmente 3.500 caminhões em movimento, transportando homens, munição e suprimentos para a cidade sitiada. Durante a crise inicial de 21 de fevereiro a 6 de março, passaram por ela 23.000 toneladas de munição, 2.500 toneladas de outros materiais e 190.000 homens. Um caminhão passava a cada 14 segundos, submetendo a superfície da estrada a um desgaste considerável. Em dez meses, 8.500 homens de 16 batalhões de trabalho empenharam-se em manter a estrada em bom estado de conservação e aberta ao tráfego.

A unidade especial responsável pelo controle do tráfego e manutenção dos veículos tinha 300 oficiais e 8.500 soldados; sempre havia uns trinta caminhões quebrados pela estrada e equipes de serviço à sua volta. Um veículo quebrado era imediatamente removido para a lateral da pista, para não interromper o fluxo de suprimentos preciosos. Oficinas de automóveis em Bar-le-Duc e Troyes trabalhavam sem cessar, assim como as prensas hidráulicas que produziam pneus de borracha sólida.

Ao lado da estrada havia uma ferrovia de bitola estreita e uma só linha, *Le Meusien*. Esta podia transportar cerca de 1.800 toneladas de suprimentos por dia. Por ela seguia a maior parte dos alimentos para o exército em Verdun – cerca de 16.600 oficiais e 420.000 soldados, sem contar os 136.000 cavalos e mulas – e voltavam muitos dos feridos na frente.

Reformando a estrada
Membros de 16 batalhões de trabalho repavimentaram a estrada, quebrando e dando forma às pedras que eles tiveram de escavar antes.

Entrando na fila
A infantaria francesa alinha-se na Voie Sacrée para ser transportada à frente. A estrada era estreita em fevereiro, mas logo teve sua largura duplicada por ordem de Pétain.

AÇÃO NA MARGEM OESTE

Em 6 de março, os alemães iniciaram uma tentativa de limpar a margem oeste e capturar Le Mort Homme e Côte 304. A luta pela posse dessas duas colinas prosseguiu pelo mês inteiro. Continuava também na margem leste, em torno das ruínas da aldeia de Vaux, que, em um mês, mudou de mãos 13 vezes.

Em 9 de abril, os alemães lançaram uma ofensiva de ambos os lados do rio, numa frente de 32 km. Tomaram o cume secundário de Le Mort Homme no primeiro dia, mas, subseqüentemente, fracassaram na tentativa de tomar o pico. Quatro dias depois, todas as operações na margem oeste foram interrompidas sob uma chuva incessante. A luta, porém, prosseguiu na margem leste, em torno dos fortes Douaumont e Vaux, por todo o mês de abril.

O Quinto Exército alemão havia perdido cerca de 120.000 homens até o fim de abril. No entanto, em 3 de maio, renovou suas ações na margem oeste do Meuse com a mesma força de homens e artilharia do que no início da campanha, dez semanas antes. Pétain mantivera posições defensivas avançadas na margem oeste do Meuse para proteger o pico principal de Le Mort Homme e da colina vizinha Côte 304. Os franceses, porém, não conseguiram resistir ao novo avanço alemão. Em 6 de maio, os alemães haviam obtido o controle de Côte 304 e, até o final do mês, expulsaram todas as tropas francesas de Le Mort Homme.

Os franceses, agora sob o comando de Nivelle, lançaram uma série de ataques na margem leste, um dos quais alcançou, mas não conseguiu retomar, o Forte Douaumont em 22 a 23 de maio. Foi só em 1º de junho que os alemães puderam empreender uma ofensiva renovada na margem leste e avançar para o Forte Vaux, onde encontraram uma resistência particularmente forte.

Raynal, líder da defesa do Forte Vaux
Quando o major Raynal, mostrado aqui flanqueado por seu suplente e um oficial alemão, foi finalmente forçado a entregar o Forte Vaux, os alemães trataram-no como um herói.

BATALHA DE VERDUN

21 DE FEVEREIRO – 18 DE DEZEMBRO DE 1916

A batalha diante de Verdun foi a mais longa batalha individual da Primeira Guerra Mundial. Foi a única grande ofensiva alemã realizada na Frente Ocidental entre novembro de 1914 e março de 1918 e colocou a França perigosamente perto de uma derrota desastrosa em vários momentos entre fevereiro e julho de 1916. Os ataques alemães na margem leste do Meuse em fevereiro resultaram na captura do Forte Douaumont e forçaram os franceses a abandonar a planície de Wöevre, mas não conseguiram garantir nenhuma grande vantagem tática para os alemães. Em março e abril, eles capturaram as principais posições francesas na margem oeste antes de se verem envolvidos em novos ataques e contra-ataques na margem leste nos quais, depois de julho, nenhum lado conseguiu obter vantagem. Essa situação mudou em outubro, quando os franceses iniciaram uma série de ataques que resultaram na recaptura do Forte Douaumont e no final da batalha.

LEGENDA

- Linha de frente francesa
- Linha de frente alemã
- Avanço alemão
- Avanço francês
- Forte/local fortificado
- Estrada
- Ferrovia

Os primeiros ataques alemães 18 de fevereiro a 30 de abril
Inicialmente, os alemães concentraram-se em atacar posições francesas na margem leste do Meuse. Isso foi um erro e, em março, eles começaram a atacar na margem oeste.

6 de março
Alemães deslocam seu ataque para a margem oeste do Meuse

9 de abril
Um ataque renovado toma o cume secundário de Le Mort Homme, mas não o pico principal

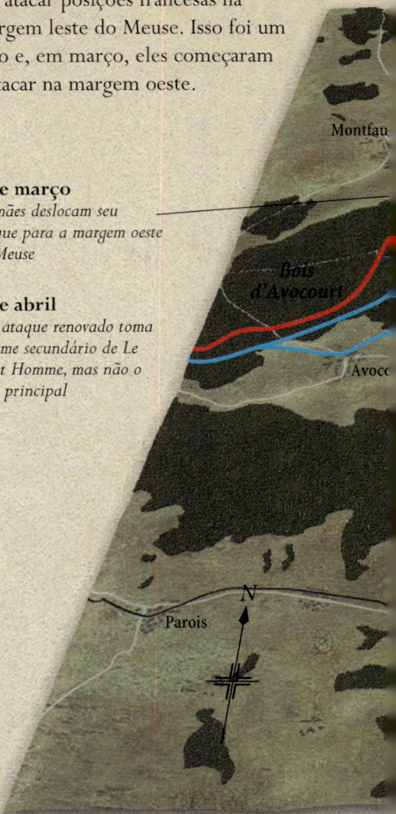

Trincheira na linha de frente francesa
Muitas trincheiras francesas em Verdun eram bastante básicas. Os soldados às vezes abrigavam-se da chuva em buracos que eles próprios cavavam ao lado da trincheira, embora corressem o risco de ser enterrados vivos pela lama levantada pela explosão de um projétil nas proximidades.

21 de fev. a 6 de mar.
Alemães cometem um erro grave durante a primeira fase de sua ofensiva ao não atacar na margem oeste

21 de fev.
Ofensiva alemã começa. Bombardeio de artilharia de 9 horas pulveriza as defesas francesas

21 de fev.
Bois d'Haumont capturado no final do dia mas, nos outros locais, os alemães encontram mais resistência do que esperavam

24 de fev.
Linhas de trincheira francesas ao norte de Verdun rompidas

25 de fev.
Alemães tomam o Forte Douaumont sem que um tiro fosse disparado em sua defesa

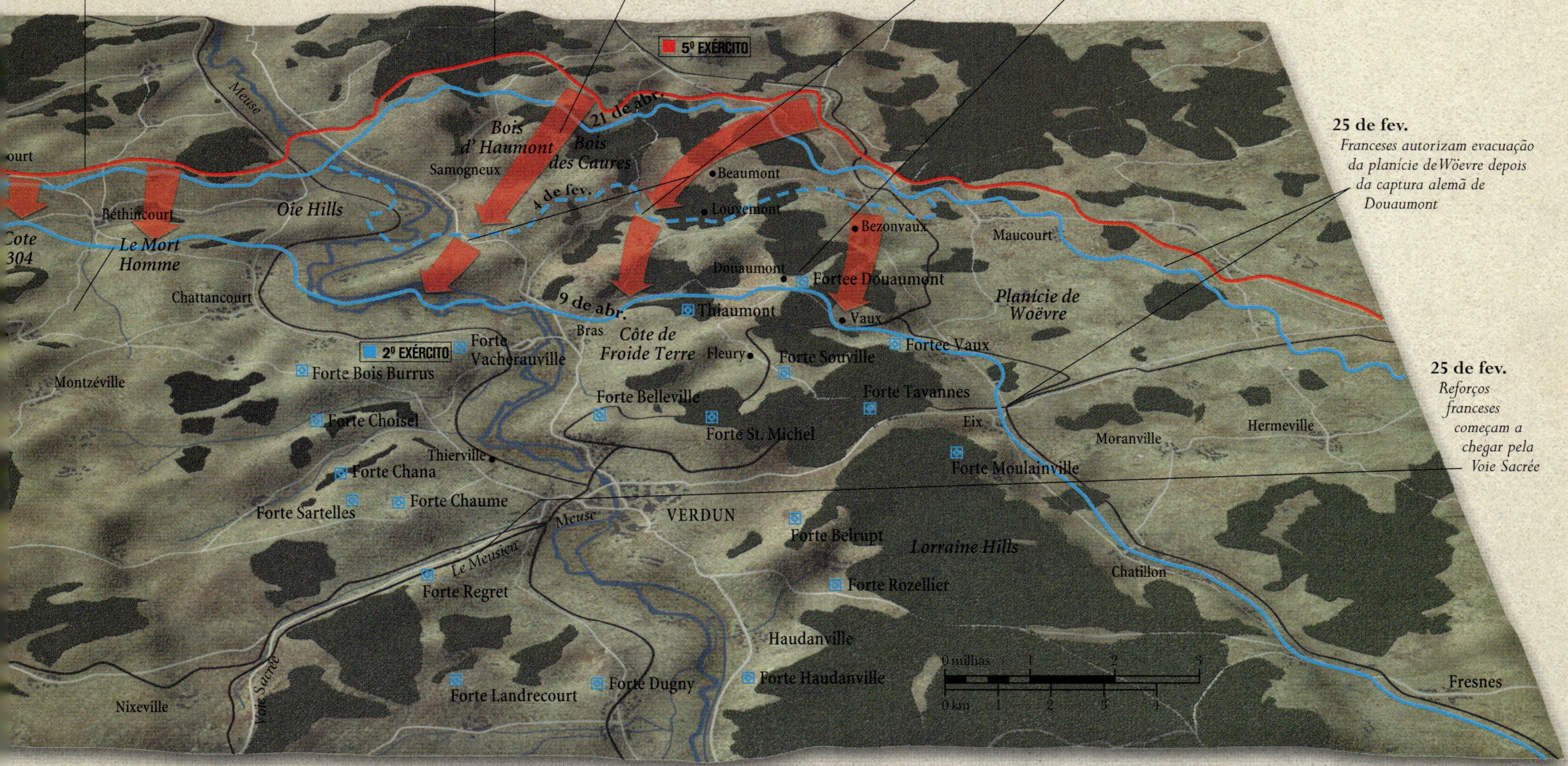

25 de fev.
Franceses autorizam evacuação da planície de Woëvre depois da captura alemã de Douaumont

25 de fev.
Reforços franceses começam a chegar pela Voie Sacrée

Desgaste na margem leste
1º de maio a 8 de agosto

Com a captura alemã das principais posições francesas na margem oeste, os alemães fizeram uma última tentativa de derrotar os franceses na margem leste antes do início da ofensiva do Somme.

3 de maio
Alemães renovam ofensiva na margem oeste do Meuse, tomando Côte 304 em 6 de maio

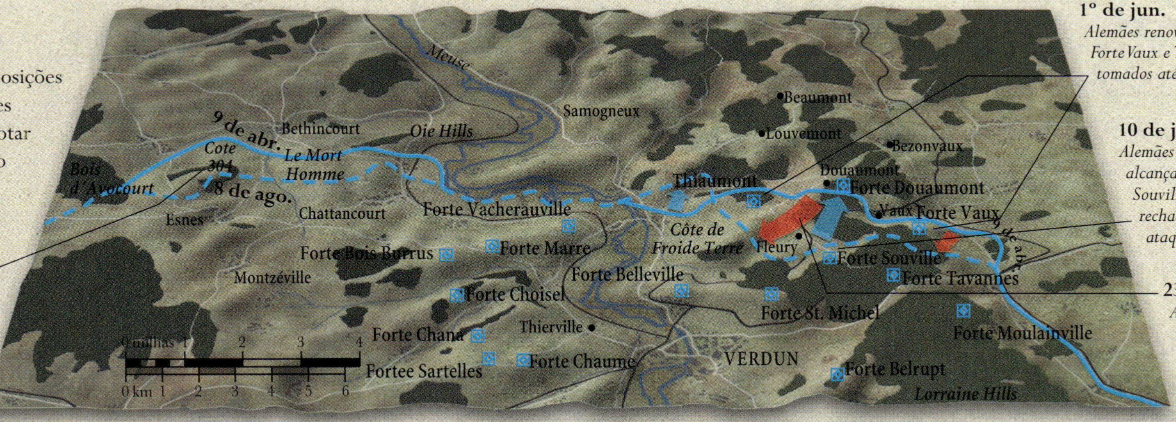

1º de jun.
Alemães renovam ataque. Forte Vaux e Thiaumont são tomados até 9 de junho

10 de jul.
Alemães conseguem alcançar o Forte Souville, mas são rechaçados por contra-ataques franceses

23 de jun.
Alemães chegam à linha de montanhas diante de Verdun e das pontes do Meuse e a Côte de Froide Terre

Ataques franceses
24 de outubro a 18 de dezembro

O comandante das forças francesas, Nivelle, iniciou uma série de ataques em 24 de outubro que fizeram com que os alemães recuassem na margem leste e acabaram com a ameaça que eles representavam para Verdun.

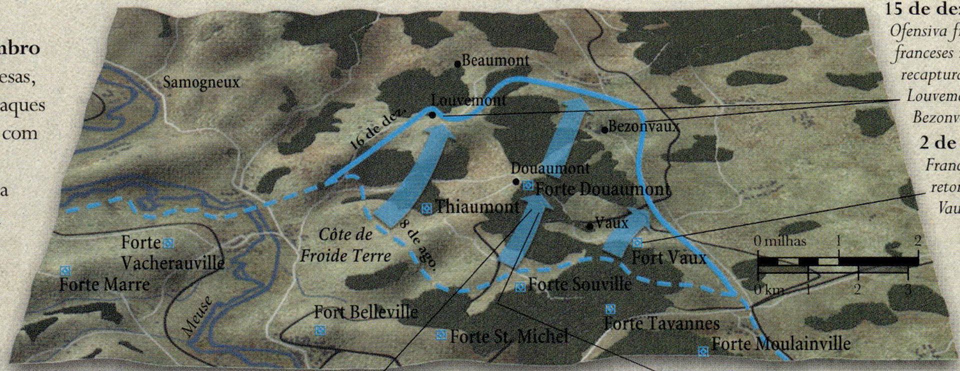

15 de dez.
Ofensiva final dos franceses resulta na recaptura de Louvemont e Bezonvaux

2 de nov.
Franceses retomam o Forte Vaux

General Pétain
Como comandante da defesa de Verdun (25 de fevereiro–30 de abril), Pétain a salvou de ser capturada.

19 de out.
Franceses iniciam seu mais pesado bombardeio preliminar da guerra até o momento contra o Forte Douaumont ocupado pelos alemães

24 de out.
Depois do bombardeio, os franceses lançam um contra-ataque e retomam o Forte Douaumont

Defesa do Forte Vaux

O bombardeio alemão do Forte Vaux começou em 1º de junho, em certo momento disparando projéteis à taxa de 1.500 a 2.000 por hora. Dentro do forte havia 600 soldados, muitos deles feridos, sob o comando do major Raynal. Logo antes do amanhecer do dia 2, a barragem de artilharia subitamente parou e dois batalhões alemães avançaram. No meio da tarde, eles haviam superado os defensores e ocupado uma grande parte da superestrutura. Raynal estava determinado a resistir, e ele e seus homens desceram aos corredores subterrâneos, onde uma batalha cruel foi travada na escuridão, com granadas e metralhadoras. Em 4 de junho, os alemães usaram lança-chamas em uma tentativa de expulsar os franceses com fumaça negra asfixiante. Com todo o contato por rádio interrompido, no meio do dia Raynal enviou sua última mensagem por pombo-correio: "Ainda estamos segurando nossa posição, mas estamos sendo atacados por gases e fumaça de caráter muito mortal. Precisamos de auxílio imediato. Ponha-nos em comunicação novamente com Souville agora mesmo para sinalização visual. Não temos resposta de lá aos nossos chamados. Este é o nosso último pombo!"

No dia seguinte, a primeira força de auxílio francesa chegou. Como as quatro que se seguiram, ela sofreu baixas terríveis ao tentar, sem sucesso, resgatar a guarnição. Os homens no forte sofriam agora com falta de água e, em seu desespero, estavam lambendo a umidade das paredes ou bebendo a própria urina. Em 7 de junho, Raynal decidiu que não havia alternativa a não ser a rendição. É digno de nota que a guarnição francesa, em sua corajosa defesa do forte, tenha sofrido 100 baixas; os alemães tiveram mais de 2.740.

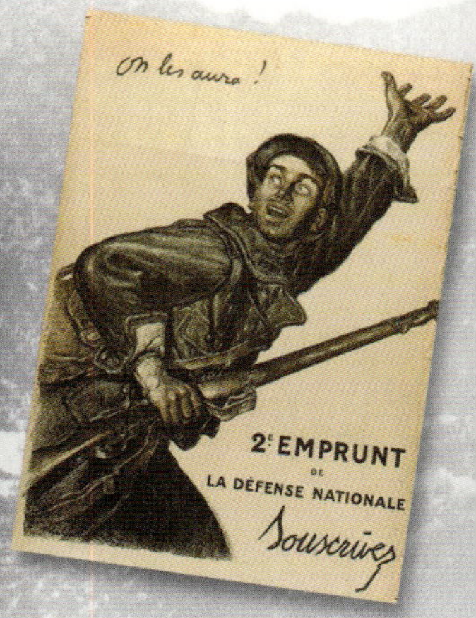

Trincheira perto de Douaumont
Os heróicos contra-ataques franceses em Verdun deram origem ao slogan "on les aura" ("vamos pegá-los"), usado aqui num cartaz de títulos negociáveis da guerra. Porém, embora os franceses tenham tido sucesso em recapturar os fortes de Verdun e ocupar as trincheiras alemãs, fizeram-no a um custo terrível. Quase 650.000 homens perderam a vida nos dez meses da batalha.

Em 8 de junho, o Quinto Exército alemão chegou à fortificação de Thiaumont, a 5 km de Verdun. Ao quase alcançar a última linha de resistência designada por Pétain diante da cidade, os alemães haviam infligido pesadas perdas aos franceses, pressionando suas defesas ao máximo. Os franceses viam-se agora diante da perspectiva muito real de perder Verdun e, com ela, muitos de seus canhões. Estavam, no entanto, determinados a defender a cidade a qualquer custo. Nas palavras de Pétain, escrevendo a Joffre em 11 de junho: "Verdun está ameaçada e Verdun não pode cair. A captura da cidade representaria para os alemães um enorme sucesso que elevaria grandemente seu estado de espírito e baixaria correspondentemente o nosso."

Na segunda semana de junho, quando as defesas em torno de Thiaumont consistiam basicamente de brechas, houve uma pausa nos combates. Em 4 de junho, fora lançada a Ofensiva Brusilov russa (ver páginas 148-50), que superara rapidamente as forças austro-húngaras oponentes ao longo de uma frente de 480 km. Falkenhayn foi, então, forçado a suspender as operações em Verdun para atender às necessidades da Frente Oriental.

> "Que banho de sangue, que imagens horríveis, que massacre. Não consigo encontrar as palavras para expressar meus sentimentos. O inferno não pode ser tão terrível."
>
> ALBERT JOUBAIRE, SOLDADO FRANCÊS EM VERDUN

Ofensiva alemã em Forte Souville

Os alemães renovaram sua ofensiva em Fleury em 22 de junho, com o objetivo de tomar o Forte Souville, que dava vista para Verdun e para todas as pontes do Meuse. Como o avanço de 21-25 de fevereiro, este avanço mais recente punha diante do alto-comando francês a decisão quanto a evacuar ou não a margem leste. No entanto, embora isso pudesse ser concebível em fevereiro, estava totalmente fora de questão em junho. Muito havia sido investido na defesa de Verdun e muita artilharia estava montada na margem leste para que os franceses aceitassem a derrota e reorganizassem suas defesas na margem oeste.

Surpreendidos pelo uso alemão de gás fosgênio perto do Forte Souville na noite de 22 de junho, os franceses perderam Fleury no dia seguinte. Um contra-ataque imediato, porém, deteve o avanço alemão por esse setor crítico. Uma nova ofensiva alemã planejada para o início de julho foi, então, adiada por dois dias devido a chuvas torrenciais que transformaram o campo de combate num lamaçal. O ataque foi, por fim, lançado à meia-noite do dia 10, com a artilharia francesa sendo envolvida em gás até bem depois de a artilharia alemã ter iniciado o avanço. Os alemães conseguiram chegar até Souville e fizeram novos progressos nos dois dias seguintes, mas estes foram eliminados por um contra-ataque francês no dia 14.

O fato de a batalha ter sido levada a Souville uma segunda vez foi reflexo do fracasso alemão em fazer a penetração decisiva. Uma vitória alemã em Verdun já não parecia uma possibilidade real. Isso não significava, porém, que a batalha tivesse terminado. O verão passou com uma série de ataques e contra-ataques locais. A ofensiva anglo-francesa do Somme, lançada em 1º de julho, impedia que o Quinto Exército alemão tivesse as reservas necessárias para uma retomada das operações de grande escala. De fato, submetidos repetidamente ao fogo de artilharia francês, os alemães teriam cedido muitos de seus ganhos se pequenas aldeias destruídas como Fleury não tivessem agora adquirido uma importância exagerada. Depois da dispensa de Falkenhayn em 28 de agosto, a liderança alemã procurou limitar as operações em Verdun conforme a pressão da França se intensificava.

O sucesso das ofensivas francesas nos últimos três meses da batalha derivou, em grande medida, da utilização da barragem rolante, uma inovação tática desenvolvida por Nivelle, em que o fogo de artilharia avançava em etapas, logo à frente do avanço da infantaria. Num ataque rápido em 24 de outubro, os franceses recapturaram o Forte Douaumont no processo de recuperar o terreno que o Quinto Exército alemão havia levado quatro meses para tomar. Em 2 de novembro, o Forte Vaux foi retomado. O ataque francês final de 15 de dezembro resultou na recaptura de Louvemont e Bezonvaux, perdidas nos primeiros dias do ataque alemão original. Ambos os lados, então, encerraram a batalha.

A resistência dos franceses em Verdun foi tão notável quanto imprevista por Falkenhayn quando este planejou sua ofensiva sobre a cidade. O estado de espírito dos franceses saiu fortalecido, mas a um custo elevado de estimadas 542.000 baixas, das quais metade resultaram em mortes. Também imprevisto por Falkenhayn foi o número de baixas alemãs. Os alemães perderam quase tantos homens quanto os franceses – 434.000 – para obter um avanço de apenas 8 km ou menos ao longo de uma frente de 32 km durante dez meses de luta.

Canhão ferroviário
Ambos os lados usaram canhões ferroviários em Verdun. Os franceses trouxeram dois grandes howitzers Modele 15 de 40 cm para golpear as defesas do Forte Douaumont antes de recapturá-lo em 24 de outubro.

Nieuport 17

Introduzido em março de 1916, o Nieuport 17 desempenhou um papel importante na recuperação francesa do controle dos céus sobre Verdun. Uma versão aperfeiçoada do Nieuport 11, o *bébé*, o primeiro caça a competir com sucesso contra o formidável Fokker Eindecker alemão, o maior Nieuport 17 foi logo apelidado de *superbébé*. Com um teto de 5.300 m, podia facilmente subir acima de seu principal rival, o Fokker E.III. Armado com uma única metralhadora Vickers, foi pilotado por muitos ases franceses, entre eles Charles Nungesser, de cujas 43 vitórias dez foram obtidas sobre Verdun. O Nieuport foi o primeiro avião a ser equipado com foguetes ar-ar. Em 22 de maio, cinco em cada seis balões alemães no setor de Verdun foram derrubados em chamas por pilotos franceses.

A metralhadora sincronizada Vickers .303 disparava através da hélice. Versões anteriores tinham uma metralhadora Lewis montada na asa superior

O motor rotatório de 9 cilindros e 110 hp produzia uma velocidade máxima de 177 km/h

Os suportes das asas eram com freqüência equipados com foguetes Le Prieur, usados para derrubar balões de observação

Observação e comunicação

Antes de 1914, a crença na primazia da ação ofensiva menosprezou, em grande medida, a necessidade de reconhecimento estratégico, enquanto cabia à cavalaria proporcionar reconhecimento tático adequado. Nas primeiras semanas da guerra, porém, aeronaves conduziram com sucesso operações de reconhecimento estratégico em Tannenberg e no Marne, e a cavalaria não conseguiu realizar um reconhecimento tático adequado.

Os sistemas de trincheiras, com uma área atrás do sistema inimigo a que o acesso era impossível exceto por ar, mudou as exigências. No plano estratégico, o reconhecimento adequado só podia ser realizado por aeronaves e câmeras. Equipamentos sem fio eram necessários para a transmissão rápida de relatórios. Os britânicos haviam projetado e testado um equipamento sem fio para aeronaves antes de agosto de 1914, mas só o puseram em uso geral em 1915. Durante a ofensiva Artois em maio, utilizaram aeronaves que avistavam alvos e avisavam a artilharia por código morse. Os teclados morse, no entanto, eram difíceis de usar durante o vôo e, em fevereiro de 1916, equipamentos aéreos de telefonia sem fio — a transmissão de mensagens de voz – foram testados pela primeira vez. Em vez de antenas, o primeiro aparelho tinha um fio longo e solto que precisava ser enrolado quando a situação exigisse. Um transmissor confiável tornou-se disponível em quantidade suficiente para equipar formações no início de 1917, mas os britânicos mantiveram a maioria das aeronaves com telefonia sem fio em torno de Londres, para defesa interna. Apenas dois esquadrões na Frente Ocidental estavam similarmente equipados e estes não receberam missões ofensivas, para evitar que um equipamento pudesse ser capturado e copiado. O alcance desses equipamentos era de cerca de 160 km, subindo para 290 km em 1918.

No plano tático, a observação desempenhava um papel crucial no direcionamento do fogo de artilharia e podia ser realizada em balões ligados por cabos telefônicos a postos de comando no solo. Os primeiros balões para reconhecimento tático foram produzidos pelos alemães e pelos franceses. Estes forneceram um balão para o exército britânico em maio de 1915. Nesse estágio, a responsabilidade por dirigíveis e balões era apenas da Royal Navy. Em 1916, o Royal Flying Corps havia assumido a responsabilidade pelos balões na Frente Ocidental, embora suas tripulações de dois homens viessem exclusivamente da artilharia. Por fim, os britânicos viriam a ter uma companhia de balões para cada um de seus cinco exércitos na Frente Ocidental.

Cápsulas de mensagens
Cápsulas eram usadas para enviar mensagens escritas para outros pontos da linha.

Comunicação telefônica
O telefone de campo possibilitava que os oficiais de observação avançados da artilharia transmitissem os resultados dos bombardeios para os artilheiros, para que estes pudessem ajustar sua mira.

Vista de cima
Um soldado em uma escada dentro desta árvore falsa olhava por um orifício de observação e passava informações sobre as posições inimigas para um colega, que as transmitia à bateria de artilharia.

Comunicação sem fio
Equipamentos sem fio que recebiam e transmitiam mensagens em morse eram usados pelos soldados depois que eles avançavam além do alcance dos cabos dos telefones de campo.

Telefone de campo portátil
Um telefone portátil era carregado em uma bolsa de couro a tiracolo. Além de um fone para comunicação oral, ele tinha um teclado para transmitir em morse quando a linha ficava muito barulhenta, impedindo que a fala fosse ouvida com clareza.

Observação de grande altura
Balões ancorados ao solo eram uma maneira ideal de observar atividades inimigas, mas o operador tinha pouca chance de sobrevivência se um balão cheio de gás fosse incendiado por fogo inimigo.

Explosivos luminosos
Foguetes de sinalização de magnésio, conhecidos como *star shells*, eram disparados no ar para enviar sinais pré-combinados, com freqüência usando diferentes cores. Alguns projéteis tinham pára-quedas que tornavam sua descida mais lenta. *Star shells* também eram usados para iluminar territórios em disputa e revelar atividades inimigas.

Cães mensageiros
Cães eram usados por ambos os lados para levar mensagens entre trincheiras em tubos presos na coleira. Eles eram treinados para pular arame farpado e sua velocidade e agilidade faziam com que fossem alvos difíceis para os atiradores.

Correio por pombos
Muitas vezes o único meio de comunicação eram os pombos-correio, amplamente usados para levar mensagens da frente para o quartel. Durante o cerco alemão do Forte Vaux perto de Verdun, os defensores franceses fizeram uso de pombos para levar seus pedidos de ajuda.

De qualquer modo, a França pagou muito caro para evitar a derrota em Verdun. Muitas divisões francesas que se dirigiam a Verdun viram-se como carneiros sendo conduzidos ao matadouro. Quando se aproximavam, ouviam o estrondo constante dos grandes canhões, lembrando-os, nas palavras de um soldado, de "uma forja gigantesca que não parava dia e noite". Por toda a volta havia um mar de lama em que se destacavam uns poucos tocos de árvore solitários – tudo o que restava da antes extensa floresta. As chamadas trincheiras de comunicação que começavam a 3 km da linha de frente eram, com freqüência, pouco mais do que valas cercadas de crateras de projéteis de canhão cheias de água em que soldados pesadamente carregados podiam cair e se afogar. Pairando sobre esse cenário desolador havia invariavelmente nuvens de fumaça e o odor de corpos em decomposição. Poucos conseguiram passar por essa experiência sem ficar psicologicamente marcados pelo resto da vida.

Ao contrário dos alemães, que traziam reforços para as divisões que estavam posicionadas, os franceses faziam revezamento das divisões na linha de frente. Como resultado, quatro quintos do exército francês serviram na mais longa e uma das mais terríveis batalhas da guerra.

Ação na Crista de Vimy

Enquanto os franceses despejavam praticamente todas as suas forças no setor de Verdun, os britânicos estavam ativos na Crista de Vimy, em Artois. No outono de 1915, os franceses haviam abandonado a luta para recapturar a crista dos alemães. Em vez disso, passaram os meses de inverno cavando túneis profundos e criando um sistema de galerias subterrâneas. No entanto, como os britânicos viriam a descobrir em sua chegada em março, os alemães haviam cavado ainda mais profunda e extensamente. Teve início uma batalha pelo controle das minas, em que cavadores de túneis de ambos os lados tentavam explodir seções da linha acima. Em meados de março, oito companhias de escavação de túneis britânicas e cinco francesas haviam começado a conseguir o controle, mas, em 21 de maio, os alemães lançaram uma ofensiva surpresa que teve início com um bombardeio intenso da linha de frente britânica. Os que sobreviveram ficaram semi-enterrados e incapazes de impedir os alemães de avançar e construir uma nova linha.

No dia 23, os alemães começaram novamente a bombardear as linhas britânicas. Embora dessa vez os britânicos estivessem prontos para lançar sua própria ofensiva, eles perderam muitos homens para os precisos bombardeios alemães. No final de maio, os britânicos haviam sofrido quase 2.500 baixas, em comparação com mais de 1.340 dos alemães. Com o alto-comando britânico recusando-se a transferir qualquer artilharia do Somme para a Crista de Vimy, não havia nenhuma probabilidade de os alemães serem expulsos da crista no futuro imediato.

A Rússia contra-ataca

A FRENTE ORIENTAL

18 DE MARÇO DE 1916 A JANEIRO DE 1917

Com o objetivo de reduzir a pressão alemã sobre os franceses em Verdun, os russos iniciaram uma ofensiva em março ao norte do rio Pripet, mas pouco foi conseguido. Muito mais bem-sucedida foi a Ofensiva Brusilov ao sul do Pripet em junho, embora tenha durado apenas até setembro. Os romenos invadiram o Império Austro-Húngaro em agosto, provocando, em conseqüência, uma campanha de conquista por parte das Potências Centrais que terminou com a derrota da Romênia.

18 DE MARÇO DE 1916
Começa ofensiva russa partindo de posições a leste de Vilna; ganhos limitados ao custo de muitas baixas

4 DE ABRIL DE 1916
Brusilov assume posição como comandante do Grupo do Exército do Sudoeste russo

14 DE ABRIL
Batalha de Naroch termina depois que os russos são derrotados pelos alemães

14 DE ABRIL
Brusilov propõe ofensiva com uma frente ampla

6 DE JUNHO
Russos capturam Lutsk; reforços alemães despachados de Verdun; austríacos de Trentino

4 DE JUNHO
Início da Ofensiva Brusilov; linha austríaca logo rompida em dois pontos

16 DE JUNHO
Alemães iniciam contra-ataque; poucos ganhos conseguidos

18 DE JUNHO
Czernowitz cai para os russos

28 DE JULHO–17 DE AGOSTO
Batalha de Kowel; russos não conseguem tomar a cidade

MEADOS DE AGOSTO
Liberação de tropas alemãs da Frente Ocidental faz com que as Potências Centrais tenham agora mais divisões ao sul do Pripet do que a Rússia

27 DE AGOSTO
Romênia declara guerra ao Império Austro-Húngaro

27 DE AGOSTO
Romênia invade a Transilvânia

1º DE SETEMBRO
Exército do Danúbio de Mackensen, constituído de búlgaros, turcos e alemães, invade Dobruja, vindo do sul

18 DE SETEMBRO
Falkenhayn chega para assumir o comando da campanha da Romênia. IX Exército austro-alemão inicia ataque no Passo de Vulcano

20 DE SETEMBRO
Ofensiva Brusilov interrompida

20 DE SETEMBRO
Romenos, ajudados por forças russas e sérvias, detêm avanço do Exército do Danúbio

16 DE OUTUBRO
Russos iniciam ataque em direção a Vladimir-Volynskiy numa tentativa mal-sucedida de retomar a Ofensiva Brusilov

10 DE OUTUBRO
Maior parte das tropas romenas expulsa da Transilvânia

21 DE NOVEMBRO
Craiova cai para as forças de Falkenhayn

23 DE NOVEMBRO
Parte do exército de Mackensen atravessa o Danúbio para unir-se a Falkenhayn no ataque a Bucareste

5 de DEZEMBRO
Campos de petróleo de Ploesti explodidos pelos britânicos

6 de DEZEMBRO
Queda de Bucareste

7 de DEZEMBRO
Início da retirada romena em todas as frentes

7 de JANEIRO de 1917
Termina a campanha da Romênia

LEGENDA

- Ofensiva do lago Naroch — 18 de mar. a 14 de abr.
- Ofensiva Brusilov — 4 de jun. a 20 de set.
- Campanha da Romênia — 27 de ago. 1916–7 de jan. 1917

Simulando coragem
Esta foto de soldados da linha de frente russa não dá indicação da escassez de equipamento que atormentou o exército desde o início da guerra, nem do espírito de derrotismo que se espalhava pelas tropas no início de 1916.

Na primavera de 1916, os exércitos russos tinham duas vezes mais homens que os alemães e os austro-húngaros tanto no setor norte como no central da Frente Oriental, mas apenas um número mais ou menos equivalente no sul. Era, portanto, previsível que, quando solicitados pelos franceses a armar um ataque que desviasse a atenção dos alemães de Verdun, os russos escolhessem fazê-lo ao norte do rio Pripet e avançar em direção a Vilna (Vilnius). A cidade lituana continha um importante terminal ferroviário e estava no centro de uma grande rede rodoviária, o que significava que valia a pena recapturá-la dos alemães.

Vilna e o lago Naroch

A ofensiva russa teve início em 18 de março. Houve, porém, uma notável falta de coordenação entre os grupos do exército e entre a artilharia e a infantaria. Havia também pouco conhecimento das posições do inimigo devido à falta de operações de reconhecimento, o que forçou boa parte da artilharia a disparar às cegas: um dos bombardeios de artilharia veio a ser conhecido como "*son et lumière* de Pleshknov" (este sendo o comandante da unidade). Apesar do comprimento da frente, os ataques eram muito estreitamente dirigidos, com o resultado de que as forças atacantes eram massacradas por fogo de flanco. As tropas russas que conseguiram chegar às trincheiras alemãs viram-se bombardeadas pela artilharia inimiga, que havia recebido alerta com duas semanas de antecedência do que viria a acontecer como resultado da tão comum falta de discrição russa. Apenas em um setor, em torno do lago Naroch, onde os russos atacaram no dia 21 sobre o gelo e através de um espesso nevoeiro, eles obtiveram algum sucesso. No entanto, os poucos pequenos ganhos foram eliminados pelos contra-ataques alemães em abril.

Talvez o único aspecto surpreendente dessa ação foi o fato de os alemães terem sido obrigados a mover três divisões para os setores ameaçados e sofrido 20.000 baixas. Os exércitos russos perderam cerca de 110.000 homens, entre eles 12.000 mortes devidas ao frio. De acordo com os números dos próprios russos, 300.000 soldados russos, com apoio de artilharia em uma escala maior do que estava disponível mesmo para as Potências Centrais em 1914 e 1915, haviam sido derrotados por 50.000 alemães. O fracasso afetou duramente o estado de espírito dos exércitos russos nesse setor.

O EXÉRCITO RUSSO

DISTINTIVO NO CAPACETE

Em 1914, o exército russo tinha cerca de 1,3 milhão de homens, com uma reserva de uns 4 milhões. Em teoria, havia um adicional de 22 milhões de homens em idade de combate, mas quase metade desses foi dispensada do alistamento. Havia uma crença na Europa de que o exército russo teria um efeito de rolo compressor, porém isso não se concretizou. Só em 1914, a Rússia perdeu o equivalente à sua força de primeira linha e, em sua retirada desastrosa da Polônia em 1915, perdeu mais 3 milhões. Como resultado, recrutamentos sucessivos apenas cobriam as perdas, em vez de aumentar os números. Havia também uma escassez de oficiais treinados, a maioria dos quais foram mortos em 1914-15. Em 1916, um regimento de infantaria de 3.000 soldados tinha apenas 12 oficiais.

Os russos não haviam previsto uma guerra prolongada e sofreram com escassez de material durante todo o ano de 1915. A produção de 70.000 fuzis por mês ficava muito longe do necessário – subestimado em 200.000 por mês – e reforços desarmados eram uma cena comum em 1915. A necessidade de importar 2.300.000 fuzis também deu origem a problemas logísticos causados por existirem dez tipos de fuzis diferentes em serviço.

No verão de 1916 o exército estava mais bem equipado e organizado, mas no outono, os crescentes problemas econômicos da Rússia afetavam as tropas, que iam ficando cada vez mais mal alimentadas e malvestidas. Mais nefasto ainda era o fato de que a Rússia estava no fim de seus recursos humanos. Depois de março de 1917, as reservas disponíveis sequer cobriam as perdas normais.

Cavalaria russa
As principais armas da cavalaria eram a lança e o sabre. Eles também levavam um fuzil preso ao ombro.

Punhais
Um punhal como este, com punho e bainha entalhados, era levado pelo artilheiro para ser usado em combate corpo-a-corpo em vez de uma baioneta.

PAPAKHA

DRAGONAS

CASACO

Granada de mão
Com um design pré-guerra, esta granada de cabo tinha uma espoleta de tempo eficaz que era ativada quando a granada saía do cabo.

Revólver
Este revólver Moisin-Nagant teria sido usado por metralhadores e artilheiros.

Uniforme russo
O cáqui foi adotado pelos russos como a cor para seus uniformes desde 1907. O chapéu de inverno, o *papakha*, tem o emblema oval com as cores dos Romanov.

Fuzil Moisin-Nagant
Como todos os fuzis russos, este fuzil de 7,62 mm era usado com sua baioneta fixada. A produção de fuzis chegou a 111.000 por mês em 1916, mas a demanda ainda superava em muito a oferta.

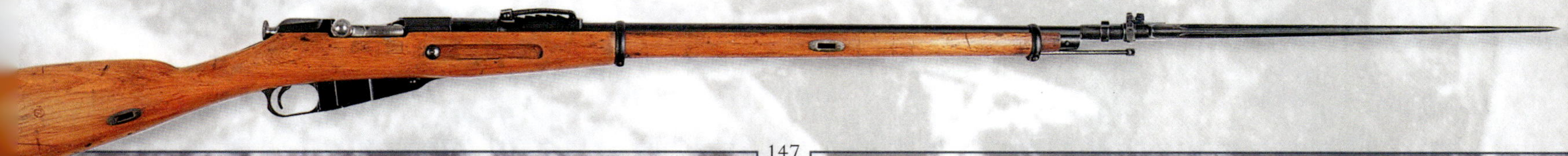

A OFENSIVA BRUSILOV

Depois do fracasso em Naroch, o novo comandante da Frente Sudoeste russa, Brusilov, fez uma proposta radical. Era evidente que preparativos demorados e bombardeios prolongados sacrificavam o elemento-surpresa e permitiam que o defensor garantisse a presença de reservas suficientes em posição para contrapor-se a qualquer tentativa de penetração. Além disso, a relativa escassez de armas e munição forçava a concentração em frentes muito estreitas, facilitando ainda mais a recuperação de brechas que fossem abertas. Brusilov recomendou que os exércitos sob seu comando deveriam lançar uma ofensiva geral, com cada exército atacando ao longo de frentes de 48 km depois de um rápido bombardeio, ocupando, desse modo, as reservas inimigas e evitando um contra-ataque eficaz. Dando atenção cuidadosa aos planos de fogo da artilharia, assegurando a coordenação estreita entre artilharia e infantaria, cavando túneis a até 100 m das posições inimigas e construindo abrigos defensivos para as reservas, Brusilov procurava minimizar as deficiências. Sua fórmula representava um afastamento radical de qualquer coisa vista anteriormente na Frente Oriental.

Prisioneiros austro-húngaros
As forças austro-húngaras na Galícia estavam completamente despreparadas para a ofensiva lançada por Brusilov em 4 de junho e, em 10 de junho, mais de 193.000 soldados tinham sido levados prisioneiros pelos russos.

O FRACASSO AUSTRO-HÚNGARO

As propostas de Brusilov não foram bem recebidas dentro do alto-comando russo. No entanto, as derrotas dos italianos no Trentino em maio (ver páginas 232-33) levaram a solicitações de uma ofensiva de distração russa e, com apenas quatro exércitos da Frente Sudoeste capazes de entrar em ação imediata, Brusilov foi autorizado a iniciar as operações em 4 de junho.

A Ofensiva Brusilov resultou em desastre para os quatro exércitos austro-húngaros ao longo da frente de 480 km que se estendia do Pripet a Czernowitz. Esparsamente dispostos por uma frente extensa, eles haviam depositado confiança excessiva nas fortes posições defensivas que prepararam e, num erro crítico, não esperavam por um ataque. Em muitos setores, haviam cavado trincheiras de até 8 m de profundidade – às vezes cinco linhas delas – e, com suprimentos de comida e água suficientes, as tropas sentiam-se comparativamente confortáveis.

Avanço no sul
A Ofensiva Brusilov, lançada em 4 de junho em uma frente de 480 km, foi inicialmente muito bem-sucedida em pegar os austro-húngaros totalmente de surpresa. Houve importantes rupturas nas linhas inimigas perto de Lutsk e Czernowitz, mas a ofensiva começou a ceder em julho.

O bombardeio russo em 4 de junho pegou os austro-húngaros totalmente de surpresa. As forças russas que avançavam por trás viram muitas forças inimigas ficarem encurraladas em seus abrigos profundos sem alternativa a não ser se render.

Imediatamente ao sul dos pântanos de Pripet, o VIII Exército russo sob o comando de Kaledin avançou por uma frente de 30 km em direção à cidade de Lutsk, que foi capturada em 6 de junho depois de vencido o IV Exército austro-húngaro. Em 10 de junho, o IV Exército havia perdido 60.000 homens e, apesar de ser ajudado pelo terreno pantanoso que limitava os ataques russos, não conseguiu mais do que segurar as investidas russas que pretendiam eliminar posições alemãs. O auxílio só chegaria em 16 de junho, quando quatro divisões alemãs retiradas de Verdun e quatro divisões austro-húngaras retiradas do Trentino entraram em ação. Inicialmente, essas divisões tiveram apenas ganhos modestos e sofreram perdas pesadas.

Mais para o sul, penetrações em menor escala foram feitas pelos XI e VII Exércitos russos. No extremo sul, o VII Exército austro-húngaro conseguiu temporariamente manter sua posição atrás do rio Dniester, usando todas as suas reservas para resistir a um ataque do IX Exército russo sob o comando de Letchitsky. Foi, no entanto, forçado a recuar quando os russos romperam as defesas ao norte do rio em 7 de junho.

Alexei Brusilov

O MAIS BEM-SUCEDIDO GENERAL RUSSO da Primeira Guerra Mundial, Brusilov (1853-1926) foi encarregado, no início da guerra, de liderar o VIII Exército na Galícia. Ali, ele logo demonstrou as técnicas de planejamento inovadoras e a flexibilidade tática que eram sua marca registrada. Apesar de combinar sucessos iniciais com a derrota pelos austro-húngaros na Galícia no verão de 1915, Brusilov foi nomeado comandante da Frente Sudoeste (o termo russo para um grupo do exército) em março de 1916. Em junho, foi responsável por uma ofensiva de eficácia sem precedentes, que levou os exércitos russos de volta aos contrafortes dos Cárpatos. Muitos consideram que a Ofensiva Brusilov, uma das duas únicas ofensivas da guerra a receber o nome de seu general comandante, prejudicou de maneira fatal a eficácia do exército austro-húngaro.

Depois da "Revolução de fevereiro" na Rússia em 1917, Brusilov tornou-se comandante-em-chefe do exército russo. No entanto, após liderar a Ofensiva Kerensky em julho, foi substituído por Kornilov. Não participou dos estágios iniciais da Guerra Civil russa, mas, em 1920, comandou o Exército Vermelho na invasão da Polônia.

Em meados de junho, o VII Exército havia sido quase totalmente destruído, perdendo mais de 100.000 homens, depois de ser dividido em dois pelos russos. Enquanto uma parte retirava-se para oeste, a outra tentou manter posições ao longo do rio Prut, a oeste de Czernowitz, antes de retirar-se para a região de Bukovina, a sudoeste.

No final do mês, os russos haviam avançado mais de 96 km em seções da frente ao sul do Pripet e capturado 350.000 prisioneiros e mais de 700 canhões. Estavam prontos para seguir adiante na direção dos contrafortes dos Cárpatos.

Hospital de campo russo
Embora os russos tenham tido um grande sucesso nas etapas iniciais da Ofensiva Brusilov, continuaram a sofrer enormes baixas. No final de julho, haviam tido 450.000 baixas e suas reservas tinham caído de 400.000 para 100.000 homens.

Russos entre austro-húngaros mortos
Embora a Ofensiva Brusilov tenha terminado em setembro, lutas esporádicas continuaram ocorrendo nos Cárpatos por todo o mês de outubro, aumentando o total estimado de 1,5 milhão de baixas sofridas pelos dois lados.

No fim de julho, a ofensiva da Frente Sudoeste perdera impulso. A vantagem da surpresa estava, inevitavelmente, se dissipando e os russos começavam a se sentir exaustos. Sem reforços, Brusilov agora concentrava-se em ações voltadas a proteger o seu flanco norte, que estava exposto a forças alemãs que se posicionavam entre seus exércitos e o grupo de exércitos russos no setor central. Em 28 de julho, ele lançou um ataque ao norte dos pântanos de Pripet, numa tentativa malsucedida de capturar o importante entroncamento ferroviário de Kowel.

Aumento da participação alemã

A ofensiva alemã em Verdun interrompera-se no final de junho e, com o ataque no Somme em julho revelando o jogo Aliado, os alemães ficaram livres para mover formações de boa qualidade para a Galícia. Em meados de agosto, a liberação de 18 divisões da Frente Ocidental elevou o número de divisões alemãs ao sul do Pripet para 24, o que fez com que as Potências Centrais ficassem com 72 divisões, em comparação com 61 de Brusilov. Talvez mais importante tenha sido a insistência do alto-comando alemão em uma série de mudanças para obter o controle praticamente total dos exércitos austro-húngaros tanto no plano operacional como no administrativo. Insistindo na indicação de alemães para posições de comando e de Estado-maior e integrando formações alemãs e austro-húngaras em companhias, Berlim assegurou que Viena perdesse sua liberdade de ação em todos os locais exceto a Frente Italiana. O Império Austro-Húngaro talvez tenha se ressentido com a associação alemã e, depois de 1916, ter tido esperança de concluir uma paz que deixasse o Império intacto, porém, após a Ofensiva Brusilov, sua existência independente era pouco mais que ficção. Com a entrada da Romênia na guerra em 27 de agosto, os alemães estenderam à Bulgária e à Turquia a organização de comando que haviam imposto ao Império Austro-Húngaro.

A entrada da Romênia na guerra ampliou as operações russas para mais 400 km de frente e, mais tarde, o comando militar russo avaliou que isso lhes custou a oportunidade de capturar Kowel. Na realidade, se tal oportunidade existiu, foi em junho e não em agosto e setembro. Embora as últimas ações da Ofensiva Brusilov ao sul do Pripet só tenham ocorrido em setembro, a campanha real de Brusilov estava encerrada depois de julho.

> “Nas montanhas, abrigos ruins, muito inadequados, frio congelante, chuva e neblina. Uma vida sofrida.”
>
> DO DIÁRIO DO ARTILHEIRO AUSTRÍACO (E FILÓSOFO) LUDWIG WITTGENSTEIN, 15 DE JULHO DE 1916

Efeitos da ofensiva

A Ofensiva Brusilov é considerada uma prova do que os exércitos russos eram capazes de realizar quando bem comandados e conduzidos. No entanto, acabou envolvendo sérias perdas para a Rússia, quase um milhão de homens, metade deles como prisioneiros, para obter, a rigor, ganhos limitados. Tanto durante como depois do encerramento da ofensiva, seus custos produziram angústia no país. As várias cidades capturadas e sucessos militares registrados não geraram entusiasmo popular, mas apenas o conhecimento de que o que havia sido ganho seria perdido.

Rússia em turbulência

Durante o verão de 1915, quando o exército russo foi empurrado de volta para leste pela Polônia, centenas de milhares de refugiados, com seus lares e fazendas destruídos, dirigiram-se para as cidades. Além de doença, sofrimento e pânico, havia rumores difusos de traição, que se centravam na czarina Alexandra, uma princesa alemã por nascimento.

A catástrofe expôs a incompetência do governo autocrático russo, mas o czar Nicolau II não teve nem vontade nem sagacidade para empreender mudanças. Em vez de liberalizar seu regime indicando ministros experientes e eficientes e assegurando o apoio do Duma (o parlamento russo), dos *zemstvos* (conselhos municipais) e do Comitê de Indústrias de Guerra dos industriais, Nicolau decidiu governar como um verdadeiro autocrata e assumir o comando pessoal do exército russo. Em sua ausência, o poder passou para a czarina, que estava ela própria sob a influência perniciosa do curandeiro Rasputin.

Enquanto Nicolau estava fora na frente, Alexandra e Rasputin começaram a exercer uma influência desastrosa sobre as nomeações do governo. De setembro de 1915 a fevereiro de 1917, a Rússia teve quatro primeiros-ministros, cinco ministros do Interior, três ministros das Relações Exteriores, três ministros da Guerra, três ministros dos Transportes e quatro ministros da Agricultura. "Eu estou aqui, não ria de sua esposinha tola", escreveu Alexandra para seu marido, "mas ela veste calças escondidas".

A burguesia russa estava em desespero. A União dos *Zemstvos*, baseada numa rede de conselhos locais, tornara-se praticamente um Estado dentro do Estado, mas não podia fazer muito para aliviar a situação que só piorava. A escassez de alimentos e combustível, a inflação galopante, o colapso do sistema de transportes e a taxa de criminalidade em rápido crescimento estavam se combinando para criar uma situação explosiva e revolucionária.

No início da guerra, muitos russos de mentalidade liberal esperaram que uma campanha militar bem-sucedida pudesse unir o povo e antecipar a necessidade de uma reforma radical do Estado. No entanto, chegavam agora à conclusão de que a reforma radical era uma precondição para o sucesso militar. Em dezembro de 1916, Rasputin foi assassinado por um grupo de jovens nobres que esperavam salvar a honra da Rússia e da família imperial. Era, porém, tarde demais. A Rússia já estava à beira de uma revolução que jogaria a dinastia Romanov para a história.

Rasputin rodeado por admiradores na Corte
Os poderes hipnóticos de Rasputin, que aparentemente aliviavam o sofrimento do hemofílico príncipe herdeiro Alexis, deram-lhe um controle emocional poderoso sobre a czarina.

"As vítimas da guerra precisam de sua ajuda"
Os cidadãos russos eram conclamados a se organizar e apoiar os feridos na guerra, os quais não podiam esperar muita ajuda do governo autocrático e ineficiente.

Recrutamento de soldados em Bogorodsk, perto de Moscou
As pesadas perdas russas em 1914-16 levavam à necessidade constante de recrutar mais homens apenas para manter os números. Uma escassez de armas nos dois primeiros anos fez com que muitos soldados não fossem sequer equipados com fuzis. O suprimento de munições, porém, começou a melhorar enquanto a situação política se deteriorava.

Promoção do financiamento de guerra
Em comum com outros governos, os russos levantavam fundos extras incentivando os cidadãos a investir em títulos de guerra. Este cartaz promete um retorno de 5,5%, mas os investidores nunca viram esse dinheiro.

A campanha da Romênia

No início de 1916, a Romênia ainda era neutra e procurava aproveitar a oportunidade oferecida pela guerra para cuidar de suas ambições territoriais, que estavam voltadas em particular contra o Império Austro-Húngaro com relação à Transilvânia, mas também contra a Rússia pela posse da Bessarábia. Tinha, porém, consciência dos riscos envolvidos em seguir essa política se ela não optasse pelo lado vencedor antes do final da guerra. Em 1916, depois da conquista da Sérvia e da entrada da Bulgária na guerra, as Potências Centrais haviam garantido para si uma vantagem potencialmente decisiva nos Bálcãs. No decorrer do ano, porém, incentivos Aliados, o sucesso inicial dos russos na Ofensiva Brusilov e os crescentes sinais de desintegração do Império Austro-Húngaro levaram a Romênia a declarar guerra às Potências Centrais em 27 de agosto.

O apoio Aliado, na forma de uma ofensiva vinda de Salonica, na Macedônia, e um movimento russo contra Bukovina, proporcionou a base para um plano de campanha romeno de manter-se na defesa contra a Bulgária enquanto atacava o Império Austro-Húngaro pelos Cárpatos. No entanto, quando a Romênia entrou no jogo, a Ofensiva Brusilov já estava perdendo impulso e o Império Austro-Húngaro e a Alemanha tinham forças disponíveis para enfrentar um novo conflito nos Bálcãs. Para completar a situação, com a frente de Salonica em calma, o exército búlgaro pôde passar o verão de 1916 preparando-se para a esperada intervenção romena no outono. Com isso, o desequilíbrio de forças em termos tanto de número como de qualidade estava muito claramente contra a Romênia quando esta entrou na guerra. A natureza do terreno ampliou as desvantagens, assim como a inadequação do sistema ferroviário romeno, que impossibilitava a movimentação rápida entre as duas frentes voltadas para a Transilvânia.

Petróleo queimando perto de Constanza
Quando os exércitos romenos recuaram, agentes britânicos desempenharam um papel importante ao destruir depósitos e poços de petróleo para evitar que eles caíssem nas mãos das Potências Centrais.

A ofensiva inicial

A ofensiva inicial romena contra o Império Austro-Húngaro, lançada em 27 de agosto, encontrou pouca resistência e conseguiu avançar cerca de 80 km na Transilvânia antes de ser detida. Em 1º de setembro, porém, um exército combinado de búlgaros, turcos e alemães invadiu a região de Dobruja e avançou quase até Constanza, antes de ser rechaçado pelos romenos com a ajuda de formações russas e sérvias. Quando, então, os romenos começaram a enviar mais tropas para enfrentar essa ameaça, o IX Exército austro-alemão abriu sua contra-ofensiva em 18 de setembro no Passo de Vulcano. A operação principal desenvolveu-se no centro durante os 16 dias seguintes e, em 10 de outubro, os romenos haviam sido forçados a evacuar o território húngaro. Em mais duas semanas, o IX Exército austro-alemão

Soldados alemães entram em Bucareste, 6 de dezembro
Um ataque romeno ao Exército do Danúbio quando este avançava em direção a Bucareste foi derrotado após a intervenção do IX Exército austro-alemão.

Discussões de alta patente
Mackensen (*esq.*), comandante do Exército do Danúbio, conversa com o arquiduque Friedrich (*centro*), comandante do I Exército austro-húngaro, durante a campanha da Romênia. Mackensen permaneceu no comando do exército de ocupação na Romênia até o final da guerra.

havia capturado o criticamente importante Passo Predeal. Pouco depois, porém, quando os russos estenderam sua frente para o sul em apoio aos romenos, o início do inverno forçou o encerramento de operações importantes na Moldávia.

O avanço das Potências Centrais

Os alemães redirecionaram sua atenção para a Valáquia e a Dobruja e fizeram avanços em ambas as áreas. Craiova caiu em 21 de novembro e, dois dias depois, o Exército do Danúbio, formado por unidades de cada uma das Potências Centrais, atravessou o baixo Danúbio nas proximidades de Sistova (Svishtov) e começou a avançar para Bucareste. Sua conseqüente separação do IX Exército alemão ofereceu ao desesperado exército romeno, que se via diante de uma derrota certa se permanecesse na defensiva, uma última oportunidade de contra-atacar e, talvez, ganhar o tempo necessário para permitir que mais reforços russos chegassem. A iniciativa romena inicial imobilizou o flanco esquerdo do Exército do Danúbio. Quando, porém, o IX Exército moveu-se para dar apoio, a ofensiva romena desmoronou e Bucareste caiu em 6 de dezembro.

A subseqüente perseguição dos exércitos romenos em retirada pelas Potências Centrais foi prejudicada pelo mau estado das estradas, mas, até o início do novo ano, as forças Aliadas haviam sido expulsas do sul da Moldávia e de toda a Valáquia e Dobruja. As Potências Centrais tinham ganhado o controle das regiões romenas produtoras de petróleo e cereais e a Rússia ficara cada vez mais comprometida em suas vulneráveis regiões meridionais. A situação nesse setor viria a permanecer mais ou menos inalterada até 7 de dezembro de 1917, quando a Romênia, deixada a seus próprios recursos depois da Revolução Bolchevique na Rússia, concluiu um armistício com as Potências Centrais.

Invasão da Romênia pelas Potências Centrais
A invasão romena da Transilvânia, lançada em 27 de agosto, foi detida depois de um avanço de 80 km. Uma ofensiva austro-alemã expulsou, então, os romenos da Hungria até 10 de outubro, enquanto o Exército do Danúbio avançava para o norte pela Dobruja. Em dezembro, os romenos haviam sido derrotados por forças mais poderosas dos inimigos.

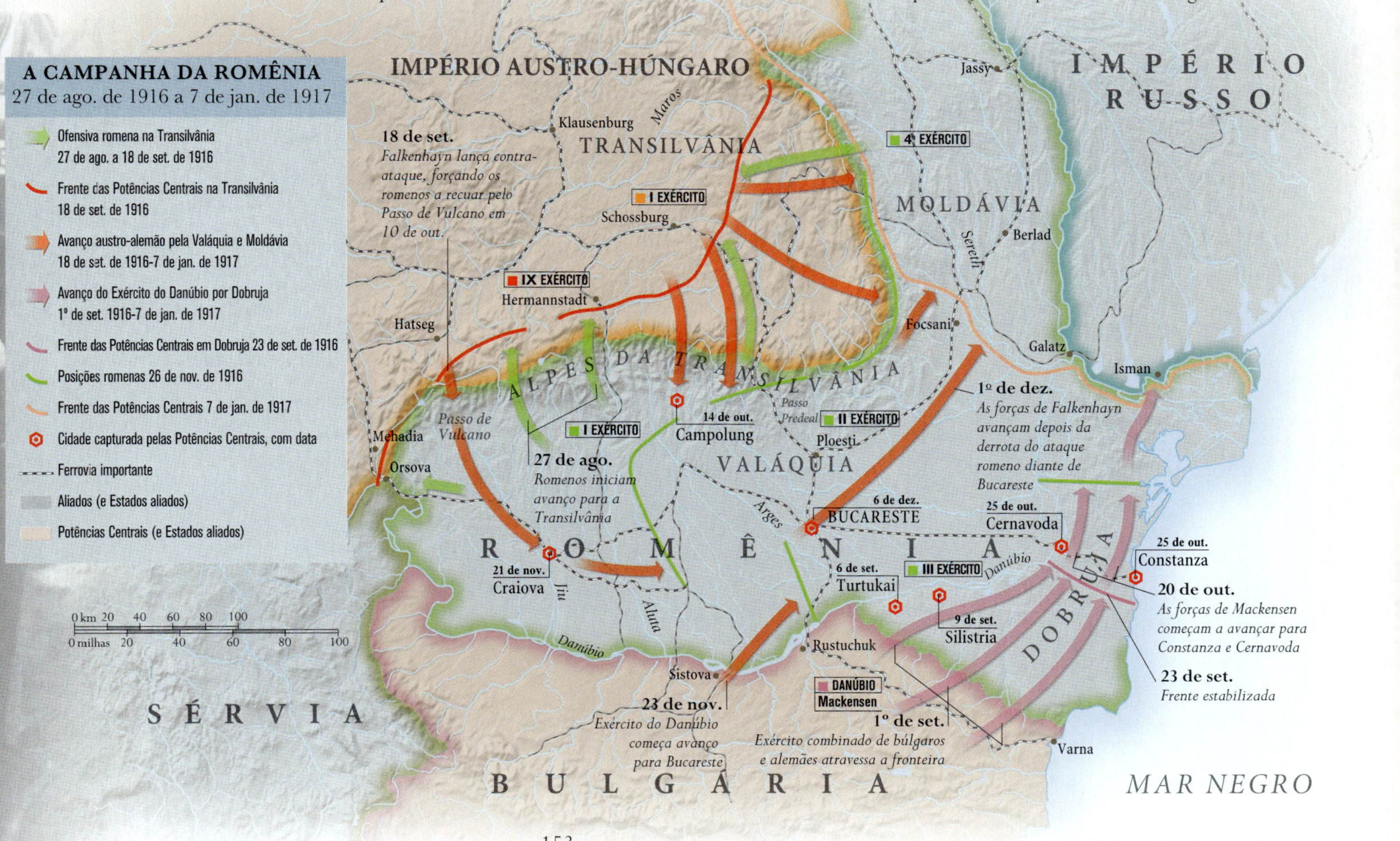

A VIDA NA FRONTE

O TEMPO QUE UM SOLDADO PASSAVA nas trincheiras na linha de frente variou ao longo da guerra, mas o período de serviço mais usual era de quatro a seis dias. Em qualquer momento, apenas uma minoria dos soldados estava em seções "ativas" da linha – atirando ou sofrendo ataque. Os demais lutavam contra a fome, a falta de sono e os sofrimentos impostos pelo clima e pelas condições de vida apertadas, úmidas e pouco higiênicas.

A qualidade dos abrigos era variável. Enquanto as reservas alemãs ficavam em condições relativamente confortáveis em casamatas profundas, os franceses abrigavam-se em trincheiras reconhecidamente ruins. Dormir nas trincheiras era um luxo fortuito e a água limpa era escassa. A maioria dos abrigos tinha um braseiro para aquecimento e para esquentar comida; como banheiro, havia baldes, ou a cratera de granada mais próxima.

Depois de chuvas pesadas, as trincheiras viravam fossas lamacentas e malcheirosas: campo fértil para doenças e para a enfermidade dolorosa conhecida como "pé-de-trincheira". Outra queixa comum era a "febre-de-trincheira", transmitida pelos piolhos, que eram outro grande flagelo. Os soldados podiam visitar estações de despiolhamento atrás das linhas para tomar banho e receber roupas limpas, mas, em poucas horas, estavam infestados de piolhos novamente. Ratos, que ficavam enormes alimentando-se dos corpos dos mortos, também faziam parte do pesadelo das trincheiras. Matá-los era uma das maneiras de aliviar o tédio da vida na linha de frente.

A alimentação era um dos principais motivos de reclamações. Oficialmente, cada soldado recebia rações diárias de cerca de 4.000 calorias, mas, na prática, as rações levadas para as linhas à noite eram, na melhor das hipóteses, irregulares e repetitivas e, na pior das hipóteses, irregulares e quase impossíveis de comer. As tropas britânicas detestavam a carne enlatada, ou *bully*, sua ração usual, embora os soldados alemães gostassem dela. O *Maconochie's*, uma mistura de carne e tubérculos, era muito apreciado pelos britânicos.

A vida nas trincheiras tornou-se um mundo à parte, com o seu próprio código de conduta. "Mucking in" (trabalhar juntos) era o termo britânico para vigiar e cuidar uns dos outros. Os soldados nem sempre gostavam dos períodos de "descanso" oficiais, que muito freqüentemente significavam desimpedir estradas, cavar defesas ou transferir munições, nem do tédio de treinamentos e paradas militares.

Porção de álcool

Porção de chocolate, que não podia ser comida até que fosse dada a ordem

Kit de alimentação
Todos os soldados franceses recebiam um kit de alimentação (num modelo inalterado desde 1855) composto de xícara, colher e garfo (mas não faca) e recipientes para suas rações vitais de álcool e chocolate.

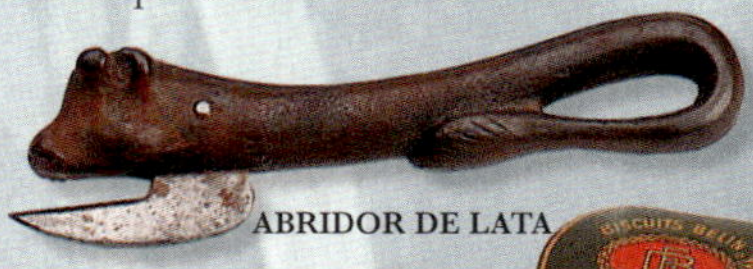

ABRIDOR DE LATA

BISCOITOS

BALAS

Rações na linha de frente
As rações geralmente vinham em latas, portanto abridores de lata eram equipamentos essenciais. Os franceses forneciam a seus soldados balas duras de menta e biscoitos. Passas, tabaco e chocolate geralmente eram divididos entre os soldados.

Cozinha de campo
Se tivessem sorte, os soldados podiam receber comida quente de uma cozinha de campo, embora as refeições geralmente tivessem de ser transportadas a pé até a linha de frente e chegassem, no máximo, mornas. A escassez de panelas fazia com que os sabores se misturassem, resultando em chá com gosto de verdura.

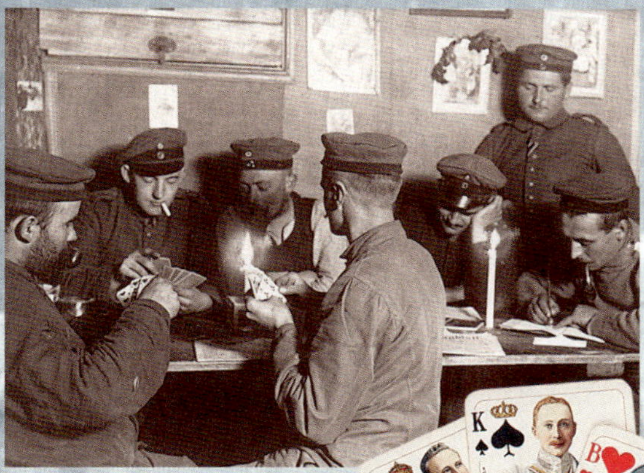

Confortos do lar

As fotografias de propaganda alemãs mostravam os soldados na linha de frente com uma vida confortável em seus abrigos. Eram distribuídos baralhos com as imagens do Kaiser, do príncipe herdeiro e de Graf Zeppelin, entre outros alemães importantes.

Qualquer coisa por uma risada

O humor era usado para animar as tropas francesas (*acima à esquerda*). Os alemães usavam-no para mostrar uma imagem excessivamente alegre da guerra. Havia humor até mesmo em postais (*direita*) enviados por soldados que preferiam não descrever o verdadeiro horror de suas experiências.

AEROMODELO

ISQUEIRO

ABRIDOR DE ENVELOPES

Arte nas trincheiras

A vida nos setores tranqüilos da frente podia ser bastante tediosa. Para ajudar a passar o tempo, alguns soldados fabricavam objetos com cartuchos e cápsulas de projéteis usados.

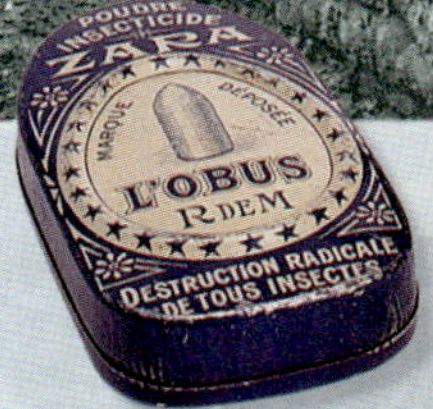

REPELENTE DE INSETOS

Hora do banho

Havia poucas oportunidades de se lavar adequadamente na frente, já que a água era escassa. Apesar das tentativas de repeli-los, piolhos infestavam as roupas de quase todos os soldados e mostravam-se impossíveis de exterminar.

PAPEL DE CIGARRO

Um pouco de conforto

Soldados do Regimento da Fronteira, sabidamente auto-suficientes, descansam em abrigos escavados nas laterais de uma trincheira alemã capturada no bosque de Thiepval, em agosto de 1916.

Destruição no Somme, 1916
Soldados alemães fazem busca nos destroços de um veículo da Cruz Vermelha atingido por um projétil. Membros dos serviços médicos eram freqüentemente vítimas de fogo de artilharia.

A Batalha do Somme

O SOMME

24 DE JUNHO A 18 DE NOVEMBRO DE 1916

No primeiro dia da Batalha do Somme, 1º de julho, os britânicos sofreram 57.000 baixas para poucos ganhos. Esse foi o padrão dos cinco meses seguintes. Ambos os lados sofreram centenas de milhares de baixas enquanto as tropas Aliadas lutavam pelo controle de aldeias, cristas e bosques. Quando a batalha finalmente se encerrou em 18 de novembro, os Aliados haviam avançado pouco mais de 13 km em uma frente de 30 km.

24 DE JUNHO
Aliados iniciam barragem em uma frente de 40 km

29 DE JUNHO
Adiado o ataque Aliado planejado

1º DE JULHO
Britânicos avançam primeiro e sofrem 57.000 baixas; franceses obtêm ganhos ao sul de Hardecourt

2 DE JULHO
Britânicos capturam Fricourt; franceses avançam mais, tomando Herbecourt

7 DE JULHO
Britânicos fazem ataque malsucedido ao bosque de Mametz

10 DE JULHO
Britânicos capturam Contalmaison e fazem outro ataque ao bosque de Mametz

13/14 DE JULHO
Ataque noturno à linha alemã de Longueval a Bazentin-le-Petit

15 DE JULHO
Brigada sul-africana toma o bosque de Delville, mas é forçada a abandoná-lo no dia 20. Britânicos chegam ao Bosque de Foureaux, mas são forçados a se retirar no dia 16

20 DE JULHO
Britânicos atacam visando controle do bosque de Foureaux, tomado apenas em 15 de setembro

23 DE JULHO
Australianos entram na luta por Pozières, capturada, por fim, em 5 de agosto

28 DE JULHO
Britânicos recapturam o bosque de Delville; novas lutas pelo controle do bosque até 3 de setembro

12 DE AGOSTO
Franceses capturam a terceira linha de trincheiras alemãs, do Somme a Hardecourt

18 DE AGOSTO
Britânicos avançam para Guillemont, local de forte resistência alemã

24 DE AGOSTO
Franceses tomam Maurepas

28 DE AGOSTO
Falkenhayn substituído por Hindenburg. Abandonada política de Falkenhayn de manter posição a qualquer custo

3 DE SETEMBRO
Guillemont capturada pelos britânicos, com muitos prisioneiros. Capturam também Ginchy, mas são forçados a abandoná-la

9 DE SETEMBRO
Ginchy recapturada

13 DE SETEMBRO
Franceses iniciam ataque bem-sucedido a sudeste de Combles

15 DE SETEMBRO
Ofensiva britânica em que tanques são usados pela primeira vez no avanço para Flers

25 DE SETEMBRO
Britânicos iniciam ataque na área de Morval; franceses atacam Bouchavesnes

26 de SETEMBRO
Britânicos lançam ataque na crista de Thiepval, capturando-a

28 DE SETEMBRO
Ataque na área de Morval termina depois da captura de Combles e Morval

30 DE SETEMBRO
Crista de Thiepval ocupada, exceto a parte do reduto de Schwaben

OUTUBRO
A chuva pesada transforma o campo de batalha em um lamaçal. Ataques Aliados continuam, mas não há nenhuma nova grande ofensiva

7 DE OUTUBRO
Britânicos tomam Le Sars, mas o progresso nesse setor é impedido pelas colinas de Butte de Warlencourt. Butte finalmente tomada em 5 de novembro

10 DE OUTUBRO
Franceses fazem pequeno avanço em uma frente de 5 km ao sul do Somme

13 DE NOVEMBRO
Britânicos atacam em Beaumont-Hamel e ao longo da margem norte do Ancre. Beaumont-Hamel e Beaucourt capturadas

17/18 DE NOVEMBRO
Neve durante a noite faz a batalha terminar

LEGENDA

- Grande ofensiva Aliada inicial 24 de jul. a 14 de jul.
- Segunda grande ofensiva Aliada 15 de set. a 30 de set.
- Período de desgaste 15 de jul. a 14 de set.
- Segundo Período de desgaste 1º de out. a 18 de nov.

Uma frente alegre
Membros do Regimento de Worcestershire mostram-se animados para a câmera em seu caminho para a frente em 28 de junho. Esse era o tipo de imagem bem recebido pelos políticos britânicos, ansiosos por mostrar a guerra sob uma boa perspectiva.

Na Conferência de Chantilly em dezembro de 1915, os Aliados concordaram em montar uma grande ofensiva na Frente Ocidental no ano seguinte. Joffre, o comandante do exército francês, queria que o ataque fosse lançado no rio Somme, uma frente tranqüila até essa ocasião. Haig, o novo comandante da Força Expedicionária Britânica, preferia uma nova ofensiva em Flandres, mas acabou concordando com a escolha de Joffre. A ofensiva deveria ter início em agosto e seria liderada pelos franceses com 39 divisões. Um total de 25 a 30 divisões britânicas participariam da batalha.

Essa divisão de responsabilidade planejada para a campanha do Somme viria a mudar depois do início da ofensiva alemã em Verdun, em fevereiro. Com mais e mais tropas francesas sendo enviadas a Verdun, havia menos disponíveis para o Somme e ficou evidente que os britânicos teriam de arcar com o peso maior da luta. Em maio, a situação em Verdun era tão desesperadora que Joffre pediu que Haig antecipasse a data do ataque. Concordou-se com a data de 29 de junho, que acabou sendo adiada para 1º de julho.

No plano original de Haig, duas divisões do III Exército britânico sob o comando de Allenby deveriam atrair as reservas alemãs em Gommecourt para o norte, enquanto o IV Exército, sob o comando de Rawlinson, e as divisões francesas comandadas por Foch penetrariam as trincheiras alemãs em uma frente de 30 km. Essas forças de ataque seguiriam, então, para o norte, obrigando o flanco alemão a recuar e criando uma brecha para a cavalaria britânica. Inicialmente, Haig considerava que, se nenhuma penetração fosse conseguida rapidamente, o ataque deveria ser interrompido. Havia, porém, mudado de idéia quanto a esse ponto quando o ataque começou.

Explosão de artilharia
Bombardeios de artilharia foram usados para tentar romper a resistência alemã e destruir seu arame farpado. Nem os milhões de projéteis que os Aliados despejaram sobre os alemães na semana anterior ao ataque de 1º de julho, porém, conseguiram ter o efeito desejado.

O PAPEL DA ARTILHARIA

Rawlinson não concordava com alguns aspectos do plano de Haig. Ele duvidava que uma única grande operação pudesse ser decisiva e defendia que se realizassem vários ataques menores e relacionados para garantir posições de vantagem tática de onde uma batalha de desgaste pudesse ser lançada. Embora a fórmula de Rawlinson tenha sido rejeitada, ele compartilhava com Haig e com o general francês Neville, um especialista em artilharia, a crença de que uma barragem de artilharia intensa durante vários dias poderia infligir danos enormes aos defensores.

Essas suposições, na verdade, mostraram-se incorretas em 1916. Haig não tinha o peso de armas e munição necessário para superar a defesa em uma frente que foi estendida para proteger do fogo de flanco inimigo as tropas que avançavam pelo centro. Além de um grande número de granadas que não detonaram, houve também deficiências técnicas. As granadas de 1916 detonavam ao impacto com o solo. Usadas contra cercas de arame farpado, elas geralmente apenas espalhavam o arame em vez de abrir grandes brechas por onde a infantaria poderia avançar sem empecilhos.

O planejamento britânico não levou em conta evidências passadas de que nenhum bombardeio, por mais maciço que fosse, conseguiu criar uma brecha para penetração. Ignorou também a lição duramente aprendida de que a infantaria atacante deveria avançar o mais rapidamente possível e utilizar táticas de fogo-e-movimento, com cada grupo periodicamente lançando-se ao solo e fazendo uso de qualquer abrigo disponível para dar cobertura ao avanço dos demais. Em vez disso, as tropas britânicas tinham ordens de avançar em linha, quase ombro a ombro, num passo regular.

O objetivo estratégico de Haig era cada vez mais impreciso. A pequena cidade de Bapaume, 16 km atrás da frente alemã, era seu objetivo imediato, mas primeiro era preciso capturar a crista de Pozières, entre os rios Ancre e Serre. Como os alemães tinham a vantagem do terreno mais elevado ao longo de toda a frente e haviam reforçado consideravelmente as suas defesas conforme as intenções dos Aliados tornavam-se evidentes, até mesmo esse pequeno objetivo era otimista. O objetivo francês era a cidade de Péronne.

BOMBARDEIO PRELIMINAR

Um pequeno número de soldados britânicos havia servido em Flandres e em Galípoli, mas a ampla maioria era de voluntários inexperientes que sabiam pouco da guerra de trincheiras. Estavam confiantes de que poderiam fazer uma penetração enérgica e seu otimismo foi aumentado pelo maciço bombardeio de artilharia que teve início em 24 de junho e continuou por mais de uma semana.

Baixas alemãs
Um impacto direto de uma granada podia matar uma dúzia de homens em um instante. Com freqüência, os corpos ficavam descobertos ou, se enterrados, acabavam sendo desenterrados pelo prosseguimento da ação. Os soldados às vezes tinham de viver ao lado de corpos durante semanas a fio.

Canhões de campanha em baterias 900 m atrás da frente, juntamente com pesados canhões de sítio 1,5 km mais recuados, bombardearam uma frente de 24 km, disparando mais de 1.500.000 projéteis em sete dias. Embora a maior parte das tropas alemãs no Somme fossem unidades experientes em combate que estavam em posição há muitos meses, um bombardeio de tal implacável ferocidade encontrava-se além de sua experiência. Nas palavras do tenente Stefan Westmann, um oficial médico alemão:

> "Dia e noite, os projéteis caíam sobre nós. Nossos abrigos desmoronavam. Eles caíam em cima de nós e tínhamos de cavar para sair e tirar nossos companheiros. Às vezes, nós os encontrávamos sufocados ou totalmente esmagados. Os soldados nas casamatas estavam ficando histéricos. Eles queriam correr e tínhamos de brigar para mantê-los na comparativa segurança de nossos abrigos profundos. Até os ratos ficaram histéricos e entravam em nossos frágeis abrigos para buscar refúgio desse terrível fogo de artilharia."

O ataque Aliado deveria começar em 29 de junho, mas foi adiado por dois dias devido à chuva forte e à descoberta por grupos de assalto que o bombardeio tinha sido menos eficaz do que se esperava. Vieram, então, confirmações do alto de que o arame tinha sido cortado, porém mais de um soldado equipado com binóculos podia ver por si mesmo que, apesar dos golpes que haviam recebido, longas extensões de arame ainda permaneciam intactas.

No topo

Era uma perfeita manhã de verão quando, em 1º de julho, às 6h25, começou o bombardeio Aliado final. Com a duração de cerca de uma hora e uma cadência de tiro de 3.500 projéteis por minuto, fez um barulho tão intenso que pôde ser ouvido até na Inglaterra. Quando os canhões pararam, o ar foi rompido pelas explosões maciças das minas que os britânicos haviam colocado sob as defesas alemãs. A espantosa demonstração de poder destrutivo entusiasmou as tropas atacantes.

Seguiu-se ao bombardeio um breve intervalo de silêncio antes de apitos ordenarem aos soldados que subissem as escadas. No topo, eles formaram filas com os fuzis à frente e começaram a avançar pelas terras de ninguém. Toda a vantagem da surpresa havia sido sacrificada, era plena luz do dia, a visibilidade era perfeita e havia pouca cobertura – condições, em suma, que favoreciam fortemente os defensores. O avanço da infantaria poderia ter sido protegido por uma "barragem rolante", produzida por canhões de campanha e movendo-se logo à frente dos soldados. Essa tática, porém, que exigia cronometragem perfeita entre a artilharia e a infantaria, era nova e ainda estava em processo de desenvolvimento. Viria a ser usada com eficácia em Verdun, em outubro, mas, em julho, tudo o que pôde ser feito foi o bombardeio de cada linha inimiga num momento predefinido. Na verdade, com receio de atingir seus próprios companheiros, os artilheiros avançavam a barreira além de cada linha de trincheiras alemãs muito antes de a infantaria a ter alcançado.

Adiante das tropas estava o arame farpado alemão, que em muitos pontos tinha brechas que eram tão pouco numerosas ou tão pequenas que criavam gargalos. Isso reduziu o lento avanço praticamente a uma paralisação, enquanto os alemães começavam a aparecer de seus abrigos de 9 m, elevando suas metralhadoras num exercício que já haviam ensaiado muitas vezes.

Campos da morte

À distância, as linhas irregulares de soldados em lento avanço pareciam bonecos de corda, e igualmente vulneráveis, quando um por um começaram a vacilar e cair sob o contundente fogo de metralhadoras antes de ter dado um tiro sequer. Quando a primeira fila de homens se desintegrou, a linha seguinte ficou sob fogo. A artilharia alemã também estava em ação e granadas rivalizavam com balas de metralhadora para limpar o terre-

Ajuda aos feridos
Embora os soldados na ação ofensiva tivessem ordens de não romper a fila para dar assistência aos que caíssem, muitos mais tarde arriscavam a própria vida para tentar levar os feridos de volta à segurança. Os Aliados sofreram 630.000 baixas no Somme; os alemães, ainda mais.

> *...na primeira curta distância, parecia não haver baixas, mas logo ficou evidente que os homens estavam caindo em número muito maior do que se imaginava... Meu oficial me chamou e disse, "Fique perto de mim e eu fico com você". Eu disse, "Certo!", mas imediatamente o perdi de vista. Não sabia o que tinha acontecido com ele. Nesse momento, para minha grande surpresa, uma lebre correu à minha frente, com os olhos arregalados de medo, mas não acho que ela estivesse nem com a metade do medo que eu sentia.*
>
> SOLDADO DE CAVALARIA R.J. MASON DA X DE HUSSARD DESCREVENDO O AVANÇO PELO TERRENO

no dos homens em marcha. Batalhões inteiros foram reduzidos a cerca de uma centena de soldados. Seguindo ordens, as linhas continuaram a avançar, com o obstáculo adicional dos corpos dos mortos e feridos. Mais corpos, grotescamente posicionados, enroscavam-se no arame farpado não cortado. Em outros pontos, o fogo das metralhadoras concentrava-se nas brechas do arame. Os alemães estavam em desvantagem numérica e lutavam por suas vidas, mas muitos deles acabaram se cansando da matança fácil e pararam de atirar em homens feridos que tentavam se arrastar de volta para suas próprias linhas. Em alguns poucos pontos, os britânicos conseguiram capturar uma trincheira alemã, mas, como nenhum reforço os alcançava, eram forçados a sair outra vez.

Atrás das linhas britânicas, os postos médicos de campo estavam sobrecarregados. Os feridos que pareciam ter poucas chances de sobreviver eram colocados de um lado e tratados por último, quando muito. No fim do dia, muitos dos corpos espalhados pelo campo de batalha pareciam retornar à vida, quando homens feridos surgiam das crateras de granadas e depressões do terreno e lutavam para voltar às suas linhas sob a cobertura da noite.

Treze divisões britânicas entraram em ação em 1º de julho. No final do dia, haviam sofrido mais de 57.000 baixas, um terço delas fatais, o total mais elevado de qualquer dia na história do exército britânico. O único progresso que tinham conseguido foi no setor sul, onde as aldeias de Mametz e Montauban foram capturadas do controle alemão. O objetivo de Haig, Bapaume, não foi alcançado em 1º de julho – nem nos cinco meses de ataques que se seguiram.

As cinco divisões francesas, tudo o que foi possível enviar para o combate, estavam em sua maior parte ao sul do Somme. Tinham armamentos mais pesados de apoio e ganharam algum elemento de surpresa por atrasar seu ataque até o último momento. Encontraram menos oposição e tiveram mais sucesso, tomando 3.000 prisioneiros e forçando a evacuação da segunda linha dos alemães durante a noite. Mas seu objetivo, a cidade de Péronne, permaneceu seguramente em mãos alemãs.

Douglas Haig

Como comandante-em-chefe da Força Expedicionária Britânica (BEF) de 1915 a 1918, Douglas Haig (1861-1928) foi uma figura controversa. Seu nome será sempre associado ao sacrifício de centenas de milhares de homens – fato sobre o qual ele demonstrou pouco remorso – nas batalhas de desgaste em 1916-17, como a Batalha do Somme e a Terceira Batalha de Ypres. Na Grã-Bretanha, foi amplamente considerado o arquiteto da vitória em 1918, mas isso é discutível.

Sendo no fundo um homem de cavalaria, na Primeira Batalha de Ypres ele demonstrou alguma habilidade tática contra uma força numericamente superior. Conseqüentemente, tornou-se comandante do I Exército e, em dezembro de 1915, havia sucedido Sir John French como comandante-em-chefe da BEF.

Apesar de o primeiro-ministro Lloyd George ter colocado temporariamente a BEF sob o comando francês em 1917, Haig manteve o apoio de seus comandantes de campo. É questionável se ele estava suficientemente preparado para as ofensivas alemãs em março e abril de 1918. Recebeu, no entanto, muito crédito pelos bem-sucedidos avanços britânicos que começaram em agosto em Amiens e por sua insistência em que a Alemanha se renderia antes do final do ano.

Transporte dos feridos
Carrinhos de mão, carretas e tábuas – o que estivesse à mão – foram usados para levar os feridos de volta aos postos médicos de campo no primeiro dia da ofensiva do Somme.

BATALHA DO SOMME

1º DE JULHO A 18 DE NOVEMBRO DE 1916

Como resultado da ofensiva alemã em Verdun, a Batalha do Somme foi travada em grande medida por tropas britânicas, com apoio dos franceses. Os britânicos planejavam romper as linhas alemãs entre Serre e Maricourt e avançar para Bapaume. O objetivo francês era Péronne. Na prática, nem Bapaume nem Péronne viriam a ser capturadas nos cinco meses da batalha. No primeiro dia, quando o Exército britânico sofreu mais baixas do que em qualquer outro dia de sua história, seis divisões alemãs resistiram a um ataque de 13 divisões britânicas e cinco divisões francesas. Um progresso muito limitado foi conseguido no setor sul; nenhum foi obtido no norte. Nas duas semanas seguintes, as tropas Aliadas avançaram lentamente, capturando a segunda linha alemã nas proximidades de Bazentin-le-Petit. A batalha, então, passou por um período de confrontos locais até que uma segunda tentativa de avanço foi iniciada em 15 de setembro, com a ajuda de uma nova arma: o tanque. No entanto, depois de algum sucesso inicial em Flers, a situação voltou a ser de batalha de desgaste até sua interrupção, em 18 de novembro.

LEGENDA

- Linha de frente britânica
- Linha de frente francesa
- Avanço britânico
- Avanço francês
- Estrada
- Ferrovia

Ataque noturno britânico

Como resultado do fracasso dos Aliados em conseguir a penetração planejada em 1º de julho, a Batalha do Somme tornou-se, na verdade, uma batalha de desgaste, com várias ofensivas limitadas direcionadas a aldeias, cristas ou bosques específicos. O combate foi feroz e um campo de batalha do Somme na seqüência de uma luta era, nas palavras de Christopher Nevinson, o artista de guerra britânico, um ambiente infernal de "...gritos, pus, gangrena e estripados". O cheiro era indescritível.

Os britânicos, tendo repelido uma tentativa alemã de retomar Montauban em 2 de julho, renovaram a ofensiva no dia seguinte, mas não conseguiram capturar Ovillers, a menos de 1,5 km da frente. Os franceses, no sul, novamente tiveram mais sucesso, rompendo a segunda linha de defesa alemã e fazendo muitos prisioneiros. As baixas foram pesadas; unidades da Legião Estrangeira perderam um terço de seus homens.

Tropas alemãs com armas capturadas
Os artilheiros alemães gostavam das metralhadoras Lewis britânicas, que eram um pouco mais leves do que os modelos que eles usavam, como a Maxim.

Em 6-7 de julho, os britânicos capturaram La Boiselle e Contalmaison, que os alemães recuperaram horas depois. Um ataque britânico ao bosque de Mametz foi repelido; este foi capturado uma semana mais tarde. Depois de dez dias de luta, os alemães haviam sido deslocados, em média, apenas 1 ou 2 quilômetros. Enquanto isso, em Verdun, o fracasso dos últimos ataques alemães em junho e julho, combinado com as exigências do Somme e da Frente Oriental, obrigaram Falkenhayn a passar à defensiva.

Trincheira alemã destruída
Quando soldados Aliados conseguiram capturar uma trincheira alemã, ficaram surpresos com sua profundidade e resistência. Os alemães haviam passado muitos meses melhorando as suas defesas.

Maxim MG 08/15 alemã
A versão mais leve da Maxim 1908 — 19 kg quando cheia de água — foi projetada a fim de poder ser carregada rapidamente para a batalha. Era, normalmente, manejada por três soldados, mas podia ser operada por um único artilheiro.

A ofensiva inicial 1º a 15 de julho

No primeiro dia, britânicos e franceses obtiveram pequenos ganhos no sul; no norte, os ataques britânicos na área entre Gommecourt e Thiepval não resultaram em nenhum progresso. Em um ataque noturno em 13 de julho, os britânicos romperam as linhas alemãs junto à crista de Longueval. No dia 15, o bosque de Foureaux foi alcançado, mas não capturado.

15 de jul. *Britânicos avançam para o bosque de Foureaux e entram nele, mas são forçados a recuar*

15 de jul. *Começa batalha pelo bosque de Delville. Tropas sul-africanas capturam a maior parte dele em uma luta feroz*

13 de jul. *Em um ataque noturno, os britânicos rompem as linhas alemãs junto à crista de Longueval e tomam Bazentin-le-Petit*

9 de jul. *Franceses continuam a avançar pela estrada Bray—Péronne*

24 de jun. *Começa bombardeio Aliado*

1º de jul. *Ataques britânicos em Gommecourt, Beaumont-Hamel e Thiepval não obtêm progressos*

1º de jul. *Britânicos capturam Mametz e Montauban*

1º de jul. *Franceses fazem progressos ao sul de Hardecourt*

2 de jul. *Franceses capturam Herbecourt em um avanço mais rápido que o britânico*

Desgaste e segundo avanço 16 de julho—18 de novembro

Em 15 de setembro, um ataque britânico entre Flers e Courcelette teve algum sucesso inicial, mas não conseguiu nenhuma penetração importante. Apenas algumas aldeias e bosques foram finalmente capturados nas semanas seguintes, entre elas Beaumont-Hamel e Beaucourt, a 13 de novembro.

15 de set. *Tanques são utilizados pelos britânicos pela primeira vez, em ataque a Flers*

25 de set. *Franceses capturam Rancourt*

25 de set. *Em nova ofensiva, franceses atacam Bouchavesnes*

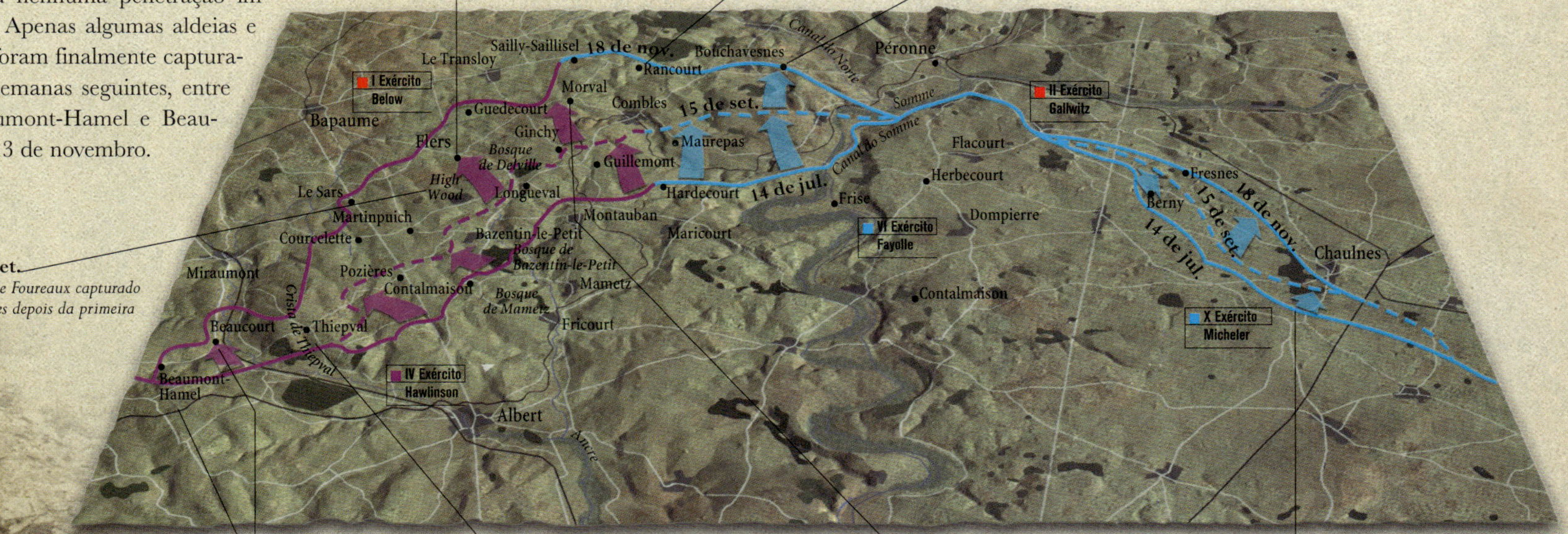

15 de set. *Bosque de Foureaux capturado dois meses depois da primeira tentativa*

13 de nov. *Beaumont-Hamel e Beaucourt capturadas em ataque-surpresa*

26 de set. *Britânicos capturam Thiepval com ajuda de tanques*

25 de set. *Britânicos capturam Morval e cercam Combles*

3 de set. *X Exército francês participa de ataques, mas com pouco sucesso*

Britânicos avançam em Thiepval

Em agosto, soldados do Regimento Wiltshire estavam entre as tropas que avançaram para Thiepval, cenário de uma série de ataques.

Ataque noturno britânico

Em um ataque noturno de surpresa em 13 de julho, os britânicos romperam as linhas alemãs num setor de 5,5 km ao longo da crista de Longueval, tomando Bazentin-le-Petit, a oeste do bosque de Delville. Por um momento, a penetração por uns 900 m renovou a esperança de romper toda a frente alemã e levou brevemente à ação a cavalaria que Haig tanto estimava. A comunicação deficiente, porém, entre outras dificuldades, permitiu que os alemães restaurassem suas defesas.

Em 15 de julho, as forças britânicas chegaram ao bosque de Foureaux (ou High Wood), mas não conseguiram capturá-lo. No mesmo dia, a leste, teve início a batalha pelo bosque de Delville — a hora da verdade para a brigada sul-africana, que recebera ordens de capturá-lo. A luta foi marcada por um cruel combate corpo a corpo e por bombardeios pulverizantes que deixaram o bosque em pedaços em dois dias. Os sul-africanos tinham ordens de garantir o bosque a todo o custo. Uma semana depois, o IV Regimento da Brigada de Infantaria Sul-africana reduzira-se a apenas 42 homens.

Enquanto isso, em 19 de julho, australianos e neozelandeses da campanha de Galípoli realizaram um ataque diversionário em Fromelles, bem ao norte, para impedir que reforços alemães chegassem ao campo de batalha. As defesas alemãs pareciam poderosas e, como nenhum reforço estava se movendo para o sul, a principal razão para o ataque já não existia. O general australiano Elliott, avisado por um oficial do Estado-maior britânico de que a perspectiva era de "um holocausto", questionou a necessidade da operação, mas foi-lhe dito que seu cancelamento seria ruim para o moral das tropas. As primeiras baixas australianas foram vítimas de seu próprio fogo de apoio. Os canhões, no entanto, não desabilitaram as plataformas de metralhadoras alemãs e o resultado foi o previsto. O total de baixas chegou a cerca de 1.700 mortos (mais de 400 britânicos), 4.000 feridos e 500 capturados.

As intensas batalhas de desgaste locais que foram típicas da campanha do Somme resultaram, em toda parte, em dezenas de milhares de baixas para ambos os lados. Numa tentativa (não a primeira) de capturar Guillemont em 8 de agosto, um batalhão perdeu metade de seus oficiais e um sexto de seus soldados.

No final de julho, Haig soube que o governo britânico estava ficando inquieto pelas baixas, mas achou que mais seis semanas de "pressão ofensiva contínua" derrotariam os alemães. O tempo continuava bom: "não era tempo para matar pessoas", comentou Harold Macmillan, futuro primeiro-ministro britânico. Mas o outono veio e trouxe chuvas fortes e, com elas, a lama devastadora.

O desenvolvimento do tanque

Por incrível que pareça, foi a Marinha britânica a primeira a pensar na necessidade de algum tipo de veículo blindado para todos os terrenos. Nos primeiros meses da guerra, carros blindados (ver pág. 59) haviam sido usados pelo Royal Naval Air Service britânico, baseado em Dunquerque. Quando a frente passou a ser fixa, em novembro de 1914, eles não tiveram mais muita utilidade, uma vez que não podiam cruzar trincheiras ou arame farpado. Alguns homens puseram-se a pensar em possíveis soluções para esse problema. O Ministério da Guerra mostrou-se cético, mas Winston Churchill, primeiro lorde do Almirantado, ficou muito interessado e, em fevereiro de 1915, estabeleceu o Landships Committee. Muitos projetos foram examinados, um deles especificamente para passar sobre trincheiras, um para cortar arame, outro para transportar tropas por terras em disputa. Uma linha de especialistas defendia veículos com rodas enormes, outra a lagarta usada em tratores. No final, foi a lagarta que prevaleceu.

O projeto aprovado foi a criação de Walter Wilson e William Tritton, da empresa de engenharia Fosters, de Lincoln. Quando foi testado, em 2 de fevereiro de 1916, as autoridades do governo e altas patentes do Exército (com exceção de Kitchener) ficaram impressionadas e fizeram uma encomenda de 100 máquinas. Em essência, era o modelo que o Exército britânico viria a usar pelo resto da guerra e, assim, o protótipo ficou conhecido como "Mãe". Este deu nascimento ao Mark I, que entrou em ação no Somme no final do ano. Havia duas versões: o "macho", equipado com dois canhões navais de 6 libras em meias-torres que se projetavam das laterais do tanque e quatro metralhadoras, e a "fêmea", com sete metralhadoras. A razão para a versão "fêmea" era o receio de que tanques machos pudessem ficar atolados por grandes concentrações de infantaria inimiga. A produção do Mark I começou na Fosters e na fábrica maior da Metropolitan Carriage Co., em Birmingham. Para preservar o segredo do armamento, foi criado o nome "tanque", porque sem suas armas ele parecia um veículo para transportar água.

Um teste pouco animador
Em 30 de junho de 1915, a Marinha fez uma demonstração deste trator Killen-Strait norte-americano equipado com cortadores de arame na frente. Essa claramente não era a resposta para o impasse nas trincheiras.

Little Willie
Este protótipo, produzido por Tritton e Wilson em setembro de 1915, parecia muito com os tanques do futuro. Sua capacidade de atravessar trincheiras, porém, era bastante limitada e ninguém o levou muito a sério. Ele sobrevive, hoje, como peça de museu.

Desinformação
O Exército estava convencido de que o primeiro aparecimento dos tanques na Frente Ocidental deveria pegar os alemães totalmente de surpresa. Por isso, o corpo dos tanques (sem torres de armas ou canhões), ao ser carregado em trens para transporte da fábrica, recebia a etiqueta "para Petrogrado", no caso de ser vistos por espiões.

Os engenheiros

WILLIAM TRITTON

WALTER WILSON

Os dois homens que recebem o crédito pelo projeto e construção do primeiro tanque são William Tritton, diretor-administrativo da fábrica Fosters em Lincoln, e o tenente Walter Wilson, da Royal Naval Reserve. Em tempo de paz, Wilson, um gênio em engrenagens, trabalhava como engenheiro de carros e caminhões. Os dois haviam trabalhado em vários projetos experimentais antes de chegar àquele que seria usado em combate. Tritton, por exemplo, havia produzido um veículo gigante de rodas enormes para atravessar trincheiras, mostrado na foto acima atrás de seu inventor. Ele e Wilson trabalharam juntos na máquina Lincoln No. 1 (mais tarde conhecida como "Little Willie"), que andava sobre lagartas Bullock "Creeping Grip" de fabricação norte-americana. Em um teste, estas se mostraram totalmente inadequadas, levando Tritton a projetar um substituto mais forte e confiável. No entanto, "Little Willie" foi superado por um tanque concebido principalmente por Wilson, um veículo "quase romboidal", em que as lagartas corriam por toda a volta do casco: o Mark I.

Big Willie ou "Mãe"
Big Willie, o protótipo do primeiro tanque britânico, o Mark I, conseguiu, em seus testes em janeiro e fevereiro de 1916, atravessar uma trincheira de 3 m e passar sobre um obstáculo vertical de 1,4 m de altura. Esse desempenho foi tão superior ao de qualquer protótipo anterior que ele foi aceito para o trabalho. Sua roda traseira, para direção e equilíbrio, foi dispensada em modelos posteriores.

Guerra mecanizada
Ninguém sabia muito bem o que esperar dos novos tanques quando 50 deles foram enviados para o campo de batalha do Somme em 1916. A esperança geral era de que eles pudessem neutralizar metralhadoras, esmagar arame farpado e servir de escudo para o avanço da infantaria pelas terras em disputa.

Os primeiros tanques a entrar em combate eram equipados com um telhado de madeira e ferro para protegê-los do pleno impacto de granadas e projéteis.

Os canhões laterais eram canhões navais de 6 libras com o cano reduzido. Quando um tanque entrava em combate, ele levava 324 cargas para cada canhão.

Abertura para o comandante e o condutor do tanque

Tanque Mark I
O tanque usado no Somme era tripulado por uma equipe de oito pessoas: um oficial e o condutor na frente, um artilheiro e um municiador em cada posição de canhão e dois operadores do sistema de marchas que controlava as marchas dos eixos de transmissão para as rodas dentadas que viravam as lagartas. O tanque usava um motor Daimler 105 hp originalmente projetado para tratores.

MOTOR DAIMLER DO TANQUE MARK IV

A linha de frente Aliada avançava lentamente. No início de setembro, havia avançado entre 1,5 km e 5 km desde 1° de julho. Os franceses tinham coberto um pouco mais de terreno, mas estavam presos ao ritmo do avanço britânico. Ginchy (onde os irlandeses conseguiram uma vitória), o bosque de Delville e Guillemont foram finalmente capturados antes de 15 de setembro, quando a ofensiva britânica principal foi retomada.

Uma nova arma

As táticas haviam melhorado desde julho. A "barragem rolante" era agora muito mais eficiente contra as trincheiras inimigas, se não contra a artilharia. Mais importante ainda foi que em 15 de setembro apareceu uma nova arma: o tanque. Este acabaria se mostrando o antídoto para as metralhadoras e proporcionaria uma das soluções para o impasse da guerra de trincheiras. Em 1916, havia apenas 50 disponíveis — não o bastante para serem efetivos — e eles eram usados da maneira errada, operando individualmente em apoio à infantaria. No entanto, como os elefantes de Aníbal, tiveram um efeito psicológico notável. Os alemães, inicialmente, ficaram sem ação diante do que viam como "monstros" que rastejavam sobre as trincheiras e despejaram sobre eles um fogo contínuo de metralhadoras.

Na verdade, cerca de um terço dos tanques quebrou e muitos outros foram destruídos por fogo de artilharia. Ainda assim, os que continuaram em ação por tempo suficiente conseguiram expulsar os alemães da aldeia de Flers e foram, em grande medida, responsáveis pelo avanço britânico, em 15 de setembro, de cerca de 1.800 m em uma frente de 8 km entre Flers e Courcelette. Isso incluiu o bosque de Foureaux, finalmente capturado dois meses depois da primeira tentativa.

Os oficiais conservadores permaneceram céticos quanto ao tanque e o alto-comando alemão não ficou suficientemente convencido pelo que viu para insistir no desenvolvimento de seu próprio tanque. Haig, porém, solicitou 1.000 deles.

Os britânicos registraram outro avanço dez dias depois, capturando Combles no dia 25. No dia seguinte, Thiepval, sitiada desde 1° de julho, foi capturada com a ajuda de 13 tanques. Em Gueudecourt, com tanques e o apoio de aeronaves de reconhecimento, fizeram 500 prisioneiros com a perda de apenas cinco homens.

No fim do mês, vieram as fortes chuvas. O aguaceiro logo demonstrou, uma vez mais, uma grande des-

> "A lama torna tudo intransitável e, agora, afundado até os joelhos, sinto o terror momentâneo de nunca conseguir sair daqui."
>
> SOLDADO BRITÂNICO MARK PLOWMAN DESCREVENDO AS TRINCHEIRAS NO SOMME EM NOVEMBRO

vantagem dos bombardeios de artilharia pesada: eles abriam o chão por onde a artilharia esperava avançar e, quando encharcado de chuva, tudo virava lama. A conseqüência foi descrita pelo historiador oficial da Brigada Sul-africana, John Buchan:

> "Havia, agora, duas 'terras de ninguém': uma entre as linhas de frente e uma entre a antiga frente inimiga e a frente que havíamos conquistado. A segunda era o maior problema, pois por ela deviam ser transportados os suprimentos de um grande exército. Cada estrada virava um rio e, nas depressões, a lama chegava às coxas de um homem... Fora das estradas, o chão era todo um grande pântano, os abrigos desabavam, as trincheiras de comunicação deixavam de existir."

Atrás da frente britânica havia 9 km de "esponja, modificada por torrentes de lama". Era impossível mover a artilharia e homens morriam como resultado do simples esforço de transportar uma mensagem pela lama pegajosa. Um homem ferido hesitava antes de buscar abrigo em um buraco de granada, temendo que isso o fizesse ser sugado para a morte.

Apesar das condições, outubro viu uma série de ataques britânicos do tipo que, merecidamente, deu má fama às lideranças da Primeira Guerra Mundial. Rawlinson, reclamando que o tempo ruim "deu um descanso aos Fritz", esperava "ser agressivo" durante todo o inverno. Depois da captura de Beaumont-Hamel e Beaucourt, porém, a neve em 17-18 de novembro fez a campanha do Somme chegar ao fim. Bapaume ainda estava em mãos alemãs.

Política de defesa ofensiva

A relativa facilidade dos últimos avanços britânicos indicava a exaustão dos alemães. A estratégia de "defesa ofensiva" de Falkenhayn, que insistia que todo o terreno perdido fosse imediatamente recuperado, independentemente de inferioridade numérica e limitação das reservas, explicava em grande parte a ferocidade dos combates de agosto.

Presos na lama
A chuva torrencial em novembro de 1916 transformou o campo de batalha em um lamaçal. Os suprimentos de munição sofreram sérios atrasos, porque as estradas se tornaram praticamente intransitáveis para homens ou animais.

TANQUE MARK I AVANÇA

Um pouco antes da zero hora, ouvimos aquele barulho todo e lembro-me de ter dito, "O que está havendo?" Então, aqueles tanques apareceram, um na nossa frente e outro um pouco afastado de nós. Ficamos todos absolutamente boquiabertos. Não sabíamos o que pensar. Não sabíamos o que eles eram, porque não nos tinham dito nada sobre eles. Foi uma visão incrível... Eles surgiram bem na nossa frente, viraram e foram direto para a linha alemã. O arame farpado tinha sido bem estragado pela nossa artilharia, mas os tanques simplesmente passaram por cima do que tinha restado deles e esmagaram tudo. Deram um susto e tanto nos alemães. Eles saíram correndo como coelhos.

CABO BRITÂNICO EDWARD GALE SOBRE A CHEGADA DOS TANQUES AO SOMME

As baixas alemãs foram ainda mais altas que as dos Aliados: cerca de 660.000, em comparação com 630.000. No final de agosto, quando Hindenburg e Ludendorff assumiram, a necessidade de reconsiderar a estratégia era evidente. No futuro, a linha de frente seria mantida com menos obstinação e defesas não-vitais seriam cedidas, de modo a restaurar a flexibilidade tática da defesa.

Enquanto isso, os Aliados concordaram em retomar o ataque no Somme na primavera. Joffre, que deixou o posto em 12 de dezembro, fez um adendo: a França tinha efetivo suficiente para apenas mais uma ação significativa. Era claro, portanto, que, no ano seguinte, a principal carga de responsabilidade na Frente Ocidental passaria da França para a Grã-Bretanha.

A ARTILHARIA DA GUERRA DE TRINCHEIRAS

A Primeira Guerra Mundial começou como uma guerra de movimento e transformou-se muito rapidamente em uma guerra de sítio. Esse fato foi muito importante para determinar o desenvolvimento da artilharia. Inicialmente, depositava-se grande fé na artilharia de campo, em geral na faixa de 75 mm a 85 mm, mas o desenvolvimento do sistema de trincheiras ditou a necessidade de canhões maiores e howitzers (que tinham cano curto e lançavam projéteis mais pesados em uma trajetória alta). Seu volume de fogo por períodos prolongados era considerado crítico para o sucesso da infantaria, julgando-se mais importante a saturação do sistema de defesa inimigo do que o fator-surpresa.

Em muitos aspectos, as ofensivas francesas da primavera e do outono de 1915 refletem a transição de um sistema de guerra para o outro. Na ofensiva de Artois, em maio, os franceses empregaram cerca de 300 peças de artilharia pesada. Poucos meses depois, na ofensiva de Champagne — para a qual foram construídas três linhas férreas para transporte de artilharia e munição —, utilizaram 2.000 canhões em apoio a 11 unidades contra duas unidades alemãs com 600 canhões. A intensidade do bombardeio francês assegurou a destruição de três regimentos de infantaria alemães antes que a chuva transformasse o campo de batalha em um mar de lama.

A batalha de Champagne durou 15 dias e teve um alto custo para as forças francesas atacantes, mas a lição tirada dela foi que havia necessidade de uma concentração de fogo ainda maior. Em 1915, os britânicos em Loos tinham apenas 12 canhões por quilômetro de frente e as armas pesadas eram limitadas a 96 cargas por dia, ou seja, um projétil a cada 15 minutos. Em Messines, em 1917, eles tinham 756 peças de artilharia pesada e 1.510 canhões de campanha em uma frente de 13,5 km.

Além do aumento no número de armas pesadas, houve três evoluções importantes na artilharia ao longo da guerra. Primeiro, foram desenvolvidas várias armas médias e howitzers. Inicialmente, o tamanho máximo era determinado pelo que um grupo de cavalos podia puxar, mas, nos estágios finais da guerra, os cavalos foram substituídos por tratores. Segundo, foi desenvolvida a artilharia móvel na forma do tanque. Essa foi uma resposta ao fato de que, depois de romper posições defensivas por meio de poder de fogo de artilharia, era praticamente impossível avançar pelo campo e repetir o processo contra a linha inimiga seguinte. Terceiro, um novo tipo de artilharia, o canhão ferroviário, foi desenvolvido quando ficou evidente que armas médias e pesadas eram muito caras em termos de efetivo, pois suas equipes de até 28 homens estavam invariavelmente sujeitas a intensa contrabateria inimiga. Alguns canhões ferroviários, como o canhão de 234 mm britânico, o Instant Gun de 170 mm alemão e o canhão norte-americano de 356 mm, eram armas-padrão montadas sobre vagões-plataforma. No entanto, o modelo mais famoso, o canhão de Paris com que os alemães bombardearam Paris em 1918, foi construído especialmente para esse propósito.

Canhões de 60 libras no Somme
O canhão de 60 libras era o maior canhão de campanha britânico, puxado por uma equipe de cavalos fortes. Famoso por sua precisão, tinha um alcance de 9.400 m.

Canhões de campanha
Os leves e móveis canhões de campanha, como o francês de 75 mm (ver pág. 55), o alemão de 77 mm e o britânico de 18 libras, não tinham peso de projétil ou ângulo de fogo para ser eficazes contra trincheiras profundas e arame farpado. Com sua rápida cadência de tiro, eles ainda tinham seu papel nas barragens de artilharia, sendo operados em baterias cerca de 3 km atrás da linha de frente. Quando as tropas inimigas estavam à vista, eles eram carregados com projéteis de fragmentação.

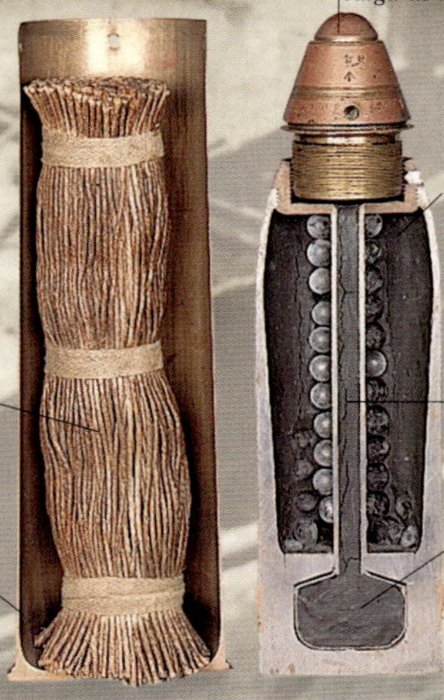

Projétil de fragmentação para 18 libras
Quando a carga explodia, a espoleta era arrancada e os balins eram lançados pelo nariz do projétil.

Howitzer 305 mm alemão

Uma equipe de canhão prepara um howitzer bem escondido para disparar. O canhão tinha de ser disparado de uma plataforma sólida e seus enormes projéteis pesavam 390 kg. Os austro-húngaros também tinham um howitzer 305 mm, feito pela Skoda.

Projétil falhado decorado

Muitos projéteis, especialmente no primeiro ano da guerra, não explodiam. Este projétil britânico foi disparado em Flandres. Os alemães nas trincheiras adversárias pintaram-no com um desenho patriótico e "Saudações de Flandres".

TEODOLITO DA ARTILHARIA FRANCESA

BINÓCULO DE OFICIAL DA ARTILHARIA FRANCESA

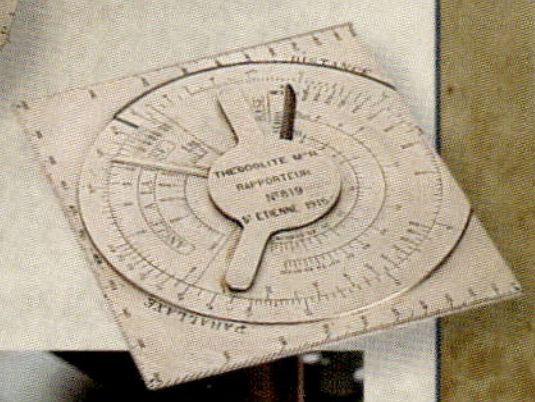

CALCULADOR DE DISTÂNCIA

Cálculo da distância

Os oficiais eram bem treinados na ciência da artilharia e tinham muitos auxílios para calcular a trajetória de fogo necessária. No calor de uma batalha, porém, a comunicação com os postos de observação podia ser interrompida e as baterias, com frequência, atingiam acidentalmente os seus próprios homens.

MARCADOR DE DISTÂNCIA DO CANHÃO DE CAMPANHA DE 18 LIBRAS BRITÂNICO

HOWITZER 4,5 POL. BRITÂNICO

Projétil muito explosivo 114 mm

Howitzers britânicos

No início da guerra, pesados howitzers eram considerados armas de sítio, enquanto canhões móveis mais leves eram usados para alvos como estações ferroviárias ou pontes. A guerra de trincheiras trouxe-os para o campo de batalha, posicionados em depressões e bosques atrás das linhas. Uma vez posicionados, eles eram muito difíceis de mover. O *howitzer* 9,2 pol. pesava 15 toneladas e levava 36 horas para ser desmontado para transporte.

HOWITZER 6,5 POL. BRITÂNICO

Vareta

HOWITZER 9,2 POL. BRITÂNICO

THRIVE

EVENTOS ALÉM DO CAMPO DE BATALHA 1914-1918

NA AUSÊNCIA DE UMA VITÓRIA CLARA EM TERRA, A PRIMEIRA GUERRA MUNDIAL FOI DECIDIDA PELA FORÇA NO MAR. FOI UMA GUERRA DE SÍTIO, MAS DIFERENTE DE QUALQUER OUTRA NA HISTÓRIA: UM SÍTIO NÃO DE CIDADES, MAS DA EUROPA CENTRAL. O PODERIO MARÍTIMO FOI O MEIO PELO QUAL GRÃ-BRETANHA, FRANÇA E ESTADOS UNIDOS, CAPAZES DE ATRAIR RESERVAS HUMANAS E RECURSOS INDUSTRIAIS E FINANCEIROS DO MUNDO EXTERIOR, PUDERAM LUTAR E FINALMENTE VENCER A GUERRA DE EXAUSTÃO CONTRA AS POTÊNCIAS CENTRAIS.

6

Caçada aos *U-boats*
Uma das principais tarefas da Marinha britânica era procurar e destruir os submarinos alemães que ameaçavam tirar a Grã-Bretanha da guerra. O meio de detectar *U-boats* sob a água era o hidrofone. Um é visto aqui, sendo baixado do convés da traineira escocesa *Thrive*.

A PERSPECTIVA MAIS AMPLA

ENQUANTO A GUERRA EM TERRA ERA LUTADA NOS CAMPOS DE BATALHA DA EUROPA, OS EVENTOS DECISIVOS QUE PERMITIRAM AOS COMBATENTES MANTER SEUS EXÉRCITOS EM CAMPO ESTAVAM OCORRENDO NA GUERRA NO MAR. ESTES AFETARAM RELAÇÕES COM ESTADOS NEUTROS, ESPECIALMENTE COM OS ESTADOS UNIDOS. FOI A DECISÃO ALEMÃ DE RETOMAR A GUERRA SUBMARINA IRRESTRITA EM 1917 QUE LEVOU À ENTRADA DOS ESTADOS UNIDOS NA GUERRA.

Durante quatro séculos desde 1500, a Europa teve a primazia sobre todos os continentes do mundo, porém, no final do século XIX, o ápice de seu poder havia passado. Duas importantes potências não-européias, Estados Unidos e Japão, haviam surgido. Foram os procedimentos da Europa em 1916-17 com uma dessas potências que viriam a mudar para sempre as relações da Europa com o mundo exterior.

O poderio dos Estados Unidos

Já em 1890, os Estados Unidos haviam surgido como o maior Estado manufatureiro do mundo; em 1900, produziam mais do que Grã-Bretanha e Alemanha combinadas. A tentativa anglo-francesa de envolver os Estados Unidos na guerra ao lado dos Aliados era evidência de que a Europa estava consciente da realidade do poderio norte-americano. A política declarada dos Estados Unidos, porém, era de neutralidade e o governo do presidente Wilson ofereceu-se mais de uma vez para intermediar um tratado de paz. Em 1915, e novamente em 1916, missões norte-americanas a várias capitais européias foram polidamente recebidas, mas, em 12 de dezembro de 1916, o chanceler alemão, Bethmann-Hollweg, declarou a disposição alemã de buscar um fim negociado para a guerra e convidou os Estados Unidos a atuarem como mediador entre as potências beligerantes. Tal ação sem precedentes — uma iniciativa que estabeleceria um Estado não-europeu como árbitro de disputas européias — era uma indicação da gravidade da situação em que a Alemanha se encontrava nesse estágio da guerra. O que havia levado a esse convite aos Estados Unidos para atuar como mediador era a situação da guerra no mar.

A guerra naval

O curso da guerra no mar em 1914-18 foi determinado, em grande medida, pela decisão tomada pela Alemanha por volta de 1900 de construir uma frota para rivalizar com a Marinha britânica. A política foi seguida sem levar em conta a posição geográfica da Alemanha e sua inferioridade estratégica em relação a seu inimigo potencial. Os portos britânicos controlavam o mar do Norte e o canal da Mancha, as únicas rotas disponíveis para os navios alemães se eles quisessem chegar ao oceano aberto. A Grã-Bretanha respondeu a esse desafio à sua supremacia entrando na corrida armamentista naval e a Marinha alemã, a *Hochseeflotte* (Frota de Alto-Mar), nunca foi capaz de alcançar e ameaçar a superioridade numérica britânica.

Em 1906, a Grã-Bretanha lançou o *Dreadnought*, mais rápido, mais fortemente blindado e com armas mais poderosas do que qualquer navio de combate já existente. Seguiu-se a ele o cruzador de batalha, mais rápido ainda, porém menos fortemente blindado. A corrida armamentista naval intensificou-se quando todas as potências, entre elas a França, a Rússia e até o Império Austro-Húngaro, decidiram que precisavam de couraçados (*dreadnoughts*) também. Nos anos 1906-14, a Grã-Bretanha construiu um total de 32 couraçados e cruzadores de batalha modernos; a Alemanha construiu 23.

O poderio da Marinha britânica
O *Queen Elizabeth*, lançado em 1915, foi o primeiro de uma nova classe de couraçados armados com oito canhões de 15 pol, que disparavam projéteis de 870 kg a uma distância de 25 km.

"Todos nós, do comandante-em-chefe ao mais recente recruta, compartilhávamos a mesma opinião sobre a atitude da frota inglesa. Estávamos convencidos de que ela iria caçar e atacar nossa frota no minuto em que ela aparecesse e onde quer que ela estivesse. Não podia haver dúvidas quanto a isso, a julgar por todas as lições da história naval inglesa."

ALMIRANTE ALEMÃO REINHARD SCHEER, ESCREVENDO EM SUAS *MEMÓRIAS DE GUERRA*, 1920

Muitos dos navios alemães eram superiores aos seus equivalentes britânicos, mas a inferioridade numérica da Frota de Alto-Mar condenou-a a passar a guerra agindo como uma força de defesa costeira.

As fases da guerra naval

A guerra no mar pode ser convenientemente dividida em três partes principais. A fase inicial durou até dezembro de 1914, quando os navios mercantes das Potências Centrais haviam sido expulsos de alto-mar e a ameaça representada pelos navios de guerra alemães fora de águas européias tinha sido amplamente eliminada. Depois de abril de 1915, não havia nenhum navio de guerra à solta para desafiar a supremacia naval Aliada.

O segundo período, entre janeiro de 1915 e fevereiro de 1917, foi um em que, com o nó do bloqueio econômico apertando as Potências Centrais, a Alemanha hesitou entre iniciar uma campanha contra a frota mercante Aliada ou conduzir operações de combate. A Marinha alemã queria lutar, mas o alto-comando não ousava arriscar a frota em uma batalha marítima clássica. Sua intenção era enfraquecer a Marinha britânica por meio de minas e torpedos até que fosse possível para a Alemanha entrar em combate em circunstâncias de vantagem significativa. A estratégia naval britânica era similarmente cautelosa. A decisão, tomada antes da guerra, de impor um bloqueio a distância à Alemanha, baseando a Grand Fleet em Scapa Flow, assegurou que a guerra no mar se mantivesse em situação de impasse.

A Batalha da Jutlândia

Ambos os lados provocaram conflitos no mar do Norte, com o objetivo de tentar atrair partes da frota adversária para a batalha com formações maiores. Um desses confrontos levou à inconclusiva Batalha da Jutlândia, em 1916. Desse evento, a primeira e única vez na guerra em que as duas frotas se enfrentaram, ficou para a Alemanha a lição de que vitórias táticas no mar do Norte nunca viriam a melhorar sua situação estratégica. Depois do fracasso em infligir qualquer dano duradouro à frota britânica, o alto-comando alemão foi convencido da idéia de uma campanha submarina irrestrita contra a frota mercante. O terceiro período da guerra naval, depois de fevereiro de 1917, viu uma ofensiva alemã contra os navios mercantes que teve muito sucesso no início, antes de ser contida durante e depois da segunda metade de 1917.

Guerra submarina irrestrita

A grande maioria dos afundamentos produzidos por *U-boats* alemães durante o conflito foi realizada de acordo com as regras de conduta de guerra. O submarino parava a embarcação (sua presa), permitia que a tripulação saísse nos botes salva-vidas e, então, afundava o navio, geralmente com um tiro de canhão. Em uma campanha "irrestrita", os comandantes dos submarinos ignoravam essas regras e torpedeavam os alvos sem aviso.

Em 1915, vários navios foram torpedeados dessa maneira, incluindo o navio de carreira *Lusitania*, em que 128 passageiros norte-americanos morreram afogados.

Para a Alemanha, 1916 havia trazido o fracasso em Verdun, um compromisso defensivo cada vez mais sério no Somme e o desastroso enfraquecimento do Império Austro-Húngaro pela Ofensiva Brusilov. Quando a aproximação alemã dos Estados Unidos para intermediar uma negociação de paz deu em nada, parecia não haver possibilidade de os alemães derrotarem seus inimigos a não ser por meio de uma campanha contra os navios mercantes. Isso, esperava-se, tiraria a Grã-Bretanha da lista dos inimigos. Caso contrário, a Alemanha via-se diante da derrota numa guerra de desgaste e exaustão.

"É muito mais importante destruir uma estação ferroviária, uma padaria, uma instalação de guerra ou metralhar uma coluna de suprimentos, trens em movimento ou qualquer outro objetivo atrás das linhas do que metralhar ou bombardear uma trincheira. Os resultados são imensuravelmente maiores para baixar o estado de espírito... para espalhar o terror e o pânico."

GIULIO DROUHET, GENERAL ITALIANO E
DEFENSOR ENTUSIASTA DO BOMBARDEIO ESTRATÉGICO

O problema com esse curso de ação era a certeza da hostilidade norte-americana. Os Estados Unidos vinham sendo cada vez mais enfáticos em reivindicar seus direitos de Estado neutro: a liberdade de comércio e a liberdade de ir e vir de seus cidadãos. Esses direitos haviam sido desafiados por ações submarinas alemãs anteriores. A indignação norte-americana pelo afundamento do *Lusitania* e de outros navios reforçara os vínculos políticos, econômicos e históricos entre os Estados Unidos e a Grã-Bretanha e a França. Enquanto isso, o comércio norte-americano com a Alemanha reduziu-se a quase nada como resultado do bloqueio britânico.

Os alemães apostaram que poderiam afundar navios britânicos, Aliados e neutros suficientes para deixar a Grã-Bretanha sem comida e matéria-prima antes que os norte-americanos tivessem tempo de desempenhar um papel significativo na guerra. Como resultado, 1917 traria duas novidades extraordinárias: a participação norte-americana direta nos assuntos europeus e uma guerra total contra navios mercantes conduzida por submarinos armados com torpedos, um sistema de armas que não existia vinte anos antes.

O potencial do avião

Outra nova arma, que tinha sido desenvolvida ainda mais recentemente, era o avião. Ao contrário do submarino, porém, o avião não realizou todo o seu potencial durante a guerra. Quando a guerra começou, pouco mais de uma década havia se passado desde o primeiro vôo motorizado dos irmãos Wright com um aparelho mais pesado que o ar.

As primeiras aeronaves operacionais da guerra usavam, tipicamente, motores de 100 hp ou menos, capazes de uma velocidade máxima de cerca de 130 km/h no nível do mar. Não possuíam armas e a maioria delas teria sido incapaz de transportar qualquer coisa mais pesada do que um fuzil. Sua função era exclusivamente de reconhecimento; no entanto, quatro anos depois, quase todos os aspectos da guerra aérea do século XX já haviam sido desenvolvidos.

O potencial da guerra aérea não era imprevisto. Ele havia inspirado visões de destruição universal por bombardeio aéreo, como em *The War in the Air* (1908), de H.G. Wells, em que a civilização é destruída pelas bombas de dirigíveis. A Alemanha tinha uma grande fé no poder de seus dirigíveis para solapar o moral dos inimigos. Uma de suas primeiras ações em 1914 foi fazer zepelins voarem sobre Londres e sobre vários portos britânicos. Como bombardeiros, porém, eles se mostraram muito vulneráveis e a Alemanha, como as outras potências, voltou-se, em vez disso, para a construção de enormes aeronaves de longa distância que poderiam bombardear alvos industriais e populações civis no interior do território inimigo. No final da guerra, o desenvolvimento futuro da guerra aérea estava claro. Bombardeiros pesados despejariam cargas cada vez maiores, enquanto caças rápidos e leves armados com metralhadoras lutariam pelo controle dos céus.

A forma das coisas futuras
O poder aéreo teve um papel limitado na guerra, mas, em 1918, já era possível imaginar como as guerras futuras seriam lutadas. Estas enormes aeronaves Handley Page britânicas foram as precursoras dos bombardeiros pesados da Segunda Guerra Mundial.

Um novo tipo de guerra
A principal força de combate da Alemanha no mar acabou não sendo os seus magníficos couraçados e cruzadores de batalha, mas seus submarinos *U-boats*, com sua guerra aos navios mercantes.

A GUERRA NO MAR

AGOSTO DE 1914 A MARÇO DE 1916

A guerra naval foi notável pela cautela demonstrada por ambos os lados. A Marinha britânica, depois de limpar o mar aberto de navios inimigos, concentrou-se em um bloqueio a distância da Alemanha. A princípio, a Alemanha procurou enfraquecer a superior Marinha britânica por meio de minas e torpedos, mas depois voltou sua atenção para a navegação comercial, fazendo uso de sua força de *U-boats* numa tentativa de debilitar o comércio britânico.

3 DE AGOSTO DE 1914
Cruzador de batalha *Goeben* e cruzador leve *Breslau* alemães bombardeiam portos franceses no norte da África

6 DE AGOSTO DE 1914
Cruzador leve *Amphion* britânico afundado por mina no estuário do rio Tâmisa

10 DE AGOSTO
Goeben e *Breslau*, tendo escapado dos perseguidores Aliados, chegam à segurança de Dardanelos

28 DE AGOSTO
Batalha da baía de Heligolândia. Cruzadores alemães *Mainz*, *Köln* e *Ariadne* afundados pelos britânicos

22 DE SETEMBRO
U9 afunda três cruzadores britânicos fora da costa holandesa

20 DE OUTUBRO
Primeiro afundamento de navio mercante por um submarino. Vapor britânico *Glitra* afundado por *U17* fora do território da Noruega

1º DE NOVEMBRO
Batalha de Coronel, na zona lateral do Chile. A Esquadra do Extremo Oriente alemã, sob o comando do almirante von Spee, derrota cruzadores britânicos

9 DE NOVEMBRO
Emden, o único atacante alemão no oceano Índico, afundado pelo cruzador australiano *Sydney* perto das ilhas Cocos

18 DE NOVEMBRO
Goeben danificado, depois de *Goeben* e *Breslau* serem atacados por esquadra russa no mar Negro

8 DE DEZEMBRO
Batalha das ilhas Malvinas. Esquadra de von Spee capturada e destruída pelos britânicos

16 DE DEZEMBRO
Cruzadores alemães bombardeiam cidades costeiras inglesas de Whitby, Hartlepool e Scarborough

21 DE DEZEMBRO
Nau capitânia francesa, o couraçado *Jean Bart*, torpedeado e danificado por submarino austríaco *U12* no Adriático

24 DE JANEIRO DE 1915
Esquadras britânica e alemã encontram-se na altura de Dogger Bank

4 DE FEVEREIRO
Alemanha declara zona de guerra as águas em torno da Grã-Bretanha. Início da primeira campanha irrestrita contra navios mercantes

18 DE MARÇO DE 1915
Ataque naval desastroso anglo-francês em Dardanelos

8 DE ABRIL
A ameaça de ataques de superfície ao comércio Aliado termina quando o *Kronprinz Wilhelm* é confinado em Newport News, Virgínia

1º DE MAIO
Primeiro navio mercante norte-americano, o petroleiro *Gulflight* é afundado nas ilhas Scilly

7 DE MAIO
Navio de carreira *Lusitania*, da Cunard, afunda depois de ser torpedeado na costa irlandesa; 1.201 vidas perdidas, incluindo 128 norte-americanos

16 DE AGOSTO
Ataque anfíbio alemão no golfo de Riga

19 DE AGOSTO
Navio de carreira britânico *Arabic* torpedeado e afundado. Aumenta a tensão entre EUA e Alemanha

1º DE SETEMBRO
Governo alemão promete que neutros não serão atacados nas próximas guerras no mar

6 DE SETEMBRO
Barcos pesqueiros britânicos chegam ao sul da Itália para ajudar a estabelecer o bloqueio de Otranto

21 DE FEVEREIRO DE 1916
Governo alemão avisa Estados Unidos que navios mercantes armados serão tratados como cruzadores

24 DE MARÇO DE 1916
Vapor britânico de travessia do canal *Sussex* torpedeado; norte-americanos entre passageiros mortos

LEGENDA

- Atlântico, mar do Norte e Báltico
- Mediterrâneo e mar Negro
- Mar aberto ago. de 1914 a abr. de 1915

Primeiros movimentos no mar

Na fase inicial de hostilidades, a Marinha britânica dedicou-se a eliminar dos mares o comércio inimigo e a levar a guerra para as águas nacionais dos países inimigos e de possessões de além-mar. A posição geográfica da Grã-Bretanha no caminho das linhas de comunicação da Alemanha com o mundo exterior assegurou que o comércio oceânico alemão declinasse rapidamente. Nos seis primeiros meses da guerra, os Aliados detiveram, afundaram ou capturaram 383 vapores alemães e austro-húngaros. Outros 788 navios procuraram segurança em portos neutros. No total, a Alemanha e o Império Austro-Húngaro viram-se privados do uso de 61% de sua frota mercante.

CAÇADAS EM MAR ABERTO

Os navios alemães que estavam no mar quando a guerra começou ou que partiram logo depois incluíam um cruzador de batalha e 14 cruzadores e cruzadores mercantes armados. Estes representavam uma ameaça para os navios Aliados e, portanto, foram perseguidos, nem sempre com sucesso. Dois dos navios, o cruzador de batalha *Goeben* e o cruzador leve *Breslau*, primeiro bombardearam dois portos franceses no norte da África, depois escaparam das superiores forças britânicas antes de fugir para Dardanelos. A chegada dos dois navios a Constantinopla em 10 de agosto de 1914 confirmou o tratado secreto concluído por Alemanha e Turquia em 2 de agosto.

A Esquadra do Extremo Oriente alemã, comandada pelo almirante Graf Maximilian von Spee, estava nas ilhas Carolinas no início da guerra. Depois que o Japão entrou na guerra, a esquadra não podia mais esperar sobreviver no Pacífico Norte, por isso tentou voltar para casa como uma formação, exceto pelo cruzador leve *Emden*, que foi enviado para uma curta mas bem-sucedida carreira de caça a navios comerciais no oceano Índico. Ele acabou sendo destruído pelo cruzador australiano *Sydney* em novembro. Nesse mesmo mês, outro bem-sucedido navio de caça alemão, o cruzador leve *Karlsruhe*, que operava fora da costa do Brasil, foi destruído em uma explosão acidental.

A Esquadra do Extremo Oriente também teve alguns sucessos. Em 1º de novembro, ela enfrentou e destruiu uma força apressadamente reunida de três cruzadores britânicos e um navio mercante adaptado em Coronel, no Chile. No entanto, horas depois dessa derrota, dois cruzadores de batalha britânicos foram

Dupla ameaça alemã
O couraçado alemão *Ostfriesland* e o zepelim *L31* participam de um exercício pré-guerra no mar do Norte. Os zepelins deveriam desempenhar um papel-chave no reconhecimento naval, assim como os dirigíveis na Marinha britânica, mas com freqüência mostraram-se ineficazes devido a ventos fortes ou visibilidade ruim.

enviados de águas nacionais para formar o núcleo de uma nova esquadra no Atlântico Sul. Tendo chegado a Port Stanley um dia antes da esquadra de von Spee, a força britânica afundou todos os cruzadores alemães, com exceção de apenas um, nas ilhas Malvinas, em 8 de dezembro. O *Dresden* escapou para levar uma existência furtiva, até ser capturado e afundado em Más a Fuera, nas ilhas Juan Fernandez, fora do território do Chile, em março de 1915. Com o *Königsberg* permanecendo no delta do Rufigi, no leste da África, onde havia buscado abrigo, e o *Kronprinz Wilhelm*, o último dos cruzadores mercantes armados, atracado em Newport News, na Virgínia, em abril de 1915, a ameaça de ataques ao comércio Aliado chegou efetivamente ao fim. Cinco cruzadores e três auxiliares haviam sido responsáveis por 47 navios Aliados.

Bloqueio e o mar do Norte

A ação nas ilhas Malvinas foi a segunda vez em que cruzadores alemães tinham sido derrotados pelo poder de fogo superior dos cruzadores de batalha britânicos. A primeira tinha sido a ação em Heligolândia, em agosto de 1914. Com a explosão da guerra, a Grã-Bretanha havia imposto imediatamente um bloqueio à frota e aos navios mercantes alemães. Isso foi feito pela frota que patrulhava as águas entre a Escócia e a Noruega e por outra pequena força que controlava o estreito de Dover. O bloqueio envolveu também a colocação de minas em águas alemãs, além do uso de submarinos para reconhecimento e ataques a unidades inimigas. Os alemães, por sua vez, minaram águas britânicas, enviaram submarinos e realizaram patrulhas defensivas com forças leves na baía de Heligolândia.

Baía de Heligolândia

A primeira batalha naval da guerra resultou de uma tentativa de duas flotilhas de destróieres britânicos surpreenderem e dominarem uma patrulha alemã de torpedeiros na baía de Heligolândia, em 28 de agosto. Os britânicos, porém, descobriram que sua presa pretendida era apoiada por forças superiores. Só a intervenção oportuna e um tanto fortuita da Primeira Esquadra de Cruzadores de Batalha, do almirante Beatty, salvou os britânicos de um sério constrangimento. Essa ação mal planejada dos britânicos na baía de Heligolândia, que teve três cruzadores leves e um torpedeiro alemães afundados, foi, ainda assim, uma clara vitória. Esta foi rapidamente contrabalançada, porém, pelo afundamento, por submarinos alemães, de um cruzador leve no estuário de Forth, em 6 de setembro, e de três cruzadores blindados na costa holandesa no dia 22. Mais um cruzador leve britânico foi afundado no mar do Norte em outubro, mês em que o couraçado *Audacious* foi perdido longe da costa norte da Irlanda em um campo minado colocado pelo *Berlin*, um navio de carreira convertido em navio-mineiro. Esses sucessos alemães tiveram o efeito de forçar os britânicos a recuar suas patrulhas do lado setentrional do mar do Norte para o espaço entre a Escócia e a Islândia. Apesar disso, o bloqueio permaneceu intacto e os alemães sofreram perdas similares. Em 1914, nada menos que dez cruzadores alemães foram perdidos no mar do Norte e no Báltico.

Reinhard Scheer

Especialista em torpedos e defensor da guerra submarina, Reinhard Scheer (1863-1928) era vice-almirante no comando do Segundo Esquadrão de Batalha alemão no início da Primeira Guerra Mundial. Em dezembro de 1914, assumiu o comando do Terceiro Esquadrão de Batalha, que incluía os mais novos couraçados alemães. Quando o almirante Hugo von Pohl ficou gravemente enfermo em janeiro de 1916, Scheer sucedeu-o como comandante-em-chefe da Frota de Alto-Mar.

Scheer queria um papel mais ativo para a Marinha alemã, em que *U-boats* trabalhariam junto com a frota de superfície. Pôde reivindicar para si uma vitória tática na Batalha da Jutlândia, em 1916, com mais navios britânicos afundados e os navios alemães conseguindo escapar sem ser detectados. Depois disso, o Kaiser proibiu expressamente novas investidas desse tipo e Scheer teve de reconhecer que não podia correr o risco de enviar sua frota de superfície para o mar do Norte. Insistiu, em vez disso, por um retorno da guerra submarina irrestrita, medida que acabaria por trazer os Estados Unidos para a guerra.

Pouco antes do final da guerra, Scheer planejou um grande ataque final à Grand Fleet britânica, mas este foi frustrado pelo motim de Kiel em novembro de 1918 e ele foi dispensado logo depois. Após o armistício, Scheer aposentou-se da Marinha. Ele publicou seu relato da guerra no mar em 1920.

Bloqueio naval
Durante os 18 primeiros meses da guerra no mar não aconteceram muitas coisas significativas. Os britânicos colocaram minas, enviaram patrulhas e interceptaram barcos neutros, enquanto os alemães centravam a maior parte de seus esforços nas atividades submarinas. No mar do Norte ocorreram apenas pequenos confrontos navais até que as duas frotas se encontraram na Batalha da Jutlândia, em 1916.

Mulheres preparando minas em Dover
Uma parte importante do bloqueio britânico era a criação de uma barreira eficaz para impedir embarcações alemãs, em particular *U-boats*, de passar pelo estreito de Dover. Estas mulheres estão preparando as minas que serão presas às barreiras de redes.

Canhão naval 4 pol. de disparo rápido Mark IV
Este canhão foi disparado pelo destróier britânico *Lance* na ação na costa holandesa que afundou o navio-mineiro alemão *Königin Luise* em 5 de agosto de 1914. O Mark IV semi-automático era capaz de atirar 15-20 cargas por minuto.

Eventos no mar do Norte

Antes da guerra, pouco se pensava na possibilidade de usar submarinos em uma campanha total contra navios mercantes inimigos. Em agosto de 1914, a Alemanha tinha apenas 28 *U-boats* em serviço. No princípio, suas funções principais eram lançar minas e usar torpedos contra navios de guerra britânicos, mas, nos cinco primeiros meses de guerra, eles não contribuíram muito para reduzir a força da frota britânica. Em 20 de outubro de 1914, porém, o *U17*, agindo de acordo com as leis internacionais, deteve, revistou e, depois, afundou o vapor britânico *Glitra*, fora do território da Noruega.

Em novembro, o bloqueio britânico, associado ao vislumbre das possibilidades apresentadas pelo afundamento do *Glitra*, convenceram a equipe naval alemã a adotar a idéia de uma campanha submarina irrestrita contra navios de carga. Havia dúvidas quanto às chances de os 29 *U-boats* disponíveis para operações no final de 1914 conseguirem algum resultado significativo. Ao mesmo tempo, as lideranças civis hesitaram em aceitar um curso de ação que poderia ampliar a lista de inimigos da Alemanha. No entanto, vendo-se diante da perspectiva de uma guerra prolongada em duas frentes, a Alemanha deixou que a cautela, pelo receio de se indispor com Estados neutros, fosse vencida pelos fatos.

Em dezembro de 1914, unidades alemãs bombardearam Hartlepool, Scarborough e Whitby e por pouco deixaram de ser interceptadas por cruzadores de batalha britânicos. Em janeiro de 1915, porém, uma esquadra de cruzadores alemã que realizava um reconhecimento em Dogger Bank foi interceptada. Embora a ação subseqüente tenha sido mal conduzida pelos britânicos, a imagem dramática do *Blücher* afundando deu a confiante impressão de uma vitória britânica. O alto-comando naval alemão

***Blücher*: atingido em Dogger Barit**
Marinheiros alemães se agarram ao casco do encouraçado germânico ao ele emborcar em Dogger Bant — 24 de janeiro de 1915, em plena batalha. Cerca de 260 sobreviventes foram recolhidos por embarcações britânicas.

estava bem consciente de que seus três cruzadores de batalha haviam tido sorte de escapar e, até o final de 1915, não fez mais nenhuma tentativa de desafiar a supremacia britânica no mar do Norte. Em 4 de fevereiro de 1915, a Alemanha anunciou que as águas em torno das ilhas britânicas eram zona de guerra em que as embarcações corriam o risco de serem afundadas sem aviso prévio a partir de 18 de fevereiro.

A primeira campanha de *U-boats* alemã

As dez primeiras semanas de campanha não sugeriram que esta pudesse ser a resposta para os problemas estratégicos da Alemanha. Entre 18 de fevereiro e 30 de abril de 1915, *U-boats* afundaram apenas 39 navios mercantes, com 105.000 toneladas, a maioria deles por fogo de artilharia ou abertura de rombos no casco. Em maio, o total mensal de navios mercantes britânicos, Aliados e neutros afundados chegou a 120.000 toneladas, mas um quarto desse número era representado pelo navio de carreira *Lusitania*, em que morreram 1.201 pessoas, incluindo 128 norte-americanos (ver pág. 197).

Apesar dos protestos norte-americanos, as operações com submarinos continuaram e foram responsáveis por 149.000 das 185.000 toneladas de embarcações afundadas em agosto de 1915. Este foi o pico dos sucessos alemães antes de 1917 e foi o primeiro mês em que as perdas superaram as novas construções. Em 19 de agosto, o *U24* afundou o navio de carreira *Arabic* na costa da Islândia com a perda de 40 vidas, entre elas três norte-americanos. Protestos subseqüentes dos Estados Unidos levaram os *U-boats* a receberem a ordem de poupar navios de passageiros, afundar com tiros de canhão e não com torpedos e não operar a oeste das ilhas britânicas. A Marinha alemã anunciou o fim de sua campanha submarina em 18 de setembro. Esse foi um gesto, em grande medida, apenas de aparência: a atividade dos *U-boats* foi simplesmente redirecionada para o Mediterrâneo e para longe das rotas marítimas norte-americanas.

Em 1915, *U-boats* afundaram 748.000 toneladas de carga e a Marinha alemã estava agora convencida de que uma campanha submarina irrestrita poderia tirar a Grã-Bretanha da guerra. O sucesso dos *U-boats* convenceu a liderança militar, mas o governo civil continuava a se opor à idéia. Uma campanha restrita em águas nacionais britânicas foi autorizada em 1° de abril de 1916, mas, mesmo antes que ela começasse, o torpedeamento do *Sussex*, embarcadouro de travessia do canal da Mancha, em 24 de março decretou o seu fim. Em 18 de abril, os Estados Unidos ameaçaram cortar as relações diplomáticas se a Alemanha não interrompesse as atividades de seus submarinos. O governo alemão emitiu uma ordem para que os *U-boats* obedecessem às regras da Conduta de Guerra, parando e avisando os navios antes de afundá-los. Como resultado, em 25 de abril a Frota de Alto-Mar chamou de volta seus submarinos. As primeiras rodadas da campanha contra navios de carga haviam terminado em favor da Grã-Bretanha, mas foi uma vitória pouco expressiva. As contramedidas britânicas não conseguiram evitar as perdas crescentes de navios mercantes e, entre agosto de 1914 e maio de 1916, a Alemanha havia perdido apenas 34 *U-boats*. Além disso, 100 novos *U-boats* tinham sido encomendados em 1915.

Um ataque costeiro

Em 16 de dezembro de 1914, na esperança de atrair a Grand Fleet britânica, ou parte dela, para o alcance de seus submarinos e campos minados, os alemães enviaram quatro cruzadores de batalha rápidos e modernos e um cruzador pesado, acompanhados por vários barcos menores, para bombardear portos na costa leste da Inglaterra. O ataque tinha um segundo motivo: elevar o moral depois da destruição da esquadra de Graf von Spee na Batalha das ilhas Malvinas, oito dias antes. Logo após o amanhecer, os cruzadores surgiram da neblina para atirar mais de 2.000 projéteis sobre Scarborough, Whitby e Hartlepool. Cerca de 40 pessoas foram mortas e centenas ficaram feridas — as primeiras baixas civis britânicas por ação inimiga desde o século XVII. Muitos prédios foram danificados ou destruídos, entre eles a Abadia de Whitby e os reservatórios de gás de West Hartlepool. Uma aluna de Whitby lembrou-se de ter corrido em busca de abrigo com "o barulho ensurdecedor em nossos ouvidos, o eco zumbindo até mesmo depois que os tiros pararam por um momento". Um "manto de fumaça pesada, amarela, irreal" pairava sobre a cidade. A sala 40 do Almirantado, onde o tráfego de comunicação sem fio alemão era interceptado, alertou sobre o ataque, mas a garoa e a neblina prejudicaram a ação da esquadra do almirante Beatty, embora um par de destróieres britânicos tenha surgido brevemente sob fogo. Considera-se que o ataque tenha estimulado o recrutamento de britânicos e, na imprensa, os alemães tornaram-se os "matadores de bebês de Scarborough".

O bombardeio da Abadia de Whitby
A igreja da Abadia, nos penhascos sobre o porto de Whitby, já era uma ruína quando foi bombardeada, mas imagens como esta faziam boa propaganda antialemã.

Minas de contato alemãs
No início da guerra, as minas alemãs eram muito mais eficazes do que as britânicas. Os alemães começaram a colocar minas já em 5 de agosto de 1914, quando o *Königin Luise* preparou um campo na costa leste da Inglaterra.

A GUERRA NO MAR

ABRIL DE 1916 A NOVEMBRO DE 1918

A Batalha da Jutlândia, travada entre as frotas britânica e alemã em 31 de maio - 1º de junho de 1916, não teve um vencedor claro. Mesmo assim, foi uma das mais importantes batalhas da história naval. Nunca mais a frota alemã desafiou a superior frota britânica. Em vez disso, o alto-comando alemão decidiu-se por uma estratégia de guerra submarina irrestrita, numa tentativa de tirar a Grã-Bretanha da guerra pela fome. Isso levou à entrada dos Estados Unidos na guerra e, no final, à derrota da Alemanha.

25 DE ABRIL DE 1916
Bombardeio alemão de Great Yarmouth e Lowestoft

31 DE MAIO A 1º DE JUNHO DE 1916
Batalha da Jutlândia, único grande confronto naval entre as frotas britânica e alemã

JUNHO
Submarino alemão *Deutschland* atravessa o Atlântico, chega aos Estados Unidos e retorna em segurança

10 DE JULHO A 20 DE AGOSTO
Mais destrutiva viagem individual de um submarino alemão: o *U35* afunda 54 navios de 90.000 toneladas

31 DE JANEIRO DE 1917
Alemanha notifica Estados Unidos e outros países neutros de que irá retomar a guerra submarina irrestrita

1º DE FEVEREIRO DE 1917
Retomada pelos alemães da guerra submarina irrestrita

10 DE FEVEREIRO
Primeiro uso de comboio para envio de carvão britânico para a França

ABRIL
Ápice do sucesso dos submarinos alemães: 833.406 toneladas de cargas Aliadas e neutras afundadas em apenas um mês

17 DE ABRIL
Chegada de duas flotilhas de destróieres japoneses ao Mediterrâneo

10 DE MAIO
Primeiro uso Aliado de comboio para escoltar transporte de cargas no Atlântico

15-16 DE MAIO
Ataque noturno ao bloqueio de Otranto por três cruzadores austríacos

13 DE AGOSTO
Primeiro comboio de navios mercantes sai da Grã-Bretanha

21 DE AGOSTO
Sopwith Pup lançado do cruzador leve *Yarmouth* derruba o zepelim *L23* no mar do Norte

21 DE NOVEMBRO
Navio-hospital *Britannic* afundado por mina no Mediterrâneo oriental. Com 47.000 toneladas, foi o maior navio já afundado por minas

7 DE DEZEMBRO
Esquadra de navios de combate norte-americanos chega a Scapa Flow

14 DE JANEIRO DE 1918
Destróieres alemães bombardeiam Great Yarmouth, na costa leste da Inglaterra

20 DE JANEIRO DE 1918
Ação naval na entrada para Dardanelos; cruzador alemão *Breslau* e navio monitor britânico *Raglan* afundam; *Goeben* danificado

1º DE FEVEREIRO
Motim na Marinha austríaca em Cattaro

23 DE ABRIL
Ataques a Ostend e Zeebrugge, com o objetivo de bloquear as bases de submarinos alemãs, tem apenas sucesso parcial

10 DE JUNHO
Torpedeiro italiano afunda couraçado austro-húngaro *Szent Istvan*

2 DE OUTUBRO
Força Aliada, incluindo navios britânicos, franceses, italianos, australianos e norte-americanos, ataca Durazzo, no Adriático

3 A 4 DE NOVEMBRO
Motim na Frota de Alto-Mar, em Kiel

11 DE NOVEMBRO
Armistício: a Marinha alemã concorda em entregar seus principais navios de guerra e todos os submarinos para os Aliados

12 DE NOVEMBRO
Frota Aliada cruza o Dardanelos até Constantinopla

21 DE NOVEMBRO
Chegada de nove navios de combate alemães e 61 outros navios ao estuário de Forth

LEGENDA
Atlântico, mar do Norte e Báltico
Mediterrâneo e mar Negro

A busca alemã de uma estratégia

Na primavera de 1916, com os exércitos da Alemanha incapazes de garantir a vitória e a ofensiva de submarinos parada, a frota de combate teve de começar a justificar os seus gastos no decorrer da década anterior. O novo comandante da frota, Scheer, começou a adotar uma política mais agressiva. Os cruzadores de batalha alemães, sob o comando de Hipper, entraram brevemente em ação em 26 de março de 1916 em resposta a uma tentativa britânica de bombardeio estratégico a galpões de zepelins na Bélgica. A isso seguiu-se uma investida para bombardear os portos de Great Yarmouth e Lowestoft, na costa leste da Inglaterra, em 25 de abril. Em ambas as ocasiões, as forças britânicas, posicionadas como resultado de informações rápidas do serviço de inteligência, por pouco não conseguiram interceptar os navios alemães. Foi novamente com base em alertas do serviço de inteligência que os britânicos puderam pôr-se ao mar em 30 de maio, antecipando um movimento inimigo antes mesmo que os navios de guerra alemães tivessem chegado a mar aberto. Nessa ocasião, a Esquadra de Cruzadores de Batalha do almirante Beatty foi seguida por toda a força da Grand Fleet, sob o comando do almirante Jellicoe.

Pequeno herói da Jutlândia
Mortalmente ferido, com seu navio em chamas à sua volta, Jack Cornwall, de 16 anos, permaneceu em seu posto manejando um canhão no cruzador *Chester*. Ele foi postumamente condecorado com a Cruz da Vitória.

A Batalha da Jutlândia

Ambos os lados enviaram suas forças de cruzadores de batalha em avanços exploratórios, com as frotas principais em função de dar cobertura até 110 km para trás. O objetivo alemão era encurralar e dominar parte das forças britânicas antes que a Grand Fleet pudesse intervir com poder total. Os navios menores que escoltavam os cruzadores de batalha fizeram contato pouco depois das 14h de 31 de maio. Isso levou ao "Avanço para o sul", com Hipper tentando atrair as forças de Beatty para o sul e para os canhões dos navios de guerra de Scheer.

Enquanto isso, os navios de Hipper conseguiram afundar dois cruzadores de batalha britânicos antes mesmo que a força de Beatty encontrasse os navios alemães. Em seguida, os britânicos começaram o "Avanço para o norte" numa tentativa de conduzir a Frota de Alto-Mar para perto da força de combate principal de Jellicoe.

Com más condições de luz, pela única vez na guerra as frotas britânica e alemã confrontaram-se em duas breves

O poderio da Marinha Real
A IV Esquadra de Combate da Grand Fleet, incluindo os couraçados *Iron Duke, Royal Oak, Superb* e *Canada*, avança pelo mar do Norte. Na Jutlândia, os britânicos tinham 28 couraçados em linha, em comparação com 16 dos alemães.

ações. Em ambas, a Frota de Alto-Mar viu-se diante de toda a força da Grand Fleet posicionada em seu caminho e os navios que se encontravam nas posições de frente da linha alemã foram duramente atacados. Em ambas as ações, porém, a linha alemã escapou do desastre potencial invertendo o curso e em nenhum dos dois casos essa manobra foi vista por Jellicoe ou informada a ele. Quando caiu a noite, Scheer, na tentativa de evitar uma retomada da batalha na manhã seguinte, definiu o curso para Horn's Reef, fora da costa dinamarquesa. Jellicoe, não menos determinado a evitar a loteria de uma ação noturna, escolheu um curso que garantiria contato se o inimigo tivesse seguido para o Ems ou para Heligolândia.

Assim, durante a noite, a formação de Scheer passou por trás dos navios de Jellicoe. Ao amanhecer, os alemães haviam saído da zona de combate. Sem perspectiva de retomar a batalha, a frota britânica voltou para casa.

Reações à batalha

Este simples relato dos eventos na Jutlândia não dá idéia da controvérsia que se seguiu à batalha. Ambos os lados cometeram erros e, com reputações nacionais e pessoais em jogo, o resultado e os detalhes da batalha foram ferrenhamente disputados. Os britânicos haviam sofrido perdas mais pesadas: 14 navios afundados, incluindo três cruzadores de batalha, o *Queen Mary*, o *Indefatigable* e o *Invincible*, em comparação com 11 dos alemães. Essas estatísticas forneciam argumentos para as reivindicações de vitória dos alemães, mas, enquanto 32 couraçados britânicos estavam prontos para navegar em 2 de junho, a Frota de Alto-Mar não teve condições de sair novamente ao mar até agosto. A batalha deixara a posição estratégica da Alemanha crucialmente inalterada.

Os oito meses que se seguiram à Jutlândia foram um período sombrio na guerra no mar. A única batalha real lutada nesses meses foi dentro do alto-comando alemão. A Marinha afirmava que, com o número de *U-boats* em serviço tendo dobrado desde 1914, uma campanha submarina irrestrita deveria ser capaz de afundar 600.000 toneladas por mês. Isso, calculava-se, destruiria 39% dos navios mercantes britânicos em cinco meses. Poderia também afugentar os navios neutros e, assim, tirar a Grã-Bretanha da guerra.

A princípio, os políticos e generais questionaram a exatidão dos números apresentados pela Marinha, temendo a reação dos Estados neutros, em particular dos norte-americanos, a uma campanha irrestrita contra os navios de carga. Com a guerra chegando ao seu terceiro ano, porém, as privações causadas pelo bloqueio britânico começavam a desgastar a política de cautela, que parecia não oferecer nenhuma perspectiva de vitória. Em uma conferência realizada em 30 de agosto de 1916, o chanceler Bethmann deixou para o Exército a decisão final sobre a solicitação da Marinha. Isso coincidiu com a demissão de Falkenhayn de sua posição como comandante-em-chefe, portanto a decisão teve de ser adiada. A nova liderança militar resolveu aprovar apenas a retomada de uma campanha restrita a partir de 6 de outubro. Todos os *U-boats* receberam ordens de seguir as regras de Conduta de Guerra: antes de afundar qualquer navio mercante, eles deveriam interceptar e avisar sua presa e permitir que a tripulação desembarcasse.

Houve uma terrível explosão a bordo do navio, os paióis se foram. Eu vi os canhões subirem no ar como palitos de fósforo — e eram canhões de 12 pol. —, corpo e tudo. O navio começava a se estabilizar.

Em meio minuto, ele virou totalmente e afundou. Eu estava a 55 metros de altura e fui lançado para bem longe do navio, caso contrário teria sido sugado para baixo. Fiquei praticamente inconsciente, girando. Por fim, cheguei à superfície da água. Quando subi, havia outro companheiro, chamado Jimmy Green, e nós pegamos um pedaço de madeira, ele ficou em uma ponta e eu, na outra. Alguns minutos depois, vieram projéteis e a cabeça de Jimmy foi arrancada, então eu fiquei em minha solidão.

SINALEIRO C. FALMER, *INDEFATIGABLE*

Lembrança da vitória
Este lenço de seda não deixa dúvidas de que a Jutlândia foi uma vitória britânica, como de fato o foi. A frota alemã nunca mais se aventurou a combater no mar do Norte.

Cruzadores de batalha britânicos indo para a ação
Os cruzadores de batalha britânicos *Lion* e a nau capitânia do almirante Beatty, *Princess Royal* e *Queen Mary* na Jutlândia. Esta foi a última foto tirada do *Queen Mary* antes de ele ser afundado na noite de 31 de maio, destroçado por uma enorme explosão.

Tomando ar
A tripulação de um *U-boat* aproveita o bom tempo e o mar calmo para subir ao convés e tomar um banho.

Em um período de apenas quatro meses, 516 navios mercantes, com 1.388.000 toneladas, foram afundados e apenas oito *U-boats* foram perdidos. Para aumentar os problemas dos Aliados, as perdas no Mediterrâneo no segundo semestre de 1916 foram tão pesadas que os navios de carga tiveram de ser desviados para a rota pelo sul da África. Enquanto isso, uma safra desastrosa nos Estados Unidos forçou a Grã-Bretanha a se voltar para a Austrália para obter suprimentos de grãos em 1917. Isso levaria a uma redução ainda maior do espaço de carga disponível. Além disso, no final de 1916, as perdas ameaçavam interromper o vital comércio britânico de carvão com a França e a Itália.

Com apenas metade dos *U-boats* disponíveis comprometidos com o ataque a navios de carga, as implicações do sucesso alemão no mar não passaram despercebidas para os novos líderes do exército, Hindenburg e Ludendorff. Eles acabaram sendo convencidos pelo argumento de que a Alemanha tinha de assegurar a vitória em 1917, em vez de enfrentar um quarto inverno em guerra, e que a Grã-Bretanha seria derrotada antes que os Estados Unidos pudessem intervir nos campos de combate europeus. Foi decidido liberar os *U-boats* em 1º de fevereiro e os Estados neutros só foram avisados da intenção alemã em 31 de janeiro. O reinício da guerra submarina irrestrita provavelmente foi a mais importante decisão tomada durante toda a guerra. O que ela conseguiu foi garantir que a maior potência industrial do mundo logo se unisse à fileira dos inimigos da Alemanha.

Guerra submarina irrestrita

Entre fevereiro e junho de 1917, a marinha alemã afundou cerca de 3.844.000 toneladas de carga e alcançou uma taxa de sucesso que, segundo afirmara, resultaria na derrota da Grã-Bretanha no verão de 1917. A eficácia da campanha alemã em seus estágios iniciais foi atribuída a seu caráter irrestrito, que deixava os *U-boats* livres para afundar qualquer navio sem aviso ou consideração pelas vidas perdidas. Na verdade, o aumento do número de navios mercantes afundados depois de fevereiro de 1917 foi resultado mais do número de submarinos ativos do que da natureza de suas operações. Em fevereiro de 1917, a frota de *U-boats* havia subido para 152, dos quais 111 estavam operacionais. Os alemães eram capazes de manter 50 no mar e 24 na base em sua área de operações a qualquer momento. Outro fator para o sucesso dos *U-boats* foi a rota que eles agora seguiam ao sair para interceptar navios. Durante 1916, a maior parte dos *U-boats* havia seguido pelo norte da Escócia, mas as operações no estreito de Dover haviam revelado a ineficácia das patrulhas e minas britânicas nesse local. Em 17 de janeiro de 1917, portanto, os *U-boats* receberam ordens de seguir pelo estreito, ganhando, assim, acesso imediato às fortes concentrações de navios no canal da Mancha e nos acessos pelo sudoeste. Isso poupava seis dias de trajeto, algo importante para embarcações limitadas a um ciclo operacional de 25 dias, permitindo que os alemães usassem muito mais *U-boats* por períodos muito mais longos.

"Nossos exércitos poderiam avançar uma milha por dia e matar os alemães aos milhares, mas a questão era se nós conseguiríamos bloquear o inimigo até ele cair de joelhos ou se ele iria fazer o mesmo conosco."

ALMIRANTE SIR DAVID BEATTY, JANEIRO DE 1917

A sobrevivência do comércio britânico

A capacidade da Grã-Bretanha de sobreviver aos violentos ataques alemães tem sido geralmente atribuída ao sistema de comboios. Este foi iniciado em fevereiro de 1917 para o comércio de carvão com a França e usado pela primeira vez para comércio oceânico em maio. Nos 21 meses da campanha irrestrita alemã, os comboios de fato reduziram as perdas de navios e asseguraram a sobrevivência da Grã-Bretanha. No entanto, durante os primeiros cinco meses da campanha, quando a Grã-Bretanha chegou perto da derrota, os comboios pouparam não mais do que 80 navios — a diferença entre as perdas de comboios e as perdas que seriam esperadas se os navios tivessem seguido independentemente.

Afundamento do *Parkgate* pelo *U35*
O cargueiro britânico foi afundado de acordo com as regras de Conduta de Guerra. Os alemães ordenaram que a tripulação do *Parkgate* fosse para os botes salva-vidas e tomaram os documentos do navio do capitão. Em seguida, o navio foi afundado pela artilharia.

A AMEAÇA DOS *U-BOATS*

Na Primeira Guerra Mundial, os *U-boats* passaram pouco de seu tempo sob as ondas. Submergir era uma manobra complicada, geralmente reservada para quando fosse necessário disparar um torpedo ou fugir. Para evitar consumir seu suprimento de ar, os submarinos submersos operavam com motores elétricos, movidos por uma série de enormes baterias recarregáveis, em vez de usar os motores a diesel utilizados na superfície. Isso reduzia sua velocidade e eles só podiam se manter submersos por períodos limitados.

Em 1914, a Marinha alemã era equipada com dois tipos básicos de submarinos: a classe *UB1*, pequena e costeira, e as embarcações de patrulha "de além-mar", para maiores distâncias, das classes *U5* e *U19*, conhecidos como tipo *Mittel-U*. Os primeiros alcançavam uma velocidade máxima de apenas 7,5 nós e tinham dois tubos lança-torpedo de 450 mm (17 pol.) e uma tripulação de 14 pessoas. Os segundos tinham uma velocidade de superfície de 14 nós (8 nós quando submersos) e contavam com quatro tubos lança-torpedo, um canhão de 51 mm (2 pol.) e uma tripulação de 28 pessoas. Os desenvolvimentos de tempo de guerra resultaram na adição do submarino mineiro como uma terceira categoria. A melhoria da frota foi tal que, no final da guerra, os submarinos costeiros alemães eram construídos mais ou menos com a mesma especificação que os submarinos de patrulha de 1914. Nos últimos estágios da guerra, os submarinos de patrulha eram capazes de chegar às águas norte-americanas.

Os torpedos causaram algumas das perdas mais famosas de embarcações civis Aliadas da guerra, entre elas o afundamento do navio de carreira *Lusitania*, da Cunard, em 1915. No entanto, eles eram caros e, contra navios mercantes, o método mais prático era afundar com tiros de canhão ou abordar o navio e colocar explosivos para abrir rombos no casco. Em resposta, os britânicos usaram navios Q, que eram navios bem armados disfarçados de embarcações mercantes, para atrair *U-boats* e realizar um ataque. Depois da retomada da guerra submarina irrestrita em 1917, os *U-boats* chegaram perto de abater os Aliados, mas a Grã-Bretanha conseguiu manter carregamentos suficientes, apesar de suas crescentes perdas.

Cartaz de propaganda
Este cartaz alemão, datado de 1917, declara: "Os *U-boats* estão à solta!"

Na sala de torpedos
Os tubos lança-torpedo ficavam situados nas extremidades do *U-boat*. A tripulação tinha de trabalhar em condições incrivelmente quentes e apertadas. A taxa de baixas no serviço ficava em 40%, mas nunca havia escassez de voluntários.

> *A sala de controle era atrás do espaço da tripulação, isolada por divisórias na frente e atrás... Havia um banheiro em um canto da sala de controle. Ele era fechado com uma cortina e, depois de ver esse arranjo, eu entendi por que o oficial que eu substituí havia recomendado o uso de ópio antes de todas as viagens que fossem durar mais de doze horas.*
>
> JOHANNES SPIESS, OFICIAL DE QUARTO, *U9*. CITADO EM *SUBMARINE BOATS*, R. CROMPTON-HALL

Carregando torpedos em um *U-boat*
Embora fossem a arma mais temida dos *U-boats*, os torpedos muitas vezes erravam alvos a mais de 800 m (900 jardas) de distância. Um único impacto podia afundar um cruzador, mas raramente tinha sucesso com navios mercantes de pequeno calado.

Canhão de submarino
Um canhão de 10,5 cm (4,1 pol.), fogo rápido e alta velocidade era montado no convés de todos os *U-boats* das classes de 560 e 900 toneladas. Este é do *U98*, que, no último ano da guerra, afundou três navios mercantes.

Um comboio ideal
Um comboio bem protegido navega com uma escolta de navios de guerra pintados em cores ofuscantes e um dirigível do RNAS (Royal Naval Air Service — Serviço Aéreo Real Naval). Durante 1918, apenas dois navios mercantes foram afundados por *U-boats* em comboios com escoltas marítimas e aéreas.

COMBOIOS E REDUÇÃO DAS PERDAS DE NAVIOS MERCANTES

No final de 1917, um total de 26.404 navios havia navegado em comboios a um custo de 147 deles. Como resultado, o volume de importações britânicas em 1917 aumentou em relação aos níveis de 1916, apesar de uma perda de 8% de capacidade de carga. O sistema básico que viria a contornar a ameaça de *U-boats* estava em vigor em novembro de 1917, mas representava apenas metade de todos os movimentos de navios de carga. Em outubro de 1918, os comboios representavam 90% das viagens. Durante 1918, *U-boats* afundaram um total de apenas 134 navios mercantes escoltados.

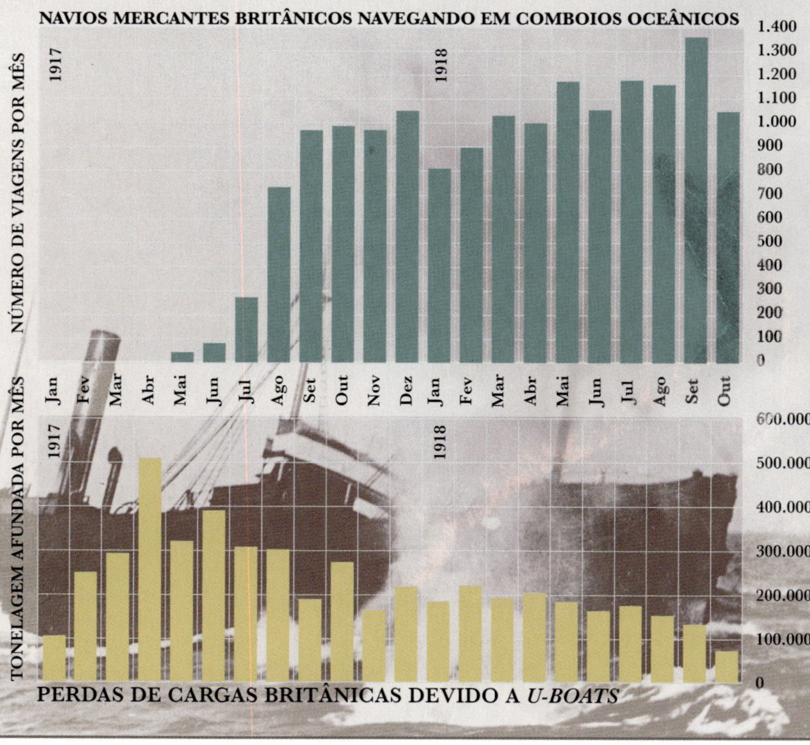

A chave para a sobrevivência britânica até o outono de 1917 foram os navios neutros. Com o início da campanha irrestrita, os navios neutros, em sua maioria, ficaram confinados nos portos, na esperança de que a pressão norte-americana forçasse os alemães a moderar sua nova política agressiva. O trânsito de embarcações neutras pelos portos britânicos em fevereiro e março caiu para 37% do nível de janeiro de 1917. Em julho, porém, o movimento neutro havia se recuperado para quatro quintos do nível de janeiro. Os neutros obviamente precisavam continuar a fazer comércio e a Grã-Bretanha e os Estados Unidos submeteram-nos a intensa pressão política e econômica, oferecendo, ao mesmo tempo, incentivos financeiros lucrativos. Essas medidas ajudaram a Grã-Bretanha a passar pelos meses críticos de 1917, mas sua sobrevivência a longo prazo só foi garantida por um amplo sistema de comboios.

Nos primeiros 27 meses de guerra, durante os quais em nenhum mês as perdas britânicas ultrapassaram 150.000 toneladas, o Almirantado recusou-se sistematicamente a autorizar a introdução geral de comboios. A base para essa decisão era que não havia navios de guerra suficientes para proporcionar escolta e que o próprio número de embarcações que entravam e saíam dos portos britânicos e o congestionamento causado pela retenção dos navios no porto tornavam os comboios impossíveis. Apesar desses argumentos, as perdas crescentes forçaram o Almirantado a aceitar o princípio de navios mercantes navegando sob a proteção de navios de guerra em três rotas mesmo antes de abril de 1917. Um sistema de comboios foi introduzido na rota de ida e vinda para Hook, na Holanda, em julho de 1916, e na rota escandinava em janeiro de 1917. Em 10 de fevereiro, por insistência francesa, o Almirantado também começou a operar comboios de carvoeiros para a França à noite.

Apenas três navios foram perdidos no primeiro ano da rota holandesa e as perdas nas rotas de carvão francesas foram reduzidas a apenas cinco em um total de 2.583 viagens de carvoeiros escoltados em março e abril de 1917. O Almirantado, ainda assim, recusava-se a pensar na introdução de comboios oceânicos mesmo com as perdas crescendo de forma alarmante depois de fevereiro de 1917. O primeiro-ministro Lloyd George viria a afirmar que foi sua intervenção, em abril de 1917, que forçou o Almirantado a aceitar os comboios; o Almirantado afirmou que, na ocasião, já havia se convencido da idéia.

Os comboios mostram seu valor

O primeiro comboio oceânico de 17 navios mercantes partiu de Gibraltar em 10 de maio. Ele chegou a águas britânicas sem perdas dois dias antes que navios viajando independentemente teriam chegado. Em 24 de maio, um comboio saiu de Hampton Roads, Virgínia, e chegou à Grã-Bretanha em 10 de junho, com a perda de apenas um navio que se desgarrou. Em junho, quatro comboios chegaram a águas britânicas e em julho tiveram início as saídas regulares de comboios da América do Norte. Em agosto, comboios regulares foram instituídos nas rotas vindas da América do Sul e de Gibraltar. Ainda assim, o sistema de comboio tinha suas falhas. Como os comboios que chegavam à Grã-Bretanha eram dispersados no canal e no mar da Irlanda, perdas desnecessárias acabavam acontecendo em águas nacionais. Nos três primeiros meses de comboios oceânicos, não foi feita nenhuma tentativa de escoltar os navios que saíam de águas britânicas e, aqui, as perdas continuavam na escala dos meses anteriores. As perdas de navios não escoltados também continuavam a ser pesadas.

Lançando cargas de profundidade
Estima-se que um total de 29 *U-boats* alemães tenham sido perdidos devido a cargas de profundidade, a maioria deles em 1918. Aqui, o contratorpedeiro britânico *Tempest* prepara-se para soltar cargas de profundidade no mar do Norte.

Melhores operações de reconhecimento e um uso mais eficaz de minas e explosivos de profundidade tiraram de ação 46 *U-boats*, em comparação com os 42 postos em serviço entre agosto de 1917 e janeiro de 1918. Nesse período de seis meses, tanto o número de *U-boats* no mar como de afundamentos por submarino por mês declinaram 27%. A Marinha alemã, porém, ainda acreditava que estava afundando navios mercantes em um ritmo suficiente para produzir a derrota da Grã-Bretanha. Na realidade, menos carga foi afundada em 1918 do que nos quatro primeiros meses da campanha irrestrita. O declínio da taxa de afundamentos em 1918 foi, essencialmente, resultado do sistema de comboios.

Nos anos de 1917 e 1918 houve sucessivas reduções na produção de *U-boats* em relação ao pico da produção em 1916. Como resultado, a Alemanha entrou em 1918 com não mais *U-boats* do que em junho de 1917. Durante 1918, a Alemanha perdeu 69 *U-boats*. Isso foi compensado pela entrada em serviço de 80 novos submarinos, mas a produtividade por submarino por mês continuava a declinar. Além disso, depois de março de 1918, novos campos minados e patrulhas britânicos no estreito de Dover forçaram os *U-boats* a seguir pelo norte da Escócia para entrar e sair de suas áreas de operação. Embora o número de *U-boats* no mar tenha permanecido mais ou menos o mesmo que em 1917, isso só foi obtido pelo encurtamento dos períodos de descanso e reequipagem. Até o final da guerra, os *U-boats* continuaram a infligir danos a navios Aliados, mas a ofensiva de *U-boats* nunca mais chegou perto de seu objetivo de forçar a Grã-Bretanha a sair da guerra.

Camuflagem de navios

As primeiras sugestões para camuflagem de navios centraram-se, naturalmente, em ocultar a embarcação fazendo-a confundir-se com o mar, o céu e o horizonte. Descobriu-se que essa técnica podia enganar equipamentos tradicionais. Infelizmente, o periscópio do *U-boat* ainda era capaz de visualizar um navio camuflado como uma silhueta. Foi proposta, então, a nova idéia de uma pintura ofuscante: não esconder o navio, mas criar uma ilusão óptica que tornasse muito mais difícil a leitura precisa de seu curso. No final de 1917, a pintura em cores e padrões ofuscantes de toda a frota mercante britânica, e de alguns navios de guerra, estava em andamento.

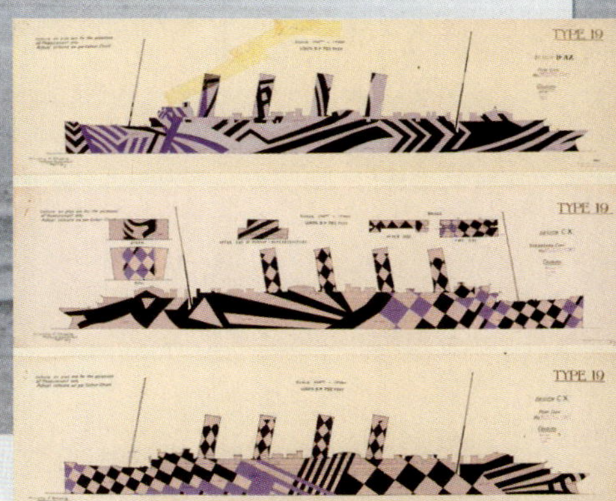

Padrões ofuscantes
Artistas da Royal Academy de Londres, liderados por Norman Wilkinson, que foi o primeiro a propor a idéia, criaram os padrões destinados a confundir. Pontes falsas e âncoras pintadas às vezes eram usadas, além de blocos coloridos.

Navio com pintura para confundir
O *Underwing*, um navio Q britânico, exemplifica aqui o uso de listras angulares pretas e brancas para criar uma percepção distorcida.

Comboio camuflado
A pintura ofuscante de navios mercantes individuais pode ter aumentado o sucesso do sistema de comboios introduzido em 1917.

Couraçados austro-húngaros em Pola
Pola, hoje o porto de Pula, na Croácia, era a principal base naval austro-húngara no Adriático. Foi com freqüência alvo de ataques italianos por ar e por mar, embora estes tenham causado danos apenas limitados.

O MEDITERRÂNEO

A situação geográfica e a superioridade numérica asseguraram que os Aliados exercessem o comando do Mediterrâneo, embora esse controle nunca tenha se estendido a Dardanelos e ao Adriático. Foi dessas áreas que vieram os desafios ao poderio naval Aliado. O desafio do Adriático mostrou-se o maior deles, quando a Alemanha decidiu fazer dos portos do Império Austro-Húngaro o ponto de origem de sua principal ação de *U-boats* no Mediterrâneo. Em um mar que presenciava cerca de 350 viagens diárias de navios mercantes, muitos transportando importações do Extremo Oriente para a Inglaterra, a Holanda e a França, a decisão da Alemanha determinou, em grande medida, o curso da campanha no Mediterrâneo.

Inicialmente, os britânicos e os franceses haviam tentado fazer um bloqueio de perto no Adriático, mas foram forçados a retirar seus navios maiores para Malta e Bizerta. Depois de uma breve movimentação de ataques e contra-ataques após a declaração de guerra da Itália ao Império Austro-Húngaro em 1915, o Adriático ficou mais tranqüilo, em grande medida por causa da vulnerabilidade de grandes navios de guerra a ataques de submarinos. Os Aliados, então, tentaram impedir que *U-boats* fossem do Adriático para o Mediterrâneo reunindo uma frota de pequenos barcos de pesca, a maioria deles britânica, para patrulhar o estreito de Otranto.

No entanto, o estreito era muito profundo para ser minado e fechado eficazmente com redes e largo demais para ser patrulhado de forma adequada. A barreira de Otranto foi descrita como "uma grande peneira pela qual *U-boats* podiam passar impunemente". A barreira em si era um convite a ataques. Na noite de 14-15 de maio de 1917, três cruzadores austríacos passaram pelo bloqueio. Aproximaram-se dos barcos de pesca um por um, ordenando que a tripulação abandonasse a embarcação e, então, abrindo fogo. Dos 47 barcos em serviço, 14 foram afundados e três ficaram seriamente danificados. Nem todas as incursões desse tipo tiveram sucesso. Quando a Marinha austro-húngara enviou uma força para atacar a barreira em junho de 1918, seus quatro couraçados também foram postos ao mar. Um deles, o *Szent Istvan*, foi torpedeado por um barco a motor italiano em 10 de junho.

A facilidade com que *U-boats* operavam nesse local foi resultado das brigas políticas internas e de falta de cooperação entre os Aliados. Em 1916, o Mediterrâneo foi dividido em 18 comandos Aliados separados. Suas patrulhas, que, em 1916, envolviam 140 destróieres e corvetas e cerca de 200 traineiras armadas, foram tão ineficazes que, em 1915 e 1916, apenas três *U-boats* foram afundados, dois deles por causas desconhecidas. Em agosto de 1916, um único submarino, o *U35*, foi res-

Guerra naval no Mediterrâneo
A guerra nesta área centrou-se nas operações de *U-boats* a partir do Adriático e de Dardanelos. Os Aliados tentaram, com muito pouco sucesso, conter essa ameaça por meio de patrulhas e de um bloqueio ao longo do estreito de Otranto.

ponsável por dois terços das perdas Aliadas no mundo todo naquele mês, em uma só viagem de três semanas em que não disparou sequer um torpedo. As perdas atingiram o ápice em abril de 1917, quando havia 28 *U-boats* no Mediterrâneo, sempre com dez ao mesmo tempo no mar. Nem um único *U-boat* foi afundado, enquanto os Aliados perderam 94 navios. Na pior das situações, a viagem de Gibraltar até o canal de Suez podia levar um mês.

Como em outras partes, a oposição aos *U-boats* nesse cenário era o sistema de comboios, introduzido pela Marinha italiana na primavera de 1917. Apesar de, usualmente, ter como escolta apenas um único cruzador mercante armado, esses comboios italianos reduziram imediatamente as perdas, assim como a introdução de comboios britânicos entre Alexandria e Malta em maio de 1917. O primeiro comboio que fez toda a travessia da Grã-Bretanha ao canal de Suez foi realizado em outubro e o primeiro comboio no sentido inverso seguiu em novembro. As perdas de cargas tiveram uma redução contínua entre junho de 1917 e outubro de 1918, quando a Alemanha chamou de volta os *U-boats* como resultado do colapso de seus aliados. A guerra no Mediterrâneo terminou com as marinhas Aliadas apoiando operações militares e ocupando vários portos para reforçar os termos do armistício. Em 13 de novembro de 1918, uma frota Aliada atravessou o Dardanelos e ancorou em Constantinopla.

Barcos de pesca na barreira de Otranto, em Taranto
A maioria dos barcos de pesca era britânica, cada um armado com um canhão de 6 libras e explosivos de profundidade. Eram apoiados por pequenas lanchas a motor italianas. Ao longo da guerra, apenas dois *U-boats* foram pegos nas redes dos barcos de pesca.

GUERRA AÉREA

1914 A 1918

Embora o poder aéreo tenha tido apenas uma influência mínima sobre o resultado da guerra, os anos de 1914 a 1918 foram cruciais para a evolução das aeronaves de um frágil meio de reconhecimento para uma arma poderosa. Em 1918, com caças armados com metralhadoras voando em enormes esquadrões e bombardeiros gigantescos capazes de lançar bombas de 1.000kg, estava claro que o avião desempenharia um papel fundamental em qualquer guerra futura.

20 DE AGOSTO DE 1914
Zepelins alemães voam sobre Londres e portos britânicos

30 DE AGOSTO DE 1914
Paris bombardeada por Taube alemão

3 DE SETEMBRO
Reconhecimento aéreo francês avista brecha crucial entre os exércitos alemães que avançam para o Marne

5 DE SETEMBRO
Artilharia russa derruba Zepelim em Lemberg. Aviões britânicos iniciam patrulhas noturnas sobre Londres

16 DE SETEMBRO
Primeiro ataque de aeronave com base marítima: Farman japonês bombardeia navio de guerra alemão em Tsingtao

22 DE SETEMBRO
Primeiro ataque aéreo britânico na Alemanha. Galpões de zepelins em Düsseldorf e Colônia bombardeados por quatro Tabloids

9 DE DEZEMBRO
Varsóvia bombardeada por alemães

19 DE JANEIRO DE 1915
Início da campanha de zepelins contra a Grã-Bretanha: bombardeio de Great Yarmouth

FEVEREIRO DE 1915
Francês Roland Garros usa metralhadora fixa de disparo frontal com defletores para proteger a hélice

31 DE MAIO
Primeiro ataque de zepelins a Londres; 28 mortos e 60 feridos

7 DE JUNHO
Zepelim destruído em vôo por bomba de lançamento manual em Ghent

1º DE AGOSTO
Início do "Flagelo dos Fokkers": monoplanos Fokker alemães dominam os céus sobre a Frente Ocidental

18 DE FEVEREIRO DE 1916
Bombardeio pesado sobre Liubliana por Capronis italianos em retaliação por ataque austríaco anterior a Milão

1º DE JULHO DE 1916
Supremacia aérea anglo-francesa no Somme: 201 aeronaves francesas e 185 britânicas contra 129 aviões alemães

8 DE OUTUBRO
Estabelecida a Força Aérea alemã (*Luftstreitkrafte*); grupos anteriores integrados

28 DE OUTUBRO
Oswald Boelke, cuja tática superior devolveu o domínio aéreo aos alemães, morto em ação

ABRIL DE 1917
"Abril sangrento", em que as tripulações aéreas britânicas sofrem 50% de baixas em um mês

13 DE JUNHO DE 1917
Bombardeiros Gotha em "formação em diamante" atacam Londres, deixando 158 mortos e 425 feridos: piores baixas civis da guerra

21 DE MARÇO DE 1918
Grande ofensiva aérea alemã para dar apoio à ofensiva de Ludendorff no norte da França, mas, subseqüentemente, os britânicos recuperam a superioridade aérea

1º DE ABRIL DE 1918
RFC (Royal Flying Corps) e RNAS britânicos unem-se para formar a RAF

21 DE ABRIL
Manfred von Richthofen, o "Barão Vermelho", é derrubado e morto

13 DE MAIO
Britânicos formam força para bombardeios estratégicos

8 DE AGOSTO
Amiens: aviões britânicos lançam 1.563 bombas e disparam 122.150 cargas em apoio a ofensiva terrestre

12 DE SETEMBRO
1.476 aeronaves Aliadas apóiam ataque norte-americano a St. Mihiel

LEGENDA

Frente Ocidental — Outros eventos

A guerra no ar

Cavaleiro do ar
Um piloto francês demonstra os perigos de voar na Primeira Guerra Mundial ao soltar os controles para operar a metralhadora Lewis montada na asa superior de sua aeronave.

Quando a guerra teve início, todos os combatentes tinham algum tipo de força aérea. Apesar de seu interesse específico por dirigíveis, os alemães possuíam 250 aeronaves. Sua estrutura organizacional e treinamento de tripulações eram, em geral, superiores aos dos Aliados. A força aérea austríaca era muito pequena em comparação, embora o Taube ("Pombo"), o principal avião de reconhecimento alemão nos primeiros meses da guerra, fosse de origem austríaca.

Os franceses estavam em inferioridade numérica de aproximadamente 3 para 2 em relação aos alemães, e sua estrutura de comando era menos eficiente, mas, em outros aspectos qualitativos, eles eram superiores. Além disso, tinham a maior base de construção aérea e foram capazes de aumentar a produção rapidamente quando a guerra começou. Isso foi auspicioso para a Grã-Bretanha, que estava bem atrás tanto dos franceses como dos alemães. A Royal Flying Corps foi criada em 1912, dois anos depois da equivalente francesa, e possuía apenas cerca de 60 aeronaves na frente em agosto de 1914. Por um ou dois anos no início da guerra, os britânicos foram fortemente dependentes dos motores e fuselagens franceses. A Grã-Bretanha tinha, porém, a maior base industrial e, no final da guerra, sua indústria de aviação era líder mundial.

Os russos tinham mais aeronaves que os britânicos e produziram o gigantesco Sikorsky Ilya Moroumetz, de quatro motores, o primeiro bombardeiro pesado do mundo, no início de 1915. Mas a confusa variedade de tipos de aeronaves russas tornava sua manutenção difícil. O mesmo problema afetou os franceses, mas eles foram mais rápidos em perceber a importância da padronização. Apesar da fraca organização, a Itália (a primeira nação a realizar bombardeio aéreo — contra os turcos, no norte da África, em 1911) produziu alguns bons aviadores e pelo menos um projetista notável, Gianni Caproni, cujos bombardeiros desempenharam um papel significativo nas campanhas no Isonzo. Seu monstruoso bombardeiro triplano de três motores, Ca 42, apareceu no início de 1918.

> *Na primeira vez em que encontrei um avião alemão no ar, tanto o piloto, Harvey Kelly, como eu estávamos completamente desarmados... O observador alemão não parecia estar atirando em nós... Acenamos para o inimigo e continuamos com nossa tarefa. O inimigo fez o mesmo. Na hora, isso não me pareceu ridículo de modo algum... Mas, depois, só por segurança, eu passei a levar sempre uma carabina comigo no ar.*
>
> WILLIAM SHOLTO DOUGLAS, SOBRE SUAS PRIMEIRAS EXPERIÊNCIAS DE RECONHECIMENTO AÉREO NA FRANÇA

Bristol BE2A
Forte, estável e fácil de pilotar, o Bristol BE2A era o mais confiável dos aviões de reconhecimento trazidos para a França pelo Royal Flying Corps britânico no início da guerra.

Reconhecimento aéreo

O reconhecimento, em todos os seus aspectos, incluindo observação de artilharia, foi a tarefa mais valiosa realizada por aeronaves durante toda a guerra. Os altos-comandos dos exércitos, porém, falharam em prever que táticas bem-sucedidas gerariam contratáticas. Como o reconhecimento se mostrou tão efetivo, o inimigo naturalmente adotou medidas para evitá-lo, ao mesmo tempo em que protegia as suas próprias operações de reconhecimento. Também não demorou muito para os dois lados constatarem que, se é possível avistar o inimigo, é possível atingi-lo e, assim, a observação expandiu-se para ataque. O caça, o bombardeiro e a aeronave de ataque ao solo foram desenvolvimentos inevitáveis.

Apesar do predomínio pré-guerra dos monoplanos, a maioria das aeronaves ao longo da guerra foram biplanos, que eram estruturalmente mais robustos. As aeronaves de reconhecimento acomodavam, de modo geral, dois tripulantes, e o observador era geralmente de patente mais elevada que o piloto. A velocidade não era importante e o principal perigo nos primeiros meses, além de um ocasional fogo de superfície, era uma pane no motor. Nos céus, pilotos de lados contrários supostamente trocavam saudações. Logo se tornaram menos amistosos, atirando uns nos outros com fuzis ou revólveres, mas sempre permaneceu entre as tripulações aéreas o respeito e admiração por seus oponentes.

O reconhecimento aéreo móvel mostrou rapidamente o seu valor. Já em agosto de 1914, aviões britânicos alertaram sobre o movimento de flanqueamento alemão em Mons e Taubes alemães avisaram do avanço russo em Tannenberg, possibilitando que os alemães, em inferioridade numérica, reforçassem o ponto vital e pudessem obter uma sensacional vitória. Os observadores aéreos franceses notaram a brecha entre o I e o II Exércitos alemães que avançavam para o Marne (3 de setembro de 1914), levando ao bem-sucedido contra-ataque Aliado. A utilidade do reconhecimento aéreo para a artilharia, especialmente na correção da distância dos canhoneiros, foi comprovada no início da guerra de trincheiras, no Aisne, no meio de setembro. O potencial das aeronaves de reconhecimento aumentava conforme o seu papel passava a ser mais valorizado pelos comandantes dos exércitos e elas foram equipadas com rádios de transmissão/recepção e câmeras automáticas efetivas, em vez exigirem relatórios orais e anotações escritas pelo observador.

Em 1915, a necessidade de evitar o reconhecimento e a observação da artilharia pelo inimigo havia expandido o papel das forças aéreas. As aeronaves deixaram de estar "acima da batalha" para se tornar participantes. Os primeiros caças foram aeronaves já existentes equipadas com uma metralhadora. O ataque a aeronaves e balões de observação inimigos, porém, requeria qualidades diferentes, especialmente velocidade e manobrabilidade, e a melhor relação potência/peso dos motores rotativos franceses deu a eles a vantagem inicial.

Um caça efetivo

Outra exigência era uma metralhadora fixa de disparo frontal que não atingisse a hélice. Várias opções foram experimentadas. Com uma aeronave de configuração "pusher", o motor e a hélice eram colocados atrás, mas isso acarretava alguma perda de desempenho. Um projetista francês, Raymond Saulnier, criou um dispositivo de sincronização que permitia ao piloto atirar através da hélice. Este foi adotado pelo famoso aviador Roland Garros, com o acréscimo de placas de metal para desviar projéteis que atingissem as pás da hélice. Quando Garros foi derrubado e seu avião capturado intacto, o mecanismo chegou às oficinas de Fokker, onde foi desenvolvido um sistema aperfeiçoado que deu aos alemães uma nítida superioridade.

Câmera aérea
A fotografia aérea, embora ainda bastante rudimentar, era amplamente usada. Em 1918, algumas unidades de reconhecimento francesas estavam revelando até 10.000 chapas por noite.

Fokker Eindecker E III

O engenheiro nascido na Holanda Anthony Fokker (1890-1939) produziu cerca de 40 tipos de aeronaves para a Alemanha durante a guerra. Era hábil na organização da produção, e a maioria das inovações surgiu em sua equipe de projeto. A mais notável delas foi o sistema de sincronização que permitia a um piloto disparar uma metralhadora através da hélice. Fokker beneficiou-se da captura de um Morane francês com um mecanismo rudimentar desse tipo. Adaptado a um Fokker Eindecker (monoplano), o sincronizador aperfeiçoado de Fokker proporcionou uma notável superioridade sobre os caças Aliados e deu início ao chamado "Flagelo dos Fokkers", em 1915.

O motor do Eindecker
O único Eindecker sobrevivente é este que está no Science Museum, em Londres. A fotografia abaixo é de um modelo.

Manfred von Richthofen, o "Barão Vermelho"
Richthofen aparece diante de sua marca registrada, o triplano Fokker vermelho. Foi creditada a ele a destruição de um recorde de 80 aeronaves Aliadas entre setembro de 1916 e abril de 1918, quando foi abatido sobre linhas inimigas.

O chamado "Flagelo dos Fokkers" foi neutralizado em parte pela adoção do vôo em formação (malvisto por pilotos franceses individualistas), pela criação de unidades de elite como *Les Cigognes* ("As Cegonhas") e pela adoção de um só tipo de aeronave, em vez de uma variedade delas, para esquadrões individuais. Foi finalmente superado por caças melhores: a série FE2 britânica, a melhor do tipo "*pusher*", a nova geração de Nieuports e, mais tarde, o resistente e veloz Spad VII, com sua metralhadora sincronizada Vickers, que deixou totalmente para trás o Fokker Eindecker.

As táticas foram, em grande medida, desenvolvidas em vôo por pilotos talentosos. Os caças de vôo-solo logo aprenderam a vantagem de atacar por cima e por trás, de preferência contra o sol. Quando operavam em pares, um aproximava-se pela lateral e abria fogo primeiro para distrair a atenção, enquanto o outro mergulhava sobre o inimigo por trás. Algumas manobras estavam associadas a pilotos específicos, como Max Immelmann. O "*loop* Immelmann" requeria que o piloto atacante mergulhasse à frente do inimigo, subisse quase na vertical, fizesse uma curva fechada e mergulhasse uma segunda vez — uma tática não recomendada para os menos ousados. O ás Oswald Boelcke, colega de Immelmann, foi ainda mais influente. Defensor desde o início do Jasta (redução de Jagdstaffel, "esquadrão de caçadores") de 14 aeronaves, ele comandou um dos primeiros desses esquadrões, que se tornou operacional no outono de 1916. Entre seus pupilos estava Manfred von Richthofen, o ás alemão que sobreviveu por mais tempo.

O hábil e corajoso piloto de caça tornou-se rapidamente um herói, um "cavaleiro do ar", perfeito para a propaganda nacional. Suas ousadas proezas aéreas proporcionavam um bem-vindo contraste com os massacres anônimos em grande escala que ocorriam abaixo, na fumaça e lama de Verdun e do Somme.

As tripulações aéreas estavam absurdamente sobrecarregadas, tendo de voar em várias patrulhas por dia, durante semanas e meses. Os pilotos Aliados eram lançados em combate escandalosamente mal treinados e inexperientes: 80% das baixas britânicas haviam voado menos de 20 missões. Os alemães eram mais cuidadosos, até que as perdas pesadas forçaram o sacrifício dos padrões. Eram também mais disciplinados. Em 1917, os dias dos caçadores solitários, como Georges Guynemer, Albert Ball ou Werner Voss, estavam terminados. Manfred von Richthofen, o mais bem-sucedido piloto da guerra, foi, essencialmente, um notável líder de esquadrão.

Controle dos céus

Os biplanos Albatros alemães recuperaram a superioridade dos caças para os alemães no final de 1916 e mantiveram-na até depois do "Abril Sangrento" (1917), em que a expectativa de vida dos pilotos britânicos caiu para 11 dias. Os Aliados conseguiram recuperar o controle dos céus mais tarde, em 1917, em parte — e significativamente — porque a produção alemã estava ficando para trás. A produção francesa e britânica de aeronaves em 1917 foi o dobro da alemã. Em certa medida, os alemães compensaram essa deficiência com suas formações Jagdgeschwader, ou "Circo Voador", constituídas de vários Jastas e apoiadas por extenso suporte de terra e transporte para movimentação rápida para onde fosse necessário.

Várias centenas de pilotos norte-americanos haviam se alistado com os Aliados desde o início, mas o impacto norte-americano na guerra aérea foi menor que o previsto. Em abril de 1917, a futura USAAF, então uma divisão das Tropas de Comunicação, compunha-se de cerca de 1.000 homens e 250 aeronaves, nenhuma adequada para combate na Europa. Os esquadrões norte-americanos ativos na Frente Ocidental em 1917-18 pilotavam, em geral, aeronaves francesas.

Ironicamente, o que provavelmente foi o melhor caça da guerra, o Fokker DVII com fuselagem de aço e velocidade de 200 km/h, apareceu quando a batalha já estava perdida e os alemães, privados de materiais vitais, ficaram em enorme desvantagem numérica em relação aos SE5As, Sopwith Camels e Spads Aliados.

Georges Guynemer

O mais querido ás francês, Georges Guynemer (1894-1917) era cercado nas ruas de seu país natal por pessoas desejando-lhe sorte. O jovem piloto havia abatido 54 aeronaves inimigas quando morreu, aos 22 anos. Guynemer foi recusado cinco vezes pela Força Aérea francesa por saúde deficiente, antes de ser aceito como mecânico em 1914. Qualificou-se como piloto no ano seguinte. Em 19 de julho de 1915, fez sua primeira missão vitoriosa sobre Soissons, abatendo um avião alemão depois de uma luta de 10 minutos. Tendo pilotado primeiro um Nieuport 11s e, depois, seu confiável Spad VII, que apelidou de Vieux Charles (Velho Charles), ele gostava do não-convencional e arriscado ataque frontal. Foi derrubado sete vezes. Talvez por sua extraordinária capacidade de sobreviver, o público francês teve dificuldade para acreditar que ele havia morrido quando deixou de retornar de um vôo sobre Poelcapelle em 11 de setembro de 1917. Seu corpo e sua aeronave jamais foram encontrados, e nunca foi estabelecido de forma conclusiva se ele foi de fato derrubado, como os alemães afirmaram.

Caças

O avanço dos projetos de aeronaves foi rápido: os caças de 1918 eram muito diferentes dos de 1915. A superioridade aérea mudou de lado várias vezes durante a guerra. O Fokker Eindecker alemão (ver pág. 189) foi superado pelos Nieuports e Spad VIIs franceses sobre Verdun em 1916. Depois, a série Albatros D, com seus motores em linha Mercedes e Daimler e duas metralhadoras idênticas, recuperou a superioridade dos caças para os alemães no final de 1916.

Em 1917, a indústria aeronáutica britânica estava finalmente entrando no ritmo. O SE5 e o SE5A, da Royal Aircraft Factory, eram equipados com o notável motor Hispano-Suiza V8, que também era usado pelo Spad XIII francês. O Sopwith Camel — o caça mais bem-sucedido da guerra em total de abates — entrou em operação em junho de 1917. O Sopwith Triplane (1916) mostrou-se maravilhosamente manobrável, mas foi feito para o RNAS e não para o RFC (Royal Flying Corps) e sua produção foi relativamente pequena. Os alemães reproduziram as suas virtudes no triplano Fokker Dr 1 (fim do verão de 1917), o favorito de Richthofen. Até o final da guerra, ambos os lados continuaram a aparecer com projetos aperfeiçoados. No fim, porém, o desempenho superior não foi suficiente; a vantagem passou para o lado dos maiores recursos industriais e maior número de aviões.

Spad XIII
A resistente aeronave para um só tripulante, com suas duas metralhadoras Vickers sincronizadas, era apreciada pelos pilotos Aliados. Podia atingir uma velocidade de 222 km/h a 2.400 m.

Albatros DIII
Este potente biplano, armado com duas metralhadoras Spandau, serviu de janeiro de 1917 até o armistício. Sua velocidade máxima no nível do mar era de 175 km/h.

Metralhadora Lewis usada em caças Aliados
A metralhadora Lewis foi rapidamente adaptada para uso em caças, fixada sobre a asa superior de um biplano ou montada na traseira de um caça para dois tripulantes.

***Kit* de piloto francês**
As roupas e o equipamento de um piloto geralmente refletiam seu estilo individual. Elementos essenciais eram os óculos de vôo e um casaco de couro forrado de pele, capacete e luvas para enfrentar o frio intenso.

Fokker Dr 1
O triplano (1917) tinha alta razão de subida e era muito manobrável, mas sua velocidade máxima era de apenas 165 km/h. Falhas estruturais fizeram com que relativamente poucos fossem construídos.

Sopwith Camel
As idiossincrasias do Camel, em especial suas curvas para a direita perigosamente fechadas, que podiam causar uma queda em parafuso, eram uma vantagem nas mãos de pilotos experientes.

SE5A
Este avião britânico rápido e confiável podia chegar a 221 km/h no nível do mar. Tinha uma metralhadora Vickers montada no nariz e uma Lewis, na asa.

Desenvolvimentos estratégicos

Embora os caças tenham se tornado os aviões dominantes da guerra, os únicos papéis importantes para aeronaves previstos em 1914 eram reconhecimento e bombardeio. O bombardeio estratégico nunca se tornou realmente efetivo em 1914-1918, mas seu potencial futuro era evidente.

A ineficácia dos primeiros bombardeiros tornava compreensível a fé dos alemães nos zepelins. Por uma questão de segurança, eles voavam à noite e mantinham silêncio de rádio, o que tornava a navegação excepcionalmente difícil e o bombardeio altamente impreciso. O sigilo era essencial e, apesar dos holofotes, eles com freqüência eram ouvidos antes de ser vistos. Realizaram ataques em Paris e em outras cidades francesas e — o alvo mais prestigioso — em Londres. No entanto, estavam se tornando cada vez mais vulneráveis e foram retirados da função de combate depois que cinco deles foram derrubados sobre a Inglaterra em setembro de 1916.

Aeronaves especializadas em ataque ao solo foram um desenvolvimento tardio. Os alemães utilizavam aeronaves especializadas de dois lugares em grandes formações chamadas *Schlastas* (*Schlachtstaffeln*, "Vôos de combate"). Estas tiveram um efeito devastador em Cambrai (novembro de 1917) e na primeira ofensiva alemã de 1918, lançando bombas, atacando o inimigo com tiros de metralhadoras e, ao mesmo tempo, fornecendo informações sobre o progresso do avanço.

Em 1918, o poder aéreo começava a desempenhar um papel importante na Frente Ocidental, onde mais de 8.000 aeronaves estavam em ação. O tamanho das unidades teve um enorme aumento. Os franceses, por exemplo, operavam uma divisão de 700 aeronaves de vários tipos. Com o desenvolvimento do ataque ao solo, os movimentos das tropas foram seriamente inibidos. Os alemães com freqüência enviavam ataques de 30 aeronaves contra alvos atrás das linhas inimigas. A guerra foi decidida por eventos no solo, mas, em 1918, estes foram drasticamente afetados pelas atividades no ar.

Em proporção ao número de participantes, as taxas de baixas foram altas. A taxa entre os 22.000 pilotos britânicos foi de mais de 50% e alemães e franceses tiveram taxas similares. Mais pilotos foram perdidos em acidentes do que em ação. Talvez menos tivessem morrido se houvesse pára-quedas disponíveis. Estes eram fornecidos para observadores em balões, mas eram considerados impraticáveis em aeronaves, a princípio por serem muito pesados. Os alemães começaram a usar pára-quedas quase no fim da guerra, mas o comando da RFC temia que eles estimulassem os tripulantes a abandonar a aeronave desnecessariamente. A visão de um piloto ileso pulando para a morte a fim de não ser queimado em sua aeronave em chamas não era fácil de esquecer.

Zepelins – Aeronaves rígidas

Todos os participantes tinham dirigíveis — em essência, balões motorizados — de algum tipo. Eles eram normalmente usados para vigilância e tarefas navais. Os zepelins de estrutura rígida alemães eram os melhores e considerados ideais para bombardeio de longa distância. Podiam subir rapidamente a uma altitude acima da maioria dos caças e seu alcance e capacidade de carregamento de bombas eram bem maiores do que de qualquer aeronave. Eram, porém, vulneráveis a ataques de superfície, totalmente dependentes das condições climáticas e, quando os caças melhoraram e os projéteis traçantes foram introduzidos, os riscos de voar num alvo lento sob uma enorme bolsa de gás inflamável tornaram-se desagradavelmente óbvios. No entanto, não havia dúvida quanto à resistência dos zepelins. Em uma missão (fracassada) para levar suprimentos às forças alemãs no leste da África em 1917, o *L59* voou mais de 6.400 km em 95 horas.

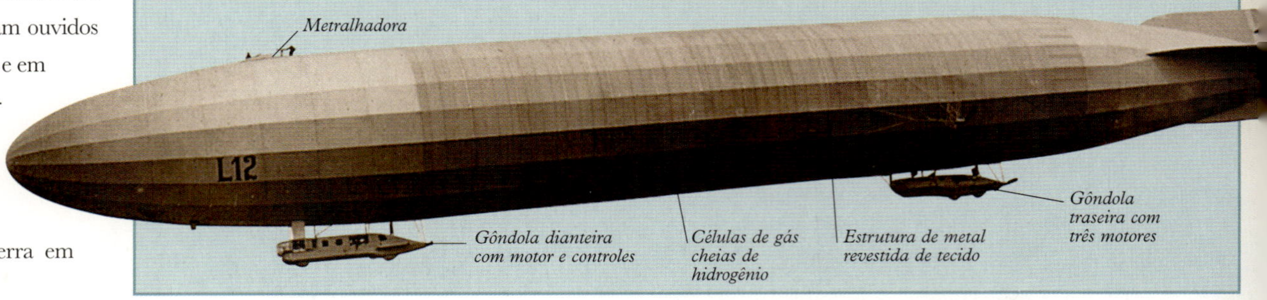

Artilharia antiaérea
Todo tipo de arma, de metralhadoras a artilharia de campo, foi posto em serviço para atirar em aeronaves. Aqui, soldados britânicos correm para operar um canhão no setor da crista de Vimy, na Frente Ocidental.

BOMBARDEIROS PESADOS

Os primeiros bombardeiros eram adaptações dos aviões de reconhecimento de dois lugares mais pesados, como o Aviatik austríaco e o Voisin francês, e as primeiras bombas eram projéteis de artilharia lançados esperançosamente da cabine aberta. Nenhum dos primeiros bombardeiros era capaz de lançar uma carga de bombas significativa e, embora muito progresso tenha sido feito durante os quatro anos seguintes, o bombardeiro continuou sendo uma arma menor, mais valioso por seu impacto psicológico que pela destruição que causava. O Serviço Aéreo Real Naval, operando a partir de bases belgas, montou incursões de bombardeio à base de zepelins em Friedrichshafen já em outubro-novembro de 1914. Como os alvos eram grandes e inflamáveis, mesmo bombas de 9 kg foram bem-sucedidas. Em 1915, bombardeiros genuínos (todos biplanos) estavam operacionais na Rússia (Sikorskis), Itália (Capronis, o mais antigo e entre os melhores bombardeiros da guerra) e Alemanha (bimotores idênticos Gotha). O primeiro bombardeiro britânico, o Handley-Page O/100, voou pela primeira vez em dezembro de 1915. O bombardeio, porém, continuou sendo uma operação acessória até aeronaves mais especializadas, poderosas e numerosas aparecerem em 1917. Estas incluíam os aviões R (Riesenflugzeug), em especial a série Zeppelin-Staaken, que tinham dois pilotos dividindo a cabine, cada um segurando um manche do tipo naval (como a usada em dirigíveis), e nacelas de motor contendo compartimentos para mecânicos em vôo. O bombardeio estratégico de alvos industriais foi adotado em 1918 pela nova Royal Air Force e defendido na França por Pétain. Na época, bombardeiros como o Handley-Page O/400 podiam carregar uma carga de bombas de cerca de 900 kg. Os alvos eram instalações industriais e estações ferroviárias. O marechal-do-ar Trenchard dizia a seus pilotos que eles não precisavam tomar muito cuidado com vidas civis, embora, na prática, concentrasse-se mais em bombardeios táticos do que estratégicos.

Handley-Page O/400
Com uma envergadura de 30,5 m, as asas do O/400 dobravam para entrar no hangar. Os dois motores Rolls-Royce Eagle V-12 360 hp atingiam uma velocidade máxima de 156 km/h.

Caproni Ca 3
Gabriele D'Annunzio, poeta, patriota e homem de ação de direita, parte num enorme bombardeiro Caproni para atacar as linhas austro-húngaras na frente do Isonzo.

Zeppelin-Staaken RVI
O gigantesco bombardeiro tinha autonomia de vôo de oito horas e foi usado para ataques noturnos sobre Londres. Podia levar uma carga de 2.000 kg.

Bombas britânicas
As duas pequenas bombas mostradas são uma bomba de alto-explosivo Marten Hale de 9 kg (acima) e uma bomba incendiária (abaixo). Esta última, geralmente lançada em grande número, tinha a cápsula perfurada para permitir que as chamas se espalhassem.

Danos de bombas
Soldados examinam os destroços de uma casa em Londres bombardeada por um zepelim. Mais de 500 civis britânicos foram mortos em ataques de zepelins durante a guerra e outros 1.000 morreram em ataques de aviões.

13

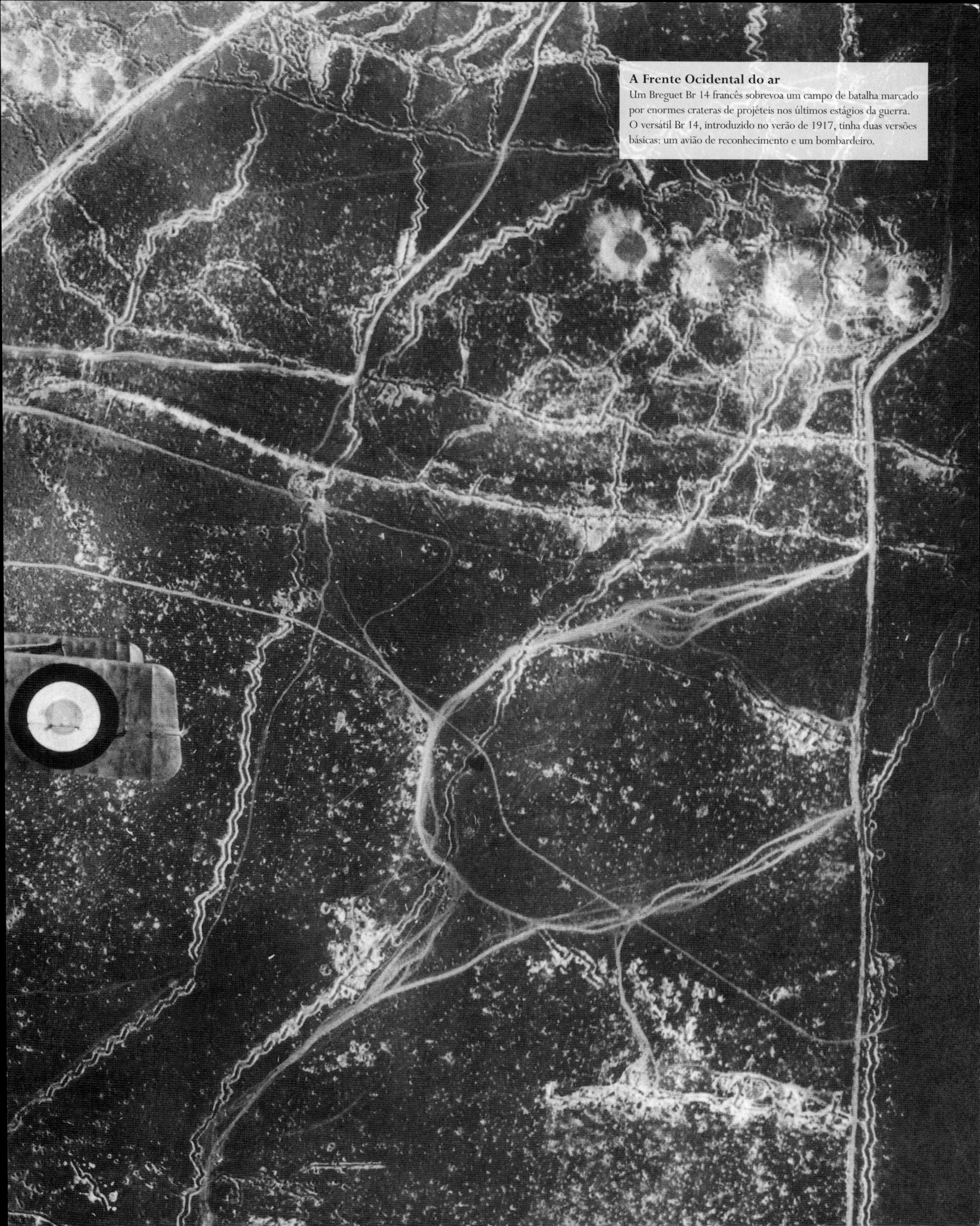

A Frente Ocidental do ar

Um Breguet Br 14 francês sobrevoa um campo de batalha marcado por enormes crateras de projéteis nos últimos estágios da guerra. O versátil Br 14, introduzido no verão de 1917, tinha duas versões básicas: um avião de reconhecimento e um bombardeiro.

Os EUA e a guerra

EVENTOS NOS EUA

AGOSTO DE 1914 A JUNHO DE 1917

Por mais que parte dos Estados Unidos quisesse ficar fora da guerra, a declaração e a prática da neutralidade mostraram-se duas coisas diferentes. A insistência no direito de manter o comércio e no direito de livre trânsito para os Estados neutros levou inevitavelmente os Estados Unidos a um conflito com a Alemanha. Depois da retomada pela Alemanha da guerra submarina irrestrita em 1917, o presidente Wilson conseguiu convencer o Congresso de que os Estados Unidos teriam de entrar na guerra.

4 DE AGOSTO DE 1914
Estados Unidos declaram sua neutralidade

29 DE DEZEMBRO DE 1914
Governo britânico envia memorando aos EUA em defesa de sua política de bloqueio

6 DE FEVEREIRO DE 1915
O navio de carreira britânico *Lusitania* chega a Liverpool navegando com bandeira norte-americana; o governo dos EUA protesta

27 DE FEVEREIRO DE 1915
O *Dacia*, vapor que ia dos EUA para a Alemanha com carga de algodão, é capturado pelos franceses

7 DE MAIO
Lusitania torpedeado; 1.201 homens, mulheres e crianças mortos afogados, incluindo 128 cidadãos norte-americanos

13 DE MAIO
Presidente Woodrow Wilson envia o primeiro de quatro protestos diplomáticos à Alemanha pelo afundamento do *Lusitania*

19 DE AGOSTO
Navio de carreira *Arabic* torpedeado e afundado. Mais tensão entre EUA e Alemanha

JANEIRO DE 1916
Edward House, conselheiro do presidente Wilson, visita os principais estadistas europeus para discutir opções de paz

FEVEREIRO DE 1916
Memorando de House afirma que o presidente Wilson proporá uma conferência de paz

30 DE JULHO
Sabotagem de navios de munição causa enormes explosões na ilha Black Tom, Jersey City

7 DE NOVEMBRO
Wilson reeleito com plataforma de paz

12 DE DEZEMBRO
Alemanha avisa Estados Unidos sobre a disposição das Potências Centrais a negociar a paz com os Aliados

18 DE DEZEMBRO
Wilson convida os lados adversários a definir seus próprios termos de paz

26 DE DEZEMBRO
Potências Centrais pedem reunião sem declarar seus termos de paz. Proposta rejeitada pelos Aliados

10 DE JANEIRO DE 1917
Aliados apresentam seus termos de paz em resposta à proposta de Wilson no mês anterior

11 DE JANEIRO
Kingsland, New Jersey: sabotadores alemães destróem fábrica de munição

19 DE JANEIRO DE 1917
Telegrama de Zimmermann: proposta alemã de aliança com o México contra os EUA; mensagem interceptada por britânicos e transmitida aos EUA

22 DE JANEIRO
Discurso de "paz sem vitória" de Wilson ao Senado

29 DE JANEIRO
Alemanha apresenta seus termos de paz a Wilson

31 DE JANEIRO
Alemanha informa aos EUA que retomará a guerra submarina irrestrita

3 DE FEVEREIRO
Afundamento do navio graneleiro norte-americano *Housatonic*. EUA cortam relações diplomáticas com a Alemanha

25 DE FEVEREIRO
Navio de carreira *Laconia*, da Cunard, afundado. Quatro norte-americanos mortos afogados. O "ato manifesto" pelo qual o presidente Wilson estava esperando

12 DE MARÇO
Wilson ordena o armamento dos navios mercantes dos EUA, apesar de não ter conseguido aprovação do Congresso

6 DE ABRIL
EUA declaram guerra à Alemanha

2 DE MAIO
Primeira flotilha de destróieres norte-americana chega a Queenstown, na Irlanda

18 DE MAIO
Aprovada Lei do Serviço Militar Obrigatório nos EUA

25 DE JUNHO
Primeiro contingente de tropas norte-americanas chega à França

LEGENDA
- Eventos no mar
- Eventos políticos e outros

Espectadores imparciais
Presidente Wilson faz o lançamento cerimonial para dar início à temporada de beisebol de 1916. Por 32 meses, Wilson conseguiu manter os Estados Unidos fora do conflito que havia envolvido a Europa.

A reação quase geral dos norte-americanos à deflagração da guerra na Europa foi uma determinação a permanecer bem fora dela. Ao proclamar a neutralidade dos Estados Unidos, o presidente Wilson disse que os norte-americanos deveriam ser imparciais "em palavras e pensamentos", bem como em ações, uma aspiração caracteristicamente nobre, mas, em vista das fortes afinidades culturais com a Grã-Bretanha e a França, improvável.

A neutralidade estrita foi impossível e políticas que eram, em princípio, imparciais acabavam favorecendo os Aliados na prática. No início, foram proibidos empréstimos para ambos os lados, mas isso funcionou em benefício dos Aliados, porque eles possuíam ativos substanciais nos Estados Unidos, os quais foram liquidados para comprar mercadorias. Depois, quando o crédito deles se esgotou, a política de restrição de empréstimos foi abandonada em prol do comércio exportador dos Estados Unidos. Créditos volumosos foram concedidos, mas os empréstimos aos Aliados em 1917 eram 75 vezes maiores que os empréstimos para as Potências Centrais. Uma política de abertura comercial também favoreceu os Aliados, uma vez que os navios alemães não podiam atravessar o Atlântico.

A transição para a paz
Nas eleições presidenciais norte-americanas de 1916, Wilson concorreu à reeleição com uma plataforma baseada em paz e prosperidade.

Ao manter seu bloqueio à Alemanha, os britânicos anunciaram algumas restrições ao comércio. O confisco de mercadorias destinadas a um porto neutro se houvesse a probabilidade de alcançar o inimigo não estava estritamente dentro das leis internacionais, mas havia sido praticado pelos Estados Unidos na Guerra Civil. Os britânicos também estenderam a proibição autorizada de bens ligados à guerra a todo tipo de mercadoria, inclusive alimentos. A aplicação inflexível dessa determinação levou a protestos de Washington e a respostas apaziguadoras, além de compensação, de Londres.

Problemas mais sérios surgiram quando a Alemanha deu início a um bloqueio submarino em fevereiro de 1915. Os alemães declararam as águas em torno da Grã-Bretanha uma zona de guerra em que navios seriam atacados assim que fossem avistados. Um ou dois navios dos Estados Unidos foram atacados nos meses seguintes e alguns norte-americanos morreram, pelo que a Alemanha desculpou-se prontamente. No entanto, o afundamento do *Lusitania*, com 128 norte-americanos entre os afogados, provocou uma reação furiosa.

O afundamento do *Lusitania*

Vindo de Nova York para Liverpool, com 1.962 passageiros e tripulantes, o *Lusitania* estava ao sul da Irlanda em 7 de maio de 1915. Apesar de alertas (aparentemente não recebidos) de atividade de submarinos, o capitão Turner não estava seguindo a tática recomendada — velocidade máxima numa trajetória em ziguezague —, mas mantinha um curso em linha reta em velocidade reduzida, a 20 km da costa. Às 14 h, o navio foi atingido por um torpedo, disparado sem aviso pelo submarino alemão *U20*. O *Lusitania* afundou em 18 minutos. Dos 1.201 passageiros que morreram afogados, 128 eram cidadãos norte-americanos, entre eles figuras públicas que incluíam o milionário Alfred Vanderbilt. Os alemães afirmaram que o *Lusitania* era um cruzador mercante armado (um alvo legítimo) e transportava soldados canadenses e munições. O navio não estava armado, não levava nenhum soldado e a única munição presente eram 5.000 caixas de cartuchos e, provavelmente, algumas espoletas explosivas.

O *Lusitania* no porto de Nova York
Quando foi lançado, em 1907, o navio de carreira da Cunard era, com suas 31.550 toneladas, o maior navio do mundo. Era também um dos mais luxuosos e um grande favorito nas rotas de passageiros transatlânticas. Suas turbinas proporcionavam uma velocidade de 25 nós, rápido o bastante para facilmente bater a velocidade de um *U-boat*.

Salva-vidas
Esta relíquia do *Lusitania*, uma bóia salva-vidas com calças de lona para enfiar as pernas, é preservada no Imperial War Museum, em Londres.

Enterro dos mortos
Algumas das vítimas do afundamento estão enterradas em um túmulo coletivo perto de Queenstown (Cobh).

Lembrança macabra
A Alemanha emitiu um pedido oficial de desculpas pelo afundamento, mas a imprensa alemã exultou: "Com satisfeito orgulho contemplamos este mais recente feito de nossa Marinha." Quando uma medalha comemorativa foi lançada, os britânicos a usaram como arma de propaganda, reproduzindo-a em grande número como um exemplo da crueldade do inimigo.

Sobreviventes heróicos
Dois tripulantes exaustos do *Lusitania* posam para a imprensa irlandesa local depois de passar horas tentando ajudar a salvar passageiros.

O afundamento do *Lusitania*, em maio de 1915, pareceu ter sido uma operação planejada e não resultado de uma decisão não-autorizada de um comandante de *U-boat* (como os alemães explicaram), uma vez que alertas secretos vinham sendo publicados em Nova York aconselhando os norte-americanos a não viajar pela zona de guerra delineada. Além disso, não houve nenhum aviso. A Convenção de Haia de 1907 exigia que um navio de guerra, antes de atacar uma embarcação mercante, desse um aviso; depois, se houvesse suspeita de transporte de contrabando, fizesse uma vistoria e, por fim, providenciasse a retirada em segurança de tripulantes e passageiros.

A indignação ajudou a voltar a opinião norte-americana ainda mais contra a Alemanha e, no longo prazo, em favor da participação na guerra. Mais dois cidadãos norte-americanos morreram quando o navio de carreira britânico *Arabic* foi torpedeado no Atlântico em 19 de agosto. Em resposta a uma nova onda de protestos, o embaixador alemão em Washington deu uma garantia um pouco vaga de que a guerra submarina irrestrita seria suspensa dali em diante.

O debate entre intervencionistas e isolacionistas norte-americanos intensificou-se durante 1916. Os intervencionistas, liderados pelo ex-presidente Theodore Roosevelt, estavam ficando mais fortes, mas, apesar do sentimento antialemão, muitos norte-americanos permaneciam fortemente contrários à guerra: os fazendeiros do Meio-Oeste, por exemplo, que nunca haviam sequer visto o mar, pouco se incomodavam com os problemas da Europa. Os sentimentos antibritânicos de norte-americanos de origem irlandesa foram fortalecidos pelo Levante da Páscoa de 1916, e pessoas de origem alemã, austríaca e húngara eram, naturalmente, simpáticas às Potências Centrais. Acima de tudo, havia uma forte campanha pela paz. Andrew Carnegie estabeleceu sua Fundação pela Paz Internacional com US$ 10 milhões.

O presidente diante do Congresso
Wilson pediu ao Congresso uma declaração de guerra à Alemanha, em 2 de abril de 1917. Quatro dias depois, recebeu ampla maioria de votos em apoio à guerra: 373 a 50 na Câmara dos Deputados e 82 a 6 no Senado.

Wilson teve de enfrentar um sério dilema moral. Ele estava convencido de que a guerra não só era má em si, como não confiável em seus resultados. Estava igualmente seguro de que, nessa guerra, os Aliados estavam do lado certo e os alemães, a cuja sociedade e tradições ele era, por natureza, hostil, estavam errados. Assim, depois que todos os seus esforços para garantir a paz fracassaram, ele pôde justificar a guerra como a única maneira de "tornar o mundo seguro para a democracia". Em termos mais práticos, uma vitória alemã seria um desastre. Não só o tradicional isolamento dos EUA dependia do controle britânico dos mares, como também, se os Aliados fossem derrotados, suas imensas dívidas jamais seriam pagas (os alemães mais tarde insistiram que foi esse o motivo para os EUA entrarem na guerra).

Wilson venceu a eleição presidencial de 1916 com o *slogan* "Ele nos manteve fora da guerra". Quatro meses depois, em 2 de abril de 1917, compareceu ao Congresso para buscar uma declaração de guerra, determinado a defender os valores norte-americanos pela "força, força até o máximo, força sem moderação ou limite".

Piloto norte-americano da Escadrille Lafayette
Muito antes de os Estados Unidos entrarem na guerra, voluntários norte-americanos estavam servindo na Europa, lutando na Legião Estrangeira, dirigindo ambulâncias ou voando com a Escadrille Lafayette, o esquadrão aéreo norte-americano com seu emblema de chefe índio.

A INDÚSTRIA NORTE-AMERICANA

Como outros países, os Estados Unidos enfrentaram uma tarefa monstruosa para se converter em uma economia de guerra. Isso foi agravado pelo tamanho do país e pelas tradições pouco simpatizantes a controles federais. Em 1914, os EUA eram o maior Estado manufatureiro do mundo e o estímulo da guerra proporcionou incentivos para investimentos e empregos. Em 1914-16, Grã-Bretanha, França e Rússia dependiam fortemente dos produtos industrializados, alimentos e crédito norte-americanos. Embora alguns setores tenham sofrido como resultado da guerra, outros, como siderurgia, construção naval e indústria química (na ausência da concorrência alemã), prosperaram. A agricultura, depois de uma longa recessão, teve um enorme aumento da demanda e, em conseqüência, dos preços: o trigo subiu de 70 centavos por alqueire, em 1913, para US$ 2,20 em 1917. A atitude do governo federal em relação à livre concorrência inverteu-se. O governo assumiu as comunicações e ferrovias, controlou a produção e distribuição de alimentos e combustível, regulou a mão-de-obra, os preços e, a partir de fevereiro de 1918, o comércio exterior. A guerra estimulou mudanças industriais que já estavam em andamento, como a padronização e a produção em linha de montagem. Também trouxe mudanças sociais, por exemplo, o deslocamento de trabalhadores negros do Sul para cidades do Norte.

John D. Rockefeller
A guerra trouxe grande, embora desigual, prosperidade ao país. Em 1916, foi anunciado que Rockefeller, fundador da Standard Oil, havia se tornado o primeiro bilionário do mundo.

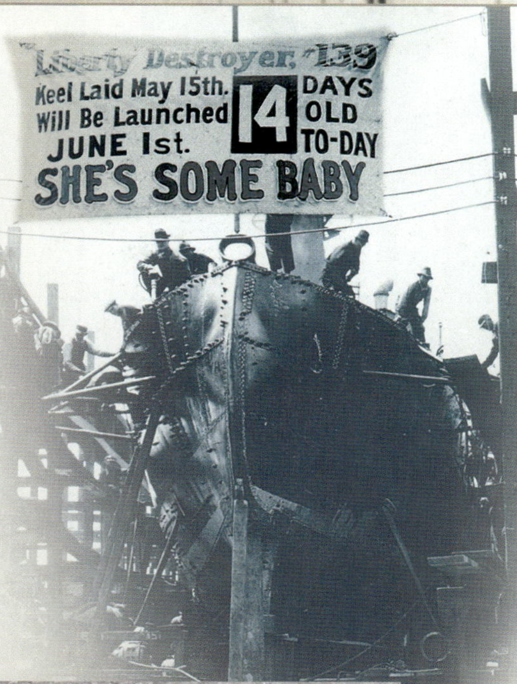

A febre da construção naval
Antes da guerra, a construção naval não era uma indústria importante nos EUA, mas os estaleiros e seus operários juntaram-se ao esforço de guerra com entusiasmo patriótico e competições eram realizadas entre estaleiros. O estaleiro Mare Island propôs a si mesmo um desafio: construir um destróier em 17 dias. O navio, o *Ward*, deu o primeiro tiro da guerra do Pacífico em 7 de dezembro de 1941.

Orgulho cívico
A silhueta de edifícios de Nova York era a maravilha do mundo moderno, com novos arranha-céus, como o City Municipal Building (1913), surgindo a cada ano.

Riqueza do petróleo norte-americana
Entre 1859, quando a produção de petróleo começou, e 1920, os EUA foram responsáveis por mais de 60% da produção petrolífera do mundo. Muitos novos campos prolíficos foram abertos durante a Primeira Guerra Mundial.

Segurança norte-americana
Este cartaz anuncia um filme de uma viagem aérea para o Panamá. Os EUA orgulhavam-se de sua modernidade, em contraste com a Europa.

A convocação para lutar pelo Tio Sam
Quando os EUA declararam guerra à Alemanha, houve uma enxurrada inicial de voluntários, mas logo se percebeu que o recrutamento seria necessário. Em 18 de maio de 1917, foi aprovada a lei do Serviço Militar Seletivo, permitindo um "recrutamento seletivo". Como resultado, 11 milhões de homens foram registrados para o serviço militar e 4 milhões foram, de fato, convocados.

Apesar dos *slogans* eleitorais, Wilson havia insinuado durante a eleição que a intervenção dos EUA poderia, no fim, ser inevitável. Muitos norte-americanos concordavam que os Aliados estavam lutando uma guerra justa. Theodore Roosevelt escreveu que, se os Aliados buscassem a assistência dos EUA, seria porque não podiam lutar mais, "e não por acharem que demos um exemplo espiritual ao ficarmos sentados indolentes, proferindo platitudes baratas e usando seu comércio enquanto eles derramavam seu sangue como água em defesa de ideais em que, com todo o seu coração e alma, eles acreditam".

Provocação alemã

Os alemães sabiam que a retomada da guerra submarina irrestrita traria os EUA para a guerra. A tentativa alemã de fortalecer sua posição caso isso ocorresse desferiu um novo golpe na causa da neutralidade quando o telegrama de Zimmermann foi descoberto, em janeiro de 1917. Este havia sido enviado por Zimmermann, um ministro das Relações Exteriores alemão, aos embaixadores alemães em Washington e na Cidade do México. Ele descrevia um plano para convencer o México a entrar na guerra contra os Estados Unidos em troca de subsídios alemães e de uma promessa da devolução de seus territórios perdidos no sudoeste norte-americano. Esse telegrama foi interceptado e decodificado pela inteligência naval britânica, mas, quando foi publicado na imprensa, Berlim já havia anunciado a retomada da guerra submarina irrestrita em 31 de janeiro. Oito navios norte-americanos foram afundados em fevereiro e março.

Embora o principal temor dos alemães fosse o potencial da produção industrial dos EUA, a conversão a uma economia de guerra foi demorada e os norte-americanos dependeram fortemente dos Aliados europeus para munições e equipamento ao longo de toda a guerra — nenhuma aeronave norte-americana chegou à Europa antes do armistício. A necessidade mais urgente dos Aliados, porém, era de mais soldados, especialmente quando o desmantelamento da resistência russa permi-

Woodrow Wilson

Filho de um pastor presbiteriano, Wilson (1856-1924) teve uma brilhante carreira acadêmica como professor de história e de política, tornando-se reitor de Princeton em 1902. Depois de ser eleito governador de Nova Jersey em 1910, ele venceu a eleição presidencial de 1912 contra os republicanos divididos com 42% dos votos. Implantou um programa de legislação progressista, enquanto procurava atuar como mediador no exterior. Instintivamente contrário à guerra, acabou aceitando a participação dos Estados Unidos para promover os valores democráticos e liberais do país. Para sua frustração, o Senado recusou-se a ratificar o tratado de Versalhes. Em outubro de 1919, teve um derrame cerebral incapacitante.

tiu que os alemães reforçassem a Frente Ocidental com tropas do Leste. Apesar dos esforços para alcançar "prontidão" para a guerra durante 1916, os EUA não estavam mais bem preparados em 1917 do que a Grã-Bretanha em 1914: o exército regular contava com apenas 145.000 homens. Assim que foi decidido formar um grande exército independente, introduziu-se o recrutamento e foram estabelecidos 32 campos de treinamento. Inicialmente, o equipamento era escasso e o treinamento era rudimentar: seis meses de exercícios e prática de fuzil. No entanto, era evidente que o exército não estaria pronto até 1918 (apenas 176.665 soldados chegaram à França até o final do ano). A Marinha dos Estados Unidos estava em forma ligeiramente melhor, com seis destróieres despachados de imediato para Queenstown (Cobh) e outros 12 operacionais em poucas semanas, para ajudar a patrulhar as águas em torno da Grã-Bretanha.

Os EUA nunca se tornaram um dos "Aliados", tendo permanecido como uma "Potência Associada", e seus líderes militares, entre eles o general Pershing, o obstinado comandante, estavam determinados a manter a AEF (Força Expedicionária Americana) sob comando norte-americano, para que "eles jamais pudessem ser outra coisa que não um instrumento das políticas norte-americanas".

Uma minoria de soldados norte-americanos — os primeiros a vir à Europa em serviço ativo — chegou à Inglaterra em 7 de junho de 1917 em seu caminho para estabelecer o quartel-general de Pershing na França. Ao atracar na costa francesa ao amanhecer, em um destino supostamente secreto, foram recebidos pelos aplausos de uma multidão.

Chegando lá
Soldados norte-americanos desembarcam na França em 1917. Em alguns aspectos, estavam bem equipados — em transporte motorizado, por exemplo —, mas os tanques, as armas e as aeronaves com que lutaram foram, em geral, franceses.

DESILUSÃO, MOTIM E REVOLUÇÃO

1917

AS ESPERANÇAS ALIADAS DE QUE A VITÓRIA PUDESSE SER OBTIDA EM 1917 DESMORONARAM COM O FRACASSO DE UMA GRANDE OFENSIVA DE PRIMAVERA FRANCESA NO AISNE. UM MOTIM NÃO TARDOU A ACONTECER NO DESMOTIVADO EXÉRCITO FRANCÊS. OS BRITÂNICOS INICIARAM, ENTÃO, UMA CAMPANHA EM FLANDRES UE MUITOS VIRAM COMO TÃO INÚTIL QUE ISSO CONTRIBUIU PARA O CRESCENTE DESENCANTO COM A GUERRA NA GRÃ-BRETANHA E NA FRANÇA. TAL DESENCANTO ERA AINDA MAIOR NA RÚSSIA, ONDE CULMINOU NA "REVOLUÇÃO DE OUTUBRO" E NA SAÍDA DA RÚSSIA DA GUERRA.

Australianos em Château Wood, perto de Ypres
Em outubro de 1917, os australianos envolveram-se no que, mesmo na época, foi considerada a parte mais inútil da Terceira Batalha de Ypres: a luta na lama para capturar a aldeia arruinada de Passchendaele.

FALSAS ESPERANÇAS

EM 1916, APESAR DAS ENORMES BAIXAS SOFRIDAS PARA POUCOS GANHOS, OS ALIADOS ESTAVAM CONVENCIDOS, NO FINAL DO ANO — COMO HAVIAM ESTADO NO FINAL DE 1915 —, DE QUE A VITÓRIA ESTAVA AO ALCANCE. NA CONFERÊNCIA DE CHANTILLY, EM NOVEMBRO, OS FRANCESES PROPUSERAM, E OS BRITÂNICOS ACEITARAM, UM PROGRAMA QUE ERA QUASE IDÊNTICO AO QUE HAVIAM ADOTADO NO ANO ANTERIOR.

Os altos-comandos britânico e francês acreditavam que os Aliados estavam agora em posição mais forte do que um ano antes e que o inimigo estava mais fraco. Era verdade que, apesar das perdas no Somme, os britânicos tinham mais soldados na Frente Ocidental no final de 1916 do que no início do ano. Tanto a França como a Rússia, porém, enfrentavam sérios problemas de falta de efetivo.

Os franceses tinham soldados suficientes apenas para mais uma ofensiva. A França nessa ocasião dispunha de cerca de 2.900.000 homens na Frente Ocidental, um total de umas 110 divisões de infantaria e sete de cavalaria. Perdas pesadas em três anos sucessivos, porém, somadas à baixa taxa de natalidade nas décadas anteriores a 1914, fizeram com que o país tivesse mais ou menos esgotado as suas reservas humanas. Além disso, depois da provação em Verdun, o estado de espírito do exército era incerto.

A situação na Rússia era ainda pior. Em teoria, a Rússia tinha uma reserva de cerca de 27.000.000 de homens em idade de serviço militar. No entanto, o grande número de dispensas, que incluíam, de modo mais crucial, toda a população muçulmana, fazia com que, na realidade, esse total fosse de cerca de 15 a 16 milhões. A Rússia já havia sofrido talvez umas 7 milhões de baixas e, no final de 1916, possuía um exército de cerca de 6.500.000 homens — um total de mais ou menos 150 divisões de infantaria e 40 de cavalaria. A gravidade da falta de efetivo da Rússia pode ser medida pelo fato de que, no verão de 1916, o regime czarista tentou impor o alistamento à população muçulmana. Previsivelmente, o resultado foram distúrbios generalizados, que, irônica, mas inevitavelmente, tiveram de ser contidos pelo exército.

No final de 1916, a liderança militar russa sabia que as reservas disponíveis logo não poderiam mais cobrir perdas regulares de cerca de 200.000 homens por mês. Embora as forças russas estivessem tão bem supridas de armas quanto em qualquer momento desde setembro de 1914, o Exército russo estava no fim de suas forças. Essa situação não podia ser compensada por sucessos nas frentes italiana, de Salonica, da Mesopotâmia ou do Sinai — não que um sucesso parecesse muito provável em qualquer um desses outros cenários.

No fim das contas, a escassez de homens não seria tão determinante para o que aconteceu no campo de batalha em 1917 quanto outros fatores, o primeiro deles tendo sido uma mudança de pessoal no governo britânico e no alto-comando francês.

Uma mudança de comando

Em 7 de dezembro de 1916, o primeiro-ministro britânico, Asquith, foi substituído por Lloyd George, que não estava muito bem impressionado com o chefe do Estado-maior, Robertson, e com o comandante-em-chefe, Haig, e também com o modo como as operações tinham sido conduzidas em 1916. Nesse momento, porém, Lloyd George percebia estar mais no cargo do que no poder, e, por isso, hesitou em tomar qualquer atitude direta contra Robertson e Haig ou em tentar direcionar as políticas. A política estratégica tinha, de qualquer modo, sido mais ou menos estabelecida pela decisão no final de 1915 de abandonar a iniciativa arriscada em Galípoli e pelas derrotas nos Bálcãs. Ao alto-comando militar, e não às autoridades civis, cabiam agora as responsabilidades sobre a política estratégica.

Na França, em 12 de dezembro, Joffre foi destituído como comandante do Exército francês. Ao longo de 1916, tanto o governo como a Assembléia Nacional haviam ficado cada vez mais decepcionados com ele, inicialmente devido à situação em Verdun e, depois, pelo fracasso no Somme. Mas Joffre não foi substituído por Foch ou Pétain, como seria esperado, mas por Nivelle, o comandante francês do último estágio bem-sucedido da campanha de Verdun. Nivelle estava seguro de que a tática que ele utilizara em Verdun garantiria sucesso em uma frente mais ampla — ou seja, um bombardeio maciço das posições defensivas alemãs seguido por uma barragem rastejante e um feroz ataque de infantaria. Ele imaginava uma série de ataques curtos que poderiam ser interrompidos se o sucesso não fosse imediato — não que ele esperasse algo além de uma vitória total de sua ofensiva proposta no Aisne. Isso deveria ser executado pelos franceses, enquanto operações de apoio estivessem sendo conduzidas pelos britânicos e franceses entre Arras e o Oise.

"O ritmo impetuoso do avanço não foi mantido por muito tempo em nenhum local... O ataque ganhou na maioria dos pontos, depois reduziu o passo, incapaz de seguir a barragem que, progredindo no ritmo de cem jardas em três minutos, em muitos casos logo ficou fora de vista."

GENERAL E.L. SPEARS, OFICIAL DE LIGAÇÃO BRITÂNICO,
DESCREVENDO O AVANÇO FRANCÊS NO PRIMEIRO DIA DA OFENSIVA DE ABRIL NO AISNE

Prática de artilharia francesa
A ofensiva planejada por Nivelle para a primavera de 1917 apoiava-se na utilização efetiva da artilharia para obter sucesso imediato em romper as linhas alemãs.

Aprovação das propostas de Nivelle

As propostas de Nivelle foram imediatamente aprovadas pelos governos britânico e francês. Elas não só pareciam oferecer a perspectiva de uma vitória sem um custo de desgaste enorme, num momento em que o estado de espírito da população civil estava perceptivelmente começando a vacilar, como também eram apresentadas por um comandante muito incomum: gentil, bilíngüe e extremamente articulado. O contraste com Haig, Joffre e Pétain não podia ter sido mais marcante e certamente foi suficiente para garantir o apoio de Lloyd George. O primeiro-ministro britânico fez os preparativos para uma conferência a ser realizada em Calais no final de fevereiro de 1917, para todos os efeitos destinada a resolver problemas de transporte e linhas de suprimento que afetavam os exércitos britânico e francês, mas, na verdade, organizada para colocar os Exércitos britânicos na França sob o comando direto de Nivelle. O plano não deu certo e Lloyd George foi forçado a voltar atrás diante da furiosa oposição de Robertson e Haig. Em um aspecto, porém, ele e Nivelle foram bem-sucedidos: a proposta de Nivelle para a ação principal no Aisne e uma operação secundária perto de Arras recebeu aprovação e os exércitos britânicos foram colocados sob a direção geral de Nivelle. O problema foi que este viria a ser praticamente o único sucesso de Nivelle.

Preparativos alemães

Os acontecimentos de 1917 foram determinados também pelos planos da Alemanha. No aspecto estratégico, os novos líderes militares alemães, Ludendorff e Hindenburg, passaram o outono de 1916 examinando as opções militares de que dispunham. O ponto mais óbvio a ser levado em conta era que, no Somme, a batalha estava agora sendo travada numa situação que favorecia marginalmente os britânicos e franceses; a nítida vantagem tática dos alemães em julho de 1916 havia, em grande medida, desaparecido. Assim, nas primeiras semanas de 1917, os alemães começaram a fazer preparativos para a retirada de forças da Frente Ocidental em março para o que se tornou conhecido como a Linha Hindenburg. Na verdade, as primeiras posições defensivas haviam sido preparadas já em setembro de 1916, mas, em fevereiro de 1917, uma linha defensiva ampla de Neuville Vitasse, perto de Arras, a Cerny, a leste de Soissons, fora preparada em profundidade. As posições de ataque preventivo aprofundavam-se por até 2.300 m, enquanto as linhas defensivas triplas estendiam-se por mais de 7.300 m. No Aisne e Chemin des Dames, os arranjos alemães não eram da escala dos da Linha Hindenburg. Eram, no entanto, suficientemente fortes para assegurar que a fórmula de Nivelle estivesse condenada ao fracasso. As posições alemãs não poderiam ser rompidas com um único golpe.

Revolucionários russos em março
Entre as ações das tropas amotinadas em Petrogrado esteve a tomada de um Rolls-Royce usado pela família imperial. O motim ajudou a persuadir o czar a abdicar.

"Não confiem nas promessas dos bolcheviques! Sua promessa de paz imediata é uma mentira! Sua promessa de nos suprir de pão é uma fraude! Sua promessa de distribuir a terra é um conto de fadas!"

PRIMEIRO-MINISTRO RUSSO, KERENSKY, EM UMA DECLARAÇÃO FEITA APÓS A PERDA DE RIGA, EM SETEMBRO DE 1917

Quando chegou a primavera, as dúvidas quanto a Nivelle e sua proposta ofensiva difundiram-se pela hierarquia militar francesa e houve temores de que ela pudesse acabar em desastre. Já era, porém, tarde demais para interromper os trabalhos que, de qualquer forma, Nivelle havia prometido encerrar se a vitória prevista não ocorresse de imediato. Ele assegurou a todos os céticos que sua tática não só ganharia terreno, como venceria a guerra, elevando, assim, as expectativas a um nível em que seria impossível cumpri-las. O resultado viria a ser uma catástrofe que reduziria ainda mais o que restava de motivação às tropas francesas e provocaria o primeiro motim sério da guerra.

Eventos depois do fracasso de Nivelle

Depois do fracasso da ofensiva francesa no Aisne, os britânicos assumiram o controle da política estratégica na Frente Ocidental. Haig ainda acreditava na idéia de uma ofensiva que garantisse o controle da costa belga, e, para esse fim, lançou uma série de ataques em Flandres entre junho e novembro que culminariam em um das batalhas mais infrutíferas da guerra: Passchendaele. Travada em condições particularmente terríveis e tendo resultado em mais de 250.000 baixas entre os Aliados, ela foi considerada pelos contemporâneos de Haig o exemplo mais notável de sacrifício inútil de vidas humanas.

O Kaiser em Riga após vitória sobre a Rússia
A captura de Riga pelos alemães em setembro de 1917 sinalizou o fim da guerra na Frente Oriental e prenunciou a chegada de mais tropas alemãs ao Ocidente.

Enquanto os soldados morriam na lama em torno de Passchendaele, a guerra na Frente Oriental ia chegando ao fim. Uma revolução em março havia forçado o czar a abdicar e estabelecera um Governo Provisório que estava determinado a manter a participação da Rússia na guerra, apesar da crescente oposição. Depois de novas derrotas russas, os bolcheviques tomaram o poder em 7 de novembro com a promessa de tirar a Rússia da guerra.

Novos desgastes na Frente Ocidental

Escombros do Caulaincourt Château
Durante sua retirada para a Linha Hindenburg, os alemães praticaram uma política de "terra arrasada" e destruíram várias grandes construções. Aqui soldados britânicos vêem-se diante de uma demonstração dessa política.

FRANÇA E FLANDRES
MARÇO A DEZEMBRO DE 1917

Pouco depois da retirada dos alemães para suas novas defesas na Linha Hindenburg, Nivelle lançou uma ofensiva desastrosa que viria a contribuir para provocar um motim no Exército francês. Mais tarde nesse ano, os britânicos envolveram-se em outra terrível batalha de desgaste perto de Ypres. Os únicos pontos positivos para os Aliados foram as táticas inovadoras vistas na crista de Vimy, em Messines e no ataque de tanques em Cambrai, as quais não foram bem exploradas.

15 DE MARÇO Alemães iniciam retirada para a Linha Hindenburg

20 DE MARÇO Começa bombardeio preliminar para Ofensiva de Arras

9 DE ABRIL Britânicos iniciam ofensiva em Arras; canadenses atacam a crista de Vimy

14 DE ABRIL Ofensiva na crista de Vimy termina depois de fracasso em aproveitar os ganhos iniciais

15 DE ABRIL Ofensiva de Arras tem interrupção temporária

16 DE ABRIL Ofensiva Nivelle francesa começa no setor do Aisne

17 DE ABRIL No setor do Aisne, primeiros sinais de motim no Exército francês

18 DE ABRIL Franceses tomam Chemin des Dames

20 DE ABRIL Nivelle admite que sua ofensiva fracassou

23 DE ABRIL Britânicos retomam ofensiva de Arras

9 DE MAIO Ofensiva Nivelle termina

15 DE MAIO Pétain substitui Nivelle como comandante-em-chefe francês

16 DE MAIO Ofensiva de Arras termina

27 DE MAIO O motim cresce e tropas francesas recusam-se a obedecer ordens de avançar para a frente

1º DE JUNHO Mais desordens no Exército francês quando regimento de infantaria toma Missy-aux-Bois

7 DE JUNHO Britânicos capturam a crista de Messines depois da detonação de minas em túneis abaixo das linhas alemãs

31 DE JULHO Começa Terceira Batalha de Ypres

10 DE AGOSTO Ataque renovado no saliente de Ypres, direcionado ao platô de Gheluvelt

16 DE AGOSTO Britânicos tentam novamente fazer progresso no platô de Gheluvelt

20 DE SETEMBRO 2º Exército britânico inicia ataque de ambos os lados da estrada de Menin

26 DE SETEMBRO Britânicos iniciam ataque perto do bosque do Polígono

4 DE OUTUBRO Britânicos atacam em Broodseinde

9 DE OUTUBRO Ataque britânico a Poelcappelle prejudicado pela lama

12 DE OUTUBRO Tropas australianas e neozelandesas fazem avanço limitado em direção a Passchendaele

26 DE OUTUBRO Tropas canadenses avançam sobre Passchendaele

6 DE NOVEMBRO Aliados capturam Passchendaele

20 DE NOVEMBRO Começa Batalha de Cambrai; ataque maciço de tanques permite que britânicos tenham ganhos significativos

21 DE NOVEMBRO Britânicos capturam Flesquières, mas sofrem pesadas perdas em outros pontos

22 DE NOVEMBRO Fontaine perdida para contra-ataque alemão

27 DE NOVEMBRO Alemães derrotam último ataque britânico em Fontaine

30 DE NOVEMBRO Contra-ataque alemão elimina grande parte dos ganhos Aliados

4 DE DEZEMBRO Termina Batalha de Cambrai

LEGENDA
- Campanhas em Artois
- Ofensiva Nivelle 16 abr a 9 mai
- Campanhas em Flandres 7 jun a 6 nov
- Outros eventos

O INVERNO MAIS FRIO DO SÉCULO pôs fim a qualquer possibilidade de ofensiva imediata. Enquanto os britânicos completavam os preparativos para uma ofensiva de primavera em Arras, os alemães, entre 15 de março e 5 de abril, retiraram-se para a Linha Hindenburg. Hindenburg e Ludendorff haviam decidido fazer essa retirada como meio de encurtar a linha em 40 km, reduzindo, assim, o número de soldados necessários para defendê-la. Durante a retirada, os alemães destruíram sistematicamente todas as estradas, ferrovias, pontes e prédios em seu caminho, deixando aos Aliados uma terra devastada para atravessar antes de se deparar com uma posição defensiva incrivelmente forte construída com planejamento cuidadoso.

A BATALHA DE ARRAS

A principal ação britânica em Arras deveria ser empreendida por 20 divisões do Terceiro Exército sob o comando de Allenby, com o apoio, ao norte, de nove divisões, entre elas o Corpo Canadense, do Primeiro Exército, e, ao sul, de sete divisões, entre elas o Primeiro ANZAC, do Quinto Exército.

SUCESSOS BRITÂNICOS E CANADENSES

Depois de cinco dias de bombardeio preliminar, a ofensiva teve início, sob chuva e neve, na segunda-feira após a Páscoa, 9 de abril. A princípio, britânicos e canadenses obtiveram sucesso. Em seu flanco direito, o Terceiro Exército capturou Neuville Vitasse, enquanto, no centro, avançou entre 3 km e 5 km e capturou um parque de artilharia alemão. No flanco esquerdo, os Aliados romperam as defesas alemãs e tomaram Fampoux, seu objetivo final dessa fase, em um avanço de 5,5 km, o maior avanço individual registrado em um só dia na Frente Ocidental desde novembro de 1914.

Os canadenses avançaram rapidamente em direção à crista de Vimy. Durante a manhã de 9 de abril, a Primeira e Segunda Divisões capturaram Thélus e Farbus, a cerca

de 3.660 m de sua linha inicial e o principal objetivo. A Terceira Divisão, depois de tomar a fazenda La Folie, teve seu avanço detido. À sua esquerda, porém, a Quarta Divisão capturou a colina 145, o ponto mais alto da crista de Vimy, no fim da tarde.

A tomada da crista de Vimy, conseguida depois de muitos fracassos em capturá-la em anos anteriores, foi uma importante realização. Este foi um dos dias com maior número de sucessos na história da Frente Ocidental e tornou-se com justiça parte importante da tradição militar canadense. Os canadenses, porém, viriam a sofrer mais de 11.000 baixas em menos de uma semana em sua tentativa de ampliar o sucesso do primeiro dia.

PROGRESSO DEPOIS DO PRIMEIRO DIA

Todas as forças Aliadas perderam impulso depois do primeiro dia. Planos de último minuto haviam sido feitos para as operações do Quinto Exército a fim de incluir um ataque blindado maciço. Os tanques, porém, não estavam prontos para operações ofensivas em 10 de abril, e quando, no dia seguinte, apenas quatro cruzaram a linha inicial, fizeram-no tardiamente e atrás da infantaria que eles deveriam conduzir e proteger. A ofensiva foi um completo fracasso e, em Bullecourt, os australianos perderam mais homens do que em qualquer outro dia da guerra.

OS CANADENSES

QUANDO A GUERRA COMEÇOU, o governo canadense comprometeu-se a enviar formações pela causa imperial britânica. Entre agosto de 1914 e janeiro de 1917, cinco divisões canadenses foram reunidas, embora a última tenha sido usada apenas para defesa interna da Inglaterra. Ao longo de 1916, os números permaneceram em torno de 300.000 e o Canadá enfrentou dificuldades cada vez maiores para manter suas formações. O recrutamento entrou em vigor em 13 de outubro de 1917, mas com resultados muito irregulares: houve amplos protestos em Quebec em março de 1918 devido à prisão de um franco-canadense que se recusou a se alistar. Cerca de 628.000 canadenses alistaram-se, a maioria voluntariamente, dos quais 365.000, entre eles 46.000 recrutados, serviram no exterior. O número total de baixas foi de aproximadamente 210.000.

A ação canadense na Frente Ocidental, onde a 1ª Divisão canadense chegou em fevereiro de 1915, é sempre associada à ofensiva na crista de Vimy em abril de 1917 e, de modo mais geral, à Terceira Batalha de Ypres (Passchendaele). Na crista de Vimy, num episódio que ficou marcado na memória nacional canadense, as quatro divisões do Corpo Canadense, trabalhando juntas pela primeira vez, atacaram uma posição considerada inexpugnável e a conquistaram praticamente em uma única manhã. As tropas canadenses estiveram em Ypres em abril de 1915 e em Amiens em agosto de 1918, mas talvez sua maior realização tenha sido durante os Cem Dias, entre fins de agosto e outubro de 1918, quando romperam as defesas da Linha Hindenburg alemã. Suas ações compuseram uma reputação formidável de profissionalismo, regularidade e confiabilidade; sua contribuição foi fundamental para a vitória Aliada.

Uniforme e equipamento
O uniforme canadense era baseado no uniforme cáqui britânico de 1902. O fuzil-padrão canadense, o Ross Mark III, era mais pesado do que o Lee Enfield britânico. Ele era equipado com uma baioneta larga e curta pouco comum.

Canadenses disparando um *howitzer* 105 mm alemão capturado
Soldados da Artilharia de Campo canadense voltam um canhão alemão contra seus antigos donos. Quando o Corpo Canadense atacou a crista de Vimy, em abril de 1917, foram capturados cerca de 4.000 prisioneiros e uma grande quantidade de equipamento, incluindo mais de 50 peças de artilharia.

Coluna de suprimento da artilharia canadense
Uma unidade de artilharia canadense utiliza mulas para transportar munição por uma estrada relativamente boa. Durante a Terceira Batalha de Ypres, suprimentos e mulas eram com freqüência engolidos pela lama sem fundo.

Em 11 de abril, o Terceiro Exército capturou Monchy Le Preux, mas suas tentativas de mover a artilharia pelo campo de batalha enlameado e de enviar reservas e cavalarias pelas brechas feitas na linha defensiva alemã em 9 de abril não tiveram sucesso. Houve os mesmos problemas básicos que haviam perturbado todas as ofensivas anteriores: de comando, movimentação e coordenação.

Além dos problemas que a ofensiva britânica agora enfrentava, havia ainda a recuperação da defesa alemã. Em 9 de abril, os alemães tinham um número grande demais de formações em posições de ataque preventivo e mantinham as formações de reserva muito longe da zona de batalha, o que os impedia de contra-atacar rapidamente. Em 11 de abril, porém, eles haviam trazido reforços e reconstituído sua defesa. Os britânicos, depois da captura de 112 peças de artilharia e mais de 7.000 prisioneiros em dois dias, a um custo relativamente modesto de cerca de 8.220 baixas, estavam começando a se sentir mais confiantes. Essa confiança, no entanto, logo desapareceu quando sua tentativa de avanço em 11 de abril resultou em perdas importantes.

Quando as nevascas se intensificaram e ficou claro que as tropas britânicas estavam sofrendo com o frio intenso além da fadiga, a ofensiva foi mantida apenas para distrair a atenção dos preparativos para a ação ofensiva francesa em Champagne, encerrando-se em 15 de abril.

A OFENSIVA NIVELLE

Em 16 de abril, depois de vários atrasos por causa do mau tempo, Nivelle lançou sua muito planejada ofensiva em uma frente de 40 km no rio Aisne, depois de duas semanas de bombardeio preliminar. Para o ataque principal, a leste de Soissons, Nivelle havia reunido dois exércitos — o Quinto e o Sexto —, com cerca de 3.810 peças de artilharia, mais 128 tanques que seriam usados pelos franceses pela primeira vez. Tinha também um terceiro exército de reserva e um quarto designado para funções de apoio e dissimulação a leste de Reims.

O plano de Nivelle era para que 20 divisões francesas realizassem um ataque rápido atrás de uma barragem rolante e capturassem as colinas acima do Aisne antes de romper as linhas alemãs na estrada de Chemin des Dames. Apesar de a artilharia francesa não ter conseguido romper o arame farpado alemão ou realizar uma barragem rolante eficaz, os franceses conseguiram alguns ganhos iniciais significativos. Em 16 de abril, o Quinto Exército penetrou até 5 km e capturou Juvincourt e, em 17 de abril, o Sexto Exército controlou a área em torno do forte Condé. Desde o início, porém, a investida francesa enfrentou problemas e tudo logo começou a sair desastrosamente errado.

Nos dois primeiros dias, o apoio de artilharia francês foi mínimo e os tanques franceses, que eram mais adequados para abrir caminho do que para batalhas de penetração de defesas em campo aberto, foram destroçados antes de

Fuzil automático francês Chauchat (CSRG) M1915
O Chauchat era uma arma singularmente impopular, com a reputação de não ser confiável. Embora os franceses tenham convencido o exército norte-americano a aceitar cerca de 25.000 deles, o fuzil era produzido com baixos padrões e material de qualidade inferior.

Infantaria francesa avança pela frente do Aisne
A Ofensiva de Nivelle no Chemin des Dames, iniciada em meio a grandes esperanças, mas contra um inimigo alertado antecipadamente sobre as intenções francesas, seria a gota d'água para o exército francês e arruinaria a reputação e a carreira de Nivelle.

poder ter algum impacto. Além disso, a força aérea francesa foi incapaz de desafiar a superioridade alemã no ar, com óbvias repercussões na localização da artilharia, por exemplo. Os alemães, que tinham conhecimento prévio do que os franceses estavam pretendendo por haverem obtido planos operacionais detalhados em incursões de rotina, fortaleceram suas defesas de modo que elas tinham quatro linhas de profundidade. A artilharia estava posicionada fora do alcance do fogo francês e, assim, pôde acabar com a infantaria francesa depois de esta ter capturado a primeira linha defensiva, durante os dois primeiros dias da ofensiva.

O fim da ofensiva

Uma escassez de munição obrigou a uma interrupção nas operações francesas em 20 de abril, um dia depois de o presidente francês, Poincaré, ter tentado interromper a ofensiva. As ambições de Nivelle estavam agora reduzidas a garantir o Chemin des Dames, que havia sido alcançado no terceiro dia. Em 23 de abril, Poincaré proibiu qualquer nova operação ofensiva, decretando, na prática, o fim tanto de Nivelle como comandante dos exércitos franceses na Frente Ocidental como da ofensiva em si. O que Nivelle prometera — uma penetração significativa em 24 horas — não havia se materializado. Em vez de conseguir um avanço geral de 9 km, eles tinham avançado apenas 500 metros. Nos dez primeiros dias, o número de baixas havia quase alcançado os seis dígitos, em vez da estimativa de Nivelle de 15.000, e o apoio médico francês entrara em colapso.

Quando os últimos ataques dessa ofensiva terminaram, em 9 de maio, os franceses haviam sofrido 187.000 baixas. Os alemães, apesar de seu sucesso em resistir à ofensiva, não tinham se saído muito melhor, sofrendo 167.000 baixas. O contraste entre as promessas de sucesso e o fracasso da ofensiva com baixas elevadas mostrou-se particularmente corrosivo para o moral do exército francês.

Tipos de Barragem

Nos primeiros meses da guerra, os bombardeios de artilharia geralmente começavam com fogo concentrado sobre as posições defensivas inimigas, seguido por fogo direcionado para outros alvos na retaguarda depois que o ataque de infantaria tivesse início. Com esse arranjo simplista, os ataques de infantaria ficavam sem apoio de fogo direto. O desenvolvimento de sistemas de trincheiras deixou explícita a necessidade de bombardeios mais pesados para garantir a destruição das posições defensivas, e isso significava canhões maiores, *howitzers* e morteiros com projéteis mais pesados. A perda do fator-surpresa era aceita como o preço a ser pago pelo que se esperava ser a neutralização das posições defensivas inimigas. A barragem cerrada, um bombardeio curto e intenso, era uma anomalia, tendo sido usada pelos britânicos em 1915 simplesmente porque eles não dispunham de armas e projéteis suficientes para um bombardeio prolongado. Em março de 1918, os alemães usaram uma barragem cerrada que foi singular pelo seu uso de gás. Se uma área pudesse ser saturada por mais de 30 minutos, as tropas defensoras teriam de trocar seus filtros de respiração, com resultados óbvios.

A barragem rolante era diferente e envolvia o fogo de artilharia movendo-se à frente da infantaria em um ritmo estabelecido, assegurando, assim, a supressão da defesa até que a infantaria atacante estivesse em cima das posições inimigas. Utilizada efetivamente em outubro de 1916 durante a Batalha de Verdun, ela foi refinada com um ritmo de avanço definido em 45 m por minuto. Seu sucesso dependia da sincronização cuidadosa de armas e infantaria e da capacidade desta última de se mover por territórios em disputa num ritmo que lhe assegurasse permanecer logo atrás e sob a proteção de uma cortina de fogo. A deficiência fundamental desse esquema eram os meios de comunicação inadequados, que não permitiam à infantaria dar ordem de ataque a novas posições ou pedir uma interrupção dos bombardeios. Inevitavelmente, havia muitas baixas causadas por fogo amigo. Estimou-se que os mortos do exército francês por sua própria artilharia tenham atingido os seis dígitos ao longo da guerra.

***Howitzer* 270 mm francês**
Quando a guerra tornou-se uma operação estática, ambos os lados tentaram romper as defesas do oponente com canhões cada vez maiores — maiores até mesmo do que o velho *howitzer* 270 mm francês. Na verdade, era a melhor coordenação entre infantaria e artilharia que viria a se revelar a chave para o sucesso.

MOTIM NO EXÉRCITO FRANCÊS

A infantaria francesa havia recebido a promessa de uma vitória certa, não de mais uma inútil batalha para se desgastar. Vindo em seguida a Verdun, o fracasso no Aisne acabou temporariamente com a motivação dos franceses para iniciar outra ofensiva. O número de deserções havia aumentado significativamente desde o início de 1917 e, em abril, quando o fracasso da Ofensiva Nivelle causou desilusão e irritação dentro do Exército, surgiram os primeiros sinais de motim.

Diante da necessidade de restaurar a ordem, as autoridades francesas voltaram-se para Pétain, nomeando-o chefe do Estado-maior em 29 de abril e, depois, como substituto de Nivelle na posição de comandante-em-chefe, em 15 de maio. Pétain tinha fama dentro do Exército de ser mais econômico com a vida dos homens do que outros generais e de ter empatia com suas tropas, mas, ironicamente, o pior dos problemas que viriam a afligir o Exército francês ocorreu depois dessa data. Perto de 30.000 soldados haviam abandonado a frente no Chemin des Dames quando, em 27 de maio, tropas em quatro cidades recusaram-se a obedecer a ordens dos oficiais para avançar em direção à frente e tomaram alguns prédios. Dois dias depois, várias centenas de soldados já na frente recusaram-se a se mover para as trincheiras da linha de frente. Em 1º de junho, um regimento de infantaria francês capturou a cidade de Missy-aux-Bois e, por uma semana, houve uma situação de caos, com um número crescente de soldados recusando-se a retornar às trincheiras. De modo geral, no entanto, tais incidentes foram raros.

Os sinais de inquietação normalmente eram passageiros e centravam-se em dois problemas: as ofensivas aparentemente inúteis e as condições com freqüência terríveis em que os soldados tinham de viver, na linha ou fora dela. Ao contrário da impressão transmitida pela palavra "motim", apenas em uma ocasião houve uma recusa a participar do combate. Na verdade, 44 divisões não apresentaram nenhum problema e, das 68 que foram afetadas, 17 tiveram apenas um incidente. Entre as restantes, houve um total de 250 incidentes em 152 regimentos, em sua maior parte infantaria. Nenhum ofi-

Tropas francesas em Fleury
A infantaria francesa avança para a linha no setor de Verdun. Durante o motim, a maioria das tropas estava pronta para defender a linha de ataques alemães, mas recusava-se a participar de qualquer nova ofensiva inútil.

> *Em alguns regimentos do Exército francês, os pobres oficiais de infantaria diziam: "Foi prometido que, depois que tivéssemos atacado, seríamos rendidos, mas continuamos aqui nas linhas. Somos sempre nós que somos mortos"... E nós, como soldados de cavalaria, estávamos na linha de frente, então sabíamos quando havia mau pressentimento entre os soldados. Isso não acontecia em todos os regimentos, mas, naqueles que tinham atacado com muita freqüência, ou quando havia muitas baixas, eles ficavam desestimulados. Eles recusavam-se a obedecer a seus oficiais. Vi pobres oficiais andando para lá e para cá tristemente e os homens não batiam continência para eles.*
>
> SOLDADO ROBERT POUSTIS, DA CAVALARIA FRANCESA, SOBRE O MOTIM NA INFANTARIA

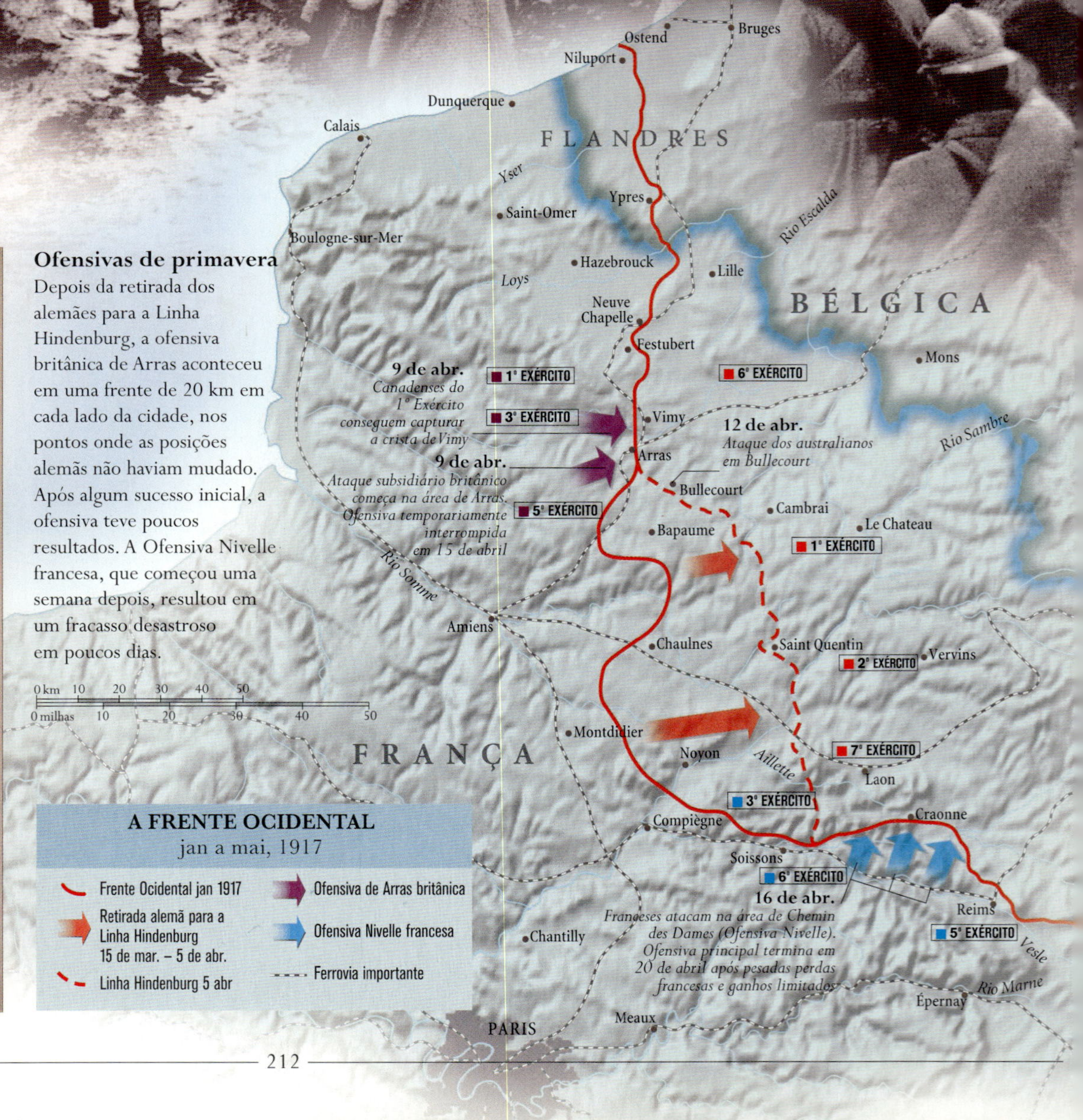

Ofensivas de primavera
Depois da retirada dos alemães para a Linha Hindenburg, a ofensiva britânica de Arras aconteceu em uma frente de 20 km em cada lado da cidade, nos pontos onde as posições alemãs não haviam mudado. Após algum sucesso inicial, a ofensiva teve poucos resultados. A Ofensiva Nivelle francesa, que começou uma semana depois, resultou em um fracasso desastroso em poucos dias.

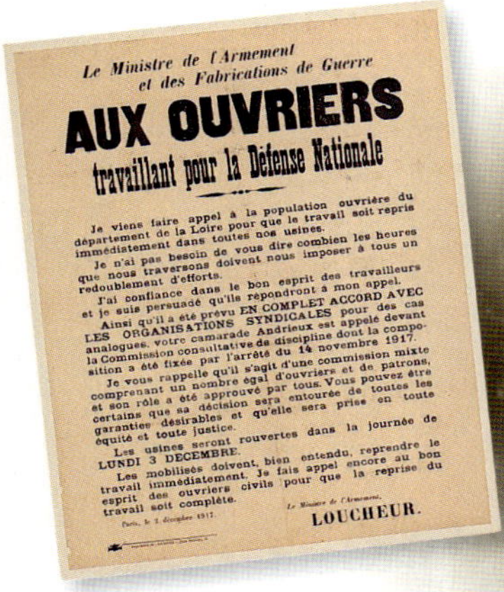

Le Ministre de l'Armement et des Fabrications de Guerre

AUX OUVRIERS travaillant pour la Défense Nationale

Je viens faire appel à la population ouvrière du département de la Loire pour que le travail soit repris immédiatement dans toutes nos usines.

Je n'ai pas besoin de vous dire combien les heures que nous traversons doivent nous imposer à tous un redoublement d'efforts.

J'ai confiance dans le bon esprit des travailleurs et je suis persuadé qu'ils répondront à mon appel.

Ainsi qu'il a été prévu EN COMPLET ACCORD AVEC LES ORGANISATIONS SYNDICALES pour des cas analogues, votre camarade Andrieux est appelé devant la Commission consultative de discipline dont la composition a été fixée par l'arrêté du 14 novembre 1917.

Je vous rappelle qu'il s'agit d'une commission mixte comprenant un nombre égal d'ouvriers et de patrons, et son rôle a été approuvé par tous. Vous pouvez être certains que sa décision sera entourée de toutes les garanties désirables et qu'elle sera prise en toute équité et toute justice.

Les usines seront rouvertes dans la journée de LUNDI 3 DECEMBRE.

Les mobilisés doivent, bien entendu, reprendre le travail immédiatement. Je fais appel encore au bon esprit des ouvriers civils pour que la reprise du travail soit complète.

Le Ministre de l'Armement,
LOUCHEUR.

Não à greve
Um cartaz pede que os trabalhadores franceses não façam greves. Havia muita inquietação industrial na França durante o motim, e Pétain via isso como uma doença que afetava o Exército.

Más condições de vida
As condições de vida dos soldados franceses comuns foram melhoradas como parte da campanha de Pétain para reconstruir a motivação do Exército. Também foi prometida um fim das penosas ofensivas e maior ênfase na defesa em profundidade.

cial foi morto e houve um único incidente de um general sendo tratado com truculência. Na ampla maioria dos casos, as unidades francesas recusaram-se a se envolver em ofensivas penosas e inúteis, mas declararam sua disposição a permanecer na linha.

A resposta de Pétain

Pétain respondeu ordenando prisões em massa. Parece que 3.335 soldados foram levados à corte marcial e 449 foram condenados à morte. Desses, 27 foram de fato fuzilados; os demais foram presos. Aproximadamente 24.000 soldados foram punidos em suas unidades. A inquietação ainda foi perceptível até outubro, mas a crise havia passado em meados de junho, depois que ficou claro que Pétain pretendia não só punir, mas também mudar as táticas e melhorar as condições. Dali em diante, haveria ataques limitados, em que a infantaria operaria em grupos pequenos e não mais *en masse*, e haveria uma ênfase maior na defesa em profundidade, com as trincheiras de linha de frente apenas ligeiramente defendidas e as tropas da linha de frente sendo substituídas por reservas com mais regularidade. Os soldados teriam sete dias de licença a cada quatro meses e mais trens estariam disponíveis para transportá-los nas licenças. As áreas de descanso seriam melhoradas pelo provimento de mais camas, e a comida seria muito melhorada pela entrega regular de hortaliças frescas e o estabelecimento de cooperativas regimentais para oferecer provisões extras a preços baixos. Não haveria, no entanto, aumento nos soldos.

Pétain visitou pessoalmente 90 divisões para explicar essas melhorias. Determinou também uma interrupção provisória de todas as ofensivas. Ele não viria a se sentir pronto para iniciar outra até agosto, quando um ataque em Verdun empurraria os alemães de volta a posições que eles haviam ocupado antes de seu avanço em fevereiro de 1916. Assim, em junho, a responsabilidade imediata pela causa Aliada recaiu sobre a Grã-Bretanha.

Motim e deserção

Na maior parte da guerra, a indisciplina não foi um problema sério em nenhum dos exércitos na Frente Ocidental. De maneira geral, a motivação dos exércitos britânicos, franceses e alemães não esmoreceu, porque os soldados estavam comprometidos com os objetivos de guerra de seus governos e respeitavam seus oficiais. Embora tenham sido significativos, os motins franceses duraram pouco mais de dois meses e as tropas alemãs só se voltaram contra seus comandantes nos últimos estágios do conflito. Entre 1914 e 1918, cerca de 3.080 soldados britânicos foram condenados à morte pela corte marcial, principalmente por deserção. Em vez de serem fuzilados, a maioria foi enviada para colônias britânicas. Longe de serem "covardes", uma alta proporção dos 307 homens que não foram poupados da pena de morte era vítima de "trauma de guerra".

A incidência de deserção é difícil de avaliar, em parte porque nenhum exército podia admitir que estivesse perdendo soldados. É nítido que, fora da Frente Ocidental, esse se tornou um problema sério nos últimos anos da guerra. Em 1916, por exemplo, tchecos e rutenos desertaram em massa nos exércitos austro-húngaros que resistiam à Ofensiva Brusilov russa e, durante 1917, dezenas de milhares de russos desertaram. Em dezembro de 1917, pelo menos 300.000 dos maltratados soldados da Turquia também haviam desertado. Esses desertores vagavam pelos campos, vivendo na costa da terra e formando bandos de ladrões.

Corte marcial em sessão
Embora a justiça militar pudesse ser draconiana, apenas 27 soldados franceses foram executados depois do motim de 1917. Outros foram presos ou condenados a trabalhos forçados.

GUERRA EM TÚNEIS

CAVAR TÚNEIS EM DIREÇÃO E SOB AS TRINCHEIRAS INIMIGAS (sapa) e, depois, detonar uma ou mais minas para criar uma brecha nas defesas do inimigo tornou-se uma tática cada vez mais importante na guerra de trincheiras desde o final de 1914. Os alemães foram os primeiros a experimentar esse método quando cavaram túneis em direção a uma pequena seção da Frente Ocidental na Bélgica, em dezembro, e usaram dez pequenas minas, cada uma pesando de 23 kg a 137 kg, para explodir toda uma brigada indiana. Foi só então que os franceses e a Força Expedicionária Britânica (BEF) começaram a pensar em estabelecer suas próprias forças efetivas para cavar túneis. Sem eles, seus homens nas trincheiras viveriam com medo de ser explodidos em pedaços por um inimigo invisível — e nenhuma ameaça similar poderia se voltar contra os alemães.

LANTERNA ELÉTRICA DE SAPADOR FRANCÊS

Em 1914, o Exército francês tinha *sapeurs-mineurs* com algum treinamento, mas apenas equipamentos arcaicos, enquanto a BEF não tinha nenhum especialista em perfuração de minas. No final do ano, os britânicos criaram seções de brigadas responsáveis por túneis, compostas de homens sem experiência, ferramentas ou equipamento de escuta, para descobrir onde estavam os túneis alemães. A partir de fevereiro de 1915, uniram-se a esses homens companhias especiais de perfuração de túneis, compostas basicamente de mineradores de carvão.

Qualquer que fosse a experiência dos homens com o trabalho subterrâneo, ela não poderia prepará-los para o terror de estar numa equipe de escavação sob campos de combate. Cada lado ficava atento para sons vindos do outro, prontos para explodir uma "*camouflet*" — um pequeno explosivo que podia soterrar os mineiros inimigos sem danificar o próprio túnel. Às vezes, um dos lados caía no túnel do outro, o que resultava em ferozes lutas corpo a corpo em que pás e enxadas eram usadas como armas. Entre os outros riscos estavam o gás, que podia asfixiar ou inflamar-se, falta de oxigênio e ter de trabalhar até 12 horas seguidas dentro de 30 cm ou mais de água em condições de frio extremo.

Ao longo de 1915, os alemães dominaram a guerra subterrânea. Em 1916, porém, os cavadores de túneis britânicos e franceses começaram a representar uma séria ameaça e, no início de 1917, haviam alcançado a supremacia. Grandes melhorias haviam sido feitas em seu equipamento: agora possuíam dispositivos de escuta sofisticados, como o geofone; bombas de água e ar silenciosas; e cargas explosivas de amonal em vez das mais voláteis pólvora e trinitrocelulose.

Explosivo alemão

O Westfalit era o explosivo-padrão nas minas alemãs. Sessenta toneladas foram detonadas em uma mina em Vauquois, em Argonne, em 14 de maio de 1916.

Atividade subterrânea

Levou um ano para que os mineiros cavassem a rede de túneis sob a crista de Messines, no que foi o mais bem-sucedido e espetacular uso de minas na guerra. A explosão em 7 de junho de 1917 foi ouvida em Londres, a 210 km de distância. Dez mil soldados alemães desapareceram da face da Terra.

Aparelho de respiração britânico

Era essencial para os mineiros usar equipamentos especiais com freqüência para ajudá-los a respirar em um ambiente onde ar poluído ou gases potencialmente mortais podiam se acumular rapidamente. As bolsas nesse equipamento continham oxigênio comprimido, que era liberado pelos tubos de ar. Correias mantinham o protetor bucal em posição.

Detonador britânico

O detonador enviava uma pequena carga elétrica para um explosivo primário que disparava a mina de altos-explosivos. Os altos-explosivos preferidos dos britânicos eram o amotal (TNT e nitrato de amônio) e o amonal (TNT, nitrato de amônio e alumínio em pó).

Alemães detonando minas
A detonação de minas devia ser sincronizada com precisão. Explodir uma mina cedo demais poderia permitir que o inimigo reocupasse o terreno; tarde demais e as tropas aliadas poderiam ser colocadas em perigo.

"... o barulho das armas abafava todo o som da mina, exceto pelo fato de que podíamos ouvir, mesmo acima desse barulho crescente, os gritos dos alemães presos na cratera."

OFICIAL BRITÂNICO ANTHONY EDEN, SOBRE OS EFEITOS DA EXPLOSÃO DE UMA MINA NA CRISTA DE MESSINES

Retomada da ofensiva de Arras

Em 23 de abril, para apoiar as operações francesas no Chemin des Dames, os britânicos retomaram sua ofensiva em Arras, no rio Scarpe. Na última semana de abril, já estava claro que a ofensiva francesa havia fracassado, que os dias de Nivelle estavam contados e que a capacidade ofensiva dos exércitos franceses tinha sido debilitada. No entanto, Haig estava determinado a levar adiante a ofensiva e ignorou protestos de Allenby quanto a baixas demais para muito pouco ganho.

A ofensiva só foi finalmente interrompida no final de maio, com os alto-comandos britânico e francês concordando com a realização de uma série de ofensivas limitadas nos meses seguintes. Em 2 de junho, porém, Haig soube que a insatisfação dentro do Exército francês tornava impossível a ofensiva programada para o dia 10 em Malmaison.

As dificuldades do Exército francês na primavera de 1917 deixaram nas mãos dos britânicos a determinação da política estratégica para o resto do ano. A reação inicial de Haig foi assumir a defensiva, mas a confusão na Rússia, o perigo de que as Potências Centrais concentrassem sua atenção na Itália e o risco de que um ataque alemão na Frente Ocidental expusesse a vulnerabilidade da França fizeram-no, por fim, decidir por uma ação ofensiva. Há muito tempo ele perseguia uma ofensiva em Flandres e, na primavera de 1917, recebeu apoio para isso de um Almirantado convencido de que a guerra no mar seria perdida se os *U-boats* não tivessem o seu acesso aos portos belgas interrompido. Conseqüentemente, como um primeiro passo para ganhar o controle da costa belga, Haig deu sinal verde para um ataque há muito planejado, destinado a tomar a crista de Messines, no extremo sul do saliente de Ypres.

A OFENSIVA DA CRISTA DE MESSINES

A crista de Messines, de 76 m de altura, com suas trincheiras e fortificações alemãs, elevava-se acima das posições britânicas ao sul de Ypres. Nas primeiras horas de 7 de junho, houve várias enormes explosões — tão altas que puderam ser ouvidas no sudeste da Inglaterra — quando 19 das 21 minas colocadas em túneis 15 m a 30 m abaixo das linhas alemãs na crista foram detonadas. Os túneis, um dos quais tinha 610 m de comprimento, haviam sido cavados por escavadores britânicos, canadenses e australianos durante 12 meses.

Prefeitura de Arras em ruínas, maio de 1917
Embora o progresso inicial da ofensiva britânica em Arras tenha sido promissor, a batalha degenerou em mais uma luta de desgaste. Os britânicos perderam mais de 150.000 homens, mas os alemães também sofreram cerca de 100.000 baixas.

Australianos trabalhando abaixo do pico de Messines
Membros da Primeira Companhia de Abertura de Túneis estavam entre os desbravadores que escavaram abaixo do cume e abriram 21 câmaras a partir de 600 toneladas de explosivo. Muitos desses trabalhadores adquiriram experiência enquanto trabalharam em minas de ouro.

Tropas irlandesas em Messines
Tropas irlandesas examinam as ruínas irreconhecíveis da aldeia de Wytschaete. A aldeia foi capturada por homens da 16ª Divisão irlandesa e da 36ª Divisão do Ulster no primeiro dia da Batalha de Messines.

O efeito foi devastador. Cerca de 100.000 soldados alemães foram mortos ou enterrados vivos. Uma barragem de artilharia britânica, que envolveu mais de 2.250 canhões, somou-se ao terror. Muitos dos alemães estavam atordoados demais pelas explosões para opor resistência ao Segundo Exército britânico. Cerca de 7.500 foram levados como prisioneiros.

Às 7h, Messines tinha sido capturada; às 15h, toda a crista fora tomada e as tropas Aliadas desciam pelas encostas do leste. Cavaram trincheiras rapidamente e, no dia seguinte, resistiram a todas as tentativas de contra-ataque alemãs. Em 11 de junho, os alemães haviam começado uma retirada ordeira e estavam estabelecendo uma nova linha de frente mais a leste, convencidos de que haveria novos ataques e de que eles poderiam ter de ceder terreno a norte do Lys. Haig, porém, não tinha as forças necessárias para ampliar o sucesso obtido em Messines. Em vez disso, fazia preparativos para uma grande ofensiva em Ypres no meio do verão.

A TERCEIRA BATALAHA DE YPRES

Os britânicos, com o apoio dos franceses, iniciaram seu principal ataque ao saliente de Ypres em 31 de julho. Nas semanas depois da captura da crista de Messines, o Quarto Exército alemão havia se concentrado em fortalecer suas posições e tinha, agora, três linhas defensivas, cada uma com cerca de 1.800 m de profundidade. Ele planejava manter uma defesa ligeira na primeira linha e formações de reserva na terceira. A artilharia estava posicionada atrás de Gheluvelt, onde, em uma encosta oposta, podia desfrutar considerável proteção contra o fogo de artilharia britânico.

No dia 27, os britânicos haviam conseguido ocupar uma série de posições avançadas alemãs que tinham sido evacuadas durante os bombardeios preliminares. O ataque principal, em 31 de julho, porém, teve um sucesso irregular. Os dois exércitos que vinham pelos flancos, o Primeiro Exército francês no norte e o Segundo Exército britânico no sul, registraram ganhos importantes. Na verdade, como no Somme em 1916, os franceses obtiveram consideravelmente mais sucesso do que os ataques do Quinto Exército, que eles deveriam apoiar. O Quinto Exército chegou, de modo geral, à primeira linha alemã e, em alguns pontos, conseguiu penetrá-la, mas, à direita, fez muito pouco progresso. Além disso, a maioria dos 22 tanques utilizados no ataque teve dificuldades para avançar pelo chão coberto de crateras. Foi só quando o alto-comando britânico estudou os resultados desse primeiro dia de combate que começou a perceber a importância da posição de Gheluvelt para a defesa alemã. Nesse ponto, porém, as chuvas que viriam a transformar o campo de batalha em um pântano haviam começado.

Depois de três dias de luta, os britânicos garantiram o controle da primeira linha alemã, mais do que já havia sido conseguido por qualquer outra ofensiva no saliente, embora bem menos que o progresso planejado por Haig. Quando, porém, o ataque principal foi retomado em 10 de agosto, desta vez direcionado especificamente contra a posição de Gheluvelt, as medidas defensivas alemãs mostraram-se extremamente eficazes. Suas perdas foram mantidas em um mínimo pela organização de uma contrabarragem para isolar as unidades atacantes e pelo lançamento de contra-ataques por parte das reservas locais.

Uma nova ofensiva britânica no dia 16 não teve mais sucesso que a do dia 10. No dia 22, uma série de ataques produziu resultados tão decepcionantes, com mais de 3.000 homens perdidos para o ganho de apenas 800 m na estrada de Menin, que Haig teve de admitir que a ofensiva não conseguiria romper a frente. Em vez disso, tudo o que ele poderia almejar era o desgaste gradual das defesas alemãs.

A SEGUNDA FASE

Outras batalhas da Primeira Guerra Mundial foram mais longas e produziram mais baixas do que a Terceira Batalha de Ypres. Mas foi essa batalha e, em particular, a fase que se concentrou em capturar a pequena aldeia de Passchendaele que ganhou notoriedade especial na Grã-Bretanha. Não só foi uma batalha travada em condições terríveis, como, mesmo para os padrões da Primeira Guerra Mundial, foi particularmente inútil. Nenhuma argumentação

JOHN MONASH

Amplamente reconhecido como um dos mais brilhantes generais na Frente Ocidental, o australiano Monash (1865-1931) só foi posto na ativa na Força Imperial Australiana (AIF) depois do início da guerra (anteriormente, ele havia servido nas reservas). Ele insistia em fazer todo o possível para proteger a vida de seus homens e, para isso, desenvolveu novas táticas, como o avanço conjunto de tanques e infantaria.

Tendo comandado uma brigada de infantaria enviada ao Egito em 1915 como parte da força ANZAC (Australian-New Zealand Army Corps), Monash serviu, depois, em Galípoli. No final de 1916, foi transferido para a França para comandar a 3ª Divisão, que viria a servir com distinção em Messines e Passchendaele. Substituindo William Birdwood, em maio de 1918, como comandante do Exército australiano na Frente Ocidental, Monash demonstrou notável liderança. Isso ficou evidente em seus contra-ataques durante a investida alemã de 1918, em especial na Batalha de Hamel, em julho, e no avanço australiano em 8 de agosto de 1918, descrito como o "dia negro do Exército alemão". Também comandou as forças australianas na captura do monte St. Quentin em setembro e na ofensiva de outono na Linha Hindenburg.

Os australianos

A campanha de Galípoli de 1915 produziu um grande aumento do recrutamento na Austrália, mas fez com que o I ANZAC Corps (as 1ª e 2ª Divisões australianas e o Divisão de Infantaria neozelandesa) só chegassem à França em março-abril de 1916. O II Corps, composto pelas 4ª e 5ª Divisões, chegou à França em junho; a 3ª Divisão foi reunida depois da chegada de suas unidades constituintes à Grã-Bretanha em julho de 1916. As unidades de cavalaria australianas não seguiram para a França; elas permaneceram no Oriente Médio, onde lutaram no Sinai e na Palestina.

Em ação, os australianos logo ganharam reputação de elite do Exército Imperial Britânico, e também de insubordinação, crueldade e "firme falta de etiqueta militar". Esta última característica, sem dúvida, foi em parte uma reação contra as distinções de classe que eles encontraram na vida militar e civil britânica. Os australianos ressentiram-se por serem usados na vanguarda da ação britânica. O I Corps australiano, formado em novembro de 1917, sofreu 25.588 baixas entre 8 de agosto e 5 de outubro de 1918 e, depois de uma série de incidentes equivalentes a uma recusa a realizar operações ofensivas, a formação foi retirada das operações. Incapaz de substituir as perdas, o que fez com que as divisões se reduzissem a cerca de 3.000 homens debilitados no final de 1917, os australianos foram obrigados a dividir três batalhões em maio de 1918 e oito em setembro, quando, na verdade, duas divisões foram reduzidas a situação de reserva.

Os crescentes problemas de recursos humanos das formações australianas depois de julho de 1916 provocaram a questão duramente desagregadora do recrutamento compulsório na Austrália. Referendos que teriam resultado na aplicação nacional do recrutamento foram derrotados em 28 de outubro de 1916 e 20 de dezembro de 1917. Ainda assim, com cerca de 2.300.000 homens em idade de serviço militar, a Austrália alistou 416.809 homens e despachou cerca de 322.000 para o exterior durante a guerra: a Força Imperial Australiana contava com aproximadamente 200.000 homens em fevereiro de 1918. As baixas australianas totalizaram cerca de 280.000, com quase 60.000 mortos.

Chamada de mais voluntários
Ao longo da guerra, houve uma vigorosa campanha na Austrália para atrair voluntários. Do grande número de pessoas que se apresentaram, a grande maioria serviu como tropas de linha de frente.

Soldado australiano com alemão ferido
Os soldados australianos estavam eles próprios, invariavelmente, entre os feridos. Eles sofreram uma proporção mais elevada de baixas do que qualquer outra nacionalidade na guerra.

Banda da Quinta Brigada de Infantaria australiana
A brigada entrou em Bapaume em março de 1917, durante o avanço Aliado pelo território abandonado pelos alemães quando estes se retiraram para a Linha Hindenburg.

de Haig e de seus defensores foi capaz de disfarçar esse fato. Haig ignorou resolutamente o aviso feito em 16 de agosto por Gough, comandante do Quinto Exército, de que "um sucesso tático não era possível naquelas condições" e de que era hora de abandonar o ataque. Ele preferiu acreditar que o estado de espírito dos alemães estava se deteriorando aos poucos e que não resistiria ao ataque prolongado às suas linhas.

Perto do fim de agosto, Plumer, comandante do Segundo Exército, foi encarregado das operações no lugar de Gough. Haig ainda tinha esperança de romper as linhas inimigas, mas aceitou a fórmula bastante ponderada de Plumer: quatro ataques rigorosamente planejados, conduzidos com uma preponderância esmagadora de poder de fogo e objetivos muito limitados, e com um intervalo de cerca de seis dias entre cada ataque.

Cena perto de Zonnebeke em setembro
Nas proximidades do Bosque do Polígono, vêem-se alemães mortos na entrada de um abrigo que foi destruído pela artilharia britânica. Essa área esteve no centro de um ataque britânico em setembro, quando as perdas de ambos os lados foram grandes.

Nas margens da estrada de Menin

Os dois primeiros ataques de Plumer foram muito parecidos: ambos usaram frentes muito estreitas com formações atacando depois de bombardeios de artilharia mais intensos do que qualquer outro já realizado. Plumer, ao limitar os objetivos a menos de 1,5 km, procurava abalar uma defesa inimiga agora concentrada à frente depois da perda de sua primeira linha e destruir os contra-ataques alemães forçando-os a vir até o alcance da artilharia britânica. Em ambas as operações, ao longo de uma frente de 13 km às margens da estrada de Menin, em 20 de setembro, e numa frente de 8 km em torno do bosque do Polígono no dia 26, as posições alemãs avançadas foram pulverizadas e os contra-ataques imediatos foram neutralizados. No entanto, embora a maior parte dos objetivos fosse alcançada, o ganho médio em ambos os dias não passou de uns 900 m. Além disso, na estrada de Menin, forças australianas e britânicas sofreram cerca de 22.000 baixas e no bosque do Polígono aproximadamente 17.000 baixas. As perdas alemãs foram mais ou menos iguais às sofridas pelos Aliados.

Haig continuava a ter esperança de que a linha alemã pudesse ser rompida e um novo ataque foi planejado para 4 de outubro, em que unidades do Quinto Exército deveriam atacar a crista de Broodseinde. O ataque, realizado sem bombardeio preliminar, mas com ações simultâneas de artilharia e infantaria, infligiu cerca de 26.000 baixas aos alemães no que foi o primeiro dos "Dias negros" registrados por Ludendorff. As perdas britânicas, porém, não foram muito menores. E eles também não conseguiram ampliar seus ganhos iniciais de apenas 640 m, que, apesar de tão limitados, foram comemorados como uma grande vitória. Iniciaram-se os preparativos para outros grandes ataques subseqüentes.

Morte na lama

Nessa ocasião, as chuvas voltaram a Flandres. Em agosto, as chuvas diárias, combinadas com a destruição do sistema de drenagem local pelas operações britânicas, haviam criado um pântano. O solo secou durante um mês de setembro anormalmente seco, quando nuvens de poeira eram uma visão normal, mas, quando as chuvas voltaram a cair, em outubro, o pó se transformou em lama líquida.

Apesar disso, e de um aumento considerável de deserções e de doenças que eram evidência de um declínio do moral das tropas britânicas, Haig estava determinado a levar adiante os ataques programados para os dias 9 e 12 de outubro. Assim começou o que foi, sem dúvida, a pior e mais improdutiva parte da Terceira Batalha de Ypres.

O ataque em 9 de outubro em Poelcappelle não obteve praticamente nenhum ganho, enquanto a lama engolia homens e armas. As tropas da Nova Zelândia, em particular, foram duramente atingidas. Até mesmo o habitual otimismo dos oficiais de Haig definhou depois desse dia. No dia 12, na primeira das duas "Batalhas de Passchendaele", tropas australianas e neozelandesas foram sacrificadas em um avanço de apenas 90 m em direção à aldeia. Um ataque no dia 26, o primeiro envolvendo canadenses, não teve resultados muito melhores; outro, no dia 30, com os alemães reduzindo deliberadamente a sua frente, chegou a 450 m (500 jardas) da aldeia.

O ataque final foi realizado em 6 de novembro, num momento em que o desastre italiano em Caporetto (ver página 235) e a criação pelos Aliados de um conselho de guerra apontavam para uma restrição da liberdade de ação de Haig. Tropas canadenses e australianas estavam entre as que conseguiram ocupar as ruínas de Passchendaele. No dia seguinte, o chefe do Estado-maior de Haig visitou o saliente pela primeira vez.

Abrigados em buracos na lama
Estes artilheiros canadenses estavam entre os homens que tiveram de enfrentar os sofrimentos de lutar na lama em Ypres. Ao mesmo tempo em que buracos na lama podiam proporcionar abrigo, podiam também se tornar armadilhas mortais em que homens se afogavam.

TERCEIRA BATALHA DE YPRES

31 DE JULHO A 6 DE NOVEMBRO DE 1917

A Terceira Batalha de Ypres viria a se tornar famosa pelas condições particularmente terríveis em que foi travada. Na primeira ofensiva principal, lançada em 31 de julho, alguns pequenos ganhos foram obtidos nos três dias antes que a chuva forte provocasse uma interrupção nas operações. A ofensiva foi retomada em 10 de agosto e, novamente, no dia 16, mas com pouco progresso. Aceitando que não conseguiriam uma penetração imediata, os britânicos decidiram fazer uma série de ataques calculados, começando em 20 de setembro, em que a artilharia prolongada desgastaria gradualmente os alemães. A batalha culminou em uma terrível luta na lama para capturar a aldeia de Passchendaele, o que finalmente foi conseguido em 6 de novembro.

LEGENDA

- Linha de frente britânica
- Linha de frente francesa
- Avanço britânico
- Avanço francês
- Estrada
- Ferrovia

Tropas britânicas em Langemarck
Langemarck foi capturada em 16 de agosto. De acordo com o plano de batalha original, a data deveria ter sido 2 ou 3 de agosto.

As primeiras ofensivas 31 de julho a 22 de agosto

O 1º Exército francês e o 2º Exército britânico tiveram mais sucesso imediato do que o exército que eles estavam apoiando: o 5º Exército britânico. Depois de três dias, porém, o controle da primeira linha alemã foi assegurado.

3h50 31 jul
Ofensiva lançada. São obtidos ganhos nas cristas de Bixschoote, Pilkem e St. Julien, ao norte de Ypres

16 de ago.
Langemarck é capturada em uma nova ofensiva, mas há pouco progresso à direita

10 de ago.
Depois de uma interrupção no combate, os britânicos lançam ofensiva contra a Linha Langemarck-Gheluvelt

22 de ago.
O 5º Exército britânico é parado na estrada de Menin

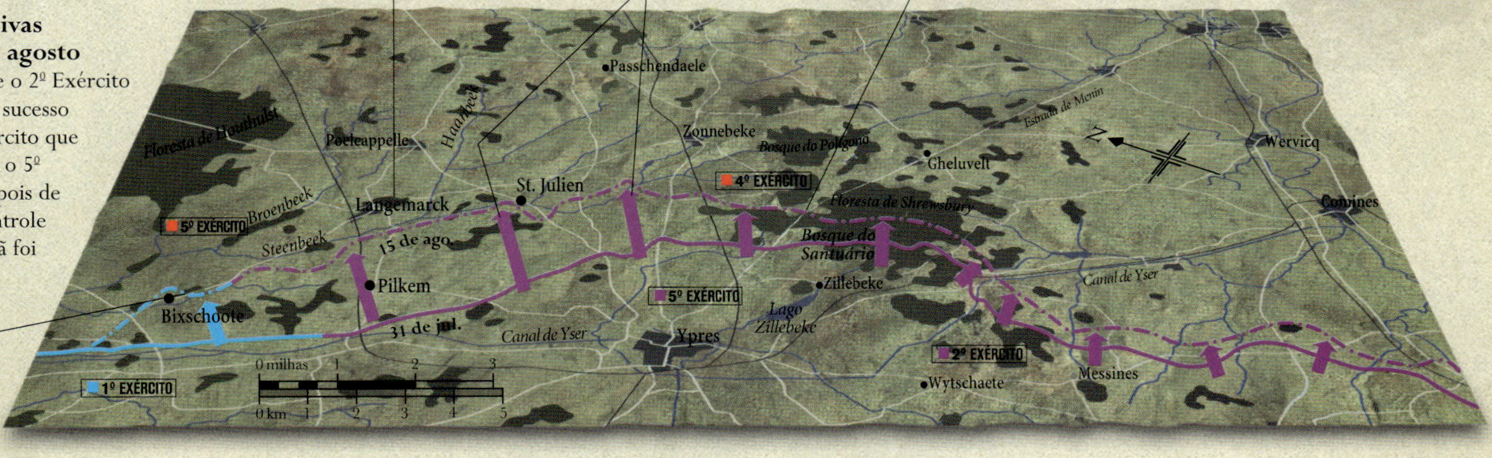

O avanço para Passchendaele 20 de setembro a 6 de novembro

O primeiro de uma série de ataques calculados contra os alemães foi lançado em 20 de setembro na estrada de Menin. Outros ataques se seguiram, com intervalos de cinco ou seis dias, no bosque do Polígono, crista de Broodseinde e Poelcappelle, antes da tentativa de capturar Passchendaele, em 12 de outubro.

12 de out.
Ataque lançado a Passchendaele. Não obtém sucesso, assim como um segundo ataque no dia 26

6 de nov.
Canadenses lançam uma ofensiva final contra Passchendaele e capturam-na no mesmo dia

26 de set.
5º Exército avança para Zonnebeke

4 de out.
2º Exército lança ataque em Broodseinde e captura crista

26 de set.
Um ataque garante metade do bosque do Polígono

20 de set.
Nova ofensiva lançada contra o platô de Gheluvelt na estrada de Menin

9 de out.
Um ataque na região de Poelcappelle praticamente não tem ganhos, com a chuva mais uma vez engolindo homens e armas

Tropas britânicas trabalhando na lama de Flandres
Homens do 2º Regimento de Monmouthshire consertam uma passagem de tábuas perto de Hooge durante a Terceira Batalha de Ypres. Ao fundo, um homem ferido é transportado em uma maca.

O número oficial de baixas da Terceira Batalha de Ypres sugere que os britânicos sofreram 245.000, os franceses 8.000 e os alemães 260.000. No entanto, a maior parte das 380.000 baixas sofridas pelos britânicos na segunda metade de 1917 ocorreu em Ypres. Uma estatística particularmente assustadora é que, nos estágios finais da batalha, até um em cada quatro britânicos mortos pode ter se afogado na lama.

> *Nunca fomos atingidos, pela graça de Deus, pois a lama profunda foi nossa salvação, aquela lama de que reclamávamos tanto e na qual ficávamos presos, escorregávamos, tendo de puxar a bota para fora dela cada vez que dávamos um passo. Os projéteis alemães faziam chover barro em cima de nós, perturbavam os corpos despedaçados e quebrados, tornavam a rasgar a carne pútrida em tiras. Era fácil ficar "perdido"; se alguém fosse atingido, a probabilidade era de escorregar para dentro de algum daqueles grandes buracos de projéteis cheios de água opaca acinzentada, que escondiam coisas indizíveis, e afogar-se ali.*
>
> TENENTE CANHONEIRO R.G. DIXON, 14ª BATERIA, ROYAL GARRISON ARTILLERY

A Batalha de Cambrai

O fracasso em obter qualquer ganho real em Ypres pressionava os generais britânicos a produzir uma vitória, qualquer vitória, na Frente Ocidental no outono de 1917. Em junho, agosto e, novamente, no início de setembro, a Unidade de Tanques havia proposto liderar uma ofensiva limitada em um território de sua própria escolha. Entretanto, a luta em Flandres fez com que outubro chegasse antes de a ofensiva proposta ser aprovada. A necessidade de distrair a atenção alemã da frente italiana proporcionou mais um motivo para lançar um ataque diante de Cambrai, um importante centro ferroviário, onde as defesas alemãs na Frente Ocidental eram mais fortes.

A Unidade de Tanques calculou que a profundidade e natureza do sistema de trincheiras alemão naquele setor sugeriam que ela fosse relativamente pouco guarnecida de soldados por não estar esperando um ataque. O elemento de surpresa seria aumentado pela ausência de um bombardeio de artilharia preliminar e pelo primeiro uso de tanques em massa.

A maioria dos tanques seria usada em grupos de três e levaria faxina (grandes feixes de ramos ou gravetos) para derrubar dentro de trincheiras e criar pontos de passagem. Quando as três principais posições de trincheiras alemãs tivessem sido atravessadas, os tanques e a infantaria que os acompanhava limpariam as trincheiras. A cavalaria seria mantida em reserva para a exploração de qualquer brecha que pudesse ser aberta. Planos vagos foram idealizados para a travessia do Sensée e o avanço para o norte a fim de aproximar-se da posição alemã, mas, numa bem-vinda alteração das práticas passadas, a operação seria interrompida depois de dois dias se a situação não justificasse o seu prosseguimento.

Sob um manto de segredo, o Terceiro Exército britânico reuniu um total de 474 tanques, 1.003 canhões e morteiros e seis de suas 19 divisões de infantaria em um setor mantido por sete divisões pouco guarnecidas do Segundo Exército alemão. Apenas na véspera do ataque britânico a segurança foi comprometida, porém não seriamente: os alemães não deram muito crédito à informação que receberam sobre um ataque iminente. De qualquer modo, a informação veio tarde demais para que eles pudessem tomar qualquer ação efetiva.

Sucesso inicial

Depois de se aproximar lentamente de suas linhas de partida, às 6h20 do dia 20 de dia novembro, 381 tanques de combate começaram a avançar em direção a um trecho de 9 km da primeira linha alemã.

Serviços médicos na frente

Para a profissão médica, a Primeira Guerra Mundial foi uma experiência de aprendizado intensiva — um enorme laboratório e desafio clínico — que envolveu diretamente milhares de profissionais a mais do que qualquer guerra anterior. Muito menos soldados caíram diante de "inimigos invisíveis", como a febre tifóide, do que no passado. No entanto, apesar dos avanços da medicina, uma em cada três baixas acabou em morte na Primeira Guerra Mundial, em comparação com uma em cada sete na Segunda.

Em sua batalha contra bactérias e infecções, os "médicos de cáqui" do Exército britânico fizeram uso da experiência recente na Guerra Sul-Africana de 1899-1902 e mostraram-se à altura dos desafios da guerra de trincheiras. O "pé-de-trincheira" era tratado purificando a água com cloro, fumigando roupas e assegurando banhos regulares durante os rodízios fora da linha. Vacinas evitavam o tétano e, para a gangrena gasosa, havia o "líquido de Dakin", um anti-séptico desenvolvido por um químico britânico e um cirurgião franco-americano.

Ferimentos por projéteis com freqüência eram fatais se não fossem tratados imediatamente, mas, quando os soldados da Frente Ocidental chegavam a um hospital de campo, havia uma boa chance de sobreviverem. As baixas eram levadas para postos regimentais de primeiros socorros e, depois, para postos de atendimento avançado atrás da linha de frente. De lá, seguiam por estrada para estações de triagem de baixas, depois por ferrovia para os hospitais de base estacionários. Soldados britânicos com ferimentos seriamente incapacitantes eram enviados para o Reino Unido, embora menos soldados tenham sido enviados depois de 1916. Em 1917, as estações de triagem de baixas haviam evoluído para hospitais de campo, onde equipes de cirurgiões norte-americanos desempenharam um papel fundamental.

A enorme quantidade de baixas e a duração das hostilidades forçaram os governos e organizações de auxílio a coordenar uma ampla extensão de serviços médicos. Milhares de prédios foram requisitados. Os médicos do Exército trabalhavam com administradores, cirurgiões e especialistas e a enfermagem tornou-se um grande campo de trabalho de guerra.

Soldados feridos esperando transporte
Muitos homens de ambos os lados sonhavam com um ferimento sério, mas não fatal, que os fizesse ser enviados de volta para casa para tratamento em um hospital bem distante da linha de frente.

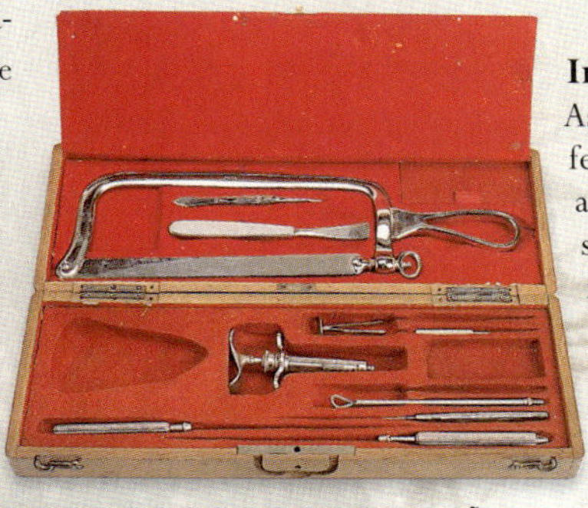

INSTRUMENTOS DE AMPUTAÇÃO

Instrumentos vitais
As ferramentas para tratar ferimentos não incluíam antibióticos, o que significava que mesmo ferimentos pequenos podiam resultar na amputação de membros.

BOLSA DE ENFERMEIRO

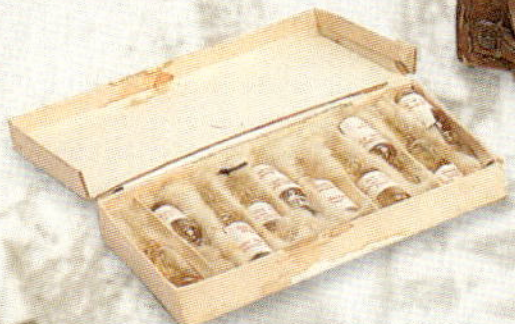

AMPOLAS DE MORFINA

EQUIPAMENTO DE ESTERILIZAÇÃO

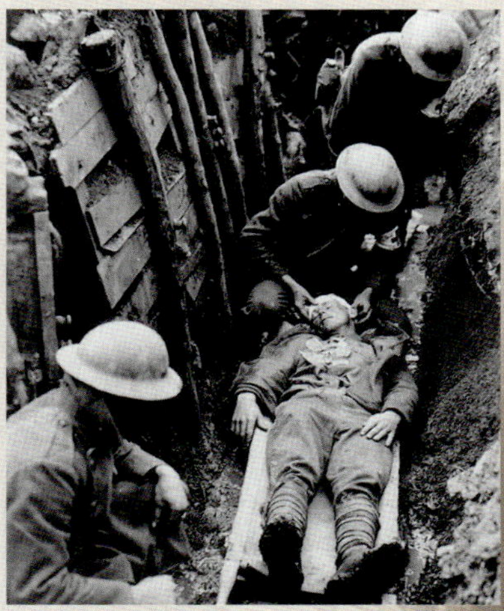

Tratamento na linha de frente
Condutores de maca norte-americanos aplicam um curativo em campo antes de levar a baixa para um posto de primeiros socorros regimental.

Posto de atendimento médico
A condição dos homens feridos era avaliada quando eles chegavam ao posto de atendimento. Com freqüência demorava algum tempo até que eles fossem transportados para a estação de triagem de baixas, fora do alcance da artilharia inimiga.

Ambulâncias puxadas a cavalo
Homens criticamente feridos tinham de suportar uma viagem lenta e sacolejante quando levados de ambulância para as estações de triagem de baixas.

Tanque britânico Mark IV
O tanque que lutou em Cambrai em 1917 não era muito diferente do Mark I de 1916, mas tinha um radiador melhor, um silenciador e lagartas com mais aderência. Não tinha mais as rodas traseiras.

Tanque Renault FT 17
O Renault, o mais bem-sucedido tanque francês da guerra, também serviu com as forças norte-americanas. Aqui, um Renault opera com a infantaria norte-americana durante o verão de 1918.

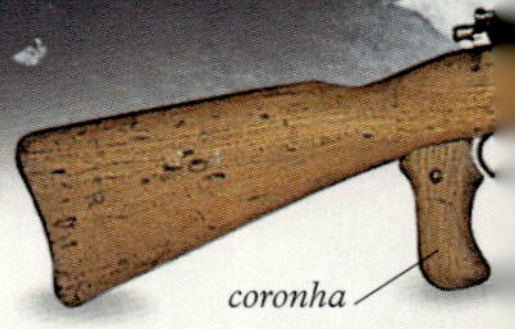

O TANQUE: NOVOS DESENVOLVIMENTOS

A natureza da guerra de trincheiras exigia tanto um tanque de combate principal para romper as defesas inimigas como um tanque leve capaz de explorar as brechas abertas. Os britânicos aperfeiçoaram seu tanque de combate Mark I, chegando ao Mark IV e, depois, ao Mark V. O Mark V era ligeiramente mais longo, com maior capacidade de atravessar trincheiras e foi o primeiro tanque de combate principal com um único condutor.

Os tanques pesados franceses foram de uso limitado. Dos 132 Schneiders postos em serviço em 16 de abril de 1917, 57 foram destruídos e muitos outros danificados sem possibilidade de conserto; dos 16 tanques St. Chamond usados em maio de 1917, 15 tombaram devido à capacidade limitada de atravessar trincheiras. O A7V alemão também não foi bem-sucedido, com apenas 15 construídos. Os alemães preferiam Mark IVs capturados.

Os franceses decidiram concentrar-se em seu tanque leve Renault FT 17, tendo construído mais de 4.000 até o fim da guerra. Seu desempenho não tinha nada de especial, mas seu canhão único em uma torre rotatória era pioneiro. O tanque leve britânico, o Medium A ou Whippet, era diferente por ter motor e tanques de combustível na parte dianteira e a torre com três metralhadoras fixas atrás.

Todos os primeiros tanques tiveram problemas que limitaram sua eficácia. Os tanques de combate principais não tinham velocidade e alcance para penetrar profundamente, enquanto os tanques leves não conseguiam passar por terrenos cheios de crateras ou sobreviver a fogo inimigo. Ambos tinham visibilidade limitada e não dispunham dos rádios necessários para se comunicar entre si ou armas de apoio. O calor e a falta de ventilação deixavam as tripulações exaustas.

Preparação para o combate
Estes tanques britânicos Mark IV que aguardam transport roviário para a frente a fim de participar do ataque de Car são equipados com faxinas. Esses grandes feixes de madeir eram derrubados em trincheiras inimigas, permitindo que tanque as atravessasse.

Fracasso alemão
O único tanque alemão do período da guerra foi o A7V Sturmpanzerwagen. Com armamento principal de 57 mm (2,2 pol.), seis metralhadoras e uma tripulação de 18 homens, ele era lento, instável e incapaz de atravessar terrenos difíceis ou com muitas crateras. O "Wotan", mostrado aqui, participou da ofensiva de primavera alemã de 1918.

Whippet ou Medium A
Com dois motores de 45 bhp, o Whippet era capaz de uma velocidade de 13,4 km/h (8,3 mi/h), espetacular em comparação com o passo lento dos outros tanques da Primeira Guerra Mundial.

Proteção de cabeça
As tripulações dos tanques usavam muitos equipamentos de cabeça específicos ou adaptados para proteger-se das lascas de metal quente lançadas pelos projéteis que batiam no tanque.

CAPACETE DE COURO DE TRIPULANTE DE TANQUE

CAPACETE BRITÂNICO ADAPTADO

Fuzil antitanque
Os alemães desenvolveram esta nova arma para tentar neutralizar o tanque. Conhecida como "arma para elefantes", ele disparava cargas únicas de 13,3 mm que penetravam blindagem de até 30 mm (1,18 pol.) de espessura.

Tanque Mark IV tombado em Cambrai
Soldados britânicos inspecionam um tanque que não conseguiu atravessar uma trincheira alemã 1 km a oeste de Ribecourt em 20 de novembro. Essas cenas eram comuns em Cambrai.

Os tanques aterrorizaram os alemães, que não tinham como impedir que eles passassem esmagando o arame farpado diante de suas trincheiras. No final de apenas um dia, o Terceiro Exército havia penetrado 8 km, destruindo o equivalente a duas divisões alemãs e capturando 120 peças de artilharia e 7.500 prisioneiros. Houve comemorações na Grã-Bretanha, onde os sinos das igrejas tocaram pela primeira vez desde 1914 e os jornais proclamaram a maior vitória britânica na guerra.

Embora bem-sucedida, a operação fora prejudicada por não conseguir capturar Flesquières, no centro, a menos de meio caminho entre o ponto de partida e Cambrai. Uma das divisões de infantaria não havia adotado os procedimentos da unidade de tanques, deixando os blindados e a infantaria expostos a perdas desnecessárias. A aldeia foi capturada no dia 21, mas, no mesmo dia, os britânicos sofreram perdas pesadas para tomar Anneux, Cantaing e Fontaine e não conseguiram aproveitar uma brecha temporária de 5 km na linha alemã perto de Fontaine. As perdas de tanques também foram grandes: em 23 de novembro, apenas 92 tanques continuavam operacionais.

Resistência alemã

As perdas britânicas no dia 21 deveram-se em parte à chegada de uma nova divisão alemã da Frente Oriental. Os contra-ataques alemães em Noyelles e no bosque de Nine marcaram o início da luta britânica para manter seus ganhos. No dia 22, os alemães tomaram Fontaine e as tentativas britânicas de recapturar a aldeia nos dois dias seguintes fracassaram. Os tanques conseguiram entrar em Fontaine, mas ficavam em desvantagem nas ruas estreitas, onde os alemães descobriram que podiam pará-los jogando granadas sob eles. No dia 23, os britânicos tomaram o bosque de Bourlon, com perdas pesadas. Fracassaram, porém, na tentativa de capturar a aldeia de Bourlon e suas posições no bosque logo se tornaram insustentáveis.

No dia 26, os britânicos tinham poucos tanques disponíveis e o reforço alemão no setor de Cambrai estava quase completo. No dia 27, os alemães derrotaram o último ataque britânico em Fontaine e decidiram realizar operações ofensivas. Eles pretendiam eliminar todo o saliente britânico atacando diretamente as posições britânicas originais à direita.

Contra-ataque alemão

Em 30 de novembro, o ataque alemão abriu a linha da 29ª Divisão de Infantaria em torno de Gouzeaucourt. Um colapso britânico só foi evitado pela confusão alemã depois do sucesso inicial e pela oportuna intervenção de alguns tanques britânicos. A batalha terminou na noite do dia 4, com uma ordem de retirada dos britânicos. Ao chegar à sua nova linha, eles ainda mantinham a área em torno de Flesquières. Tinham, porém, cedido seus outros ganhos e mesmo perdido mais terreno ao sul.

Ambos os lados sofreram cerca de 45.000 baixas. O resultado da batalha, particularmente decepcionante para os britânicos depois do sucesso do primeiro dia, deveu-se em parte às falhas dos tanques e à falta de reservas adequadas para consolidar os ganhos que haviam sido feitos.

Soldados britânicos na Bélgica, 1917
Quase todas as tropas britânicas na Bélgica em 1917 estavam no saliente de Ypres, onde, desde julho, participaram do que ficou conhecido como Batalha de Passchendaele. A chuva e a lama ajudaram a transformar o campo de combate no que muitos viram como um "inferno em vida".

A Rússia e a Frente Oriental

A REVOLUÇÃO E A GUERRA NA RÚSSIA

MARÇO A DEZEMBRO DE 1917

O ano de 1917 assistiu ao empenho de sucessivos governos russos para manter o esforço de guerra definitivamente separado dos outros assuntos. O Governo Provisório, que tomou o poder depois da "Revolução de Fevereiro", permaneceu comprometido com a guerra. Não obstante, o fracasso da Ofensiva Kerensky e a desintegração crescente do exército russo permitiram que os bolcheviques sob Lenin tomassem o poder e solicitassem um armistício com a Alemanha.

8 DE MARÇO Amplia-se a marcha do Dia Internacional das Mulheres em Petrogrado, tornando-se uma manifestação de massa: começo da "Revolução de Fevereiro"

12 DE MARÇO Tropas se amotinam e juntam-se aos manifestantes em Petrogrado

14 DE MARÇO Proclamado o Governo Provisório, com o príncipe liberal Lvov como primeiro-ministro

15 DE MARÇO Czar Nicolau II abdica

22 DE MARÇO Governo Provisório reconhecido por várias nações estrangeiras, incluindo Grã-Bretanha, França, Itália e Estados Unidos

16 DE ABRIL Lênin retorna do exílio na Suíça, tendo sua segurança na estrada de ferro organizada pelos alemães

16 DE MAIO Kerensky se torna ministro da Guerra

19 DE MAIO Governo Provisório publica declaração afirmando a sua intenção de não buscar a paz em separado para a Rússia

21 DE JUNHO Kerensky passa em revista novos "Batalhões da Morte" formados por mulheres em Petrogrado

29 DE JUNHO A Ofensiva Kerensky começa com bombardeio preliminar de dois dias

16 DE JULHO Apoiada pelos bolcheviques, começa em Petrogrado a insurreição dos "Dias de Julho"

19 DE JULHO Silenciada a insurreição dos "Dias de Julho", Lenin foge para a Finlândia

19 DE JULHO Alemães avançam 15 km (10 milhas) no primeiro dia de contra-ataque

21 DE JULHO Kerensky se torna primeiro-ministro

1º DE AGOSTO General Kornilov substitui Brusilov como comandante-em-chefe

3 DE AGOSTO Forças austro-húngaras chegam a Czernowitz

6 DE AGOSTO O Exército do Danúbio de Mackensen começa uma bem-sucedida contra-ofensiva na Moldávia

1º DE SETEMBRO Começa a ofensiva alemã contra Riga

5 DE SETEMBRO Queda de Riga

8 DE SETEMBRO Kerensky demite Kornilov, que então marcha sobre Petrogrado

14 DE SETEMBRO Kerensky proclama a república socialista. Kornilov se rende nos subúrbios de Petrogrado

8 DE OUTUBRO Kerensky dá a maioria no novo governo de coalizão aos socialistas moderados

5 DE NOVEMBRO Kerensky tenta prender líderes bolcheviques, desencadeando a planejada "Revolução de Outubro"

6-7 DE NOVEMBRO Kerensky foge de Petrogrado. O golpe de Estado bolchevique vê Lênin liderando o governo e Trotski como ministro das Relações Exteriores

26 DE NOVEMBRO O governo bolchevique pede armistício

15 DE DEZEMBRO Armistício é assinado entre Rússia e Alemanha

LEGENDA

- Acontecimentos na Rússia 8 de mar. a 15 de dez.
- Principais ofensivas na Frente Oriental 29 de jun. a 5 de set.

Manifestação do Dia Internacional das Mulheres
Portando estandartes onde se lia "Camaradas, mulheres e soldados, apóiem as nossas exigências", a marcha das mulheres na manifestação que desencadeou a "Revolução de Fevereiro". O czar abdicou, mas a Rússia continuou na guerra.

Ao final de 1916, estava claro que os dias do czar como líder autocrático estavam contados. Nicolau II tinha se mostrado um comandante incompetente e continuava a excluir representantes da Duma (assembléia) do poder de fato. Ao mesmo tempo, a massa popular estava sofrendo as conseqüências de uma economia de guerra mal administrada e particularmente os habitantes urbanos viam-se cada vez mais desesperados por mudanças no primeiro escalão. Nas primeiras oito semanas de 1917, Petrogrado viu greves, locautes e filas devido ao fornecimento inadequado de farinha de trigo.

A REVOLUÇÃO DE FEVEREIRO

Em 8 de março (23 de fevereiro no antigo calendário russo), uma marcha de mulheres em homenagem ao Dia Internacional das Mulheres transformou-se numa manifestação de massas contra a continuação da guerra e do governo autocrático da Rússia. O comandante militar de Petrogrado tentou usar o exército para restaurar a ordem, mas as tropas ficaram do lado dos manifestantes e revolucionários anticzaristas tomaram estações ferroviárias, centrais telefônicas e suprimentos de artilharia.

Esta "Revolução de Fevereiro" uniu os representantes dos trabalhadores, camponeses e soldados do Soviete de Petrogrado (conselho) com os políticos da Duma, que elegeram um Governo Provisório (pois deveria preceder a adoção de uma Constituição e de eleições democráticas). Em 14 de março (1º de março no antigo calendário russo), o Soviete de Petrogrado convocou todas as unidades militares a elegerem um de seus próprios sovietes. No dia seguinte, o Governo Provisório publicou um programa de oito pontos, exigindo a nomeação de funcionários eleitos no governo local e a substituição da polícia estatal imperial por uma milícia do povo. Neste mesmo dia, Nicolau foi forçado a abdicar.

O Governo Provisório foi imediatamente reconhecido pelos Aliados, interessados em manter a Rússia na guerra. O país permaneceu comprometido com a guerra, acreditando não ser possível obter um acordo de paz

Lenin se dirige à multidão
Força motriz do Partido Bolchevique, Lenin receberia ajuda dos alemães em seu retorno do exílio.

O levante da Páscoa

O impacto da guerra sobre os civis causou inquietação nas frentes populares dos Estados combatentes. Fora da Rússia imperial, contudo, essa inquietação só se desdobrou na insurreição armada em 1918. A única exceção foi a Irlanda, onde, em abril de 1916, um grupo de nacionalistas radicais levou a cabo uma rebelião contra o governo britânico, proclamando uma república irlandesa independente.

Eles tomaram edifícios-chave em Dublin em 24 de abril e, na batalha de seis dias que decorreu, o centro da cidade foi extensivamente danificado. O "Levante da Páscoa" foi esmagado por cerca de oito mil soldados britânicos situados na Irlanda. Os nacionalistas não eram mais do que 3 mil homens e mulheres, e inicialmente não receberam muito apoio público. A execução de 15 dos seus líderes, contudo, fez aumentar a simpatia para com a sua causa. (Eamon de Valera, posteriormente primeiro-ministro e presidente da República da Irlanda, escapou à execução porque, tecnicamente, era cidadão estadunidense). Em todo o país, salvo o nordeste, o apoio à independência cresceu, em oposição ao mais limitado "governo autônomo" prometido por um decreto parlamentar de 1914, mas engavetado durante toda a guerra.

Apesar deste crescimento do nacionalismo, milhares de irlandeses se alistaram no Exército britânico; só recentemente a sua contribuição foi reconhecida. Depois da execução dos líderes do levante, um soldado irlandês comentou: "Esse homens vão entrar para a história como líderes e mártires, já eu vou entrar — se é que vou mesmo — como a droga de um oficial inglês."

Conseqüências do "Levante da Páscoa"
Soldados britânicos patrulham o exterior do prédio danificado pela batalha do edifício do Escritório Central dos Correios na Sackville Street, após a sua recaptura em 28 de abril. O prédio havia servido de quartel-general dos rebelados de Dublin.

Forças britânicas em Dublin, 1916
Durante os seis dias de luta para reprimir o levante, 116 soldados britânicos foram mortos.

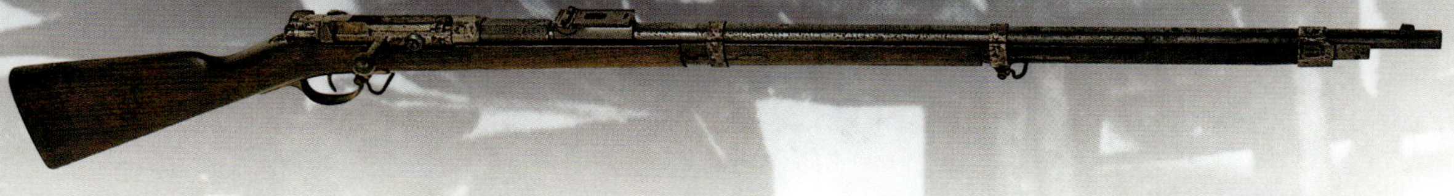

Rifle alemão despachado para os irlandeses
Os 20 mil rifles fornecidos pelos alemães que o nacionalista Roger Casement tentou despachar para os rebeldes foram capturados, bem como o próprio Casement.

com as forças inimigas que estavam ocupando consideráveis áreas do território da Rússia imperial. Além disso, o exército russo começou 1917 mais bem equipado do que em qualquer momento desde setembro de 1914. Os novos líderes da Rússia esperavam que o desgaste da guerra fosse balanceado por um novo espírito de patriotismo democrático.

A atividade bolchevique

A ânsia do Governo Provisório de permanecer na guerra não era compartilhada pelo Partido Bolchevique (mais tarde conhecido como Partido Comunista), cujo líder era o exilado baseado em Zurique Vladimir Lenin. No tocante à guerra, Lenin acreditava que a derrota da Rússia iria facilitar, mais adiante, outra revolução mais radical. Depois da Revolução de Fevereiro, alguns bolcheviques, incluindo Stalin, retornaram do exílio na Sibéria para Petrogrado e Moscou. Os alemães também puderam ver algum benefício no retorno de Lenin à Rússia e, através de intermediários, ofereceram a ele permissão para cruzar o território alemão num trem "lacrado". Um trem de um único vagão transportou Lenin e 31 dos seus camaradas de volta à Rússia via Frankfurt, Berlim e Estocolmo, e em 16 de abril ele chegou à Estação Finlândia, em Petrogrado.

Desde fevereiro, sovietes de trabalhadores, soldados e marinheiros haviam surgido em toda a Rússia, e o Partido Bolchevique desenvolvera-se a ponto de tornar-se um movimento de massa. Muitos dos seus ativistas ficaram espantados quando Lenin mal reconheceu as realizações da Revolução de Fevereiro, proclamando em vez disso as suas inflexíveis "Teses de Abril", contra a guerra "imperialista" e o Governo Provisório "capitalista". Traduzida no *slogan* "Pão, Paz e Terra!", a postura de oposição à guerra dos bolcheviques ganhou grande apoio entre os soldados russos, principalmente os camponeses, que apenas queriam continuar vivos e voltar para casa a fim de se beneficiar da reforma agrária prometida pelo Governo Provisório.

> *E agora o povo faz a sua vingança. Há incêndios em toda parte em Petrogrado, em todas as prisões, todos os quartéis-generais da polícia. Se puserem fogo no Palácio de Justiça, é porque aos olhos do povo era uma fortaleza da polícia, do mesmo modo que a Bastilha era o símbolo da tirania para o povo de Paris.*
>
> MARYLIE MARKOVICH SOBRE OS ACONTECIMENTOS EM PETROGRADO, FEVEREIRO DE 1917

O "Batalhão da Morte de Mulheres", julho de 1917
Um patriarca ortodoxo russo abençoa um batalhão de mulheres em Moscou antes da sua partida para a frente de batalha. O batalhão foi formado por Maria Bochkareva numa época em que um grande número de homens estava desertando do Exército russo.

A ofensiva Kerensky

Foi neste contexto que o Governo Provisório deu seqüência a seus planos de lançar uma ofensiva em julho — a Ofensiva Kerensky. Alexander Kerensky, que deixara sua marca no pré-guerra da Duma como socialista moderado, foi nomeado primeiro-ministro do Governo Provisório do Príncipe Lvov em 16 de maio. Começou então a planejar uma "ofensiva revolucionária" com o objetivo de recapturar Lemberg. O esforço principal do Sétimo Exército ao norte do rio Dniester era ser apoiado pelo Décimo Primeiro Exército num ataque dirigido contra Zloczow (Zolochev). Ao longo de uma frente de batalha de cerca de 64 km (40 milhas), os russos concentraram 370 canhões pesados, 158 médios e mais de 800 leves. Infelizmente, esse número sem precedentes de armas significava que a tática empregada na Ofensiva Brusilov em 1916 — pegar os oponentes de surpresa atacando após um bombardeio leve — fora rejeitada em favor de um bombardeio de saturação.

"Guerra até a vitória"
O Governo Provisório acreditava que a guerra deveria continuar em defesa da Rússia — política que este pôster promovia.

Desde o princípio, dois grandes problemas ameaçaram transformar a ofensiva num desastre. Primeiro, nenhum plano de campanha conseguia permanecer secreto na Rússia revolucionária. No final de maio, os alemães tinham conhecimento detalhado do plano, o que lhes deu tempo para preparar posições defensivas em profundidade. Em segundo, as preparações russas eram aflitivamente inadequadas. A cooperação entre a artilharia e a infantaria era mínima, as reservas foram mantidas longe demais da frente de batalha, as retaguardas estavam congestionadas com divisões de cavalaria inutilizadas, e os comandantes, as guarnições e formações mudavam constantemente. E também havia divisões crescentes no seio do exército, divisões que o tornavam, segundo um observador, mais uma sociedade de debates do que uma organização militar.

As etapas iniciais da ofensiva

O bombardeio preliminar de dois dias foi seguido, em 1º de julho, por ataques de infantaria. Os alemães recuaram para a sua segunda linha defensiva e os atacantes russos foram geralmente feitos em pedaços. Em poucos lugares eles conseguiram romper essas defesas e alcançar a terceira linha defensiva, onde houve combates violentos em torno de Bresany (Bereshany) e Lysonia, as duas posições mais fortes alemãs. Os russos, contudo, estavam exaustos e foram subseqüentemente sobrepujados.

O Décimo Primeiro Exército foi capaz de registrar algumas conquistas contra os austro-húngaros. Ao sul do Dniester, o Terceiro Exército malpreparado austro-húngaro foi derrotado e obrigado a retirar-se 50 km (30 milhas) para Lomnica, o Oitavo Exército russo controlando Halicz (Galich) em 12 de julho. Mas essas vitórias contaram pouco face ao fracasso alhures; em 6 de julho, o esforço russo estava encerrado.

A contra-ofensiva alemã

Os problemas que cercaram o ataque se combinaram então com a chegada de oito divisões alemãs à Galícia. Com essas forças, os alemães lançaram uma contra-ofensiva em 19 de julho. Ternopol (Tarnopol) foi tomada em 26 de julho e Czernowitz em 3 de agosto. O general Kornilov — nomeado comandante-em-chefe no lugar de Brusilov em 1º de agosto — tentou reconstituir as defesas russas aplicando uma disciplina draconiana, o que resultou em mais de mil execuções sumárias. Não obstante, o Exército russo estava à beira da desintegração.

A ofensiva contra Riga

Em 1º de setembro, o Oitavo Exército alemão de Hutier atacou o Décimo Segundo Exército de Kornilov, nas cercanias de Riga, no Báltico. O plano alemão era atravessar o Dvina acima do porto e avançar para o norte e para o leste — ameaçando, assim, Petrogrado — ao mesmo tempo que virava para o oeste a fim de eliminar o saliente de Riga. Após um breve bombardeio, durante o qual bombas químicas (gás) e de fumaça foram lançadas contra posições russas na margem norte, três divisões alemãs cruzaram o rio em pontes flutuantes.

A comitiva do kaiser na Riga ocupada pelos alemães
A ofensiva contra Riga acabou efetivamente com a guerra entre a Alemanha e a Rússia, embora os alemães tenham subseqüentemente perseguido o Décimo Segundo Exército ao longo do rio Dvina.

Táticas Hutier

Oscar von Hutier era comandante de corpo do exército na Frente Oriental desde abril de 1915 e tornou-se comandante do Oitavo Exército na frente de Riga em 1917. Em setembro de 1917, este exército desbaratou o Décimo Segundo Exército russo em questão de horas — resultado da desmoralização e da fragilidade dos russos e do emprego de táticas que levavam o nome do comandante do Exército alemão.

As táticas Hutier, ou táticas de infiltração, envolviam o uso de companhias de infantaria, com grande poder de fogo de metralhadoras leves, lança-chamas e morteiros, deslocando-se atrás de curtas mas esmagadoras barreiras de artilharia. Seu objetivo era chegar às áreas de retaguarda do inimigo, especialmente às posições de artilharia. Bombas de gás e de fumaça eram usadas para devastar os principais pontos da resistência inimiga, que seriam circundados e deixados para eliminação por um ataque subseqüente de infantaria.

Depois de Riga, o formato Hutier foi empregado em outubro de 1917 em Caporetto e no contra-ataque em Cambrai, na Frente Ocidental, onde Hutier recebeu o comando do Décimo Oitavo Exército. Esta formação registraria grandes vitórias na ofensiva de março de 1918 e modestas vitórias iniciais em junho de 1918; desde então, contudo, ela foi posta na defensiva. A Tática Hutier foi destilada em *Der Angriff im Stellungskrieg* [Ataque em combates estáticos], publicado em 1918, estabelecendo a idéia de que a infantaria deve determinar o ritmo do avanço e sublinhando a importância da surpresa e do uso de *Feuerwalze* (barreira progressiva).

Oskar von Hutier
As táticas inovadoras de Hutier foram empregadas pela primeira vez na Ofensiva Riga, no começo de setembro de 1917. Elas se mostraram tão bem-sucedidas que foram reproduzidas em Caporetto, na Itália, e novamente em ofensivas alemãs na Frente Ocidental, na primavera de 1918.

Trincheira russa durante um ataque químico a gás alemão
A "Tática Hutier" envolvia circundar os principais pontos fortes do inimigo, os quais seriam abordados por ondas de tropas posteriores. Bombas de fumaça e de gás eram usadas para eliminar posições durante o ataque inicial.

Manifestação diante do Palácio de Inverno
Privações econômicas, desgaste pela guerra e falta de confiança no governo só serviram para aumentar as manifestações populares em Petrogrado e alhures.

Pôster de propaganda bolchevique
O exército, a burguesia, o clero e os grandes proprietários de terra foram todos contra a "Revolução de Outubro", dirigida pelos bolcheviques. Neste pôster eles são caricaturados apregoando: "Fora os sovietes."

Eles se dirigiram para o oeste a fim de capturar Riga, que os russos evacuaram no segundo dia, ao começarem uma rápida retirada. Os alemães ocuparam o porto no quinto dia e, nas três semanas seguintes, perseguiram os remanescentes do Exército russo ao longo das margens do Dvina. Eles abandonaram os planos de avançar contra Petrogrado quando se tornou claro que o Governo Provisório russo — dirigido pelo primeiro-ministro Kerensky desde 20 de julho — estava à beira de um colapso.

A Revolução de Outubro

O Governo Provisório tinha mantido as políticas fiscal e tributária, e tanto a inflação quanto o volume de dinheiro em circulação dobraram entre março (fevereiro) e novembro (outubro). Como os salários reais caíram e a escassez de alimentos não foi resolvida, o Governo Provisório tinha perdido a boa vontade dos trabalhadores das cidades. Na insurreição dos "Dias de Julho", entre 16 e 19 de julho, trabalhadores, marinheiros e soldados armados fracassaram tentando tomar o poder em Petrogrado. Lenin foi obrigado a esconder-se na Finlândia.

Em 8 de setembro, o Governo Provisório demitiu Kornilov, que em seguida marchou contra Petrogrado a fim de estabelecer uma ditadura da lei e da ordem. Ele chegou aos subúrbios cinco dias depois, mas trabalhadores armados bloquearam o seu caminho. Alexeev, o novo comandante-em-chefe, o convenceu a render-se em 14 de setembro, mas a autoridade governamental estava irremediavelmente comprometida.

Arquiteto do Exército Vermelho
Leon Trotski foi comissário da guerra durante a guerra civil russa que se seguiu à Revolução de Outubro. Ele se mostrou um organizador militar inspirado e desempenhou papel-chave na garantia da vitória dos bolcheviques sobre as forças oposicionistas dos "Brancos".

No começo de outubro, Lenin entrou clandestinamente em Petrogrado outra vez, convencido de que as condições climáticas eram oportunas para um golpe de Estado bolchevique. Kerensky tinha conhecimento da ameaça apresentada pelos bolcheviques, mas, como eles controlavam o crucial Comitê Militar-Revolucionário do Soviete de Petrogrado, não pôde tomar medidas decisivas contra eles. Dirigido por Leon Trotski, o Comitê passara a servir como estrutura para derrubar o Governo Provisório. Na noite de 6 para 7 de novembro (24 para 25 de outubro), ele colocou seu plano em ação e, em 8 de novembro, estabeleceu-se um governo controlado pelos bolcheviques. Nas palavras de Lenin:

> "A tarefa pela qual o povo tem lutado foi cumprida — oferecimento imediato de uma paz democrática, abolição da propriedade da terra dos grandes proprietários, controle da produção pelos trabalhadores e a criação de um Governo Soviético."

Lenin era o líder do novo governo e Trotski ficou encarregado das Relações Exteriores.

Armistício com a Alemanha

Em 26 de novembro, o governo bolchevique pediu um armistício e em poucos dias as negociações começaram em Brest-Litovsk. Elas foram concluídas em 15 de dezembro de 1917; as conversações de paz iniciaram-se uma semana depois. A Rússia deixava de ser um fator militar na guerra, permitindo que o alto-comando alemão mobilizasse uma parte das 80 divisões no leste para reforçar a Frente Ocidental. Durante os três anos seguintes, contudo, a Rússia seria devastada pela guerra civil — entre os "Vermelhos" (bolcheviques) e os "Brancos" (antibolcheviques) — que custou mais vidas do que as batalhas da Frente Oriental.

O GOLPE DE ESTADO BOLCHEVIQUE

NA NOITE DO DIA 6 para 7 de novembro, as forças do Comitê Militar-Revolucionário ocuparam a frente dos edifícios públicos-chave em Petrogrado e assumiram o controle de postos de telégrafo e estações ferroviárias. Elas também colocaram obstáculos em pontes e em torno do Palácio de Inverno, onde o Governo Provisório estava em sessão. Nenhuma dessas ações foi reprimida e as ruas de Petrogrado permaneceram calmas. Na mesma noite, Lenin juntou-se aos outros líderes bolcheviques no convento Smolny, outrora uma escola de moças e então quartel-general do Soviete de Petrogrado. No dia seguinte, as forças revolucionárias cercaram o Palácio de Inverno, onde os políticos do Governo Provisório esperavam, em vão, ser resgatados. Muito cedo na manhã seguinte, o palácio caiu para os bolcheviques, mas, contrariamente a relatos posteriores, nunca foi "atacado". Do cruzador *Aurora*, que estava ancorado no rio Neva do outro lado do Palácio de Inverno, os marinheiros bolcheviques dispararam uma salva de festim, e Kerensky pôde escapar do prédio por uma entrada lateral e deixar a cidade de carro. Não foi coincidência que um Congresso dos Sovietes de toda a Rússia estivesse marcado para o dia seguinte. Repleto de delegados bolcheviques das províncias, ele deu poderes aos líderes da Revolução de Outubro para neutralizar a oposição de outros socialistas e radicais, e para assegurar a transferência do poder do Governo Provisório para o Soviete dos Comissários do Povo, controlado pelos bolcheviques.

Sala revistada no Palácio de Inverno em Petrogrado
A reunião do Governo Provisório no Palácio de Inverno, em Petrogrado, não fez praticamente nenhuma tentativa de resistência ao golpe de Estado bolchevique. Kerensky fugiu da cidade enquanto outros ministros foram feitos prisioneiros.

Tomando locais-chave
À noite, os bolcheviques lançaram o seu golpe de Estado. Orquestrados por Trotski, eles tomaram pontos-chave em toda a Petrogrado, inclusive estações ferroviárias. Entre elas estava a importante Estação Finlândia, pela qual Lenin, que estivera exilado na Suíça, retornou à cidade em abril.

Guardas Vermelhos
Homens da Guarda Vermelha equipam um bonde em Moscou. Eles levaram dois dias para superar a resistência da oposição aos bolcheviques em Moscou e assumir o controle da cidade.

DEPOIS DE ISONZO

MARÇO de 1916 a DEZEMBRO de 1917

Em meados de março de 1916, as cinco ofensivas da Itália no Isonzo, cujos combates se deram nas condições mais extremas de toda a guerra, registraram um progresso limitado contra os austro-húngaros. Já a ofensiva austro-húngara em Trentino, em maio, que se fez seguir por mais ataques contra a frente do Isonzo, minou o moral do Exército italiano. A ofensiva austro-germânica em Caporetto, em outubro de 1917, o forçou a recuar rapidamente 95 km (60 milhas).

11 DE MARÇO DE 1916
Começa a Quinta Batalha do Isonzo

16 DE MARÇO DE 1916
A Quinta Batalha do Isonzo termina devido ao mau tempo

15 DE MAIO
Os austro-húngaros lançam a Ofensiva Trentino

25 DE MAIO
Os austro-húngaros rumam para o leste, atacando o planalto de Asiago.

26 DE JUNHO
Termina oficialmente a ofensiva Trentino

27 DE JUNHO
Contra-ataques italianos retomam Arsiero e Asiago.

28 DE JUNHO
Grande ataque a gás dos austro-húngaros, com 6.600 mortes.

6 DE AGOSTO
Começa a Sexta Batalha do Isonzo

16 DE AGOSTO
Termina a Sexta Batalha do Isonzo, depois de os italianos tomarem Gorizia

28 DE AGOSTO
A Itália declara guerra contra a Alemanha

14 DE SETEMBRO
Inicia-se a Sétima Batalha do Isonzo com nove horas de bombardeio italiano

17 DE SETEMBRO
Termina a Sétima Batalha do Isonzo com vitórias secundárias para a Itália.

9 DE OUTUBRO
Começa a Oitava Batalha do Isonzo; avanço de 3 km (2 milhas) dos italianos

12 DE OUTUBRO
Termina a Oitava Batalha do Isonzo

1º DE NOVEMBRO
Começa a Nona Batalha do Isonzo

4 DE NOVEMBRO
Termina a Nona Batalha do Isonzo; ainda sem resultados nítidos

5 DE JANEIRO DE 1917
Conferência de Roma dos chefes militares e políticos Aliados.

17 DE JANEIRO DE 1917
Cadorna solicita apoio de tropas Aliadas para a frente do Isonzo, as quais não se apresentam por estarem comprometidas em outros lugares

12 DE MAIO
Começa a Décima Batalha do Isonzo

5 DE JUNHO
Termina a Décima Batalha do Isonzo, com algumas vitórias para a Itália

10 DE JUNHO
Italianos lançam um ataque-surpresa de desorganização contra o exército de Trentino

30 DE JUNHO
Termina a ação em Trentino

18 DE AGOSTO
Começa a Décima Primeira Batalha do Isonzo

12 DE SETEMBRO
Termina a Décima Primeira Batalha do Isonzo, depois de um avanço italiano de 10 km (6 milhas)

24 DE OUTUBRO
Um bombardeio austro-germânico dá início à Ofensiva Caporetto. Caporetto é tomada

8 DE NOVEMBRO
Diaz obtém sucesso em Cadorna no posto de comandante-em-chefe

14 DE NOVEMBRO
Os italianos são bem-sucedidos na resistência aos ataques na parte norte do curso do rio Piave; seguem-se ações esporádicas

30 DE DEZEMBRO
Termina a Ofensiva Caporetto

LEGENDA

- Batalhas em Trentino: 15 de maio a 29 de jun. de 1916 e 10 - 30 de jun. de 1917
- Batalhas no Isonzo: 11 de mar. de 1916 a 12 de set. de 1917
- Ofensiva Caporetto: 24 de out. a 30 de dez. de 1917
- Outros acontecimentos

A Frente Italiana

Guerra nas montanhas
Com quase toda a fronteira italiana com o Império Austro-Húngaro nas montanhas, as tropas montanhesas especialistas, *Alpini*, apresentavam grande vantagem.

Durante os primeiros dezenove meses do seu envolvimento na Primeira Guerra Mundial, os italianos lançaram uma série de ofensivas no Isonzo e participaram de operações no norte da Albânia e em Salonica. Somente uma vez nesse período, na primavera de 1916, o Império Austro-Húngaro iniciou uma ofensiva contra a Itália. Essa ofensiva visava levantar o moral tanto entre as tropas como entre os civis do Império Austro-Húngaro. Privada, contudo, de qualquer apoio de Falkenhayn — que estava concentrado nas preparações para a ofensiva alemã em Verdun em fevereiro —, logo ficou claro que suas esperanças de uma vitória rápida e decisiva não se realizariam.

A ofensiva Trentino

O ataque austro-húngaro foi empreendido pelo Terceiro e pelo Décimo Primeiro Exércitos. Às vezes chamado "Ofensiva Asiago", o ataque teve início em Trentino em 15 de maio, num setor que se estendia através das montanhas desde o oeste de Rovereto até o oeste de Borgo. Até então, este tinha sido um setor calmo, onde o Primeiro Exército italiano residente era conhecido como "corpo convalescente", em função da importância a ele atribuída pelo alto-comando italiano. A intenção de Conrad era cortar caminho pelo flanco esquerdo do Primeiro Exército e avançar rumo a Veneza, isolando, assim, as forças italianas no Isonzo.

Os austro-húngaros tinham reunido 2 mil canhões, podendo assim abrir a sua ofensiva com uma barreira das mais severas. Sabendo que o ataque era iminente, os italianos resistiram heroicamente e combateram em defesa de uma posição após outra, sendo lentamente obrigados a recuar. Ao mesmo tempo, as forças austro-húngaras foram grandemente prejudicadas pelas dificuldades do terreno montanhoso — às vezes varrido pela neve. Em cinco dias, as suas linhas de suprimento tinham se estendido até o limite, e a sua artilharia já não tinha mais a capacidade de dar a eles o apoio que tanto precisavam.

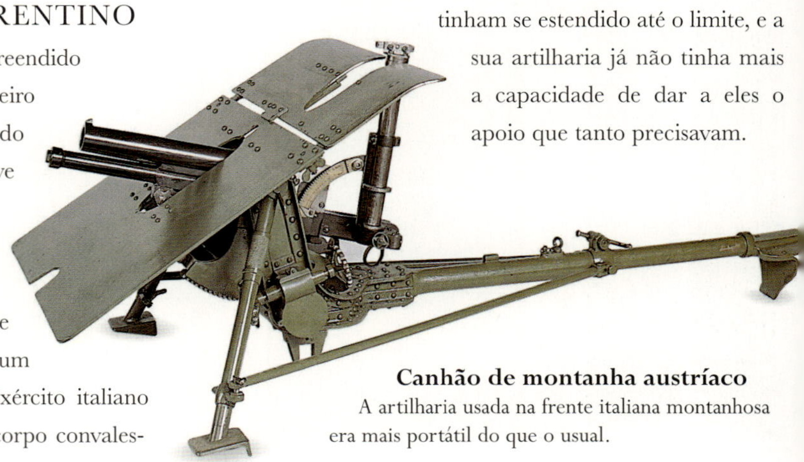

Canhão de montanha austríaco
A artilharia usada na frente italiana montanhosa era mais portátil do que o usual.

Retirada e contra-ataque da Itália

Em 20 de maio, quando seus pedidos de assistência à Rússia adquiriram um certo caráter de desespero, os italianos tomaram a decisão de se retirar ao longo da maior parte da frente de batalha. Embora essa retirada só fosse completada no dia 24, a fase mais ameaçadora da Ofensiva Trentino se desvelou no dia 25, quando as forças austro-húngaras forçaram o progresso em direção a Posina, ao mesmo tempo em que deram início, no leste, à tarefa de liberar o planalto de Asiago. Em 30 de maio, os italianos tinham se retirado tanto de Asiago como de Arsiero, e os austro-húngaros tinham se estabelecido acerca de 6 km (4 milhas) de Sugana e na retaguarda das posições italianas nas cercanias de Borgo. Entretanto, os austro-húngaros não foram capazes de avançar mais, a chegada de reforços italianos do Quinto Exército significando o fim da ofensiva. Apesar de terem montado outros ataques em junho, depois do dia 12 o esforço principal austro-húngaro foi interrompido em prol da transferência de forças para a Galícia, onde fora lançada a Ofensiva Brusilov russa (ver págs. 148-150) em 4 de junho. A ofensiva austro-húngara acabou oficialmente em 26 de junho e os italianos reocuparam Arsiero e Asiago no dia seguinte.

Em parte alguma as forças austro-húngaras lograram avançar mais que 19 km (12 milhas), e, apesar de suas perdas terem sido muito inferiores às dos italianos — 80 mil comparados a 147 mil —, elas nunca representaram um perigo real de ruptura das linhas defensivas. A campanha também piorou as relações austro-húngaras com Falkenhayn, que ficou zangado com a desconsideração de Conrad para com a sua visão de que as Potências Centrais deveriam se concentrar na Frente Ocidental e manter-se na defensiva contra os italianos.

Transporte nas montanhas

A guerra nos Alpes gerou problemas de suprimento diferentes daqueles enfrentados em qualquer outro teatro. Incapazes de flanquear os austro-húngaros à maneira tradicional, as tropas italianas subiram cada vez mais alto nas montanhas, numa tentativa de dominar as posições inimigas. Os austro-húngaros, porém, responderam na mesma moeda, o que resultou em dezenas de milhares de soldados encontrarem-se passando invernos inteiros em altitudes superiores a 3 mil metros (10 mil pés). Todos tinham de ser abastecidos de munição, alimento e combustível para cozinha e aquecimento. Os italianos construíram um *teleferiche*, cabos elevados impulsionados por motores a óleo. O maior desses teleféricos tinha mais de 8 km (5 milhas) de extensão e elevava-se até 1.500 metros (5 mil pés) entre o ponto de partida e o de chegada. Os menores podiam ser desmontados e reconstruídos onde necessário — alguns deles eram acionados por tração humana. Até mesmo as posições mais isoladas recebiam canhões através desses teleféricos, bem como evacuavam feridos em macas especiais.

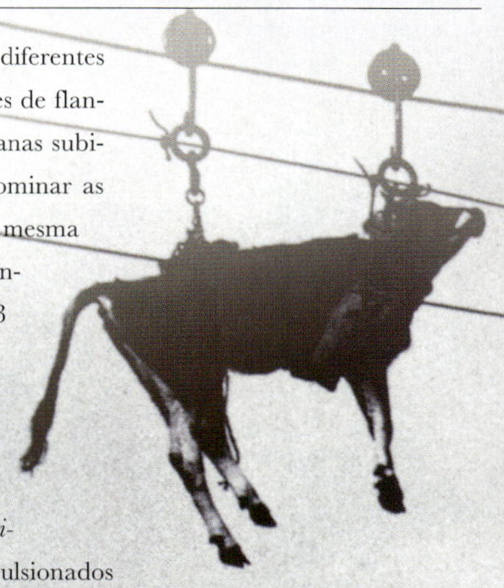

Rações frescas
Comida e munição eram os suprimentos mais importantes a serem distribuídos. Em 1917, havia 530 *teleferiche* a motor abastecendo as tropas italianas.

Artilharia montanhesa
Nas montanhas, qualquer pico ou espinhaço era uma localização potencial para peças de artilharia, mas para deslocar até mesmo um canhão a elas exigia-se especialidade técnica e força física.

> *Enquanto eu descia a trilha mais alta, dois homens enfaixados estavam sendo trazidos para baixo em mulas de carga. Estávamos em meados de agosto e eles sofriam de ulcerações de frio... Pois em toda parte sobre os picos gelados há postos de observação orientando o fogo dos grandes canhões nas encostas abaixo... Neve e gelo podem isolá-los completamente do restante da espécie humana durante semanas. Os doentes e feridos têm de iniciar a sua jornada para baixo... numa cesta vertiginosa que desce balançando para a cabeça da trilha de mula situada abaixo.*
>
> Herbert George (H.G.) Wells, descrevendo a frente do Isonzo em 1916

Batalhas no Isonzo

Entre a entrada da Itália na guerra e a Ofensiva Trentino, as forças italianas empreenderam cinco ofensivas no Isonzo. A quinta, de 11 a 16 de março, mal levou os italianos além da linha do posto avançado inimigo. Depois do fracasso da Ofensiva Trentino, contudo, os italianos foram capazes, na Sexta Batalha do Isonzo, de tomar a cidade fortificada de Gorizia (Görz) em 9 de agosto, e depois de liberar parte do Carso (Karst). A defesa austro-húngara tinha sido enfraquecida pelo desvio de atenção de forças para a Galícia, mas o Quinto Exército continuou a ocupar Tolmino, garantindo desse modo que o setor setentrional permanecesse fechado para o Segundo Exército italiano. As perdas dos austro-húngaros foram limitadas ao sul, onde eles foram forçados a recuar para a sua linha original de resistência.

O desempenho do Terceiro Exército italiano numa série de ações no Isonzo depois de agosto — nas Sétima, Oitava e Nona Batalhas do Isonzo — foi de uma determinação obstinada, mas não havia escapatória para o fato de que as novas defesas Habsburgo no Carso ameaçavam tornar o ano de 1917 tão exaustivo quanto 1916 tinha sido. Além disso, no final do ano, o Estado e o exército italianos, que tinham tradições nacionais e militares tão fortes para se inspirar, acabaram severamente enfraquecidos por seus esforços.

Os planos aliados para 1917

Durante o inverno de 1916-17, os Aliados concordaram em sincronizar seus esforços ofensivos na primavera, lançando uma ofensiva italiana ao mesmo tempo em que as ofensivas em Arras e no Aisne. A realização do plano, contudo, não foi possível para os italianos, devido ao atraso na chegada da primavera. Nas semanas seguintes, enquanto a primavera sucedia o verão, a Itália foi a primeira das potências Aliadas a sentir os efeitos da Revolução de Fevereiro. A chegada ao Isonzo de forças austro-húngaras

Travessia austro-húngara do rio
A perseguição aos italianos depois da ruptura das suas linhas em Caporetto foi adiada por problemas de suprimento. Aqui, tropas austro-húngaras transportam suprimentos através de uma ponte só parcialmente reparada.

que haviam sido transferidas da Frente Oriental convenceu o alto-comando italiano da necessidade de manter a iniciativa pelo restante de 1917. Conseqüentemente, ele decidiu lançar duas ofensivas ao sul de Tolmino, o empenho central sendo realizado pelo Terceiro Exército no Carso. Na verdade, em ambas as ofensivas — a Décima e a Décima Primeira Batalhas do Isonzo — foi o Segundo Exército que obteve, ao norte de Gorizia (Görz), as vitórias mais importantes.

Na Décima Batalha, lançada em 12 de maio, o Segundo Exército manteve a maior parte das montanhas que bloqueavam o caminho para o planalto de Bainsizza. O Terceiro Exército, contudo, perdeu algumas das suas conquistas ao longo de Kostanjerica, no Carso, para um contra-ataque austro-húngaro nos primeiros dias de junho.

Ação em Trentino

Em 30 de junho, os italianos lançaram uma ofensiva local em Trentino. Sua intenção era eliminar as posições conquistadas pelas forças austro-húngaras em 1916, de onde podiam ameaçar Veneza e as áreas na retaguarda dos exércitos italianos no Isonzo. O modelo das ofensivas do Isonzo repetiu-se, contudo, com uma série de batalhas pesadas e altamente custosas pelo controle de picos individuais que traziam poucos ganhos para os italianos. Além disso, a maior parte dos ganhos foi rapidamente eliminada por esforços austro-húngaros de peso, os quais infligiram perdas significativas e desmoralizantes aos italianos.

Décima primeira batalha do Isonzo

Na Décima Primeira Batalha do Isonzo, o Terceiro Exército italiano rompeu a linha de frente austro-húngara em 21 de agosto, e então liberou a maior parte do planalto de Bainsizza. Ao sul, o Segundo Exército não conseguiu nenhum ganho imediato, mas desbaratou duas das mais fortes posições inimigas na frente de batalha. Em 21 de agosto, os italianos liberaram monte Santo e, em 4 de setembro, conseguiram levar a vantagem em monte San Gabriele.

Esses sucessos custaram ao Exército italiano 15 mil mortes e o exauriram. A batalha, porém, convenceu os austro-húngaros, então reduzidos às suas posições defensivas, de que não podiam enfrentar uma Décima Segunda Batalha do Isonzo. Conseqüentemente, eles procuraram a assistência dos alemães. Seu pedido chegou num momento em que Berlim, com cerca de seis divisões à disposição para operações longe da Frente Ocidental, estava considerando a possibilidade de uma campanha na Moldávia para tirar de uma vez por todas a Romênia da guerra. Decidindo, em vez disso, fazer da necessidade uma virtude, o alto-comando alemão insistiu em ordenar uma operação em que o Exército austro-húngaro só desempenhasse um papel coadjuvante.

A ofensiva Caporetto

Reunindo cerca de 15 divisões no Décimo Quarto Exército, os alemães planejaram abater a área de Tolmino, onde seu aliado tinha mantido uma cabeça-de-ponte em Isonzo, e forçar a retirada italiana para o Tagliamento, ameaçando a retaguarda dos Segundo e Terceiro exércitos italianos. Alguns membros do Estado-maior pensaram

Uma defesa desesperada
No segundo dia da Ofensiva Caporetto, as tropas italianas tentaram, sem sucesso, deter o avanço austro-germânico em Cividale para ganhar tempo e permitir que o Terceiro Exército italiano se retirasse. A desvantagem era esmagadora e essas tropas italianas pagaram o preço derradeiro.

que poderiam ser ainda mais bem-sucedidos e que um esforço simultâneo deveria ser feito em Trentino. Não obstante, as Potências Centrais não dispunham de forças suficientes para levar a cabo este segundo esforço, e os exércitos envolvidos na ofensiva não tinham cavalaria e transportes motorizados para explorar plenamente a oportunidade.

O que nem o Estado-maior alemão e nem o austro-húngaro podiam saber era até que ponto as batalhas do Isonzo tinham levado à desmoralização do Exército italiano. A sua consciência do fracasso e da futilidade dos seus sacrifícios, do desrespeito com que era tratado igualmente por amigo e inimigo, o exemplo da Revolução Russa e a agitação e o descontentamento no seio da sociedade italiana, tudo isso minou a vontade do Exército italiano. Um exército em que o tratamento dos soldados era, na melhor das hipóteses, péssimo e no qual as relações entre os oficiais do regimento e o Estado-maior eram geralmente da pior espécie. Conseqüentemente, apesar de receber planos detalhados de oficiais inimigos desertores e notícias com seis semanas de antecedência, os italianos fizeram muito pouco para reforçar suas defesas no setor de Tolmino. O posicionamento estratégico defensivo dos exércitos italianos, com a maior parte dos Segundo e Terceiro exércitos posicionados além do Isonzo, provocou uma derrota que, com a recusa de muitas formações de combate, se transformaria em fiasco.

Prisioneiros italianos em Udine
Nas vésperas de Caporetto, o moral do Exército italiano estava muito baixo. Durante a ofensiva, em 29 de outubro, os cerca de 295 mil italianos que se renderam foram feitos prisioneiros das forças austro-húngaras.

UMA VITÓRIA AUSTRO-GERMÂNICA ESMAGADORA

Depois de um atraso de dois dias causado por tempo ruim, a ofensiva começou em 24 de outubro com um bombardeio de quatro horas. Um grande número de bombas químicas foi disparado, pois se sabia que os italianos só tinham proteções primitivas contra o gás. Dois corpos de exército italiano foram então aniquilados, à medida do avanço alemão de 19 km (12 milhas) a partir de Tolmino e Plezzo, cruzando o Isonzo e tomando a cidade de Caporetto. Em três dias, o Segundo Exército italiano abandonou todas as suas posições de montanha. No dia 25, os italianos lutaram para manter Cividale, visando dar tempo ao Terceiro Exército para se retirar para Tagliamento. Cividale caiu em 27 de outubro, Gorizia (Görz) no dia 28 e Udine — quartel-general de Cadorna — no dia 29.

Devido a problemas de deslocamento e de suprimento, as forças austro-húngaras só começaram a forçar os italianos a recuar de Tagliamento em 2 de novembro. Elas levaram outros cinco dias para cruzar o rio Livenza. Duas divisões no Trentino juntaram-se então à ofensiva, conquistando Asiago no dia 9 de novembro, mas o ritmo da ofensiva austro-húngara estava diminuindo por causa da extensão das linhas de suprimento e da falta de reservas. A queda de Belluno, no dia 10 de novembro, figurou entre as últimas perdas italianas.

No dia 14 de novembro, os italianos repeliram uma série de ataques no alto Piave. Naquele momento, e atrás do rio que em 1916 Cadorna tinha escolhido como última linha de resistência do exército em caso de emergência, o Exército italiano estava seguro e teve tempo para recuperar-se do seu recuo de 96 km (60 milhas). Ele teve uma baixa de cerca de 10 mil mortos, 30 mil feridos e 295 mil italianos feitos prisioneiros, não podendo, em certo momento, contar com mais de 400 mil homens. Sua recuperação seria lenta.

Colapso em Caporetto
Nas semanas que levaram à Ofensiva Caporetto, a implementação das tropas italianas em posições defensivas foi uma resposta inadequada à concentração maciça de forças alemãs e austro-húngaras na frente do Isonzo. Os italianos foram obrigados a recuar até o Piave antes de poderem manter seu território em meados de novembro. Divisões francesas e britânicas chegaram em dezembro para ajudar a reforçar a frente de batalha contra ataques futuros.

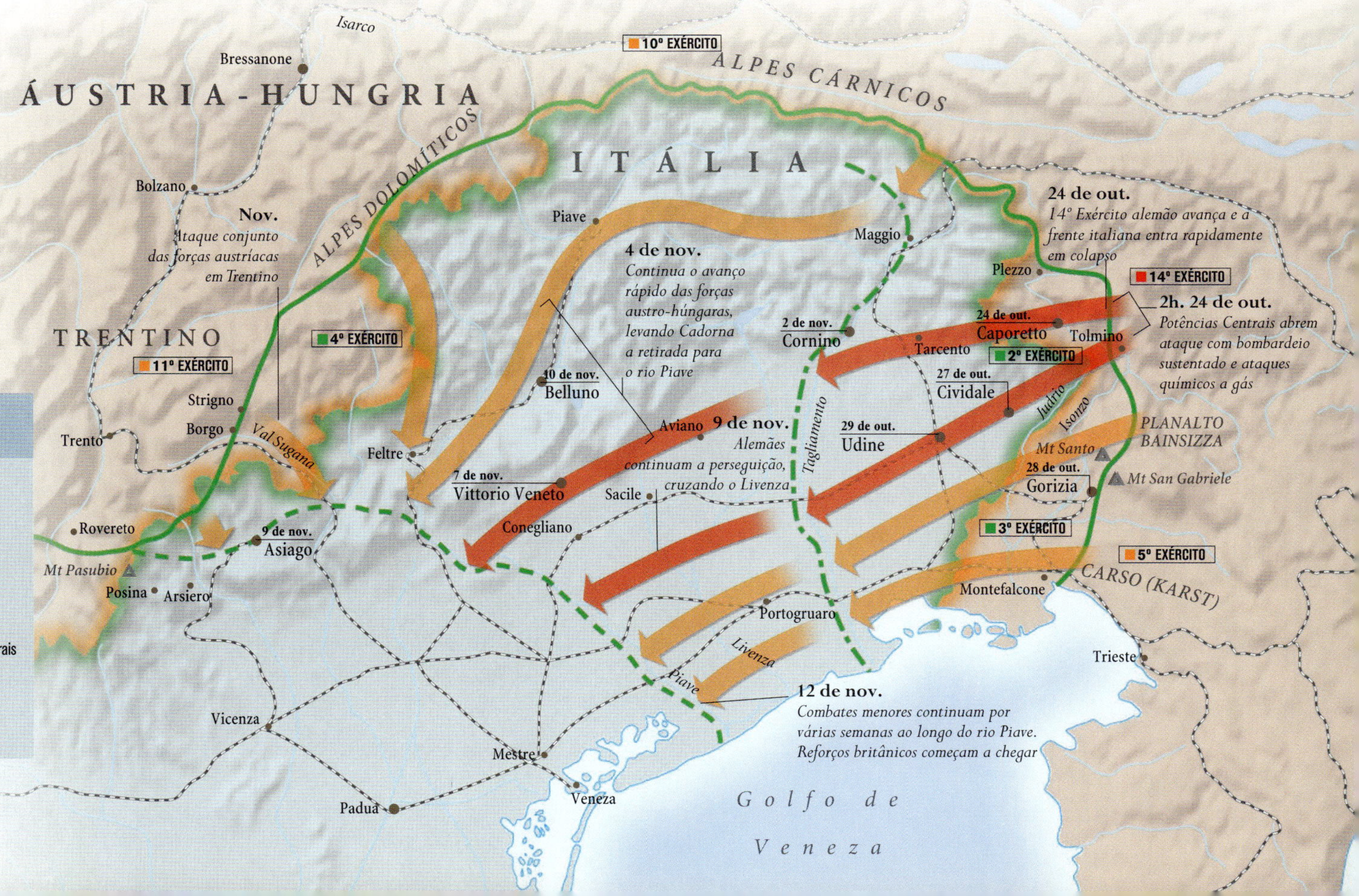

MESOPOTÂMIA E PALESTINA

9 DE JANEIRO A 11 DE DEZEMBRO DE 1917

Depois das decepções de 1916, os britânicos necessitavam de bons resultados. Kut e Bagdá caíram para Maude no começo do ano. Na Palestina, contudo, os fracassos de Murray em Gaza levaram à sua substituição por Allenby, que revigorou os esforços britânicos. Em julho, os árabes tomaram Aqaba, o que resultou num aumento do apoio britânico à Revolta Árabe. Em outubro, Allenby foi bem-sucedido na expulsão dos turcos de Gaza e Beersheba, para a tomada de Jerusalém em dezembro.

9 DE JANEIRO
Britânicos capturam Rafah

24 DE JANEIRO
Faiçal, líder da Revolta Árabe, captura Al Wajh, com ajuda da Marinha Real

25 DE FEVEREIRO
Britânicos tomam Kut

11 DE MARÇO
Bagdá é tomada pelos britânicos depois da retirada dos turcos na noite anterior

26 DE MARÇO
Primeira tentativa britânica de tomar Gaza fracassa devido a ordem prematura de retirada

17 DE ABRIL
Começa o segundo ataque britânico contra Gaza; apoiados por unidades alemãs, os turcos forçam os britânicos a bater em retirada com baixas violentas

24 DE ABRIL
Britânicos tomam Samarra

27 DE JUNHO
O general Edmund Allenby substitui Archibald Murray como líder das forças britânicas na Palestina

6 DE JULHO
Queda de Aqaba para Lawrence e forças árabes

10 DE JULHO
Lawrence encontra Allenby no Cairo e obtém apoio financeiro para os árabes

16 DE SETEMBRO
Lawrence comanda ataque conta a ferrovia de Hejaz, na Arábia

29 DE SETEMBRO
O britânicos capturam Ramadi, no Eufrates

31 DE OUTUBRO
Começo do terceiro bombardeio britânico de Gaza propicia um desvio de atenção do inimigo que os ajuda a tomar Beersheba

1º DE NOVEMBRO
Começa o ataque principal contra Gaza

5 DE NOVEMBRO
Os britânicos tomam Tikrit

6-7 DE NOVEMBRO
Turcos são forçados a evacuar Gaza; a linha Gaza-Beersheba é rompida

14 DE NOVEMBRO
Os britânicos tomam a estação Junction, na estrada de ferro de Jerusalém

16 DE NOVEMBRO
Turcos retiram-se de Jaffa a caminho de Jerusalém

7-8 DE DEZEMBRO
Britânicos rompem as defesas turcas na estrada Jaffa-Jerusalém

9 DE DEZEMBRO
Britânicos capturam Jerusalém, alcançando assim o objetivo de Lloyd George de tomar a cidade até o Natal

11 DE DEZEMBRO
Allenby entra oficialmente em Jerusalém

LEGENDA
- Campanha Aliada na Mesopotâmia 25 de fev. a 5 de nov.
- Campanha Aliada no Egito e na Palestina 9 de jan. a 11 de dez.
- Outros acontecimentos

O Oriente Médio

Beersheba
A cavalaria turca passa por sua cidade-chave a caminho da Palestina meridional em abril de 1917.

Após a rendição das forças britânicas sob o general Townshend em Kut em abril de 1916, o prestígio imperial parecia exigir a imediata recaptura da cidade pelos britânicos. Isto não estava de acordo, contudo, com as idéias de William Robertson, chefe do Estado-Maior Geral, que favorecia uma posição defensiva. Ele estava relutante em comprometer mais tropas, e considerava que o propósito da presença britânica era essencialmente proteger os campos de petróleo da Pérsia e guardar a via fluvial do Shatt al-Arab, e não embarcar em mais conquistas. O nomeado de Robertson para o comando na Mesopotâmia, general Maude, mostrou ter objetivos mais ambiciosos. Tendo passado a maior parte de 1916 em preparações, acumulando suprimentos e levantando o moral das tropas, em dezembro ele começou a estender sua frente de batalha até o Tigre, onde era apoiado por uma artilharia naval de oito canhoneiras novas e mais um certo número de vapores armados.

Avançando a caminho do Sinai
Tropas britânicas marcham para El Arish em fevereiro de 1917, durante os preparativos para a Primeira Batalha de Gaza.

Avanço através da Mesopotâmia

O Sexto Exército turco, comandado por Halil Paxá, que tinha aceitado a rendição de Townshend, encontrava-se pesadamente defasado em termos de contingente — finalmente à razão de quatro para um — e tinha severos problemas logísticos. Assim como deficiências em equipamento, armas e, essencialmente, animais de carga, os turcos sofriam a falta de alimentos e de roupas. O avanço de Maude foi muito cauteloso, mas ele não queria provocar uma ordem de Londres de interromper as operações. Embora as tropas britânicas e indianas tivessem melhores suprimentos do que as turcas, elas não achavam as condições confortáveis e muitos soldados ficaram doentes. O próprio Maude morreria de cólera antes do final de 1917.

Em meados de fevereiro de 1917, os turcos nas cercanias de Kut estavam numa posição vulnerável e a cidade caiu em 25 de fevereiro. Maude foi então autorizado a avançar sobre Bagdá, suas forças chegaram à cidade duas semanas depois. A cidade caiu sem resistência em 11 de março, os turcos — superados em número e flanqueados — tendo se retirado na noite anterior. Os britânicos continuaram a avançar, tomando Samarra em abril e Ramadi e Tikrit no outono. Entretanto, as exigências da campanha da Palestina inibiram crescentemente as operações na Mesopotâmia.

A Revolta Árabe

O esforço principal e finalmente decisivo dos britânicos contra o Império Otomano no Oriente Médio aconteceu na Palestina. Aqui eles foram ajudados pela Revolta Árabe contra os turcos, proclamada por Hussein Ibn, xerife de Meca — mais tarde rei de Hejaz (Al Hijaz) — em junho de 1916. Há algum tempo, os britânicos vinham estimulando Hussein a revoltar-se, fornecendo-lhe rifles.

A revolta foi programada para coincidir com o avanço, sobre a península do Sinai, da Força Expedicionária do Egito (FEE), de Archibald Murray. Substanciais forças britânicas foram mantidas no Egito desde o ataque turco contra Suez. Contudo, devido a demandas de outros lugares, Murray tivera de abrir recentemente mão de uma divisão, e suas forças remanescentes, que incluíam a Divisão Montada ANZAC, careciam de suprimentos adequados de artilharia e munições. O progresso inicial foi lento, mas principalmente porque as tropas estavam construindo estradas, uma via férrea e uma canalização hidráulica à medida que avançavam. Em 20 de dezembro de 1916, a FEE tomou El Arish, liberando a península do Sinai de toda presença turca.

Enquanto isso, tentativas foram feitas para ressuscitar a Revolta Árabe, que tinha arrefecido depois da rendição de Hussein ao governador turco de Hejaz, em setembro. Em outubro, uma missão governamental britânica de investigação chegou do Cairo. Entre os seus membros havia um jovem oficial que já havia construído uma reputação na inteligência militar: T.E. Lawrence. Falante de árabe e possuidor de algum conhecimento dos costumes turcos e árabes, Lawrence já havia redigido um memorando sobre a Revolta Árabe, no qual previa primorosamente a futura estratégia de interromper o funcionamento da estrada de ferro de Hejaz. Ele acreditava que o líder mais promissor — com o qual ele construiria um relacionamento próximo — seria o terceiro filho de Hussein, Faiçal, que estava então tentando manter unido um bando de membros de tribos amplamente destreinados baseados no interior a partir do porto de Yenbo (Yambu).

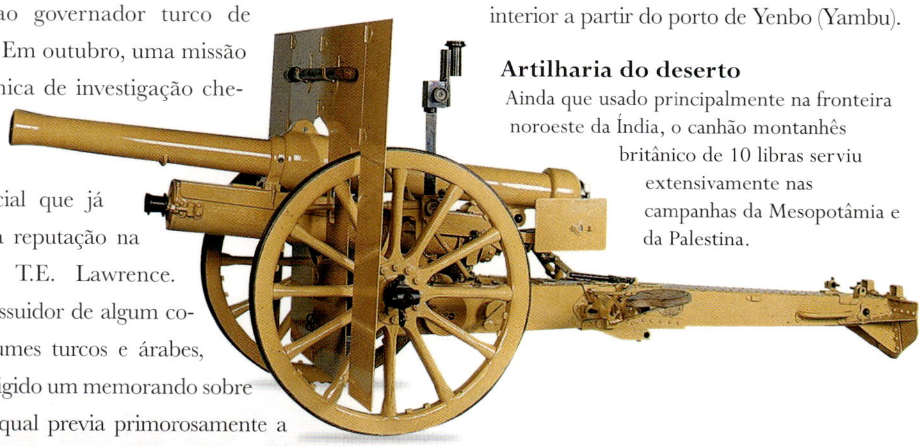

Artilharia do deserto
Ainda que usado principalmente na fronteira noroeste da Índia, o canhão montanhês britânico de 10 libras serviu extensivamente nas campanhas da Mesopotâmia e da Palestina.

> "Nunca foi fácil para nós mantermos nossos movimentos secretos, pois vivíamos pregando às populações locais, e os inconvictos iam contar aos turcos."
>
> T.E. LAWRENCE, AO ATRAVESSAR O DESERTO COM OS ÁRABES REVOLTADOS CONTRA OS TURCOS EM JUNHO DE 1917

A retomada de Kut
Em março de 1917, tropas Aliadas retomaram Kut; cena da rendição humilhante da força britânica do general Charles Townshend em abril de 1916.

Tendo se tornado conselheiro britânico oficial de Faiçal em novembro, Lawrence o assistiu na defesa de Yenbo contra um ataque turco. Os turcos conseguiram dispersar as forças de Faiçal e, em dezembro, ele foi expulso para o porto. Diante de uma força de cinco navios de guerra britânicos a uma pequena distância da costa, contudo, os turcos tiveram de se retirar.

A captura de Al Wajh

O fracasso dos turcos em capturar Yenbo persuadiu mais membros de tribos a juntarem-se às forças de Faiçal e ressuscitar a Revolta Árabe. Com o encorajamento de Lawrence, Faiçal capturou o porto de Al Wajh dos turcos em janeiro de 1917. O porto serviu então de base para ataques contra as posições turcas em toda a Arábia setentrional, forçando os turcos a articular uma campanha defensiva. Em julho, Faiçal capturou Aqaba, na ponta nordeste do mar Vermelho. Esta se tornaria a principal base quando, posteriormente naquele ano, ele se deslocou para o norte, em direção à Palestina, onde recrutou seguidores e lançou um ataque-surpresa à estrada de ferro turca.

A campanha na Palestina

A Palestina meridional era uma fronteira natural ao sul — as colinas entre Gaza, perto da costa, e Beersheba, 40 km (25 milhas) território adentro. Gaza tornou-se o objetivo da FEE de Murray (cinco divisões mais outras unidades), avançando ao longo da costa em março de 1917. A cidade era cercada por jardins e campos entrelaçados por barreiras de cactos, apresentando defesas naturais formidáveis, bem como abrigos para metralhadoras. Mas o problema crucial para a FEE, e como tão freqüente para quaisquer combates no deserto, era a água. Só era possível transportar suprimentos para um dia, portanto era essencial capturar Gaza, onde os suprimentos eram abundantes, a um dia de distância. Se não fosse capturada até o cair da noite, seria necessário fazer uma retirada total.

Thomas Edward Lawrence

Lenda e história militar se juntam na figura exótica de veste de "Lawrence da Arábia" (1888-1935), o arqueólogo nascido no País de Gales que adotou costumes árabes enquanto em campanha no deserto durante a Primeira Guerra Mundial. Um líder da Revolta Árabe contra os turcos, ele operou em conjunto com o exército de Allenby, mas percebeu, afinal, que os Aliados tinham ignorado as suas promessas ao povo árabe.

Lawrence estivera trabalhando em escavações arqueológicas no Oriente Médio por vários anos quando, em 1915, o seu conhecimento da língua e dos povos locais levou à sua nomeação como oficial de inteligência. Ele foi enviado para estabelecer relações cordiais com Faiçal Ibn Hussein e o assistiu na defesa de Yenbo em novembro de 1916. Foi também instrumental na captura de Aqaba por Faiçal em julho de 1917. Voltou então a sua atenção para a Palestina, onde tomou parte com Faiçal em ataques e assaltos repentinos de guerrilha na estrada de ferro turca.

Em 1918, Lawrence convenceu Faiçal a apoiar o avanço britânico através da Síria para Damasco, e forças árabes entraram na cidade com os britânicos em 1º de outubro. Na Conferência de Paz de Paris, em 1919, onde atuou como conselheiro de Faiçal, Lawrence encarou a colocação da Síria sob mandato francês como uma traição em particular. Escreveu em seguida uma série de relatos das suas experiências em tempo de guerra. *The Seven Pillars of Wisdom* [Os sete pilares da sabedoria] sendo o mais famoso.

Martini-Henry
Este antiquado rifle britânico dos anos 1870 era típico das armas de fogo obsoletas fornecidas como parte do apoio à Revolta Árabe.

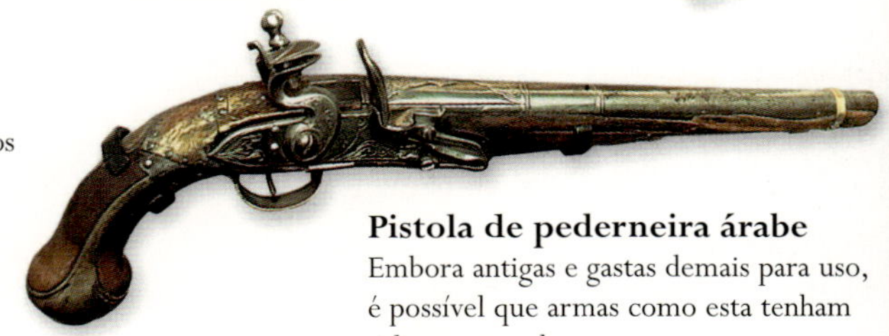

Pistola de pederneira árabe
Embora antigas e gastas demais para uso, é possível que armas como esta tenham sido empregadas.

O nevoeiro marítimo atrasou o começo para 26 de março, mas ao anoitecer as tropas britânicas tinham entrado na cidade. As tropas de defesa turcas foram pegas de surpresa, e o comandante alemão decidiu que não tinha alternativa a não ser render-se. Nesse momento, contudo, os comandantes britânicos baseados a curta distância receberam relatórios sobre a chegada iminente de socorro turco e — para surpresa dos comandantes locais — deram ordem de retirada.

A segunda batalha de Gaza começou em 17 de abril. A situação era então inteiramente diferente. A vantagem da surpresa fora perdida, o turcos que defendiam Gaza tinham recebido reforços (embora ainda estivessem em menor número) e acrescentado um labirinto de trincheiras às barreiras de cactos. Murray recebeu alguns poucos tanques velhos e algumas bombas químicas de gás (ambos mostraram-se virtualmente inúteis), mas não as duas divisões extras que acreditava necessárias. O suprimento de água ainda era inadequado. Murray ordenou um novo ataque britânico sem o reconhecimento adequado, e após dois dias de combate as defesas turcas estavam incólumes. As perdas britânicas foram pesadas (mais de 6 mil mortes) e um cessar-fogo "temporário" foi ordenado. O fracasso prenunciava mudanças consideráveis.

Tropas irregulares árabes entram em Yenbo
Em dezembro de 1916, tropas árabes sob o comando de Faiçal foram obrigadas pelos turcos a se retirarem de Yenbo. Subseqüentemente, elas se engajaram numa guerrilha.

Enfrentando o deserto

Para as forças Aliadas em campanha na áreas dos orientes Próximo e Médio do Império Otomano, o ambiente natural representava mais um inimigo mortal. Para lidar com o calor abrasador, os soldados recebiam capacetes especiais e proteção dorsal (para proteger as costas do sol), mas o suprimento de água potável sempre foi insuficiente. O suprimento de água era crucial para a sobrevivência, bem como para o sucesso dos exércitos no deserto. Para manter-se em movimento por apenas um dia, as tropas Aliadas na Síria e na Palestina necessitavam de cerca de 1.800.000 litros (400 mil galões) de água. A água era tão necessária para animais — cavalos e mulas — quanto para homens, já que muitas "estradas" do deserto não eram viáveis para veículos motorizados.

Água
Esta garrafa de prata com gravuras foi usada para transportar a mercadoria mais preciosa da campanha da Mesopotâmia: a água.

Calor extremo e a deficiência de saneamento significavam que as forças Aliadas eram assombradas por uma infinidade de doenças infecciosas. A disenteria era a maior matadora, mas regimentos inteiros eram afetados pela malária, a febre amarela e a tifóide. Os ranchos passaram a ser suplementados para incluir vitamina C. As tropas indianas também eram vulneráveis ao escorbuto. Nos últimos seis meses de 1916, mais de 11 mil indianos sucumbiram a esta "doença da deficiência".

No deserto, os recrutas do Exército turco também sofreram, com sete vezes mais homens morrendo de doenças — disenteria, malária, tifo, sífilis — do que por causa de ferimentos de guerra. Durante toda a duração da guerra, o Exército turco empregou mais de 2.500 médicos para tratar de soldados. Tecnicamente, não havia carência generalizada de alimento no Império Otomano, mas considerando os seus exércitos em campo, a questão era problemática. O transporte marítimo era impossível por causa do bloqueio britânico, e o sistema de ferrovias, limitado e sobrecarregado, não era suficiente para resolver a questão. Houve um estágio em que as tropas turcas na Palestina estavam sobrevivendo com uma porção de 350 gramas (12.5 oz) de pão por dia. Elas eram mal equipadas e tão amiúde descalças que até hoje essa guerra é mencionada na Síria como a "guerra dos pés descalços".

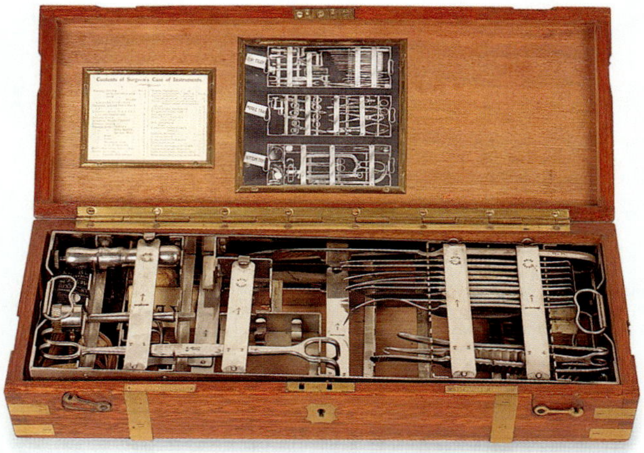

Conjunto instrumental do cirurgião
Fornecido pelo Exército indiano, este conjunto de instrumentos contém fórceps, pinças, bisturis e serras para lidar com conseqüências de ferimentos. As doenças, contudo, eram maior ameaça que os combates para os soldados que lutavam no deserto.

Camelo-ambulância
Assistentes hospitalares australianos se preparam para carregar um ferido numa padiola no lombo de um camelo. O balanço do animal deve ter sido um tormento para os soldados com qualquer coisa pouco mais grave que ferimentos leves.

A CHEGADA DE ALLENBY

No final de junho, Murray foi substituído por Allenby. Veterano da Guerra Sul-africana, Allenby aparentava ser um oficial de cavalaria convencional e antiquado. Mas também tinha uma inclinação para o que não era ortodoxo e uma tolerância para com guerreiros não-convencionais, como demonstrariam as suas relações com Lawrence e os árabes. Com o primeiro-ministro britânico agora pedindo Jerusalém como um "presente de Natal", Allenby recebeu os reforços que haviam sido negados a Murray. Restavam ainda, contudo, os mesmos problemas de transporte — que dependia de mulas — e de suprimento de água.

Allenby decidiu escolher Beersheba como objetivo. O elemento-surpresa era necessário se quisessem tomá-la antes de os turcos destruírem os poços. Com esta finalidade, esforços foram envidados para convencer os turcos de que ações de diversificação deveriam ser esperadas em Beersheba, mas que o ataque principal seria contra Gaza. Tendo ouvido de Lawrence sobre as realizações dos árabes, Allenby lhe pediu que cortassem a passagem pela estrada de ferro em Der'a (Dar'a) no começo de novembro, a fim de coincidir com o pretendido ataque. Era uma operação de risco, envolvendo um percurso de 560 km (350 milhas) através primeiro do deserto e, depois, de território colonizado, o que tornava o elemento-surpresa problemático. Na verdade, pode ter havido um traidor no grupo, pois os turcos receberam informação prévia. O ataque-surpresa fracassou, embora o bando de Lawrence tenha conseguido cortar a estrada de ferro mais ao sul.

Nesse ínterim, os turcos se dedicaram a melhorar suas defesas antes da chegada da força turco-alemã Yilderim ("Raio com Trovão"), sob o comando de Falkenhayn. Baseada em duas divisões turcas, mas com grande número de oficiais alemães, a força fora concebida para atuar na Mesopotâmia antes do sucesso dos britânicos na Palestina.

Banda militar turca em Damasco
O Exército turco foi forçado a recuar através da Palestina e da Mesopotâmia ao longo de 1917, mas a despeito da falta de alimento, de roupas e de armas, eles continuavam a ser uma força de combate confiável, longe de ser facilmente derrotada. Ele permaneceria no controle de Damasco até outubro de 1918.

O desfiladeiro de Sakultutan
Enquanto Allenby continuava em direção a Jerusalém, forças aliadas também avançavam pela Mesopotâmia. Em 3 e 4 de dezembro, elas ocuparam o desfiladeiro de Sakultutan, uma rota turca principal de abastecimento através dos picos de Jabal Hamrin, a nordeste de Bagdá.

A CAPTURA DE BEERSHEBA E DE GAZA

A campanha de Allenby para tomar Beersheba começou com um bombardeio intensivo de Gaza, para reforçar a noção de que o ataque principal se daria lá. Ao mesmo tempo, as tropas se deslocaram sob o disfarce da noite.

Em 31 de outubro, Allenby lançou um ataque de 40 mil homens e mais de 100 canhões numa frente de cerca de 5 km (3 milhas) de extensão. A infantaria avançou, abrindo caminho através do arame farpado sob fogo da artilharia turca. Nesse ínterim, depois de um arriscado trajeto noturno de aproximadamente 50 km (30 milhas), a divisão ANZAC atacou a partir do norte e do leste, onde os turcos não tinham colocado arame farpado. A velocidade do desvio do campo de batalha manteve o número de baixas moderado e, ao enfrentar fogo concentrado de rifles e metralhadoras, a divisão desmontava e abria caminho a pé. Depois, eles galoparam através de duas linhas de trincheiras, criando devastação em Beersheba entre os defensores e fazendo 1.400 prisioneiros, enquanto sofreram menos de 200 baixas.

A captura de Beersheba obrigou os turcos a iniciar sua saída de Gaza a fim de fechar novamente a sua frente de batalha. Enquanto o faziam, as forças Aliadas lançaram o seu ataque principal contra Gaza em 1º de novembro; na noite de 6 para 7 de novembro, os turcos estavam em retirada. A linha Gaza–Beersheba estava então rompida, e o caminho para Jerusalém aberto para os Aliados.

Avanço rumo a Jerusalém

Com Lawrence e os árabes formando uma força flanqueadora separada pela direita, as forças de Allenby avançaram cruzando a planície além de Gaza, cobrindo 80 km (50 milhas) em 17 dias e fazendo cerca de 10 mil prisioneiros. Allenby teve de decidir então se faria uma pausa e consolidaria a posição, ou se arremeteria para "Jerusalém até o Natal". Ele decidiu pela segunda opção e retomou o avanço em 18 de novembro, apesar das chuvas de inverno, que naquele momento criavam mais dificuldades do que os turcos. Os camelos em particular sofreram.

Em 27 de novembro, Falkenhayn, cuja Força Yilderim só havia começado a chegar no final de outubro, lançou um contra-ataque sobre o ponto mais fraco das forças Aliadas — uma força de cavalaria comparativamente pequena que guardava as linhas de suprimento britânicas. Os turcos marcaram a sua posição, mas seus esforços logo se esgotaram quando Allenby acionou suas reservas.

O avanço Aliado continuou ao longo da estrada Jaffa–Jerusalém durante uma pausa por causa das chuvas que permitiu que a artilharia de apoio fosse acionada. Embora a chuva e a neblina logo retornassem, o ataque às margens de Jerusalém na noite de 7 para 8 de dezembro pegou os turcos de surpresa. A FEE irrompeu suas defesas, obrigando-os a recuar 7 km (4 milhas) antes de fazer uma pausa, a fim de esperar outras tropas que estavam vindo de Belém. Ambos os lados tinham ordens de poupar Jerusalém da batalha, e na manhã de 9 de dezembro as tropas de Allenby descobriram que os turcos justo ao norte da cidade tinham aproveitado a calmaria reinante para se retirar durante a noite. Quatro séculos de domínio otomano da cidade tinham acabado, e Lloyd George recebeu o seu presente de Natal.

Metralhador *gurkha* com uma Lewis
Os *gurkhas* tinham reputação de serem combatentes particularmente determinados. Uma reputação à qual eles corresponderam nos violentos combates travados entre os Aliados e as tropas turcas tanto na Palestina quanto na Mesopotâmia.

A frente do Cáucaso

Ao longo de todo o ano de 1917, os turcos tinham se focado nas frentes mesopotâmia e palestina, e dado pouca atenção à frente caucasiana. Depois da Revolução de Fevereiro, o Exército russo na região não foi capaz de contemplar nada além de ações defensivas, e depois da "Revolução de Outubro" os russos se retiraram completamente. Isto deixou o caminho aberto para uma retomada da atividade nacionalista armênia, e nos meses seguintes cerca de 50 mil não-armênios foram mortos. Em setembro, armênios, azerbaijanos e georgianos estabeleceram a república conjunta da Transcaucásia, mas havia divisões profundas entre as três nacionalidades, resultando numa situação muito confusa no final daquele ano. Não seria difícil para os turcos assumirem novamente o controle na primavera de 1918.

Allenby entra em Jerusalém
Allenby fez a sua entrada oficial em Jerusalém pelo Portão de Jaffa em 11 de dezembro. Os turcos, para quem a perda da cidade foi um terrível golpe no moral das tropas, tinham começado a se retirar rumo a Nablus e Jericó na noite de 8 para 9 daquele mês.

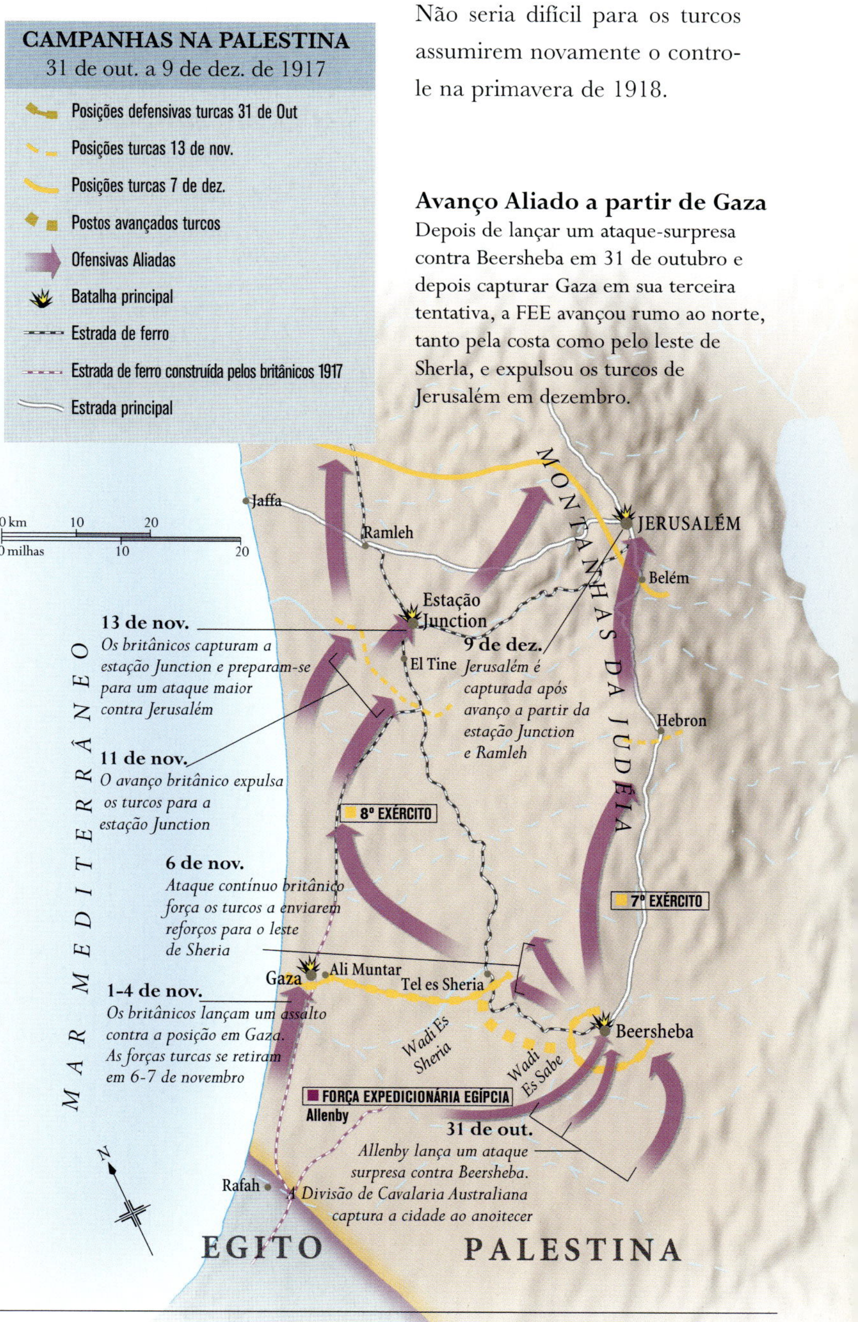

Avanço Aliado a partir de Gaza
Depois de lançar um ataque-surpresa contra Beersheba em 31 de outubro e depois capturar Gaza em sua terceira tentativa, a FEE avançou rumo ao norte, tanto pela costa como pelo leste de Sherla, e expulsou os turcos de Jerusalém em dezembro.

Poetas e romancistas da guerra

PARA MUITOS DOS RAPAZES QUE vestiam uniformes em 1914, a guerra era uma nobre aventura, uma chance de emular os cavaleiros corteses dos velhos tempos. A realidade brutal do conflito — mais infernal do que qualquer inferno anteriormente imaginado — transformou este precoce idealismo num intenso desencanto, que encontrou expressão no corpo de uma poderosa literatura.

A Frente Ocidental foi especialmente conducente à poesia. Soldados-poetas encontraram-se, como nunca antes, bem no centro, no beco sem saída da batalha. Em poemas rabiscados no dorso de envelopes e cartas, eles imortalizaram as tribulações dos seus camaradas e a desolada paisagem de corpos, lama revolvida, buracos de granada escancarados, arames farpados, árvores estilhaçadas e edifícios esmagados.

Escrevendo para casa no seu primeiro turno de serviço militar no Somme, Wilfred Owen, de 24 anos, disse que "tudo está anormal, quebrado, maldito, a distorção da morte cujos corpos insepultáveis jazem fora das trincheiras o dia todo, a noite toda, a mais execrável visão da terra". Seus poemas, não publicados até depois da sua morte, eram uma explosão de intensidade contra o custo humano da guerra. Contudo, depois de uma temporada invalidado em casa, ele escolheu voltar à frente de batalha e foi morto uma semana antes da assinatura do armistício. Outra morte foi a de Isaac Rosenberg. Um jovem frágil e muito menor que o normal, ele se alistou em parte na expectativa de que o exército pagasse a Gratificação de Separação da Família à sua mãe, e foi morto numa patrulha noturna no começo de abril de 1918.

Como outros soldados-poetas ingleses, notadamente Siegfried Sassoon e Robert Graves, Owen e Rosenberg expressaram o abismo de compreensão existente entre a irmandade "daqueles que estavam lá" e os civis em casa. Um tema semelhante — sofrimento intenso aliviado pela camaradagem — percorre *O fogo*, o romance de guerra escrito por Henri Barbusse, que contém muitas passagens angustiantes. Em alguns casos, o vínculo do sofrimento compartilhado era tão forte que se estendia ao "inimigo" do outro lado da Terra de Ninguém. Esta atitude permeia *Im Wester nicht Neues* [A oeste nada de novo], romance escrito pelo veterano de guerra alemão Erich Maria Remarque, ferido duas vezes. Publicado pela primeira vez em 1929, a mensagem pacifista de Remarque levou a sua obra a ser queimada publicamente pelos nazistas e lhe custou a cidadania alemã. Em outros lugares, *A oeste nada de novo* foi um enorme sucesso, contribuindo para uma percepção retrospectiva da guerra e da sua trágica catástrofe.

Não obstante, nem todos os escritores eram contra a guerra. Ao mesmo tempo em que poetas como Owen e Sassoon eram profundamente críticos da máquina de guerra e dos políticos e generais negligentes, eles não consideravam que a guerra em si fosse fútil. Eles não discordariam do último verso de *In Flanders Fields* [Nos campos de Flandres], em que os mortos exigem que os vivos "assumam nossa disputa com o inimigo."

Publicado pela primeira vez em 1915, *Nos campos de Flandres* foi escrito por John McCrae, um médico canadense que tratava soldados Aliados perto de Ypres. O poema continua sendo um dos mais famosos e populares da guerra.

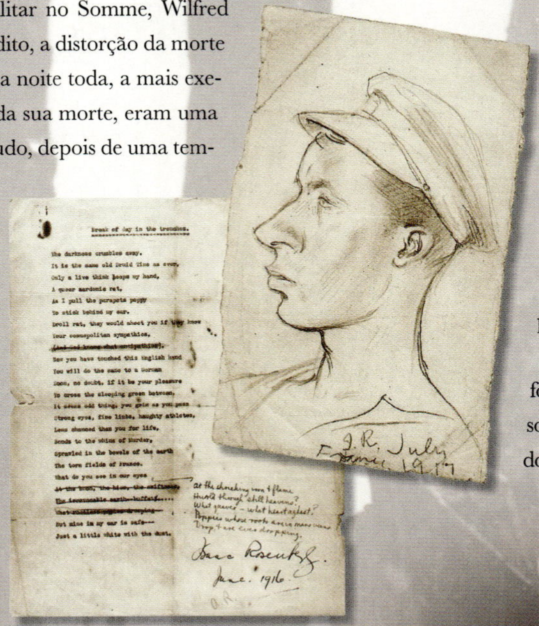

Um auto-retrato de Rosenberg
Isaac Rosenberg cresceu nas comunidades judaicas pobres no East End de Londres nos primeiros anos do século XX. A sua saúde débil, particularmente o fraco pulmão, não era condizente com as condições frias e úmidas da vida nas trincheiras.

A escuridão cai em pedaços —
É a mesma Hora de velho druida de sempre
Só que uma coisa viva salta na minha mão —
Um estranho e único rato —
Quando colho uma papoula no parapeito para enfiar
atrás da orelha.
Rato brincalhão, eles atirariam em você se soubessem
Das suas simpatias cosmopolitas
Agora que tocou esta mão inglesa,
Há de querer fazer o mesmo com uma alemã
E logo, sem dúvida, se for para o seu prazer
Atravessar a grama adormecida entre os dois.

EXTRAÍDO DE *BREAK OF THE DAY IN THE TRENCHES* [NASCER DO DIA NAS TRINCHEIRAS] ISAAC ROSENBERG, ESCRITO EM JUNHO DE 1916

Apollinaire

NASCIDO WILHELM DE KOSTROWITZKY em 1880, Appolinaire foi o poeta de vanguarda mais influente da França no começo do século XX. Amigo íntimo de Picasso e campeão do cubismo, ele escreveu poemas líricos clássicos e também obras modernistas ousadas e provocativas. Em muitas delas, ele esculpiu suas palavras em imagens gráficas nas páginas. Após receber uma patente na infantaria em 1915, ele sofreu uma grave intoxicação por gás e, depois, em março de 1916, um sério ferimento por estilhaço na cabeça, que o tirou da ação pelo restante da guerra. Morreu na epidemia de *influenza* que devastou a Europa, em novembro de 1918.

Nos campos de Flandres, as papoulas florescem
Entre as cruzes, fileiras após fileiras
Vão marcando o nosso lugar, e no céu
Ainda cantando bravamente, voam as cotovias
Mal ouvidas entre os canhões abaixo.

Nós somos os mortos. Poucos dias atrás
Nós vivíamos, sentíamos a alvorada, víamos a brasa do pôr-do-sol
Amávamos e éramos amados, e agora nós jazemos
Nos campos de Flandres.

Assumam nossa disputa com o inimigo:
De mãos fracassadas a ti nós lançamos
A tocha: que seja tua e a portes alta.
Se desleal conosco, que morremos
Nós não dormiremos, embora cresçam
as papoulas
Nos campos de Flandres.

EXTRAÍDO DE *IN FLANDERS FIELDS* [NOS CAMPOS DE FLANDRES], DE JOHN McCRAE, PUBLICADO PELA PRIMEIRA VEZ EM 1915

Papoula prensada
A papoula tornou-se uma poderosa imagem do sacrifício dos soldados.

Curvados como velhos mendigos sobrecarregados
Cambaios, tossindo como bruxas, nós praguejávamos na lama
Até darmos as costas aos sinalizadores espectrais
E rumo ao nosso descanso distante, começarmos a nos arrastar.
Os homens marchavam apáticos. Muitos tinham perdido as botas
Mas claudicavam adiante, pés ensangüentados. Todos estropiados;
todos cegos;
Bêbados de cansaço; surdos mesmo ao lamento
Das bombas cansadas que passavam caindo atrás de nós.

Ânimo! Ânimo! Rápido, rapazes! — Um êxtase de confusão,
Ajustando os capacetes desajeitados bem a tempo;
Mas alguém ainda gritava, titubeava,
Debatendo-se como um homem no fogo ou na cal...
Vago, através de vidros obscuros e a luz espessa verde,
Como sob um mar verde, eu o vi se afogar.
Em todos os meus sonhos, diante dos meus olhos impotentes,
Ele cai a meus pés, espumando, sufocando, se afogando.

EXTRAÍDO DO POEMA DE *WILFRED OWEN, DULCE ET DECORUM EST*, ESBOÇADO EM 1917

Wilfred Owen
Owen era um oficial corajoso, não um pacifista, amado e respeitado por seus homens. Recebeu a Cruz Militar em outubro de 1918.

Alan Seeger
Quando a guerra eclodiu, Alan Seeger, embora cidadão estadunidense, logo se apresentou à Legião Estrangeira Francesa como voluntário. Seeger foi morto no Somme em 4 de julho de 1916, e serviu de modelo para a estátua que homenageia os voluntários norte-americanos em Paris.

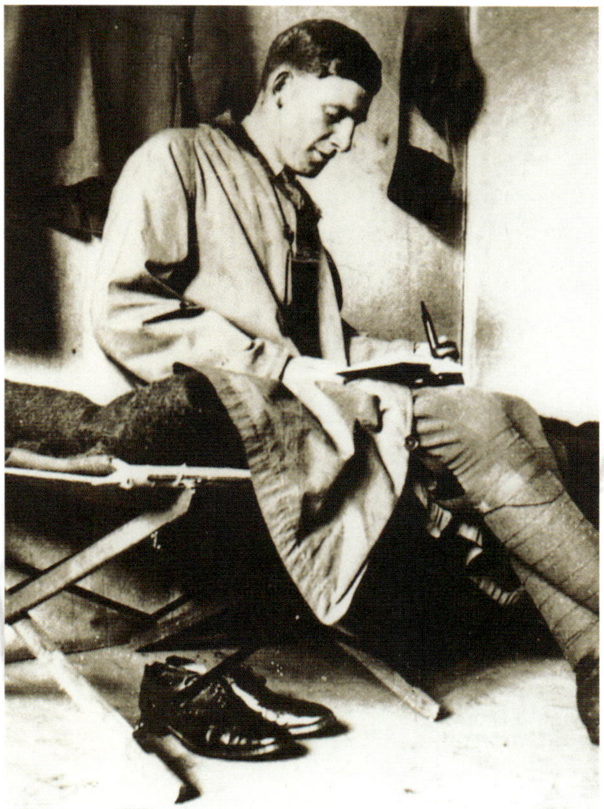

Siegfried Sassoon
Antes da guerra, Sassoon era uma espécie de rústico diletante, mas a guerra o transformou e ele escreveu com forte emoção sobre as realidades do conflito. À diferença de muitos dos seus contemporâneos, ele sobreviveu à guerra e escreveu vários volumes de memórias.

Cena de desolação
A impressão deixada em homens jovens, idealistas e articulados pelo horror e sofrimento que caracterizaram a Frente Ocidental produziu um poderoso corpo literário e poético de protesto contra a perda de uma geração.

Deus sabe, seria melhor estar repousando
Na seda de um travesseiro fundo e perfumado,
Onde o amor palpita em sono abençoado,
Pulso junto a pulso, e alento a alento,
Onde despertares silentes são muito estimados...
Mas eu tenho um encontro com a Morte...
À meia-noite nalguma cidade em chamas,
Quando a primavera viajar para o norte nova-
mente este ano,
E eu à minha promessa for fiel,
A este encontro não faltarei.

EXTRAÍDO DE *RENDEZ-VOUS WITH DEATH* [ENCONTRO COM A MORTE], DE ALAN SEEGER, ESCRITO EM 1916

Há costelas espalhadas no chão como grades de velhas gaiolas quebradas com bocados de couro enegrecido, canecas amassadas e latas em confusão... Às vezes de montes alongados no chão — pois todo morto insepulto acaba virando parte do chão — ressalta um pedaço de pano para indicar que ali algum ser humano foi destruído.

EXTRAÍDO DE *LE FEU* [O FOGO]

Camarada, eu não queria matá-lo... antes você era apenas uma idéia para mim, uma abstração que vivia em minha mente e evocava a resposta apropriada. Foi esta abstração que eu trespassei... Perdoe-me, camarada. Nós sempre vemos tarde demais. Por que eles nunca nos disseram que vocês são pobres-diabos como nós, que suas mães estão justo tão ansiosas quanto as nossas, e que nós temos o mesmo medo de morrer e a mesma agonia, e que sofremos da mesma morte. — Perdoe-me, camarada; como pôde você ser meu inimigo? Se jogássemos fora esses rifles e este uniforme, você poderia ser meu irmão, assim como Kat...

EXTRAÍDO DE *IM WESTER NICHT NEUES* [A OESTE NADA DE NOVO], DE ERICH REMARQUE, PUBLICADO EM 1929

Erich Maria Remarque
O romance de Remarque, *A oeste nada de novo*, descreve os horrores da guerra do ponto de vista de um simples soldado alemão. É considerado atualmente, talvez, o mais famoso romance sobre a guerra.

Le Feu
O romance de Henry Barbusse descrevendo as experiências de um grupo de soldados franceses com rigoroso realismo foi publicado em Paris em 1916.

AS ÚLTIMAS GRANDES BATALHAS 1918

COM A CHEGADA IMINENTE DE GRANDES CONTINGENTES DE SOLDADOS NORTE-AMERICANOS, OS ALEMÃES SABIAM, NO COMEÇO DE 1918, QUE TINHAM DE GARANTIR A VITÓRIA CONTRA OS BRITÂNICOS E OS FRANCESES NAQUELA MESMA PRIMAVERA. EM MARÇO, ELES LANÇARAM UMA SÉRIE DE CINCO OFENSIVAS NA FRENTE OCIDENTAL, MAS EMBORA ALGUNS AVANÇOS IMPORTANTES TENHAM SIDO ALCANÇADOS, NÃO HOUVE NENHUMA RUPTURA DECISIVA DAS LINHAS INIMIGAS. EM JULHO, OS ALIADOS ESTAVAM PRONTOS PARA CONTRA-ATACAR. ENQUANTO ISSO, OS ALIADOS DA ALEMANHA LUTAVAM PARA EVITAR O COLAPSO NAS OUTRAS FRENTES.

8

Soldados estadunidenses em ação
"*Doughboys*", como eram conhecidos os soldados dos Estados Unidos, saem de uma trincheira de surpresa carregando granadas de mão em sacos de lona. A chegada dos norte-americanos significou o fim das esperanças alemãs de vitória na guerra.

UMA CORRIDA CONTRA O TEMPO

NO FINAL DE 1917, A PAZ PARECIA MAIS DISTANTE DO QUE EM QUALQUER OUTRO MOMENTO DESDE 1914. OS EXÉRCITOS BRITÂNICOS NA FRENTE OCIDENTAL ESTAVAM EXAUSTOS E OS EXÉRCITOS FRANCESES AINDA NÃO TINHAM SE RECUPERADO PLENAMENTE DOS EFEITOS DA OFENSIVA DE NIVELLE NA PRIMAVERA. ELES TINHAM DIANTE DE SI EXÉRCITOS ALEMÃES QUE LOGO IRIAM DESFRUTAR A VANTAGEM DA SUPERIORIDADE NUMÉRICA E DE TER A INICIATIVA PELA PRIMEIRA VEZ DESDE AS SEMANAS DE INÍCIO DA GUERRA.

Após a assinatura do armistício com a Rússia em dezembro de 1917, a Alemanha tinha reconquistado a posição que garantira para si no período anterior à guerra — a de única e mais forte potência da Europa, possuidora de tais vantagens de tamanho, posição, população e capacidade industrial que não podia ser derrotada pelas outras potências européias. A entrada dos Estados Unidos na guerra, contudo, alterara o equilíbrio de poder. A pergunta na mente de todos os combatentes no final daquele ano era se a Alemanha seria capaz de derrotar a Inglaterra e a França antes de os norte-americanos poderem chegar a tempo de inclinar a balança contra ela.

A estratégia da Alemanha para 1918

Em 11 de novembro de 1917, Ludendorff e um seleto grupo de chefes de Estado-maior encontraram-se em Mons para determinar a estratégia militar da Alemanha para 1918 — ou, mais precisamente, para determinar quando e contra que inimigo preparar um ataque para a primavera vindoura. Sem os meios para levar a cabo uma ofensiva geral na Frente Ocidental, o alto-comando alemão tomou a decisão de articular uma série de ataques maciços e bem distribuídos, ou que romperiam conclusivamente a frente Aliada, ou então acabariam com sua vontade de resistir. Em qualquer dos casos, o resultado seria uma derrota, a qual nenhum número de soldados norte-americanos que estavam para chegar poderia reverter.

Os alemães também decidiram se concentrar no mais forte dos seus inimigos, a Grã-Bretanha, e lançar um ataque inicial no setor Arras-St. Quentin contra os Terceiro e Quinto exércitos britânicos. Eles calcularam que uma derrota na França setentrional, onde as forças britânicas não tinham espaço suficiente para manobrar e poderiam ser separadas das forças francesas, afetaria seriamente os franceses. Por outro lado, a vitória sobre os franceses, em setores da Frente Ocidental onde havia espaço para eles se retirarem sem risco estratégico grave, não afetaria necessariamente a capacidade britânica de continuar a guerra. É verdade que a melhor chance de a Alemanha garantir a vitória provavelmente estivesse em derrotar a Grã-Bretanha. Mas a vulnerabilidade dos exércitos britânicos na Frente Ocidental era maior no norte — onde a capacidade de manobrar dos exércitos era mais limitada do que na Picardia e os portos do canal podiam ser seguros. Em qualquer caso, atacar o setor Arras-St. Quentin exigia avançar para o sudoeste, se o interesse fosse separar os exércitos britânicos dos franceses, mas para o noroeste, se a questão fosse fazer os exércitos britânicos recuarem, saindo do sul. Uma ofensiva contra os exércitos britânicos na Picardia também envolveria um avanço alemão através do campo de batalha do Somme e da área devastada pelos próprios alemães durante a sua retirada para a Linha Hindenburg, em 1917.

Apesar dos óbvios problemas, o alto-comando alemão acreditava ter poucas opções no assunto. Ludendorff teria preferido golpear os exércitos britânicos ao norte, mas era vital levar o estado do terreno em consideração. Tendo visto as dificuldades criadas pela lama em Ypres em 1917, os alemães concluíram que era possível uma ofensiva em março sobre o terreno da Picardia, considerando que antes de abril o terreno não estaria suficientemente seco em Flandres. O tempo sendo fundamental, os alemães se comprometeram com uma batalha na parte mais devastada da frente de operações contra um inimigo que eles consideravam taticamente menos qualificado e menos capaz que os franceses de responder aos acontecimentos.

Falhas nos planos alemães

Os alemães planejaram ter uma linha de combate estreita, a qual seria abastecida sob a direção das formações que lideravam o ataque. A linha de combate em si teria uma potência de fogo pesada, e incluiria a artilharia retirada de unidades de base a fim de dar apoio direto à infantaria. "Batalhões de assalto" especiais seriam treinados para operar em pequenos grupos capazes de explorar lacunas e contornar resistências para romper as posições de retaguarda inimigas depois do ataque inicial. O ataque empregaria um plano de fogo detalhado, usado com grande efeito contra os russos em Riga, em setembro de 1917.

As preparações dos alemães para a ofensiva foram impressionantes, mas não sem falhas. O ataque dependia principalmente de força física humana, e não dispunha de nenhum outro meio exceto homens para a fase de fuga que se seguiria a toda e qualquer ruptura de linhas

"Reforços foram trazidos de algum lugar, mas sem qualquer resultado. O Quinto Exército estava completamente exausto, com uma divisão alemã enfrentando um batalhão dos nossos rapazes. Sem esperança, em muito menor número."

CABO LANCEIRO BRITÂNICO DESCREVENDO EM TERMOS INEQUÍVOCOS OS EFEITOS IMEDIATOS DA OFENSIVA ALEMÃ, LANÇADA EM 21 DE MARÇO DE 1918

inimigas. Isto se devia ao fato de a Alemanha não ter sido capaz de manter forças de cavalaria importantes na Frente Ocidental e falhou com ele mesmo por não ter dotado de formações de tanques leves. Também é o caso de que a menos que a ofensiva inicial na série planejada por Ludendorff resultasse numa vitória decisiva, os alemães seriam obrigados a ocupar o terreno conquistado com menos tropas do que as anteriormente disponíveis. Cada ataque sucessivo agravaria o problema dos alemães. Se fossem capazes de resistir ao ataque inicial, as forças Aliadas seriam capazes de reconstituir a sua linha com um número crescente de soldados norte-americanos.

Ao preparar a ofensiva de 1918, Ludendorff afirmou sua disposição de aceitar a perda de um milhão de homens, se tal fosse o preço da vitória. Deixando de lado quaisquer considerações morais, em 1918 este preço estava além do que os alemães podiam pagar. Os "batalhões de assalto" só podiam ser formados mediante a combinação dos melhores homens e oficiais das unidades de linha. O preço dessa concentração de qualidade

A infantaria alemã dirigindo um ataque
Esta fotografia foi tirada provavelmente durante treinamentos, mas dá impressão vívida do ataque enfrentado pelo Quinto Exército britânico na primeira das ofensivas alemãs da primavera.

em formações de elite era a degradação do desempenho em combate de todas as demais divisões. Isto significava que a maior parte das perdas alemãs seria sustentada pelas formações de elite — os batalhões menos capazes de absorver perdas —, ao mesmo tempo em que a tarefa de defesa seria deixada a forças de qualidade inferior. A única maneira de ocultar esta fraqueza era mantendo a iniciativa — mas isto implicaria ação ofensiva contínua, o que estava além do que os alemães tinham em vista.

Relações entre a Grã-Bretanha e a França

Ao preparar-se para a ofensiva da primavera, Ludendorff supôs que, sem intervenção francesa, os exércitos alemães seriam capazes de derrotar os britânicos. Dada a maneira como a guerra tinha sido travada até a data, não era uma suposição artificial. Em novembro de 1917, contudo, foi criada uma organização que garantiria a coordenação efetiva dos esforços anglo-franceses a partir de março de 1918. A Ofensiva Rasschendale, em outubro, custou a Haig toda a confiança que seu primeiro-ministro, Lloyd George, alguma vez tivesse depositado nele. Incapaz de demitir o seu mais antigo comandante de campo, o premiê buscou maneiras de restringir a sua liberdade de ação, uma das quais foi a criação de um Conselho Supremo de Guerra. O conselho teria poderes executivos, reduzindo, desse modo, Haig a uma posição de inferioridade perante seu presidente, Foch.

A proposta de presidência para Foch tornou o conselho totalmente inaceitável para Haig e seu fiel defensor, Robertson, chefe do Estado-Maior Imperial, que, em fevereiro, foi substituído pelo francófilo Wilson. Em março de 1918, Haig tentou evitar o conselho de Foch por meio de um arranjo pessoal bilateral com Pétain, nos termos do qual os dois comandantes nacionais iriam se responsabilizar por apoiar um ao outro em caso de necessidade.

Vítimas australianas de um ataque a gás, maio de 1918
O gás desempenhou um papel significativo nos bombardeios preliminares alemães em 1918, sendo freqüentemente empregado contra a segunda linha de resistência das forças Aliadas.

Soldados estadunidenses desembarcando em Le Havre, julho de 1918
As tropas norte-americanas, cujos números começaram a crescer rapidamente a partir de maio, eram muito admiradas pelas demais forças Aliadas por seu físico e por seu entusiasmo inicial pela batalha.

À BEIRA DA DERROTA

Os argumentos sobre o papel de Foch e os nebulosos arranjos nos quais Haig investiu sua confiança teriam importado pouco se em março os britânicos não tivessem passado a ter necessidade urgente de apoio francês. Haig se converteria ao princípio da coordenação de esforços em razão das derrotas em março, que pelo menos em parte decorreram de suposições britânicas equivocadas. A mais significativa delas foi o fracasso em antecipar a natureza da ofensiva alemã. Para o alto-comando britânico, habituado a medir seus avanços em termos de jardas por mês, pareceu impossível que os alemães pudessem romper a linha e assim alcançar o que estivera além do alcance dos Aliados durante mais de três anos. No final de 1917, os britânicos tinham adotado as táticas defensivas empregadas efetivamente pelos alemães, passando a supor então que os alemães não teriam mais sucesso que os Aliados em restaurar a mobilidade no campo de batalha. Acrescenta-se ao erro o fato de que a parte da linha britânica sobre a qual Ludendorff propôs soltar seus exércitos era a mais fraca. O Quinto Exército era o pior comandado e administrado dos quatro exércitos britânicos na Frente Ocidental, mas tinha o mais extenso e menos preparado setor a defender, com apenas onze batalhões na frente de batalha, comparado aos 21 do Terceiro Exército. Além disso, até cinco dias antes de começar a ofensiva alemã, o quartel-general de Haig insistia na tese de que não seria submetido a ataque.

À medida que fevereiro terminava e diminuía a importância de todas as demais linhas de frente, os exércitos britânicos na Frente Ocidental ficaram à beira da sua maior derrota na guerra, na primeira das ofensivas alemãs da primavera: a Ofensiva Michael. Se a derrota teria ou não sido fatal para a causa Aliada é algo que só viria a explicitar-se à medida que cada ofensiva planejada por Ludendorff fracassava em produzir uma ruptura conclusiva antes da chegada de números significativos de soldados norte-americanos. Em julho, os Aliados estariam prontos para lançar a primeira das muitas contra-ofensivas contra os alemães.

"Nossas linhas estão recuando. Há lá demasiados regimentos ingleses e norte-americanos vigorosos. Há demasiada carne enlatada e pão de trigo. Demasiadas armas novas. Demasiados aviões."

ERICH MARIA REMARQUE DESCREVENDO, EM SEU ROMANCE *A OESTE NADA DE NOVO*, A SITUAÇÃO QUE CONFRONTOU AS FORÇAS ALEMÃS NO OUTONO DE 1918

CONVERSAÇÕES DE PAZ E A GUERRA CIVIL RUSSA

9 DE DEZEMBRO DE 1917 A 31 DE DEZEMBRO DE 1918

Um armistício entre a Rússia e a Alemanha levou a quase três meses de negociações antes de os termos do tratado serem acordados. Os bolcheviques lutavam pelo controle da Rússia, mas perderam amplas faixas de território no Ocidente, inclusive a Ucrânia. No final de 1918, os russos Brancos, partidários do czar, estavam em ascensão. Em maio de 1918, a Romênia fechou um acordo com as Potências Centrais que deu grande vantagem à Alemanha.

9 DE DEZEMBRO DE 1917
Armistício assinado pela Romênia e as Potências Centrais

15 DE DEZEMBRO DE 1917
Armistício de 28 dias assinado por Rússia e Alemanha

22 DE DEZEMBRO
Começam as conversações de paz de Brest-Litovsk

22 DE DEZEMBRO
Primeira batalha importante da Guerra Civil russa começa em Rostov, na seqüência da sua captura pela Guarda Vermelha

26 DE DEZEMBRO
Os bolcheviques interrompem temporariamente as negociações por causa das exigências alemãs

9 DE JANEIRO DE 1918
Kornilov e Alexeev publicam um manifesto do Exército Branco Voluntário esboçando uma política de resistência contra Vermelhos e alemães

24 DE JANEIRO DE 1918
A política de Lenin de buscar a paz imediata é rejeitada em favor do conceito de Trotski de "nem guerra nem paz"

6 DE FEVEREIRO
Alemanha dá ultimato à Romênia com respeito às conversações de paz

10 DE FEVEREIRO
Trotski deixa as conversações de Brest-Litovsk pela quarta vez

14 DE FEVEREIRO
É formada a Guarda Vermelha

18 DE FEVEREIRO
Alemanha retoma a guerra contra a Rússia

23 DE FEVEREIRO
Negociadores alemães chegam a Bucareste; os termos de paz para a Romênia tornam-se mais árduos

24 DE FEVEREIRO
Sovietes russos aceitam os termos alemães

27 DE FEVEREIRO
Alemanha publica um ultimato para a Romênia insistindo na aceitação dos termos de paz

3 DE MARÇO
Assinado o tratado de paz de Brest-Litovsk

5 DE MARÇO
Romênia e Potências Centrais assinam uma paz preliminar em Buftea

13 DE ABRIL
Kornilov é morto e sucedido por Denikin como líder do Exército Branco Voluntário na Rússia meridional

7 DE MAIO
Assinado o Tratado de Bucareste entre a Romênia e as Potências Centrais

14 DE MAIO
Prisioneiros czaristas tchecos tomam a cidade de Chelyabinsk

24 DE MAIO
Esquadrão britânico desembarca em Murmansk

29 DE JUNHO
Forças tchecas capturam Vladivostok, tendo tomado um certo número de cidades ao longo da ferrovia Transiberiana

31 DE JULHO
Forças Aliadas tomam Arcangel, na Rússia setentrional

3 DE AGOSTO
Tropas britânicas e japonesas desembarcam em Vladivostok

30 DE AGOSTO
Tentativa de assassinato de Lenin marca o início do "Terror Vermelho"

1º DE OUTUBRO
Ironside chega a Arcangel para assumir a função de comandante-em-chefe Aliado

18 DE NOVEMBRO
Kolchak é investido como líder supremo dos Brancos

26 DE NOVEMBRO
Tropas Aliadas desembarcam em Odessa, na Rússia meridional

25 DE DEZEMBRO
Forças Brancas tomam Perm; franceses desembarcam em Sebastopol

LEGENDA

- Negociação para o Tratado de Brest-Litovsk 15 de dez. de 1917 a 3 de mar. de 1918
- Negociação para o Tratado de Bucareste 9 de dez. de 1917 a 7 de maio de 1918
- Guerra Civil Russa 22 de dez. de 1917 a 31 de dez. de 1918

Tratados e Guerra Civil

Alemães diante de corpos de compatriotas
Soldados alemães foram mortos por forças bolcheviques em fevereir de 1918, quando as conversações sobre o tratado tendo chegado a u impasse eles começaram a avançar para Petrogrado através da Letôn

NA SEQÜÊNCIA DA ASSINATURA de um armistício pela Rússia e a Alemanha em 15 de dezembro de 1917, começaram, no dia 22, as negociações de paz entre os dois países em Brest-Litovsk. Trotski, o comissário bolchevique das Relações Exteriores, apresentou propostas baseadas na ausência de indenizações e anexações e na autodeterminação dos povos sob domínio. As negociações foram longas e inflamadas e, em fevereiro, quando Trotski rejeitou as exigências de penalização alemãs, a Alemanha decidiu retomar a batalha. Quase sozinho, Lenin reconheceu que uma "pausa para retomar o fôlego" era vital para a revolução, impondo finalmente a sua posição ao Comitê Central Soviético mediante ameaça de renúncia. O tratado foi devidamente assinado em 3 de março de 1918.

O TRATADO DE BREST-LITOVSK

Os termos do tratado eram árduos, despojando a Rússia de largas faixas do seu antigo império e deixando a Polônia, os Estados bálticos e, com efeito, a Finlândia e a Ucrânia nas mãos da Alemanha. Na realidade, essas terras já estavam fora do controle bolchevique. As Potências Centrais tinham concordado em reconhecer a Ucrânia independente em 9 de janeiro de 1918, assinando um tratado de paz com o novo Estado um mês depois. Suas tropas puderam por meio disso avançar profundamente no território da Ucrânia, exercendo mais pressão sobre a Rússia para assinar o tratado. Os bolcheviques também aceitaram pagar "compensação" financeira por perdas de guerra.

Os turcos ganharam algum território e a promessa de controle de Baku e seus campos de petróleo. A Áus-

Armistício e fronteiras do tratado
Entre dezembro de 1917 e março de 1918, o império russo perdeu o controle de uma grande área a leste da fronteira do armistício. Como resultado do tratado, perdeu 32% das suas terras aráveis e 69% da sua indústria.

tria-Hungria nada ganhou, enquanto concessões menores foram feitas à Ucrânia na Rutênia, na Galícia Oriental e em Bukovina, alienando assim, permanentemente, os poloneses do processo de "paz".

O tratado de Bucareste

O colapso dos exércitos russos no final de 1917 incitara a Romênia a assinar um armistício com a Alemanha em 9 de dezembro. As negociações foram complicadas pelas exigências territoriais das outras Potências Centrais, e o Tratado de Bucareste, assinado em 7 de maio de 1918, concedia algum território à Áustria-Hungria e à Bulgária. A Romênia foi reduzida à servidão econômica, com o seu excedente agrícola e recursos de petróleo postos à disposição dos alemães.

Ocupar esses territórios e fazer cumprir as cláusulas do tratado se mostraria oneroso para os alemães, que, apesar de manterem cerca de 40 divisões no leste, ainda não eram capazes de explorar plenamente esses recursos. Nenhum dos tratados perdurou, os Aliados os anularam, conforme prometido, quando alcançaram a vitória.

A guerra civil na Rússia

Um efeito de Brest-Litovsk foi o fim do governo de coalizão dos bolcheviques e sociais-revolucionários, que votaram contra o tratado. A tentativa de assassinato contra Lenin pelos sociais-revolucionários em 30 de agosto marcou o começo do "Terror Vermelho". Os bolcheviques mudaram o seu governo para Moscou e adotaram o nome de Partido Comunista Russo (Bolchevique).

Em maio, quando foi assinado o Tratado de Bucareste, a Rússia era um caos, envolvida numa guerra civil na qual os bolcheviques tinham de combater muitos inimigos diferentes, alguns dos quais tão dispostos a lutar um contra o outro quanto contra os bolcheviques. Eles se estendiam aos socialistas que tinham apoiado a Revolução de Fevereiro, mas não a Revolução de Outubro, dos bolcheviques, com ex-generais czaristas.

Um número considerável desses contra-revolucionários ("Russos Brancos") se reuniu na Sibéria, sob a liderança do almirante Kolchak, que instalou seu quartel-general em Omsk. Eles tinham apoio dos Aliados e também de um grupo inesperadamente influente, a Legião Tcheca. Durante a guerra, cerca de 30 mil desertores do Exército austro-húngaro combateram pelas cores da Rússia czarista. Agora, eles tinham transferido a sua lealdade para a Rússia Branca. Como força treinada, eram mais do que páreo para os bolcheviques, que, no final de julho, tinham perdido a maior parte da Sibéria e dos Urais, com os tchecos controlando a ferrovia Transiberiana.

Unidade de trabalhadores
Um pôster de 1917 convoca trabalhadores a juntarem-se ao Exército Vermelho para lutar contra as força czaristas em Petrogrado. Confrontados com a necessidade de consolidar o seu controle da Rússia, a nova liderança concordou com um armistício com as Potências Centrais, mas negou-se a progredir diante dos termos propostos.

Envolvimento aliado

No verão, a contra-revolução recebeu mais apoio, com forças Aliadas desembarcando no norte e, mais tarde, em Vladivostok. Seus motivos eram confusos e, apesar das opiniões tanto de Wilson quanto de Lloyd George de que o governo da Rússia era problema dos russos, os Aliados logo estavam comprometidos com as forças dos russos Brancos. No final de 1918, uma força britânica ampla, suplementada por latvios, finlandeses, estonianos e até por australianos e italianos, controlava extensões substanciais de território no norte. Vladivostok foi ocupada por forças estadunidenses e japonesas (estas últimas buscando conquistar territórios); os franceses estavam em Odessa e em Sebastopol, e tropas Aliadas estavam operando no leste junto com Kolchak.

No final de 1917, os Cossacos do Don tinham se rebelado. Em 1918, um número de generais czaristas, inclusive Kornilov, Denikin e Wrangel, lideraram outros levantes no sul. O movimento contra-revolucionário encorajou as tendências separatistas dos povos recentemente liberados do domínio czarista, os quais também foram estimulados pela adesão dos Aliados ao princípio da autodeterminação. Na Finlândia, irrompeu a guerra civil entre os comunistas e seus oponentes; e a revolta na Ucrânia mal foi evitada pela presença alemã.

Com as forças Brancas russas avançando de todos os lados, no final de 1918 a situação bolchevique parecia sem esperanças.

Legião tcheca
Soldados tchecos a caminho de Vladivostok através da Sibéria, quando eclodiram as hostilidades entre eles e os bolcheviques. Eles tomaram parte da estrada de ferro Transiberiana, controlando-a por meio do uso de trens pesadamente blindados.

As ofensivas alemãs da primavera

Infantaria alemã preparando-se para atacar
Soldados cruzam o canal Aisne-Oise em preparação para um ataque na primeira manhã da Ofensiva Michael. A ofensiva foi liderada por uma tropa de assalto, uma infantaria especialmente treinada cujo papel era avançar rapidamente através de quaisquer lacunas eventualmente criadas na linha inimiga.

A FRENTE OCIDENTAL

21 DE MARÇO A 17 DE JULHO DE 1918

"Michael", a primeira das ofensivas planejadas por Ludendorff para 1918, rompeu as linhas do Quinto Exército britânico no Somme, mas representou apenas um sucesso parcial, pois não logrou tomar Arras. Esta ofensiva estabeleceu um padrão para as duas ofensivas seguintes, ambas as quais obtiveram sucesso inicial, mas fracassaram em alcançar seu objetivo principal. Até a ocasião das duas últimas ofensivas, em junho e julho, já havia sinais óbvios de exaustão entre os alemães.

21 DE MARÇO Ludendorff lança a Ofensiva Michael: 65 divisões atacam uma frente de 100 km (60 milhas) nos velhos campos de batalha do Somme. Bombardeios maciços ajudados pela neblina

23 DE MARÇO Captura de Péronne com o avanço rápido alemão; Quinto Exército britânico virtualmente destruído. Primeiro bombardeio a distância de Paris

27 DE MARÇO Sob comando de Hutier, Décimo Oitavo Exército alemão toma Montdidier

28 DE MARÇO Fracasso do poderoso ataque alemão contra Arras (Ofensiva de Março)

4 DE ABRIL Ofensiva Michael extingue-se e a linha se estabiliza

9 DE ABRIL Começa em Flandres a Ofensiva Georgette alemã. Quatro divisões alemãs atacam uma divisão portuguesa, que debanda imediatamente. Britânicos são novamente obrigados a recuar

12 DE ABRIL Voluntários britânicos retiram-se do Segundo Exército ao sul de Ypres

17 DE ABRIL Renovação da Ofensiva Georgette

24 DE ABRIL Ofensiva alemã em Villers-Bretonneux usa 13 tanques

25 DE ABRIL Alemães tomam monte Kemmel, ao sul de Ypres

29 DE ABRIL A Ofensiva Georgette é interrompida

10 DE MAIO Ataque a gás alemão contra franceses e norte-americanos no setor Meuse-Argonne

27 DE MAIO Começa a Ofensiva Blücher-Yorck. Ruptura das linhas Aliadas no Aisne

29 DE MAIO Alemães ocupam Soissons

30 DE MAIO Alemães chegam ao Marne

JUNHO Epidemia de *influenza* alcança a Frente Ocidental; tropas alemãs gravemente atingidas

3 DE JUNHO Ação norte-americana auxilia a deter a Ofensiva Blücher-Yorck

6 DE JUNHO Contra-ataque norte-americano na Batalha da Floresta Belleau

9 DE JUNHO Ofensiva Gneisenau realiza progressos limitados

13 DE JUNHO Termina a Ofensiva Gneisenau

25 DE JUNHO Batalha da Floresta Belleau termina com sucesso dos norte-americanos

15 DE JULHO Ofensiva Marne-Reims, a última dos alemães, começa com um ataque de 52 divisões no Marne

17 DE JULHO Ofensiva Marne-Reims é detida após apenas dois dias

LEGENDA

- Ofensiva Michael 21/03 a 04/04.
- Ofensiva Georgette 09/04 a 29 /04.
- Ofensiva Blücher-Yorck 27/05 a 04/06
- Ofensiva Gneisenau 09/06 a 13/06
- Ofensiva Marne-Reims 15/07 a 17/07
- Outros acontecimentos

A SAÍDA DA RÚSSIA da guerra possibilitou à Alemanha enviar tropas da Frente Oriental para a Frente Ocidental, dando-lhes um ligeira vantagem numérica. Era essencial tirar vantagem disso antes que os norte-americanos chegassem à linha de frente em número significativo, e Ludendorff começou a planejar ataques sucessivos que levassem a uma cunha entre os exércitos britânico e francês e destruísse os britânicos. O primeiro desse ataques recebeu o codinome de Michael, por causa do santo padroeiro alemão.

A OFENSIVA MICHAEL

A Ofensiva Michael — também conhecida como a *Kaiserschlacht* (Batalha do Kaiser) — foi dirigida pelos Segundo, Sétimo e Décimo Oitavo exércitos alemães contra os Terceiro e Quinto exércitos britânicos no Somme (ver mapa na p. 254). No ataque inicial, lançado em 21 de março, os alemães foram apoiados por 6.473 canhões — quase a metade do total de canhões da Alemanha na Frente Ocidental — mais outros 3.500 morteiros e 730 aviões. Para enfrentar esta poderosa força, os britânicos, que estavam espalhados ao longo de uma frente de batalha de 95 km (60 milhas), tinham apenas 2.500 canhões, 1.400 morteiros e 579 aviões.

Quando foram acordados pelo bombardeio preliminar alemão nas primeiras horas da manhã, os homens do Quinto Exército britânico perceberam que era mais intenso do que qualquer outro que tinham vivenciado até então. Nas palavras de Gough, comandante do Quinto Exército, foi "um bombardeio tão prolongado e constante que me deu imediatamente a impressão de uma bárbara potência esmagadora". Antes do meio-dia, o Quinto Exército estava em retirada, sobrepujado pela artilharia alemã e o que então pareceu ser um

Equipamentos da tropa de assalto
As tropas de choque das ofensivas de 1918 já se assemelhavam às tropas de assalto alemãs da Segunda Guerra Mundial. Armadas com submetralhadoras leves e granadas de mão, alguns até usavam uma insígnia *Totenkopf* (caveira e ossos cruzados).

GRANADA DE MÃO

ESCUDO DA CAVEIRA DA MORTE

SUBMETRALHADORA MP 18/1

número inesgotável de soldados alemães avançando. Só no primeiro dia, as tropas alemãs tomaram cerca de 25.500 hectares (255 km^2) do território controlado pelos britânicos, o que equivalia quase ao montante total de territórios controlados por alemães reconquistados pelos britânicos durante todos os 140 dias da ofensiva no Somme em 1916. Ao longo dos dois dias seguintes, eles chegaram à linha do Somme, entre Péronne e St. Simon. Com posições defensivas em profundidade, o Quinto Exército britânico foi literalmente reduzido a pedaços. Ao fim do terceiro dia, por exemplo, o XIX Corpo só podia passar em revista 50 homens dos oito batalhões que haviam mantido as posições a cavalo do alto Somme ao canal de St. Quentin, em 21 de março.

Os alemães continuaram a avançar através do velho campo de batalha do Somme, tomando Albert, no Ancre, em 26 de março, e Montdidier no dia seguinte. Ao fazê-lo, eles dividiram brevemente os exércitos britânico e francês. Os franceses já tinham aprontado divisões para ajudar o Quinto Exército britânico. No entanto, confrontados com a necessidade de manter formações a fim de dar cobertura às estradas para o sul, concluíram que não poderiam mais colocar divisões à disposição para apoiar o aliado.

Erich Ludendorff

Em agosto de 1914, Erich Ludendorff (1865 - 1937) demonstrou as suas dinâmicas habilidades de liderança em Liège. Servindo subseqüentemente como chefe do estado-maior de Hindenburg, comandante do Oitavo Exército alemão na Frente Oriental, ele ajudou a garantir vitórias em Tannenberg e nos lagos Masurian.

As ofensivas na Galícia e na Polônia em 1915 deram a Ludendorff ainda mais sucesso, mas Falkenhayn rejeitou seus planos para obter uma vitória decisiva na Frente Oriental. Em agosto de 1916, ele se tornou general intendente do Exército alemão quando Hindenburg substituiu Falkenhayn como chefe do Estado-maior. Foi partidário ardoroso da guerra submarina irrestrita, a qual no final das contas levou à entrada dos Estados Unidos na guerra.

Como força motriz por trás de Hindenburg, em 1917 Ludendorff tinha granjeado o controle da vida econômica e política alemã, bem como o seu exército. Ele negociou os tratados de Brest-Litovsk e de Bucareste em 1917, e planejou as ofensivas da primavera de 1918 contra os Aliados. Depois de 8 de agosto de 1918, quando os alemães foram derrotados em Amiens, ele admitiu que a vitória total não podia ser alcançada. Ele se recusou, porém, a aceitar os termos do armistício em outubro, sendo forçado a renunciar.

Alemães param em Arras

Nos primeiros dias da Ofensiva Michael, muitos soldados britânicos sentiram que a derrota não estava distante. Porém, impressionantes como tinham sido os primeiros dias da Michael, nem tudo se passou à maneira alemã.

As forças alemãs envolvidas no avanço para Montdidier agora estavam exaustas, e seu sucesso tinha ocorrido num setor onde não havia sido antecipado. Os alemães tinham planejado o seu principal sucesso para as cercanias de Arras, de onde deveriam avançar contra as forças britânicas ao norte. As forças no alto Somme tinham a intenção de um papel apenas de cobertura, mas quando ficou claro que necessitavam do apoio de formações descansadas, o alto-comando alemão não foi capaz de providenciá-lo. Barrados diante de Arras em 28 de março, os alemães permitiram que a Ofensiva Michael se desativasse, mesmo os seus Quarto e Sexto Exércitos tendo sido reforçados em prontidão para a ofensiva seguinte, a Georgette, que seria dirigida diretamente contra os Primeiro e Segundo Exércitos britânicos ao longo do Lyz, em Flandres.

Canhão britânico em ação
As tropas britânicas tentaram se opor ao avanço alemão durante a Ofensiva Michael, mas logo foram sobrepujadas. Os alemães alcançaram a linha de canhões britânica no primeiro dia, capturando 383 canhões do Quinto Exército e 150 do Terceiro.

A Ofensiva Georgette

A Georgette foi lançada em 9 de abril e — com nove divisões alemãs inicialmente dirigidas contra quatro brigadas portuguesas comparativamente inexperientes — resultou em conquistas alemãs importantes e imediatas. Um avanço de 6 km (4 milhas) trouxe o Sexto Exército alemão até o Rio Lyz no primeiro dia. Neuve Chapelle, Messines e Armentières foram conquistadas em rápida sucessão. Porém, apesar dos ganhos que em 17 de abril forçaram os britânicos a abandonarem a cordilheira de Passchendaele e se retirarem quase até Ypres, o Sexto Exército alemão fracassou em alcançar sucessos estratégicos maiores, e menos ainda decisivos. Ele rompera a frente de batalha entre Béthune e Armentières nos dois primeiros dias, mas não conseguiu garantir o cruzamento da estrada crucial em Hazenbrouk antes que divisões britânicas, australianas e francesas chegassem do sul.

Os alemães continuaram a atacar, capturando monte Kemmel no dia 25 e o vizinho monte Scherpenberg — de forças francesas — no dia 29. Mais significativamente, entretanto, eles fracassaram na sua tentativa de ressuscitar a sua ofensiva pouco antes de Amiens, quando, em 24 de abril, a primeira batalha de tanques da guerra foi travada em Villers-Bretonneux. Os alemães conseguiram capturar o povoado, mas ele foi retomado num ataque noturno em 24 para 25 de abril, quando a batalha acabou. Em 29 de abril, o ataque Georgette como um todo foi abandonado.

A importância do apoio francês

O fato de os britânicos terem sobrevivido tanto a Michael quanto a Georgette teve muito a ver com o apoio que eles receberam dos franceses. Quando as forças britânicas cederam diante dos dois violentos ataques, os franceses forneceram divisões para serem colocadas no caminho dos alemães, assumindo setores britânicos a

Tudo foi tão repentino, tão irrecorrivelmente inesperado, e aqueles que deviam prevenir não preveniram. Mesmo na nossa primeira posição, as pessoas se aproximavam chorando para saber se deviam partir ou ficar; e nós não sabíamos o que dizer. Elas olhavam para nós em busca de ajuda, e nós não podíamos ajudar. Elas olhavam para pararmos o ataque enquanto recolhiam seus poucos pertences, e nós não podíamos fazê-lo.

"JOHN" LYNE, MAJOR BRITÂNICO, DESCREVENDO O EFEITO DA OFENSIVA GEORGETTE SOBRE A POPULAÇÃO LOCAL NAS VIZINHANÇAS DE ARMENTIÈRES

Refugiados de Armentières
Os alemães entraram em Armentières em 10 de abril. Ela já fora ocupada por eles antes, em 1914, mas fora rapidamente recapturada pelos britânicos. A Ofensiva Georgette reduziu a cidade a ruínas.

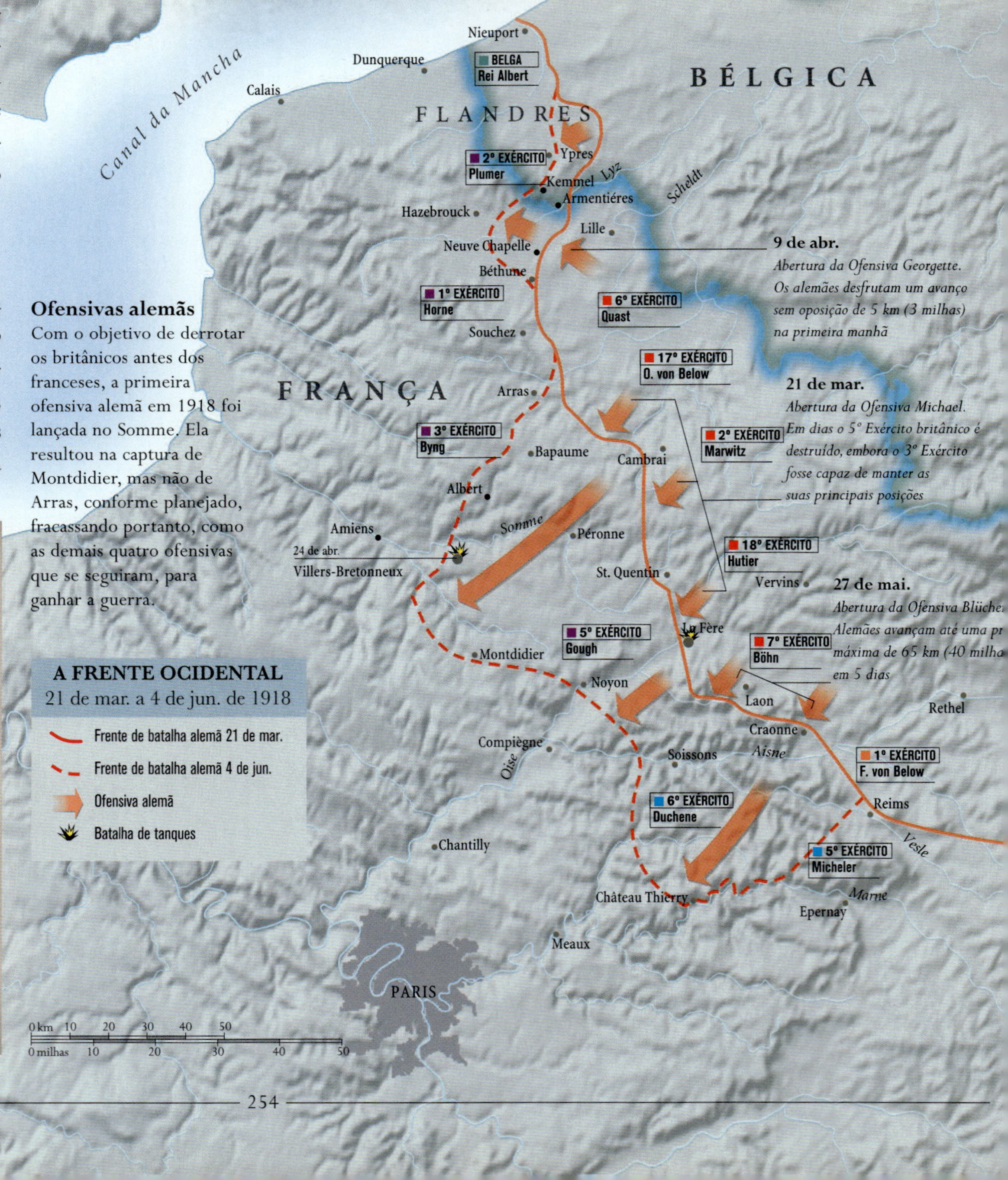

Ofensivas alemãs
Com o objetivo de derrotar os britânicos antes dos franceses, a primeira ofensiva alemã em 1918 foi lançada no Somme. Ela resultou na captura de Montdidier, mas não de Arras, conforme planejado, fracassando portanto, como as demais quatro ofensivas que se seguiram, para ganhar a guerra.

fim de liberar divisões britânicas e permitir que seis delas, que estavam exaustas, se deslocassem para setores tranqüilos da linha francesa. É irônico que, como resultado dessa política, divisões tenham sido enviadas para o Chemin des Dames e o Aisne, setores para os quais o alemães voltaram a sua atenção depois de não terem conseguido derrotar os britânicos no Somme e no Lyz.

A Ofensiva Blücher-Yorck

Para o plano alemão de campanha para a primavera de 1918 ter sucesso, as ofensivas individuais tinham de ser suspensas cedo o bastante para suas forças de assalto e reservas serem transferidas, no momento mesmo que reservas aliadas estivessem sendo direcionadas para os setores ameaçados. Era necessário que cada ofensiva seguisse imediatamente após a sua antecessora, a fim de explorar vantagens de número e de tempo. Estas condições não foram conhecidas pelas ofensivas Michael e Georgette. A Michael foi inicialmente tão bem-sucedida que o alto-comando alemão persistiu com ela, adiando desse modo o começo da Georgette, enquanto o emprego de 46 divisões em Flandres durante a Ofensiva Georgette acarretou um atraso de um mês para dispor as formações em posição para a terceira ofensiva, a Blücher-Yorck. Esta terceira ofensiva, lançada em 27 de maio, contudo, foi talvez o mais bem-sucedido esforço alemão de 1918.

Pôster de propaganda
Embora as ofensivas em março e abril não tivessem saído exatamente como planejado, elas infligiram grandes danos aos Aliados — como afirma orgulhosamente este pôster alemão.

Uma baixa em Hazenbrouck
Os britânicos resistiram com sucesso ao avanço alemão em Hazenbrouck. Eles foram ajudados pelo fato de as tropas alemãs, privadas de álcool pelo bloqueio Aliado, terem encontrado imensos depósitos de vinhos e outras bebidas alcoólicas, e se embriagado.

Razões para o sucesso

No primeiro dia da Blücher-Yorck, divisões do Sétimo Exército alemão realizaram avanços de 19 km (12 milhas), e houve, num setor, um avanço de 65 km (40 milhas) em cinco dias. Houve uma série de razões para este sucesso. O Primeiro e o Sétimo Exércitos tinham reunido cerca de 41 divisões e 3.719 canhões para o ataque, resultando de que seu ataque inicial viesse a representar o auge das proezas da artilharia alemã em 1918. Somando-se à eficácia do bombardeio, há que mencionar o malogro francês em preparar defesas minuciosamente no setor de ataque situado a 40 km (25 milhas), parte oriental de Chemin des Dames. Um dos elementos desse fracasso foi a recusa do comandante do Sexto Exército francês, Duchêne, de conduzir uma batalha defensiva de profundidade. Ele preferiu guarnecer posições defensivas da frente de batalha com homens, e Pétain escolheu não invalidar sua decisão.

Como resultado da necessidade de liberar tropas para a reserva, o já excessivamente estendido Sexto Exército francês alongou a sua frente de batalha para 88 km (55 milhas), até as suas divisões de frente estarem, no final de maio, ocupando setores de 7.300 metros (8.000 jardas). Outro elemento a explicar essa fraqueza é o fato de quatro divisões britânicas brutalmente atacadas na ofensiva anterior estarem na linha de frente, resultado da política de deslocar formações exaustas

Ferdinand Foch

A inegável contribuição de Ferdinand Foch (1851-1929) às táticas de guerra francesas começou muito antes da Primeira Guerra Mundial, na *École de Guerre*, onde suas influentes palestras enfatizavam a importância do pensamento ofensivo.

Comandante do XX Corpo de Elite desde 1913, Foch lançou contra-ataques bem-sucedidos para proteger Nancy e na primeira batalha do Marne, em 1914. Embora ainda não tivesse tido a chance de mostrar o seu verdadeiro espírito ofensivo, essas vitórias defensivas levaram à sua nomeação como líder do Grupo do Exército Francês do Norte na Frente Ocidental. Entretanto, após duas ofensivas fracassadas em Arras, em 1915, e do seu envolvimento na Batalha do Somme, sobre cujo valor Foch era cético, ele foi posto de lado em dezembro de 1916.

Quanto Pétain assumiu a partir de Nivelle como comandante-em-chefe em maio de 1917, Foch tornou-se chefe do Estado-maior e realmente deixou sua marca nas batalhas de 1918. Servindo como Comandante Supremo Aliado na Frente Ocidental a partir de abril daquele ano, seus exércitos detiveram as ofensivas alemãs e recuperaram a maior parte da França ocupada e parte da Bélgica antes do final da guerra.

para setores tranqüilos a fim de liberar reservas francesas. Três dessas divisões estavam no setor imediatamente a oeste de Reims, diretamente no caminho do principal objetivo alemão.

Pétain suspeitara originalmente que o principal ataque alemão em 1918 seria naquele setor, mas concluiu-se, depois de 21 de março, que era improvável que acontecesse isso. Somente nos dois dias finais antes da Ofensiva Blücher-Yorck as intenções alemãs tornaram-se claras, oportunidade em que já era tarde demais para remediar as desvantagens defensivas dos Aliados. Com a maior parte da infantaria e da artilharia Aliadas concentradas em posições avançadas, e assim expostas à força plena dos bombardeios iniciais alemães, quatro divisões Aliadas foram destruídas e outras quatro arruinadas num espaço de horas após o começo da ofensiva Blücher-Yorck, em 27 de maio. No meio da manhã, os alemães tinham cruzado o Aisne. O comprometimento de reservas uma após outra por Duchêne em 27 e 28 de maio só garantiu que elas fossem destruídas.

A revisão do plano alemão

Nesta altura dos acontecimentos, os alemães abandonaram a sua intenção inicial — forçar o comprometimento de reservas Aliadas neste setor em preparação para um esforço renovado ao norte do Somme. Em vez disso, eles decidiram expandir a Blücher-Yorck e dirigir-se a Paris, provocando assim a batalha decisiva. No mesmo dia, Fère-en-Tardenois foi capturada e o Ourcq cruzado.

Em 29 de maio, os alemães tomaram Soissons e seguiram adiante para o Marne, onde entraram em Château Thierry, a apenas 90 km (56 milhas) de Paris. Eles fizeram cerca de 65 mil prisioneiros e tomaram cerca de 800 canhões, mas naquela altura o seu avanço estava se tornando mais lento. Em 31 de maio, os Aliados conseguiram deter o ímpeto alemão em Reims, e após ações menores nos três dias seguintes, o Sétimo Exército alemão cancelou os planos de renovar a ofensiva.

O auge do sucesso alemão

As ofensivas Michael, Georgette e Blücher-Yorck representaram o auge do sucesso alemão em 1918. A ofensiva Georgette deixou os exércitos britânicos na França setentrional e na Bélgica literalmente sem espaço para se retirar. Com efeito, a situação em que os exércitos britânicos se encontraram no Lyz levou Haig a emitir uma proclamação em 11 de abril, na qual incluíam-se as seguintes palavras: "De costas contra a parede e acreditando na justiça da nossa causa, cada um de nós deve lutar até o fim." Contra isto, contudo, havia o fato de que, se o ímpeto alemão que havia assegurado Montdidier havia separado os exércitos britânico e francês, só o fez brevemente. Assim, a ofensiva representava um fracasso para o alto-comando alemão, que pretendera que a separação fosse permanente, preparando o terreno para a derrota, primeiro, dos britânicos e, depois, dos franceses.

A desintegração do Quinto Exército britânico nos três dias em que foi atacado na Ofensiva Michael ajudara a converter Haig aos méritos de um comandante-em-chefe francês único, que garantisse que os britânicos receberiam o apoio francês. Conseqüentemente, na Conferência de Doullens, em 26 de março, os militares britânicos e franceses decidiram que seus esforços separados seriam coordenados por Foch, o chefe de Estado-maior francês desde 1917. Essa decisão se mostraria consideravelmente vantajosa para os esforços Aliados no futuro.

O fato de as ofensivas Michael, Georgette e Blücher-Yorck terem cobrado um preço que o Exército alemão não estava preparado para pagar também teriam grande significado para o futuro. Por exemplo, enquanto o ataque Michael custou 178 mil baixas ao Exército britânico e 77 mil ao francês, aos alemães custou 239 mil baixas, das quais cerca de 81.200 do Sétimo Exército, defronte a Arras. A Ofensiva Georgette custou aos Aliados cerca de 118 mil baixas, em contraste com 95 mil perdas alemãs. As baixas alemãs foram altas — durante a Ofensiva Michael, cerca de 11 mil por dia —, mesmo que não tenham sido tão altas quanto as dos Aliados. Além disso,

Prisioneiros em Laon
Estes prisioneiros franceses estavam entre os 55 mil capturados pelos alemães entre 27 de maio e 4 de junho. No final das três ofensivas da primavera, mais de 355 mil soldados Aliados estavam presos ou desaparecidos.

O canhão Paris

A partir de 29 de agosto de 1914, os alemães realizaram trinta ataques aéreos contra Paris. Em 8 de março de 1918, eles jogaram mais de 90 bombas sobre a cidade, causando a fuga de 200 mil pessoas. Conseqüentemente, os parisienses já estavam vivendo no medo quando, em 23 de março, os alemães começaram o primeiro de quatro bombardeios de longo alcance usando uma arma que eles chamaram de "Canhão Guilherme", em homenagem ao Kaiser. Construído para perfurar um canhão naval de 38,1 cm (15 pol.) no qual era inserido um tubo interno de 30 metros de comprimento (98 pés) e 21 cm (8,27 pol.) de calibre, a sua expectativa de vida era de apenas 60 tiros, pois sua carga de pólvora era muito poderosa. O canhão era disparado num ângulo de 50° e, com uma velocidade à boca da arma de 1.645 m (5,40 pés) por segundo, os seus projéteis de 120 kg (246 lb) subiam a uma altura de 38 km (24 milhas). O máximo alcance era em torno de 132 km (82 milhas).

O primeiro bombardeio, que durou até 1° de maio, ocorreu a partir de três locais em Crépy, perto de Laon; o último, de 5 a 9 de agosto, foi feito em Bois de Corbie, mais a oeste. Os alemães afirmam ter disparado mais de 367 projéteis ao todo, mas os parisienses só registraram 320 acertos na cidade. Com um projétil leve viajando uma vasta distância através de condições atmosféricas imprevisíveis, o que era atingido era questão de sorte. O tiro mais destrutivo foi o que atingiu uma igreja em 29 de março, matando 88 pessoas e ferindo outras 68. O canhão era tão pouco preciso que só podia ser usado contra alvos do tamanho de uma cidade.

O canhão Paris em ação
O canhão Paris não impediu a cidade e o governo de funcionarem. Não obstante, ele de fato matou 256 pessoas e feriu 620, aumentando assim o medo da população, já submetida a ataques aéreos à noite.

A destruição dos bombardeios em Paris
Pouco antes do primeiro bombardeio pelo canhão Paris, a cidade foi submetida a um ataque aéreo em que um certo número de edifícios, inclusive o Ministério da Guerra, aqui retratado, foi destruído.

essas perdas foram sofridas pelas divisões que menos podiam se dar ao luxo — as que abrigavam as tropas de assalto mais bem treinadas.

As forças alemãs controlavam então uma frente estendida com linhas de comunicação que voltavam atravessando o deserto. (Durante a retirada do Quinto Exército, 248 pontes haviam sido destruídas; 300 locomotivas e 20 mil vagões foram abandonados calcinados.) Ainda mais agourento para os alemães, as perdas Aliadas estavam sendo compensadas pela chegada de forças estadunidenses. Durante o mês de maio, o número de soldados norte-americanos na França subiu de 430 mil para 650 mil — e era só o começo do desdobramento em larga escala de forças dos Estados Unidos.

O envolvimento dos Estados Unidos

O fato de as ofensivas da primavera terem sido até então conduzidas contra pouco mais de um sexto do número total de divisões Aliadas na Frente Ocidental significava que as reservas Aliadas agora podiam ser

Baixas alemãs perto do Aisne
Os alemães não tiveram dificuldade para avançar e cruzar o Aisne na primeira manhã da Ofensiva Blücher-Yorck. Não obstante, como nas duas ofensivas da primavera anteriores, sofreram grande número de baixas.

"Desenvolveram-se uma admiração recíproca e uma compreensão extraordinária entre os nossos rapazes e os ianques. Eu tenho certeza de que eles vão se mostrar excelentes unidades de combate."

TENENTE AUSTRALIANO EDWIN TRUNDLE ESCREVENDO À ESPOSA EM JUNHO

Tropas norte-americanas em Château Thierry
Os alemães capturaram Château Thierry em 30 de maio e ficaram no controle da cidade até serem obrigados a abandoná-la pelo avanço Aliado de 21 de julho. Em ambas as ocasiões, tropas norte-americanas estavam envolvidas nos combates travados nas cercanias e dentro da cidade.

eficientemente reposicionadas. Nos primeiros dias de junho de 1918, as forças Aliadas estavam chegando ao Marne, e os Quinto e Décimo Exércitos franceses estavam assumindo as posições no flanco do Sexto Exército. Tropas norte-americanas também estavam chegando para ajudar o esforço Aliado.

Pershing, comandante das forças dos Estados Unidos na França, recebera ordens para que seus contingentes combatessem como um exército em vez de divididos entre os exércitos dos Aliados. Não obstante, ele mostrou-se preparado para ouvir a solicitação dos comandantes britânico e francês de apoio norte-americano antes que fosse tarde demais. Em 28-29 de maio, a Primeira Divisão de Infantaria dos Estados Unidos, no primeiro ataque em tempo de guerra da Força Expedicionária Americana, tomou o povoado de Cantigny e o manteve contra os contra-ataques alemães. Mais significativamente, em 3 de junho a Terceira Divisão de Infantaria dos Estados Unidos entrou em ação a leste de Château Thierry, onde explodiu uma ponte para impedir que os alemães cruzassem o Marne. Eles também mantiveram a linha da estrada Paris–Metz.

Três dias depois, a Segunda Divisão dos Estados Unidos de Infantaria se engajou na batalha da Floresta Belleau, a noroeste de Château Thierry. A batalha duraria três semanas e custaria a vida de 5 mil norte-americanos, mas resultaria numa vitória que foi para os alemães um agourento sinal do que ia acontecer. Os americanos não tinham experiência, mas estavam entusiasmados, e vê-los acirrou o ânimo dos soldados Aliados.

A Ofensiva Gneisenau

O alto-comando alemão deveria, talvez, ter buscado um armistício ao final da Ofensiva Blücher-Yorck. Se com sua força total os exércitos alemães não foram capazes de vencer em seu primeiro ataque, isso queria dizer que as ofensivas sucessivas, conduzidas com força declinante, não poderiam dar a vitória à Alemanha. Se os inimigos da Alemanha estavam ou não preparados para conceder

armistício, isto é outra questão, é claro.

Conforme se desenrolaram as coisas, antes de a Ofensiva Blücher-Yorck ter cumprido o seu curso, o alto-comando alemão já se preparava para a sua ofensiva seguinte — a Gneisenau. Ela seria lançada contra o saliente Montdidier-Noyon com o objetivo de limpar o flanco direito da Ofensiva Blücher-Yorck e talvez abrir uma estrada para Paris. As defesas neste setor não estavam bem preparadas, mas felizmente para o Terceiro Exército francês a pressa com que os alemães tentaram reorganizar suas formações determinou que a Ofensiva Gneisenau fosse o ataque menos organizado das suas ofensivas da primavera.

Avisado das intenções alemãs, os franceses puderam reunir reservas e artilharia para o contra-ataque. Não obstante, isto não impediu que três divisões do Terceiro Exército francês fossem destruídas nas horas iniciais do ataque do Décimo Oitavo Exército alemão em 9 de junho. Depois de uma retirada disciplinada das suas forças remanescentes, o Terceiro Exército francês — com apoio do Décimo — lançou um contra-ataque no dia 11. Este contra-ataque frustrou em parte o ataque alemão de 12 de junho, com resultado de o avanço alemão ser limitado a uma profundidade máxima de aproximadamente 9 km (6 milhas) ao longo de uma frente de batalha de 30 km (20 milhas).

A Ofensiva Marne-Reims

O fracasso da Gneisenau levou o alto-comando alemão a iniciar preparações em 14 de junho para uma quinta ofensiva, apesar dos óbvios sinais de exaustão. Cada uma das ofensivas alemãs fora marcada por bebedeiras e saques disseminados e, em junho de 1918, foram tomadas medidas para conter a maré montante de deserções e, mais seriamente, a eclosão de uma epidemia de *influenza*. Todos os exércitos foram afetados, mas, enfraquecidas pelo bloqueio, as Potências Centrais tinham menos capacidade de resistência do que os seus inimigos. O plano alemão era atacar Reims de ambos os lados e a outra margem do Marne, comprometendo assim as reservas Aliadas antes de lançar uma ofensiva maior em Flandres. Entretanto, essa ofensiva tinha sido amplamente discutida na Europa em junho e, ao iniciar-se, em 15 de julho, enfrentou um alerta defensivo preparado em profundidade em posições de força naturais. As reservas concentradas contra o flanco exposto do saliente do Marne alemão só fizeram aumentar as dificuldades germânicas.

Superados e abatidos tanto tática como estrategicamente, os alemães só obtiveram ganhos modestos fora do setor a leste de Château Thierry, onde os Quinto e Sexto Exércitos franceses se encontraram. Mesmo neste setor o avanço alemão estava se esboroando no anoitecer do dia 16. Com os franceses posicionando tropas descansadas no arborizado monte Reims, o alto-comando alemão aceitou o fracasso.

Negros norte-americanos construindo trincheiras
Cerca de 200 mil soldados norte-americanos negros foram enviados para a França, onde muitos fizeram trabalho braçal. Soldados e oficiais negros eram segregados no exército regular estadunidense, e continuaram a ser segregados durante a guerra, apesar de os franceses terem sido mais propensos a tratá-los como iguais.

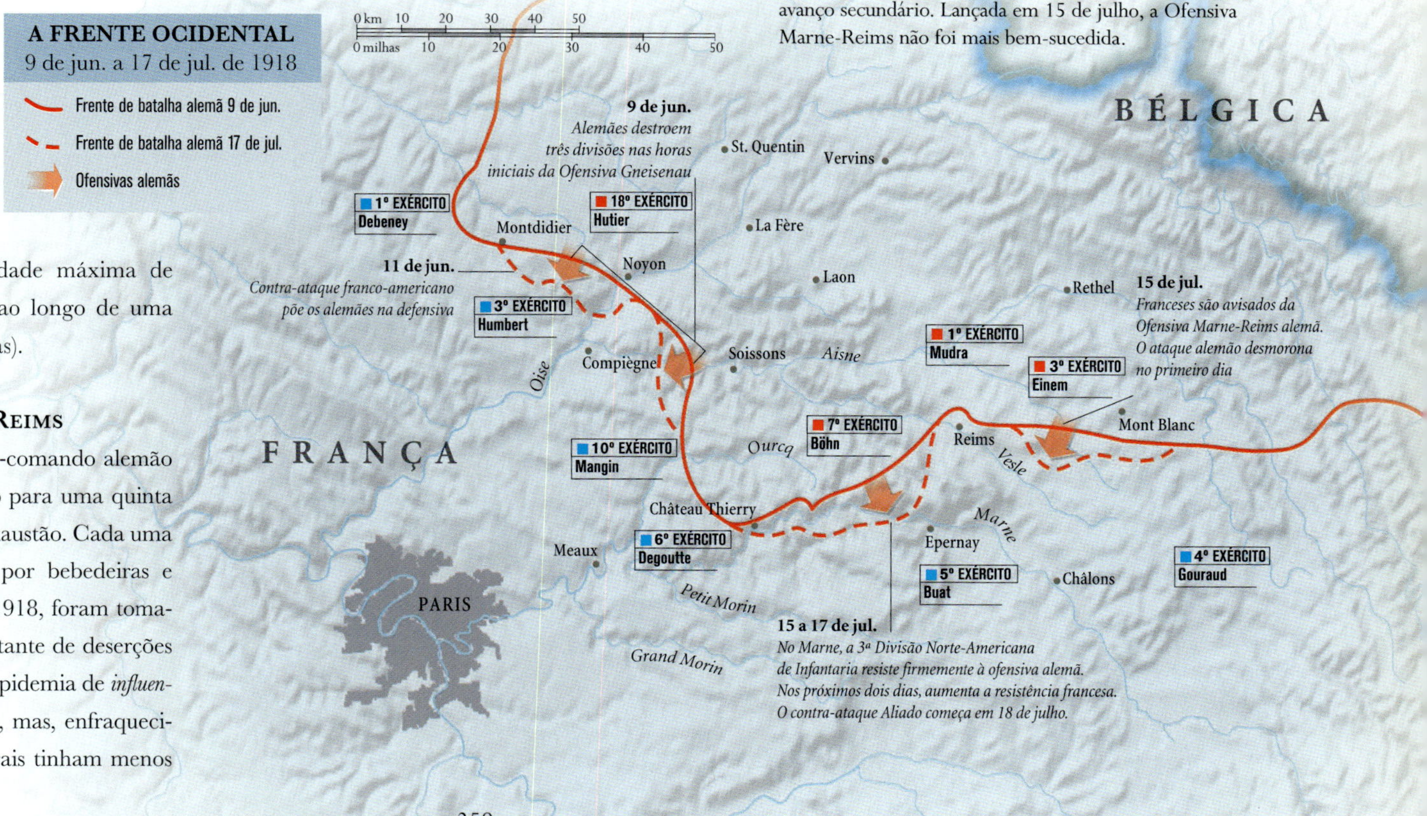

Ofensivas alemãs em junho e julho
Lançada contra o saliente Montdidier-Noyon em 9 de junho, a Ofensiva Gneisenau destruiu três divisões francesas antes de parar progressivamente, apenas quatro dias depois de um avanço secundário. Lançada em 15 de julho, a Ofensiva Marne-Reims alemã não foi mais bem-sucedida.

A guerra na arte

Jornal de trincheira francês
Muitos artistas faziam caricaturas para ilustrar os jornais produzidos em ambos os lados da Frente Ocidental para levantar o da trincheira.

Entre os milhões de soldados que serviram na Primeira Guerra Mundial, havia milhares de artistas. Entre eles, o artista alemão Franz Marc, que morreu em Verdun em 1916, e o futurista italiano Umberto Boccioni, que morreu num treinamento da cavalaria. O Exército britânico chegou a ter uma unidade de treinamento, a *Artists' Rifles* [Rifles dos Artistas], que, assim como escultores e pintores, atraiu arquitetos, agrimensores e desenhistas. De uma maneira ou de outra, artistas fardados encontraram maneiras de serem úteis e expressar as suas experiências de guerra. O artista inglês Stanley Spencer até pintou insígnias para sargentos e para banheiros masculinos.

Por medo de que pudessem revelar estratégias e novas tecnologias ao inimigo, os soldados britânicos eram proibidos de desenhar quando estavam nas trincheiras. Mesmo assim, muitos deles driblaram os regulamentos, escondendo os seus cadernos de esboço. Em 1916, o governo britânico começou a apreciar o valor de propaganda de imagens autênticas feitas por "testemunhas oculares", e assim cerca de 100 artistas receberam finalmente permissão de registrar suas impressões da guerra. Outras nações em ambos os lados do conflito tomaram providências semelhantes.

Apesar do seu *status* oficial, os artistas de guerra eram freqüentemente perturbados por comandantes militares então no cenário, irritados pela tendência dos artistas de "sentar e ficar olhando um lugar por um longo tempo". E nem sempre o trabalho deles apresentava a imagem da guerra que o governo desejava. Depois de Passchendaele, os artistas de guerra britânicos foram proibidos de caracterizar mortos de qualquer dos lados.

Mesmo depois de terminados os combates, a guerra não tinha necessariamente acabado para o artista, cujas experiências podiam levar muitos anos para emergir, como aconteceu com o poderoso ciclo de gravuras de Otto Dix, *Guerra* (1924). Depois de servir como assistente hospitalar, Max Beckman teve um colapso nervoso. Em 1916, ele começou a pintar *Ressurreição*, no qual soldados feridos emergem da noite escura da guerra na direção de uma frágil e incerta luz do dia. Stanley Spencer também escolheu este tema como o clímax de uma série pintada para a capela memorial de Burghclere, na Inglaterra. Os soldados mortos retornam à vida, mas não há júbilo nem tristeza em seus rostos.

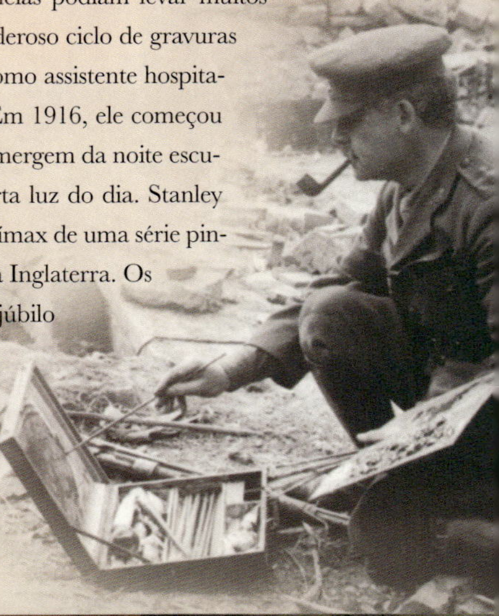

Artista de guerra trabalhando
Artistas de guerra, como o australiano James Quinn, registrariam as suas impressões visuais do campo de batalha, usando-as posteriormente como base para seus trabalhos finais.

Sir Stanley Spencer: Travoys Arriving with Wounded at a Dressing Station at Smol, Macedonia [Travois — ferramenta agrícola — chegando com feridos a um posto de primeiros socorros em Smol, Macedônia]
A experiência de Stanley Spencer dos efeitos da guerra, primeiro como assistente hospitalar na Grã-Bretanha e depois como soldado na Macedônia, o levou a retratar em suas pinturas os atos de compaixão de um ser humano para com outro. Nesta pintura, os padioleiros estendem o braço para tentar proteger os feridos sendo transportados, enquanto homens e animais se juntam a uma janela iluminada do posto médico numa cena rememorativa do Natal.

Egon Schiele: ***Russian officer*** **[Oficial russo]**
O expressionista austríaco Egon Schiele não foi aceito como oficial artista de guerra, mas isto não o impediu de pintar retratos dos prisioneiros russos a seu encargo. A sua admiração pelo estoicismo deles em cativeiro é evidente. Ele admitiu posteriormente sentir mais simpatia pelos países inimigos, onde ele considerava que existia "mais pessoas pensantes" do que no seu próprio país, que estava sufocando na atmosfera embrutecedora da decadente monarquia Habsburgo.

Fernand Léger: ***O soldado com cachimbo***
O artista francês Léger serviu como engenheiro e a sua apreciação visual dos materiais duráveis da máquina de guerra está presente na mecânica construção deste soldado. Outras pinturas de Léger, contudo, retratam as terríveis injúrias infligidas pela guerra à carne humana.

Otto Dix: ***Setting sun*** **[Pôr-do-sol] em Ypres, 1918**
Otto Dix se alistou em 1914 em função de um desejo de experimentar o ser humano em seu "estado livre". Esta pintura mostra a violência da guerra consumindo até mesmo o mundo natural, com o sol poente explodindo como uma bomba acima de soldados que se curvam.

›hn Nash: ***Over the*** ***›p*** **[Além do limite]**
›hn Nash esteve em ›mbate na França antes › ser nomeado artista de ›uerra em 1918. Esta ›ntura mostra a sua pior ›periência como soldado ›n ação, que ele ›screveu como "pura ›atança". Em dezembro › 1917, a sua companhia ›cebeu ordens de ›npreender um ataque ›versionista à luz do dia › neve, tornando os ›ldados alvos fáceis para › metralhadores alemães.

Caderno de esboço em tempo de guerra
O retrato em aquarela no caderno de esboços do russo Alexandre Zinoviev, mais tarde conhecido desenhista de cenários, que se juntou à Legião Estrangeira Francesa em 1914.

CONTRA-OFENSIVAS NA FRENTE OCIDENTAL

18 DE JULHO A 3 DE OUTUBRO DE 1918

Os exércitos alemães estavam exaustos quando sua ofensiva no Marne foi estacionada, em 17 de julho. Eles não tinham nenhuma condição de repelir a série de contra-ataques Aliados que começou com a campanha franco-americana para recapturar o saliente do Marne. Isso não significava, contudo, que os Aliados tivessem sido capazes de forçar o recuo das forças alemãs com facilidade. Em quase toda parte, os alemães combateram duramente para manter suas posições.

18 DE JULHO Contra-ofensiva Aliada começa com avanço francês para liberar o Marne

1º DE AGOSTO Forças francesas ocupam Soissons

3 DE AGOSTO Alemães completam a retirada do saliente do Marne

6 DE AGOSTO Forças franco-americanas alcançam o rio Vesle, estabilizando desse modo o saliente Soissons-Reims

8 DE AGOSTO Começa a ofensiva britânica com o apoio francês em Amiens (o "dia negro do exército alemão.")

10 DE AGOSTO Forças francesas ocupam Montdidier

18 DE AGOSTO Começa a ofensiva da França, que resulta na captura de Aisne Hlights no dia 20

18 DE AGOSTO Inicia-se a ofensiva britânica em Flandres

21 DE AGOSTO Britânicos renovam ofensiva no Somme

22 DE AGOSTO Forças britânicas capturam Albert

27 DE AGOSTO Forças francesas ocupam Roye

28 DE AGOSTO Canadenses esmagam a Linha Hindenburg para alcançar a posição Wotan no dia 30

29 DE AGOSTO Forças da Nova Zelândia ocupam Bapaume

30 DE AGOSTO Comunicada à Alemanha a intenção austro-húngara de pedir a paz

2 DE SETEMBRO Forças australianas ocupam Péronne; forças canadenses rompem as defesas da posição Wotan

5 DE SETEMBRO Mudança do quartel-general alemão de Avesnes para Spa

6 DE SETEMBRO Alemães completam a retirada do saliente de Lyz

12 DE SETEMBRO Estadunidenses lançam ofensiva no saliente de St. Mihiel com algum apoio francês

15 DE SETEMBRO Início da iniciativa de paz austro-húngara e da ofensiva Aliada em Salonica

16 DE SETEMBRO Eliminação da ofensiva saliente de St. Mihiel completada na primeira vitória do exército independente dos Estados Unidos

26 DE SETEMBRO Forças estadunidenses e francesas começam a ofensiva em Argonne

27 DE SETEMBRO Começo da ofensiva britânica entre Lens e Epehy

28 DE SETEMBRO Britânicos, belgas e franceses lançam ofensiva: Quarta Batalha de Ypres

29 DE SETEMBRO Batalha do Canal de St. Quentin abre ofensiva britânica

29 DE SETEMBRO Ludendorff pede armistício imediato

LEGENDA

- Batalha no setor Champagne-Marne 18/07 a 20/08
- Batalha no setor do Somme 08/08 a 03/10
- Batalha em Flandres 18/08 a 03 /10
- Batalha no setor Meuse-Argonne 12/09 a 29/09
- Outros acontecimentos

Começo do avanço Aliado

Prisioneiros alemães perto de Amiens
Em 8 de agosto, os britânicos e os franceses lançaram um ataque a leste de Amiens, no setor do Somme, contra seis divisões alemãs superadas em número à razão de seis para um. Os britânicos, isoladamente, fizeram 13 mil prisioneiros no primeiro dia do ataque.

Entre 18 de julho e 11 de novembro de 1918, os exércitos Aliados conduziram uma série de ofensivas, cada uma com objetivos limitados, as quais eliminaram as aquisições de primavera dos alemães, levaram a guerra a territórios que durante anos situaram-se bem atrás das linhas de frente, e acabaram com a vontade dos alemães de resistir. Nesses quatro meses, os Aliados superaram os alemães tanto no nível tático como no estratégico, em terreno por eles mantidos desde 1914. A chave do sucesso dos Aliados foi a sua capacidade de preparar uma série de ofensivas em fases rigorosas, cada qual com superioridade numérica marcada e com objetivos limitados. Tomadas em conjunto, elas impuseram aos alemães uma pressão essencialmente insuportável.

Na verdade, um contra-ataque Aliado ocorreu antes de 18 de julho. Em 4 de julho, o corpo de exército australiano preparara uma pequena operação em Hamel, perto de Amiens, com apoio de companhias de infantaria estadunidenses. Sessenta tanques Mark V apoiaram o ataque, assim como aviões, que lançaram suprimentos de paraquedas para as unidades avançadas. As forças Aliadas avançaram através de uma frente de batalha de 5,5 km (3,4 milhas) e, num ataque de 90 minutos, tomaram Hamel. Eles também capturaram mais de 1.500 prisioneiros, dois canhões de campo e 171 metralhadoras, contra uma perda de menos de mil baixas.

Ataque ao saliente do Marne

Em 18 de julho, três exércitos franceses — com cinco divisões estadunidenses — abrem uma campanha para recapturar o saliente do Marne dos alemães. A inclusão de 225 tanques leves Renault ajudou o ataque inicial Aliado na vulnerável estrada Soissons–Château Thierry, onde os alemães, sem sucesso, prepararam suas posições defensivas. Retardando a marcha para a sua linha de partida, as forças Aliadas pegaram os alemães de surpresa e, em 20 de julho, tinham alcançado o próprio Marne. Eles cruzaram o rio no dia seguinte. Depois disso, contudo, o progresso foi lento, em parte porque a região estava muito destruída. Fère-en-Tardenois foi tomada em 27 de julho e Soissons em 1º de agosto. Nos dias 2 e 3, os Sétimo e Nono Exércitos alemães completaram uma retirada geral do saliente do Marne. Em 4 de agosto, quando a ofensiva chegou ao fim, os Aliados tinham feito cerca de 25 mil prisioneiros alemães no percurso do avanço de 50 km (20 milhas).

Ofensiva em Amiens

Em 8 de agosto, o Quarto Exército britânico preparou um ataque em frente a Amiens com 456 tanques. Em apenas um dia, a frente de batalha alemã foi rompida ao longo de 24 km (15 milhas) da sua extensão a uma profundidade máxima de 4 km (2,5 milhas). Seis divisões alemãs fracas foram destruídas, com os britânicos fazendo 13 mil prisioneiros e tomando 400 canhões. Ao sul, o Primeiro Exército francês avançou lentamente 5 km (3 milhas) sobre uma frente semelhante antes de parar gradualmente o ataque.

Os resultados alcançados pelo Quarto Exército foram pouco diferentes daqueles registrados no primeiro dia em Cambrai, em 1917. Diante de Amiens, porém, a derrota alemã foi marcada por um colapso das formações que levou Ludendorff a descrevê-la como "um dia negro para o exército alemão." Não obstante, o alto-comando alemão foi capaz de responder rápida e eficientemente a esta derrota. Ao meio-dia do segundo dia, nove divisões alemãs tinham sido enviadas para a linha. Os britânicos, com 145 tanques, avançaram apenas 5 km (3 milhas). No terceiro dia da ofensiva, quando somente 67 tanques permaneciam em serviço, as únicas vitórias conquistadas deram-se no centro e a uma profundidade máxima de cerca de 1,5 km (1 milha), ponto em que a ofensiva britânica foi encerrada.

Prisioneiro alemão ferido
Em muitas das batalhas travadas a partir de julho, os soldados alemães viram-se não só superados em número, mas também com muito menos apoio de tanques e aviões do que as tropas Aliadas. O tributo cobrado aos alemães em número de prisioneiros aumentava constantemente.

Fotografia e filme

Fotografias eram usadas em treinamento e propaganda, mas a fotografia em área de combate era severamente restringida, e os jornais não ilustravam a realidade da guerra nas trincheiras. Os filmes, contudo, desempenharam um papel crescente em busca de mobilizar apoio público para o esforço da guerra. Cinejornais como o francês *Annales de la Guerre* [Anais da guerra] e o registro oficial britânico do Somme em 1916 proveram imagens da frente de batalha que antes eram expressivamente censuradas ou até encenadas. O cinema era muitíssimo popular, e, depois de 1916, filmes comerciais ou financiados pelo Estado, comédias ou melodramas, assumiram a liderança na projeção da guerra como um confronto entre o Bem e o Mal. A maioria dos filmes comerciais era escapista, mas outros difundiam uma mensagem moral. Charlie Chaplin, no excelente *Carlitos nas trincheiras* (1918), era imensamente popular, mas nem um pouco entre as tropas Aliadas. Alguns filmes, como *Corações da humanidade* (1918), de D.W. Griffith, estimulavam um ódio histérico contra o inimigo e complicou a tarefa dos negociadores da paz em Versalhes. Na Alemanha, fundou-se uma sociedade de companhias de cinema, Universum Film AG (UFA), que, como empresa estatal, produzia filmes sob controle militar. Os cinemas atraíram o frio e a fome em 1917-18, à medida que passaram a ter prioridade na distribuição de carvão e eletricidade.

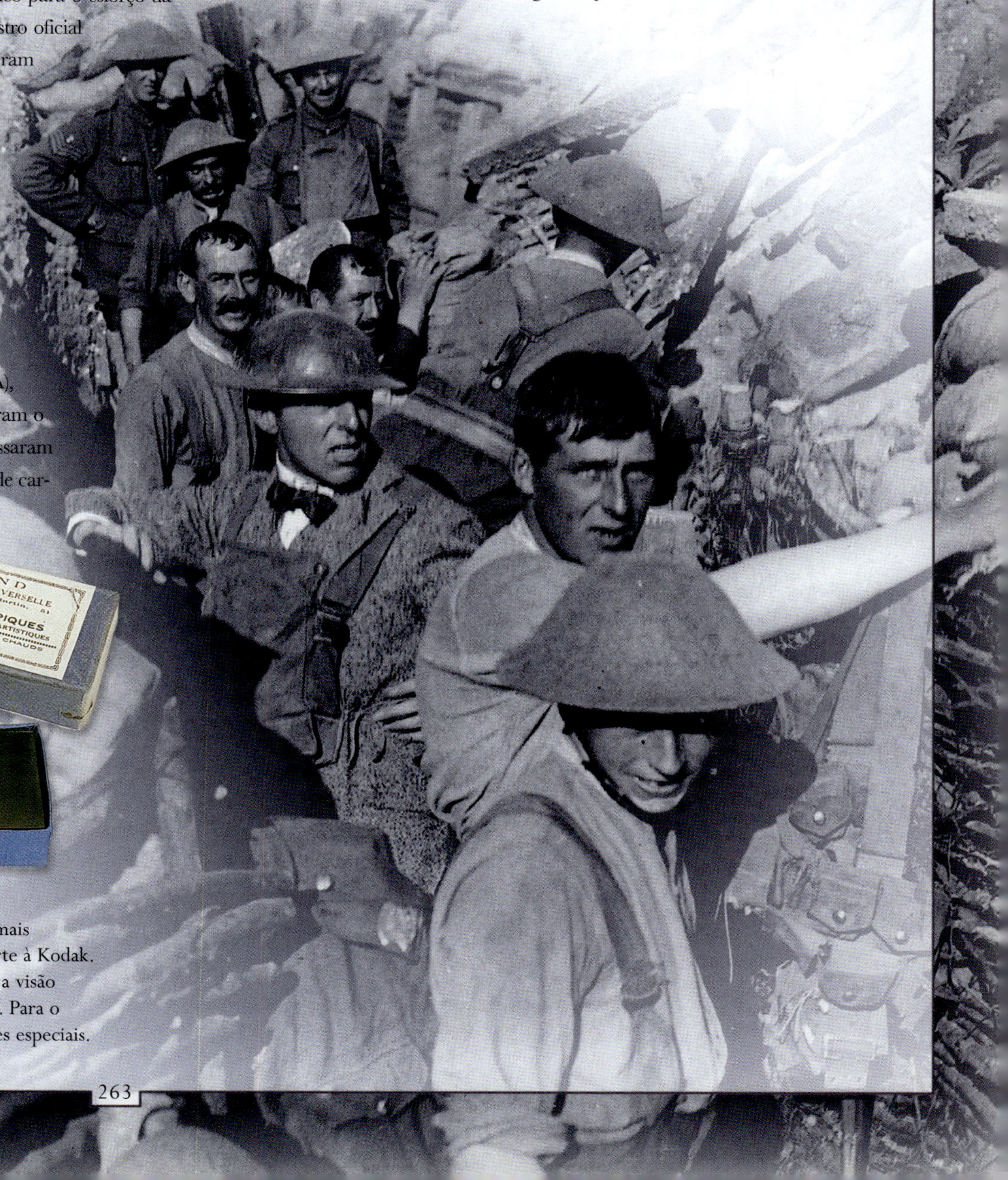

Corações da humanidade
D.W. Griffith (de gravata-borboleta) durante as filmagens de *Corações da humanidade,* na França. Seu filme tentava trazer a experiência da batalha e a realidade da guerra para dentro dos cinemas.

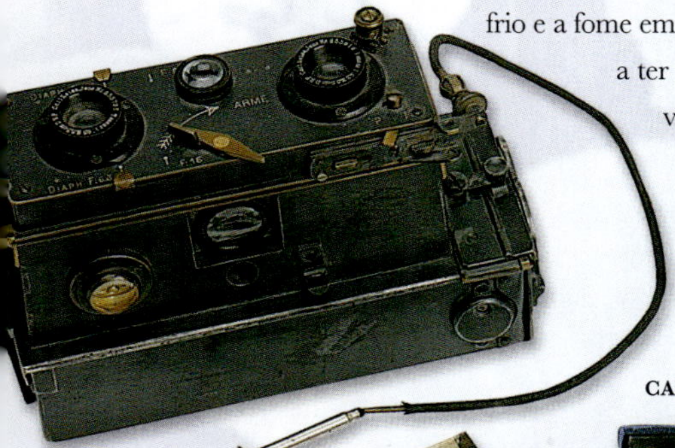

CÂMERA ESTEREOSCÓPICA FRANCESA

CAIXA DE DIAPOSITIVOS

DIAPOSITIVO DE VIDRO COM IMAGEM DUPLA

Câmera estereoscópica
A guerra coincidiu com o advento de câmeras mais acessíveis e fáceis de usar, graças em grande parte à Kodak. A câmera estereoscópica, projetada para imitar a visão humana, estava então particularmente na moda. Para o efeito estereoscópico, era necessário usar visores especiais.

A atenção desviou-se então para o sul, onde, em 10 de agosto, o Terceiro Exército francês tinha ocupado Montdidier, que fora abandonada quando os alemães recuaram de suas posições mais avançadas. Este esforço francês perdurou, principalmente em torno de Lassigny, até o dia 16, seguido por uma ofensiva do Décimo Exército no dia 18, a qual resultou na captura dos cumes do Aisne no dia 20 e cerca de 8 mil prisioneiros em Noyon. Daí resultou o que Ludendorff descreveu como "mais um dia negro" de "perdas insubstituíveis." Os franceses passaram então a ameaçar as linhas alemãs na margem norte do Vesle.

A Batalha de Bapaume

Seguindo o ataque diversionista contra o Lyz, o Terceiro Exército britânico, com quase 200 tanques, atacou no dia 21 ao longo de um setor de 16 km (10 milhas) entre Albert e Arras. Na Batalha de Bapaume que decorreu, Albert foi retomada no dia 22. No dia seguinte, o Quarto Exército britânico veio apoiar o Terceiro, e Bapaume foi tomada no dia 29. A batalha chegou ao fim no dia 31.

No dia 26, o Primeiro Exército britânico lançou uma ofensiva na estrada Arras–Cambrai. Com o peso dessa ofensiva mudando para setores diferentes, as formações australianas conseguiram prosseguir a caminho do Somme em Péronne, em 30 de agosto, e controlar a cidade em 2 de setembro. No mesmo dia, apoiados por duas divisões britânicas e 59 tanques, os canadenses romperam a linha alemã, entre Drocourt e Quéant, sobre uma frente de batalha de 8 km (5 milhas).

Juntamente com este último sucesso, os britânicos romperam a Linha Hindenburg num dos seus pontos mais fortes. Ao fazê-lo, eles não apenas seguiram a maré da batalha para regiões que estiveram sob controle inimigo desde agosto de 1914, mas tornaram impossível aos alemães continuarem a manter posições no norte. Em 31 de agosto, as formações alemãs começaram a evacuar as suas posições no Lyz e em torno de monte Kemmel, reduzindo assim a frente de batalha em 80 km (50 milhas). Apesar dessa redução, os alemães não ficaram em melhor posição em setembro do que estavam em agosto para resistir ao ataque. Os exércitos alemães tinham sofrido 228 mil baixas e só receberam 130 mil substituições no período entre Amiens e Quéant. Conseqüentemente, em agosto 21 divisões alemãs foram destruídas e a reserva do Grupo do Exército de Rupprecht foi reduzida de 36 para apenas 9 divisões. Em contraste, os Aliados tiveram condições para liberar o saliente de St. Mihiel e marchar contra a Linha Hindenburg, para os quais os alemães haviam batido em retirada na primavera de 1917.

Boas-vindas aos estadunidenses
Um pôster francês dá boas-vindas às tropas norte-americanas. Desde o momento em que os Estados Unidos declaram guerra contra a Alemanha, em abril de 1917, os franceses passaram a esperar com ansiedade que suas tropas se juntassem a eles na frente de batalha.

A Ofensiva de St. Mihiel

Em 30 de agosto, o Primeiro Exército dos Estados Unidos — ativado em 10 de agosto — foi encarregado do setor sul de St. Mihiel. Com o objetivo de liberar as estradas de ferro Paris–Verdun–Nancy, os norte-americanos lançaram um ataque em St. Mihiel em 12 de setembro. Um corpo de exército francês estava na frente de batalha e forneceu metade dos artilheiros, mas esta foi de fato a primeira ação independente do Exército estadunidense na Frente Ocidental. Seu objetivo foi alcançado com poucas dificuldades, os alemães tendo começado a evacuar suas posições antes do começo do ataque. Nos primeiros dois dias da ofensiva, os norte-americanos fizeram cerca de 8 mil prisioneiros e apreenderam o vasto total de 443 canhões.

Ataques Aliados em Flandres e na França
A partir de 18 de julho, os Aliados forçaram os alemães a recuarem lentamente em toda a frente de batalha. Os alemães reduziram a extensão da linha em Flandres no final de agosto numa tentativa de deter o avanço Aliado, mas sem sucesso. Eles foram mais bem-sucedidos no sul, onde detiveram o avanço franco-estadunidense na floresta de Argonne.

O CHOQUE DAS BOMBAS

A pressão psicológica e física permanente sobre os soldados nas trincheiras levou a um novo tipo de traumatismo de guerra, então conhecido como "choque das bombas". Ao lidar com as vítimas do choque das bombas, os comandantes e oficiais médicos do Exército tendiam a ser insensíveis, em parte porque os sintomas da condição abrangiam desde o desgaste nervoso até o total colapso mental. Depois de 1918, contudo, houve um debate público na Grã-Bretanha sobre a questão e, em 1922, a Comissão de Inquérito do Ministério da Guerra publicou o seu relatório sobre o fenômeno, que passou a ser chamado de "neurose de guerra". Embora o relatório deixasse claro que desequilíbrio nervoso ou perda do controle mental não seriam tolerados como rota de fuga para os soldados, ele reconheceu, de fato, as vítimas do choque das bombas como baixas de guerra do século XX. Para prevenir a neurose de guerra, recomendavam-se durações mais curtas do serviço na linha de batalha e mais atenção para com a saúde e o bem-estar dos soldados. O relatório também recomendou a psicoterapia para o tratamento do choque das bombas, o que corroborou as teorias revolucionárias de Sigmund Freud sobre mecanismos de defesa e repressão.

Soldado com choque das bombas
Confrontadas com homens que apresentavam paralisia, contrações musculares e perda de visão sem base física aparente, as autoridades militares viam covardes, que estariam fingindo para escapar ao dever, homens que simplesmente não tinham conseguido controlar-se.

Sob fogo
Homens que desertaram depois de estarem repetidas vezes sob fogo podiam estar sofrendo do choque das bombas.

OFENSIVA DE ARAGONNE

O alto-comando norte-americano desejara dar seqüência à liberação do saliente de St. Mihiel avançando sobre Metz, a fim de cortar a comunicação ferroviária Estrasburgo–Lille. Entretanto, já antes da ofensiva St. Mihiel, ele fora forçado a aceitar um compromisso em Argonne, como um preço para garantir a sua contribuição nacional distinta à causa comum. Haig tinha esboçado um plano segundo o qual os Aliados conduziriam ofensivas de cobertura complementares — os britânicos a partir da área de Le Cateau e os norte-americanos contra o setor Sedan–Mizières. Muitos comandantes norte-americanos na época, e muitos historiadores desde então, retrataram este plano como um meio de negar aos estadunidenses "a vitória que teria ganhado a guerra". A verdade é que a guerra não seria ganha por

Tropas norte-americanas em ação
Muitos dos canhões usados pelos norte-americanos foram fornecidos pelos franceses. Aqui, um canhão de 340 mm (14 pol.) sendo disparado

Australianos perto de St. Quentin
A 5ª Divisão australiana estava entre as tropas que romperam a Linha Hindenburg entre Cambrai e St. Quentin em 27 de setembro. A infantaria foi apoiada por um batalhão de tanques Mark V.

uma vitória única, ou pela captura de uma única cidade ou ferrovia, e se era para cortar as comunicações laterais alemãs, então tanto Luxemburgo quanto Metz tinham de ser tomadas. Deixando esses fatos de lado, porém, é duvidoso que os norte-americanos pudessem ter tomado Metz, a cidade mais fortificada da Europa.

Não obstante, o que não se pode duvidar é que o compromisso das forças norte-americanas numa ofensiva em Argonne tenha sido desnecessário e infeliz. Foi desnecessário porque os britânicos estavam prestes a romper a Linha Hindenburg e podiam tê-lo feito sem qualquer apoio ofensivo. Foi infeliz porque as formações norte-americanas viram-se assim comprometidas numa ofensiva mal organizada em 26 de setembro, a qual logo se desenrolou em caos em função da concentração excessiva de forças e da inadequação dos arranjos de pessoal e de transporte. Disputada sobre um terreno muito difícil e sob chuva quase constante, a ofensiva de Argonne tomou a forma de uma série de avanços lentos e amargamente competitivos. O Quarto Exército francês e o Primeiro Exército estadunidense tinham avançado até as cercanias de Sedan em 11 de novembro, mas dessa vez o centro dos acontecimentos se deslocou para outro lugar.

Cambrai e Ypres

O foco principal dos combates da Frente Ocidental em setembro estava na frente de batalha de Cambrai. Lá, em 27 de setembro, o Primeiro e o Terceiro Exércitos britânicos cruzaram o canal do Norte e, com os australianos e o Segundo Corpo dos Estados Unidos alinhados, romperam a Linha Hindenburg entre Cambrai e St. Quentin. A ofensiva foi interrompida em 5 de outubro.

Ao norte, numa ação de dois dias, em 28 e 29 de setembro, conhecida como a Quarta Batalha de Ypres, os Belgas tomaram Dixmude e o Segundo Exército britânico tomou Messines e seus picos, ameaçando, desse modo, as posições alemãs na costa belga. No segundo dia, as forças Aliadas chegaram às cercanias de Cambrai, juntando-se assim os vários elementos da derrota alemã.

Em 15 de setembro, a Áustria-Hungria efetivamente tentara uma paz separada, enquanto os Aliados iniciaram a sua ofensiva em Salonica. No dia 19, a ofensiva britânica no norte da Palestina tinha começado e, em três dias, destruído os Sétimo e Oitavo Exércitos turcos. No dia 29, quando caíram as posições na Linha Hindenburg, a Bulgária concluiu um armistício.

O pedido de armistício

Em julho, membros do alto-comando alemão tinham insistido numa retirada geral para as posições controladas antes da Ofensiva Michael. A proposta sofreu oposição, na crença de que a Alemanha não podia abandonar as conquistas dos quatro meses anteriores sem comprometer a sua posição política e estratégica. Depois do ataque Aliado a Amiens em agosto, temeroso de um colapso imediato na Frente Ocidental, o alto-comando alemão tinha exigido a busca de um armistício. Essa exigência foi posta de lado com o afrouxamento da pressão Aliada. Entretanto, a perda de 230 mil homens pelos alemães em setembro, unida a uma série de derrotas voltadas para o final daquele mês, destruiu qualquer confiança de que o Exército alemão ainda pudesse manter qualquer posição defensiva coerente no oeste. Em 28 de setembro, Ludendorff sofreu um ataque e teve um colapso. Em 29, as autoridades militares exigiram que a questão do armistício fosse abordada imediatamente.

John Pershing

Com sua experiência de serviço em Cuba, nas Filipinas e no México, Pershing "Black Jack" (1860-1948) era uma escolha natural para comandar a Força Expedicionária dos Estados Unidos. Chegando à França em meados de 1917, ele estava determinado a não permitir que seus soldados recém-chegados combatessem como reforço dos desgastados exércitos britânico e francês. Sua posição veio a ficar bastante difícil, pois ele dependia dos Aliados para suprimento.

Quando Ludendorff lançou a sua ofensiva *Kaiserschlacht*, em março de 1918, Pershing abrandou um pouco a sua posição, mas as tropas norte-americanas continuaram a combater apenas como unidades inteiras. Em setembro, as forças estadunidenses foram vitoriosas em sua primeira operação independente na guerra, submetendo o saliente de St. Mihiel. Pershing transferiu então os seus homens diretamente para a ofensiva Meuse-Argonne, onde o progresso foi inicialmente lento. Depois da reorganização em outubro, a segunda fase da ofensiva, iniciada em 1º de novembro, foi muito mais bem-sucedida.

Ao longo da participação estadunidense na guerra, Pershing implantou efetivamente a estrutura do Exército nacional dos Estados Unidos. Retornando para casa em 1919, ele foi agraciado com o grau único de "General dos Exércitos".

Os estadunidenses

PLACAS DE IDENTIFICAÇÃO

DEPOIS DE OS ESTADOS UNIDOS ENTRAREM NA GUERRA, em 6 de abril de 1917, suas forças começaram a ser impacientemente esperadas pelos britânicos e pelos franceses, mas passou-se mais de um ano antes de as tropas norte-americanas combaterem em grande número. Em 1917, havia somente 145 mil homens no exército regular. Com a introdução do serviço militar obrigatório em maio, os números aumentaram consideravelmente, mas transportá-los na travessia do Atlântico infestado de submarinos *U-boat*, juntamente com enormes quantidades de suprimentos, levou meses. Em maio de 1918, havia 500 mil soldados estadunidenses na França, em meados de julho, duas vezes esse número, e no final da guerra, mais de 2 milhões. Pershing buscou manter a unidade do comando dos Estados Unidos, mas por muitos meses as divisões norte-americanas foram distribuídas entre os exércitos Aliados. Só em agosto de 1918, os norte-americanos conquistaram um *status* separado, com o engrandecimento do Primeiro Exército dos Estados Unidos.

A chegada das tropas norte-americanas — física e mentalmente descansadas — levantou o moral dos Aliados, mesmo que o Exército estadunidense ainda dependesse amplamente deles para canhões, tanques e aviões. Os oficiais norte-americanos também careciam de experiência administrativa; no verão de 1918, milhares de soldados norte-americanos deixaram as suas posições para buscar comida nas unidades Aliadas. Nada disso, porém, deve diminuir os feitos heróicos norte-americanos. Foi a certeza de que as formações dos Estados Unidos chegariam em massa em 1918 que incitou as ofensivas da primavera alemãs, e foi o número imenso de soldados fornecidos pelos Estados Unidos que fez a diferença vital entre derrota e vitória para os Aliados.

Uniforme do Exército dos Estados Unidos
O uniforme norte-americano tinha muitas características distintivas, como as cartucheiras de munição de algodão em cor clara, que comportavam dois pentes de cinco balas cada.

BAIONETA

FACA E SOCO-INGLÊS COMBINADOS

CORTADOR DE ARAME

CAPACETE CAMUFLADO

Estadunidenses em ação
Guarnição de canhão norte-americana mira um canhão antiaéreo na Frente Ocidental. Grande parte do material pesado utilizado pelos norte-americanos foi emprestada pelos franceses.

Canção de boas-vindas
Esta letra de uma marcha emocionante de boas-vindas ao novo aliado da França é dedicada ao general Pershing.

RIFLE SPRINGFIELD

Rifle Springfield
O rifle-padrão estadunidense era o espesso rifle Springfield modelo 1903. Seus cartuchos calibre .30 eram conhecidos como .30-06.

Lançador de granadas

Granada de rifle

Cartucho de espingarda

Cinturão de cartuchos

ESPINGARDA DE AÇÃO DE BOMBA

Espingarda de ação de bomba
Esta arma foi empregada algumas vezes pelos soldados norte-americanos para tomar trincheiras. A dispersão de projéteis dos cartuchos que municiavam possibilitava ao atacante neutralizar mais inimigos do que com uma única bala de cada vez.

Prisioneiros alemães após Amiens, agosto de 1918
Ao final da ofensiva Aliada lançada em Amiens em 8 de agosto, os alemães tinham perdido 18 mil soldados mortos ou feridos, e 30 mil homens foram feitos prisioneiros. Nunca antes tropas alemãs tinham se rendido em tão grande número na guerra.

ITÁLIA, SALONICA E ORIENTE MÉDIO

15 DE JUNHO A 11 DE NOVEMBRO DE 1918

Exceto pela ofensiva fracassada dos austro-húngaros no Piave, em junho, a iniciativa permaneceu com os Aliados. Em meados de setembro, eles lançaram ofensivas em Salonica e na Palestina, e em outubro tinham aberto caminho para cruzar o Piave, revertendo a ação lá ocorrida em junho. Em todas as três regiões, eles só encontraram uma resistência limitada de oponentes que em grande parte já haviam perdido os recursos, a energia e a convicção necessários para combater.

15 DE JUNHO
Batalha do Rio Piave começa com barragem austro-húngara

17 DE JUNHO
Franchet d'Esperey chega a Salonica para substituir Guillaumat como comandante-em-chefe Aliado

17 DE JUNHO
Tentativa austro-húngara de apoiar com reforços pequenas cabeças-de-ponte mantidas na margem oeste do Piave, mas com pouco progresso

21 DE JUNHO
Exército austro-húngaro começa retirada da margem leste do Piave

24 DE JUNHO
Ofensiva de Piave termina em fracasso dos austro-húngaros

2 DE JULHO
Franchet d'Esperey ordenou que organizassem ataques antes da principal Ofensiva Autumns

1º DE AGOSTO
As tropas britânicas e francesas iniciam uma série de incursões contra trincheiras no planalto de Asiago

1º DE SETEMBRO
Forças britânicas capturam o saliente de Roche Noire, a oeste do rio Vardar

15 DE SETEMBRO
Começa a Ofensiva Vardar contra a frente de batalha de Salonica

18 DE SETEMBRO
Britânicos e gregos lançam ataques em torno do lago Doiran, em Salonica

19 DE SETEMBRO
Linhas turcas rompidas em Megiddo, Palestina, em nova ofensiva britânica

21 DE SETEMBRO
Aliados preparam ataque aéreo contra búlgaros em deslocamento no canal Kosturino

22 DE SETEMBRO
Forças sérvias chegam a Negotina, no rio Vardar

25 DE SETEMBRO
Forças britânicas cruzam a fronteira búlgara

29 DE SETEMBRO
Acordado armistício entre os Aliados e a Bulgária

1º DE OUTUBRO
Captura de Damasco com a entrada de forças australianas e árabes na cidade

8 DE OUTUBRO
Forças navais francesas tomam Beirute

18 DE OUTUBRO
Ofensiva Aliada planejada é adiada por causa de pesadas chuvas

24 DE OUTUBRO
Inicia-se a Batalha de Vittorio Veneto com bombardeio de vingança no primeiro aniversário da Batalha de Caporetto

26 DE OUTUBRO
Alepo, na Síria, cede aos Aliados

28 DE OUTUBRO
Forças Aliadas cruzam o Piave em massa

30 DE OUTUBRO
Assinatura de armistício entre os Aliados e a Turquia

30 DE OUTUBRO
Italianos tomam Vittorio Veneto

3 DE NOVEMBRO
Itália e Áustria-Hungria assinam armistício perto de Pádua

LEGENDA

- Acontecimentos na linha de batalha de Salonica 17/06 a 29/09
- Acontecimentos na linha de batalha de italiana 15/06 a 03/11
- Acontecimentos na linha de batalha de do Oriente Médio 19/09 a 30/10

O colapso dos aliados da Alemanha

O momento do coice
Tropas britânicas disparam um canhão de 275 mm nas montanhas ao norte de Salonica, como parte da ofensiva de setembro que levou à derrota da Bulgária e à libertação da Sérvia.

Os aliados da Alemanha não tinham a capacidade de concentrar a mesma força em termos de homens e poder de fogo que a sua parceira sênior e mais pesadamente industrializada. Mas eles cumpriram, entretanto, uma função útil, que foi desviar forças britânicas e francesas do teatro principal da guerra — a Frente Ocidental.

A derrota da Bulgária

A campanha contra a Bulgária teve este feito. Entre o final de 1915 e meados de 1918, os alemães diziam que Salonica, na Grécia setentrional, era o seu "maior campo de concentração", por causa do grande número de tropas Aliadas que lá se encontravam estacionadas.

Para as Potências Centrais, especialmente a Alemanha, uma ofensiva contra Salonica teria sido um enorme empreendimento ao final de uma linha longa e inadequada de comunicação, e qualquer sucesso teria apenas agravado as ambições territoriais conflitantes da Áustria-Hungria, da Bulgária e da Turquia na região. Para os Aliados, por outro lado, havia a necessidade de recuperar a Sérvia e de levar a guerra aos parceiros da Alemanha. Não obstante, embora houvesse 600 mil soldados Aliados em Salonica em meados de 1917, foi dada prioridade à Frente Ocidental e ao Oriente Médio.

Os Aliados também eram atormentados por diferenças e embaraçados pela posição ambígua da Grécia em relação à sua causa, mas em 1917 alguns dos seus problemas se atenuaram. A pressão Aliada crescente e hostil sobre a Grécia deu frutos em junho, com a abdicação do rei pró-Alemanha e a inauguração da administração Venizelos. A Grécia declarou guerra contra as Potências Centrais em 29 de junho e tropas gregas juntaram-se às forças Aliadas.

Na França, a nova administração de Georges Clemenceau escolheu destituir Serrail — um comandante que tinha conseguido alienar virtualmente todos os seus subordinados. Seu substituto foi Guillaumat, cuja chegada em dezembro prenunciou um período de intensa atividade Aliada, incluindo a melhoria das comunicações e a lenta recuperação do moral da tropa. Planos cuidadosos foram traçados para ofensivas limitadas, mas uma série de crises Aliadas na Frente Ocidental determinou que fossem arquivados, e Guillaumat por sua vez foi destituído, para ser substituído por Franchet d'Esperey, em junho de 1918.

A Ofensiva Vardar

Em meados de 1918, os Aliados tinham vantagem na frente de Salonica. O novo comandante, fortalecido pela crença das suas forças sérvias de que os búlgaros podiam ser pegos por um ataque de surpresa através das montanhas, empenhou-se em obter endosso oficial para uma ofensiva geral. Nesse ínterim, os franceses empreenderam a difícil tarefa de deslocar artilharia pesada secretamente para as montanhas, enquanto os britânicos encarregaram-se de uma ofensiva local no vale do Vardar para distrair a atenção dos búlgaros do que estava acontecendo no oeste.

A aprovação final para a ofensiva foi dada em 10 de setembro, iniciando-se a ação com um bombardeio pesado na noite de 14 de setembro. Às 5h30 da manhã seguinte, forças francesas, sérvias e italianas lançaram o seu assalto. Em dois dias elas tinham penetrado 10 km (6 milhas) ao longo de uma frente de batalha de 30 km (19 milhas); um dia depois, as primeiras formações estavam a 30 km (19 milhas) além das suas linhas de partida. Virtualmente sem nenhuma força descansada para reconstituir a frente de batalha, e com as forças Aliadas ameaçando irromper no vale do Vardar, as Potências Centrais tinham chegado a um ponto crítico. Nos dias 18 e 19, contudo, tropas de elite búlgaras conseguiram repelir os ataques britânicos e gregos em torno do lago Doiran, apesar de a cidade de Doiran ter sido tomada por forças gregas.

Com suas defesas a oeste quase se rompendo, os búlgaros propuseram o desligamento das suas forças em torno de Dorian a fim de contra-atacar o avanço das forças Aliadas no vale do Cherna. Entretanto, à medida que incrédulos soldados búlgaros obedeciam às ordens de interromper o contato em volta de Dorian e deslocar-se através do canal de Kosturino, foram submetidos a um ataque aéreo Aliado esmagador. Desintegrou-se a sua harmonia, assim como o moral búlgaro. Em 22 de setembro, forças sérvias tinham chegado a Negotina e ao Vardar e três dias depois, enquanto forças coloniais francesas atravessavam as montanhas em Skopje, formações britânicas cruzaram a fronteira búlgara. Em 28 de setembro, varrida por revoltas antiguerra e pela proclamação de sovietes em várias cidades, a Bulgária solicitou um armistício e concordou com os termos Aliados no dia seguinte, assinando-o efetivamente no dia 30 de setembro de 1918.

A força britânica continuou a avançar para leste através da Trácia, tomando as cabeças-de-ponte no Maritsa, em prontidão para uma ofensiva contra Constantinopla.

Cavalaria turca
A Turquia foi ameaçada pela ação Aliada contra a Bulgária, situada muito próxima da sua fronteira européia.

Inspecionando as tropas em Salonica
Franchet d'Esperey passou o verão de 1918 planejando uma ofensiva e convencendo os seus chefes políticos e superiores militares que era viável.

Avanço em Salonica
Em seguida ao lançamento da ofensiva Aliada em 15 de setembro, as forças sérvias no centro avançaram rapidamente sobre a Sérvia. No oeste, os búlgaros entraram em colapso, mas ofereceram oposição mais forte no Vardar, antes de serem sobrepujados no canal de Kosturino.

Essa ofensiva tornou-se, contudo, desnecessária em função da aceitação de um armistício pela Turquia em 30 de outubro. Enquanto isso, forças francesas e sérvias avançaram ao norte, chegando ao Danúbio em 19 de outubro e liberando Belgrado em 1º de novembro. Com a assinatura do armistício austro-húngaro em 3 de novembro de 1918, encerrou-se a campanha dos Bálcãs.

Operações no Oriente Médio

Depois da captura de Bagdá e de Jerusalém pelos britânicos em 1917, a inatividade imposta caracterizou a situação da Mesopotâmia e da Palestina por grande parte de 1918. A Turquia, encorajada pelo colapso da Rússia, perseguiu as ambições territoriais extravagantes na Pérsia e na Ásia Central turca, ao mesmo tempo em que permitia que suas posições na Arábia quase ruíssem.

Durante 1918, as forças turcas na Mesopotâmia foram enfraquecidas por epidemias, deserções e ausência de reforços, o que reduziu o número de soldados na área de Kirkuk-Mossul a cerca de 20 mil homens em outubro de 1918. Apesar de terem 550 mil homens na Mesopotâmia, os britânicos foram contidos por temores de que forças alemãs avançassem através da Pérsia e do Afeganistão, deixando assim de fazer qualquer movimento significativo até o final de outubro, quando finalmente lançaram uma campanha que levou à rendição turca e à ocupação britânica de Mossul.

> *A montanha tinha cerca de setecentos e cinqüenta metros, muito íngreme, e era a hora quente do dia. Havia fogo muito pesado de metralhadoras e um pouco de bombardeio. Nós capturamos um povoado no caminho e tivemos de bombardear os turcos para expulsá-los das poucas casas. A montanha era tão íngreme e os homens estavam tão extenuados a cerca de três quartos do trajeto que alguns caíram e não conseguiram se levantar mais. Se os turcos tivessem contra-atacado, nós teríamos passado por maus bocados. Eu estava tão cansado que se um turco aparecesse na minha frente, eu estaria cansado demais para atirar.*
>
> TENENTE-CORONEL BRITÂNICO H.J.H. DAVSON SOBRE O COMBATE DURANTE A BATALHA DE MEGIDDO

A Palestina e a Síria

Nesse meio-tempo, os Quarto, Sétimo e Oitavo Exércitos turcos, que mantinham a linha na Palestina, totalizavam cerca de 32 mil soldados de infantaria e 3.500 de cavalaria, mas não dispunham de uma estratégia geral ou de mobilidade (apesar de o Sétimo Exército estar sob o comando do futuro presidente turco, Mustafa Kemal). Eles não coletaram informações efetivas de inteligência, e sua linha de comunicação desde Damasco estava em péssimo estado. Só tinham a derrota a esperar.

A intenção da Força Expedicionária Egípcia britânica, sob o comando do general Allenby, de expulsar as forças turcas da Síria foi inicialmente frustrada, por causa da necessidade de transferir cinco divisões para a Frente Ocidental em resposta à ofensiva alemã em março de 1918. Em troca, ela ganhou uma cavalaria indiana da França, e outras unidades indianas foram trazidas da Índia e da Mesopotâmia. Treinar essas tropas, contudo, e transformá-las numa força efetiva de combates tomou a maior parte do verão.

Os britânicos tinham numerosas vantagens sobre as forças turcas na Palestina. Além da sua superioridade numérica (eles tinham 57 mil homens na infantaria e 12 mil na cavalaria) e da supremacia aérea, eles também dispunham de uma estratégia. Uma série de operações chamarizes a leste do Jordão constituiu parte do acúmulo de Allenby para a sua ofensiva principal em setembro, o que levou o comando turco a esperar que sua linha ferroviária de suprimento através de Deraa seria o centro de qualquer ataque britânico. Em vez disso, Allenby deixou a tarefa aos árabes, e fez arranjos detalhados para uma ofensiva a partir das posições na planície costeira, visando encurralar as forças turcas nas montanhas da Judéia, deixando limpa a rota para Damasco. Ele acumulou tropas secretamente neste setor costeiro, deslocando divisões de cavalaria para o oeste, sob a proteção da penumbra e usando a RAF para manter os aviões de reconhecimento turcos a distância. Até a abertura da ofensiva, Allenby tinha 35 mil homens na infantaria, 9 mil na cavalaria e 400 canhões alinhados na planície costeira, diante de uma força turca de apenas 8 mil infantes e 130 canhões, e que de nada suspeitava.

Ação e inação na Mesopotâmia
Um dos 3 mil soldados feitos prisioneiros perto de Kirkuk em 29 de abril de 1918, depois do que as forças britânicas se retiraram para o sul de Kifri, para cinco meses de inatividade.

A Batalha de Megiddo

A derrota das forças turcas começou a se desdobrar às 4h30 de 19 de setembro de 1918, e levou apenas três dias. No setor costeiro, o bombardeio inicial sobrepujou os dois corpos do Oitavo Exército turco, e às 7h30 as cavalarias indiana e australiana tinham rompido as linhas turcas, dirigindo-se ao norte para bloquear a sua retirada. Os turcos foram perseguidos pela infantaria britânica nas montanhas, onde se engajaram em violentas ações de retaguarda. Nesse ínterim, a divisão

Lawrence da Arábia
T.E. Lawrence cercado por membros da sua segurança pessoal. Ele cumpriu um papel importante fazendo a ligação entre as forças britânicas e os líderes árabes simpatizantes, e organizando a ação de tropas irregulares árabes contra os turcos.

líder da cavalaria avançou 110 km (70 milhas) até Belsan em 34 horas, ao custo de apenas 26 cavalos mortos de exaustão. Megiddo estava sob seu controle na manhã mesma do ataque, e Afula, Nazaré, Mejamie, Jenin e Beyt Shean no fim do dia 20. Os britânicos controlaram então o alto Jordão e se estabeleceram de ambos os lados das linhas turcas de comunicação e retirada, que se tornaram alvos de um duplo ataque — da RAF e das tropas irregulares árabes em operação a leste do Jordão. A campanha aérea, que foi descrita como a mais completa ruptura de comando e suprimento da Primeira Guerra Mundial, foi em seguida obscurecida pela totalidade e a velocidade do colapso turco, e obscurecida pela visão romântica pós-guerra da Revolta Árabe.

A contribuição árabe

A contribuição militar dos árabes para a derrota dos turcos na Palestina setentrional foi considerável. Antes da ofensiva de Allenby, forças guerrilheiras árabes atacaram a ferrovia nas cercanias de Deraa, cortando as linhas de comunicação turcas. Durante a ofensiva, eles destruíram colunas do Quarto Exército turco que tentavam se retirar para Damasco. Seu envolvimento teve grande importância política, conforme indica a disputa sobre que forças seriam as primeiras a entrar em Damasco em 1º de outubro, se as australianas ou as árabes.

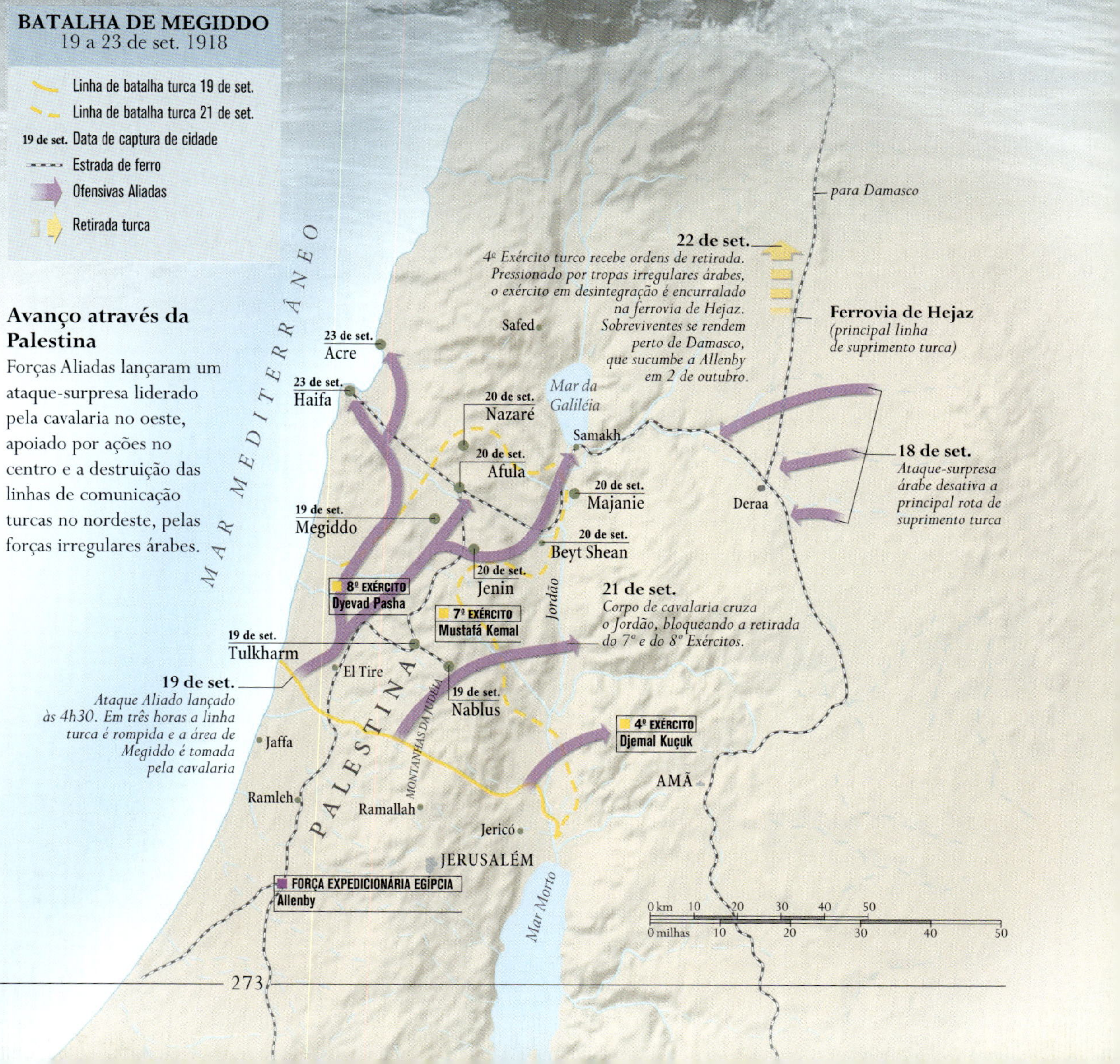

Avanço através da Palestina
Forças Aliadas lançaram um ataque-surpresa liderado pela cavalaria no oeste, apoiado por ações no centro e a destruição das linhas de comunicação turcas no nordeste, pelas forças irregulares árabes.

Prisioneiros austro-húngaros
Alguns soldados austríacos em Montello não conseguiram escapar aos contra-ataques italianos de 18 de junho.

A FRENTE ITALIANA

Na seqüência da organização de tropas alemãs na Itália para a Frente Ocidental em vista da sua ofensiva da primavera, 53 divisões austro-húngaras enfrentaram 59 divisões sob comando italiano nas montanhas a leste do lago Garda e do outro lado do rio Piave. Ao passo que tanto a Áustria-Hungria quanto a Itália podem ter preferido esperar o resultado do conflito entre seus parceiros maiores na Frente Ocidental, esses parceiros esperavam ação complementar na frente italiana. Conseqüentemente, tanto a Áustria-Hungria quanto a Itália planejaram ofensivas, mas quando os italianos compreenderam que o inimigo estava se preparando para atacar, decidiram ficar na defensiva.

A ofensiva austro-húngara foi cercada de dificuldades. Não havia suprimento bastante para alimentar as tropas, algumas das quais a ponto de passar fome. O exército necessitava de cavalos, e havia falta de peças de reposição para suas locomotivas e veículos a motor. Havia também a questão da forma que a ofensiva deveria tomar. Um ataque conjunto a partir de Trentino teria sido o melhor plano, mas implicava o risco de enfraquecer a frente, rearranjando as tropas em apenas um setor. Havia, além do mais, as questões de como explorar qualquer vantagem que pudesse ser obtida por tal ofensiva e quem deveria ser convocado a comandá-la.

No final, um compromisso foi alcançado: um ataque de dois dentes por grupos de exército separados — um nas montanhas e o outro no Piave. O plano era o 11º Exército romper as linhas italianas e deslocar-se rumo a Verona e Castelfranco, juntando-se ao Sexto Exército e ao Exército de Isonzo, uma vez cruzado o Piave. Uma ofensiva desse tipo, envolvendo ataques simultâneos que não eram reciprocamente apoiados, estava fadada a fracassar.

A Ofensiva Piave

O 11º Exército austro-húngaro iniciou a sua ofensiva principal nas montanhas em 15 de junho (em seguida aos ataques diversionistas no oeste). Embora tivessem algumas vitórias iniciais, elas foram anuladas ao final do primeiro dia, e no fim do dia 16 a batalha neste setor tinha acabado.

No próprio vale do Piave, as coisas, inicialmente, foram um pouco melhores para os austro-húngaros. O Sexto Exército em Montello e o Exército de Isonzo na parte mais baixa do rio conquistaram 5 km (3 milhas) em 15 de junho, ajudados pela fumaça e o nevoeiro. No dia 16, eles tinham isolado cinco cabeças-de-ponte no Piave. Até o final do dia 18, tinham estabelecido uma frente de batalha de 19 km (12 milhas) através do rio, mas já estava claro que o sucesso seria enganoso para os austro-húngaros. As suas reservas já estavam sendo exigidas, o rio Piave estava transbordando e aviões italianos estavam atacando as suas linhas de comunicação.

O alto-comando austro-húngaro hesitou em abandonar a ofensiva, exatamente como o alto-comando italiano havia hesitado nos primeiros três dias de contra-ataques. No dia 18, contudo, os italianos comprometeram-se no setor Montello. Os austro-húngaros ordenaram a retirada para trás do Piave e uma evacuação organizada teve lugar nas noites de 21 para 22 e de 22 para 23. Pegos de surpresa pelas retiradas, os italianos não tentaram imediatamente perseguir os exércitos austro-húngaros, embora no começo de julho tropas fossem deslocadas para enfrentá-los do outro lado do rio.

Conseqüências da luta
A cidade de Nervasa foi pega tanto pelo ataque austro-húngaro como pelo contra-ataque italiano em junho de 1918.

O EXÉRCITO ITALIANO

EM 1915, A ITÁLIA FOI CAPAZ de colocar 900 mil oficiais e homens em campo — organizados em 35 tropas de infantaria, 4 de cavalaria e 12 divisões de milícias, mais uma divisão leve de infantaria (a *Bersaglieri*) e 52 batalhões de montanha (os *Alpini*). A fraqueza óbvia do Exército incluía deficiência de artilharia e baixos níveis de alfabetização na sua infantaria. Entretanto, durante as ofensivas de Isonzo (1915-17), o Exército deu provas da sua resistência lutando nos piores terrenos da Europa, e da sua tenacidade face ao fracasso reiterado. O chefe de Estado-maior autocrático, Luigi di Cadorna, fez exigências impossíveis às suas tropas, e as baixas no curso da guerra chegaram a 2.200.000, incluindo 650 mil mortos.

Muita coisa mudou depois do desastre de Caporetto, em novembro de 1917, durante o qual o Exército italiano não pôde, em determinado momento, contar com mais de 400 mil oficiais e homens. O número final de prisioneiros foi 270 mil. Onze divisões francesas e britânicas deslocaram-se para o norte da Itália a fim de ajudar a estabilizar a frente de batalha. Cadorna foi demitido e substituído por Armando Diaz, enquanto reformas amplas foram introduzidas para reconstruir o Exército. Entre elas, melhorias de pagamento, alimentação e acordos de licença para soldados comuns, que também receberam apólices gratuitas de seguro de vida. O Exército tinha conseguido ativar 25 novas divisões até fevereiro de 1918, e a indústria italiana substituiu os 3.500 canhões perdidos em Caporetto em meados de 1918.

Compreensivelmente, o novo alto-comando ficou contente de permanecer na defensiva por um tempo, e somente nas últimas semanas da guerra autorizou uma ofensiva de grande porte. As novas táticas envolviam concentração de poder de fogo em vez de homens, e defesa em profundidade, baseada em pontos fortificados e contra-ataques. Neste quadro, os batalhões de assalto ou os *Arditi* (os Ousados), tropa de elite fundada em 1917, desempenhou um papel importante. Eles se tornaram os heróis de uma massa popular que, ansiosa por evitar ser derrotada por um inimigo detestado, se uniu por trás do esforço de guerra.

PLAQUETAS DE IDENTIFICAÇÃO

Chapéu *Bersaglieri*
Os *Bersaglieri* eram uma tropa de elite de franco-atiradores. Sua forma usual de transporte era a bicicleta.

CAPACETE PESADO

Capacete baseado no capacete francês Adrian

Insígnia Arditi

UNIFORME *ARDITI*

Uniformes e armas italianos
A maior parte dos uniformes italianos era de cor verde-acinzentada. Ao lado, a qualidade superior da túnica *Arditi*, que também era fabricada com um quente suéter de gola rulê para combate nas montanhas. O rifle-padrão do Exército italiano era o Carcano 6,5 mm (modelo 1891). A carabina Carcano tinha baioneta retrátil, dobrada junto ao cano quando não estava em uso.

PISTOLA AUTOMÁTICA BERETA

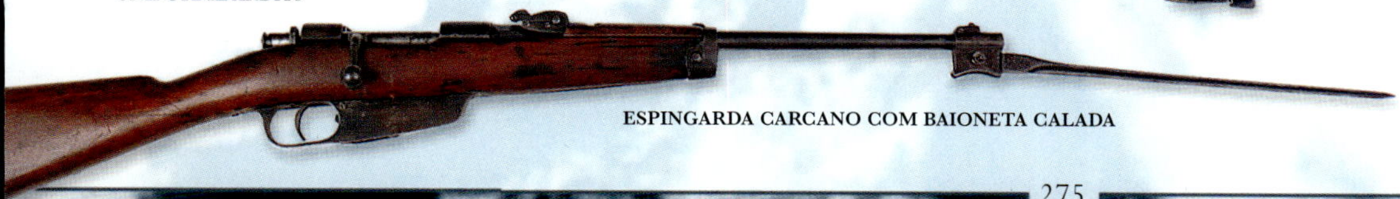

ESPINGARDA CARCANO COM BAIONETA CALADA

Combatentes alpinos
Esperava-se que os homens dos *Alpini* estivessem aptos a combater em grandes altitudes. O corpo especial foi fundado em 1872, especialmente para proteger as fronteiras montanhosas ao norte do reino da Itália. Este terreno inóspito pedia habilidades especiais e exigia enorme capacidade de resistência. A Primeira Guerra Mundial foi a primeira oportunidade em que foram chamados para cumprir este dever.

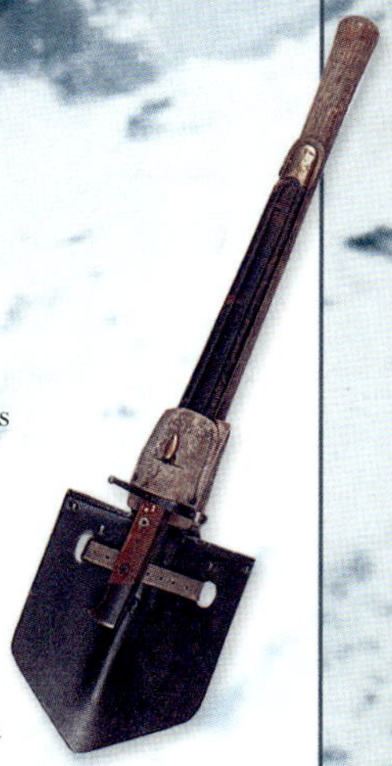

PÁ DOBRÁVEL

Trincheira de tiro
Uma patrulha italiana ocupa uma trincheira de tiro rasa com uma metralhadora Fiat-Revelli modelo 1914, em Fossalta, no rio Piave, em junho de 1918.

Os italianos tinham detido a grande ofensiva principal do inimigo, com resultados desastrosos para a Áustria-Hungria. Na esteira do fracasso, um número crescente dos seus soldados eslavos começou a "votar com os pés", isto é, abandonar as fileiras do Exército, prevendo a derrota iminente e o colapso do império.

Fortalecendo-se para uma nova ofensiva

Durante o verão de 1918, com a multiplicação das vitórias sobre os alemães na Frente Ocidental, diferenças cada vez maiores começaram a emergir entre a Itália e seus aliados, que exigiam que ela se beneficiasse da sua vitória sobre os austro-húngaros e lançasse uma ofensiva no rio Piave. O alto-comando italiano negou-se a progredir, por boas razões, citando as dificuldades encontradas pelo inimigo ao cruzar o rio na sua ofensiva em junho e as deficiências então enfrentadas pelo Exército italiano. O alto-comando estava dolorosamente consciente de que a guerra havia exaurido os recursos da Itália e abrira perigosas divisões políticas e sociais. Raciocinava-se que restava ao país forças para somente uma ofensiva e que, dada a probabilidade de que a guerra se estendesse por 1919, seria melhor adiá-la até o ano seguinte.

Em setembro, contudo, os Aliados irromperam das suas posições em torno de Salonica e, como a Bulgária deu-se por vencida, então a Áustria-Hungria começou a desabar. Em 6 de outubro, dois dias depois do pedido de armistício da Alemanha, um governo provisório que se reuniu em Zagreb proclamou o Estado da Iugoslávia; e em 14 de outubro, formou-se também um governo provisório tcheco. No dia 16, o imperador Habsburgo publicou uma proclamação declarando a Áustria um império federal. Temeroso de que a Itália pudesse perder territórios em qualquer arranjo de paz a menos que as forças austro-húngaras fossem obrigadas a recuar, o alto-comando italiano sentiu-se forçado a lançar uma ofensiva.

Monte Grappa e Vittorino Veneto

Os italianos planejaram um ataque duplo: do Quarto Exército no monte Grappa, a oeste, e do Oitavo Exército no Piave, a leste. O objetivo dos dois exércitos era cercar e isolar o Sexto Exército austro-húngaro. Três outros exércitos — o Sexto, o Décimo e o Décimo Segundo —, que incluíam divisões britânicas, francesas e norte-americanas, apoiariam a missão. Conforme se revelou, foram os exércitos de apoio que romperam as posições inimigas após os ataques malogrados do Quarto e do Oitavo Exércitos.

As divisões britânicas do Décimo Exército se estabeleceram do outro lado do Piave na noite de 23 para 24 de outubro, diante da ofensiva principal, que começou

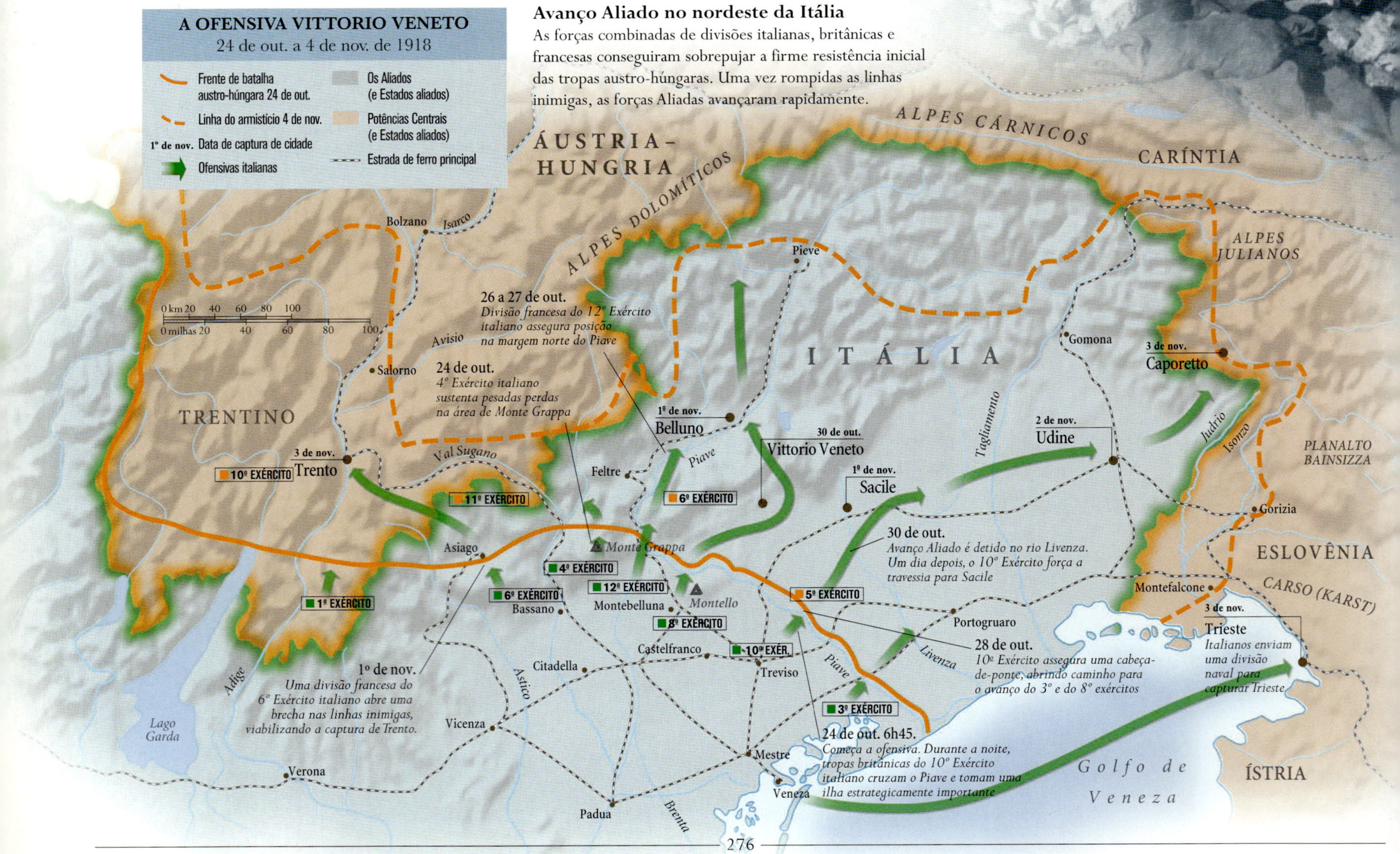

Avanço Aliado no nordeste da Itália
As forças combinadas de divisões italianas, britânicas e francesas conseguiram sobrepujar a firme resistência inicial das tropas austro-húngaras. Uma vez rompidas as linhas inimigas, as forças Aliadas avançaram rapidamente.

Posto médico italiano no monte Grappa
O terreno montanhoso apresentava o problema de como transportar equipamentos e suprimentos, e como trazer os feridos. Redes de cabos foram instaladas por ambos os lados para prover sistemas de içamento.

ao amanhecer. O Oitavo Exército pôde garantir cabeças-de-ponte rasas sobre o caudaloso Piave no dia 26. Mas foi o sucesso do Décimo e do 12º Exércitos em assegurar a margem oriental do Piave que capacitou os italianos a cruzarem o rio em 28 de outubro e tomarem Vittorio Veneto no dia 30.

Enquanto isso, uma série de ataques levados a cabo pelo Quarto Exército italiano em Monte Grappa não conseguiu deixar qualquer impressão sobre a resoluta defesa austro-húngara. Em 29 de outubro, as operações italianas foram interrompidas neste setor, enquanto a atenção concentrava-se no exterior. Divisões britânicas e francesas do Sexto Exército cooperaram para romper a posição em Asiago, assegurando desse modo a captura de Trento em 3 de novembro, justo à frente dos elementos mais importantes do Primeiro Exército italiano. O principal ataque da ofensiva começou então a desdobrar-se do outro lado da planície veneziana.

Vitória italiana

Os austro-húngaros combateram tenazmente, mas depois da travessia do Piave pelos Aliados, eles eram um Exército com dias de existência, lutando por um Estado que já não existia mais. Em 1º de novembro, os italianos asseguraram Sacile, e a partir desse ponto acelerou-se o ritmo do avanço Aliado. Udine foi tomada no dia 2, e os velhos campos de batalha de Isonzo e Caporetto no dia 3. No mesmo dia, Trieste foi ocupada por forças navais e um armistício foi concluído, levado a efeito no dia seguinte.

A batalha final do Exército austro-húngaro custou 30 mil mortos e feridos e cerca de 430 mil prisioneiros. Ao preço de cerca de 38 mil baixas, a Itália tinha assegurado a vitória de que precisava para justificar suas reivindicações territoriais e seu direito de ser considerada como parceira meritória dos Aliados em suas negociações na Conferência de Paz em Paris, em 1919.

Forças italianas em Udine
O comandante da Cavalaria de Sabóia (centro) lidera a primeira patrulha na *Piazza* Contarena, na cidade de Udine, em 3 de novembro — um dia depois de os italianos terem conseguido capturá-la em seu avanço final.

AS CAUSAS DO COLAPSO

No final do verão de 1918, todos os três aliados alemães tinham enfrentado circunstâncias semelhantes — terríveis dificuldades entre seus cidadãos, que a safra desastrosa e o começo do inverno só iriam piorar, e uma seqüência de derrotas alemãs que destruíram quaisquer esperanças de conquistas territoriais. Essa situação, combinada com fatores específicos de cada país, levou ao seu colapso no outono de 1918.

O COLAPSO DA BULGÁRIA

A Bulgária tinha sido o último país das Potências Centrais a entrar na guerra e foi o primeiro a deixar suas fileiras, com um acordo de armistício separado feito com os Aliados em 29 de setembro de 1918. Ela provavelmente teria preferido que a guerra terminasse bem mais cedo. Em dezembro de 1915, ela conquistara todo território sérvio que havia pretendido e derrotara a Romênia em dezembro de 1916. Desde então, a guerra parecia não ter propósito para muitos búlgaros, e seus custos sociais desproporcionais. Em 1914, o custo de vida já era alto e os salários baixos. Em julho de 1918, os preços tinham sofrido uma inflação de 750%. Isto teve um impacto sobre o moral dos soldados, que voltavam às suas casas de licença e encontravam condições ainda piores do que aquelas do exército.

Enquanto isso, os motivos da Bulgária para entrar na guerra em 1915 tinham se tornado amplamente irrelevantes. Entre eles, o ressentimento com os russos por terem apoiado a Sérvia na Guerra dos Bálcãs e a desconfiança para com os Aliados, os quais a Bulgária suspeitava (corretamente) de terem prometido Constantinopla à Rússia no caso de uma vitória contra a Turquia. As derrotas infligidas à Rússia, contudo, reduziram a ameaça que ela representava.

O desejo de paz da Bulgária cresceu quando ficou manifesto que ela receberia recompensas irrelevantes por seu apoio contínuo à Alemanha. Isso foi confirmado durante as negociações de paz com a Rússia e a Romênia em Brest-Litovsk e Bucareste, quando a Bulgária nem sequer recebeu os territórios que fora obrigada a ceder à Romênia em 1913. Efetivamente, a Dobruja setentrional foi colocada sob ocupação militar e econômica da Alemanha. O primeiro-ministro búlgaro, Vasil Radoslavov, comentou que seu país fora tratado mais como um inimigo derrotado do que como um aliado vitorioso.

Depois de 1916, a Alemanha e a Áustria-Hungria fizeram exigências crescentes de recursos agrícolas búlgaros, ao passo que algumas regiões búlgaras passavam fome. Com a safra de 1918 ameaçando ser desastrosa, e a renúncia do primeiro-ministro em 20 de junho, a Bulgária chegou ao fim da estrada.

Prisioneiros turcos
Para muitos turcos, conscritos relutantes num exército freqüentemente incapaz de alimentá-los e equipá-los adequadamente para o terreno em que se esperava que lutassem, serem feitos prisioneiros não era necessariamente uma opção não desejada. Em 1918, o exército tinha menos de 200 mil homens.

O COLAPSO DA TURQUIA

A Primeira Guerra Mundial foi de muitas maneiras uma guerra de exaustão, e cada ano viu um país pobre e relativamente subdesenvolvido como a Turquia perder terreno. Embora a Turquia rural fosse amplamente auto-suficiente, ainda havia necessidade de importar farinha de trigo por mar para alimentar Constantinopla e Trebizonda. As exigências militares de homens e animais de carga reduziram a produção agrícola turca, e o bloqueio econômico impedia navios de suprimento de chegar a Constantinopla. A falta de alimentos e o colapso dos programas públicos de saúde e de saneamento estavam produzindo taxas de mortalidade infantil de 50%. O tifo, a malária e a varíola eram disseminados.

Os ganhos territoriais russos significaram uma fuga em massa de civis para outras províncias, desesperadamente mal situadas para recebê-los. Em 1918, houve uma luta em sentido inverso, quando os exércitos russos abandonaram as suas conquistas. Sem colheitas, porém, a fome e a morte foram resultados inevitáveis.

Em 1918, estimava-se que o Exército contava então com pouco mais de um sexto da sua força total. Os cálculos mostravam que o número de baixas era superior a 1.500.000. A deserção em massa parece ter sido crucial para a salvação de vidas militares e proveu uma razão a mais para a assinatura de um armistício com os britânicos em Mudros, em 30 de outubro.

O COLAPSO DA ÁUSTRIA-HUNGRIA

A falta de alimentos e a maré montante de socialismo levou a agitações políticas na Áustria-Hungria. Havia também um sentimento crescente entre os grupos étnicos minoritários — que incluíam bósnios, tchecos, croatas, italianos, poloneses, sérvios, eslovacos, eslovenos e romenos — de que uma vitória Aliada os libertaria do domínio austríaco e húngaro. Particularmente tchecos, eslovacos, iugoslavos e poloneses deixaram-se inspirar pela promessa do presidente dos Estados Unidos, Woodrow Wilson, em seus Catorze Pontos, de "oportunidade de desenvolvimento autônomo" para as nações da Áustria-Hungria. No momento mesmo em que assinou o armistício, em 3 de novembro de 1918, o Império Habsburgo estava se desintegrando.

DOMINAÇÃO ALEMÃ

Outro fator era talvez compartilhado por todos os três aliados da Alemanha — medo e ressentimento crescentes com a Alemanha devido à sua força econômica, industrial e financeira, e à sua insensibilidade crassa para com seus parceiros. Em 1918, muitas pessoas, particularmente na Áustria-Hungria e na Bulgária, desejavam o fim da guerra como meio de escapar do domínio alemão.

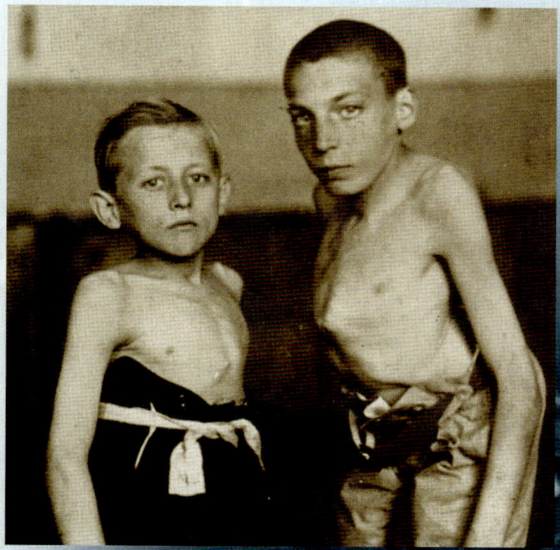

Fome
Os dois meninos vienenses sofrem claramente de subnutrição grave. A Áustria não era capaz de produzir cereais suficientes para alimentar a sua população e nem de obter alimento dos húngaros.

FOME NO IMPÉRIO

A GUERRA EM TRÊS FRENTES DE BATALHA tinha, no final de 1917, exaurido os recursos do Império Habsburgo. Carência aguda de comida, má administração de alimentação, sempre minguantes, alimentos sucedâneos e preços cada vez mais exuberantes trouxeram a fome, ou a quase fome, para as cidades e os povoados da Áustria-Hungria. O acerto mediante o qual a Áustria, núcleo industrializado do império, comercializava mercadorias com a Hungria em troca de alimentos fora rompido pela guerra. A Áustria tinha pouco em matéria de bens, e em 1916 a colheita da Hungria mal satisfazia as suas próprias necessidades. Ela enviou somente 100 mil toneladas de grãos para a Áustria, em contraste com as 2.100.000 toneladas despachadas em tempos de paz. A vitória na Frente Oriental e o Tratado de Brest-Litovsk prometeram quantidades extras de grãos dos ricos cultivos da Ucrânia, mas isso nunca se realizou e a Áustria-Hungria tornou-se cada vez mais dependente da sua mais poderosa parceira alemã.

No começo de 1918, houve greves em favor da paz, primeiro na Áustria e em seguida na Hungria, onde meio milhão de trabalhadores manifestaram o seu protesto político inspirados pelo sucesso da Revolução Bolchevique na Rússia. Fábricas de armas e munições foram afetadas e a produção foi reduzida a níveis de pré-guerra. O Exército foi chamado para atirar contra os trabalhadores grevistas, mas não era confiável como instrumento para restaurar a ordem na frente doméstica, pois suas unidades não-alemãs eram mais simpáticas aos Aliados do que às Potências Centrais. Aumentaram os motins e as deserções para as linhas inimigas. Recrutas leais de Viena só eram dissuadidos de desertar pela amarga realização de que suas refeições diárias de alimentos sucedâneos — pão, caldos ralos e carne de cavalo — constituíam um banquete em comparação aos padrões civis.

Racionamento de comida
Pão distribuído numa rua de Viena, cada pessoa recebendo apenas um pedaço. Em janeiro de 1918, um corte na ração de farinha de trigo para civis levou a distúrbios generalizados.

Tropas norte-americanas com um ferido alemão
Prisioneiros alemães recebem cuidados num posto médico norte-americano durante a ofensiva de St. Mihiel em 12 de setembro de 1918. Os estadunidenses liberaram o saliente de St. Mihiel com êxito em 36 horas, fazendo 8 mil prisioneiros.

Os alemães buscam um armistício

Tropas britânicas em Lille
Lille foi capturada em 17 de outubro sem que um só tiro tenha sido disparado depois que a ofensiva, lançada no dia 14, forçou os alemães a começar a abandonar a costa belga.

A FRENTE OCIDENTAL
4 DE OUTUBRO A 11 DE NOVEMBRO DE 1918

Duros combates continuaram depois de os alemães terem feito um pedido formal de armistício ao presidente Wilson, dos Estados Unidos, a ser negociado com base nos seus Catorze Pontos. Enquanto Wilson fazia um sem-número de exigências, e os alemães resistiam, os Aliados lançaram outra série de ofensivas, forçando os alemães a uma retirada geral. A disciplina do Exército alemão tinha sido quebrada quando o armistício foi assinado, em 11 de novembro.

4 DE OUTUBRO Alemães enviam pedido de armistício ao presidente Wilson, dos Estados Unidos, com base no seu programa de Catorze Pontos.

8 DE OUTUBRO Wilson exige a retirada da Alemanha de territórios ocupados

8 DE OUTUBRO No setor do Somme, começa a Segunda Batalha de Cambrai

9 DE OUTUBRO Forças britânicas entram em Cambrai e começam a avançar para a última linha de trincheiras na Linha Hindenburg

10 DE OUTUBRO Alemães abandonam Argonne em função de operações norte-americanas

11 DE OUTUBRO Exércitos francês e estadunidense avançam para Sedan, no Meuse

13 DE OUTUBRO Forças francesas ocupam Laon

14 DE OUTUBRO Presidente Wilson exige que alemães acabem com todas as ofensivas dos submarinos *U-boats*.

14 DE OUTUBRO Ofensiva britânica nas cercanias de Ypres força alemães a abandonar a costa belga

17 DE OUTUBRO Forças britânicas ocupam Lille; belgas recuperam Ostend

19 DE OUTUBRO Belgas reocupam Zeebrugge e Bruges

20 DE OUTUBRO Alemães dão resposta evasiva às últimas exigências de Wilson

23 DE OUTUBRO Wilson se recusa a negociar armistício com governo alemão vigente

25 DE OUTUBRO Entrada cerimonial do rei e da rainha belgas em Bruges

26 DE OUTUBRO Ludendorff demitido pelo Kaiser por conclamar o Exército a ignorar o governo e as suas negociações de armistício

27 DE OUTUBRO Imperador Karl informa Kaiser da intenção dos austro-húngaros de pedir um armistício

29 DE OUTUBRO Começo de motim na Marinha alemã

1º DE NOVEMBRO Começa ofensiva franco-estadunidense no setor Aisne-Meuse

3 DE NOVEMBRO Belgas avançam até as margens de Ghent

4 DE NOVEMBRO Começa a ofensiva final Aliada na Frente Ocidental

5 DE NOVEMBRO Alemães começam a retirada geral do Meuse

8 DE NOVEMBRO Negociadores alemães do armistício chegam a Compiègne e recebem os termos do mesmo

8 DE NOVEMBRO Levante em Munique e em dez outras grandes cidades na Alemanha

9 DE NOVEMBRO Britânicos capturam Tournai; forças belgas ocupam Ghent

9 DE NOVEMBRO Ebert substitui príncipe Max como chanceler; o Kaiser abdica

10 DE NOVEMBRO No setor do Meuse, forças francesas e estadunidenses tomam Mézières e Charleville e entram em Sedan

10 DE NOVEMBRO Kaiser cruza a fronteira para a Holanda depois de perder o apoio do Exército e da Marinha

11 DE NOVEMBRO Concluído o armistício alemão

LEGENDA
- Negociações alemãs de armistício 4 de out. a 11 de nov.
- Ofensiva final Aliada 4 de out. a 11 de nov.
- Outros acontecimentos 4 de out. a 11 de nov.

Depois do reconhecimento pelas autoridades militares alemãs da necessidade de um armistício, o pedido de discussão foi feito através da Suíça ao presidente dos Estados Unidos, Woodrow Wilson, em 4 de outubro. Nas semanas seguintes, dois conjuntos de acontecimentos evoluíram juntos: os eventos no campo de batalha e os eventos políticos que deveriam decorrer do pedido de armistício — pedido este que foi feito a fim de evitar uma derrota militar que ainda iria tornar-se abrangente. Durante todo este período, os Aliados mantiveram a pressão sobre os exércitos alemães na Frente Ocidental, infligindo perdas que, acrescidas àquelas de agosto e setembro, finalmente explicitaram para as lideranças políticas e militares alemãs a desesperança em que se encontrava seu país.

Mais ofensivas aliadas

Em outubro, os Aliados mantiveram o padrão das suas operações anteriores com ofensivas sucessivas. Em 5 de outubro, eles romperam as últimas posições importantes da Linha Hindenburg, possibilitando levar a guerra a áreas que não tinham visto combates desde 1914. Depois de fazer cerca de 8 mil prisioneiros só no dia 8 de outubro, o Terceiro e o Quarto Exércitos britânicos montaram uma ofensiva que resultou na recaptura de Cambrai no dia 9 e de Le Cateau no dia 10. A extensão da desordem administrativa do Exército alemão e a natureza improvisada das suas medidas defensivas podem ser dimensionadas pelo fato de que, em Méricourt, Prémont e Sérain, os alemães perderam 4 mil prisioneiros capturados de não menos que 15 divisões diferentes. No dia 13, as forças alemãs estavam engajadas numa retirada geral em toda a frente de batalha entre St. Quentin e Argonne. No dia 14, a ofensiva britânica em torno de Courtrai forçou os alemães a começar a abandonar a costa belga e Lille. Como resultado, o rei Albert retornou a Ostend em 17 de outubro, e dois dias depois as tropas belgas entraram em Zeebrugge e Bruges.

O declínio da pressão

A partir deste ponto, a pressão sobre os alemães relaxou com o agravamento dos problemas de suprimento dos Aliados. Mas já no dia 20, os britânicos tinham se estabelecido no Scheldt, a leste de Lille, entre Pecq e Lienfer; e três dias depois, no dia 23, o Terceiro e o Quarto Exércitos britânicos empreenderam ofensivas entre o Scheldt e o Sambre. Neste momento, as forças alemãs já haviam abandonado as suas posições no Aisne e estavam envolvidas numa retirada geral de todas as suas posições no lado oposto dos Exércitos francês e norte-americano no Meuse. Em 1º de novembro, com o Quarto Exército francês e os Primeiro e Segundo Exércitos estadunidenses retomando as suas ofensivas em ambos os lados de Verdun, iniciou-se na Bélgica a Batalha do Sambre. Ela terminaria no dia 11, com forças belgas entrando em Ghent e forças britânicas entrando em Mons. No mesmo dia, os alemães concordariam em aceitar os termos de armistício que lhes haviam sido apresentados. Os norte-americanos, depois de um avanço de 40 km (25 milhas) desde 1º de novembro, estavam nas elevações que cercavam Sedan, e os franceses estavam às portas de Mézières.

Nos últimos três meses de hostilidades, os exércitos Aliados capturaram cerca de 363 mil prisioneiros e 6.400 canhões, indício de que a coesão e a disciplina das tropas alemãs estavam ruindo. As forças Aliadas, particularmente as britânicas, sofreram inevitavelmente com restrições e perdas sérias que eram tão menos aceitáveis quanto mais perto estavam da vitória. Seus contratempos, contudo, foram temporários e táticos e pelo menos em parte causados pelo número muito pequeno de tanques disponíveis para operações ofensivas. Em todo caso, eles foram logo revertidos pelo sucesso Aliado no âmbito estratégico. Não houve nenhuma ruptura nas linhas alemãs nessas semanas, apenas uma erosão persistente de posição e poderio que as forças alemãs não podiam impedir, e menos ainda inverter.

A frente doméstica alemã

A revelação da impotência dos militares nacionais atingiu as lideranças políticas e civis da Alemanha como um choque devastador na primeira semana

Avanços Aliados nos meses finais

Em 4 de outubro, os norte-americanos renovaram a sua ofensiva em Argonne. À sua esquerda, os franceses avançaram para o Aisne, cruzando-o em 1º de novembro, ocasião em que os norte-americanos começaram a subir o vale do Meuse na direção de Sedan. Ao norte, os britânicos e os belgas avançaram para os picos de Ypres e através de Flandres.

de outubro. Até agosto, a população civil alemã mostrou notavelmente poucos sinais de inquietação, apesar das privações causadas pela guerra. A partir do começo do outono, porém, os problemas para garantir a solidariedade nacional tinham aumentado. Durante as ofensivas da primavera, trens carregados de prisioneiros e de alemães feridos chegaram pelas ferrovias nacionais, mas as batalhas de outono só trouxeram mais feridos. Em agosto, houve mais cortes na distribuição de alimentos, que já mal dava para sustentar a população existente, ao mesmo tempo em que piorou a epidemia mundial de *influenza* durante todo o verão. No outono, a epidemia chegou ao seu auge na Alemanha, com 3 mil mortes em outubro só na capital (o número total de civis alemães mortos de *influenza* chegou a cerca de 400 mil em 1918).

Em 30 de setembro, o chanceler Hertling foi substituído pelo príncipe Max von Baden, primo do Kaiser conhecido por suas opiniões liberais. A nomeação, contudo, não foi capaz de evitar o acirramento da inquietação. Em 3 de novembro, depois que navios de guerra da Frota de Alto-Mar receberam ordens de navegar para uma última e culminante batalha, as tripulações em Kiel e Wilhelmshaven se amotinaram. Ambas as cidades estavam em mãos revolucionárias em 7 de novembro, quando a Bavária foi declarada república independente.

Os Catorze Pontos de Wilson

A solicitação de discussões para um armistício enviada ao presidente Wilson em 4 de outubro afirmava a disposição alemã de negociar com base nos Catorze Pontos de Wilson. O presidente apresentara pela primeira vez os pontos ao Congresso dos Estados Unidos em janeiro de 1918 como fundação para uma paz duradoura, elaborando subseqüentemente sobre eles num discurso feito em Nova York em 27 de setembro. Em geral, eles adotavam o princípio da autodeterminação nacional. Exigiam a restauração do Estado belga, a libertação de todo o território francês e o retorno à França da Alsácia e da Lorena. Nas demais partes da Europa, Wilson visou ao fim dos impérios Habsburgo e Otomano e a criação de novos Estados nacionais na Europa Central e na Europa Oriental. Entre eles incluir-se-ia a Polônia, com pleno acesso ao mar Báltico.

Comunicação via telefone
Embora o sistema sem fio estivesse começando a surgir no campo de batalha em 1918, seu uso não era, de forma alguma, universal, e ainda havia grande confiança nos telefones de campanha.

Em seus Catorze Pontos, Wilson também incitava as nações da Europa Ocidental a acolherem a Rússia "na sociedade das nações livres sob instituições de sua própria escolha". Mais importante do ponto de vista alemão, ele pedia negociações diplomáticas abertas, o fim das barreiras econômicas ao comércio e "garantias recíprocas de independência política e integridade territorial" para todos os Estados.

Wilson reconhecia que os britânicos e os franceses deviam desempenhar um papel de liderança no esboço dos termos de um armistício. Entretanto, ele logrou usar sua posição para fazer uma série de exigências à Alemanha: retirada das forças alemãs de todos os territórios ocupados (8 de outubro), fim das ofensivas submarinas com *U-boats* (14 de outubro) e reconhecimento de que a paz não poderia ser concluída com as autoridades imperiais e militares vigentes (23 de outubro). Ele impôs, desse modo, ao alto-comando alemão uma rendição gradativa que não era passível de ser revertida e vinculava inextricavelmente o armistício e o tratado de paz com os Catorze Pontos.

Avanço de tropas norte-americanas
A começar por uma primeira ação secundária totalmente norte-americana, as tropas dos Estado Unidos tiveram um papel cada vez mais significativo no recuo dos alemães. No final de setembro, a sua participação ativa convenceu o alto-comando alemão da necessidade de um armistício.

A Alemanha em 1918

A partir do árduo inverno de 1916-17, registrou-se uma deterioração marcada das condições de vida das populações civis alemãs. Os que não tinham recursos suficientes para comprar comida no florescente mercado negro começaram a passar fome: segundo algumas estimativas, mais de 700 mil alemães morreram de doenças relacionadas à subnutrição entre 1914 e 1918.

As pessoas que viviam em povoados e cidades eram as que mais sofriam. Numa difícil tentativa de conseguir míseros suprimentos de comida, os cientistas do governo apresentaram preparados substitutos como "carne" feita de farinha vegetal, cevada e cogumelos. Num registro criado pelo governo em 1918 de sucedâneos licenciados, mais de 11 mil produtos foram listados até o final da guerra.

A falta de carvão e de sabão significava que os civis alemães não só estavam passando fome como também estavam com frio e sujos, suscetíveis, portanto, a doenças. A cada tentativa, o total fracasso das autoridades — do Estado, militares e locais — em administrar a economia de guerra e manter o moral dos civis era claramente visível.

Ao mesmo tempo em que a Revolução Bolchevique na Rússia, em novembro de 1917, permitiu que o Exército alemão deslocasse recursos para a Frente Ocidental, também deu uma nova dimensão revolucionária à agitação civil. Janeiro de 1918 viu uma greve de mais de 500 mil trabalhadores em Berlim e cerca de um milhão em toda a Alemanha, e os protestos envolviam cada vez mais soldados e marinheiros. Ao final de agosto de 1918, a deserção chegou a níveis sérios no Exército alemão e estava ligada ao saque de estoques de alimentos e outras lojas do Exército.

Em novembro, havia 10 mil "Conselhos de Soldados" cujos membros seriam vistos nas grandes cidades e povoados da Alemanha distribuindo farinha de trigo, chocolate e chá às populações civis. A sua eficiência contrastava favoravelmente com os malogros do governo, cuja impopularidade eles ajudavam a aumentar.

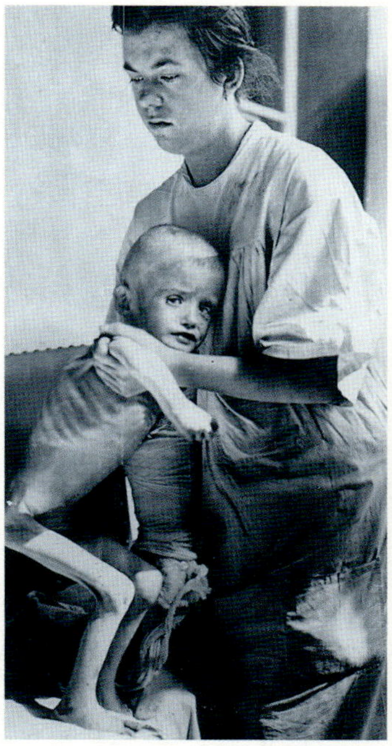

Fome
A subnutrição deixava crianças e adultos igualmente vulneráveis a doenças infecciosas como a tuberculose, a *influenza* e a pneumonia.

Distúrbios por comida
Soldados guardam o que restou de um açougue saqueado na *Invalidenstrasse*, em Berlim. A farmácia e a livraria dos dois lados do açougue foram deixados intactas pelos agitadores com fome, que claramente só estavam interessados em comida.

Produtos *ersatz* (substitutos)
Os substitutos do café incluíam raiz de dente-de-leão e cevada. Vendia-se também o chá de folha de framboesa. Como havia falta de algodão, um material parecido era feito a partir de papel reforçado com fibras trançadas.

SABÃO *ERSATZ*

CAFÉ *ERSATZ* (SUBSTITUTOS)

CHÁ *ERSATZ* (SUBSTITUTOS)

TECIDO *ERSATZ* (SUBSTITUTOS)

Sopa popular
Crianças recebem sopa numa cozinha de campanha montada para alimentar soldados retornados das frentes de batalha. Em 1917, quase um terço da população de Hamburgo sobrevivia de "sopas populares" distribuídas por esse tipo de cantina provisória.

> "Em 9 de novembro, a Alemanha, carente de uma mão firme, privada de vontade, privada de seus príncipes, desabou como um castelo de cartas."
>
> GENERAL ERICH LUDENDORFF

Trem do armistício
O armistício foi redigido e assinado num vagão de trem (*acima*), num trecho lateral na Floresta de Compiègne, no norte da França. Os Aliados foram representados pelo almirante Wemyss e o marechal Foch (*esquerda*). A delegação alemã, conduzida por Erzberger, teve pouco espaço para negociações e poucas oportunidades para consultar o governo alemão sobre os termos que estavam sendo oferecidos.

A terceira exigência de Wilson, de uma mudança de regime, fez com que Hindenburg e Ludendorff convocassem o Exército a ignorar o governo e suas negociações. Por esse ato de insubordinação, Ludendorff foi obrigado pelo Kaiser a renunciar. A terceira exigência foi acatada em 29 de outubro numa nota que dava garantias a Wilson da credibilidade do governo alemão — embora esta credibilidade fosse então minada pelos motins entre as tripulações da Frota do Alto-Mar em Wilhelmshaven e Kiel. Nesse ínterim, o príncipe chanceler Max ficou inconsciente por 36 horas depois de tomar uma beberagem sonífera para aliviar os sintomas da *influenza*.

Negociações do armistício

Em 5 de novembro, Wilson informou ao governo alemão que as negociações podiam prosseguir com base nos Catorze Pontos, aconselhando que o armistício deveria ser assegurado por Foch, o que se cumpriu devidamente. Às 14h30 do dia 7 de novembro, os franceses transmitiram por rádio instruções para uma delegação alemã apresentar-se às 20h daquele mesmo dia. A delegação foi trazida por trem a Rethondes, onde, na manhã do dia 8, foi compelida a solicitar formalmente os termos do acordo. Sem acesso a rádio e sem direito de transitar pela rua por 24 horas, ela não pôde comunicar os termos aos seus quartéis-generais antes do dia 10 de novembro.

No dia anterior, o príncipe Max havia renunciado ao posto de chanceler e sido substituído pelo socialista Ebert. O Kaiser fora convencido a abdicar. Depois de autorizar a aceitação dos termos do armistício no dia 10, ele se refugiou na tecnicamente neutra Holanda, enquanto sua família permaneceu em Berlim. Apesar de o alto-comando alemão considerar os termos do armistício punitivos, sabia que não tinha alternativa senão aceitá-los e foi autorizado a assinar pelo príncipe Max (embora não mais chanceler) e por Hindenburg. Quando as delegações alemã e Aliada se encontraram às 2h05 do dia 11 de novembro, os alemães conseguiram obter algumas concessões secundárias. Entre elas, a redução do montante total de armas e equipamentos militares a serem entregues aos Aliados — com base em que iriam precisar de uma certa capacidade militar para manter a ordem pública. Com isso, a delegação alemã teve que se dar por satisfeita. O armistício, válido a partir das 11h, foi assinado às 5h10. A guerra, com efeito, tinha finalmente acabado.

Os termos do armistício

Os termos assinados pelos alemães correspondiam a uma derrota total. Eles se comprometeram não só a evacuar todas as suas tropas na Bélgica, na França, em Luxemburgo e na Alsácia-Lorena em 15 dias, mas também de fazer recuar suas tropas dentro da Alemanha até 40 km (25 milhas) a leste do Reno, deixando intactas todas as instalações. Os tratados de Brest-Litovsk e Bucareste, acordados entre as Potências Centrais, os russos e os romenos previamente naquele ano, foram anulados e os alemães receberam ordem de iniciar a evacuação dos territórios que tinham ocupado na Europa Oriental. Eles também deveriam autorizar o direito de acesso dos Aliados ao território polonês através de Danzig, no mar Báltico. As tropas alemãs também deveriam parar de lutar na África Oriental (ordem que demorou dois dias para alcançá-las) e evacuar a região.

A Alemanha deveria entregar quase toda a sua artilharia, metralhadoras, morteiros e aviões, assim como 5 mil locomotivas, 150 mil vagões e 5 mil caminhões (juntamente com peças de reposição para fins de manutenção). Além disso, os Aliados se reservavam o direito de requisitar outros equipamentos e suprimentos da Alemanha, quando necessário, com os custos a serem assumidos pelo governo alemão.

A Força Aérea alemã deveria ser reunida em certo local e imobilizada, e a frota naval, confinada e desarmada — processo que ocorreu e envolveu devidamente um total de 114 submarinos alemães escoltados até o porto de Harwich, na Inglaterra, entre 19 e 27 de novembro.

Todos os prisioneiros de guerra Aliados deveriam ser libertados e entregues pelos alemães, e os cidadãos Aliados nos territórios ocupados sendo repatriados. Os Aliados, contudo, não declararam a sua disposição de cumprir mutuamente esse acordo. O bloqueio Aliado aos portos alemães, que estava causando carência grave de alimentos e outras privações entre civis e soldados alemães, deveria continuar, apesar de os Aliados terem concordado em "contemplar o abastecimento da Alemanha... conforme avaliar-se necessário".

MUDANÇA POLÍTICA

Quando Ebert assumiu como chanceler em 10 de novembro, os socialistas radicais Karl Liebknecht e Rosa Luxemburgo realizaram um comício em que propuseram uma república soviética ao estilo russo. Para confundir os radicais, os seguidores de Ebert declaram a Alemanha república socialista e chamam o governo provisório de Comissários do Conselho do Povo.

Seguiu-se um período de agitação política durante o qual Liebknecht e seus seguidores comunistas, conhecidos como espartaquistas, levaram a cabo um levante em 6 de janeiro de 1919, assumindo o controle de edifícios-chave do governo. Sua revolução foi violentamente reprimida em uma semana por um partido direitista formado por oficiais superiores do Exército alemão — o *Freikorps*.

Exílio para o Kaiser
Quando ficou claro que o Kaiser não tinha mais o apoio do Exército ou da Marinha, ele deixou seu quartel-general na Bélgica e cruzou a fronteira para a Holanda. A sua abdicação foi anunciada pelo príncipe Max em 9 de novembro, embora o Kaiser só tenha de fato assinado a proclamação oficial em 28 de novembro.

GRIPE ESPANHOLA

DEPOIS DE QUATRO ANOS DE GUERRA, que testemunharam movimentos maciços de pessoas através dos continentes, o mundo estava pronto para uma pandemia. Ela tomou a forma de uma perigosa tendência de *influenza*, que se tornou conhecida como "gripe espanhola", possivelmente porque, como Estado não-combatente, o governo espanhol não viu razões para reprimir as notícias de que o país estava enfrentando um tipo extraordinariamente grave de gripe. O vírus infectou tanto Estados não-combatentes como combatentes.

A gripe espanhola veio em três ondas. A primeira ocorreu na primavera de 1918, começando seja nos Estados Unidos, seja nos campos do Exército norte-americano na França. A primeira onda chamou pouca atenção porque correspondeu a uma doença comparativamente branda. Então, em agosto, uma segunda onda, mais venenosa, atingiu ao mesmo tempo várias localidades a milhares de quilômetros de distância uma da outra: Freetown, a capital de Serra Leoa; Brest, o porto de desembarque das tropas estadunidenses; Boston, nos Estados Unidos. Altamente infecciosa, esta gripe logo virara pneumonia, contra a qual a medicina não tinha defesas. Ela se espalhou como fogo entre os soldados norte-americanos em casa e no exterior. Ao todo, 62 mil membros do pessoal norte-americano em serviço morreu da gripe — mais do que os que morreram nos campos de batalha.

A terceira onda, que aconteceu na primavera de 1919, assolou as populações civis desgastadas pela guerra e subnutridas da Europa. Apesar dos esforços frenéticos para controlar e tratar a gripe, entre 21 e 25 milhões de pessoas morreram. Depois, tão misteriosamente quanto tinha chegado, a gripe espanhola desapareceu.

Repelir os germes
Pastilhas expectorantes de menta — aqui promovidas numa propaganda — eram apenas um dos muitos remédios antigripais então disponíveis. Todos eles, contudo, mostraram-se ineficazes.

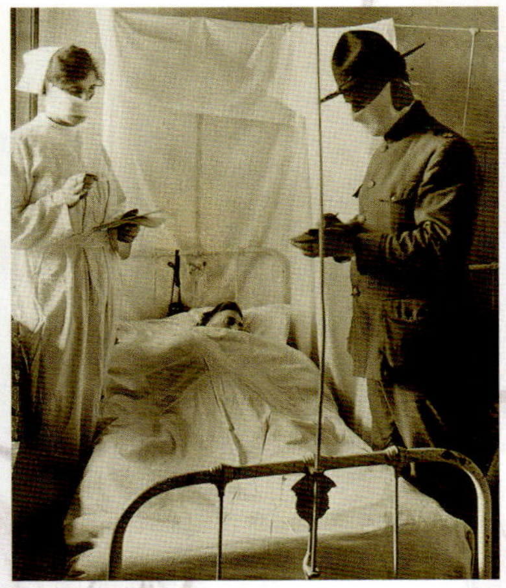

Medidas de proteção
Foram feitas tentativas de proteger as equipes médicas contra a infecção através do uso de máscaras de gaze, mas muitas enfermeiras e médicos contraíram a gripe e morreram.

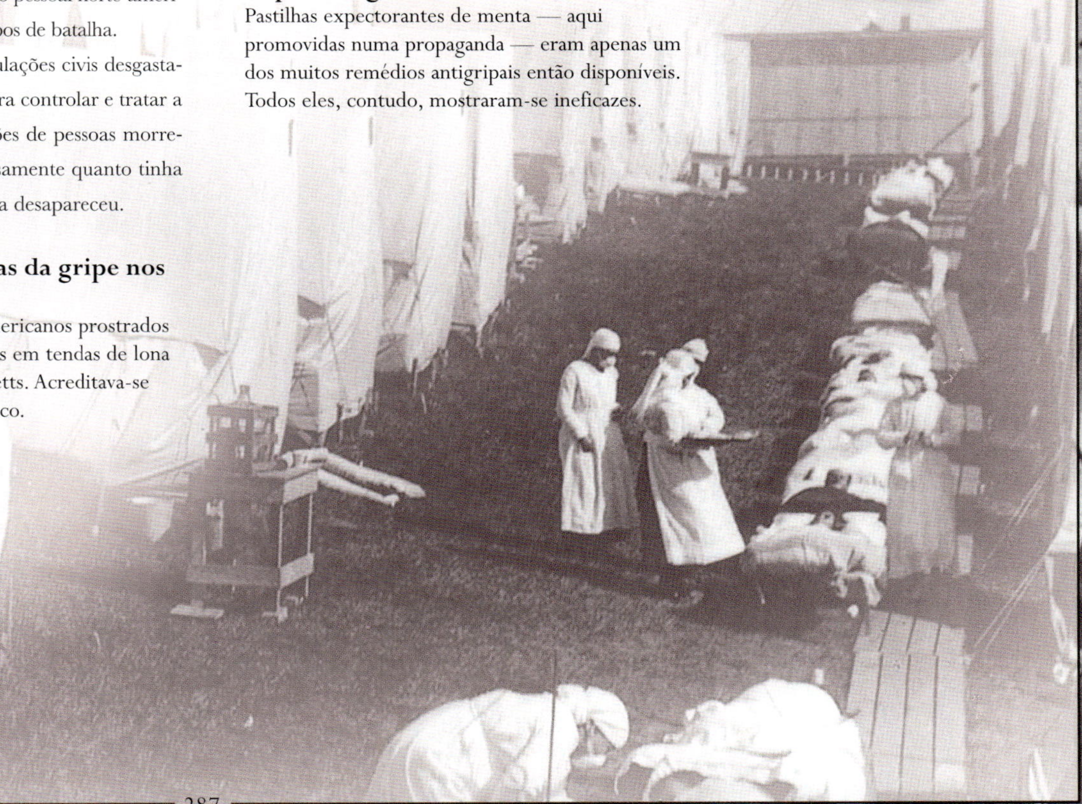

Cuidando das vítimas da gripe nos Estados Unidos
Alguns soldados norte-americanos prostrados pela gripe foram atendidos em tendas de lona em Lawrence, Massachusetts. Acreditava-se que o ar puro fosse benéfico.

Rendição da frota
Liderada por navios de guerra britânicos, a frota alemã navega no estuário de Forth em 21 de novembro. Subseqüentemente, ela foi confinada em Scapa Flow, nas ilhas Órcades, Escócia.

A eleição de uma assembléia para redigir uma nova Constituição alemã foi à frente em 19 de janeiro, incluindo pela primeira vez o voto de mulheres. Os partidos que apoiavam a democracia receberam 75% dos votos, e a assembléia eleita reuniu-se em Weimar em 6 de fevereiro. O governo provisório alemão, do qual Ebert era, neste momento, presidente, recebeu, entretanto, pouco crédito dos Aliados pela derrubada da velha ordem autocrática. Toda esperança de que uma Alemanha democrática e desmilitarizada pudesse ser tratada com parceria e igualdade pelos Aliados na Conferência de Paz em Paris foi por água abaixo no momento em que os alemães foram obrigados a ficar de fora até o começo de abril, quando foram chamados a comparecer em Paris para que lhes ditassem os termos da paz.

A Europa depois do armistício

O que se passou nos dias, semanas e meses após a assinatura do armistício não foi nada parecido com paz. Enquanto a instituição de uma república tinha um significado imenso na Alemanha, afetando como afetava a nação isolada mais poderosa da Europa, aconteceram coisas em outros lugares — particularmente na Europa Central e na Europa Oriental — que refletiam profundas mudanças políticas, econômicas e sociais. Houve um enorme movimento de pessoas durante e após a evacuação alemã da Bélgica, da Alsácia-Lorena e de Luxemburgo no oeste, e da Polônia e da Ucrânia no leste. Os franceses ocuparam Estrasburgo em 25 de novembro, e exércitos Aliados deslocaram-se para a Alemanha em 9 de dezembro, cruzando o Reno três dias depois. Nesse ínterim, a Europa lutava contra uma epidemia de gripe que afetaria 100 milhões de pessoas em todo o mundo.

Na Europa Oriental, a Polônia, proclamada Estado independente em 7 de outubro de 1918 e formalmente constituída uma semana depois do armistício, realizou eleições gerais em janeiro de 1919. Uma área da Galícia não foi incluída nessas eleições, em torno de Lemberg, onde houve choques entre forças polonesas e ucranianas em novembro de 1918. Em janeiro de 1919, forças bolcheviques ocuparam Vilna, ação que prefigurava a guerra entre a Polônia e a Rússia.

No sul, onde forças francesas posicionaram-se no Danúbio pela primeira vez em mais de cem anos, um reino dos sérvios, croatas e eslovenos foi proclamado em 29 de outubro em Zagreb. Ele foi fundado formalmente na cidade sérvia de Belgrado três dias depois. Desde o começo, o novo país estava abalado pelos conflitos de fronteira com a Itália, a Romênia e a Bulgária. As suas principais dificuldades, contudo, eram mais básicas: a terra fora arruinada pela guerra e a destruição, e o campesinato pela doença e a fome.

Alhures, nasceram países como a Tchecoslováquia. Os tchecos declararam independência da Áustria em 29 de outubro de 1918, e a Eslováquia da Hungria dois dias depois. Em janeiro de 1919, o exército integrado do Estado recém-unificado tinha expulsado as forças polonesas da área em disputa de Teschen, na Morávia.

Todos esses desenvolvimentos eram parte do legado da que foi, talvez, como resultado da guerra, a maior mudança isolada no seio da Europa: o colapso do Império Habsburgo e a reconstituição dos seus territórios com base no princípio da autodeterminação nacional. Era uma mudança sem paralelos na Europa desde 1453, quando Constantinopla foi derrotada pelos turcos otomanos. Nos últimos dias da guerra, quando ruía a Áustria-Hungria, cerca de 500 mil dos seus soldados se renderam. Outros abandonaram as suas posições e marcharam para casa cruzando países em caos.

Voltando para casa
Alsacianos atravessam a ponte em Kehl, um pouco a leste de Estrasburgo, em seu caminho de volta para casa, em novembro de 1918.

Saudando o "Dia da Vitória"
Na Inglaterra, como em outros Estados Aliados, as celebrações da vitória duraram apenas algumas horas antes de as pessoas começarem a lembrar-se da realidade do que tinha ocorrido nos quatro anos anteriores.

ARMISTÍCIO

ÀS ONZE DA MANHÃ DO DIA 11 de novembro, os canhões da Frente Ocidental se calaram. Poucas horas depois, os sinos de igreja repicaram novamente na Grã-Bretanha, onde parecia que toda a população tinha saído às ruas para celebrar o "Dia da Vitória". Fábricas foram fechadas, bares ficaram abertos e as bandeiras das nações Aliadas foram desfraldadas sob o céu sombrio de novembro. Também na França bandeiras tremularam e imensas multidões cantaram a "Marseillaise", mas as celebrações foram mais silenciosas do que a dos norte-americanos e britânicos, talvez em razão de o povo francês ter sofrido a maior proporção de mortes de todas as nações combatentes, bem como o trauma da ocupação alemã.

Na Alemanha, a notícia do armistício foi de pequeno significado, comparada com os relatos sobre a abdicação do Kaiser e as cidades cedendo ao controle revolucionário. Entre os alemães, blindados dos acontecimentos na Frente Ocidental até o último minuto, havia espanto e negação. Eles se sentiam assim porque o armistício tinha sido assinado enquanto seu exército ainda ocupava partes da Bélgica e da França, eles não haviam perdido a guerra, mas tinham sido traídos pelos seus líderes. Se os Aliados tivessem organizado paradas de vitória em Berlim e Munique, a realidade da derrota poderia ter sido digerida antes. Em vez disso, os termos do armistício permitiram que os soldados alemães marchassem para casa e fossem saudados como vitoriosos pelo novo chanceler alemão, Friedrich Ebert. Com o armistício começou o mito da "facada nas costas", do qual Hitler seria o beneficiário final.

Celebrações
Em meio às multidões que celebraram nas ruas de Londres estava um marinheiro norte-americano, uma enfermeira da Cruz Vermelha e soldados britânicos unidos em seu entusiasmo pela paz.

Le Petit Journal
L'ALLEMAGNE EN REVOLUTION
Le Kaiser a abdiqué, le Kronprinz renonce
UNE RÉGENCE ANNONCÉE — UN CHANCELIER SOCIALISTE : EBERT
On attend la capitulation
MAX DE BADE PROPOSE UNE RÉGENCE
EBERT NOMMÉ CHANCELIER
MAIS EBERT NE PARLE QUE DE MANGER

Capitulação alemã
As manchetes na primeira página deste jornal francês de 11 de novembro anunciam a abdicação do Kaiser e a revolução na Alemanha, e aguardam com ansiedade a assinatura de um armistício mais tarde naquele mesmo dia.

Cartão-postal francês da vitória
A importância da décima primeira hora do décimo primeiro dia do décimo primeiro mês nunca seria esquecida.

Australianos em festa
A notícia do armistício foi recebida com alegria e alívio em todo o mundo. Multidões se reuniram em Martin Place, no centro de Sydney.

Menu de Ação de Graças
O jantar de Ação de Graças oferecido pelo corpo de funcionários militar norte-americano em Londres, em 28 de novembro de 1918, foi um evento especialmente importante.

UMA NOVA ORDEM MUNDIAL

1919-23

A CONFERÊNCIA DE PAZ EM PARIS FOI CONVOCADA NUM CLIMA DE GRANDES ESPERANÇAS DE UMA EUROPA NA QUAL VELHAS RIVALIDADES E VELHOS RESSENTIMENTOS SERIAM REMEDIADOS, MAS AO MESMO TEMPO EM QUE O MAPA DA EUROPA FOI RADICALMENTE ALTERADO PELOS TRATADOS, MUITAS DAS CAUSAS SUBJACENTES DA GUERRA NÃO FORAM SANADAS. AS ADVERSIDADES EXPERIMENTADAS PELO POVO DA EUROPA CENTRAL E DA EUROPA ORIENTAL E O EXEMPLO DA REVOLUÇÃO RUSSA LEVARAM A UM PERÍODO DE REVOLTA POLÍTICA NO QUAL LÍDERES EXTREMISTAS CONQUISTARAM APOIO POPULAR.

9

Soldados feridos do Exército Vermelho em 1919
Os soldados do Exército Vermelho lutaram para consolidar o controle bolchevique da Rússia. Eles experimentaram muitos reveses antes de finalmente ganhar a guerra contra as forças contra-revolucionárias.

A PAZ MALSUCEDIDA

HAVIA ESPERANÇAS DE QUE UMA EUROPA PÓS-GUERRA PUDESSE FUNDAR-SE NOS PRINCÍPIOS DE AUTODETERMINAÇÃO NACIONAL E DEMOCRACIA, E DE QUE FUTUROS CONFLITOS INTERNACIONAIS PUDESSEM SER RESOLVIDOS PACIFICAMENTE POR UMA LIGA DAS NAÇÕES — ASPIRAÇÕES QUE HAVIAM SIDO EXPRESSAS PELO PRESIDENTE DOS ESTADOS UNIDOS, WOODROW WILSON, EM SEUS "CATORZE PONTOS".

QUANDO O PRESIDENTE WILSON chegou a Londres em dezembro de 1918, a caminho de Paris para a conferência de paz, foi saudado por muitos como se fosse um mensageiro divino, trazendo luz do Novo Mundo para o Velho. Suas propostas de paz duradoura, traçadas no começo do ano com os seus "Catorze Pontos" (ver p. 284) e desenvolvidas em discursos posteriores, constituíram a base a partir da qual a liderança alemã pediu o armistício. Ele pôde, desse modo, receber créditos por ter desempenhado um papel substancial levando a guerra à sua conclusão.

A Conferência de Paz de Paris foi aberta em janeiro de 1919 e contou com a presença de representantes de 32 nações. Instituiu-se um grande número de comissões para lidar com os diferentes aspectos do acordo, que incluía tratados separados com cada uma das Potências Centrais e uma convenção estabelecendo a Liga das Nações. A conferência teve um aspecto incomum: não envolver negociações entre lados opostos. Os vitoriosos decidiram sozinhos os termos, que o vencedor foi forçado a aceitar. As decisões mais importantes foram tomadas pelo primeiro-ministro francês, Clemenceau, o primeiro-ministro britânico, Lloyd George, e o presidente estadunidense, Woodrow Wilson. O primeiro-ministro italiano, Orlando, foi deixado um pouco de lado, e o chefe da delegação japonesa, Saionji, não participava das discussões quando interesses japoneses não estavam em jogo.

JUSTIÇA OU VINGANÇA?

Havia um forte sentimento público tanto na Grã-Bretanha como na França de que a Alemanha deveria fazer reparações financeiras substanciais para compensar os Aliados pelos custos da guerra. Lloyd George, um liberal, tinha opiniões mais moderadas, mas seu governo dependia do voto dos conservadores e ele se tornou refém de uma opinião pública vingativa. Os alemães protestaram energicamente contra a exigência de reparações, e por estarem sendo pressionados a assinar uma cláusula de "culpa de guerra". Eles tinham concordado com as conversações sobre um armistício com base nos princípios corporificados nos Catorze Pontos, e estavam profundamente ressentidos pela maneira com que, na sua opinião, os termos tanto do armistício quanto do tratado contradiziam esses princípios. Os Aliados salientaram que a exigência de compensação fora incluída numa nota que Wilson enviara aos alemães em 5 de novembro. Além disso, na verdade eles não estavam exigindo nada mais do que os alemães tinham exigido dos russos e dos romenos nos tratados de 1918. Revelou-se, porém, que não houve acordo quanto ao montante da reparação a ser paga pela Alemanha, e a questão teve de ser deixada em aberto.

O tratado despojava a Alemanha de suas possessões ultramarinas na África, na China e no Pacífico, e impunha a humilhação acrescida da redução do Exército alemão a 100 mil oficiais e soldados e da Marinha a não mais que uma força de defesa costeira; e a Alemanha não podia ter Força Aérea.

"O povo alemão, depois do terrível sofrimento desses últimos anos, não dispõe de nenhum meio para defender a sua honra mediante ações externas... O governo da República alemã declara por conseguinte que está pronto a aceitar e a assinar as condições de paz impostas pelos Aliados e os Governos Associados."

EXTRATO DA DECLARAÇÃO DIVULGADA PELO GOVERNO ALEMÃO, NA QUAL CONCORDAVA EM ASSINAR O TRATADO DE VERSALHES

A segurança futura da França

Num discurso pronunciado em fevereiro de 1918, Wilson expusera o princípio de que acordos territoriais deveriam ser feitos no interesse das populações concernidas, e não com base nas reivindicações de Estados rivais. Em contraste com isso, porém, estava a preocupação dos Aliados com a segurança a longo prazo da Bélgica e da França face ao poder econômico potencial da Alemanha. A devolução da Alsácia-Lorena (anexadas pela Alemanha em 1871) fora definida por Wilson como o oitavo dos seus Catorze Pontos, por isso foi facilmente objeto de concordância. As exigências francesas de territórios alemães na Província do Reno, verdadeiramente uma divisão da Alemanha, foram, contudo, vistas por Wilson e por Lloyd George como passíveis de engendrar futuros conflitos. Um compromisso foi acordado em abril, prevendo a ocupação militar da Província do Reno pelos Aliados, estendendo-se 50 km (30 milhas) a leste, durante quinze anos, e sua desmilitarização permanente. A Saarlândia ficaria sob controle francês, a fim de compensar a destruição pelos alemães dos campos carboníferos do norte da França, e seu destino final seria decidido em plebiscito.

Esses arranjos foram incorporados no Tratado de Versalhes, que, apesar dos receios de Wilson e Lloyd George sobre algumas das suas cláusulas, foram apresentados ao conde Brockdorff-Rantzau em 7 de maio de 1919. Depois de emendas secundárias, o tratado foi relutantemente assinado pela delegação alemã na Sala dos Espelhos em 28 de junho. Ele foi ratificado subseqüentemente pelos governos de todas as partes, exceto os Estados Unidos, cujo senado não tinha entusiasmo em envolver-se ainda mais com assuntos internacionais através da Liga das Nações. A garantia anglo-americana oferecida à França, em troca da modificação das exigências francesas quanto à Província do Reno, foi assim perdida, e Clemenceau, amplamente repreendido por ter faltado à França nessa questão, foi derrotado nas eleições de 1920.

Frota derrotada em Scapa Flow
Antecipando que o Tratado de Versalhes exigiria que ele entregasse seus navios, o comandante da frota alemã expediu uma ordem em 21 de junho de 1919 para que a frota fosse posta a pique. Um total de 74 navios foi afundado deliberadamente.

"Os senhores podem despojar a Alemanha das suas colônias, reduzir os seus armamentos a uma mera força de polícia e a sua marinha a uma potência de quinta categoria; não faz diferença, no final, se sentir que foi tratada injustamente no Tratado de Paz de 1919, ela encontrará os meios de exigir compensação dos seus conquistadores."

LLOYD GEORGE, THE TRUTH ABOUT THE PEACE TREATIES [A VERDADE SOBRE OS TRATADOS DE PAZ], 1938

A criação de Estados

O princípio da autodeterminação nacional tinha sido aceito, em alguns casos relutantemente, por todas as partes, mas colocá-lo em prática não era simples. O colapso dos impérios da Áustria-Hungria, da Rússia e da Turquia deixou toda a Europa Oriental virtualmente como uma folha em branco. Novos Estados-nação foram criados, e antigos aumentaram (ou diminuíram), segundo as fronteiras acordadas por uma série de comissões na conferência de paz, mas a integridade do processo foi posta em questão por um viés óbvio contra as Potências Centrais, e pelo desejo dos Aliados de criar Estados relativamente fortes nas fronteiras da Rússia bolchevique. Esses assuntos foram negociados em tratados individuais com a Áustria (Tratado de St. Germain), a Hungria (Tratado de Trianon) e a Bulgária (Tratado de Neuilly).

A Finlândia e os Estados bálticos receberam a sua independência, e a Polônia, que tinha deixado de existir no final do século XVIII, foi reconstruída. O território do antigo Império Habsburgo foi dividido entre sete Estados, dos quais a Áustria, ironicamente, era o menor. Embora as fronteiras fossem definidas, na medida do possível, por grupos étnicos, houve exceções. A Tchecoslováquia e a Romênia ganharam territórios nos quais muitas pessoas falavam o idioma húngaro e outras (como no Sudetenland) que eram amplamente praticantes do alemão. Entre os ganhos da Itália como recompensa por seu esforço de guerra havia áreas falantes de alemão no Tirol.

A desintegração do Império Otomano

A derrota dos turcos resultou no desaparecimento do Império Otomano. Em agosto de 1920, o último e em certos aspectos o mais difícil tratado de paz foi assinado em Sèvres, embora fosse quase imediatamente alcançado pelos acontecimentos e nunca tenha sido verdadeiramente autorizado.

O duro tratamento recebido pela Turquia no Tratado de Sèvres destinava-se aparentemente a acabar com a sua independência. O sultão entregou todo o território já perdido pelo império e abriu mão de qualquer reivindicação de territórios fora das fronteiras da Turquia. Grã-Bretanha e França já haviam demarcado territórios para si no Oriente Médio, os quais controlaram sob a forma legal de mandato da Liga das Nações (forma de governo também adotada nas ex-colônias alemãs). A Turquia cedeu a Trácia Oriental, incluindo Galípoli, aos gregos, que também ocuparam Esmirna (Izmir). Projetou-se uma Armênia independente, e medidas foram tomadas em prol de um Estado curdo autogovernante que incorporaria partes da Anatólia e da Mesopotâmia (Iraque).

Sob os termos do Tratado de Sèvres, a Turquia deixava efetivamente de ser um Estado independente. O controle dos estreitos entre o mar Negro e o Mediterrâneo foi passado a uma comissão internacional. O Exército foi reduzido a uma força simbólica. Os assuntos comerciais e financeiros seriam controlados por uma comissão representante da Grã-Bretanha, França e Itália, cada qual desses países premiado com uma "esfera de influência" dentro da Turquia.

Destruição de armas
Sob os termos do Tratado de Versalhes, a Alemanha era obrigada a se desarmar. Tal desarmamento incluía a destruição dos seus tanques — mesmo deste modelo britânico, capturado durante a guerra.

Os negociadores da paz
O primeiro-ministro britânico, Lloyd George, o primeiro-ministro francês, Clemenceau, e o presidente dos Estados Unidos, Wilson, chegam a Versalhes em 1919.

O ressentimento italiano

Não foram somente a Alemanha e seus aliados que se sentiram maltratados pelo acordo de paz. Desde a sua unificação, a Itália sempre exibira, conforme observou Bismarck, um gigantesco apetite por territórios, mas sem possuir os dentes necessários. Os aliados da Itália consideraram pequena a sua contribuição para a guerra, o que seria verdade se considerarmos os seus efeitos práticos, mas ignoravam a sua alta taxa de baixas na guerra. As recompensas obtidas através do acordo de paz não satisfizeram as reivindicações apresentadas pela Itália no Tratado de Londres, quando ela entrou na guerra em 1915, as quais incluíam, entre outras coisas, a costa dálmata. Os italianos se ressentiam da diplomacia secreta de tempos de guerra da Grã-Bretanha e da França, notadamente do Acordo Sykes-Picot de 1916, no qual a Grã-Bretanha e a França dividiram o Oriente Médio em benefício recíproco. Eles também faziam objeções ao Estado eslavo que se tornaria a Iugoslávia, habitado por muitos daqueles contra quem a Itália tinha lutado.

A rejeição da reivindicação da Itália de controlar Fiume, na costa adriática, causou particular amargor. A delegação italiana se retirou brevemente das conversações de paz e, em setembro de 1919, o poeta D'Annunzio a tomou para a Itália. O seu regime protofascista durou um ano, antes de o governo italiano anulá-lo. Apesar desse episódio, e da inquietação social disseminada que ameaçou descambar em revolução em 1919-20, havia, nessa época, pouco apoio real para partidos de extrema direita, embora ao longo dos dois anos seguintes a democracia parlamentar tenha entrado em colapso na Itália.

CONVERSAÇÕES DE PAZ E CONFLITO

1919 A 1923

As negociações de paz de 1919, que envolveram tratados de paz individuais feitos com cada um dos países derrotados, não ocorreram num mundo isento de conflitos. Vários países na Europa experimentaram períodos curtos de violenta agitação política enquanto os bolcheviques combatiam os russos Brancos pelo controle da Rússia. Os turcos, nesse ínterim, mostraram que não se submeteriam à dominação européia. As negociações de paz de 1919, que envolveram tratados de paz individuais feitos com cada um dos países derrotados, não ocorreram num mundo isento de conflitos. Vários países na Europa experimentaram períodos curtos de violenta agitação política enquanto os bolcheviques combatiam os russos Brancos pelo controle da Rússia. Os turcos, nesse ínterim, mostraram que não se submeteriam à dominação européia.

19 DE JANEIRO DE 1919
Realização de eleições para a assembléia alemã pouco depois do levante esparta

18 DE JANEIRO DE 1919
Primeira sessão plenária da Conferência de Paz de Paris

21 DE MARÇO
Regime comunista estabelecido na Hungria sob Bela Kun

28 DE ABRIL
Nascimento da Liga das Nações

6 DE MAIO
Forças gregas ocupam Esmirna

28 DE JUNHO
Assinado o Tratado de Versalhes

31 DE JULHO
Estabelecida a República de Weimar

1º DE AGOSTO
Queda do regime comunista na Hungria

10 DE SETEMBRO
Tratado de St. Germain assinado pelos Aliados e a Áustria

13 DE OUTUBRO
Exército Branco captura Orel, a 359 km (185 milhas) de Moscou

18-19 DE OUTUBRO
Cavalaria Vermelha derrota Exército Branco que avançava sobre Tula

27 DE NOVEMBRO
Tratado de Neuilly assinado pelos Aliados e a Bulgária

1º DE MARÇO DE 1920
Miklos Horthy se torna chefe de Estado na Hungria

13 DE MARÇO
Golpe de Estado de Kapp por paramilitares *Freikorps*, contra o governo republicano da Alemanha

23 DE ABRIL DE 1920
Mustafá Kemal abre a Assembléia Nacional turca em Ancara

4 DE JUNHO
Tratado de Trianon assinado pelos Aliados e a Hungria

20 DE AGOSTO
Tratado de Sèvres assinado pelos Aliados e a Turquia

NOVEMBRO
Estado armênio esmagado por forças turcas com apoio russo

NOVEMBRO
Forças Brancas deixam a Criméia. Termina efetivamente a guerra civil

AGOSTO DE 1921
18 milhões de esfomeados ao piorar a extrema penúria russa

13 DE SETEMBRO
Turcos detêm avanço grego a 65 Km (40 milhas) de Ancara

8 DE SETEMBRO DE 1922
Esmirna evacuada após envio do Exército grego

1º DE NOVEMBRO DE 1922
Abolido o sultanato turco

16 DE JANEIRO DE 1923
Aliados ocupam o Ruhr porque a Alemanha não cumpriu reparações

24 DE JULHO DE 1923
Tratado de Lausana assinado entre os Aliados e a Turquia

29 DE OUTUBRO
Turquia é declarada república

8 DE NOVEMBRO
Fracassa o golpe de Estado de Munique

LEGENDA

- Acontecimentos da Áustria-Hungria e Estados sucessores – 21 de mar. de 1919 a 1º de mar. de 1920
- Acontecimentos na Alemanha – 19 de jan. de 1919 a 8 de nov. de 1923
- Acontecimentos na Turquia – 6 de mai. de 1919 a 29 de out. de 1923
- Negociações conducentes a tratados de paz pós-guerra – 18 de jan. de 1918 a 24 de jul. de 1923
- Acontecimentos na Rússia 13 de out. de 1919 a ago. de 1921

Conseqüências da guerra

Tropas do Exército Vermelho húngaro
A desilusão da derrota e a simpatia pela Rússia bolchevique alimentaram o ímpeto revolucionário na Hungria, onde Bela Kun era apoiado por um Exército Vermelho húngaro.

O princípio da autodeterminação nacional, esposado pelos negociadores da paz, assegurou a liquidação do que restou do antigo e multiétnico Império Habsburgo — a monarquia dual da Áustria-Hungria. Assim como o Tratado de Versalhes, tratados separados foram assinados com a Áustria em Saint-Germain-en-Laye e com a Hungria em Trianon.

A Áustria foi reduzida a um Estado de apenas 6,5 milhões de habitantes, cerca de um terço dos quais vivia em Viena. Exceto pela perda do Tirol Meridional para a Itália, as fronteiras delimitavam grosso modo a área germanófona, e a principal queixa austríaca foi que a união (*Anschluss*) com a Alemanha fora proibida, numa violação do princípio da autodeterminação nacional. Houve dúvidas se um Estado austríaco mutilado seria economicamente viável, e ele foi ainda mais enfraquecido por tensões entre os cidadãos de Viena (que eram de simpatia principalmente socialista) e a população agrária (que era principalmente católica e conservadora).

Na Hungria, foi grande a indignação pela perda de mais de 70% da sua área pré-guerra e de quase 65% da sua população. Apenas dias antes de a guerra terminar, a Hungria tinha declarado a sua independência da Áustria e instituído um regime democrático sob o conde Karolyi, na esperança de ser tratada como uma das nações recém-independentes, em vez de nação inimiga. A desilusão incitada pelo processo de paz levou à renúncia de Karolyi e à passageira república comunista dirigida por Bela Kun, bem como a uma breve ocupação romena de Budapeste. O Tratado de Trianon só foi ratificado quando se estabeleceu o regime reacionário do almirante Horthy.

ESLAVOS, TCHECOS E ESLOVACOS MERIDIONAIS

Agora parte do Reino dos Sérvios, Croatas e Eslovenos (rebatizado como Iugoslávia em 1929), a Sérvia foi representada na conferência de paz, mas o novo reino só foi reconhecido oficialmente em maio de 1919, principalmente por causa das objeções da Itália, cujas ambições territoriais a Sérvia prejudicara. A fragilidade econômica da nova nação, a presença de idéias revolucionárias entre trabalhadores e intelectuais e a hostilidade contra os sérvios entre os seus demais grupos étnicos (especialmente os croatas) criaram problemas políticos, problemas estes ainda agravados por diferenças religiosas — os sérvios sendo gregos ortodoxos, os croatas e eslovenos, católicos romanos — e tensões sociais. O Exército e a polícia sérvios estabeleceram um grau razoável de estabilidade em 1920 sob Nikola Pasic, mas parecia que a desintegração do reino só poderia ser evitada por um regime autoritário forte.

Em 1914, a maioria dos tchecos e eslovacos era simpatizante da Rússia. Milhares foram presos ou mortos por deslealdade para com a Áustria-Hungria.

Termos do Acordo de Paz

A conferência de paz de Paris elaborou tratados com cada uma das Potências Centrais. Todos eles tomaram o Tratado de Versalhes como modelo.

Versalhes (28 de jun. de 1919) — com a Alemanha
Cessão da Alsácia-Lorena à França e de Schleswig setentrional à Dinamarca; grande área no leste cedida à Polônia, inclusive um "corredor" dando acesso ao Báltico aos poloneses; plebiscitos nas regiões disputadas, inclusive a Saar (temporariamente sob controle internacional); província do Reno desmilitarizada; Danzig transformada em cidade livre; garantia de acesso internacional ao canal de Kiel e a extensões dos rios Danúbio, Elba, Neman, Oder e Reno; reparações a serem feitas, embora não especificadas; todas as colônias são cedidas aos Aliados ou à Liga das Nações; Exército e Marinha reduzidos; Força Aérea proibida. Acordo estabelecendo a Liga das Nações.

Saint-Germain (10 de set. de 1919) — com a Áustria
Reconhecimento da independência de Tchecoslováquia, Polônia, Hungria e Iugoslávia; todos Estados com vocação de proteger minorias étnicas; Trentino, Tirol Meridional, Trieste e Ístria cedidos à Itália, Galícia Oriental à Polônia; unificação da Alemanha proibida sem aprovação da Liga das Nações; restrições a forças armadas; reconhecimento da necessidade de reparações, apesar da quantia não especificada.

Neuilly (27 de nov. de 1919) — com a Bulgária
Reconhecimento da independência da Iugoslávia; costa egéia cedida à Grécia; forças armadas reduzidas; montante de reparações acordado (exclusivamente entre os tratados de paz), a maior parte paga conforme aprazado e sem problemas sérios.

Trianon (4 de jun. de 1920) — com a Hungria
Cessão de Eslováquia, Bratislávia e parte da Rutênia à Tchecoslováquia; Croácia, Eslovênia e parte do Banato à Iugoslávia; Transilvânia e a maior parte do Banato à Romênia; Burgenlândia à Áustria; Fiume à Itália; forças armadas limitadas; imposição de reparações.

Sèvres (20 de ago. de 1920) — com a Turquia
Extinção do Império Otomano; todos os territórios não-turcos transferidos; reconhecimento da independência de Hejaz, Iêmen e Armênia; Síria tornou-se mandato francês na Liga das Nações; Mesopotâmia e Palestina passam a mandato britânico; cessão das ilhas de Dodecaneso e de Rodes à Itália; outras ilhas egéias e a região de Esmirna, na Anatólia, à Grécia, dependendo de um plebiscito; os estreitos de Dardanelos e de Bósforo são internacionalizados. O tratado foi rejeitado pelos nacionalistas e nunca foi aprovado, embora os mandatos permanecessem vigentes no Oriente Médio.

Protesto em Berlim
Friedrich Naumann, líder do Partido Democrático Alemão, expressou a afronta ressentida por muitos alemães por causa dos duros termos de paz que a Alemanha fora forçada a aceitar.

Lausana (24 de jul. de 1923) — com a Turquia
Este tratado substituiu o de Sèvres (nunca ratificado). A Trácia Oriental, Esmirna e o controle dos estreitos voltaram à Turquia; troca de populações acordada e implementada com a Grécia.

Lloyd George deixa o Palácio Trianon
O primeiro-ministro britânico tentou pisar sobre a fina linha que separava o desejo de vingança expresso por muitos na França e na Grã-Bretanha e as suas próprias opiniões mais moderadas.

Masaryk, Benes e outros fizeram lóbi em capitais Aliadas em prol da independência da Tchecoslováquia, e em setembro de 1918 todas as nações Aliadas tinham afirmado o seu apoio à criação de um Estado independente. Um governo interino tchecoslovaco foi formado em Paris em outubro, pouco antes da rendição da Áustria, que levou à declaração de independência em Praga. Uma Constituição interina estabelecia uma república democrática, com Masaryk como presidente. A hostilidade da importante minoria alemã no Sudetenland levou à violência e alguns húngaros foram obrigados a sair do antigo território húngaro na Eslováquia. Sob a Constituição de 1920, a Tchecoslováquia tornou-se o mais estável e próspero dos novos Estados — e o único em que a democracia sobreviveu até 1939.

A Polônia renascida

A Polônia foi reconstituída a partir das terras de três potências imperiais que a tinham dividido entre si entre 1772 e 1795 — Áustria, Prússia e Rússia. Os bolcheviques tinham renunciado às reivindicações russas sobre a Polônia em Brest-Litovsk, mas irritaram-se com os poloneses por terem cedido território à Áustria e à breve república da Ucrânia. Os Aliados aceitaram a Polônia unida e independente em junho de 1918, e os próprios poloneses expulsaram os alemães de Poznan.

Que homem honesto conseguiria assinar tal rendição? A mão que se compromete com esse tratado não acabaria murchando de desonra? Esse acordo vai matar não apenas a Alemanha, mas o direito à autodeterminação, à própria fé em acordos. Será o começo de um processo generalizado de barbárie.

CHANCELER SCHEIDEMANN, SOBRE AS CONDIÇÕES APRESENTADAS À DELEGAÇÃO ALEMÃ EM VERSALHES; 8 DE MAIO DE 1919

As circunstâncias do recém-restaurado Estado, uma república democrática com Pilsudski na chefia do Estado, não eram invejáveis. Os termos da paz deixaram difíceis problemas territoriais que não foram resolvidos por plebiscitos, com Danzig tornando-se cidade livre sob a proteção da Liga das Nações. Disputas de fronteira incitaram conflitos armados com alemães, tchecos e ucranianos, arbitrados pelo Conselho da Liga, e a guerra com a Rússia bolchevique, que terminou em março de 1921.

Essas disputas territoriais atrasaram a imensa tarefa de reconstrução da Polônia. Em função da guerra, a indústria do país estava virtualmente paralisada, as comunicações estavam caóticas e os serviços públicos, inexistentes. A agricultura polonesa fora inteiramente arruinada pela fome e a doença. As novas leis limitando a propriedade da terra foram amplamente ignoradas pela nobreza, que mantiveram as suas vastas propriedades com apoio de elementos das classes médias urbanas, temerosas da influência comunista entre trabalhadores e camponeses.

O colapso do Império Russo em 1918 deu à Estônia, à Letônia e à Lituânia uma chance de declarar a sua independência, embora elas entrassem em conflito com os bolcheviques subseqüentemente. Durante o começo da década de 1920, elas levantaram bandeira branca com a Rússia e receberam reconhecimento internacional, embora a Lituânia tenha perdido a sua capital, Vilna (Vilnius) para os poloneses.

Boas-vindas de heróis
Retornando a Berlim, os soldados das linhas de batalha alemãs foram saudados com muita exultação. Tendo sido mantidos na ignorância das circunstâncias que cercaram o armistício, muitos alemães não compreenderam que teriam de arcar com o preço da derrota.

EUROPA PRÉ-GUERRA
Fronteiras dos Estados em 1914

EUROPA PÓS-GUERRA
Fronteiras dos Estados em 1923

O remapeamento da Europa
Do Báltico ao Egeu, as fronteiras européias foram redesenhadas. Sete novos Estados-nação foram criados em terras antes governadas pela Áustria-Hungria e a Rússia, e a França recuperou a Alsácia-Lorena da Alemanha.

A Alemanha depois de Versalhes

O Tratado de Versalhes foi apresentado a uma delegação alemã liderada pelo conde Brockdorff-Rantzau em 7 de maio de 1919. Os alemães responderam com um grito de protesto contra os duros termos que lhes estavam sendo ditados. Nos dias seguintes, notas foram trocadas mas não houve nenhuma discussão face a face. Em 16 de junho, os Aliados ameaçaram retomar as hostilidades contra os alemães se não assinassem o acordo dentro de uma semana. Sete dias depois, os alemães concordaram. A cerimônia oficial teve lugar na Sala dos Espelhos do Palácio de Versalhes, em 28 de junho.

Na época, a Alemanha estava sob um governo provisório, ao mesmo tempo em que uma Assembléia Nacional se reunia em Weimar para elaborar uma nova Constituição democrática para o país. Ela foi finalizada em julho de 1919, com o que nascia a República de Weimar. O Parlamento consistiria em duas casas, a mais importante das quais sendo o *Reichstag*, perante o qual os ministros eram responsáveis, e cujos membros eram eleitos por sufrágio universal. O presidente, que seria eleito diretamente, normalmente só teria um papel cerimonial, mas tinha o direito de dissolver o *Reichstag* numa emergência e governar por decreto. O que constituiria exatamente uma situação de emergência não foi definido.

DIFICULDADES ECONÔMICAS E POLÍTICAS

A República de Weimar foi dominada por problemas ligados ao Tratado de Versalhes, especialmente o pagamento de reparações e a redução do seu Exército. Os generais culpavam os políticos em vez de a si mesmos pela derrota e, no assim chamado golpe de Kapp, em março de 1920, o *Freikorps* — um grupo paramilitar voluntário formado por soldados desmobilizados — tentou derrubar o governo republicano. O golpe fracassou graças à greve geral em Berlim, mas a campanha de terrorismo político implementada pelo *Freikorps* iria perseverar pelos três anos seguintes.

As negociações com os Aliados sobre as reparações de guerra foram marcadas pela vasta divergência entre as exigências Aliadas e a avaliação alemã da sua capacidade de pagar. Ambos os lados tinham divisões internas, com a Grã-Bretanha favorecendo um tratamento mais tolerante da Alemanha do que a França. A soma a ser paga finalmente foi fixada pela Comissão de Reparações em 1921 em 6.600.000.000 de libras (28 bilhões de dólares), a serem pagos em 42 anos.

Marcha de espartaquistas
O governo provisório alemão enfrentou muitos desafios, inclusive, em janeiro de 1919, a breve revolução dos espartaquistas em Berlim, que cometeram o erro de pensar que o país estava maduro para a revolução comunista.

No lado alemão, a direita defendia a obstrução e a insubmissão, o centro e o centro-esquerda uma atitude mais receptiva, na esperança de negociar futuras reduções. Os moderados ficaram enfraquecidos em junho de 1922, quando seu líder, o extremamente habilidoso ministro das Relações Exteriores, Walter Rathenau, um judeu, tornou-se a mais notável vítima de uma série de assassinatos perpetrados por direitistas. Ironicamente, dois meses antes ele havia concluído, a título de concessão aos linhas-duras, o Tratado de Rapallo, de colaboração econômica com a União Soviética, que incluía uma cláusula secreta que permitia à Alemanha fabricar armamentos na Rússia, desafiando os termos do Tratado de Versalhes.

Com o afastamento de Rathenau, os obstrucionistas ganharam ascendência e, em resposta ao fracasso da Alemanha em fazer as reparações conforme programadas, tropas francesas e belgas ocuparam a região industrial do Ruhr em janeiro de 1923. Sua intenção era desviar a produção das minas locais para a França. Os mineiros entraram em greve, apoiados pelo governo alemão, confrontado então o problema de como evitar que os mineiros e suas famílias passassem fome.

Uma recepção espinhosa no Ruhr
Uma caricatura de Erich Schilling no jornal satírico *Simplicissimus* chama atenção para o fato de que a ocupação francesa do Ruhr não ia sem problemas, devido à não-cooperação dos mineiros.

A inflação galopante

A Alemanha já havia pago muito pela guerra, não através de impostos, mas simplesmente imprimindo dinheiro, e esta política foi adotada novamente, com a pressão da Casa da Moeda levada ao limite da sua capacidade. O resultado foi um colapso total da moeda, que em oito meses, a 4,2 bilhões de marcos por dólar, não valia o papel em que era impressa. Naturalmente, rendimentos e salários fracassaram em manter o ritmo, ao mesmo passo que as pensões e os investimentos se tornaram quase sem valor.

As pessoas sobreviviam vendendo bens e fazendo escambo para obter comida e outras necessidades (embora algumas se beneficiassem da especulação). A mais afetada foi a classe média, normalmente um elemento conservador, que essa amarga experiência radicalizou. O governo republicano ficou desacreditado, o país era um caos. O separatismo se tornou mais uma vez uma força importante, e partidos extremistas, tanto de direita como de esquerda, ganharam poder em vários estados.

Gustav Stresemann, outrora extremista nacionalista, admirador do Kaiser, partidário dos militares e líder em 1923 de um partido de direita no *Reichstag*, assumiu a tarefa de convencer os alemães da futilidade da resistência passiva no Ruhr. Em seu breve período como chanceler de uma coalizão nacional, de 13 de agosto a 23 de novembro, ele conseguiu estabilizar a moeda. Com efeito, a situação tinha melhorado o bastante para minar o apoio popular ao golpe de Munique de Adolf Hitler, em 9 de novembro. A desestabilização da Alemanha não era de interesse do restante da Europa e houve iniciativas internacionais para ajudar o país a resolver os seus problemas econômicos. Sob o Plano Dawes de abril de 1924, foram feitos novos acordos para o pagamento das indenizações de guerra alemãs, viabilizados por um empréstimo internacional de peso.

Stresemann serviu como ministro das Relações Exteriores do final de 1924 até a sua morte prematura em 1929, e esteve envolvido nas negociações do Pacto de Locarno em 1925 — uma série de acordos garantindo a paz na Europa. Isto levou à aceitação da Alemanha na Liga das Nações em 1926, à melhoria das relações com os países vizinhos e, em 1930, à evacuação das tropas Aliadas da Província da Renânia, cinco anos antes do previsto.

Carrinhos de dinheiro
A inflação alemã no começo dos anos 1920 produziu cenas como esta, em que o dinheiro para pagar o salário de empregados teve de ser trazido do banco de carrinho, em cestas de lavanderia.

Revoluções na Europa

Os bolcheviques russos previram confiantemente a difusão do comunismo em toda a Europa na esteira da sua própria revolução, mas, apesar de levantes esquerdistas terem eclodido na Alemanha e em outros lugares, a ansiada revolução internacional jamais aconteceu.

Na Alemanha, os espartaquistas, grupo de socialistas radicais liderados por Karl Liebknecht e Rosa Luxemburgo, fundaram o Partido Comunista Alemão. Em janeiro de 1919, eles instigaram um levante em Berlim contra o governo liderado por um socialista, mas em uma semana foram violentamente reprimidos. Liebknecht e Luxemburgo foram mortos pelo partido direitista *Freikorps*. Rebeliões em Hamburgo, no Ruhr e outras áreas também foram reprimidas.

Em 8 de novembro de 1918, a dinastia Wittlesbach, na Bavária, foi derrubada por um golpe de Estado de Kurt Eisner — um socialista. Ele declarou a república, mas seu partido fracassou nas eleições de janeiro de 1919 e, em fevereiro, ele foi assassinado. Os comunistas responderam tomando o controle de Munique e instituindo o "Terror Vermelho". O *Freikorps* local recapturou Munique em maio e impôs o seu próprio "Terror Branco".

Em março de 1919, o presidente húngaro, conde Karolyi, renunciou e entregou o poder a um regime comunista liderado por Bela Kun, judeu russo e agente soviético. Sua promessa de atrair assistência soviética para reconquistar terras confiscadas da Hungria pelos Aliados ganhou amplo apoio. As suas forças do Exército Vermelho atacaram os tchecos, mas foram forçadas a bater em retirada pelos Aliados. Seu regime cada vez mais ditatorial erodiu o apoio popular, e a invasão do Exército romeno e seu avanço sobre Budapeste o fizeram fugir em agosto. Depois da restauração da monarquia pelo Parlamento húngaro, Miklos Horthy foi eleito regente em 1920. Ele estimulou o expurgo de revolucionários e de judeus.

Júbilo revolucionário
Em 21 de março de 1919, multidões em Budapeste, na Hungria, celebram o novo regime soviético, que no dia seguinte confiscou toda propriedade privada e assumiu o controle dos bancos e do comércio.

Rosa Luxemburgo
Polonesa de nascimento, Luxemburgo estudou na suíça, onde obteve um doutorado. Ela foi presa por suas atividades revolucionárias em Varsóvia em 1905 e, mais tarde, por sua oposição à guerra, na Alemanha.

Bela Kun
Fundador do Partido Comunista Húngaro, Kun se aliou com o governo soviético russo e, em seu curto período no poder em 1919, usou métodos implacáveis em seu ímpeto de livrar a Hungria do sistema capitalista e estabelecer um Estado soviético.

Lenin varre a sujeira do mundo
O objetivo dos bolcheviques nos primeiros dias da sua revolução não era apenas transformar a Rússia num Estado comunista, mas livrar o resto do mundo das suas monarquias governantes, dos seus capitalistas e clérigos. O sonho, porém, não se realizou, na medida em que o proletariado dos Estados derrotados tenderam a favorecer o nacionalismo em vez do socialismo.

O Exército Vermelho avança Polônia adentro
Um destacamento da cavalaria do Exército Vermelho entra em Soldau, a noroeste de Varsóvia, em seu avanço sobre a Polônia. Somente as divisões na liderança do Exército Vermelho e a engenhosa estratégia de Pilsudski salvaram a capital polonesa da invasão.

A GUERRA CIVIL RUSSA

Esta guerra brutal e destrutiva custou estimados 13 milhões de vidas, muitas das quais perdidas em função da fome causada pela quebra extensiva dos suprimentos de comida, cuja produção foi reduzida a um sétimo dos níveis de 1914. No final de 1918, os bolcheviques corriam o perigo de perder o controle da Rússia. Sua vitória na guerra civil se deveu em parte à força e à unidade da sua liderança, mas também às divisões entre os seus inimigos.

Entre os líderes contra-revolucionários de 1918, figuravam socialistas e outros que se opunham aos bolcheviques, nenhum dos quais com experiência de liderança militar. Eles foram gradualmente postos de lado por generais — membros da velha classe dominante aristocrática. Embora os socialistas moderados precisassem muito da habilidade militar dos generais czaristas, e os generais, por sua vez, necessitassem do apoio popular que os socialistas comandavam, o antagonismo inevitável entre eles foi ruinoso para a causa contra-revolucionária. A maioria do povo russo era camponesa, em quem todas as partes se fiavam para alimentação e transporte. Eles estavam longe de ser aliados naturais dos bolcheviques, mas passaram a vê-los como representantes do "povo" contra os generais russos Brancos reacionários.

Outros fatores contribuíram para a vitória bolchevique. Eles tinham uma posição forte no centro do país, e tiveram capacidade de sustentar o moral e a disciplina dos seus partidários num momento de colapso social quase total. A organização e a liderança notáveis de Trotski no Exército Vermelho produziram, a partir de quase nada, uma força que foi superior a qualquer outra que os mal-arranjados contra-revolucionários pudessem levantar. Quanto à intervenção dos Aliados em favor do Exército Branco, podia igualmente ter funcionado em favor dos bolcheviques. Ao mesmo tempo em que o número de soldados Aliados enviados para a Rússia era pequeno demais para afetar o resultado da guerra, foi grande o bastante para que os bolcheviques marcassem os seus oponentes Brancos como lacaios dos imperialistas.

Artilheiros do Exército Branco
O Exército Branco do general Wrangel na Criméia, em 1920, incluía sobreviventes do exército do general Denikin, que fora dizimado pelos bolcheviques anteriormente naquele ano. O próprio Wrangel foi forçado a bater em retirada em novembro, face à força devastadora do Exército Vermelho.

VITÓRIA NO NORTE, NO LESTE E NO SUL

Durante grande parte de 1919, a sobrevivência do regime bolchevique esteve travada na balança, mas ao final do ano, eles tinham obtido vitórias em todas as frentes de batalha. No norte, a retirada das forças Aliadas no outono deixou os Brancos enfraquecidos e desmoralizados. No leste, as forças Brancas de Kolchak pareciam prontas a dar seqüência aos seus sucessos do ano anterior, mas foram gravemente enfraquecidas pela divisão com os socialistas moderados no final de 1918, que os fez perder o apoio popular e resultou na perda de interesse dos soldados tchecos que lutavam com eles. Os sucessos de Kolchak no começo de 1919 mostraram-se assim equivocados. Confrontados à plena força do Exército Vermelho no Volga, seus homens logo bateram em retirada cruzando a Sibéria. Omsk caiu em novembro de 1919 e Kolchak foi capturado e fuzilado em fevereiro de 1920. No final do ano, o domínio bolchevique foi restaurado na Sibéria, exceto numa faixa oriental onde forças japonesas continuaram a ocupar até novembro de 1922.

A maior ameaça vinha das forças de Denikin, ao sul. Avançando continuamente desde a região do Cáucaso, ele conquistou uma imensa faixa territorial ao norte do mar Negro e, em outubro, estava a menos de 320 km (200 milhas) de Moscou. Lá, ele foi forçado a parar e enfrentar pela primeira vez o Exército Vermelho em grande número. Ele se retirou para o norte do Cáucaso, onde seu exército foi destruído no começo de 1920. Nesse ínterim, Yudenich tinha lançado um ataque a partir da Estônia. Em outubro, na época em que Denikin estava ameaçando Moscou, as forças de Yudenich estavam nos subúrbios da antiga capital, Petrogrado. A sua derrota, contudo, coincidiu com aquela de Denikin, e em poucos dias o quase desastre comunista tornou-se em vitória quase total. A única força do Exército Branco restante era a comandada por Wrangel na Criméia.

Revolucionários
O papel desempenhado pelo povo do Exército Vermelho do Cáucaso em 1920 na derrota das forças russas Brancas é celebrado neste pôster.

A GUERRA COM A POLÔNIA

Neste ponto, outro ator entrou em cena. A Rússia não fora representada em Versalhes em 1919 e, portanto, foi difícil estabelecer as suas fronteiras com a recém-recriada Polônia. A proposta Linha Curzon (semelhante à fronteira vigente) não satisfizera os poloneses, e, com a Rússia em pleno caos, a oportunidade de avançar invadindo-a a leste era tentadora. Os poloneses não quiseram apoiar a campanha dos contra-revolucionários, que supostamente seriam mais antagônicos do que os bolcheviques a uma Polônia independente, assim, esperaram até o Exército Vermelho ter dado amplamente cabo da ameaça contra-revolucionária antes de invadir a Ucrânia em abril de 1920.

Em menos de duas semanas, os poloneses estavam em Kiev, mas a derrota dos Russos Brancos tinha liberado mais soldados do Exército Vermelho e, ao longo dos três meses seguintes, os poloneses foram obrigados a recuar para as muralhas de Varsóvia. A ameaça da presença soviética tão profundamente na Europa incitou o pronto envio de uma missão militar francesa sob o comando de Weygand, mas foi a perspicácia estratégica de Pilsudski em seu contra-ataque contra as linhas de comunicação soviéticas e a exaustão das forças bolcheviques que salvaram a capital polonesa. Era a vez de o Exército Vermelho recuar. A questão foi resolvida no Tratado de Riga em março de 1921, quando a fronteira russo-polonesa foi definida ao longo de uma linha mais generosa para os poloneses do que a Linha Curzon, embora aquém da fronteira por eles aspirada. A Ucrânia, cuja independência nominal foi reconhecida em 1918, caiu mais uma vez sob domínio russo, como parte da nova União Soviética.

A campanha final, empreendida pelo Exército Vermelho depois do armistício com os poloneses, visava derrotar na Criméia as forças de Wrangel, que ofereceram uma considerável resistência. Em novembro de 1920, contudo, os bolcheviques tinham triunfado no oeste, embora a Ásia Central só fosse controlada em 1923.

O ORIENTE MÉDIO

Mesmo no auge da guerra, os britânicos e franceses discutiram como partilhar o Império Otomano. Sob o acordo secreto Sykes-Picot, de maio de 1916, a França receberia uma parcela substancial — não só o Líbano e a Síria atuais, mas áreas do sul da Turquia e do norte do Iraque. O britânicos ficariam com a Mesopotâmia meridional e os portos de Haifa e Acre; a Palestina seria colocada sob controle internacional. Debateu-se a eventualidade de um Estado ou confederação árabe para o centro da região — dividido em esferas de influência britânica e francesa.

Forças polonesas vão à guerra
Soldados do recém-reformado Estado polonês marcham para a ação contra os bolcheviques num ímpeto de expandir o território oriental do país.

Os árabes, contudo, esperavam ser muito mais bem recompensados, nos termos das promessas feitas pelos britânicos em cartas enviadas ao xerife de Meca em 1915-16, como um estímulo ao seu apoio contra os turcos. Em novembro de 1917, Balfour aumentou a confusão escrevendo para lorde Rothschild sobre sua simpatia pela idéia de estabelecer uma pátria nacional judaica na Palestina.

No final da guerra, todavia, Lloyd George concluiu que o envolvimento muito maior da Grã-Bretanha nos combates na região lhe conferiam o direito a mais territórios do que o que fora acordado pelo acordo Sykes e Picot. Negociações extras tiveram lugar e, embora os britânicos permitissem que os franceses permanecessem no controle do Líbano e da Síria, insistiram em controlar a região rica em petróleo do norte da Mesopotâmia (Iraque). Faisal tornou-se rei da Síria, mas foi afastado pelos franceses após uma tentativa de expandir seu reino, sendo instalado como rei do Iraque em 1921 pelos britânicos. Os mesmos também controlavam a Palestina, o que reduziu a pó as esperanças dos que tinham esperado um Estado árabe palestino no seio de uma Síria federada.

Segundo um acordo feito em San Remo em abril de 1920, todos esses territórios eram governados sob a forma legal de mandato da Liga das Nações. Embora o acordo presumisse que esses países se tornariam finalmente independentes, isso pouco fez para apaziguar os líderes nacionalistas árabes, que esperavam recompensa mais imediata pela ajuda que prestaram para vencer os turcos.

A Turquia

O Tratado de Sèvres de 1919 abria a possibilidade de um governo turco nominalmente independente sob o sultão, mas também de amplas "esferas de influência" na Anatólia para britânicos, franceses, italianos e gregos. Entretanto, o desenrolar dos acontecimentos foi tão rápido na região que, quando o tratado foi assinado em agosto de 1920, já era amplamente redundante.

Em maio de 1919, os gregos tinham ocupado o porto de Esmirna (Izmir), situada numa área da Turquia que abrigava uma grande população grega. Os Aliados, que tinham dado proteção militar aos gregos, assistiram dos seus navios os residentes turcos serem massacrados. Essa incursão dos gregos excitou os sentimentos nacionalistas que já fermentava entre os turcos. O bem-sucedido general Mustafá Kemal, enviado em missão ao leste do país pelo sultão, em vez disso encontrou-se com líderes da resistência em Amasia em junho de 1919, onde assinaram um protocolo afirmando sua determinação de se opor tanto aos Aliados como ao sultão. Durante o verão, Kemal presidiu encontros de grupos de resistência e decidiu que Ancara, no centro da Anatólia, deveria ser o centro do movimento nacionalista. Em 23 de abril de 1920, uma

Mustafá Kemal (Atatürk)

Tendo recebido o nome Kemal ("Perfeito") ainda na escola, Mustafá Kemal Paxá (1881-1938) era um líder de guerra intuitivo. Embora radicalmente oposto ao alinhamento da Turquia com a Alemanha, uma vez que a guerra foi declarada em outubro de 1914, ele fez mais do que qualquer outro general para defender seu país contra as invasões russa, britânica e francesa.

O primeiro comando de Kemal foi em Galípoli em 1915, onde ele previu corretamente os locais de desembarque das forças Aliadas tanto em abril como em agosto, manteve as montanhas estrategicamente importantes de Sari Bair e proveu a inspirada liderança que possibilitou aos turcos conter os Aliados. Promovido a general, serviu então no Cáucaso, antes de ser transferido para a Síria como comandante do Sétimo Exército. Com a ofensiva final de Allenby na Palestina em agosto de 1918, Kemal retirou-se para a fronteira turca em vez de render-se, mantendo a sua posição até o armistício.

Depois da guerra, Kemal organizou a resistência nacional contra a invasão grega e negociou termos melhores para a Turquia no Tratado de Lausana. Ele se tornou o primeiro presidente da República turca em 1924, assumindo posteriormente o nome de Atatürk ("Pai dos Turcos").

Refugiados gregos em Esmirna
Quando as tropas turcas se aproximaram de Esmirna (Izmir) em setembro de 1922, muitos dos gregos que viviam lá, antevendo o massacre que iria ocorrer, foram para o cais esperar por navios que os levassem para um lugar seguro. Nos combates seguintes, a velha cidade foi quase completamente destruída pelo fogo.

Grande Assembléia Nacional declarou seu direito de representar a nação, com Kemal como presidente.

A GUERRA GRECO-TURCA

Em 20 de junho de 1920, os gregos enviaram forças para o interior, além dos confins de Esmirna, e apesar de vários reveses, em agosto de 1921 estavam ameaçando Ancara. Numa batalha de três semanas no rio Sakarya, forças turcas sob o comando de Kemal obrigaram os gregos a se reagruparem a leste de Eskisehir. No ano seguinte, o exército grego foi expulso e, em setembro de 1922, os turcos retomaram Esmirna (Izmir), onde, por sua vez, também massacraram civis.

No Tratado de Sèvres, os gregos também tinham recebido o controle da Trácia Oriental — base da Turquia na Europa. Kemal seguiu para reclamar área, alcançou Dardanelos e chegou a um impasse com uma pequena força britânica que protegia a zona neutra na costa leste. O primeiro-ministro britânico, Lloyd George, emitiu um ultimato exigindo a retirada imediata das forças turcas, mas o comandante britânico omitiu deliberadamente transmiti-la. Enquanto diplomatas discutiam uma possível solução para a crise, tropas britânicas e turcas se confrontaram sobre arame farpado. Kemal, confiante de que teria o seu objetivo contemplado em qualquer conferência de paz subseqüente, na verdade não queria atacar. Lloyd George se retirou e mais tarde, tendo perdido o apoio dos conservadores em que confiava no Parlamento, renunciou ao cargo de primeiro-ministro.

Tratado de Lausana

O Tratado de Sèvres foi substituído pelo Tratado de Lausana, assinado em 24 de julho de 1923. Ao reconhecer as fronteiras do Estado turco moderno, ele atendeu a quase todas as reivindicações turcas. Quem perdeu sob o novo tratado foram as populações minoritárias da região. A animosidade entre as comunidades gregas e turcas levou a uma "troca populacional" envolvendo cerca de 1,5 milhão de cristãos gregos e muçulmanos turcos. Sob o Tratado de Sèvres, os curdos tinham conquistado certo grau de autonomia. Mas tudo foi esquecido. Sob o primeiro tratado, os armênios, centenas de milhares dos quais morreram em 1915-16 em função do reassentamento imposto pelos turcos, tinham adquirido um Estado independente. Este Estado, porém, foi esmagado pelas forças de Kemal em janeiro de 1921, com os turcos recebendo ainda mais terras graças ao apoio do governo bolchevique russo. Kemal terminou seu mandato como sultão e transformou o Império Otomano na República da Turquia em outubro de 1923. Ele se tornou seu presidente — um cargo no qual se manteve até sua morte, em 1938.

Celebrações turcas
Os turcos cercam uma imensa bandeira turca, confeccionada para celebrar a retomada de Esmirna (Izmir). A hostilidade entre os gregos e os turcos nas regiões circundantes foi intensificada pela guerra, levando ao reassentamento de cerca de 1,5 milhão de pessoas.

Fronteiras na areia
O mapa do Oriente Médio foi quase inteiramente redesenhado depois da dissolução do Império Otomano. A Grã-Bretanha e a França dividiram grande parte dele entre elas, controlando "mandatos" que lhes davam acesso a matérias-primas dos países da região (como petróleo), e ao mesmo tempo os orientavam rumo à independência.

O legado da guerra

A comoção desencadeada em agosto de 1914 não findou com o Acordo de Paz, mas apenas culminou, após duas décadas perturbadoras e ameaçadoras, numa segunda guerra mundial — legado que o extremismo político ajudou a criar. Para os estadistas prescientes, esse desenvolvimento já era aparente em 1919: "Nós lutaremos mais uma guerra em 25 anos", disse Lloyd George em Versalhes.

Independentemente dos seus efeitos a longo prazo, a desnecessária guerra de 1914-18 foi uma das maiores tragédias experimentadas pela Europa desde a Peste Negra. Em termos humanos, foi quase tão destrutiva e cruel: talvez até 10 milhões de pessoas mortas ("a geração perdida"), e um número incontável permanentemente incapacitado no corpo ou na alma, ou emocionalmente destruído pela dizimação das suas famílias.

De um amplo ponto de vista histórico, pode-se encarar a guerra como portadora de benefícios sociais. Como a maioria das guerras, ela estimulou mudanças tardias, inclusive o afrouxamento da força repressora exercida pelo sistema de classes. Ninguém pode sugerir, todavia, que isto tenha feito a luta valer a pena. O sacrifício da nata da juventude européia deixou cicatrizes duradouras. Mas no tocante à guerra e ao fracasso dos governos em impedir os desastres que se seguiram, os nomes de Stalin, Mussolini e Hitler são por enquanto desconhecidos.

Mudança cultural

O prejuízo cultural é mais dificilmente expresso em números. A cultura européia antes de 1914, quaisquer que sejam as suas deficiências, era relativamente liberal, tolerante, progressista e confiante de que a sociedade —, e mesmo a natureza humana — podia ser melhorada. O matadouro mecanizado das trincheiras despedaçou esses ideais. Na seqüência imediata da guerra, muitos sobreviventes e os que tinham perdido parentes queriam tirá-la da cabeça, e assim os anos 1920 tornaram-se um período em que todo o povo se concentrou no lazer. Dez anos depois, contudo, as atitudes estavam mudando. As pessoas começaram a visitar os campos de batalha, com 15 mil pessoas assinando o livro de visitas de Menin Gate em agosto de 1928 e cidades como Ypres tornando-se centros turísticos.

Livros sobre a guerra começaram a vender imensas tiragens, liderados pelo famoso romance de Erich Maria Remarque, *A oeste nada de novo*. Publicado em 1929, o

Reenterrar os mortos
Depois da guerra, restou a tarefa maciça de desenterrar os corpos abandonados e reenterrá-los em cemitérios de guerra a eles dedicados, onde as fileiras de cruzes brancas perfilam-se como soldados numa parada sem fim.

romance vendeu 4 milhões de cópias até 1931. Livros, peças de teatro e filmes, cuja influência na concepção popular da guerra era mais poderosa do que os próprios acontecimentos, retratavam a guerra como um vasto e horroroso desastre sem sentido, afligindo todos aqueles que se agarravam à idéia de que seus filhos e maridos não tinham morrido em vão. Os extremistas políticos dos anos 1930 promoveram uma idéia diferente do soldado, mais de agente do progresso que de vítima explorada, mas poucos, mesmo entre eles, deixaram-se realmente convencer.

A França e a Grã-Bretanha entraram em guerra outra vez em 1939, na mais extrema relutância. A carnificina ainda maior da Segunda Guerra Mundial, com o assassínio em massa de civis numa escala inimaginável, suprimiu a memória da Primeira, que, de consciência contemporânea, logo passou a história distante. Ela parecia, em comparação, uma questão menor. As atitudes mudaram outra vez quando uma nova geração cresceu e a segunda guerra perdeu o seu aspecto imediato. Algo da sagacidade cínica, do humor negro e da política niilista da década de 1920 se refletiu na cultura dos anos 1960, e as pessoas começaram a olhar a Primeira e a Segunda guerras mundiais como parte do mesmo conflito catastrófico.

O IMPACTO CONTÍNUO

A Primeira Guerra Mundial ainda mobiliza escritores contemporâneos e seu impacto é intensamente sentido, sobretudo pelos visitantes nos vastos cemitérios perfilados nos principais campos de batalha. Nem todos os visitantes foram diretamente afetados pela guerra — alguns são bisnetos dos que combateram —, mas emoções fortes às vezes irrompem das frases banais nos livros de visita, quando as pessoas se esforçam para expressar seus sentimentos ao serem confrontadas à evidência de tamanha matança. Não há como o toque de Last Post todas as noites no memorial Menin Gate deixar de assombrar os ouvintes — inspire ele o pensamento de glórias militares ou da futilidade da morte em batalha.

Sepultura provisória
Esta cruz de madeira foi colocada sobre uma sepultura de um francês no campo de batalha, depois reenterrado num cemitério de guerra oficial.

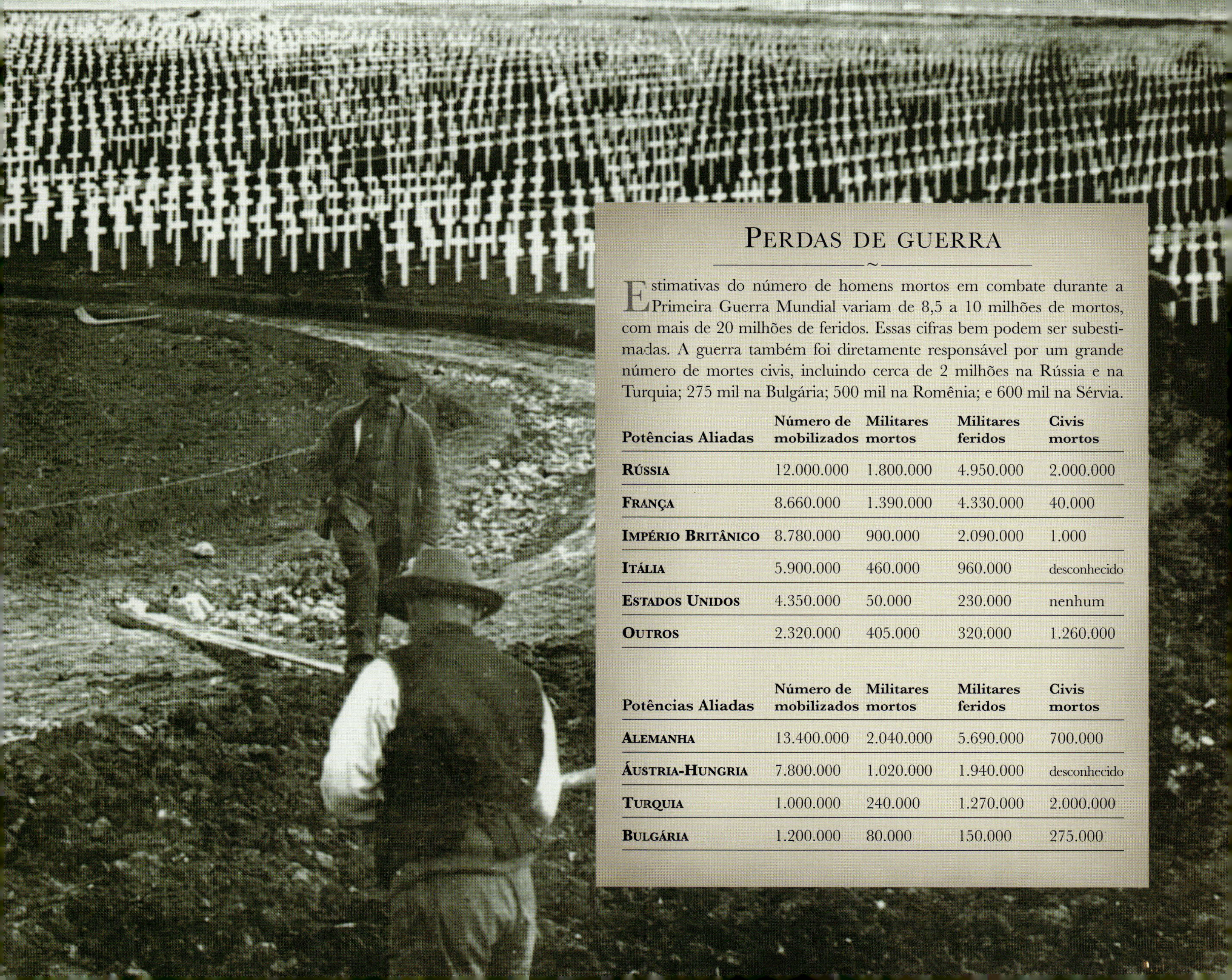

PERDAS DE GUERRA

Estimativas do número de homens mortos em combate durante a Primeira Guerra Mundial variam de 8,5 a 10 milhões de mortos, com mais de 20 milhões de feridos. Essas cifras bem podem ser subestimadas. A guerra também foi diretamente responsável por um grande número de mortes civis, incluindo cerca de 2 milhões na Rússia e na Turquia; 275 mil na Bulgária; 500 mil na Romênia; e 600 mil na Sérvia.

Potências Aliadas	Número de mobilizados	Militares mortos	Militares feridos	Civis mortos
Rússia	12.000.000	1.800.000	4.950.000	2.000.000
França	8.660.000	1.390.000	4.330.000	40.000
Império Britânico	8.780.000	900.000	2.090.000	1.000
Itália	5.900.000	460.000	960.000	desconhecido
Estados Unidos	4.350.000	50.000	230.000	nenhum
Outros	2.320.000	405.000	320.000	1.260.000

Potências Aliadas	Número de mobilizados	Militares mortos	Militares feridos	Civis mortos
Alemanha	13.400.000	2.040.000	5.690.000	700.000
Áustria-Hungria	7.800.000	1.020.000	1.940.000	desconhecido
Turquia	1.000.000	240.000	1.270.000	2.000.000
Bulgária	1.200.000	80.000	150.000	275.000

Visita ao campo de batalha na França

Um grupo de turistas visita o campo de batalha em Viel Amand após a guerra. Este foi o local de selvagens combates travados entre alemães e franceses nas montanhas do Vosges entre 1915 e 1918.

GLOSSÁRIO

ABREVIATURAS

FEB
Força Expedicionária Britânica

OHL
Oberst Heeresleitung, alto-comando militar alemão

Stavka
Shtab glavnogo / verhovnogo komandovaniya, quartel-general supremo da Rússia

ORGANIZAÇÃO MILITAR

TERMOS GERAIS:

unidade
A base da organização militar. Para propósitos administrativos, a "unidade" geralmente significava um batalhão, mas seu tamanho dependia das circunstâncias. Para propósitos táticos em batalha, a unidade podia ser muito menor.

formação
Um certo número de unidades reunidas para formar uma única organização. O termo era aplicado especificamente quando um comando militar tinha sob a sua autoridade unidades de "armas" diferentes — infantaria, artilharia e cavalaria — como, por exemplo, numa divisão.

estabelecimento
Tamanho, composição e equipamento formalmente aprovados de uma unidade ou formação militar

TERMOS ESPECÍFICOS:

Embora houvesse uma semelhança fundamental no modo como os exércitos de diferentes países eram organizados, havia diferenças de terminologia. À medida que a guerra progredia, mudanças foram feitas na organização e, em países em que havia problemas de efetivo, o número de homens em cada nível foi reduzido.

batalhão
Unidade organizacional padrão da infantaria (cerca de mil homens). Subdividia-se o batalhão em companhias, pelotões e seções, como de metralhadoras, morteiros, sapa e artilharia de trincheira.

A unidade equivalente para a cavalaria era o regimento, e para a artilharia, a bateria.

bateria
Unidade de organização para a artilharia, normalmente composta por seis canhões (quatro da França; oito da Rússia). Três baterias constituíam um grupo (chamado brigada no exército britânico) e dois ou três grupos, um regimento.

regimento
Formação militar para infantaria continental abrangendo três batalhões (3 mil homens); no exército russo, o regimento abrangia quatro batalhões (4 mil homens). Para a infantaria britânica, a formação de tamanho equivalente era a brigada.

O regimento de cavalaria era uma unidade básica de entre 500 a 1000 homens, a qual se subdividia em esquadrões.

brigada
Formação militar sob um comando. Em exércitos continentais, consistia de dois regimentos de infantaria (de 6 a 8 mil homens); no exército britânico, de quatro batalhões de infantaria (4 mil homens). Este nível de comando foi geralmente reduzido ou abandonado no curso da guerra.

divisão
O menor corpo de homens plenamente organizado para conduzir uma guerra, completado por infantaria, artilharia, cavalaria e outras tropas especialistas, bem como serviços administrativos necessários (com plena força, de 17 a 20 mil homens). A força de infantaria de uma divisão de exércitos continentais era normalmente de duas brigadas (12 batalhões, embora o exército russo usasse 16). O exército britânico incluía três (12 batalhões). O tamanho e a composição de uma divisão mudou durante o curso da guerra.

O termo também foi usado na cavalaria para unidades de 5 mil homens, incluindo duas ou três brigadas de cavalaria, baterias de artilharia a cavalo, um destacamento de engenheiros e algumas vezes infantaria leve.

corpo
Formação militar geralmente formada por duas divisões (cerca de 40 mil homens).

exército
Mais alto agrupamento militar, considerado necessário somente em tempos de guerra. Seu tamanho variou consideravelmente, de três para seis corpos.

TIPOS DE NAVIOS DE GUERRA

dreadnought
Tipo de encouraçado, movido por turbina, com armamento pesado padronizado. Mais tarde foi nomeado HMS *Dreadnought* (autorizado pelo governo britânico em 1905 e lançado em 1906).

pré-*dreadnought*
Termo aplicado a todos os encouraçados de armamento principal misto e pesado. Poucos navios de guerra dessa classe foram construídos depois do lançamento do superior HMS *Dreadnought* em 1906, mas somente porque o planejamento destes estava tão avançado que cancelar não era uma possibilidade realista.

cruzador pesado (de batalha)
Termo que passou a ser aplicado à classe de navios de guerra iniciada pela classe *Invincible* (1905). Eles tinham armamento pesado padronizado, mas menos couraça e mais velocidade que o encouraçado de tipo *dreadnought*. Concebido originalmente como encouraçado ligeiro, o cruzador pesado se adaptou melhor à guarda de rotas marítimas e à atuação como guarda avançada ou força de escolta do que ao combate na linha de batalha.

cruzador
Havia três tipos de cruzador: o cruzador couraçado, o cruzador protegido e o cruzador leve ou ligeiro. Ao surgirem os primeiros cruzadores pesados da classe *Invincible* em 1905, foram chamados de cruzadores couraçados. Inapelavelmente superados em termos de poder de fogo, velocidade e couraça, foram reduzidos a tarefas secundárias. Os britânicos, contudo, usaram alguns na Batalha da Jutlândia.

O cruzador protegido tinha uma certa couraça, mas não foi planejado para operar contra formações inimigas poderosas. Em 1914, estava sendo substituído pelo cruzador leve, que era rápido o bastante para desempenhar função de reconhecimento e tinha armamento suficiente para lidar com destróieres inimigos.

destróier
Uma classe de navio de guerra rápido e levemente couraçado, originalmente chamado de contratorpedeiro. Foi desenvolvido nos anos 1890 para combater os barcos torpedeiros, mas assumiu muitas outras funções. Durante a Primeira Guerra Mundial, foi armado com torpedos e equipamento anti-submarino.

ARMAMENTO

carabina/mosquetão
Arma de cano curto geralmente empregada pela cavalaria.

obuseiro
Peça de artilharia de cano curto e ângulo elevado, normalmente um canhão pesado ou médio usado para destruir fortificações, edifícios e sistemas de trincheira por meio de projéteis altamente explosivos de trajetória alta.

armão/cofre
Simples reboque composto de duas rodas, um eixo e uma lança, atrelado à traseira da carreta do canhão para transportar munição.

minas
Explosivos colocados em túneis escavados sob posições inimigas ou pouco abaixo da superfície do mar.

morteiro
Peça de artilharia de ângulo elevado e alcance curto. Principalmente arma de trincheira, não uma peça de campo.

shrapnel
Tipo de granada cheia de balins e que explode antes do impacto.

munição traçante
Balas de armas pequenas ou metralhadoras visíveis por seus traços luminosos.

TERMINOLOGIA MILITAR

cabeça-de-ponte
Posição ocupada junto a um rio com comunicação garantida por ponte capturada ou construída.

trincheira de comunicação
Meio de acesso entre linhas sucessivas de trincheiras e posições defensivas avançadas.

barreira progressiva
Forma de bombardeio de artilharia destinada a mover-se lentamente à frente do avanço da infantaria, impedindo desse modo o inimigo de reocupar posições de fogo avançadas. Foi empregada pela primeira vez na Primeira Guerra Mundial, em 1916.

couraceiro
Soldado de cavalaria que usa armadura de peito e costas (couraça).

defesa em profundidade
Conceito que surgiu em 1916, quando os alemães abandonaram a prática de defender posições avançadas, na faixa do primeiro contato e ao alcance da artilharia inimiga, em favor de defesas em posições sucessivas num recuo de 8 a 10 km (5 a 6 milhas). Trata-se de uma distância longa demais para ser superada num único ataque. A capacidade defensiva alemã aumentou, e assim as perdas de ambos os lados, já que o campo de batalha deslocou-se de um lugar ermo para um labirinto defensivo. Nem os britânicos nem os franceses, envolvidos como estavam em operações ofensivas, realmente adotaram o princípio da defesa em profundidade.

bombardeio furacão
Nome dado ao bombardeio intenso de muito curta duração — minutos em vez de horas ou dias. Empregado pela primeira vez em 1915.

máscara
Posicionar uma força a fim de impedir a movimentação inimiga. Por exemplo, quando uma cidade é ocupada a partir de fora por uma força que não pretende tomá-la, mas apenas neutralizá-la e evitar saídas de forças inimigas do seu interior.

sapa
Trincheira profunda e estreita usada para aproximar ou minar posições inimigas; o ato de cavar essas trincheiras.

sapador
Termo usado para o engenheiro militar.

contornar o flanco inimigo
Dar a volta no flanco não defendido do inimigo e posicionar-se atrás ou do lado dele. Preferivelmente ao ataque frontal, esta era a manobra recomendada para cercar e subjugar uma formação inimiga.

ulano
Lanceiro — soldado de cavalaria armado de lança ou sabre.

ÍNDICE

Nota: os números de página em **negrito** indicam biografias e informações; aqueles em *itálico* fazem referência a ilustrações. Batalhas e ofensivas são indicadas por datas entre parênteses.

A

Abissínia 73
Abschied (Lichtenstein) 33
África 72-3, 92-3
  cronograma (1914-16) 92
  mapa 93
África do Sul 19, *19*, 72, *92*, 93, 94
África oriental 72, 93, *93*, 94, 134, 286
agricultura 124-5, *128*, *128-9*
água 239
Aisne, Batalha do (1914) 57-8, 57
  cronograma 52
Aisne, ofensiva no (1917) 205, 206, 207, *211*
Al Wajh 238
Albânia 22, 232
Albatros DIII 191
Albert, rei 58, 283
álcool 122, 125, *255*, *154*
Além do limite (Nash) *261*
Alemanha *246-7*
  África 92-3, 93
  Alsácia e Lorena 30
  Antuérpia 58-9
  armas 18, **106**, *106*, *107*
  armistício 266, 282-4, 286-8, *288*, **289**, *289*, 297
  Arras 208-10
  artilharia *41*, *168*, *169*
  Artois e Champagne 104, 107-9
  atrocidades **42**
  Batalha de Lodz 66, **66-7**
  Batalha de Verdun 135-6, 137, 138-43, 145
  Batalha do Aisne (1914) 57-8, *57*
  Batalha do Marne 54, 55-7, *55*, *112-13*
  Batalha do Somme 134-5, 137, 158-64, *159*, *162*, 166-7
  Bélgica *59*
  Cambrai 220, 223, 229
  campanha romena 152-3, *152*
  causas do colapso 278
  cavalaria *98-9*
  conseqüências da guerra 298, *298*, 299-300, *299*, *300*
  contra-ofensivas de 1918 262-6, *262*, *263*, *268-9*
  corrida para o mar 58, 59, 61
  crista de Messines 215-16
  crista de Vimy 145
  cronograma 252, 296
  declaração de guerra 27, 29
  e Estados Unidos 172, 196, 197, 198, 200-1
  e Turquia 74, 84
  eclosão da guerra 26, 38-9, 52, 54-5
  Egito 74-5, *86*
  estradas de ferro 39
  exércitos **28-9**, *29*
  frente interna 123, 124, *125*, 126-7, 128, 129, *129*, *130-1*, **285**
  Frente Oriental 46, 100, 114-19, *116*, *119*, 146
  guerra aérea 175, 188-93
  guerra em túneis *214*, **214**
  guerra naval 172-5, 176-87
  império 15, 72-3
  industrialização 16-17, *16*, *17*
  invasão da França e da Bélgica 40-3, *43*, *44-5*
  Isonzo 234
  Itália 136
  Kindermord (O massacre dos inocentes) **63**
  mapa 28
  Marrocos 20, 22
  Micronésia 91, *91*
  mobilização 32, *33*
  motim 213
  munições 98
  Neuve Chapelle 103
  observação e comunicação 144
  Ofensiva Aisne (1917) 210-11
  Ofensiva Brusilov 137, 149-50
  Ofensiva Caporetto 229, 234-5
  Ofensiva Kerensky 228-30
  ofensivas da primavera (1918) 252-9, *252*, *254-5*, *257*
  Plano Schlieffen **31**, 37
  planos de guerra 99-100, 246-8, 249
  poder marítimo 20, 21
  Polônia *66*
  população 16
  Primeira Batalha de Ypres 61-3
  Prússia Oriental 46, 47, 48, *48*, **49**, 50-1
  recrutamento obrigatório 19
  responsabilidade pela guerra 31
  revolução 301
  Rumpler Taube 51, *51*
  Scapa Flow 292-3
  Segunda Batalha de Ypres 103-4
  Sérvia 120-1
  sociedade pré-guerra 23
  tanques 222
  Terceira Batalha de Ypres 216, 218, **219**, 220
  Tratado de Brest-Litovsk *250*, 251
  Tratado de Versalhes 292, 297
  Trégua de Natal **103**
  trincheiras *102*, *108*, 110, *110*, 154, *154-5*
  Tríplice Aliança 15
  Tsingtao 90-1, *91*
  Varsóvia 64-5
Alexandra, czarina 151
Alexeev, Mikhail 230
aliança franco-russa 15
Allenby, Edmund 158, 208, 215, 236, 240, 241, *241*, 272, *273*
Alpini (*ou* tropas alpinas italianas) *88-9*, 275, *275*
Alsácia e Lorena 15, 28, 29, **30**
  conseqüências da guerra 288, *288*, 293
  eclosão da guerra 38, 40-1
Amiens 209
Amiens, Batalha de (1918) 209, 263-4, *269*
Anamitas (do Vietnã) 95
Antuérpia 52, *58-9*
  cronograma (1914) 52
Anzac Cove 76, 78, *78*, 79, 80, *80*, *81*
Anzacs [Corpo de Exército Australiano e Neo-zelandês] **79**, 80, 208, 217
  Egito 87, 237
  Galípoli 76, *76*, 78, *78*
  ver também Austrália; Nova Zelândia
Apollinaire, Guillaume 242, *242*
Aqaba 238
árabes 237-8, 273
arame farpado *111*
Ardahan *84*
Arditi 275
argelinos 33, *71*, 94, *94*
Argonne 104, 106, *108*, 111
Argonne, ofensiva em (1918) 265-6
armas 18, **106-7**
  Alemanha 28, *28*, *162*, *252*
  Áustria-Hungria 69, *69*
  Estados Unidos 267, *267*
  França 53, *53*, *210*
  Grã-Bretanha 60, *60*, *111*
  Itália 275, *275*
  porretes (*ou* bastões) de trincheira *88*, *94*, *106*
  Revolta Árabe *238*
  Rússia 147, *147*
  Turquia 77, *77*
  ver também artilharia; metralhadores; rifles; tanques
armênios *84-5*, 85, 241, 294, 305
armistício
  Alemanha e Rússia (1917) 230
  Aliados e Alemanha 266, 282-4, 286-8, *286*, **289**, 292
  Aliados e Áustria-Hungria 278
  Aliados e Bulgária 271
  Aliados e Turquia 272
Arras, Batalha de (1917) 208-10, 215, *215*
arte e artistas **260-1**
artilharia 134, **168-9**, 189, 233
  Alemanha *41*, *59*, *183*, *209*, *257*
  Áustria-Hungria *69*, 232
  barragem 211
  Batalha de Verdun 142-3
  Canadá *209*
  canhões antiaéreos *192*
  França 53, *53*, **55**, *205*
  Grã-Bretanha *168*, *169*, 237, *253*
  Hungria *115*
  Itália 88
  Sérvia *36*
  Somme *158*, 159
artistas da guerra 260
Artois (1915) *100-1*, 102-4, 107-8, 109
  cronograma 102
  mapa 109
Artois 144, 145, 168
Asiago, ofensiva 232-3
Asquith, H.H. 205
ataques costeiros **179**
Atlântico 185, 196, 197, 198, 200
  detecção *170-1*
  mar do Norte 177, 178-9, 181-2
  Mediterrâneo 186
Augustow (1915) 115, *115*
Austrália 79, 90, 94, *95*, **217**
  armistício 289
  Arras 208, 209
  contra-ofensivas de 1918 262, 266
  guerra em túneis 214, **214**
  Micronésia 91
  Oriente Médio 273
  Terceira Batalha de Ypres *203*, *218*, 219, 220
Áustria 124, 129, 276, 279, 294
  exército 69
  Tratado de Saint-Germain 296, 297
  ver também Áustria-Hungria
Áustria-Hungria 136, 296
  Bálcãs 14, 15, 20, 22, 23, 26-7, *27*
  Batalha de Limanowa (1914) 66-7
  Bulgária 278
  campanha romena (1916) 152-3
  colapso 266, 278, 288
  cronograma (ago. a set. de 1914) 46
  cronograma (frente de batalha italiana 1915) 88
  cronograma (frente de batalha italiana 1916-17) 232

cronograma (frente de batalha italiana 1918) 270
cronograma (Frente Oriental 1915) 114
cronograma (Frente Oriental 1916) 146
cronograma (out. a dez. de 1914) 64
deserção 213
eclosão da guerra 38, 39
estradas de ferro 39
exército **69**
frente interna 124, 129, 279
Galícia e Polônia 46, 47-8, 50-1, *50*, 64-5, *64*, 100, 114-20, *116-17*, *119*, 146
guerra aérea 188
guerra naval 176, 186
industrialização 17
frente de batalha do Isonzo 88-9, *89*, 233-4
mobilização 32
Monte Grappa e Vittorio Veneto (1918) 276-7
Ofensiva Brusilov (1916) 137, 142, 148-50, *148*
Ofensiva Caporetto (1917) 234-5, *234*
Ofensiva Kerensky (1917) 228
ofensiva no Piave (1918) 274, *275*, 276
Ofensiva Trentino 232-3
planos de guerra 36
responsabilidade pela guerra 31
Salonica 270-2
Sérvia 46-7, 68, *68*, 100, 120-1
Tríplice Aliança 15
ver também Hungria
avião *21*, 143, *143*, 188, 189, **191**, 192, **193**
de caça **191**
reconhecimento 21, 51, *51*, 59, 144, 188, *189*
avião Handley Page *174-5*, *193*
Azerbaijão 241

B

Bahrein (Bahrain) 75, 86
baionetas 19
baixas 306, **307**
Bálcãs 14-15, 20, 205
ver também Albânia; Bósnia-Herzegovina; Bulgária; Macedônia; Montenegro; Romênia; Sérvia
Bálcãs, Guerra dos (1912-13) 22-3, *24*
Balfour, Arthur James 304
balões 144, *145*
Barbusse, Henri 242, *243*
barragem **211**
barreira progressiva **211**, 229
Basra 86, 87
Beatty, almirante *Sir* David 179, 180, 182
Beaumont-Hamel *137*
Beckman, Max 260
Beersheba *236*, 238, 240
BEF (*ou* FEB) *ver* Força Expedicionária Britânica
Bélgica 37, 100, 283, 284, 288
Antuérpia 52, 58-9, *58*-9
carabineiros *59*
corrida para o mar 58, 59, *60*, 61-3
cronograma 40
industrialização 16
invasão 29, 40, 41-3, *43*, *45*
Berlim 129, *129*
Bersaglieri 275, *275*
Bessarábia 152
Bismarck, Otto von 14, 30
Blohm und Voss, estaleiro *16*
bloqueio naval 31, 177-8, *178*, 196
mapa 178
Blücher 178-9, *178*
Blücher-Yorck, Ofensiva (1918) 255-6, 258-9
Boccioni, Umberto 260
Bochkareva, Maria 130, *228*
Boelcke, Oswald 190
bolcheviques 227, 230, **231**, 251, 301, 302-3
bombardeiros 175, 188, 193
Boroevic, Svetozar, von Bojna 89
Bósnia-Herzegovina 20, 22, 26, 27
Break of day in the trenches [Nascer do dia nas trincheiras] 242
Breguet Br 14 *195*
Breslau 74, *75*
Brest-Litovsk (1915) 118
Brest-Litovsk, Tratado de (1918) 250-1, 253, 278, 279, 286
Bristol BE2a *189*
Brusilov, Alexei **149**
Brusilov, Ofensiva (1916) 137, 142, 148-50, 152, 174, 228, 233
mapa 148
Bruxelas 43, 45
Bryant, capitão 92
Buchan, John 167
Bulgária 20, 150
campanha romena 152
colapso 278
Congresso de Berlim 15
derrota 266, 270-2, 276
Guerra Russo-Turca 14
Guerras dos Bálcãs 22, *24*
Sérvia 120, *120*
Tratado de Neuilly 294, 297

C

Cadorna, Luigi di 73, 89, 235, 275
cães mensageiros 145
Camarões 72, 92-3, 134
Cambrai 266, 283
Cambrai, Batalha de (1917) 192, 220, 223, *223*, 229
camelos *86*, *239*
câmeras fotográficas *263*
camuflagem *184*, **185**
Canadá 94, 209
Arras 208-9
guerra em túneis 215
Segunda Batalha de Ypres 103, 104
Terceira Batalha de Ypres 218, *218*, 220
canhão Paris **257**
canhões antiaéreos *192*
canhões ferroviários *142-3*
Caporetto, Ofensiva (1917) 218, 229, 234-5, *234*, 275
mapa 235
Caproni Ca 3 *193*
Caproni, Gianni 188
carabineiros *59*
Carnegie, Andrew 198
Cárpatos 100, 114-15, *115*
carros blindados 59
carvão, produção de 17
Casement, Roger *227*
Cáucaso 84-5, *85*, 100, 241
cronograma 84
mapa 85
Caulaincourt Château *208*
cavalaria
Alemanha *99*, *116*
Grã-Bretanha *60*
Itália *277*
Rússia *46-7*, *147*
spahi *94*
Turquia *236*, *271*
Cavell, Edith **131**
Cemal (Djemal), Abdul 86
Cemal Paxá 87
cemitérios de guerra *306-7*
Champagne 102, 107-8, 109, 168
cronograma 102
mapa 109
Chantilly, Conferência de (1915) 134, 158, 204
Chaplin, Charlie 263
Charteris, general 104
Château Thierry 258
Chauchat M1915 *210*
Chemin des Dames 57, *210-11*, 211
China 15, 90-1, *90*, *91*
mapa 91
Chisholm, Mairi 130
choque das bombas **265**
Churchill, Winston 74, 75, 164
Cirenaica 74
Clemenceau, Georges 123, 270, 292, 293, *295*
colônia 72-3
comboios 182, 184-5, *184*, 187
comida
racionamento **124-5**, *154*, 279
trincheiras **154**
comunicação 100-1, **144-5**
Conferência de Paz de Paris (1919) 288, 292, 296, 297
Congresso Berlim (1878) 14-15, *14*
Conrad von Höjtzendorf, Franz 37, 68, 136, 232, 233
Corações da humanidade (filme) 263, **263**
Cornwall, Jack *180*
corrida armamentista 19, 172-3
corrida para o mar 58-62, *60*
cronograma 52
mapa 62
cortadores de arame *111*, *267*
crista de Anafarta 78
crista de Vimy (1915) 102, 103, 104, 107, 109
crista de Vimy (1916) 145
crista de Vimy (1917) 208-9
curdos 305

D

Damasco 238, *240*
D'Annunzio, Gabriele 193, 295
Dardanelos, expedição 75, 76, 78-9, 107
ver também Galípoli
Davson, tenente-coronel H.J.H. 272
Defense of the Realm Act [Lei da defesa do reino] (1914) 98, 123, 125
Denikin, A.I. 251, 303
deserção **213**, 278, 285
deserto **239**
Detzner, Hermann 91
Diaz, Armando 275
dirigíveis 144, *184*
zepelins 175, *177*, **192**, 193
Dix, Otto 260, *261*
Dixon, R.G. 220
doença **221**, 239
Douglas, William Sholto 188
Dover *178*
Dreadnought 172
Dreyfus, Alfred 30
Drouhet, Giulio 174
Duhamel, Georges 136
Dulce et decorum est (poema) 243

E

Ebert, Friedrich 286, 287, 288, 289
Eden, Anthony 215
Egito 20, 74-5, 86-7, *86*, *87*, 237
cronograma 84
mapa 86
Eisner, Kurt 301
Elliott, general 164
Encontro com a morte (Seeger) 243
Enver Paxá 74, 77, *77*, 84, 86
Escadrille Lafayette 198
Escócia *61*
Esmirna 304, *304-5*
Estados Unidos 15, 196-201

armas 18, *18*
armistício *289*
como mediador 172, 174
cronograma (ago. de 1914 a jun. de 1917) 196
entram na guerra 175, 196, 198, 200-1
exército **267**
Frente Ocidental *244-5*, *248*, 257-8, *258*, 262, 264-6, *265*, **267**, *280-1*, 283, *284*
gripe espanhola 287
guerra aérea 190
Guerra Civil 19
guerra naval 179, 182, 184
indústria 17, **199**
Itália 276
Lusitania **197**
negros *259*
poder marítimo 21
propaganda *42*
serviços médicos 221
Tratado de Versalhes 293
Estônia 298
estradas de ferro *16*, 17, 19, 23, 27, 28, 29, 39
Exército da Austrália e da Nova Zelândia, Corpo do *ver* Anzacs
exércitos 29, 32-3, 36
Alemanha 28-9
Austrália 217
Áustria-Hungria 69
Canadá 209
Estados Unidos 267
França 53
Grã-Bretanha 60-1
Itália 275
Rússia 147
Turquia 77

F

Falkenhayn, Erich von 63, 99, 181, 233
Batalha de Verdun 109, 135-6, 138, 142-3, 232
Batalha do Somme 137, 162, 167
Galícia 116, 118
nomeação 57
Palestina 241
Falmer, Signaller C. 181
Farmborough, Florence 116
ferro-gusa 17
Feu, Le [O fogo] (romance) 242, *243*
filmes **263**
Fiume 295
Fleury *212*
Foch, Ferdinand 248, 249, **256**, 286, *286*
Fokker, Anthony 189
Fokker Eindecker *189*, **189**, 190
Fokker Dr. 1 *191*
fome **279**
Força Expedicionária Britânica 42, 52, *54*, 55, 60, 62
Ford *16*
Forte Douaumont 139, 140, *142*, 143
Forte Loncin *41*
Forte Souville 143
Forte Vaux 140, 142, 143, 145
fortificações *19*
fotografia *189*, **263**
França
África 92-3
aliança franco-russa 15
Alsácia e Lorena **30**
armas 18, *18*, 19, *107*
armistício com a Alemanha 284, 286, 288, 289, *289*
Arras 208-10, 215
artilharia **55**, 168, *204-5*, *211*
Artois e Champagne *100-1*, 104, *104*, 107-9
Batalha de Verdun 135-6, 137, 138-43, *138*, *139*, *140*, *142-3*, 145
Batalha do Aisne 57-8, *57*
Batalha do Marne *38-9*, 52, 54, 55-7, *113*
Batalha do Somme 134-5, *136-7*, 137, 158-64, 166-7
Bélgica *42*, 43
contra-ofensivas de 1918 262, 264, 266, 283
corrida para o mar 58, 59, 61
cronograma 40
eclosão da guerra 38, 52, 54-5
exército **53**
frente interna 122-3, *122*, 123, *124-5*, *126*, 128, *129*, 130, *131*
Galípoli 76, 80-1, *82-3*
gás **105**
guerra aérea 188-93
guerra naval 186
império 72, 94, *94*, 95
industrialização 17
invasão 40-1, *43*
Itália 276, 277
Marrocos 22
mobilização **32-3**, *32-3*
motim 212-13
munições 98
observação e comunicação **144**
Ofensiva Aisne 210-11, *210-11*
ofensivas da primavera (1918) 254-6, *256*, 259
Oriente Médio 294, 295, 303-4
plano de guerra 29-30, 31, 37
população 16
Primeira Batalha de Ypres (1914) 61-3
recrutamento obrigatório 19
Ruhr 300, *300*
Salonica 270-1
Segunda Batalha de Ypres 103-4
tanques **222**
Terceira Batalha de Ypres 220
Tratado de Versalhes 292, 293
trincheiras 110, *110*, *154*
túneis 214
Franchet d'Esperey, Louis-Félix-François 271
Francisco Ferdinando, arquiduque *23*, 26
Francisco José I 129
French, John **57**
frente interna 122-3, 125, 126-7, 129
Alemanha 126-9, 283-4, **285**
Áustria-Hungria 129, **279**
cronograma 122
custo da guerra 123
escassez e racionamento 124-5
França 122-3
Grã-Bretanha 123-5
mulheres 128-9, 130-1
objetores de consciência **127**
Rússia 126, 151
Frente Ocidental
1914 36-8, 40-3, 52-63
1915 100-1, 102-11
1916 *132-3*, 134-6, 138-45, 158-67
1917 204-7, 208-33
1918 246-9, 252-9, 262-6, 282-7
Antuérpia (1914) 58-9
armistício (1919) 282-4, 286-8
Artois e Champagne (1915) 104, 107-9
australianos **217**
barragem **211**
Batalha de Arras (1917) 208-10
Batalha de Verdun (1916) 138-45, *145*
Batalha do Aisne (1914) 57-8
Batalha do Somme (1916) 158-64, 166-7
Cambrai (1917) 220, 223
canadenses **209**
corrida para o mar (1914) 58-62
crista de Vimy (1916) 145
crista de Vimy (1917) 208-9
cronograma (18 de jul. a 3 de out. de 1918) 262
cronograma (1915) 102
cronograma (1917) 208
cronograma (21 de mar. a 17 de jul. de 1918) 252
cronograma (4 de out. a 11 de nov. de 1918) 282
cronograma (ago. de 1914) 40
cronograma (Batalha de Verdun 1916) 138
cronograma (Batalha do Somme 1916) 158
cronograma (set. a nov. de 1914) 52
gás **105**, *105*
guerra em túneis **214-15**
invasão da França e da Bélgica (1914) 40-3
mapa (18 de jul. a 3 de out. de 1918) 264
mapa (1915) 109
mapa (1917) 212
mapa (21 de mar. a 4 de jun. de 1918) 254
mapa (4 de out. a 11 de nov. de 1918) 283
mapa (9 de jun. 9 a 17 de jul. de 1918) 259
mapa (ago. a set. de 1914) 43
mapa (Batalha de Verdun 1916) 140-1
mapa (Batalha do Marne 1914) 54-5
mapa (Batalha do Somme 1916) 162-3
mapa (set. a nov. de 1914) 62
mapa (Terceira Batalha de Ypres 1917) 219
Marne, Batalha do (1914) 52-7
motim (1917) 212-13
Neuve Chapelle (1915) 103
observação e comunicação 144-5
Ofensiva da Crista de Messines (1917) 215-16, *216*
Ofensiva de Arras (1917) 215
Ofensiva em Aisne (1917) 210-11, *210-11*
Ofensiva Nivelle (1917) 210-11
poder aéreo 192
poetas e romancistas da guerra **242-3**
Primeira Batalha de Ypres (1914) 61-3
Segunda Batalha de Ypres (1915) 103-4
serviços médicos **221**
tanques **164-5**, **222**
Terceira Batalha de Ypres (1917) 216-20, *224-5*
Trégua de Natal (1914) **103**
tropas imperiais britânicas **94**
tropas imperiais francesas **94**
ver também trincheiras
Frente Oriental 100, 114-19, 146, 154-5, 207
1914 47-51, 64-68
1915 114-9
1916 146-51
1917 226-30
1918 250-1
avanço russo 65
Batalha de Limanowa (1914) 66-8
Batalha de Lodz (1914) 66
Batalha de Tannenberg 48-50
campanha romena 152-3
cronograma (14 de dez. de 1914 a 3 de mar. de 1918) 250
cronograma (1915) 114
cronograma (ago. a set. de 1914) 46
cronograma (jun. a set. de 1917) 226
cronograma (mar. a set. de 1916) 146
cronograma (out. a dez. de 1914) 64
eclosão da guerra 38-9, 46, 47-8, **49**, 50-1

exército russo 147
mapa (ago. a set. de 1914) 50
mapa (Batalha de Tannenberg 1914) 49
mapa (Brusilov, Ofensiva 1916) 148
mapa (Lodz e Limanowa 1914) 66-7
mapa (mai. a set. de 1915) 117
Ofensiva Brusilov (1916) 148-50
Ofensiva Gorlice-Tarnow (1915) 116-8
Ofensiva Kerensky (1917) 228-30
tratados e guerra civil 250-1
Varsóvia 64-5
Friedrich, arquiduque *153*

G

Gale, Edward 167
Galícia 38, 68, *68*, 288
Batalha de Limanowa 66-8, **66-7**
cronograma 46, 64, 114
eclosão da guerra 46, 47-8, *50*
mapa 117
Ofensiva Brusilov 137, 142, 148-50, 152, 228, 233
Ofensiva Gorlice-Tarnow 100, 116-18, 136
trincheiras *50*
Galípoli (1915-1916) 74, 75, *76*, 78-9, *78*, *79*, **80-1**, *82-3*, 86, 205
cronograma 76
Gallieni, Joseph 55, 56
Garros, Roland 189
gás *23*, 104, **105**, 108, 117, *248-9*
gás mostarda 105
gasto público **123**
Gaza *236*, 238, 240
Georgette, Ofensiva (1918) 254-5, *254-5*, 256
georgianos 241
Gibbs, Phillip 101
Gneisenau, Ofensiva (1918) 258-9
Goeben 74, 75
Gorlice-Tarnow, Ofensiva (1915) 116-18
Gough, *Sir* Hubert de la Poer 218, 252
Gourko, general 119
Grã-Bretanha
África 92-3
Antuérpia 59
armas *18*, 60, *60*, 106, *107*, *238*
armistício 284, 289
artilharia 168,*168*, *169*,*237*
Artois 102-4, 107-8.
Batalha do Aisne (1914) 57-8, 57
Batalha do Loos (1915) 108, 109
Batalha do Marne (1914) 52-7, *54*
Batalha do Somme (1916) 134-5, 137, 158-64, *158*, *162-3*, 166-7
Bélgica *38*, 42, *42*, *58*
Cambrai 220, 223
contra-ofensivas de 1918 262-3, 264, 265, 266, 282-3
corrida para o mar (1914) *58*, 58-61
crista de Messines 215-16
crista de Vimy 145
Dardanelos 75, 76
declaração de guerra 29
Egito 74, 87
entendimentos 20, 22
exército **60-1**
frente interna 123, 124, 125, 127, 128
Galípoli (1915) 76-81
gás **105**
guerra aérea 188-93
guerra em túneis **214-5**
guerra naval 172-5, 176-87
império 72, 94, *95*
industrialização 16, 17
Itália 276-7
Levante da Páscoa **227**
Lille *282*, 283
Mesopotâmia *74-5*, 75, 86, 87, *87*, 237, 272
mobilização **32**, 32, 33
motim 213
mulheres **128-9, 130-1**
munições 97, 98, 99
Neuve Chapelle (1915) 103
observação e comunicação 144
Ofensiva Arras (1917) 208-10, 215
Ofensivas da Primavera (1918) 252-6, *253*, *255*
Oriente Médio 236, 294, 295, 303-4
Palestina *236*, 240-1, 266, 272
Pérsia 75, 86
poder marítimo 20, 21
Primeira Batalha de Ypres 61-3
recrutamento obrigatório 19, 98
Romênia 152
Salonica 270-2
Segunda Batalha de Ypres 102-3
serviços médicos **221**
Síria 272
sociedade pré-guerra 23
tanques **164-5**, **222-3**
Terceira Batalha de Ypres 216, 218, *219*, *220*, *220*
Trégua de Natal **103**
trincheiras *4-5*, **110-11**, *110*, **154-5**
Tsingtao 90-1, *90*
Turquia 14
granadas *77*, 106, *106*, *107*, *147*
Graves, Robert 109, 242
Great Yarmouth 180
Grécia 22, 270-2, 304, 305, *305*
Griffith, D.W. 263, **263**
gripe espanhola 284, 286, **287**, 288
guerra aérea 175, 188-93
cronograma (1914-18) 188
Guerra dos Bôeres *ver* Guerra Sul-Africana
guerra em túneis **214-15**, 215-16
Guerra Franco-Prussiana (1870-71) 30, 63
guerra naval 31, 172-5, 176-87, 196, 197, 198, 200
afundamento deliberado da frota alemã (1919) *293*
cronograma (abr. de 1916 a nov. de 1918) 180
cronograma (ago. de 1914 a mar. de 1916) 176
estratégia alemã 180-6
mapas 178, 186
Mediterrâneo 186-7
primeiros movimentos 176-9
rendição da frota alemã (1918) 287, *293*
ver também poder marítimo
guerra no ar *ver* guerra aérea
guerra no mar *ver* guerra naval
Guerra Russo-Japonesa (1904—05) 19, 20, *20*, 21, 47
Guerra Russo-Turca (1877-78) 14-15, 19
Guerra Sul-Africana (1899-1902) 19, *19*, 93
Guilherme II, *Kaiser* 20, 27, 28, 63, *206-7*, 286, *287*
Guillaumat, general 270
gurkhas 95, *241*
Guynemer, Georges **190**

H

Haber, Fritz *17*
Haig, *Sir* Douglas **161**, 205, 206, 248, 249
Batalha do Somme 158, 164
crista de Messines 216
nomeação 57
Ofensiva Arras 215
ofensivas da primavera (1918) 256
Terceira Batalha de Ypres 207, 216, 218
Halil Paxá 237
Hamel, Batalha de (1918) 216
Hamilton, *Sir* Ian 76, 79
Hartlepool 178, 179
Heligoland Bight, Batalha de (1914) 177
Helles, Cabo 78, 79, *79*, 80, 81
Hentsch, Richard 56
Hertling, chanceler 284
Hindenburg, Paul von *49*, 99, 116, 118, 167, 182, 206, 253
armistício 286
nomeação 48
Prússia oriental 50
Hipper, almirante Von 180
Hitler, Adolf 129, 289
Hoare, *Sir* Samuel 23
Hobhouse, Stephen 127
Hoffmann, coronel 48, *49*
Horthy, Miklos 296, 301
hospitais 130, *130*, *148-9*
howitzers 41, *41*, *169*, *209*, *211*
HRE2 *21*
Hungria 100, *100*, 115, *115*, 124, 129, 279
conseqüências da guerra 301
exército 69
Exército Vermelho *296*
Tratado de Trianon 294, 296, 297
ver também Áustria-Hungria
Hutier, Oskar von **229**

I

Ibn Ali, Hussein 237
Im Wester nicht Neues [*A oeste nada de novo*] 242, 243, 249, 306-7
Immelmann, Max 190
Império Habsburgo *ver* Áustria-Hungria
Império Otomano *ver* Turquia
impérios 15-16, 53, 72, **94-5**
In Flanders Fields [Nos campos de Flandres] (poema) 242
Índia 14, 94
África oriental 93, *93*
Frente Ocidental 60, *61*
Oriente Médio *95*, 237, 239, *241*, 272
Indochina *95*
industrialização 16-17, **17**, 19, 23
inflação 300, *300*
influenza ver gripe espanhola
Inglis, Elsie 130
Iraque 304
Irlanda
crista de Messines *216*
Levante da Páscoa 57, **227**
Isonzo, frente de batalha de 88-9, 188, 232, 233-4
cronograma 88
mapa (1915) 89
Itália *72-3*, 232, **275**
Bálcãs 22
cronograma (1915) 88
cronograma (1916-7) 232
cronograma (1918) 270
entra na guerra 72, 73, 100, 116, 120
Frente de batalha de Isonzo 88-9, *88-9*, 233-4
guerra aérea 188, 193
guerra naval 186, 187
império 15
mapa (1915) 89
mapa (1917) 235
mapa (1918) 276
Monte Grappa 276, *277*
norte da África *22*, 74, 86, 87
Ofensiva Caporetto 218, 234-5, *234*, *235*
Ofensiva Piave 274, 276

Ofensiva Trentino 135, 136, 148, 232-3
Oriente Médio 295
população 16
Tirol Meridional 294, 296
transporte montanhês **233**
Tratado de Versalhes 292, 295
Tríplice Aliança 15
Vittorio Veneto 276-7
Iugoslávia 276, 288, 295, 296

J

Jacqueau, Alexandre 31
Japão 15, 251, 292
Guerra Russo-Japonesa (1904-05) 19, 20, *20*
Micronésia 91
Tsingtao 90-1, *90*, *91*
Jellicoe, almirante 180, 181
Jerusalém 241, *241*
Joffre, Joseph 39, **52**, 55, 158, 167, 205, 206
Joubaire, Albert 143
Jünger, Ernst 135
Jutlândia, Batalha da (1916) 173, 180-1

K

Karolyi, conde 296, 301
Kehl **288**
Kemal, Mustafá (Atatürk) 79, 80, 272, 304-5, **304**
Kerensky, Alexander 207, 228, 230, 231
Kerensky, Ofensiva (1917) 149, 228-30
Kindermord (O massacre dos inocentes) **63**
Kluck, Alexander von 54, 56
Knocker, Elsie 130
Kolchak, A.V. 251, 303
Kornilov, general 149, 229, 230, 251
Kralowitz, general von 114
Kressenstein, Kress von 86
Kun, Bela 296, 301, *301*
Kut 87, 236, 237, *237*

L

La Voie Sacrée **139**
lança-chamas *106*
Lawrence, T.E. 237-8, **238**, 241, *272*
Léger, Fernand 261
Legião de honra 53
Lemberg 50
Lenin, Vladimir *226*, 230, 231, 250, *301*
Letônia 298
Lettow-Vorbeck, Paul von 72, 92-3, **93**
Levante da Páscoa (1916) 57, 227
Líbia 73, 87
Lichtenstein, Alfred 33
Liebknecht, Karl 287, 301
Liège 40-1, **41**, *41*
Liga das Nações 292, 293, 294, 298, 300, 304
Lille 61, *282*, 283
Limanowa, Batalha de (1914) 66-8
mapas **66-7**
Linha Hindenburg 206, 209, 216, 264, 266, 282
Lituânia 298
Lloyd George, David 125, *295*, *297*
comboios 185
conseqüências da guerra 292, 293, 294, 304, 305, 306
e Nivelle 206
Robertson e Haig 161, 205, 248
Rússia 251
Lodz, Batalha de (1914) 38-9, 66-7
mapas **66-7**
Londres *123*, 192, *193*
Loos, Batalha de (1915) 108, *109*
Lorena 40-1
ver também Alsácia e Lorena
Lowestoft 180
Ludendorff, Erich *49*, 99, 116, 167, 206, **253**
armistício 286
"Dias Negros" 218
Frente (*ou* Fronte) Oriental 50, 118
guerra naval 182
Liège 41
nomeação 48
ofensivas da primavera (1918) 147, 246, 248, 249, 252, 263, 264, 266
renúncia 286
Lusitania 174,175, 179, 183, 196, *197*, 198
Luxemburgo 40, 288
Luxemburgo, Rosa 287, 301, *301*
Lyne, major "John" 254

M

Macedônia 22, *22*, 152
Mackensen, August von 116, **118**, 153
Macmillan, Harold 164
Maitland, Arthur 56
Malvinas 177
mar do Norte 177, 178-9, 180-2
mapa 178
Marc, Franz 139, 260
Markovich, Marylie 227
Marne, Batalha do (1914) 38, *38-9*, 52-7, *52*, *54*, *112-13*
cronograma 52
mapas 54-5
Marne-Reims, Ofensiva (1918) 259
mapa 259
Marrocos 20, 22, 71, 94
Mary, princesa 103
Mason, R.J. 160
Masurian, lagos 50, 114, 115-16
Matheson, George 62
Maude, general 236, 237
Max, príncipe de Baden 284, 286, 287
Maxim, Hiram 18
Maxwell, *Sir* John 87
McCrae, John 242
Mediterrâneo 182, 186-7
mapa 186
Megiddo, Batalha de (1918) 272-3
mapa 273
memoriais de guerra *308-9*
Menin Gate 306, 307
Menin, estrada de 216, 218
Mesopotâmia *74-5*, 75, *86*, 87, *87*, 95, 237, *240*, 272
conseqüências da guerra 294, 303, 304
cronograma (1917) 236
cronograma (de nov. 1914 a abr. 1916) 84
mapa 86
Messines, Ofensiva da Crista de (1917) 214, 215-16, *216*
metralhadoras **18**, 53, *66*, *69*, *162*
Gardner *18*
Gatling 18, *18*
Hotchkiss 18, *38-9*
Lewis *188*, *191*
Maxim 18, *18*, *66*
Meyer-Waldeck, Alfred 91
Michael, Ofensiva (1918) 249, 252-3, 255, 256
mapa 254
Micronésia 91
minas (navais) 21, *21*, 177, *178*, *179*
minas (terrestres) 214-15
minenwerfer *106*, *107*
Mishlaevski, general 85
mobilização 29, **32-3**, 36-7
Moltke, Helmuth von 31, 37, 42, 48, 57
Monash, John **216**
Monte Grappa 276-7, *276-7*
Montenegro 14, 15, 22
morteiros 106, *106*, *107*
motins 177, 203, *206*, 212-13, **213**
mulheres 98, 123, **128-9**, **130-1**
França *122*, *124-5*, *126*
Grã-Bretanha *96-7*, *127*
Rússia 226, *226*, *228*
munições 96-7, 98, 125, 126, 128, 129
Murray, Archibald 237, 238, 240
Mussolini, Benito 89

N

Namíbia 72, 92, 93
Naroch, lago 137, 146
Nash, John *261*
Naumann, Friedrich *297*
navios Q 183, 185
Nervasa *274*
Neuve Chapelle (1915) 103
Nicolau II 15, 27, 136, 151, 226
Nicolau, grão-duque *85*, 136
Nieuport 17 (avião francês) **143**
Nivelle, Robert-Georges 159, 205-6, 207, 210-11, 212, 215
Ofensiva Nivelle 210-11
Nixon, *Sir* John 87
Nova Guiné 91
Nova Zelândia 79, 90, 94
Micronésia 91, *91*
Terceira Batalha de Ypres 218
ver também Anzacs
Nungesser, Charles 143

O

objetor de consciência **127**
observação **144-5**
Oceano Pacífico 91
cronograma 90
mapa 91
Oficial russo (Schiele) 261
Oriente Médio 75, 79, 86-7, 134, 236, 272-3
conseqüências da guerra 303-4
cronograma (1917) 236
cronograma (1918) 270
deserto 239
mapa 273, 305
ver também Mesopotâmia; Palestina; Pérsia
Orlando, Vittorio Emanuele 292
Oskine, J. 65
Ostfriesland (encouraçado alemão) *176-7*
Otranto, barreira de 186, *186-7*
Owen, Wilfred 242, 243, *243*

P

Palestina 237-8, 240-1, 266, 272
conseqüências da guerra 303, 304
cronograma 236
mapa 241
Pankhurst, Emmeline 128
papoula *242*
Papua 91
Paris 54-6, 257
Parkgate (cargueiro britânico) *182*
Passchendaele (1917) *202-3*, 207, 209, 216, 218
ver também Ypres, Terceira Batalha de
perdas de guerra 306, **307**
periscópio *111*
Pershing, John 201, 258, **266**, 267
Pérsia 75, 86, 236
Pétain, Henri-Philippe *141*, 206, 212, 213, 248
Batalha de Verdun 139, 142
defesa de bombardeio 193
Ofensivas da Primavera (1918) 256
Petrogrado 226, 230, 231, *231*
Phillips, Colwyn 99
Piave, Ofensiva (1918) 274, 276

pintura ofuscante (camuflagem) *184*, 185
Plowman, Mark 166
Plumer, *Sir* Herbert 218
poder marítimo 20, **21**
ver também guerra naval
poesia e poetas **242-3**
Poincaré, Raymond 211
Pola *186*
Polônia 68, 100, 107, 116-19, 136
Batalha de Lodz 66, **66-7**
conseqüências da guerra 284, 286, 288, 294, 298, 303, *303*
cronograma 64, 114
mapa 117
Varsóvia 64-5
Polygon, floresta 218, *218*
pombo-correio 142, *145*
população 16, 17
Pôr-do-sol (Dix) *261*
porretes (*ou* bastões) de trincheira *88*, *94*, *106*
Port Arthur *20*
Poustis, Robert 212
Princip, Gabriel (*ou* Gravilo) 26, *26*, *27*
princípio da autodeterminação 284, 288, 294, 296
Prittwitz, Max von 48
produtos *ersatz* (substitutos) 279, 285, *285*
Prússia oriental 30-1, 38, 46, 47
Batalha de Tannenberg 48, **49**, 50, 99
cronograma 46
lagos Masurian 114, 115-16
Przemysl 65, *119*
Putnik, Radomir *121*

Q

Quatorze Pontos 278, 284, 286, 292
Queen Elisabeth (encouraçado britânico) *172-3*
Queen Mary (cruzador de batalha britânico) *181*
Quinn, James *260*

R

racionamento **124-5**, *154*, 279
rádio 47
Radoslavov, Vasil 278
Rasputin, Grigory Yefimovich 151, *151*
Rathenau, Walter 300
Rawlinson, Henry 158, 159, 167
Raynal, major *140*, 142
reconhecimento *21*, 51, *51*, 59, 188, 189
recrutamento obrigatório 17, 19
Alemanha 28
Áustria-Hungria 69
Canadá 209
Estados Unidos 200, 201
França 53
Grã-Bretanha 98, 125, 127
Reino Unido *ver* Grã-Bretanha
Remarque, Erich Maria 242, 243, 249, 306-7
Renault FT 17 (tanque francês) 222, *222*
Rennenkampf, P.K. 50
Revolta árabe (1916-18) 237-8, *238*
Revolução de Fevereiro (1917) 226-7, 241, 251
Revolução de Outubro (1917) 230-1, 241, 251
Revolução Russa 226-31
revoluções 226-7, 230, 241, 287, 299, *299*, **301**
Richmond Park, em Londres *123*
Richthofen, Manfred von 190, 191
rifles *28*, *53*, *60*, *69*, *77*, *147*, *267*, *275*
Riga, Ofensiva (1917) *206-7*, 229-30, *229*
River Clyde (vapor britânico) 78
Robertson, William 205, 206, 236, 248
Rockefeller, John D. *199*
Rodésia 72, 93
romances **242-3**, 306-7
Romênia 14, 22, 116, 150, 152-3, 251, 294
mapa 153
Roosevelt, Theodore 198, 200
Rosenberg, Isaac 242, *242*
Royal Navy [Marinha Real] **21**, *170-1*
ver também guerra naval
Ruhr 300, *300*
Rumpler Taube (avião alemão) **51**
Rússia **151**, 226-231
1916 134, 135
aliança com a França e a Grã-Bretanha 15, 20, 22, 30
aliança Franco-Russa 15, 30
Bálcãs 27
Batalha de Limanowa 66-8, **66-7**
Batalha de Lodz 66, **66-7**
Bulgária 278
campanha romena 152-3
Cárpatos 114-15
Cáucaso 84-5, 241
cavalaria *46-7*
conseqüências da guerra 284
cronograma (1915) 114
cronograma (1916) 146
cronograma (1919-23) 296
cronograma (ago. a set. de 1914) 46
cronograma (dez. 1917 a dez. de 1918) 250
cronograma (mar. a dez. de 1917) 226
cronograma (out. a dez. de 1914) 64
deserção 213
e Turquia 14-15, 74, 278
eclosão da guerra 38-9
estradas de ferro 23, 26, 39
Exército *34-5*, *146*, **147**, 204
Exército Branco *302*
Exército Vermelho *290-1*, *302*, *303*
frente interna 98, 123, 124, 126, *126*
Frente Oriental 46-50, 64-8, *65*, 99-100, 114-9, 146-50, 226-9
Galícia 46, 47-8, 50-1, *50*, 64-5, *65*, 68, *68*, 136
golpe de Estado bolchevique 207, **231**, 301
guerra aérea 188, 193
guerra civil 302-3
industrialização 17
lagos Masurian *114-15*, 115-16
mobilização 32, 36
mulheres 130
Ofensiva Brusilov 137, 142, 148-50, *148-9*, *150*, 233
Ofensiva do Vilna 146
Ofensiva Kerensky 228-30
Ofensiva Lago Naroch 146
Pérsia 75, 86
plano de guerra 30
Polônia *67*, 68, 107, 116-19, *117*, *118-19*, 136, 288, 298
Prússia oriental 46, 47, 48, *48*, *49*, 50
rádio 47, *47*
revolução 226-31
Revolução de Fevereiro *206*, 207, 226-7
Revolução de Outubro 230-1
sociedade pré-guerra 23, *23*
tratados e guerra civil 250-1
trincheiras *51*

S

Saionji Kimmochi, Koshaku 292
Sakultutan, Desfiladeiro de *240*
Salonica 22, 134, 152, 232, 266, 270-2, 276
cronograma (1918) 270
Samoa 91, *91*
Sanders, Liman Von *77*
Sandes, Flora 130
Sari Bair 78, 79, 80, 81
Sassoon, Siegfried 242, *243*
Saulnier, Raymond 189
Scapa Flow 31, 288, *292-3*
Scarborough 178, 179
Scheer, Reinhard 17, **177**, 180, 181
Scheidemann, Philipp 298
Schiele, Egon *261*
Schilling, Erich *300*
Schlieffen, Alfred von 31
Schlieffen, Plano **31**, 37, 42-3, 99
Scottish Women's Hospitals (SWH) 130
SE5A (avião britânico) *191*
Seeger, Alan 243
Senussi (Zanussi) 87
Sérvia 22, 116, *120-1*, 296
artilharia de campo *36-7*
Bósnia-Herzegovina 20
Congresso de Berlim 15
cronograma (1915) 114
cronograma (ago. a set. de 1914) 46
cronograma (out. a dez. de 1914) 64
e Bulgária 270, 271
eclosão da guerra 27, 36
Guerra Russo-Turca 14
Guerras dos Bálcãs 22, 23
invasões 46-7, 68, *68*, 100, 120-1, 152
mapa 121
Scottish Women's Hospitals 130
serviços médicos 130, *130*, **221**, 239
Sharpe, cabo 247
Shatt al-Arab 75, 86, 236
Silésia 30
Sinai 86, *86*, *236*, 237
Síria 238, 272, 304
Smuts, general 93
Sofia, condessa *23*, 26
Soldado fumando cachimbo (Léger) *261*
solidariedade de guerra *151*
Somme, Batalha do (1916) *134-5*, *136-7*, *156-7*, 158-64, 167, 174, 205
artilharia 159-60, 166, *168*, 211
ataque noturno britânico 164, 166
cronograma 158
mapas 162-3
planos britânicos e franceses 134-5, 137, 150
tanques 166-7
Sopwith Camel (avião de caça britânico) *191*
Spad XIII (avião de caça francês) *191*
spahi 94, *94*
Spears, general E.L. 205
Spee, almirante Graf Maximilian von 90, 91, 176
Spencer, Stanley 260, *260*
Spiess, Johannes 183
St. Mihiel, Ofensiva de (1918) 264, *280-1*
Stobart, Mabel 130
Stresemann, Gustav 300
submarinos *21*, 76
ver também U-boats
sudoeste da África 72, *92*, 93
Suez, canal de 14, *14*, 86
Suvla, baía de 78, 79, *81*
Sveta Goran 88-9
Sykes-Picot, acordo (1916) 295, 303

T

Talaat Bey 77
Tanga 93, *93*
Tannenberg, Batalha de (1914) 48-50, 99
mapas 49
tanques **164-5**, 167, 209, 220, **222-3**,

294-5
tchecos 251, *251*
Tchecoslováquia 276, 288, 294, 296, 298
tecnologia 19
teleferiche [teleféricos] 233, *233*
telefones 144, *284*
telegrama de Zimmermann 200
Tempest (navio britânico) *185*
Thrive (traineira escocesa) *170-1*
Tirailleurs Sénégalais [carabineiros senegaleses] 94, *94*
Tirol Meridional 294, 296
Togo 72, 92
Townshend, general 87, 236, 237
Transcaucásia 241
Transilvânia 152
Tratado de Brest-Litovsk (1918) 250-1, 253, 278, 279, 286
Tratado de Bucareste (1913) 22
Tratado de Bucareste (1918) 251, 253, 286
Tratado de Lausana (1912) 22
Tratado de Lausana (1923) 297, 305
Tratado de Londres (1913) 22
Tratado de Londres (1915) 73, 295
Tratado de Neuilly (1919) 294, 297
Tratado de Riga (1921) 303
Tratado de San Stefano (1878) 14
Tratado de Sèvres (1920) 294-5, 297, 304, 305
Tratado de St. Germain (1919) 294, 296, 297
Tratado de Trianon (1920) 294, 296
Tratado de Versalhes (1919) 31, 292, 293-4, **297**, 299
Travois chegando com feridos a um posto de primeiros socorros em Smol, Macedônia (Spencer) 260
Trebizonda 85
Trégua de Natal (1914) **103**
Trenchard, marechal-do-ar 193
Trentino 73, 88, 136, 232-3, 234, 235
trincheiras *4-5*, 19, *50*, *51*, *72-3*, 100, *102*, 144, 145
  armamento **106-7**
  artilharia **168-9**
  guerra em túneis **214-15**
  sistema de trincheiras na Frente Ocidental **110-11**
  vida na fronte **154-5**
Tríplice Aliança 15
Tripolitânia 74
Tritton, William 164, 165, *165*
tropa de assalto 246, 252, 252
tropas senegalesas 93, 94, *94*
Trotski, Leon 230, *230*, 250, 302
Trundle, Edwin 258
Tsingtao (1914) 73, 90, *90*, *91*
Tunisianos 71, 94
Turquia 17, 72, 74-5, **77**, 239, *278*
  Beersheba 236
  Cáucaso 84-5, 100, 241
  cavalaria *271*
  colapso 278
  Congresso de Berlim 14-15
  conseqüências da guerra 304-5, *305*
  cronograma (1919-23) 296
  cronograma (nov. de 1914 a abr. de 1916) 84
  Damasco *240*
  deserção 213
  e Alemanha 74, 150, 176
  Egito 86-7
  Galípoli 75, 76, 78-81
  golpe de Estado 20
  Guerra Russo-Turca (1877-78) 14
  Guerras dos Bálcãs 22, *22*, 23
  Jovens Turcos 20, 77
  mapa 77
  Mesopotâmia 75, 86-7, 237, 272, *272-3*
  Palestina 237-8, 240-1, 272-3
  Salonica 270-2
  Tratado de Brest-Litovsk 250
  Tratado de Lausana 297
  Tratado de Sèvres 294-5, 297

U

U-boats 173-5, *175*, **183**
Ucrânia 250-1, 279, 288, 303
Udine *235*, 277, *277*
Underwing (navio Q britânico) *185*
uniformes
  Alemanha *28*
  Áustria-Hungria *69*
  Canadá *209*
  Estados Unidos *267*
  França *53*
  Grã-Bretanha 19, *60-1*
  Itália *275*
  Rússia *147*
  spahi *94*
  Turquia 77

V

Vardar, Ofensiva (1918) 270-1
  mapa 271
Varsóvia 64-5, 118
Verdun *19*, 109
Verdun, Batalha de (1916) 138-45, *138*, 150, 174, 205
  cronograma 138
  e Somme 137, 158
  Forte Douaumont 140, 141, 143
  Forte Souville 143, 145
  Forte Vaux 142-3
  La Voie Sacrée **139**
  mapas 140-1
  Plano de Falkenhayn 109, 135-6
Versalhes, Tratado de (1919) 292-4, 297, 299
Viel Amand *308-9*
Vilna (Vilnius) 137, 146, 288, 298
Vittorio Veneto (1918) 276-7
  mapa 276
Voluntary Aid Detachments [Destacamentos voluntários de auxílio] (VAD) *130*

W

Wells, H.G. 175, 233
Wemyss, almirante *286*
Westmann, Stefan 160
Whippet (tanque britânico *Medium A*) *222*
Whitby 178, 179, *179*
Wilkinson, Norman 185
Wilson, *Sir* Henry Hughes 248
Wilson, Walter 164, 165, *165*
Wilson, Woodrow 172, 196, *196*, 198, *198*, **200**, 282, *295*
  Quatorze Pontos 278, 284, 286, 292, 293
  Rússia 251
Wittgenstein, Ludwig 150
Woodroffe, Neville 61, *61*
Wrangel, Petr 251, 302, 303
Wytschaete *61*, *216*

Y

Yenbo 237-8, *238*
Ypres, Primeira Batalha de (1914) 38, 61-3, *61*, *62*, *63*, 161
Ypres, Quarta Batalha de (1918) 266
Ypres, Segunda Batalha de (1915) 102, *103-4*, 105, 106, 209
Ypres, Terceira Batalha de (1917) 161, *202-3*, 209, 216-20, *220*, *224-5*
  mapa 219
Yudenich, N. 303

Z

zepelins *177*, **192**, 193
Zeppelin-Staaken RVI *193*
Zinoviev, Alexandre *261*
zuavo 94, *94*
Zweig, Stefan 32

AGRADECIMENTOS

Agradecemos pela gentil permissão para que pudéssemos reproduzir as fotografias.

ABREVIAÇÕES USADAS:

a = acima, b = abaixo, c = centro, e = esquerda, d = direita, t = alto

Bundesarchiv: Bundesarchiv, Koblenz

Firepower: cortesia de Firepower, The Royal Artillery Museum, Royal Artillery Historical Trust

Hulton: Getty Images/Hulton Archive

TAA: the**art**archive, Londres

Ullstein: Ullstein Bild, Berlin

Verney: Coleção Jean Pierre Verney, Paris

guarda frontal TAA

1 t Verney; b Imperial War Museum

2-3 Hulton

4-5 Hulton

6-7 TAA

8-9 AKG

10-11 Imperial War Museum

12 be Bundesarchiv

12-13 Heeresgeschichtlichen Museum, Viena

14 t Hulton; b AKG

15 b TAA

16 t Ullstein; be AKG; bd Hulton

17 t Ullstein; b AKG

19 t e te DK/Firepower; cd Hulton; be DK/Firepower

19 td TAA; b Deutsches Historisches Museum, Berlim

20 t Hulton; b Novosti

21 td, ce e b Imperial War Museum

22 t Hulton; b Roger Viollet

23 t e cd Endeavour Group; b TAA

24-25 Roger Viollet

26 Imperial War Museum

27 t e cd Imperial War Museum; b Heeresgeschichtlichen Museum, Viena

28 te Verney; tc Firepower; todas as demais imagens Verney

28-29 b Bundesarchiv

29 te Verney; td Imperial War Museum; c Deutsches Historisches Museum, Berlim; bd TAA

30 td TAA; ce Verney; cd Robert Harding Picture Library

31 te Verney; td Roger Viollet

32 be TAA

32-33 Roger Viollet

33 td Hulton; te TAA; tc, ce e cd TAA; bd DK

34-35 Endeavour Group RU/States Archives of Film, Photography and Documents, São Petersburgo

36-37 Heeresgeschichtlichen Museum, Viena

38 Roger Viollet

38-39 Roger Viollet

40 TAA

41 imagems ao fundo TAA; be John Foley; bc Imperial War Museum; bd TAA

42 t Verney; bc TAA

43 b Robert Hunt Picture Library/Imperial War Museum

44-45 TAA

46-47 t TAA

47 td Hulton; b Novosti

48 t Hulton; b Ullstein

49 t Ullstein; bd Imperial War Museum

50 t Imperial War Museum; b Hulton

51 td Corbis; c Roger Viollet

52 b TAA; t Roger Viollet

53 imagem ao fundo Roger Viollet; outras imagens Verney

54 t Imperial War Museum; b TAA

55 tc e td Firepower; b Robert Hunt Picture Library

56-57 b Hulton

57 t Hulton; b TAA

58-59 t Imperial War Museum; b Robert Hunt Picture Library

59 t, c e b IWM

60 td Imperial War Museum; t e te Verney; ce Firepower; cVerney; be Imperial War Museum

60-61 imagem ao fundo Verney

61 be Verney; td e bd Imperial War Museum

62 be Robert Hunt Picture Library

63 t TAA; b Ullstein

64 Österreichisches Institut fur Zeitgeschichte, Viena

65 t TAA; c Imperial War Museum; b Novosti

66 Robert Hunt Picture Library; b Bundesarchiv

67 t Imperial War Museum

68 te Museo Storico della Guerra, Rovereto; c Weltkiegbucherie Stuttgart; b Robert Hunt Picture Library

69 imagem ao fundo Imperial War Museum; outras imagens Verney

70-71 Roger Viollet

72-73 Österreichisches Institut für Zeitgeschichte, Viena

74-75 Robert Hunt Picture Library/Imperial War Museum

75 b Hulton

76 TAA

77 te Verney; ce Firepower; cd Verney; cb Imperial War Museum; be e bc Roger Viollet; bd Robert Hunt Picture Library

78 t, be e bd TAA

79 td e te TAA; cd Australian War Memorial; b TAA

80 t e bd TAA

81 bd TAA

82-83 TAA

84 t TAA; b Roger Viollet

85 bd Novosti

86 t IMM; bd Robert Hunt Picture Library

87 t Robert Hunt Picture Library; b Imperial War Museum

88-89 t Hulton

88 be TAA; c Verney

89 b Hulton

90 t e b Imperial War Museum

91 t Imperial War Museum; be Bildarchiv

92 t Robert Hunt Picture Library

93 t e c Robert Hunt Picture Library; b TAA

94 imagem ao fundo Roger Viollet; te e be Verney; bd Roger Viollet

95 bd Roger Viollet; te Imperial War Museum; td Hulton; c TAA; be Roger Viollet

96-97 TAA

98-99 TAA

100 t Österreischisches Institut für Zeitgeschichte, Viena

100-101 Roger Viollet

102 TAA

103 be Imperial War Museum; cd Firepower; bd TAA

104 Roger Viollet

105 imagem ao fundo e td Verney; be Imperial War Museum; bd TAA

106 ae Verney; tc Imperial War Museum; td Firepower

106-107 imagem ao fundo TAA

106 bd Verney

107 te e td Verney; c TAA; cd e b Verney

108 t Verney

108-109 Robert Hunt Picture Library

109 t TAA

110 be Verney

110-111 imagem ao fundo TAA

111 t, te, ce, cd Imperial War Museum; be Verney; bd Corbis

112-113 Roger Viollet

114-115 Robert Hunt Picture Library

115 Österreischisches Institut für Zeitgeschichte, Viena

116 t Imperial War Museum

116-117 b Heeresgeschichtlichen Museum, Viena

117 t Imperial War Museum

118 te AKG; b Heeresgeschichtlichen Museum, Viena

118-119 Imperial War Museum

119 b Heeresgeschichtlichen Museum, Viena

120 e TAA

120-121 b TAA

122 t Verney; b Roger Viollet

123 t Hulton; b Roger Viollet

124 t Verney

124-125 b Roger Viollet

125 te Verney; td Imperial War Museum; ce e bd Verney

126 t TAA; b Verney

127 t Hulton; td Imperial War Museum; b TAA

128 imagem ao fundo e ce Imperial War Museum; b TAA

129 te TAA; td Hulton; be Verney

130 imagem ao fundo e c Imperial War Museum; bd TAA

130-131 imagem ao fundo AKG

131 te TAA; td Verney; bd Hulton

132-133 Corbis

134-135 TAA

136 e Imperial War Museum

136-137 TAA

137 td TAA

138 Hulton

139 imagem ao fundo e cd TAA

140 be e bd Roger Viollet

141 be Roger Viollet

142 te Roger Viollet; td TAA

142-143 b Roger Viollet

143 be Austin Brown

144 be Imperial War Museum; bc Firepower; c Verney; bd Imperial War Museum

144-145 TAA

145 t Robert Hunt Picture Library; tc Verney; bc Firepower; be TAA; bd Imperial War Museum

146-147 Novosti

147 te, ce Imperial War Museum; td TAA; cd e bd Verney; b Firepower

148 t Novosti

148-149 b Novosti

149 td Imperial War Museum

150 Bildarchiv für Preussischer Kulturbesitz

151 td Roger Viollet; ce TAA; b Novosti; bd TAA

152 Robert Hunt Picture Library; b Imperial War Museum

153 t Imperial War Museum

154 t e be Verney

154-155 TAA

155 te TAA; tec Verney; tc, td e ctd TAA; ce, cd e bc Verney; be e bd TAA

156-157 Hulton

158 t e b TAA

159 Robert Hunt Picture Library

160 TAA

161 t Imperial War Museum; b TAA

162 t e cd Imperial War Museum; be Verney

162-163 TAA

164 t e ce Tank Museum; b Imperial War Museum

164 imagem ao fundo Imperial War Museum

164-165 imagem ao fundo Imperial War Museum

165 te e tc Tank Museum; td Imperial War Museum; be e bd Tank Museum

166-167 b TAA

167 t Imperial War Museum

168 te Firepower e DK/Imperial War Museum; ce e b Firepower

168-169 imagem ao fundo Imperial War Museum

169 Imperial War Museum; td Verney; ce e be Firepower; cd e bd DK; Imperial War Museum

170-171 Imperial War Museum

172-173 TAA

174-175 Imperial War Museum

175 Imperial War Museum

176-177 TAA

177 bd TAA

178 t e c Imperial War Museum

178-179 Imperial War Museum

179 t Imperial War Museum; b Roger Viollet

180 b Imperial War Museum

180-181 t TAA

181 b Imperial War Museum; bd TAA

182 t Imperial War Museum; b Bundesarchiv

183 td, imagem ao fundo e be TAA; bd Imperial War Museum

184 t Imperial War Museum; b TAA

185 t TAA; b e cb Imperial War Museum; cd TAA

186 Heeresgeschichtlichen Museum, Viena

186-187 Imperial War Museum

188 Verney

189 te DK/Imperial War Museum; td Verney; cd Science and Society Picture Library; b Quadrant

190 t Corbis; b Verney

191 imagem ao fundo e td Imperial War Museum; ce e cd Verney; be DK/Imperial War Museum; bda TAA; bd Philip Jarret

192 t Imperial War Museum; b TAA

193 td, cd Imperial War Museum; c Museo Storico della Guerra, Rovereto; ce DK/Imperial War Museum; b TAA

194-195 Verney

196 t e c Corbis

197 imagem ao fundo Roger Viollet; cd Imperial War Museum; be Verney; bc e bd Hulton

198 t Hulton; b TRH Pictures

199 imagem ao fundo, te, td e c Hulton

200 te Hulton; tc TAA; td Culver Pictures

200-201 Roger Viollet

202-203 TAA

204-205 Roger Viollet

206 t Novosti

206-207 Ullstein

208-209 Robert Hunt Picture Library/Imperial War Museum

209 td Verney; be e bd TAA

210 b Verney

210-211 Roger Viollet

211 Roger Viollet

212 Roger Viollet

213 t TAA; te e b Verney

214 imagem ao fundo Imperial War Museum; te e td Verney; be DK/Imperial War Museum/Andy Crawford; bd Verney

215 te Corbis; be TAA; bd Imperial War Museum

216 t e b TAA

217 imagem ao fundo, td e ce TAA

218 t Imperial War Museum; b TAA

219 t TAA

220 t Imperial War Museum

220-221 Imperial War Museum

221 td Roger Viollet; ce e cd Verney; bc Roger Viollet

222 te Tank Museum; td Verney; be Ullstein

223 te DK/Imperial War Museum; td Imperial War Museum

222-223 c Firepower; ce Imperial War Museum; b Tank Museum

224-225 Hulton

226 t Novosti

226-227 b Hulton

227 td e tc Imperial War Museum; c DK

228 t Novosti; b TAA

229 t Bildarchiv für Preussischer Kulturbesitz; c Robert Hunt Picture Library; b Novosti

230 te Hulton; td TAA; b TA

231 t, c e be Novosti

232 t Museo Storico della Guerra, Rovereto; b Firepower

233 t Museo Storico della Guerra, Rovereto; c Robert Hunt Picture Library

234 t Heeresgeschichtlichen Museum, Viena; b Ullstein

235 Heeresgeschichtlichen Museum, Viena

236 t e b Robert Hunt Picture Library

237 t Firepower; b Robert Hunt Picture Library

238 t Imperial War Museum; c Verney; cd e b Imperial War Museum

239 te Firepower; td Imperial War Museum; b Australian War Memorial

240 t Ullstein; b Robert Hunt Picture Library

241 t Robert Hunt Picture Library; b TAA

242 tc e ce Imperial War Museum; b Bridgeman Art Library

242-243 imagem ao fundo TAA

243 te e td TAA; b Verney

244-245 Imperial War Museum

246-247 TAA

248 be TAA

248-249 Imperial War Museum

250 Bildarchiv für Preussischer Kulturbesitz

251 t TAA; b Corbis

252 t Ullstein

252 be Firepower; bd Verney

253 t Hulton; b TAA

254-255 t TAA

255 be Deutsches Historisches Museum, Berlim; bd Imperial War Museum

256 t Imperial War Museum; b Deutsches Historisches Museum, Berlim

257 t Roger Viollet; ce Imperial War Museum; bd Roger Viollet

258 t ECPA

259 t Imperial War Museum

260 te Verney; b Imperial War Museum

260-261 t Australian War Memorial

261 te Bridgeman Art Library © ADAGP, Paris e DACS, Londres 2003; td Albertina, Viena; c Stadtisches Galerie, Albstadt © DACS 2003; be Imperial War Museum; bd Verney

262 Imperial War Museum

263 t TAA; be Verney; bd Roger Viollet

264 Verney

265 te e td TAA; b Imperial War Museum

266 t TAA; b Verney

267 imagem ao fundo e outras imagens Verney

268-269 Imperial War Museum

270 Robert Hunt Picture Library

271 t Robert Hunt Picture Library; be Roger Viollet

272 b TAA

272-273 t Imperial War Museum

274 t Museo Storico della Guerra, Rovereto; b Robert Hunt Picture Library

275 imagem ao fundo Museo Storico della Guerra, Rovereto; bd Museo Storico della Guerra, Rovereto; outras imagens Verney

276-277 t Museo Storico della Guerra, Rovereto

277 b Robert Hunt Picture Library

278 Imperial War Museum

279 te Imperial War Museum; c Hulton

280-281 Corbis

282-283 TAA

284 t e b Verney

285 td Ullstein; ce e cd Imperial War Museum; b Ullstein

286 t TAA; c Imperial War Museum

287 t Imperial War Museum; c Advertising Archives; be Culver; bd Hulton

288 t TAA/Imperial War Museum; b Roger Viollet

289 imagem ao fundo John Frost Newspapers; c TAA; cd e be Verney; bc TAA; bd Verney

290-291 Endeavour Group

292-293 TAA

294-295 Hulton

295 Hulton

296 t Ullstein

297 t Bildarchiv für Preussischer Kulturbesitz; b Hulton

298 b Bildarchiv für Preussischer Kulturbesitz

299 b Bildarchiv für Preussischer Kulturbesitz

300 t Bildarchiv für Preussischer Kulturbesitz; b Ullstein

301 td Corbis; ce AKG; be e bd David King Collection

302 t e c Roger Viollet

303 td Corbis; b Roger Viollet

304 b Coleção particular

304-305 t Roger Viollet

305 Hulton

306-307 Roger Viollet

307 td Verney

308-309 Roger Viollet

FOTOGRAFIAS DA DORLING KINDERSLEY:

Peter Chadwick; Andy Crawford; Geoff Dann; Anthony Haughey

CRÉDITOS DAS CITAÇÕES

Todo esforço foi feito para obter permissão dos titulares dos direitos autorais pertinentes para reproduzir os extratos que são publicados neste livro. Os seguintes deram gentilmente permissão para as citações deste livro:

109 Extrato de *Goodbye to All That*, de Robert Graves. Utilizado com a permissão de Carcanet Press Limited.

114; 150; 205 Extratos de *The First World War*, de John Keegan, publicado pela Hutchinson. Utilizado com a permissão do House Group Limited.

135 Extrato de *Storm of Steel*, de Ernist Jünger, publicado pela Penguin Books.

161; 212 Extratos de *Forgotten Voices of The Great War*, de Max Arthur, publicado pela Elbury. Utilizado com a permissão do Random House Group Limited.

233 Extrato de *War and the Future: Italy, France e Britain at War*, de H.G. Wells. Utilizado com a permissão de A.P. Watt Ltd. em nome de The Literary Executors of the Estate of H.G. Wells.

237 Extrato de *Revolt in the Desert*, de T.W. Lawrence, publicado pelas Wordsworth Edictions Ltd.

242 Extrato de *Break of Day in the Trenches*, de Isaac Rosenberg, retirados de *The Complete Works of Isaac Rosenberg* (1979), editado por Ian Parsons.

243 Extrato de *Dulce et Decorum Est*, de Wilfred Owen, tirado de *Complete Poems and Fragments of Wilfred Owen* (1983), editado por John Galsworthy.

243 Extrato de *Le Feu*, de Henri Barbussse, publicado pela Penguin Books.

247; 254; 258 Extratos de *The Imperial War Museum Book of 1918*, de Malcolm Brown, publicado pela Macmillan, Londres, RU.

A DORLING KINDERSLEY GOSTARIA DE AGRADECER A:

Jean-Pierre Verney, por toda a sua ajuda e consultoria. Les Smith e sua equipe no Firepower, the Royal Artillery Museum; Elizabeth Bowers e sua equipe no Imperial War Museum. Tom Coulson, da Encompass Graphics. Alex Ray e Phil Crowcroft da Advanced Illustration.

O AUTOR GOSTARIA DE AGRADECER A:

Todos do Departamento de História e Cartografia da DK que trabalharam neste livro. Ele também gostaria de agradecer às pessoas a seguir por sua ajuda e orientação profissional: Tony Clayton, Michael Coles, Spencer Johnson, Terry Lilley, Adam Lynde, Gordon Angus Macinley, John Andreas Olsen, William O'Neil, Jack Sweetman, Tohmatsu Haruo, John Votaw e Steven Weingartner. Ele também está grato pelo apoio inestimável dos seus colegas de profissão, Tim Bean, Patrick Burke, Nigel de Lee, Christopher Duffy e Paul Harris. Agradecimentos especiais também são devidos aos bibliotecários Jennie Wraight, Iain MacKenzie, Andrew Orgill, Ken Franklin e John Pierce, por facultar o acesso às suas bibliotecas, coleções e conhecimentos pessoais.